왕검성(王儉城)

황하 이북을 다스린 고조선의 수도

왕검성 王儉城

이기훈 지음

우리역사연구재단

왕검성(王儉城)

2025년 12월 5일 1쇄 발행

지은이 | 이기훈
펴낸이 | 이세용
펴낸곳 | 우리역사연구재단
주　간 | 정재승
교　정 | 배규호
디자인·편집 | 배경태
출판등록 | 2008년 11월 19일 제321-2008-00141호

주　소 | 서울시 서초구 서초동 1689-2번지 서흥빌딩 401호
전　화 | 02-523-2363
팩　스 | 02-523-2338
이메일 | admin@koreahistoryfoundation.org

ISBN | 979-11-85614-12-0 93910

잘못된 책은 구입하신 서점에서 바꾸어 드립니다.
이 책의 저작권은 우리역사연구재단에게 있습니다.
우리역사연구재단의 허락 없이 내용을 인용하거나 발췌하는 것을 금합니다.

정　가 | 28,000원

발간사(發刊辭)

우리역사재단의 이번 저작은 이기훈 박사의 《왕검성(王儉城)》으로 그 부제가 '황하 이북을 다스린 고조선의 수도'입니다. 뭔가 가슴을 설레게 하는 획기적인 문구가 느껴지지 않으시나요? 우리 역사상 가장 오래된, 오래 전에 성립된 고대 제국의 향훈(香薰)이 실려 있는 수도(首都) 왕검성을 찾아가는 이야기입니다.

저자는 이기훈 박사로 연세대학교 중국어문학과를 졸업하고, 중국 북경어언(語言)대학에서 중국 고대국가 은상(殷商) 문화와 한국 문화와의 유관성을 연구하여 석사학위를 받은 바 있습니다. 이번 책은 본인의 박사학위 논문을 토대로 새롭게 정리한 것입니다.

《왕검성》에서 다루는 주제는 고조선 국경 지역의 갈석산(碣石山), 발해(渤海), 진장성(秦長城), 요동(遼東), 요서(遼西), 요수(遼水), 패수(浿水), 연(燕)나라 등의 위치에 대해 사기(史記), 한서(漢書), 후한서(後漢書), 진서(晉書) 등 중국 전통 사서(史書)들과 관자(管子), 회남자(淮南子), 산해경(山海經) 등 문헌들, 중국 북방의 서주(西周) 유적지 등의 고고학적 자료들을 분석하여 기존의 견해에 대해 아주 많이 새로운 결론들을 도출해 내고 있습니다.

저자는 이러한 자료들을 종합적으로 판단하여 전국시대(서기전 476-

서기전 221) 고조선의 후기 수도 왕검성(왕험성)이 현 중국 하북성 중부 보정시(保定市: 북경시 인근) 일대에 위치했던 것으로 추정합니다. 이어서 고조선 왕검성 찾기가 단순히 고조선의 중심지를 찾는 문제가 아니라 고조선이라는 국가의 정체성과 영역 나아가 동아시아 고대사의 주체를 재구성하는 열쇠이기도 하다는 것이 저자의 새로운 결론입니다.

　우리 역사상 고조선은 우리 민족의 창세기 신화를 내재(內在)한 시원(始原) 문명이자 시초 국가였습니다. 고조선의 후기 수도 왕검성을 찾아 그 노정(路程)을 새로이 조명해 주신 이기훈 박사의 창의적 시도에 대해 강력한 지지를 표합니다.

2025. 11.

우리역사연구재단 이사장　이세용(李世鏞)

이 책은 본인의 박사논문인
「고조선 후기 수도 왕검성(王儉城)의 위치에 관한 신고(新考)」의
내용을 수정·보완한 것이다.

서문

기원전 108년 전한(前漢)에 의해 멸망한 고조선(古朝鮮)의 수도는 왕검성(王儉城), 또는 왕험성(王險城)으로 기록돼 있다. 필자는 이 책을 통해 고조선 후기 수도 왕검성(왕험성)의 위치에 관한 새로운 가설을 제시하고, 이를 문헌 자료와 고고학 자료를 통해 검증하여 고조선의 위치와 영향권에 대한 새로운 사실(史實)을 밝히고자 한다.

현재 왕검성의 위치에 대한 설은 크게 요서(遼西), 요동(遼東), 평양(平壤) 등 세 가지로 나뉘어 있다. 그러나 기존의 왕검성 위치와 관련된 제설(諸說)과 달리『사기색은(史記索隱)』의 '요동군(遼東郡) 험독현(險瀆縣)에 고조선 수도가 있다'는 주석과『사기집해(史記集解)』의 '창려에 험독현이 있다(昌黎有險瀆縣也)'는 기록, 그리고 고대 창려(昌黎)가 하북성 중부 보정시(保定市)라는 중국의 주장을 종합할 때, 고조선의 수도 왕검성이 고대 창려인 현 하북성 중부(북경 남쪽) 보정시(保定市)에 있었을 가능성이 있다. 기존 학계에서 논의되지 않은 하북성 중부 보정시가 고조선의 수도 왕검성(왕험성)이었을 가능성은 고조선의 국경과 관련된 지표들의 문헌적, 고고학적 분석을 통해 검증될 수 있다.

고조선 중심지의 위치에 관한 논란은 고조선의 국경에 대한 다양한 사료 해석에서 기인하는데, 특히 고조선 국경 지역에 있던 갈석산(碣石山), 발해(渤海), 진장성(秦長城), 요동(遼東), 패수(浿水), 연(燕) 등의 위치에 대한 학자들의 견해 차이가 주요 원인으로 작용한다.

고조선의 남쪽 국경을 파악할 수 있는 중요한 지표 중 하나인 갈석산은 『상서(尙書)』, 『사기(史記)』, 『산해경(山海經)』 등의 기록을 통해 황하(黃河) 인근에 있었음이 확인된다. 특히 『산해경』의 기록에서 갈석산이, 낙양(洛陽) 근처의 승수(繩水)가 황하로 유입되는 곳에 있었고, 산서성 남부 고기주(古冀州) 영역에 포함되었던 사실을 근거로 할 때, 전한(前漢, BC 202-AD 8) 시기 갈석산은 현 산서성(山西省) 남부 황하 유역에 있었음을 알 수 있다. 이러한 사실은 고조선 국경이 현재의 황하 유역까지 이르렀을 가능성을 시사한다.

기원전 109년 한무제(漢武帝)의 해군이 고조선 공격 시 건넜던 발해(渤海)가 현재와 달리 하북성(河北省) 남부 내륙에 있었던 사실은, 후한(後漢)의 수도 낙양(洛陽)에서 발해군까지의 거리가 현재의 하북성 남부 헌현(獻縣, 河閒國)보다 가까웠다는 『후한서(後漢書)』의 기록, 발해가 강이나 호수와 같이 홍수로 인해 범람했던 사건들, 발해를 막았던 둑이 터진 기록들, 발해 주변이 육지라는 기록 등 여러 문헌 기록으로 확인된다. 고대 발해가 하북성 남부에 있었다면, 발해 북쪽에 있던 고조선은 하북성 중부 이북(북경 일대)에 있었을 가능성이 높다.

고조선과 대치하던 진시황이 쌓은 장성(秦長城)의 동쪽 끝 요동(遼東)은 고조선과 흉노의 경계였던 상곡(上谷), 즉 중국이 주장하는 하북성 보정시 남부이자, 근대까지 요주(遼州)였던 현 산서성 동남부 좌권현(左權縣) 일대로 볼 수 있다. 요동(遼東)이 산서성 동남부 일대에 있었던 사실은, 요동군 지소 양평(襄平)이 현 산서성 남부와 하북성 남부를 가로지르는 장하(漳河)의 지류인 양수(梁水) 인근에 있었다는 『한서(漢書)』, 『진서(晉書)』의 기록과, 요동(遼東) 근처에 흐르던 요수(遼水)가 현재와 달리 동쪽으로 곧게 흐르는 강이었던 사실 등의 기록에 의해 입증된다. 이는 고조선과 국경을 접하던 연(燕), 진(秦), 한(漢)의 동쪽 국경이 고대 요동인 현 산서성 남부에서 동쪽으로 곧게 흐르는 장하(漳河) 인근에 있었음을 의미한다. 따라서 전국시대 고조선은 산서성 남부(요동)의 동쪽인 현 하북성 일대에 있었음을 알 수 있다.

고조선과 전한(前漢)의 국경에 있던 패수(浿水) 또한 패수의 흐름을 최초로 기록한 후한(後漢) 학자 허신(許慎)이 밝힌 대로 '동쪽으로 바다에 이르는 강(東入海)'으로서, 낙랑군이 313년 이주하기 이전에는 동쪽으로 곧게 흐르던 요수(遼水)와 같이 중원에 있던 강으로 분석된다. 패수가 요수와 같이 동쪽으로 흘렀다면 전한(前漢) 당시 고조선은 한반도나 만주, 하북성 북쪽 지역이 될 수 없고, 중원을 남북으로 가로지르는 태항산맥(太行山脈) 동쪽인 현 하북성 중부, 남부 일대에 있었음을 의미한다.

고조선과 갈등했던 연(燕)나라의 위치는 건국 초기에 황하 이남의 섬(陝), 언(鄢) 등지에 있었으나, 기원전 272년 진·한·위·초(秦·韓·魏·楚) 연합군이 연(燕)을 정벌한 이후 산서성 남부 지역(BC 283년 연(燕)이 점령한 동호 지역)으로 이주했음을 문헌을 통해 추론할 수 있다. 연(燕)이 산서성(山西省) 남부에 있었다면 고조선은 그 동쪽인 하북성에 있어야 한다.

이러한 갈석산(碣石山), 발해(渤海), 진장성(秦長城), 요동(遼東), 요수(遼水), 패수(浿水), 연(燕)나라 등의 위치가 현 산서성 남부, 하북성 남부라는 사실을 통해, 연나라 동쪽에 있던 고조선 수도 왕험성이 고발해(古渤海)의 북쪽인 현 하북성 중부(보정시, 북경시 인근)에 위치했었음을 알 수 있다.

고조선의 위치와 관련된 춘추시대『관자(管子)』기록에 따르면, 발조선(發朝鮮)에서 문피(文皮, 표범 가죽)가 생산되었는데, 하북성 중부 보정시 만성한묘(滿城漢墓)에서 발견된 표범 금동인형과 연관 지을 수 있다.

또한, 중국에서 고대 동해(東海)와 북해(北海)가 현재의 바다(大海)와 달리 중원 내륙(산동성, 산서성)에 있었다고 주장하는데, 이 고대 동해와 북해 인근에 고조선이 있다고 기록한 『산해경(山海經)』을 비롯한 『회남자(淮南子)』, 『사기(史記)』 등의 기록을 통해서도 고조선의 위치를 하북성 중부에 비정할 수 있다.

고고학적으로 하북성 중부 지역에서 발견된 주요 유적인 서주(西周)시기 북경 유리하 유적(琉璃河遺蹟)과 전국시대(戰國時代, BC 476-BC 221) 하북성 보정시 연하도 유적(燕下都遺蹟) 유물의 성격을 분석하면 이 지역들이 전국 시기 이전까지 낙양(洛陽) 중심의 중원과 다른 북방 문화권에 속하는 지역이었음이 확인된다. 중국에서는 이 두 유적이 주(周)의 봉국 연(燕)나라의 초기와 만기 수도 유물로 비정하고 있으나, 연나라와 관련된 문헌을 분석하면 연(燕)이 전국시대까지도 고대 발해 북쪽인 하북성 중부까지 진출하지 못했던 사실을 알 수 있고, 중국에서 연과 관련됐다고 주장하는 청동기의 명문(銘文) 해석에 문제가 있음이 확인된다.

이러한 문헌적·고고학적 자료를 종합적으로 판단할 때, 전국시대(戰國時代, BC 476-BC 221) 고조선의 후기 수도 왕검성(왕험성)이 하북성(河北省) 중부(中部)인 보정시(保定市) 일대에 위치했던 것으로 추정할 수 있다.

화북 지역(황하 이북)의 지배자였던 고조선의 수도 왕검성의 발견은 단순한 고조선의 중심지를 찾는 문제가 아니라, 고조선이라는 국가의 정체성과 영역, 나아가 동아시아 고대사의 주체를 재구성하는 열쇠이기도 하다. 필자는 독자들이 이 책을 통해 고조선의 인식에 대한 시야를 넓히고, 기존 통설을 벗어나 객관적 사관의 단초(端初)를 발견하길 바란다.

이 책이 완성되기까지 많은 선학의 연구와 아차산 김민수 선생님의 격려, 기존 통념을 벗어나 객관적 역사관을 갖게 하신 이진우 교수님과 나영주 교수님의 선구적 연구, 그리고 복기대 교수님을 비롯한 인하대학교 대학원 융합고고학과 교수님들과 동학들의 열린 관점과 앞선 학문적 성과, 우리역사연구재단 이세용 이사장님과 정재승 이사님의 지지가 있었다. 도움을 주신 모든 분께 깊이 감사드리며, 특히 어려운 가운데 학업을 이어갈 수 있도록 응원해 준 아내 김민희에게 감사의 마음을 전한다.

2025년 가을
이기훈

차 례

발간 5
서문 8

I. 고조선을 찾아서

1. 고조선 위치와 한국 문명 18
2. 왕검성을 찾는 방법 27

II. 원전(原典)을 벗어난 기존 학설들

1. 고조선 중심이 한반도가 될 수 없는 이유 41
2. 고조선 중심이 요녕이나 하북성 동북이 될 수 없는 이유 64

III. 황하에 있었던 고조선 국경 갈석산(碣石山)

1. 중국과 한국의 갈석(碣石) 위치 주장 74
   (1) 중국의 갈석(碣石) 위치 주장 74
   (2) 한국의 갈석(碣石) 위치 주장 75
2. 갈석산 관련 제설(諸說)의 문제점 77
   (1) 평양 낙랑군 수성현 갈석산 설(說) 77
   (2) 하북성 진황도시 창려현 인근 갈석산 설(說) 83
   (3) 하북성 보정시 내원현 백석산 설(說) 85

차 례

　(4) 하북성 석가장시(石家莊市) 고성구(藁城區) 무차산(無此山) 설(說)　87
　(5) 산동성 빈주시(濱州市) 무체현(無棣縣) 설(說)　98
　(6) 하남성 형양시(滎陽市) 광무산(廣武山) 설(說)의 타당성 검토　100

Ⅳ. 하북성 내륙에 있었던 발해(渤海)

1. 내륙해 발해(渤海)에 관한 기록들　105
2. 현재보다 12m 낮았던 중원 땅　113
3. 한무제가 설치하려 했던 창해군은 하북성 남부 고발해　122

Ⅴ. 산서성에 있었던 만리장성과 요동(遼東)

1. 만리장성 서쪽 끝은 바다, 동쪽 끝은 산서성 요동(요수)　132
　(1) 동쪽이 아닌 서남쪽 바다에 이른 장성　132
　(2) 요동(遼東)의 기준인 요(遼州)의 위치　135
　(3) 후한(後漢) 시기 중산(中山) 지역에 있던 장성과 연(燕)의 위치　143
2. '요수(遼水)·요동(遼東)'과 '요서(遼西)'의 구체적 위치　146
　(1) 동쪽으로 곧게 흐르던 요수(遼水)　147
　(2) 요동(遼東)은 하북성 남부 장하(漳河) 인근　151
　(3) 요서(遼西)는 산서성(山西省) 태원시(太原市) 동남　157

VI. 하북성 석가장시에 있었던 패수(浿水)

1. 낙랑군의 이주와 패수 … 160
2. 패수 관련 기록 분석 … 164

VII. 황하 이남에서 산서성으로 이주한 연(燕)나라

1. 문헌에 등장하는 연(燕)의 위치 … 180
2. 연(燕)의 시기별 위치 분석 … 250
3. 연(燕)이 공격한 조선 서부는 기자조선=중산=동호=오환 … 257
4. 연(燕)이 차지한 조선 서방(동호, 중산)의 위치 … 267

VIII. 고조선과 왕검성(王儉城) 중심지 하북성

1. 상(은)나라 북쪽에 있던 고조선과 예맥계 국가들 … 276
2. 상족(商族)이 이주한 조선 위치 추정 … 283
3. 왕검성(왕험성)과 관련된 초기 기록과 왕검성 비정의 전제 조건 … 289
   (1) 왕험성이 있던 창려(昌黎)와 관련된 기록 … 289
   (2) 왕검성(왕험성)과 관련된 기록 … 297
   (3) 왕험성(왕검성) 비정의 전제 조건 정리 … 317
4. 고조선의 위치에 관한 기록과 고조선 위치 비정 … 320

차 례

IX. 고조선 중심지(1) – 북경 유리하 유적(서주연도 유적)

1. 유리하 유적(琉璃河遺蹟, 西周燕都遺蹟) 개황(槪況)   360
2. 유리하 유적을 서주(西周)의 연나라 도성(燕都)으로
   비정한 문제점 – 문헌·명문 분석   363
   (1) 연(燕) 소공(召公)의 봉지(封地)는 북경이 아닌 황하 이남   364
   (2) 극뢰(克罍) 명문(銘文) 해석 문제   376
   (3) 언(匽)을 연(燕)과 동일시 한 문제   382
   (4) 한(漢)과 다른 고조선 고유 문자의 존재   392
   (5) 필자의 반론 정리   396
3. 유리하 유적을 서주(西周)의 연나라 도성(燕都)으로
   비정한 문제점 – 고고학적 분석   399
   (1) 북경은 북방 빗살무늬(繩紋, 之字紋) 도기(陶器) 문화권   399
   (2) 북경은 서주(西周) 문화와 구분되는
       토착 문화(張家園上層文化) 지역   409
   (3) 서주(西周) 초기 북경 지역 민족 분석   417
4. '주나라 초 연나라가 북경에 있었다는 주장(周初燕國北京說)'
   재고의 필요성   423

X. 고조선 중심지(2) – 보정시 연하도 유적

1. 연하도 유적(燕下都遺蹟) 개황(槪況) ... 427
2. 전국시대 연나라 도성(戰國 燕都) 비정의 문제점 ... 430
   (1) 명도전(明刀錢) 분석 ... 430
   (2) 동검(銅劍)과 동모(銅鉾) 분석 ... 449

XI. 유리하 유적과 연하도 유적의 왕검성 가능성 검토

1. 상(商)·서주(西周) 시기 화북 지역 중심지
   북경 유리하(琉璃河) 유적지 ... 454
2. 전국시대 화북 지역 중심지 보정시 연하도 유적지 ... 458

XII. 맺음말

XIII. 부록

1. 기존 학설과 본 책의 관점(차이점) 정리 ... 468
2. 진(秦)·한(漢) 시기 형세도(본 책 내용 기반) ... 470

찾아보기 ... 472

Ⅰ. 고조선을 찾아서

1. 고조선 위치와 한국 문명

한국 고대사는 일반적으로 고조선(단군조선) → 준왕(準王)조선 → 위만(衛滿)조선 → 한군현 → 여러 나라 → 삼국시대 → 남북국시대(통일신라시대) 등의 순서로 인식되고 있다.[1] 상(商, 殷)나라 왕족 기자(箕子)가 국가의 멸망(BC 11세기)과 함께 조선으로 이주하여 세웠다는 기자조선은,[2] 『제왕운기(帝王韻紀)』에서 후조선으로 인식하였고, 조선시대 국가에서 편찬한 역사서에서 단군조선-기자조선-위만조선으로 이어지는 상고사 체계의 중요한 정권 중 하나였다.[3] 그러나 현재 한국, 북한, 일본 학계에서는 기자조선이 역사적 사실이 아닌 것으로 이해하고 있으며, 이 기자의 40여 대 후손이라는 준(準)왕[4]과 기자(箕子)의 관계도 부정하는

---

1) 윤내현, 「고구려사의 귀속문제」, 『고조선단군학』 11, 2004, pp.209-229.
2) 『漢書』 「地理志」 第8. "玄菟樂浪, 武帝時置, 皆朝鮮濊貉句驪蠻夷. 殷道衰, 箕子去之朝鮮, 教其民以禮義, 田蠶織作(현도(玄菟)와 낙랑(樂浪)은 무제(武帝) 때 설치된 것으로, 모두 조선예맥(朝鮮濊貉), 구려만이(句驪蠻夷) 지역이다. 은(殷)나라의 도가 쇠하자, 기자(箕子)가 조선으로 가서 그 백성들에게 예의와 농사, 누에치기, 직조 등을 가르쳤다)."
3) 노태돈, 『기자동래설의 사실성 여부 한국사를 통해 본 우리와 세계에 대한 인식』, 풀빛, 1998, pp.291-292.
4) 『後漢書』 「東夷列傳」 濊, "昔武王封箕子於朝鮮, 箕子教以禮義田蠶, 又制八條之教. 其人終不相盜, 無門戶之閉. 婦人貞信. 飮食以籩豆. 其後四十餘世, 至朝鮮侯準, 自稱王(옛날 무왕(武王)은 기자(箕子)를 조선(朝鮮)에 봉하였고, 기자는 백성들에게 예의와 농사, 누에치기를 가르쳤으며, 또 여덟 가지 조항의 교칙을 제정하였다. 그 백성들은 끝내 서로 도둑질하지 않았고, 집집마다 문을 닫지 않았으며, 부녀자들은 정숙하고 신의가 있었고, 음식은 편두(籩豆, 제사용 그릇)로 먹었다. 그로부터 40여 세대를 지나 조선후 준(朝鮮侯

것이 일반적이다.[5]

단군조선(고조선)의 영토와 관련해서는 한반도와 만주 전 지역이었다고 보는 학자들이 있지만, 청천강 이남 지역으로 국한해서 보는 견해가 우리 학계의 통설이었고, 지금도 이 학설을 지지하는 학자들이 있다.[6] 이에 비해 윤내현은 단군조선의 영토를 현재의 하북성 동북 난하(灤河)에서 동쪽으로 한반도까지로 설정하여, 상기 3개의 고조선 가운데 준왕조선(?-BC 194)과 위만조선(BC 194-BC 108)을 단군조선 영토의 일부인 서부 변경(하북성 난하(灤河) 유역)에 세워진 단군조선과 구분되는 정권으로 보았다. 그 근거로 기원전 108년 위만조선에 들어선 낙랑 등의 한 군현들이, 이들과 초기부터 지속적으로 대립했던 고구려에 의해 서기 313년~314년 사이에 완전히 축출된 사실을 들고 있다.[7] 즉, 기원전 194년까지 고조선을 지배했던 준왕 정권과 이 정권을 전복한 위만 정권이 단군조선 전체를 대체한 것이 아니라 단군조선을 이은 토착 세력의 서부 일대를 장악하다 사라졌을 뿐 상호 연계성이 없는 정권으로 본 것이다.

필자 역시 윤내현의 관점을 합리적으로 판단하여, 본고에서는 전체 고조선 영역 가운데 한중일(韓中日) 학계가 인정하는 고조선 후기(BC 2세기 경) 정권인 준왕조선과 위만조선의 중심지가 어디에 있었는지를 밝히는 데 중점을 두고자 한다.

準)에 이르러, 그가 스스로 왕이라 칭하였다).''

5) 조원진, 「『魏略』·『三國志』에 나타난 기자조선설의 형성」, 『한국사연구』 205, 2024, pp.1-39.
6) 윤내현, 앞의 논문(2004), p.211.
7) 윤내현, 앞의 논문(2004), pp.215-218.

기자조선이 고조선을 지배했다는 사실에 대해 현재 학계에서는 부정적으로 인식하고 있으나,『사기(史記)』에 기원전 11세기 상(商, 殷)나라가 망했을 때 기자(箕子)를 대표로 한 상(商) 유민이 이주한 곳이 '조선'이라고 기록하고 있기 때문에,[8] 기자조선의 실존 여부를 떠나 고조선이 상나라 당시에도 존재했을 가능성이 높다. 또한 기자의 모국인 상나라의 후기 중심지가 현 중국 하남성(河南省) 안양시(安陽市) 은허(殷墟) 일대였던 사실이 밝혀진 이상 그 인근에서 고조선의 위치를 찾는 것이 합리적이라고 할 수 있다. 그러나 학계에서는 지금까지 이 사실에 대한 논의가 부족하였는데, 이에 더해 고조선(위만조선)이 망한 뒤 세워진 낙랑군(樂浪郡), 낙랑군 또는 고조선 유민이 중심 세력이 되어 건국된 진한(辰韓)과 신라(新羅),[9] 신라를 이은 고려(高麗), 고려를 이은 이씨조선(李氏朝鮮)의 역사적 부침에 따른 강역 변동 과정에 대해 그동안 고찰 역시 깊이 이루어지지 않았다. 이는 한반도를 중심으로 이전 왕조들의 강역을 살펴왔기 때문인데, 이러한 한반도를 중심으로 고조선 강역을 찾는 한계는 고조선(위만조선) 멸망 후 1,200년 이상 지난 뒤 저서인『삼국유사(三國遺事)』의 주석(註釋)에 단군왕검이 세운 수도 아사달(阿斯達)이 개성의 동쪽(開城東)이라거나, 고조선의 수도 평양성이 고려의 서경(今西京)이라는 주장,

---

8) 『史記』「宋微子世家」"於是武王乃封箕子於朝鮮而不臣也(이에 무왕(武王)은 기자(箕子)를 조선(朝鮮)에 봉하였으나, 그를 신하로 삼지는 않았다).";『朝鮮史略』卷一. "周武王克商, 箕子率中國人五千入朝鮮(주 무왕(周武王)이 상(商)을 정벌하자, 기자(箕子)는 중국 사람 5,000명을 이끌고 조선(朝鮮)으로 들어갔다)."

9)『三國志』「魏書·東夷傳」"辰韓在馬韓之東, …名樂浪人爲阿殘, 東方人名我爲阿, 謂樂浪人本其殘餘人(진한(辰韓)은 마한(馬韓)의 동쪽에 있다. … 낙랑(樂浪) 사람을 아잔(阿殘)이라 부르며, 동쪽 사람들은 '우리(我)'를 '아(阿)'라 부른다. 이는 낙랑 사람들이 본래 그 잔여인(殘餘人)임을 뜻한다).";『三國史記』「新羅本紀」"先是, 朝鮮遺民分居山谷之間, 爲六村(그 이전에, 조선(朝鮮) 유민들이 산골짜기 사이에 흩어져 살며 여섯 마을을 이루었다)."

그리고 『삼국사기(三國史記)』에서 고조선 수도 평양성이 고려의 서경(西京)이며, 고조선의 국경인 패수(浿水)를 고려의 대동강(大同江)으로 주장하는 등,10) 고조선 영토를 고려의 강역 중심으로 추정하는 관습에서 줄곧 벗어나지 못한 사실에 기인한다.

이에 비해 현대 한국인과 관련이 깊은 고대 예맥족(濊貊族)의 기원을 살펴보면, 고조선 인근에 있던 중원 상(商)나라와 일정 부분 연관이 있음을 사서와 유물로 확인할 수 있다. 은(殷)나라로도 불리는 상(商)나라는 중원 지역을 장악하여 정권을 유지하다가 기원전 11세기에 문화적 기원이 다른 서쪽 섬서성(陝西省) 지역의 화하족 주(周)나라11)에 의해 멸망

---

10) 『三國遺事』卷第一 紀異第一 "魏書云, 乃往二千載有壇君王儉立都阿斯達(経云無葉山亦云白岳, 在白州地, 或云在開城東, 今白岳宮是)開國號朝鮮 …都平壤城(今西京)始稱朝鮮. 又移都於白岳山阿斯達(『위서(魏書)』에 말하기를, 약 2,000년 전에 단군왕검이 도읍을 아사달에 세웠다(경전에 '무엽산'이라 하거나 '백악'이라도 하였고, 백주 지역에 있으며 혹은 개성 동쪽이라 하였는데, 지금의 백악궁이 바로 그곳이다). 개국하여 국호를 조선이라 하였다. … 도읍을 평양성(현재의 서경이라 부른다)에 처음 두고 조선이라 칭하였다. 또 도읍을 백악산 아사달로 옮겼다)."; 『三國史記』卷第三十七 雜志 第六 地理四 高句麗 "平壤城似今西京, 而浿水則大同江是也. 何以知之. 唐書云, '平壤城, 漢 樂浪郡也, 隨山屈繚爲郛, 南涯浿水.' 又志云, '登州東北海行, 南傍海壖過浿江口椒島, 得新羅西北.' 又隋 煬帝東征詔曰, '滄海道軍, 舟艫千里, 高帆電逝, 巨艦雲飛, 橫絶浿江, 遙造平壤.' 以此言之, 今大同江爲浿水明矣, 則西京之爲平壤, 亦可知矣(평양성은 지금의 서경과 비슷하며, 패수는 곧 대동강이다. 어떻게 알 수 있느냐? 『당서』에 말하기를, '평양성은 한나라 낙랑군에 속하며, 산을 따라 굽어 쌓은 성곽이 있고, 남쪽은 패수가 경계이다.' 또한, 지리지에 말하기를, '등주(登州)에서 동북쪽 바다로 가면, 남쪽으로 해협을 지나 패강 입구의 초도(椒島)를 거쳐 신라 서북쪽에 이른다.' 또 수양제(隋煬帝)의 동정 조서에는, '창해도군(滄海道軍)이 배와 뗏목으로 천리를 이동하며, 높은 깃발과 번개처럼 빠른 속도로, 거대한 배가 구름처럼 날아가 패강을 횡단하여 멀리 평양에 도착하였다'라 하였으니, 이를 통해 지금의 대동강이 패수임이 분명하다. 그러므로 서경이 곧 평양임을 알 수 있다)."

11) 史寶琳(Pauline SEBILLAUD), 「中原地區公元前三千紀下半葉和公元前兩千紀的聚落分佈研究」, 吉林大學博士學位論文, 2014, p.85.

한다(BC 1046). 이로 인해 중원의 상(商)나라 사람들은 타 지역으로 도망가거나 강제로 이주된다.[12]

상나라 멸망 이후, 철기시대에 중국 동북과 한반도에는 여러 나라가 등장하는데, 그중 예맥족 일파인 부여(夫餘)는 『삼국지(三國志)』가 기록되던 서기 3세기까지도 주변에서 사용하지 않던 상(商)나라 달력(殷曆)을 사용하였으며, 상(商)나라와 같이 흰색을 숭배하였고 무릎을 꿇어 예의를 표시했다.[13] 고구려와 백제는 이 부여에서 갈라져 나온 나라로서 특히 고구려는 상나라 유민의 대표인 기자(箕子)를 신(神)으로 섬기기도 하였다.[14] 신라는 부여를 이은 고구려 백제와 풍속, 형벌, 정치(刑政), 의복이 같았고[15] 언어도 백제와 같았다.[16] 따라서 이들 부여계 풍습을 이은 국가들(고구려, 백제, 신라)은 고대 상(商) 문명을 일정 부분 전수(傳受)했을 가능성이 있는데, 이는 예맥족의 기원이 중원 문명과 닿아 있을 가능성이 있음을 의미한다.

---

12) 『史記』「周本紀」"王既遷殷遺民, 周公為師, 東伐淮夷, 殘奄, 遷其君薄姑(왕이 은(殷) 유민을 옮긴 뒤, 주공(周公)이 스승이 되어 동쪽으로 회이(淮夷)를 정벌하고 엄(奄)을 잔멸한 뒤, 그 군주 박고(薄姑)를 옮겼다)."

13) 『三國志』「東夷傳」夫餘 "以殷正月祭天. 在國衣尙白. 譯人傳辭, 皆跪, 手據地竊語(부여는 은나라 달력 정월에 하늘에 제사를 지냈다. 나라 옷 색깔은 흰색이고, 역인(통역자)이 말을 전할 때 모두 무릎을 꿇고, 손을 땅에 짚으며 속삭였다).";『史記』「殷本紀」"湯乃改正朔, 易服色上白, 朝會以晝((은나라 초대군주) 탕(湯)은 정월을 새롭게 정하고, 옷색을 흰색으로 바꾸었으며, 낮에 조정에 모였다)."; 상나라인의 무릎 꿇고 예의를 표하는 풍습은 상나라 유적(은허)에서 발견된 옥인형으로 확인된다.

14) 『舊唐書』卷一百九十九上 "高麗者出自扶餘之別種也. 事靈星神日神可汗神箕子神(고려(高麗)는 부여(扶餘)의 별종에서 나왔다. 영성신(靈星神), 일신(日神), 가한신(可汗神), 기자신(箕子神)을 섬긴다).";『魏書』魏書卷一百 列傳 "百濟國, 其先出自夫餘(백제국(百濟國)은 그 선조가 부여(夫餘)에서 나왔다)."

15) 『隋書』卷八十一 列傳第四十六 "新羅 …風俗刑政衣服略與高麗百濟同(신라(新羅)는 … 풍속, 형벌 제도, 의복 등이 대체로 고구려(高麗)·백제(百濟)와 같았다)."

16) 『梁書』卷五十四 "(新羅)語言待百濟而後通((신라의) 언어는 백제를 거쳐야만 통했다)."

문헌 자료 이외에도 유물을 통해서 중원 상(商) 문명과 예맥조선 문명(고조선 문명)의 관련성을 짐작할 수 있다. 상(商) 유민이 이주해 간 지역은 주로 중원 북쪽 지역으로 추정되는데, 이는 여러 사서에 상나라 왕족인 기자가 상(商, 殷) 유민을 이끌고 조선으로 이주하였다고 기록된 사실 이외에, 상나라 말기부터 주나라 초기까지의(BC 11-10세기경) 청동기가 동쪽으로 요하(遼河) 유역까지 분포하고 있는 사실,[17] 상나라 멸망 이후 중원의 동모(銅矛)가 중국 동북을 거쳐 기원전 9세기경 한반도로 유입되는 사실,[18] 상나라에서 유행한 갑골 점복 풍습이 상나라 멸망 후 기원전 5세기경부터 한반도에서 발견되는 사실,[19] 중원계 철기가 기원전 4세기 이후 요동과 한반도로 퍼지는 사실[20] 등으로 그 가능성이 짐작된다. 이러한 고대 중원 유물의 한반도 전파 과정을 살필 때는 비단 유물의 전파뿐 아니라 민족의 이동까지 고려해야 할 것이고, 중원 상나라와 유사성이 확인되는 부여와 고구려를 비롯한 백제, 신라 등 고대 예맥족 왕조들이 과연 처음부터 한반도에 있었는지 역시 재고되어야 할 것이다.

이렇게 중원의 문화와 민족이 한반도까지 확산되었을 가능성이 높지만, 전한(前漢) 초기까지도 고조선(준왕조선, 위만조선)의 중심 위치는 한반도가 아닌 중원에 가까운 현 중국 북방에 있었던 사실을 기록을 통해 알 수 있다. 전한(前漢) 효문제(孝文帝, BC 203-BC 157) 시기에 한(漢)의

---

17) 이형구, 「渤海沿岸 大凌河流域 箕子朝鮮의 遺蹟遺物」, 『한국고대사연구』 9, 1996, p.70.
18) 小林青樹, 「ユーラシア東部における青銅器文化-弥生青銅器の起源をめぐって」, 『国立歴史民俗博物館研究報告』 185, 2014, p.226.
19) 이형구, 『코리안 루트를 찾아서』, 성안당, 2009.
20) 이광명, 「요동-서북한 초기철기시대유적에 대한 고고학적연구」, 부경대학교, 2010.

최대 적국 셋이 있었는데, 북쪽에는 흉노(匈奴)와 조선(朝鮮)이 있었고, 남쪽에는 남월(南越)이 있었다. 당시 조선과 남월은 한(漢)을 공격하기 위해 시기를 엿보고 있었고, 흉노는 수시로 한(漢)을 침략하였다. 효문제(孝文帝)는 북방에 있는 조선을 공격하자는 진무(陳武) 등의 건의에 대해 그럴 만한 국력이 되지 못하니 화친을 맺어 사신을 보내 왕래하라고 지시한다.[21]

『사기(史記)』에는 이렇게 전한(前漢) 시기 이전부터 중국 북방에서 중국을 위협하던 조선과 흉노를 호(胡), 동호(東胡), 호맥(胡貉), 예맥(濊貊), 이맥(夷貊) 등으로 부르며 국명을 구체적으로 언급하지 않고 있지만, 조선은 전국(戰國) 시기 호(胡)로 불리던 현 하북성 남부 중산(中山)국[22]과 함께 중원 북쪽에 있었고, 이후 진한(秦漢) 시기에도 중국 북방 '호(胡)'의 땅에 있었던 강력한 정권이었다.[23]

---

21) 『史記』「律書」"歷至孝文卽位, 將軍陳武等議曰 : 南越朝鮮自全秦時內屬爲臣子, 後且擁兵阻阨, 選蠕觀望", "今匈奴內侵, 軍吏無功, 邊民父子荷兵日久", "今未能銷距, 願且堅邊設候, 結和通使, 休寧北陲, 爲功多矣. 且無議軍(효문제(孝文帝)가 즉위할 당시, 장군 진무(陳武) 등이 논의하여 말하였다: '남월(南越)과 조선(朝鮮)은 진(秦)나라 시대부터 스스로 내속하여 신하가 되었으나, 후에 또한 군대를 소유하며 험난한 요새를 의지하여 꿈틀거리며 난을 일으킬 기회를 관망하고 있습니다. …(효문제 왈) 지금 흉노가 안으로 침입하고 있고, 군관들은 공이 없으며, 변방의 백성들은 부자가 함께 무기를 짊어진 채 오래도록 지내고 있소. …지금 군사를 동원할 상황이 아니니, 변방의 요새를 견고히 하고 적의 정세를 염탐하는 시설을 설치하며, 화친을 맺어 사신을 왕래시키면 북쪽의 변방 부근이 아무 걱정 없이 편안히 여겨서 마음을 놓을 것이므로 성과가 많을 것이오').".

22) 『史記』「趙世家」"吾不疑胡服也, 雖驅世以笑我, 胡地中山吾必有之(나는 오랑캐(胡) 옷을 입는 것을 괴이히 여기지 않는다. 비록 세상이 나를 몰아세우며 비웃는다 해도, 오랑캐 땅(胡地)인 중산(中山)은 내가 반드시 차지하리라)."

23) 『三家注史記』「天官書」"是以秦晉好用兵. 而胡貉數侵掠. 漢之興 …其後京師師四齣, 誅夷狄者數十年, 而伐胡尤甚. [索隱] : 案 : 天文志(漢書·天文志, 東漢時期, 25-220) '武帝元封之中, 星孛於河戍, 其占曰 '南戍爲越門, 北戍爲胡門'. 其後漢兵擊拔朝鮮, 以爲樂浪玄菟郡. 朝鮮在海中, 越之象, 居北方, 胡之域也(이 때문에 진(秦)과 진(晉)은 전쟁을 일삼았고, 호(胡)와 맥(貉)이 자주 침략하고 약탈하였다. 한(漢)이 일어난 이후… 그 뒤로 수

필자는 이렇게 중원과 가까이 있으며 중원 제국(諸國)과 대립했던 후기 고조선(준왕조선, 위만조선)의 위치를 규명하기 위해 고조선의 위치를 찾는 핵심적 지표인 갈석산(碣石山), 발해(渤海), 진장성(秦長城), 요동(遼東), 요수(遼水), 패수(浿水), 연(燕)의 위치에 관해 연구해 왔으며, 결론적으로 이러한 고조선 지표들이 현재 학계에서 논의되고 있는 요녕성(遼寧省)의 요서(遼西), 요동(遼東), 한반도 북부 평양(平壤)과 관련이 없는 고대 황하 인근인 산서성(山西省) 남부와 하북성(河北省) 남부 일대에 있었음을 논증하였다.24) 그간의 연구를 고려할 때 고조선의 위치가 고발해(古渤海) 북쪽인 하북성 중부 지역임을 알 수 있는데, 이 하북성 중부 지역은 상나라(은나라)의 후기 중심지였던 예북기남(豫北冀南),25) 즉 하남성(河南省) 북부와 하북성(河北省) 남부의 북쪽 지역(하북성 중부 보정시, 북경시 일대)으로서, 그곳은 예북기남(상나라)과 인접한 고조선이 위치하기에 적당한 곳이라고 할 수 있다. 이는 후기 고조선(위만조선) 중심지가

도(京師)에서 군대가 네 방향으로 출동하여, 오랑캐(夷狄)를 정벌한 것이 수십 년에 이르렀으며, 그 가운데 호(胡)를 공격한 것이 특히 심하였다. [색은(索隱)] 주석: 『한서·천문지』에 따르면 "무제(武帝) 원봉(元封) 연간에 혜성이 하수(河戍)에 나타났는데, 점괘에 이르기를 '남쪽 수성(戍星)은 월(越)의 문이요, 북쪽 수성은 호(胡)의 문이다'라고 하였다. 그 뒤 한나라 군대가 조선을 공격해 함락시키고, 낙랑·현도군으로 삼았다. 조선은 바다 가운데에 있었고, 월(越)의 상(象)을 따르고 북쪽에 있었으니, 이는 곧 호(胡)의 영역이었다")."

24) 이기훈, 「평양과 발해만 북부 갈석산 비정의 문제점 – 진·한(秦·漢) 시기 발해(渤海)와 요동(遼東)의 위치를 중심으로 –」, 『동아시아고대학』 72, 2023, pp.109-150; 이기훈, 「한(漢)부터 당(唐)까지의 발해(渤海) 위치 재고(再考)」, 『역사와 융합』 8(2), 2024, pp.7-60.

25) 唐際根; 岳洪彬 主編, 「殷墟與商文化」, 『殷墟科學發掘80周年紀念文集』, 2011, p.217. "在文化分佈上, 一期及其以前商文化的中心是在鄭州一帶; 二期以後商文化中心移至豫北冀南地區(문화 분포에 있어, 제1기 및 그 이전의 상(商) 문화 중심지는 정주(鄭州) 일대였으며, 제2기 이후에는 상 문화의 중심이 하남 북부와 하북 남부 지역(예북기남)으로 이동하였다)."

〈그림 Ⅰ-1〉 고조선의 서주(西周) 시기(BC 11C-BC 8C)와 전국(戰國) 시기(BC 5C-BC 3C) 수도 비정 위치

그 지역(하북성 중부)에 있었을 가능성이 높음을 의미하기도 한다. 이러한 관점은 기존에 고조선 중심지를 요서(遼西), 요동(遼東), 평양(平壤)으로 비정한 제설(諸說)과는 다른 주장으로서 필자는 이를 하북성(河北省) 중부설(中部說)로 명명하고, 그 중심 위치를 중국 서주(西周) 시기 유일하게 성터와 궁전, 제후묘가 동시에 발견된 현 북경시(北京市) 남부 방산구(房山區) 유리하진(琉璃河鎭)과, 인근의 전국(戰國)시대 최대 도성(都城) 유적인 연하도(燕下都) 유적이 있는 하북성(河北省) 중부 보정시(保定市) 역현(易縣) 일대로 파악하여, 각각 전자는 고조선의 전기 중심지로, 후자는 고조선의 후기 중심지로 제시하고자 한다.

고조선의 중심 위치(수도)를 찾는 일은 한민족의 기원과 형성에 대한 중요한 근거 자료가 될 수 있다. 현재 학계에서는 고조선의 기원지를 한반도 내에서 찾거나 요동, 요서를 중심으로 고찰하고 있으나, 그 이외의 지역에 대한 고찰이 부족한 상황이다. 필자는 이러한 학계의 제한적 시각을 중원까지 확장하여 고조선의 기원지 및 중심지를 재고함으로써 고조선의 위치에 대한 새로운 시각을 제시하고자 한다. 이러한 시각은 기존 한국, 중국, 일본 학계에서 가졌던 동아시아 고대 역사에 대한 관점을 보다 포괄적으로 확장하는 데 도움을 줄 것으로 기대한다.

2. 왕검성을 찾는 방법

고조선의 수도 호칭은 4가지로 구분이 된다. 『사기(史記)』에 위만(衛滿)이 조선과 연(燕)·제(齊) 망명인을 규합하여 요동(遼東) 험독현(險瀆縣)에, 혹은 낙랑(樂浪) 패수 동쪽(浿水之東)에 도읍했다는 왕험(王險), 마한의 수도(馬韓王儉城) 또는 선인(仙人) 왕검(王儉)이 도읍(宅)했다는 왕검(王儉), 그리고 단군왕검(壇君王儉)이 수도를 세운 아사달(阿斯達), 선인(仙人) 왕검(王儉)의 수도이자 한(漢) 낙랑군(樂浪郡)의 왕험성(王險城)으로서 후대 고구려의 수도가 되는 평양(平壤)이다.

이 글에서는 상기 4개의 고조선 수도 가운데 서진(西晉) 시기 신찬(臣瓚)이 낙랑군(樂浪郡) 패수(浿水)의 동쪽에 있다고 『한서(漢書)』 주석에 기록한 '왕험성(王險城)'과, 이 신찬(臣瓚)의 주석을 동일하게 인용하였으나, '왕험성(王險城)'이 아닌 '왕검(王儉)'으로 기록한 『삼국유사(三國遺事)』의 왕검성(=왕험성)을 연구 대상으로 하여 그 위치를 추적한다.[26]

---

26) 『漢書』 地理志 第八下 "險瀆(應劭曰, 朝鮮王滿都也, 依水險, 故曰險瀆. 臣瓚曰, 王險城在樂浪郡浿水之東, 此自是險瀆也. 師古曰, 瓚說是也.)(응소(應劭)가 말하길, "조선왕 만(滿)의 도읍이다. 지형이 물을 끼고 험준하므로 '험독'이라 한다." 신찬(臣瓚)이 말하길, "왕험성은 낙랑군 패수의 동쪽에 있으니, 이것이 곧 험독이다." 사고(師古)가 말하길, "신찬의 설이 옳다."); 『三國遺事』 紀異第一 "前漢朝鮮傳云, …稍役屬真番·朝鮮蠻夷及

즉, 여러 고조선 수도명 가운데 신찬(臣瓚)이 언급한 고조선 후기 수도인 낙랑군 패수 동쪽에 있었다고 하는 왕험성(왕검성)의 위치를 찾고자 한다. 그 이유는 여러 고조선 수도 가운데 왕험성(王險城)과 관련된 중국 측 사료가 다른 지명(아사달, 평양)에 비해 비교적 풍부하고 구체적이어서 역사적 사실로서 보다 광범위하게 인정될 수 있기 때문이다.

고조선 후기 수도인 왕검성(왕험성)의 구체적 위치를 규명하기 위해 먼저 고조선이 어디에 있었는지를 파악하는 데 지표(指標)가 되는 갈석산(碣石山), 발해(渤海), 진장성(秦長城), 요동(遼東), 패수(浿水), 연(燕)의 위치를 분석해야 한다. 그 지표들의 구체적 위치를 각각 확인한 뒤, 이 지표들의 위치와 역대 왕검성(王險城) 관련 기록들을 비교하면 왕검성의 위치를 구체적으로 비정할 수 있다.

각 지표들을 문헌과 고고 자료를 통해 살펴보면 이들이 공통적으로 가리키는 곳이 있다. 바로 하북성 중부 지역(북경시, 보정시 일대)이다. 그렇다면 그 지역에서 유물이 집중된 곳이 고조선의 수도 왕검성이라고 볼 수 있다. 그곳의 유명한 도성(都城) 유적으로 서주(西周, BC 1046-BC 771) 당시 유적인 북경시(北京市) 방산구(房山區) 유리하진(琉璃河鎭)의 유리하 유적(琉璃河遺蹟, 西周燕都遺蹟)과 전국(戰國) 시기 도성(都城) 유적인 하북성(河北省) 보정시(保定市) 역현(易縣) 연하도 유적(燕下都遺蹟)이 있는데, 그 지역들이 고조선의 전기 수도와 후기 수도 왕험성의 유물

故燕·齊亡命者, 王之都王儉(臣讚曰王儉城在樂浪郡浿水之東). 以兵威侵降其旁小邑, 真番·臨屯皆來服屬方數千里.(전한(前漢)의 조선전(朝鮮傳)에 이르길: … 점차 진번·조선의 만이(蠻夷)들과 옛 연(燕)나라와 제(齊)나라에서 도망 온 자들을 거느리고, 왕의 도읍 왕검(王儉)에 살았다. (신찬이 말하길: 왕검성은 낙랑군 패수의 동쪽에 있다.) 병력의 위세로 주변의 작은 읍들을 침략하고 복속시켰으며, 진번과 임둔도 모두 복종하였고, 영토는 방 수천 리에 달했다)."

일 가능성에 대해 조사한다.

그곳이 왕검성이라는 사실을 증명하는 방법으로 북경 유리하 유적(琉璃河遺蹟)과 북경 남쪽 역현(易縣) 연하도 유적(燕下都遺蹟)에서 발굴된 유물의 성격이 서주(西周)의 중심지였던 황하 인근의 '중원(中原)' 유물과 어떤 차이점이 있는지를 역대 문헌과 고고학적 특징을 통해 분석한다. 이를 통해 전국시대 북경 일대 정권이 중원(황하 유역) 정권과 관련이 없는 후기 고조선 정권이었음을 논증한다.

이상과 같이 본고에서 다루는 주요 연구 대상과 연구 방법을 연구 순서에 따라 구체적으로 진술하면 다음과 같다.

① 고조선 지표 연구 1: 갈석산(碣石山)의 위치 고찰

고조선의 구체적 위치를 파악하기 위하여 고조선과 관련된 핵심 지표(指標) 중 하나인 고조선 국경(경계)에 있던 갈석산(碣石山)의 위치를 고찰한다. 갈석산의 위치를 밝히면 고조선의 서쪽 강역을 구체적으로 확인할 수 있다. 갈석산이 한(漢)나라 당시 고조선과 한나라의 국경에 있었음은 다음의 기록으로 확인된다.

『淮南子(淮南鴻烈解)』[27] 十, 許愼(58?-147?) 注
東方之極, 自碣石山過朝鮮, 貫大人之國, 東至日出之次, 扶樽木之地, 靑土樹木之野, 太暭, 句芒之所司者, 萬二千里.(동쪽의 끝; 갈석산에서 조선을 지나 대인의 나라를 뚫고 가면 동쪽에 해가 뜨는 곳에 이른다. 부상목을 받드는 땅이며, 푸른 흙과 수목이 있는 들판으로, 태호와 구망이 다스리는 곳이다. 1만

---

27) 『회남자(淮南子)』는 전한(前漢) 무제(武帝)가 조선을 공격하기 전인 경제(景帝) 시기(BC 157-BC 141)에 저술된 것으로 추정된다.

2,000리 떨어져 있다.)

『漢書』卷六十四 下
西連諸國至于安息, 東過碣石以玄菟, 樂浪爲郡.(서쪽으로 여러 나라를 이어 안식국에 이르고, 동쪽으로 갈석을 지나 현도와 낙랑을 군(郡)으로 삼았다.)

『史記索隱』卷一
太康地理志云, 樂浪遂城縣有碣石山, 長城所起.(『태강지리지』에 '낙랑 수성현에 갈석산이 있는데 장성이 시작되는 곳이다'라고 한다.)

　이렇게 한나라와 고조선 국경에 있던 갈석산의 위치 비정에 있어서 기존의 연구와 원전 문헌 분석, 고고학적 자료를 통해 그 위치를 구체화한다. 고대 갈석산의 위치와 관련하여 후한(後漢) 이전 문헌인 『상서(尙書)』, 『사기(史記)』, 『산해경(山海經)』, 『오월춘추(吳越春秋)』, 『회남자(淮南子)』 등의 '갈석산이 황하 인근에 있었다'는 기록들, 그리고 갈석과 관련된 최초 기록인 『상서(尙書)』 「우공(禹貢)」의 기주(冀州) 조(條)를 분석하여, 현재 하남성(河南省)에 있는 황하나 산서성(山西省) 남부에 있던 고기주(古冀州)와 무관한 지역들인 북한 평양, 발해만 북부, 하북성 보정시, 하북성 석가장시, 산동성 빈주시 갈석산설이 발생하게 된 원인과 문제점을 분석한다. 마지막으로, 갈석산과 관련된 황하와 승수(繩水), 고발해(古渤海), 태항산(太行山) 인근에 위치하며 초기 문헌 기록과 가장 합치되는 하남성 형양시 광무산(廣武山)이 여타 후보지에 비해 원(原) 갈석산에 가까운 사실을 검증한다.

② 고조선 지표 연구 2: 진한(秦漢) 시기 발해(渤海)의 위치

고대 발해(渤海)는 기원전 109년 한무제(漢武帝)가 제군(齊軍)을 동원해 고조선을 공격할 때 건넌 바다(海)로서, 고조선의 위치를 추정할 수 있는 근거 자료이다. 따라서 고대 발해의 위치를 구체적으로 살펴보면 고조선의 위치를 확인할 수 있다. 고대 발해는 고조선을 공격한 고대 제나라의 북쪽에 있었으므로, 고조선은 발해의 북쪽 인근에 있었음을 알 수 있다.

『史記』卷115「朝鮮列傳」

元封二年(BC 109)…天子募罪人擊朝鮮. 其秋, 遣樓船將軍楊僕從齊浮渤海.(원봉 2년(기원전 109년)…천자가 죄인을 모집하여 조선을 공격하게 하였다. 그해 가을, 누선장군 양복(楊僕)을 보내 제(齊)에서부터 발해(渤海)를 건너가게 하였다.)

『戰國策』卷八 齊一

蘇秦爲趙合從, 說齊宣王曰, 齊南有太山, 東有琅邪, 西有淸河, 北有渤海, 此所謂四塞之國也.(소진(蘇秦)이 조나라를 위해 합종(合從)을 주창하며, 제(齊) 선왕(宣王)에게 말하였다. "제나라의 남쪽에는 태산(太山)이 있고, 동쪽에는 낭야(琅邪), 서쪽에는 청하(淸河), 북쪽에는 발해(渤海)가 있습니다. 이것이 이른바 '사방이 막힌 나라'입니다.")

이 제(齊)나라 북쪽에 있던 고대 발해는 현재의 발해와 달리 중원 내륙(하북성 남부)에 있었을 가능성이 높다. 『후한서(後漢書)』의 발해군까지의 거리가 하간국(河間國: 현 하북성 남부 헌현(獻縣))보다 가까웠다는 기

록과 발해가 터졌다는(勃海決) 『회남자(淮南子)』의 기록, 해(海)가 황하(河)로 기록되기도 했다는 『사기집해(史記集解)』 기록, 발해가 홍수(大水)로 범람했던 기사를 전하는 『한서(漢書)』, 『후한서(後漢書)』 등의 기록, 발해의 海(해)가 물길이 끊어지기도 했던 (斷水) 澥(해)라고 주석한 『사기색은(史記索隱)』의 기록, 발해 지역을 기준으로 주변이 육지였다는 『한서(漢書)』 기록 등은 모두 발해가 현재와 달리 내륙의 거대한 저수지대였음을 증거한다. 이를 뒷받침하는 자료로 전국(戰國) 시대 위(魏)나라(BC 403-BC 225)의 수도였던 대량성(大梁城), 즉 하남성 개봉성(開封城)의 위치가 현재보다 12-14m 지층 아래에 있다는 사실과, 16세기까지 하북성 남부의 50km에 달하는 거대한 호수였던 대륙택(大陸澤)이 현재 사라진 사실, 하북성 남부에서 고대 유물이 발견되지 않는 사실 등을 통해 고발해(古渤海)가 현재와 달리 하북성 남부 내륙에 존재했을 가능성을 검증한다.

③ 고조선 지표 연구 3: 진장성(秦長城)과 요동(遼東), 요수(遼水)의 위치

진(秦)나라는 고조선과 국경을 접했던 연(燕)을 멸한 뒤 그 땅에 장성(長城)을 쌓는다. 이 진시황이 쌓은 진장성(秦長城)은 과거 연(燕)이 쌓았던 연 장성(燕長城)과 마찬가지로 그 동단(東端)이 요동(遼東) 또는 요동군 중심지 양평(襄平)에 이르렀다. 따라서 요동의 위치를 파악하면 진장성(秦長城)의 위치를 알게 되고, 과거 연나라 동쪽에서 연나라와 접경했던 고조선[28]의 위치 또한 파악할 수 있다.

---

[28] 『史記』 「貨殖列傳」 "夫燕 … 北鄰烏桓·夫餘, 東綰穢貉·朝鮮·眞番之利.(무릇 연(燕)은 … 북쪽으로 오환(烏桓)·부여(夫餘)와 이웃하고, 동쪽으로는 예맥(穢貉)·조선(朝鮮)·진번(眞番)의 이익을 꿰차고 있었다.)"

『史記』「匈奴列傳」

燕亦築長城, 自造陽至襄平.置上谷, 漁陽, 右北平, 遼西, 遼東郡以拒胡.(연(燕) 또한 장성을 쌓았는데, 조양(造陽)에서부터 양평(襄平)에 이르렀다. 오랑캐를 막기 위해 상곡(上谷)·어양(漁陽)·우북평(右北平)·요서(遼西)·요동(遼東) 등의 군을 설치하였다.)

『史記』「蒙恬列傳」

乃使蒙恬將三十萬衆北逐戎狄, 收河南.築長城, 因地形, 用制險塞, 起臨洮, 至遼東, 延袤萬餘里.(이에 (진(秦)의 장수) 몽염이 30만을 이끌고 북쪽으로 융적을 쫓아낸 뒤 황하 이남을 차지(收)했다. 장성을 지형을 따라 험한 요새를 이용하여 쌓았는데, 임조에서 요동에 이르렀다.)

이렇게 장성의 동단(東端)이었던 요동(遼東)의 위치를 찾기 위해 역대 요주(遼州)가 어디에 있었는지를 분석하고, 고조선과 흉노의 국경에 있던 상곡(上谷)의 위치와 비교하여 요동(遼東)의 위치를 구체화한다. 이를 보충하기 위해 장성(長城)과 관련된 기록과『여씨춘추(呂氏春秋)』,『회남자(淮南子)』,『수경주(水經注)』의 요수(遼水) 관련 기록, 한(漢) 요동군 치소였던 양평(襄平)의 위치를 분석하고, 요동의 위치와 함께 현재 중국학계에서 주장하는 요서(遼西)의 위치를 살펴본다.

④ 고조선 지표 연구 4: 패수(浿水)의 위치

이 요동의 옛 요새 너머에 있던 패수(浿水)의 위치에 관한 연구 역시 고조선의 위치를 구체화하는 단서가 된다. 패수(浿水)는 전한(前漢)과 고조선의 국경에 있었는데, 그 위치에 관한 기존 주장들과 그 문제점을 역대 기록을 분석하여 고찰한다.

『史記』「朝鮮列傳」
漢興, 爲其遠難守, 復修遼東故塞, 至浿水爲界.(한(漢)이 일어나서는 그곳이 멀어 지키기 어려우므로, 다시 요동의 옛 요새를 수리하고 패수(浿水)에 이르는 곳을 경계로 하여 연(燕)에 복속시켰다.)

패수는 고조선을 이은 낙랑군에 있던 강으로, 서쪽의 전한(前漢)과 동쪽의 고조선(낙랑)의 국경이었다. 따라서 패수는 전한(前漢)이 있던 서쪽으로 흐를 수 없다. 그러나 낙랑이 313년 고구려 공격으로 이주한 이후 이 패수는 서쪽으로 흐르는 강으로 기록이 된다. 이렇게 패수가 이동하는 과정과 원(原) 패수의 위치를 살펴본다.

⑤ 고조선 지표 연구 5: 전국(戰國)시대 연(燕) 위치 분석

전국시대 연(燕)나라는 고조선과 국경을 접하고 갈등관계에 있었는데, 고조선은 연나라에 동쪽에 있었으므로 연나라의 위치를 파악하면 고조선의 위치 역시 확인할 수 있다.

『戰國策』「燕策」
北說燕文侯曰, 燕東有朝鮮遼東, 北有林胡樓煩.(북쪽으로 연 문후에게 유세하기를 "연나라 동쪽에 조선, 요동이 있고 북쪽에 임호 누번이 있습니다.")

『鹽鐵論』卷第八 伐功 第四十五
燕襲走東胡, 辟地千里, 度遼東而攻朝鮮.(연나라가 동호를 기습하여 쫓아내

고, 천 리의 땅을 개척하였으며, 요동을 지나 조선을 공격하였다.)

『鹽鐵論』卷第七 備胡 第三十八
大夫曰 : 往者, 四夷俱强, 幷爲寇虐, 朝鮮踰徼, 劫燕之東地.(대부가 말하였다: 예전에는 사방 오랑캐들이 모두 강성하여 함께 침략하고 난폭하였는데, 조선이 변경을 넘어서 연나라의 동쪽 땅을 약탈하였다.)

『史記』卷一百二十九 貨殖列傳 第六十九
夫燕亦勃·碣之間一都會也. …東綰穢貉·朝鮮·眞番之利.(연나라도 역시 발해(勃)와 갈석(碣) 사이에 있는 하나의 큰 도시였다. … 동쪽으로는 예맥조선(穢貉朝鮮), 진번(眞番)의 이익을 꿰차고 있었다.)

『三國志 裴松之注』卷三十
魏略曰 : 昔箕子之後朝鮮侯, …後子孫稍驕虐, 燕乃遣將秦開攻其西方, 取地二千餘里, 至滿番汗爲界, 朝鮮遂弱.(위략에 이르기를: 옛날 기자(箕子)의 후손인 조선후(朝鮮侯)는 … 후에 그 자손들이 점차 교만하고 포악해지자, 연나라가 장수 진개(秦開)를 보내 (조선의) 서방을 공격하게 하여, 2,000여 리의 땅을 빼앗고 번한(番汗)까지 이르러 경계로 삼으니, 조선은 마침내 약해졌다.)

이렇게 고조선과 갈등했던 연(燕)의 위치를 파악하기 위해 『사기(史記)』를 포함한 연(燕) 관련 내용을 분석하여 연(燕)의 중심 강역을 구체화한다. 특히, 서주(西周)가 상(商, 殷)나라를 물리치고 차지한 곳은 황하 유역(현 정주시(鄭州市) 인근)이었는데, 북방 융적(戎狄)의 땅과 고발해(古

渤海)를 건너 위치한 북경 지역이 BC 11세기 서주(西周) 시기부터 전국시대(戰國時代, BC 476-BC 221)까지 줄곧 주(周)의 봉국 연(燕)이었다는 중국 주장이 합리적인지 사서와 관련 자료를 통해 확인한다. 이후 연(燕)과 관련이 깊은 기자조선(箕子朝鮮), 중산국(中山國), 동호(東胡), 오환(烏桓), 조선서방(朝鮮西方)의 위치와 상호 동질성에 대해 분석함으로써 연(燕) 관련 위치 정보를 확보한다.

⑥ 고조선과 왕검성(王儉城)의 위치 관련 기록 분석

이상의 갈석산, 발해, 요동, 요수, 패수, 연의 위치를 바탕으로 고조선의 수도 왕검성(왕험성)과 관련된 기록들을 검토하면 왕검성의 비정지가 기존과 달라질 수 있다. 특히『사기색은(史記索隱)』에 '요동군에 속한 험독현(險瀆縣)'에 조선왕의 수도가 있다고 한 기록과『사기집해(史記集解)』에 '창려에 험독현이 있다(昌黎有險瀆縣也)'는 기록을 근거로, 왕검성이 있었다는 창려(昌黎)가 어디에 있었는지 문헌을 통해 분석한다.

『史記』「朝鮮列傳」

滿亡命, …渡浿水, …稍役屬眞番朝鮮蠻夷及故燕齊亡命者王之, 都王險(集解徐廣曰, 昌黎有險瀆縣也. 索隱韋昭云古邑名. 徐廣曰, 昌黎有險瀆縣. 應劭注地理志, 遼東險瀆縣, 朝鮮王舊都. 臣瓚云, 王險城在樂浪郡浿水之東也.(위만이 망명하여, …패수를 건넜고, …차차 진번·조선의 오랑캐들과 옛 연나라·제나라에서 도망친 자들을 사로잡아 왕이 되었으며, 왕험(王險)에 도읍하였다.(집해(集解)에서 서광(徐廣, 352-425)은 말하기를, 창려(昌黎)에 험독현(險瀆縣)이 있다고 하였고, 색은(索隱)에서 위소(韋昭, 204-273)는 옛 읍의 이름이라 하였으며, 서광은 다시 창려에 험독현이 있다고 하였다. 응소(應劭, 後漢

학자)가 『지리지』에 주석하기를, 요동의 험독현은 조선왕의 옛 도읍지라 하였고, 신찬(臣瓚, 西晉 학자)은 왕험성이 낙랑군 패수의 동쪽에 있다고 하였다.))

이 왕험성이 있었다는 창려(험독)의 위치와 관련하여 1931년 제작된 『중국고금지명대사전(中國古今地名大辭典)』에는 창려군이 직예성(현 하북성) 중부 보정시 서수현(徐水縣) 일대에 있었다고 밝히고 있다.[29]

『中國古今地名大辭典』「昌黎郡」
三國魏晉因之. 後魏亦置昌黎郡. 後魏置. 北齊因之. 故治在今直隸徐水縣西二十五里. 隋移今易縣治. 改爲上谷郡.((창려군은) 삼국 시대 위(魏)·진(晉) 시대에 이어받았다. 후위(後魏) 또한 창려군을 설치하였고, 북제(北齊)도 이를 따랐다. 옛 치소(治所, 행정 중심지)는 지금의 직예성(直隸省, 현 하북성) 서수현(徐水縣) 서쪽 25리 지점에 있었다. 수(隋)나라 때 지금의 역현(易縣)으로 치소를 옮기고, 이름을 상곡군(上谷郡)으로 고쳤다.)

『中國古今地名大辭典』「徐水縣」
民國改爲徐水縣以縣南有徐水故名. 屬直隸保定道.((서수현은) 민국(民國) 시대에 '서수'라는 하천이 현 남쪽에 흐르기 때문에 서수현으로 개칭하였다. 직예 보정도(直隸 保定道, 현 하북성 보정시)에 속하였다.)

이렇게 왕검성이 있던 창려군(험독현)이 직예성(直隸省, 현 하북성) 중부 보정시 일대에 위치했을 가능성을 살피기 위해 먼저 창려 및 왕검성 관련 역대 기록들을 통해 확인하고, 이어서 고조선 위치와 관련된 기록

---

29) 臧勵龢 等, 『中國古今地名大辭典』, 上海商務印書館, 1931, p.473. p.698.

들과 비교하여 교차 검증한다. 이에 더해 초대 한(漢)이 공격할 때 건넌 발해(渤海)는 현 하북성 남부라는 연구 사실을 바탕으로, 기원전 108년 한(漢)이 조선을 평정할 때 한(漢)을 도와 공을 세운 조선의 관료들이 상훈으로 받은 봉지(封地) 분석, 연(燕)의 초기 위치 분석, 명도전 출토지 분석 등을 통해 기원전 2세기 초 위만이 규합한 연(燕), 제(齊) 유민이 모여든 곳이 발해(渤海) 북쪽 하북성 중부(석가장시, 보정시) 일대일 가능성에 관해 다각적으로 분석한다.

⑦ 화북(華北) 지역 도성(都城) 유적 분석(1) ― 유리하(琉璃河, 西周燕都) 유적 분석

이상의 사서 기록과 유물 분석을 통해 하북성 중부 이북인 보정시(保定市) 일대에 고조선의 수도 왕험성이 있었음을 가정하고, 그 지역(하북성 중부)에 있는 유적 가운데 상주(商周) 시기부터 전한(前漢, BC 202-AD 8)까지 유물들이 집중적으로 발견되는 서주(西周) 도성(都城) 유적인 북경 남부 유리하(琉璃河, 西周燕都) 유적과 전국시대(戰國時代, BC 476-BC 221) 도성(都城) 유적인 보정시 역현(易縣) 연하도 유적(燕下都遺蹟)의 성격에 대해 조사한다.

중국 학계에서는 이 두 유적지를 모두 주(周)의 봉국이었던 연국(燕國) 유적으로 규정하고 있는데, 먼저, 서주(西周, BC 1046-BC 771) 시기 유일하게 왕의 궁전과 제후의 묘가 동시에 존재하는 북경 유리하(琉璃河, 西周燕都) 유적이 기록상 전국 시기 연(燕)의 봉지(封地)로 합당한가를 『사기(史記)』의 소공(召公) 관련 기사로 분석하고, 유리하 유적에서 발견된 청동기 명문(銘文) 중 '언(匽)'과 관련된 내용을 '연(燕)'과 동일시하는 문제점을 검토한다. 또한, 유리하 유적의 유물의 명문(銘文) 가운데 주(周)

나라 수도였던 '종주(宗周, 鎬京)'나 '성주(成周, 洛邑)' 관련 명문(銘文) 내용을 해석·검토하고, 그 유물들이 외부로부터 유입되었을 가능성에 대해 고찰한다. 이후 북경 유리하(琉璃河) 유적과 관련된 고고학적 자료를 통해 서주(西周) 당시 북경 지역의 중원과 구분되는 점을 빗살무늬(繩紋) 도기(陶器)와 통복력(筒腹鬲) 등을 대표로 하는 토착 문화 요소(張家園上層文化), 그리고 서주(西周) 시기 조성된 북경 창평현(昌平縣) 백부촌(白浮村) 유적 등의 분석을 통해, 서주(西周) 당시 북경 일대가 당시 중원과 어떤 상호작용을 하였고, 주(周)의 봉국이었던 연(燕)이 그 지역을 수도로 삼을 가능성이 어느 정도인지를 점검한다.

⑧ 화북(華北) 지역 도성(都城) 유적 분석(2) - 연하도(燕下都) 유적 분석

중국에서는 전국시대(戰國時代) 도성(都城) 가운데 가장 넓은 면적을 차지하고 10만 점 이상의 방대한 유물이 발견된 하북성 보정시(保定市) 역현(易縣) 연하도 유적(燕下都遺蹟)을 전국시대(戰國時代) 연나라(燕国)의 수도 유적지로 비정하고 있다. 이 장(章)에서는 이 유적이 연(燕)의 유적이라는 중국 측 주장의 근거를 살피고, 앞에서 연구한 연(燕)의 중심 강역의 문헌적 근거와 고고학 자료의 일치성에 관해 고찰한다. 고고학적으로 연(燕) 화폐로 알려진 명도전(明刀錢)이 전국시대(戰國時代, BC 476-BC 221) 연의 화폐였을 가능성을 파악하기 위해, 삼하(三河) 유역(중원) 고유 화폐인 포전(布錢)과 비교한 후, 명도전(明刀錢)이 연(燕)의 화폐로서 적합한지에 대한 여부를 조사한다.

⑨ 유리하 유적과 연하도 유적이 왕검성(王儉城)일 가능성 검토

마지막으로, 북경 유리하(琉璃河) 유적과 보정시 역현 연하도(燕下都)

유적이 상(商)·서주(西周) 시기부터 전국 시기에 이르기까지 어떻게 화북 지역에서 중심지 역할을 했는지를 유물의 분포를 통해 살펴봄으로써 이 두 지역이 고조선 초기 중심지와 후기 중심지로서의 조건을 갖추고 있는지 가능성을 검토한다. 이를 통해 최종적으로 하북성 중부 일대가 중국 주장과 달리 서주(西周) 시기부터 연(燕)의 강역이 되기 어렵고, 보정시 역현 연하도(燕下都) 유적 역시 전국시대 연나라 유적이 아닌 고조선의 수도 왕검성(왕험성)일 가능성이 높음을 입증한다.

Ⅱ. 원전(原典)을 벗어난 기존 학설들

후기 고조선(古朝鮮)의 중심지, 즉 왕검성(왕험성)의 위치와 관련하여 현재 학계에서는 크게 한반도 평양(平壤)설, 요서(遼西)설, 요동(遼東)설, 하북성 동북(북경 이동)설로 나누어 주장되고 있으나 아직까지 의견을 통일하지 못하고 있다. 이 장(章)에서는 이러한 기존 학설들이 가지고 있는 근본적인 문제점을 살펴봄으로써 기존 주장들이 모두 정설(正說)이 될 수 없는 이유를 설명하겠다.

1. 고조선 중심이 한반도가 될 수 없는 이유

조선 후기 실학자들은 고조선을 이어 들어선 낙랑군과 관련된 연구를 활발히 진행하였는데, 이는 조선 후기 전란으로 인한 새로운 역사의식의 고양과, 실증적 역사지리 연구를 집대성하기 위한 필요에 의해 발생한 것이다. 그 당시 학자들은 이미 고조선에 설치된 한군현에 대한 대부분의 문헌 자료들을 수집하고 분석하여 낙랑군 재(在)평양설, 재요동설, 재요서설과 같은 대부분의 학설들을 제기하였다.[30] 그러한 학자들 가운데 한백겸(韓百謙, 1552-1615)은 최초의 역사지리 전문서로 볼 수 있는 『동국지리지(東國地理誌)』에서 조선 전기의 '삼조선 - 한군(漢郡)-삼한-삼국'으로 이어진다는 사관과 달리, 한강을 경계로 북방에는 고구려가 있

---

30) 안정준, 「오늘날의 낙랑군 연구」, 『역사비평』, 2016, pp.262-284.

었고, 남방에는 삼한과 삼한을 이은 백제, 신라, 가야가 있었다는 학설을 제시했다.

그의 관점은 이후 오운(吳澐, 1540-1617)을 비롯한 18세기까지 많은 학자에게 영향을 미쳤고, 후대 이익(李瀷, 1681-1763), 신경준(申景濬, 1712-1781), 안정복(安鼎福, 1712-1791) 등에 의해 더욱 정교하게 발전한다. 특히 신경준(申景濬)은 한백겸과 유형원에 의해 이루어진 역사지리학 연구를 토대로 자신의 연구를 심화시키면서 당시까지의 연구를 총정리하여 『강계고(疆界考)』에 집약시켰다.[31] 이러한 견해를 이어 정약용(丁若鏞, 1762-1836)은 우리 민족의 주 영역을 한반도 지역으로 한정하려 하였고, 고조선 혹은 한군현의 만주 존재설을 부정하면서 발해를 우리 역사에 포함시키려는 것을 비판하였다. 종족적으로도 말갈이나 여진계는 우리 민족의 역사에서 명확하게 선을 그으려고 하였다.

그의 주장은 한치윤(韓致奫, 1765-1814), 한진서(韓鎭書, 1777-?)에게도 받아들여져 우리 민족의 활동 무대를 압록강과 두만강을 넘지 않는 지역으로 보는 견해가 이어지게 된다.[32] 이렇게 조선 중기 한백겸(韓百謙)에 의해 제시된 한강을 중심으로 한 그 이북에 고구려가 있고 그 남쪽에 백제와 신라, 가야가 있었다는 학설은 현재까지 면면히 이어지는데, 이 주장에 따르면 고구려 남쪽에 있었던 고조선 중심지 낙랑은 평양 일대가 되어야 한다.

---

31) 박인호, 『실학자들은 우리나라 역사지리를 어떻게 보았는가』, 동북아역사재단, 2021.
32) 박인호, 앞의 책(2021), pp.154-155. "유득공의 역사지리 비정을 요약하면 먼저 『사군지』에서 한사군(漢四郡)의 진번군은 고구려 땅으로 송화강 이동에, 임둔군은 예의 땅으로 강릉에, 구현도군은 옥저의 땅으로 함흥에, 현도군은 고구려의 땅으로 청의 흥경에, 낙랑군은 고조선의 국도인 평양에 비정했다. 유득공의 한사군 위치 비정의 특징은 가장 의견이 분분했던 진번군 지역을 옛 고구려 땅 일대로 비정한 데 있다."

이러한 한백겸 계열의 한강 중심 남북설과 비교하여 유형원(柳馨遠, 1622-1673)은 진번(眞番)을 요동경내(遼東境內)에 비정하였는데, 이렇게 고조선 영역을 요동까지 확장하여 제시한 주장은 이익(李瀷, 1681-1763)에게도 이어져 이익은 한군현의 위치를 주로 요동에서 찾으려 하였다. 성해응(成海應, 1760-1839) 역시 이러한 관점을 이어 한대(漢代) 분쟁 지역은 소요수(小遼水) 일대이지 평양(平壤) 일대가 아니고, 안동도호부가 평양이 아니라 요동에 설치되었다고 하였다. 19세기까지 지속된 이러한 관점은 한백겸 계열의 주장과 약간 차이가 있으나 크게 보면 한반도를 중심 영역으로 한 관점에는 큰 변화 없이 요동까지 고조선 영역을 확대 해석하는 견해로 볼 수 있다.

이렇게 조선 후기 실학자들은 고조선의 중심지에 관해 한반도와 요동을 중심으로 다양한 견해를 제시했지만, 당시 학자들의 연구에 있어서 가장 큰 한계는 한군현과 관련된 제한된 기록에 의존할 뿐 이를 뒷받침할 만한 고고 자료의 발굴이 이루어지지 않았다는 데 있다.

이러한 고고학적 근거가 부족한 상황에서도, 역사지리학의 연구를 한 단계 끌어올렸다는 평가를 받는 정약용은 『아방강역고(我邦疆域考)』(1811)와 『대동수경(大東水經)』(1814)을 저술하여 후대 학계에 많은 영향을 미친다.[33] 그가 주장한 내용의 핵심은 고조선 혹은 한군현이 한반도를 넘어 만주에 있었다는 학설을 부정한 것으로, 이러한 그의 한반도 중심 고조선 중심설은 근대 한국 역사계에서 실증사학의 시조로 평가받고 있는 이병도(李丙燾, 1896-1989)에게도 이어진다.[34] 이병도는 조선 후기

---

33) 박인호, 앞의 책(2021), p.171.
34) 김태영, 『實學者 丁若鏞의 歷史認識 批判 - 아방강역고를 중심으로 -』, 세계출판사, 2020, p.6.

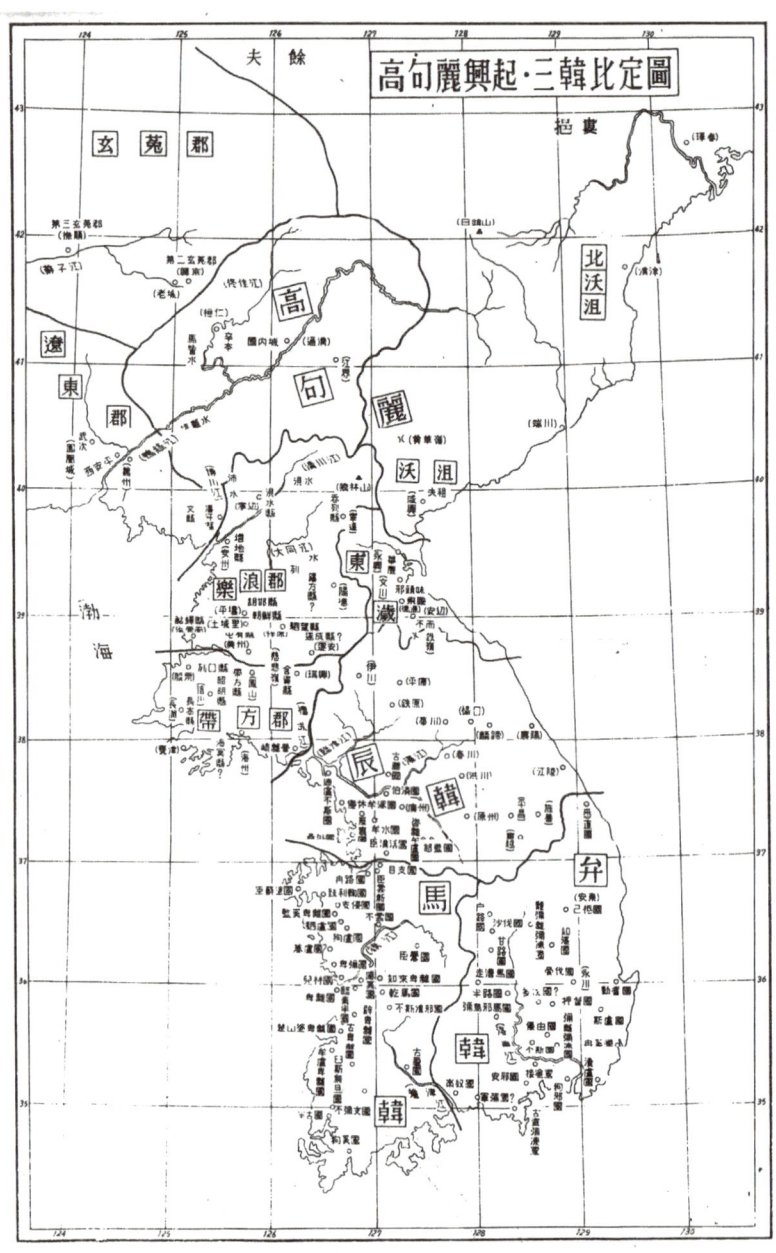

〈그림 Ⅱ-1〉 이병도의 『한국사』 「고대편」(1959)에 실린 고구려 초기 강역도[35]

실학자들의 견해, 즉 한강을 중심으로 남쪽에 삼한, 북쪽에 낙랑, 고구려가 있었다는 견해를 받아들여 1959년 『한국사』「고대편」에 고조선 중심지였던 낙랑군과 고구려, 그리고 백제와 신라로 이어지는 삼한을 한반도로 비정하였다.

한편, 이병도에게 많은 영향을 준 정약용의 주장은 여러 문제점을 내포하고 있음이 확인된다. 임찬경은 정약용 연구의 문제점과 관련하여 다음과 같이 기술하고 있다.

> 정약용은 그의 저서 『아방강역고(我邦疆域考)』에서 밝힌 조선고, 낙랑고, 현도고, 임둔고, 진번고, 대방고, 마한고, 진한고, 임나고, 졸본고, 국내고, 환도고, 한성고, 옥저고, 예맥고, 말갈고, 발해고, 패수 등의 연구는 위치를 연구할 때 필수적인 1차 사료인 『상서』「우공」, 『여씨춘추』「유시람」, 『회남자』「지형훈」, 『주례직방씨』 등과 같은 원전을 인용하지 못했다. 이들 문헌 사료로부터 그가 주장한 위치들에 대한 타당성의 근거를 제시하지 못하였다. 일부 원전 사료인 『한서』「지리지」, 『수경주』, 『이아』, 『통전』 등을 인용하기는 하였으나 위치 연구와 직접 관련이 없는 내용을 언급하는 한계를 보이면서 사견(私見)에 입각한 독단적인 결론에 이르는 실수를 범하였다.[36]

이렇듯 정약용의 연구에는 조선 후기 실학자들의 한반도 중심 역사관을 바탕으로 한 개인적 '추론'을 자주 활용하였고, 이러한 추론에는 근거

---

35) 임찬경, 「서기 49년 고구려가 한(漢)의 우북평, 어양, 상곡, 태원을 공격한 전쟁의 실체 분석」, 『국학연구』 26, 2022, p.280.
36) 임찬경, 앞의 논문(2022), pp.7-8.

가 명확하지 않은 경우를 확인할 수 있다. 이러한 조선시대 후기 실학자들의 '추론'에 의한 고조선 연구는 이를 계승한 이병도의 연구에서도 중요한 특징으로 발견된다.

이도학(李道學)은 1950년대 이후 한국 고대사학계를 이끌었던 두계(斗溪) 이병도의 연구를 면밀히 분석한 후, 고조선 멸망 후 한(漢)이 설치한 군현(郡縣)의 위치에 대한 이병도의 연구에 '실증(實證)이 없다'고 결론을 내렸다. 이에 더해 한국 사학계에서 한군현의 위치에 대한 새로운 비정이 거의 시도되지 못하고 있는 현실에도 문제를 제기하였다.

斗溪(두계: 이병도)의 역사지리 비정의 특징 가운데 하나가 音相似(발음의 유사성)에 의한 比定이었다. 비근한 예로서 漢四郡의 하나인 玄菟郡(현도군)에 대한 비정에서도 고구려 수도였던 丸都城(환도성)의 丸都와의 유사성에 힘입은 것으로 보인다. … 두계가 풍납동토성을 사성으로 비정한 주된 요인도 바람드리(風納)=배암 드리(蛇城)라는 자의적인 音相似(발음의 유사성)에 맞춘 결과였다. 傍證(방증) 정도의 방법론을 핵심 근거로 삼은 결과 誤導(오도)된 결론을 도출하였다. 두계는 音相似(발음의 유사성)를 과도하게 사용한 관계로 논지의 핵심 要諦(요체)가 된 경우가 많았다. 그로 인해 훗날 고고학적 방법론과 같은 새로운 자극이 발생하면 의외로 쉽게 논지가 붕괴되고는 했다. 斗溪 史學은 '堅固(견고)'해 보이지만 의외로 허술한 면이 적지 않았다. 그럼에도 두계의 漢四郡(한사군) 비정만은 적어도 한국의 講壇(강단) 史學에서는 통설로 자리잡고 있다. 이 점 奇異(기이)하게 느껴질 정도이다. 해방 이전은 물론이고 해방 이후에도 적어도 남한 사학계에서는 한사군의 위치에 대한 새로운 비정은 거의 시도되지 못하였다. 대신 그 역할은 소위 在野史學者(재야사학자)들의 몫이 되고 말았다. …결국 苦心(고심) 끝에 필자가 내린 결론은 斗溪(두계) 史學에서 '實證(실증)'은 없다는 것이다.37)

이렇게 정약용을 위시한 조선 후기 실학자들의 주장과 이를 계승한 두계 이병도의 주장에는 문헌 기록이나 고고 자료에 근거하지 않은 '추정'이 많다는 문제점이 발견이 되고 있다. 그럼에도 불구하고, 이들이 주장한 한반도 중부 평양 일대가 고조선 중심지 낙랑군이었다는 기존 주장은 현재까지도 많은 학자에게 지지를 받고 있다. 그 이유는 평양 일대에서 발굴되는 다량의 '낙랑' 유물 때문이다. 안정준은 일제강점기 이후 주장된 '낙랑군 평양설'의 고고학적 증거를 다음과 같이 제시하고 있다.

조선총독부 고적조사단의 지속적인 고고 자료 발굴을 통해서 1914년에 평안남도 용강군에서 점제현신사비(秥蟬縣神祠碑)가 발견되었고, 1916년 대동군 대동강면에 있던 한(漢)식 고분들에서 각종 부장품들이 다량 출토되는 등의 성과가 있었다. 이러한 고고 자료들을 근거로 1920년대 중반에는 낙랑군의 중심지가 평양 일대라는 것이 중국의 고증학자들을 비롯한 대부분의 학자들 사이에서 이미 확고한 통설로 자리잡게 되었다. 또한 낙랑군·대방군에 대한 고고 자료의 발굴은 일제 시기에 끝난 것이 아니었다. 일제 시기에 발굴한 낙랑 지역 고분의 수는 70여 기에 불과하지만, 해방 이후 북한에서 발굴한 낙랑 고분의 수는 (1990년대 중반까지) 무려 2,600여 기에 달한다. 현재 우리가 아는 낙랑군 관련 유적의 대다수는 일제 시기가 아닌 해방 이후에 발굴되었다 해도 과언이 아니며, 학계

---

37) 李道學, 「李丙燾 韓國古代史 硏究의 '實證性' 檢證」 『白山學報』 第98號, 白山學會, 2014, pp.103-166.

에서 가장 주목하는 낙랑 관련 유적·유물들 역시 주로 이 시기에 새롭게 발견되었다는 사실을 간과해선 안 된다.[38]

하지만 이렇게 1920년대 이후 대부분 학자들이 '확고하게' 받아들인 '낙랑군 평양설'에는 두 가지 중대한 문제가 있다.

첫째는 평양 지역에서 낙랑 시기 이전인 기원전 2세기 이전 유물이 발견되지 않는다는 점이다. 사방 수천 리에 달하던 위만조선(衛滿朝鮮: BC 194-BC 108)과, 기원전 194년 위만에 의해 왕권을 빼앗기기 이전 준왕(準王)의 기씨조선(箕氏朝鮮)[39] 유물이 발견되지 않는 사실은 평양 지역이 고조선이 멸망한 기원전 108년 이전에는 고조선의 중심지 왕검성(왕험성)이 아니었다는 의미로 해석된다.

둘째는 문헌 기록상 낙랑이 동시대에 '국가(國)'와 '군(郡)' 형태로 각각 다른 지역에 존재하고 있었음이 확인된다는 점이다. 만일 낙랑국과 낙랑군이 동시대에 다르게 존재했다면 낙랑은 평양이라는 한 곳에 특정시킬 수 없다. 즉, 평양 이외의 '또 다른 낙랑'이 있었을 가능성을 검토해야 하는 것이다.

---

38) 안정준, 앞의 논문(2016), pp.266-277.
39) 『三國志 裴松之注』 卷三十 "魏略曰 : 昔箕子之後朝鮮侯, 見周衰, 燕自尊為王, 欲東略地, 朝鮮侯亦自稱為王, 欲興兵逆擊燕以尊周室. 其大夫禮諫之, 乃止. 使禮西說燕, 燕止之, 不攻. 後子孫稍驕虐, 燕乃遣將秦開攻其西方, 取地二千餘里, 至滿番汗為界, 朝鮮遂弱(『위략』에 이르기를: 옛날 기자(箕子)의 후손인 조선후(朝鮮侯)는 주나라가 쇠퇴함을 보고, 연나라가 스스로 왕을 칭하고 동쪽으로 영토를 확장하려 하자, 자신도 왕이라 칭하고 군사를 일으켜 연나라를 되쳐 주나라 왕실을 높이고자 하였다. 그의 대부 예(禮)가 이를 간하자 마침내 그만두었고, 예를 보내 서쪽으로 가서 연나라를 설득하게 하니, 연나라도 공격을 중지하였다. 그러나 후에 그 자손이 점점 교만하고 포악해지자, 연나라는 마침내 장수 진개를 보내 그 서쪽 지역을 공격하게 하여, 2,000여 리의 땅을 빼앗고 만번한(滿番汗)을 경계로 삼으니, 조선은 이로 인해 약해졌다)."

먼저, 첫 번째 문제점인 평양이 고조선이 멸망하기 전 수도인 왕검성(왕험성)이 될 수 없는 고고학적 근거는 다음과 같다.

조원진은 기원전 108년 낙랑군이 되는 위만조선의 도읍 왕험성의 위치는 현재의 북한 평양으로 보는 것이 일반적이지만, 이 지역을 왕험성으로 비정할 수 있는 확실한 근거는 발견되지 않음을 지적하였다.[40] 조법종은 현재 평양 지역의 유적들을 고려할 때 평양 일대에서 왕험성의 후보 공간이 명확치 않다는 점에서 보다 구체적인 공간에 대한 조사와 검토가 요청된다고 하였다.[41] 정인성은 발굴과 출토 정황이 분명한 자료 중에서 여전히 '낙랑군 평양설'을 지지하는 것이 압도적이기 때문에 평양설을 지지하기도 했으나,[42] 이후 대다수의 연구자들이 사서의 열수를 대동강으로 보고 평양설을 지지해 온 사실에 의문을 제시하며, '일제강점기 이래로 여러 차례 조사된 평양 성지(城址)는 낙랑군 이전으로 소급되는 고고 자료가 출토되지 않고, 연대를 알 수 있는 자료들은 낙랑군 병행기에 속하는 일부를 제외하고는 모두 고구려 이후의 것들이다'라고 밝혔다. 그는 이러한 고고학적 사실을 바탕으로 '낙랑 군치(郡治)임에 분명한 평양이 왕검성일 것이라는 기왕의 설명 틀에서 자유로워진다면 후기 고조선의 중심지를 요동반도에서 구할 수 있을 것이라 판단'하며, 낙랑 평양설에 대한 유보적 의견을 제시하기도 하였다.[43]

---

40) 조원진, 「고조선 중심지의 변천을 바라보는 최근 시각」, 『先史와 古代』 72, 2023. pp.107-134.
41) 조법종, 「고조선 왕검성 위치 논의와 쟁점」, 『2016년 상고사 토론회 자료집』 5, 동북아역사재단, 2016. pp.13-58.
42) 정인성, 「일제강점기 土城里土城(樂浪土城)의 발굴과 출토유물 재검토」, 『2016년 상고사 토론회 자료집』 5, 동북아역사재단, 2016. pp.97-129.
43) 정인성, 「고고학으로 본 위만조선 왕검성」, 『한국고고학보』 106, 2018. pp.104-137.

오영찬은 위만조선(衛滿朝鮮) 시기에 동시기 중국 본토와 마찬가지로 서북한에서 철기가 본격적으로 사용되었고, 중원 계통의 회색 태토의 토기도 제작되었을 것으로 상정되지만 아직 이를 뒷받침할 만한 자료는 확실치 않으며,44) 이에 비해 위만조선과는 관련성이 적은 낙랑군 설치 이후의 토기 문화(기원전 1세기 후반 백색 토기)는 비교적 명확하다고 하였다.45)

김남중은 청천강 이남 지역은 기원전 2세기 이전에 화폐 사용 흔적이 불분명하고 전국계 철기의 사용도 빈약한데, 이러한 점은 중원에서 들어온 유이민이 중심이 되어 위만조선이 성립되었다는 문헌 기록과 차이를 보인다고 하였다.46) 이렇게 북한 대동강 유역 평양이 한나라 낙랑군이 되기 어려운 이유는 평양 무덤떼가 한(漢)나라 낙랑군 무덤과 관련성이 낮다는 김영섭의 논문을 통해서도 확인이 된다.47)

이러한 지적들은 매우 중요한 사실로서, 평양 낙랑설의 가장 핵심적 문제라고 볼 수 있다. 위만(衛滿)이 기원전 194년 기준(箕準) 왕의 기씨조선(箕氏朝鮮)을 빼앗아 왕이 된 이후, 기원전 108년 한(漢)에 멸망하여 낙랑군이 설치되기 전까지, 조선(위만조선)은 사방 수천 리(方數千里)에 이르는 강대국이었다.48) 그런데도 불구하고 고조선 중심지로 추정되는 평

---

44) 谷豊臣,「樂浪土器の系譜」,『東アジアと日本の考古學』, 同成社, 2002, p.225.
45) 오영찬,「기원전 2세기대 서북한 고고 자료와 위만조선」,『한국고대사연구』 76, 2014. pp. 95-125.
46) 김남중,「위만조선의 성립과 발전 과정 연구」, 국내박사학위논문, 서강대학교 대학원, 2014. pp.1-180.
47) 김영섭,「평양 대동강면 무덤떼 축조집단 연구」, 국내박사학위논문, 인하대학교 대학원, 2021. pp.1-4.
48) 『史記』『朝鮮列傳』"以故滿得兵威財物侵降其旁小邑, 眞番臨屯皆來服屬, 方數千里(이로 말미암아(以故) 위만은 병력과 재물을 얻게 되어, 그 주변의 작은 읍들을 침략하고 복속

양에서 그 당시, 즉 BC 108년 낙랑군 설치 이전 왕조인 기씨조선(箕氏朝鮮)과 위씨조선(衛氏朝鮮)의 고고 자료가 분명하게 발견되지 않는다면 평양이 고조선의 수도가 되기 어렵다. 이는 평양이 왕험성 지역에 세워진 낙랑군이 아니라 기원전 108년 이후 한나라계 유이민, 특히 낙랑군 세력이 유입된 '낙랑군 관할지'가 되었을 가능성을 의미한다.

두 번째 문제점으로, 고고학적 연구 이외에도 서로 다른 낙랑이 동시대에 등장하는 문헌 기록 역시 '낙랑군 평양설'을 재고하게 한다.

후한(後漢, 기원후 25-220)이 멸망하고 삼국(三國, 220-280)의 혼란을 수습한 서진(西晉, 265-317) 시기에 '낙랑군'과 '낙랑국'은 동시에 서로 다른 곳에 존재했고 멸망한 시기 역시 달랐다. '낙랑국'은 서기 300년 신라에 항복했고, '낙랑군'은 서기 313년 고구려에 의해 침략당하면서 고구려에 흡수된다. 이처럼 서진(西晉) 시기 두 정치체, 즉 낙랑군과 낙랑국이 각각 다른 나라에 항복하거나 침략당했다면 두 정치체는 같은 시기에 서로 다른 지역에 있었음을 의미한다.

『삼국사기(三國史記)』 신라본기(新羅本紀)에는 서기 300년 낙랑국(樂浪國)· 대방국(帶方國) '2국(國)'이 '신라'에 항복하였다고 기록하고 있다.

『三國史記』新羅本紀 基臨尼師今
三月, 至牛頭州, 望祭太白山. 樂浪·帶方兩國歸服.
((3년(300)) 3월에 우두주(牛頭州)에 이르러 태백산(太白山)에 망세(望祭)를 지냈다. 낙랑(樂浪)과 대방(帶方) 양국(兩國)이 항복하여 복속해 왔다.)

시킬 수 있었으며, 진번(真番)과 임둔(臨屯)도 모두 와서 복속하였다. 그 세력 범위는 사방 수천 리에 달하였다)."

이에 비해 같은 『삼국사기(三國史記)』의 고구려본기(高句麗本紀)에는 서기 313년, 서기 314년 낙랑군(樂浪郡)·대방군(帶方郡) '2군(郡)'이 '고구려'에 침략 당한 것으로 기록돼 있고, 『자치통감(資治通鑑)』에는 당시 낙랑군이 고구려에 망하여 이주한 것으로 기록하고 있다.

『三國史記』 高句麗本紀美川王
十四年, 冬十月, 侵樂浪郡, 虜獲男女二千餘口. 十五年, 春正月, 立王子斯由爲太子, 秋九月, 南侵帶方郡.(14년(313) 겨울 10월에 낙랑군(樂浪郡)을 침략하여 남녀 2,000여 명을 포로로 잡았다. 15년(314) 봄 정월에 왕자 사유(斯由)를 세워 태자로 삼았다. (15년(314)) 가을 9월에 남쪽으로 대방군(帶方郡)을 침략하였다.)

『資治通鑑』 卷八十八 晉紀十 孝愍皇帝
"建興元年(313) 夏四月 …遼東 張統據樂浪·帶方二郡, 與高句麗王 乙弗利相攻, 連年不解. 樂浪 王遵說統帥其民千餘家歸廆, 廆爲之置樂浪郡, 以統爲太守, 遵參軍事."(건흥원년(313) 여름 4월 …요동의 장통은 낙랑, 대방 '2군(郡)'을 근거지를 삼았는데, 고구려의 왕 을불리(미천왕)와 서로 공격하면서 여러 해(連年) 동안 화해를 하지 않았다. 낙랑군의 왕준이 장통을 설득하여 그 백성 1,000여 가를 이끌고 모용외에게 귀순하니 모용외가 그를 위하여 낙랑군을 설치해 주고 장통을 태수로, 왕준을 참군사로 삼았다.)

즉, 같은 『三國史記』 기록에 서기 300년 신라에 항복한 낙랑과 대방은 '2국(國)'으로 표현하고 있고, 313년, 314년 고구려의 공격을 받은 낙랑과 대방은 '2군(郡)'으로 표현하고 있는 것이다. 이러한 사실은 이들 정치체가 서로 다르며 동시대에 서로 다른 곳에 있었음을 의미한다.

『삼국지(三國志)』「위서(魏書)」동이전(東夷傳)에는 3세기 당시 고구려 남쪽에 조선예맥(朝鮮濊貊)이 있다고 기록하고 있다.

> 『三國志』「魏書」東夷傳
>
> 高句麗在遼東之東千里, 南與朝鮮濊貊, 東與沃沮, 北與夫餘接.(高句麗는 遼東의 동쪽 1,000리 밖에 있다. 남쪽은 朝鮮·濊貊과, 동쪽은 沃沮와, 북쪽은 夫餘와 경계를 접하고 있다.)

즉, 『삼국지(三國志)』가 기록되던 3세기 조선예맥의 중심지 낙랑군이 고구려 남쪽에 있었던 것이다. 이 기록은 상기 『삼국사기(三國史記)』에 고구려가 314년 '남쪽으로' 낙랑군 남쪽에 설치됐던(204) 대방군(帶方郡)을 공격했다는 기록과 통하는 내용이다. 즉, 고구려 남쪽에 낙랑(조선)과 대방이 있었던 것이다.

이와 비교하여 같은 『삼국지(三國志)』에는 동시대에 또 다른 낙랑, 즉 낙랑군에 속했던 '관할지'가 있었음을 기록하고 있다. 『삼국지(三國志)』「위서(魏書)」동이전(東夷傳)의 '예(濊)조' 기사를 보면 전한(前漢, BC 202-AD 8) 당시 단단대령(單單大領) 동쪽의 옥저와 예맥이 '낙랑군에 새롭게 속하게 된 사실'을 기록하고 있다. 새롭게 낙랑군에 속하게 된 지역은 '그 지역이 넓고', '낙랑군에서 멀리 떨어진 곳'이었다. 이렇게 낙랑군에 속해 있지만 낙랑군과 멀리 떨어져 있던 낙랑 관할지 가운데 '단단대령 동부' 7현은 다시 분할되어 낙랑군 동부도위가 다스리는 '낙랑령 예(濊)'가 된다. 이 '낙랑령 예'는 전한(前漢) 낙랑군의 통치 아래 법령이 60여 조가 되는 법치국가로서의 면모를 갖추게 된다. 즉, 낙랑군과 구분되는 낙랑군에서 '멀고' '넓은' 곳에 있던 예(濊)가 전한(前漢, BC 202-AD 8) 시기부터 낙랑군에 예속되어 존재했던 것이다. 즉, 이 '낙랑령 예(濊)'는 한(漢)나라 말기에 그 땅이 고구려에 예속되면서[49] 낙랑군과 구분되어 낙랑국이 되었음을 추정할 수 있는 것이다.

『三國志』「魏書」東夷傳 '예(濊)조

濊北與高句驪·沃沮, 南與辰韓接, 東窮大海, 西至樂浪. 濊及沃沮·句驪, 本皆朝鮮之地也. … 至昭帝 始元五年, 罷臨屯·眞番, 以幷樂浪·玄菟. 玄菟復徙居句驪. 自單單大領已東, 沃沮·濊貊悉屬樂浪. 後以境土廣遠, 復分領東七縣, 置樂浪東部都尉.自內屬已後, 風俗稍薄, 法禁亦浸多, 至有六十餘條.(濊는 북쪽으로는 高句驪·沃沮와, 남쪽으로는 辰韓과 접해 있고, 동쪽은 大海에 닿으며, 서쪽은 樂浪에 이른다. 예 및 옥저·고구려는 본디 모두가 [옛] 朝鮮의 지역이다.…昭帝 始元 5년(BC 82)에는 임둔과 진번을 폐지하여 낙랑과 현도에 합병하였다. 현도는 다시 [高]句驪로 옮겼으며 單單大領의 동쪽의 沃沮와 濊貊은 모두 낙랑에 속하게 하였다. 뒤에 그 지역이 넓고 멀리 떨어져 있어서, 다시 [大]領의 동쪽 7縣을 떼어 낙랑 東部都尉를 두었다. [濊가 漢에] 내속된 후부터 풍속이 점점 나빠짐에 따라, 법령도 점차 늘어나 60여 條나 되었다.)

상기 기록에서 3세기 예(濊)의 위치가 고구려·옥저(高句驪·沃沮) 남쪽에 있다고 기록한 이유는 당시 옥저가 고구려에 속해 있었기 때문으

---

49) 『三國志』「魏書」東夷傳 濊 "漢末更屬句麗(한(漢) 말기에 다시 구려(句麗)에 속하게 되었다)."

로50) 해석할 수 있다. 3세기 당시 옥저는 3개(동옥저, 북옥저, 남옥저)가 있었는데, 예(濊)의 북쪽에 있던 옥저는 동천왕이 위나라 군대를 피해 끝까지 대치한 고구려의 동쪽 국경(盡其東界)이자,51) 관구검기공비(毌丘儉紀功碑)가 발견된 압록강 유역의 옥저, 즉『삼국사기(三國史記)』기록의 남옥저였다.52)

전한(前漢) 시기 낙랑군(동부도위)의 관할지였던 예(濊)의 위치가 관구검기공비가 발견된 압록강(남옥저)의53) 남쪽인 한반도 북부에 있었다는 사실을 좀 더 자세히 추적하면 다음과 같다.

1906년 압록강 유역 집안현(輯安縣) 판석령(板石嶺)에서 도로공사 중에 발견된 조위군전공비(曹魏軍戰功碑), 일명 '관구검기공비'는 244년(동천왕 18년) 8월에 위나라 유주자사(幽州刺史) 관구검이 고구려를 침입하여 고구려의 수도 국내성(國內城)을 점령하고 이듬해인 245년 현도태수(玄菟太守) 왕기(王頎) 등이 고구려를 재침할 당시 만든 비석으로서, 고구려와의 전쟁 시기와 전쟁에 참가한 위(魏)나라 주요 장군들의 이름을 기록하고 있다.

---

50) 『三國志』魏書三十 "高句麗 …沃沮, 東穢皆屬焉(고구려는 … 옥저(沃沮), 동예(東穢) 모두를 복속시켰다)."
51) 『三國志』「魏書」東夷傳 沃沮 "宮奔北沃沮, 北沃沮一名置溝婁, 去南沃沮八百餘里, 其俗南北皆同, 與挹婁接 …王頎別遣追討宮, 盡其東界. 問其耆老「海東復有人不」?(궁(동천왕)이 북옥저(北沃沮)로 도망하니, 북옥저는 '치구루(置溝婁)'라고도 하며, 남옥저에서 800여 리 떨어져 있고, 그 풍속은 남과 북이 모두 같으며, 읍루(挹婁)와 접해 있다. 왕기(王頎)가 따로 군사를 보내 궁을 추격하여 그들의 동쪽 경계를 모두 평정하였다. 그곳 노인들에게 물어보기를: "바다 동쪽에 다시 사람이 있느냐?")"
52) 『三國史記』「高句麗本紀」第五 東川王 "王間行轉輾, 至南沃沮, 魏軍追不止(왕이 몰래 몸을 숨겨 전전하며 남옥저(南沃沮)에 이르렀으나, 위나라 군대가 쫓아오기를 멈추지 않았다)."
53) 한국민족문화대백과사전(encykorea.aks.ac.kr), 관구검기공비(毌丘儉紀功碑).

하남성 서부 낙양(洛陽)을 수도로 했던 조조(曹操)의 위(魏)나라는 238년 바다(古발해)[54]를 건너 낙랑, 대방을 점령하고, 이후 6년 뒤 244년에 고구려 수도를 점령하였으며, 245년(『삼국사기』에는 246년)에는 고구려 동천왕을 쫓아와 '지극히 먼 곳(極遠)'까지 이르게 되는데,[55] 그곳은 동옥저를 지나 숙신(읍루) 남쪽이었으며, 남옥저(南沃沮) 죽령(竹嶺) 부근이었다.

『北史』「列傳」高句麗;『梁書』「東夷列傳」高句驪

(正始)六年, 儉復討之, 位宮輕將諸加奔沃沮. 儉使將軍王頎追之, 絶沃沮千餘里, 到肅愼南, 刻石紀功. 又刊(梁書에는 到)丸都山, 銘不耐城而還. 其後, 復通中夏.(정시6년(245), (관구)검이 다시 (고구려를) 토벌하였는데, 위궁(동천왕)은 여러 가(加)만을 거느리고 옥저로 달아났다. (관구)검이 장군 왕기를 시켜 그를 쫓게 하였다. 옥저에서 1,000여 리를 거쳐, 숙신의 남쪽에 이르러 돌을 깎아 공적을 새겼다. 다시 환도산에 이르러 불내성(견디지 못하는 성)이라 새기고 돌아왔다. 그 후 다시 중화와 교통하였다.)

『三國史記』「高句麗本紀」第五 東川王

冬十月, 儉攻陷丸都城, 屠之, 乃遣將軍王頎追王. 王奔南沃沮, 至于竹嶺,

---

54) 낙양 북쪽 하북성 남부에는 현재의 발해와 다른 古발해가 있었으며, 관련 내용은 'Ⅳ. 하북성 내륙에 있었던 발해(渤海)' 참고.

55) 『三國志』「魏書」東夷傳 "其後高句麗背叛, 又遣偏師致討, 窮追極遠, 踰烏丸·骨都, 過沃沮, 踐肅愼之庭 … 遂周觀諸國, 采其法俗, 小大區別, 各有名號, 可得詳紀(그 뒤에 고구려가 배반하자, (위나라는) 다시 별도의 군대를 보내 토벌하였다. 끝까지 추격하여 매우 멀리까지 이르러, 오환(烏丸)과 골도(骨都)를 넘고, 옥저(沃沮)를 지나, 숙신(肅愼)의 땅까지 밟았다. … 이에 여러 나라를 두루 돌아보며 그 법과 풍속을 조사하였고, 크고 작음을 구분하여, 각기 명칭을 붙였으니, 자세히 기록할 수 있게 되었다)."

軍士分散殆盡, …王間行轉輾, 至南沃沮, 魏軍追不止. …魏軍遂亂. 王分軍 爲三道, 急擊之, 魏軍擾亂, 不能陳, 遂自樂浪而退.((20년(246)) 겨울 10월에 (관구검이) 환도성을 공격하여 함락시키고 성 안을 도륙하였으며 장군 왕기(王頎)를 보내 왕을 추격하였다. 왕이 남옥저(南沃沮)로 달아나 죽령(竹嶺)에 이르렀는데, 군사들은 흩어져 거의 다 없어지고, …왕이 샛길로 이리저리 돌아다니며 남옥저에 이르렀으나 위군(魏軍)은 추격을 멈추지 않았다. …위군이 마침내 혼란해졌다. 왕이 군사를 세 길로 나누어 빠르게 이들을 공격하니, 위군이 어지러워져서 싸우지 못하고 드디어 낙랑(樂浪)에서 퇴각하였다.)

상기 기록을 통해 동천왕이 위나라 군대를 피해 도망간 곳이 고구려 동쪽에 있었던 옥저(동옥저)에서 1,000리 떨어진 읍루(숙신), 그리고 그 읍루(숙신) 남쪽에 있던 북옥저와 북옥저에서 800리 떨어져 있던 고구려의 동쪽 최변방 남옥저,[56] 즉 죽령 인근이었음을 알 수 있다. 위나라 군사들은 그곳에서 돌을 깎아 공적을 새겼다고 하는데, '관구검기공비'로 불리는 그 기공비(紀功碑)가 현 압록강 유역 집안시 판석령에서 발견된다. 그렇다면 '관구검기공비'가 발견된 압록강 유역 집안시가 바로 숙신(읍루)의 남쪽이자 고구려의 동계(東界) 남옥저였음을 알 수 있다. 즉, 고구려 수도 환도성은 관구검기공비가 발견된 압록강 집안시가 될 수 없으며, 남옥저(압록강)에서 800리 이상 북쪽에 있던 북옥저, 북옥저 북쪽의

---

[56] 『三國志』「魏書」東夷傳 沃沮 "宮奔北沃沮, 北沃沮一名置溝婁, 去南沃沮八百餘里, 其俗南北皆同, 與挹婁接 …王頎別遣追討宮, 盡其東界(궁(동천왕)이 북옥저(北沃沮)로 도망하니, 북옥저는 '치구루(置溝婁)'라고도 불리며, 남옥저에서 800여 리 떨어져 있다. 그 풍속은 남북이 모두 같고, 읍루(挹婁)와 접해 있다. … 왕기(王頎)가 별도로 군사를 보내 궁을 추격·토벌하여, 그들의 동쪽 경계를 모두 평정하였다)."

수천 리 대국 읍루(숙신)[57], 그리고 읍루(숙신)에서 1,000리 떨어져 있으며 바다(현 발해)와 접했던 1,000리 영토의 동옥저[58]보다 더 서쪽인 현 북경시 인근이 고구려 수도 환도성임을 추정할 수 있다. 이는 현재 학계에서 일반적으로 압록강 유역 집안시를 고구려 수도로 비정한 것이 오류임을 증명하는 중요한 근거 자료로 볼 수 있다.

이렇게 동천왕이 도피했던 고구려 동쪽 끝 국경이 압록강 인근 남옥저라는 사실은 『삼국지(三國志)』 동이전(東夷傳) '예(濊)조'에 '예의 북쪽은 고구려·옥저가 있다(濊北與高句驪·沃沮)'는 기록이 나오게 된 원인이라고 할 수 있다. 고구려·옥저 남쪽에 예(濊)가 있었다는 사실은, 같은 책 '고구려(高句麗)조'에 '고구려 남쪽에 조선예맥이 있다(高句麗…南與朝鮮濊貊)'는 내용과 비교할 때 차이가 있다. 같은 고구려 남쪽에 조선도 있고 예도 있는 것이다. 이 기록을 현재 학계에서처럼 고구려 남쪽에 조선(낙랑군)과 예(濊)가 동시에 있었다고 해석할 수도 있지만, 『三國志』에는 '고구려(高句麗)조' 기록에 이어서 고구려 동쪽에 있던 동옥저, 읍루(숙신), 북옥저, 남옥저 등 여러 국가에 대한 기록을 이어가고 있다. 예(濊)는 고구려 동쪽의[59] 1,000리 영토 동옥저, 동옥저에서 1,000여 리 떨어진 수

---

57) 『晉書』「東夷列傳」肅慎 "肅慎氏一名挹婁, 在不咸山北, 去夫餘可六十日行. 東濱大海, 西接寇漫汗國, 北極弱水. 其土界廣袤數千里(숙신씨(肅慎氏)는 '읍루(挹婁)'라고도 불리며, 불함산(不咸山) 북쪽에 있고, 부여(夫餘)로부터 약 60일 거리에 있다. 동쪽은 큰 바다에 접하고, 서쪽은 구만한국(寇漫汗國)에 맞닿아 있으며, 북쪽은 약수(弱水)에 이른다. 그 영토는 동서남북으로 수천 리에 걸쳐 넓다)."

58) 『三國志』「魏書」東夷傳 東沃沮 "東沃沮 在高句麗 蓋馬大山之東, 濱大海而居. 其地形東北狹, 西南長, 可千里. 北與挹婁·夫餘, 南與濊貊接(동옥저(東沃沮)는 고구려의 개마대산(蓋馬大山) 동쪽에 있으며, 큰 바닷가에 인접하여 거주한다. 그 지형은 동북쪽이 좁고 서남쪽으로 길며, 길이가 약 1,000리에 이른다. 북쪽은 읍루(挹婁)와 부여(夫餘)에, 남쪽은 예맥(濊貊)에 접해 있다)."

59) 『三國志』「魏書」烏丸鮮卑東夷傳 "高句麗在遼東之東千里, 南與朝鮮濊貊, 東與沃沮, 北

천 리 대국 읍루, 읍루 남쪽 북옥저, 북옥저에서 800리 떨어진 남옥저 다음에 기록돼 있다. 이렇게 고구려에서 3,000리 가까이 떨어진 남옥저 다음에 과거 '낙랑 동부도위 관할지였던 예(濊)'가 기록되고 있는 것이다. 따라서 예(濊)가 직접적으로 고구려 남쪽에 접경할 수는 없다. 즉, 예(濊)가 고구려·옥저 남쪽에 있다는 의미는 고구려에 동쪽 국경에 있던 고구려의 속국 옥저(고구려령 옥저)의 남쪽에 예(濊) 있다고 해석하는 것이 옳은 것이다. 이러한 사실을 통해 『삼국지(三國志)』에 고구려 남쪽에 있다는 '조선예맥(낙랑)'과 고구려·옥저 남쪽에 있다는 '낙랑 동부도위에 속했던 예(濊)'는, 동서남북 수천 리(廣袤數千里)에 달하던 읍루를 사이에 두고 서로 아주 멀리(약 3,000리) 떨어진 다른 지역에 있었음을 알 수 있다.

따라서 압록강 유역 남옥저 남쪽에 있던 과거 '낙랑령 예(濊)'가 바로 서기 300년 신라에 항복한 낙랑국의 중심지였음을 추정할 수 있다. 이 낙랑국 중심지로 추정되는 한반도 북부 평양 지역에서는 낙랑과 낙랑을 이은 고구려 유물이 많이 발견되고 있는데, 이는 전한 시기 낙랑군에 속했던 예(濊)가 한말(漢末) 이래로 대대로 고구려에 예속돼 있었고, 지리적으로 전쟁이 많던 중국보다 안전한 지역이기 때문에 고구려 지배층의 무덤을 조성하기 적당한 지역이었기 때문으로 볼 수 있다(예: 덕흥리 고분 고구려 유주자사(幽州刺史) 진(鎭)의 묘).

『三國志』魏書三十

高句麗 ···沃沮, 東濊皆屬焉.(고구려는 ···옥저, 동예가 모두 (고구려에) 속해 與夫餘接(고구려는 요동(遼東) 동쪽 1,000리 지점에 있으며, 남쪽은 조선과 예맥(濊貊)에, 동쪽은 옥저(沃沮)에, 북쪽은 부여(夫餘)에 접해 있다)."

있다.)

『三國志』魏書三十

濊 …漢末更屬句麗.(예는 …漢末에는 다시 [고]구려에 복속되었다.)

『梁書』卷五十四

句驪 …沃沮, 東穢皆屬焉.(고구려가 옥저·동예를 모두 복속시켰다.)

이상의 기록과 같이 한반도 평양은 낙랑군 중심지였다기보다는 전한(前漢) 시기부터 '낙랑령 예의 제후(濊侯)'가 다스리던 지역이었을 가능성이 높다. 이러한 가능성은 요동반도 서쪽 끝에 있는 대련시(大連市)에서 발견된 임예승인(臨穢丞印) 봉니[60]와 1958년 평양에서 발견된 부조예군(夫租薉君)이라는 문자가 새겨진 한대(漢代) 은도장(銀印)을 통해 뒷

---

[60] 王俊錚,「臨穢丞印封泥與臨穢縣考」,『地域文化研究』, 2020, pp.80-91. ""臨穢丞印"封泥出土於遼寧省大連市張店漢城. "臨穢"為臨近"穢水"或"穢貊水"之意, 即瀕臨第二松花江. 今吉林市東郊第二松花江右岸的東團山古城一帶為西團山違人考古學文化的核心區域, 被漢文化與夫余文化混雜的泡子沿類型所疊壓. 豐富的漢文化元素和較高級別的漢文化遺物的出土, 表明這一帶曾有大量漢文化人群活動, 並設置過行政建制, 隸屬於玄菟郡, 用以節制夫余國, 當為"臨穢縣"故址. 四平二龍湖燕秦漢古城臨近"穢地", 為探索"臨穢縣"地望提供了另一種可能("임예승인(臨穢丞印)" 봉니(封泥)는 랴오닝성 대련시(大連市) 장점한성(張店漢城)에서 출토되었다. "임예(臨穢)"는 "예수(穢水)" 또는 "예맥수(穢貊水)"에 인접함을 뜻하며, 즉 제2송화강(第二松花江)에 접해 있음을 의미한다. 현재 길림시 동교(東郊) 제2송화강 우안에 위치한 동단산(東團山) 고성 일대는 서단산 위인(西團山 違人) 고고학 문화의 핵심 지역으로, 한 문화와 부여 문화가 혼재된 포자연(泡子沿) 유형이 겹쳐져 있다. 풍부한 한 문화 요소와 고급 수준의 한 문화 유물 출토는 이 지역에 많은 한 문화 집단의 활동이 있었음을 보여 주며, 행정 제도가 설치되어 현도군(玄菟郡)에 소속되어 부여국을 통제했음을 나타낸다. 이는 곧 "임예현(臨穢縣)"의 옛 터로 여겨진다. 사평(四平) 이룡호(二龍湖) 연·진·한(燕秦漢) 고성은 "예지(穢地)"에 인접해 있어, "임예현"의 위치를 탐색하는 또 다른 가능성을 제공한다)."

받침된다.61) 임예(臨穢)의 臨(임)의 의미가 일반적으로 '임하다', '다스리다', '접근하다', '지키다' 등의 의미이므로, 임예(臨穢)의 의미를 '예(穢)의 땅' 또는 '예(穢)에 근접한(臨) 곳'으로 해석된다. 그렇다면 '임예승인(臨穢丞印)'이 발견된 요동반도 끝 대련시(大連市) 일대가 예(穢, 濊)와 가까운 지역임을 알 수 있다. 부조예군(夫租薉君)은 부조(夫租) 지역 예인(薉人)들의 군장, 또는 부조(옥저)62) 지역과 예(濊) 지역을 다스리는 군장으로 해석할 수 있다. 이렇게 고구려의 가장 동쪽 지역이었던 부조(옥저)와, 그 남쪽의 한반도 북부로 추정되는 예(濊) 인근을 통치하던 군장인 부조예군(夫租薉君)의 무덤이 평양에서 발굴됐다는 사실은 단단대령(千山山脈?) 동쪽의 옥저와 예(濊) 지역이 한반도 북부였을 가능성을 높여 준다고 할 수 있다. 따라서 당시 고구려는 한반도 북부에 있었던 것이 아니라, 만주와 한반도에 있던 옥저와 예의 서쪽, '하북성 중부에 있던 낙랑군(조선)'의 북쪽인 산지가 많은 연산산맥(북경 북쪽) 일대에 있었음을 추정할 수 있다.63) 낙랑군(조선)의 위치가 현재의 학계의 주장과 달리 하북성 중부에 있었음은 본고의 이후 내용을 통해 상세히 밝히고자 한다.

이상의 내용들을 종합하면 낙랑군과 낙랑국은 전한(前漢, BC 202-AD

---

61) 국사편찬위원회(한국사데이터베이스, db.history.go.kr), 부조예군.

62) 한국민족문화대백과사전(encykorea.aks.ac.kr), 부조예군묘 "부조는 『한서(漢書)』「지리지」에 낙랑군 현의 하나로 나오며, 『삼국지(三國志)』「동이전」에는 옥저로 나오는데, 위만조선의 지배를 받고 있다가 임둔군의 속현이 된 것으로 여겨진다.

63) 『三國志』「魏書」東夷傳 高句麗 "高句麗在遼東之東千里, 南與朝鮮·濊貊, 東與沃沮, 北與夫餘接. 都於丸都之下, 方可二千里, 戶三萬. 多大山深谷, 無原澤. 隨山谷以爲居, 食澗水. 無良田(고구려는 요동(遼東) 동쪽 1,000리에 있으며, 남쪽은 조선예맥(濊貊)에, 동쪽은 옥저(沃沮)에, 북쪽은 부여(夫餘)에 접해 있다. 도읍은 환도(丸都) 아래에 있으며, 영토는 약 2,000리, 가구 수는 3만이다. 산과 깊은 골짜기가 많고, 평야나 늪지는 없다. 산과 골짜기를 따라 거주하며, 계곡의 물을 식량으로 삼는다. 농경에 적합한 좋은 논밭은 없다)."

8) 시기 이후로 같은 낙랑군이라는 정치체로 묶인 서로 다른 지역이었으나, 고구려가 압록강 유역 남옥저 남쪽에 있던 낙랑령 예(濊)의 땅을 정복하여, 북경 지역 '낙랑군'과 평양 지역 '낙랑국'이라는 새로운 정치체로 구분되기 시작했음을 알 수 있다. 이는 한반도 평양 지역이 낙랑군이 아니라 전한 시기부터 낙랑군에서 '멀리' 떨어진 '넓은 땅'인 낙랑 동부도위의 관할지였을 가능성과, 고구려 수도 평양 역시 한반도와 관련이 없는 곳에 있었을 가능성을 설명한다.

이러한 유물과 문헌 기록에 근거한 분석을 통해 조선시대부터 근대까지 이어진 고조선 중심지가 한반도라는 주장에는 한계가 있음을 알 수 있으며, 고조선의 수도 왕검성과, 왕검성 땅에 들어선 낙랑군이 한반도가 아닌 한반도에서 서쪽으로 멀리 떨어진 지역이었다는 사실을 추정할 수 있다.

---

64) 이기훈, 「고조선 수도 王險城과 漢四郡의 위치에 관한 新考」, 『대가야향토사연구회』, 2024, p.144. 고조선 수도 王險城과 漢四郡의 위치에 관한 新考」, 『대가야향토사연구회』, 2024, p.144.

65) 『晉書』卷十四 志第四 地理上 "遼東昌黎玄菟帶方樂浪五郡爲平州(요동(遼東), 창려(昌黎), 현토(玄菟), 대방(帶方), 낙랑(樂浪) 다섯 군은 평주(平州)에 속하게 하였다)."

66) 요동의 위치에 관한 자세한 내용은 'Ⅴ. 산서성에 있었던 진장성(秦長城)과 요동(遼東)' 참고.

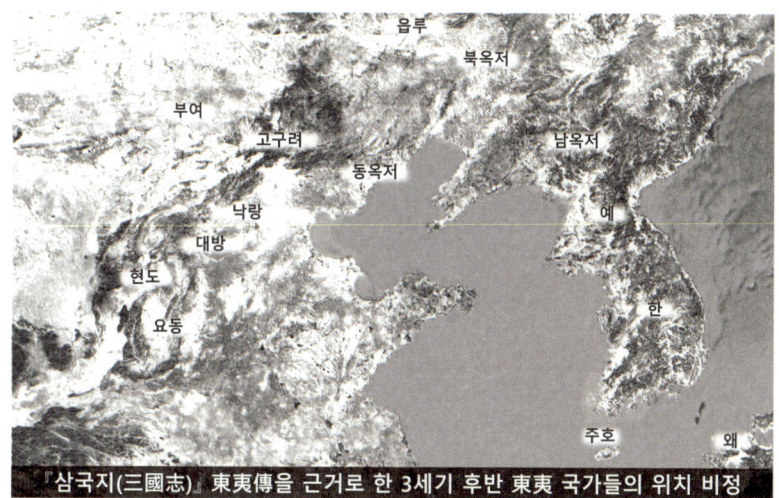

『삼국지(三國志)』 東夷傳을 근거로 한 3세기 후반 東夷 국가들의 위치 비정

〈그림 Ⅱ-2〉『삼국지(三國志)』 동이전(東夷傳)을 근거로 한 3세기 후반 東夷 국가들의 위치.[64] 대방의 위치는 대방(帶方)을 현도(玄菟)와 낙랑(樂浪) 사이에 기록한 『진서(晉書)』 내용을 참고하였다.[65] 각 지역 위치 비정의 주요 근거는 다음과 같다. 산서성 남부 장하(漳河) 유역의 요동[66]을 기준으로, 요동 인근 현도[67]에서 북쪽 1,000리에 부여, 부여에서 읍루까지 동북 1,000리(60일 거리, 읍루는 북쪽은 끝을 알 수 없는 수천 리 대국), 고구려는 요동 동쪽 1,000리 산지(山地), 고구려 남쪽에 접한 조선(낙랑), 고구려 동쪽의 동옥저(바다, 즉 현재의 발해에 접하면서 동북이 좁고 서남으로 1,000리), 동옥저(옥저) 동쪽 1,000리에 있던 숙신(읍루),[68] 숙신 남쪽의 북옥저, 북옥저 북쪽의 읍루(숙신), 북옥저 남쪽 800리의 남옥저, 고구려에 속했던 옥저 남쪽의 예(濊), 예의 남쪽에 고대 진국(辰國)으로 불리던 진한(辰韓, 三韓), 낙랑군과 대방군에 협조하여 위(魏)나라의 군민(郡民)으로 대우받던 예(濊, 245년 대방·낙랑에 항복), 즉 대방(대방령 濊)의 동남쪽 대해(大海)에 있던 왜(倭).

---

67) 현도의 위치와 관련된 내용은 본고 'Ⅷ. 황하 이남에서 산서성으로 이주한 연(燕)나라' 참고.

68) 『北史』 「列傳」 高句麗; 『梁書』 「東夷列傳」 高句驪 "(正始)六年, 儉復討之, 位宮輕將諸加奔沃沮. 儉使將軍王頎追之, 絶沃沮千餘里, 到肅愼南, 刻石紀功((정시 6년(正始六年), 관구검(儉)이 다시 토벌하여 위궁(位宮: 동천왕)과 여러 장수들, 제가(諸加)들이 도망한 옥저(沃沮)를 쫓았다. 관구검은 장수 왕기(王頎)를 보내 추격케 하여 옥저 땅을 1,000여 리 끊고, 숙신 남쪽에 이르러 비석에 공적을 새겼다)."

<그림 Ⅱ-3> 유물에 근거한 한군현(낙랑군, 현도군)과 주변국의 위치 비정.[69] 현도(玄菟)는 세 차례 이주하여, 3세기 당시에는 부여에서 남쪽으로 1,000리 떨어진(去) 산서성 남부 요동(遼東) 인근에 위치하게 된다. 한반도 북부 예(낙랑 동부도위)는 고구려령에 속했던 옥저의 남쪽에 있었다.

2. 고조선 중심이 요녕이나 하북성 동북이 될 수 없는 이유

20세기에 들어 고조선의 중심 위치를 기존의 한반도를 벗어나 요녕과 하북성 동북 지역, 즉 현재의 북경 이동에서 찾으려는 학자들이 증가한다. 특히, 고고학이 발전하면서 기존의 한반도 평양 낙랑설에 의심을 갖기 시작한다. 조원진, 조법종, 정인성, 오영찬, 김남중, 김영섭 등은 고고자료를 바탕으로 고조선의 중심지가 한반도 평양 일대라는 인식에 재고의 여지가 있음을 지적하였다.

이들 고고학을 중심으로 고조선의 위치를 분석한 일부 학자 이외에 신

---

[69] 이기훈, 앞의 논문(『대가야향토사연구회』, 2024), p.169.

채호를 비롯한 많은 학자는 주로 문헌을 근거로 하여 고조선의 위치를 현재의 요녕 지역과 하북성 동북 지역으로 비정하고 있다. 이러한 문헌 중심 연구가들은 대부분 고조선 경계에 있었다고 하는 요수(遼水),[70] 패수(浿水),[71] 갈석산(碣石山)[72] 등의 위치를 근거로 요녕성부터 하북성 북부까지 다양한 견해를 제시하고 있다. 이러한 연구들은 기존 한반도에 국한됐던 역사의 범위를 확장시켰다는 의미와 함께 새로운 역사적 시야를 제시한 점에서 의미가 크다. 다만, 이러한 연구 역시 한반도 역사관을 완전히 벗어났다고 보기는 어렵다. 왜냐하면 이 연구들이 고조선의 위치를 알리는 주요 지표인 요수(遼水), 패수(浿水), 갈석산(碣石山) 등에 관해 다양한 의견을 제시하고 있지만, 당대(當代) 원전 문헌에 충실하기보다 기존 연구를 참고하여 '후대 문헌'과 '막연한 추론'을 여전히 연구의 중요한 방법으로 활용하고 있기 때문이다.[73]

이렇게 당대(當代) 원전 문헌에 충실하지 않은 주장들은 고조선의 민족적, 영토적 변동을 감안하지 않은 하나의 '가설'일 뿐 정설이 되기 어

---

70) 『史記』「蒙恬列傳」 "正義遼東郡在遼水東, 始皇築長城東至遼水(정의(正義)에 따르면, 요동군(遼東郡)은 요수(遼水) 동쪽에 있었고, 시황제(始皇)는 장성을 쌓아 동쪽으로 요수까지 이르렀다)."

71) 『史記』「朝鮮列傳」 "漢興, 爲其遠難守, 復修遼東故塞, 至浿水爲界, 屬燕(한(漢)나라가 일어나면서, 그 먼 거리를 지키기 어려워 다시 요동 옛 성을 수리하여 패수를 경계로 삼고, 이를 연(燕)에 속하게 하였다)."

72) 『淮南鴻烈解』(四庫全書) 卷十 "五位東方之極, 自碣石山過朝鮮, 貫大人之國(오위(五位)는 동방의 극점으로, 갈석산(碣石山)에서 출발하여 조선을 지나 대인의 나라를 관통한다)."; 『通典』 「古冀州」 "晉太康地誌云'秦築長城, 起自碣石'在今高麗舊界, 非此碣石也(진(晋) 태강지지(太康地誌)에 이르기를, "진(秦)나라가 장성을 쌓았는데, 갈석(碣石)에서 시작하였다" 하였으나, 이는 지금의 고려(高麗) 옛 경계에 있는 갈석이 아니다)."

73) 장우순;문치웅, 「고대 갈석산의 위치 연구」, 『고조선단군학』 38, 2018, p.162; 이기훈, 앞의 논문(2023), pp.109-115.

렵다.

조선 시기부터 현재까지 학자마다 고조선 위치와 관련하여 의견이 분분한 주된 이유는 고조선 위치와 관련된 핵심적 지표인 갈석산(碣石山), 발해(渤海), 요동(遼東), 진장성(秦長城), 요수(遼水), 패수(浿水), 연(燕) 등의 위치에 대한 명확한 규명이 어렵기 때문이다. 조선시대 고대 강역 연구는 대부분 문헌에 근거한 추론에 의지하여 한백겸의 '평양 낙랑설' 주장에서 크게 벗어나지 못하였고, 일제 강점기 이후로는 고조선 강역 연구에서 중요한 요소인 '갈석산(碣石山)', '발해(渤海)', '연(燕)의 강역'에 관한 구체적 연구가 거의 이루어지지 않은 등 고조선 위치 관련 지표들에 대한 연구가 미흡함이 확인된다. 또한, 현재 고조선 관련 지표들에 관한 연구들 역시 대부분 고조선(낙랑군) 한반도설의 통설에서 벗어나지 못하여 원전(原典) 문헌과 다른 주장을 하고 있음이 확인된다.

① 요수(遼水) 관련 기존 주장들의 문제점: 고조선과 고대 중원 정권(燕, 漢) 사이의 국경으로 인식되는 요수(遼水)는 현재 대부분 학자들이 현재의 요녕성 요하(遼河)로 비정하고 있다. 그러나 이 주장은 관련된 원전 문헌이라 할 수 있는 『여씨춘추(呂氏春秋)』, 『회남홍렬해(淮南鴻烈解)』, 『수경주(水經注)』 등에 한결같이 요수가 '변방(塞)에서 나와 동쪽으로 곧게 흐른다(自塞外東流直)'라는 기록과 배치된다.[74]

---

74) 『呂氏春秋』卷十三 "遼水出砥石山, 自塞北東流直, 至遼東之西南入海(요수(遼水)는 저석산(砥石山)에서 발원하여, 성(塞) 북쪽에서 동쪽으로 곧게 흘러, 요동(遼東) 서남쪽에서 바다로 들어간다).";『淮南鴻烈解』卷七 "遼水出碣石山, 自塞北東流直, 遼東之西南入海(요수는 갈석산(碣石山)에서 발원하여, 성 북쪽에서 동쪽으로 곧게 흘러, 요동 서남쪽에서 바다로 들어간다).";『水經注』卷十四 "大遼 … 自塞外東流直, 遼東之望平縣西(대요수(大遼水)는 … 성 밖에서 동쪽으로 곧게 흐르며, 요동의 망평현(望平縣) 서쪽을 지난다)."

② 패수(浿水) 관련 기존 주장들의 문제점: 전한(前漢) 건국 당시 고조선과 한(漢)의 경계였던 패수(浿水)는 현재 압록강설, 청천강설, 대동강설, 난하설(灤河說), 대능하설(大凌河說) 등이 있다. 그러나 이러한 기존 학계에서 주장하는 이 강들은 당시 패수(浿水)로 보기 어렵다. 패수는 고조선과 경계를 했던 요동에서 동쪽으로 곧게 흘렀던 요수(遼水)와 멀지 않은 태항산맥 인근에서 찾아야 한다. 왜냐하면 패수 역시 요수와 같이 '동쪽으로 흘러 바다로 들어가는 강'이라고 원전 문헌에 기록돼 있기 때문이다.[75]

③ 갈석산(碣石山) 관련 기존 주장들의 문제점: 갈석산은 고대 중국과 고조선의 국경에 위치했던 표지로서, 한반도 평양 서남부의 용강설과 하북성 진황도시 창려현을 비롯한 발해만 북부 4개의 갈석산설이 중국에서 진(秦)·한(漢) 시기 유력한 갈석산으로 주장되고 있다. 그러나 갈석산과 관련된 최초 기록으로 선진(先秦)시대 완성된 『상서(尚書)』에는 갈석산이 고기주(古冀州)였던 '산서성 남부(황하 북변)'의 여러 지명과 함께 기주의 마지막 지역으로 소개되고 있으며, 이 갈석산이 '황하' 인근에 있다고 기록하고 있다.[76] 갈석산이 황하 인근에 있었던 사실은 전한(前漢) 이전의 『상서(尚書)』, 『산해경(山海經)』 이외에도 전한(前漢) 시기 기록인

---

75) 『水經注』 卷14 浿水 "浿水出樂浪鏤方縣, 東南過臨浿縣, 東入于海. 許慎云浿水出鏤方, 東入海, 一曰出浿水縣(패수(浿水)는 낙랑(樂浪) 누방현(鏤方縣)에서 발원하여, 동남쪽으로 임패현(臨浿縣)을 지나 동쪽으로 바다로 들어간다. 허신(許慎)은 말하기를, "패수는 누방에서 발원하여 동쪽으로 바다에 이르며, 혹은 패수현(浿水縣)에서 발원한다고도 한다"라고 하였다)."

76) 『尚書』 「禹貢」 冀州, "冀州: …島夷皮服, 夾右碣石入于河(기주(冀州): …도이(島夷)는 가죽옷을 입고, 우측의 갈석(碣石)을 끼고 황하(河)로 들어간다)."

『회남자(淮南子)』,『사기(史記)』와 후한(後漢) 시기 기록인『오월춘추(吳越春秋)』등을 통해서도 확인된다. 따라서 상기 주장들은 모두 이 원문 기록들의 '황하'나 '고기주'와 멀리 떨어진 곳이므로 고조선과 전한(前漢) 당시의 원(原) 갈석산으로 볼 수 없다.

④ 발해(勃海) 관련 기존 주장들의 문제점: 기원전 109년 가을 한(漢)은 누선장군(樓船將軍) 양복(楊僕)을 보내 제(齊)에서 배를 타고 발해(渤海)를 건너 조선을 공격한다. 현재 학계는 당시의 발해가 현재의 발해(황해 북쪽 바다)로 보고 있으나, 당시 발해군(勃海郡)이 하북성 중남부 중산국(中山國) 근처에 있다는『후한서(後漢書)』기록, 발해가 터졌다는(勃海決)『회남자(淮南子)』와『수서(隋書)』의 기록, 해(海)가 황하(河)로 기록되기도 했다는『사기집해(史記集解)』기록, 발해가 일반적인 바다(大海)와 달리 홍수(大水)로 범람했던 기사를 전하는『한서(漢書)』,『후한서(後漢書)』,『북사(北史)』,『수서(隋書)』, 발해 지역을 기준으로 주변이 육지였다는『한서(漢書)』「순리전(循吏傳)」의 기록(渤海左右郡), 고대 중원 내륙(하북성 남부 평원)에서 당(唐) 시기까지도 구운 소금(煮鹽)이 생산됐던 점, 발해와 관련된 한(漢)부터 당(唐)까지의 역대 사서 지명들이 대부분 황하 중하류(하북성 남부)를 중심으로 남북에 위치해 있었다는 사실 등을 통해 현재의 발해가 아닌 하북성 남부에 있었음이 확인된다.

⑤ 진장성(秦長城) 동단(東端) 관련 기존 주장들의 문제점: 진시황이 흉노를 몰아내고 쌓은 장성은 고조선(낙랑군)이 한반도 평양 일대에 있었다는 기존 통설로 인해 진장성이 시작된다는 수성(遂城)을 평양 인근 수안(遂安)으로 '임의 비정'했다는 데 있다. 수성(遂城)과 수안(遂安)을 단지

지명의 유사성으로 동일시 한 것이다.

 1982년 중국의 이전복(李殿福)이 주장한 평안남도 용강군 서쪽으로 연(燕)나라 도폐(명도전)와 철기, 진대 무기(秦戈)가 발견되었으므로 진(秦)장성 동단이 평양 인근이라는 주장은, 명도전이 전국시대 연나라 화폐인가에 대한 더 많은 연구가 필요하고,[77] 진(秦) 유물이 한반도 북부에서 발견되는 사실이 진(秦)의 점령에 의한 유물인지, 아니면 마한(馬韓) 동쪽에 정착해 살았다는 진(秦) 유민들이 남긴 진한(辰韓, 秦韓)[78]의 유물인지에 대한 추가적인 연구 역시 필요하다. 진(秦) 유민이 한반도 남부 진한(辰韓)으로 이주했다면 그곳에 진(秦) 관련 유물이 남아 있어야 하나 현재 한반도 남부에서는 북부와 달리 진(秦)계 유물이 발견되지 않고 있다.[79] 따라서 진(秦) 유민이 살았다는 진한(辰韓, 秦韓)이 한반도 동남부에 국한된다는 일반적인 학설 역시 더 많은 검토가 필요한 것이다.

 진시황(秦始皇)이 쌓은 장성이 수성현에 이르렀다는 기록은 현존하지 않는 『태강지리지(太康地理志)』를 인용한 내용으로만 등장하는데, 『사기색은(史記索隱)』에서는 낙랑군 수성현에서 장성이 시작된다고 기록하

---

77) 張博泉, 「明刀幣硏究續說」, 『北方文物』 80, 2004, p.51. "『漢書·地理志』記載: '相盜者, 男沒入爲其家奴,女子爲婢, 欲自贖者人五十萬.' 此以五十萬計的當是貨幣,…在朝鮮侯國當時通行的貨幣,應當是以明字爲面文的刀幣.(『한서 지리지』에 '도둑질한 자가 남자이면 노예로 삼고, 여자이면 첩으로 삼으며, 속죄하려는 자는 50만을 내야 한다'는 기록의 '50만'은 낭연히 화폐이나.…소선우국(朝鮮侯國)에서 당시 통용된 화폐는 마냥히 넝(明)자가 새겨진 화폐(명도전)이다.)"
78) 『後漢書』 東夷列傳 韓 "辰韓, 耆老自言秦之亡人, 避苦役, 適韓國, 馬韓割東界地與之(진한(辰韓)의 기로(耆老)들이 스스로 말하길, 진(秦)나라의 고역을 피하여 한(韓)나라로 옮겨 온 망명인들로서, 마한(馬韓)이 동쪽 경계 지역을 잘라 그들에게 나누어 주었다고 한다)."
79) 오현수, 「古朝鮮의 形成과 變遷過程 硏究」, 한국학중앙연구원 한국학대학원 박사논문, 2013, p.182.

있고,『통전(通典)』에는 낙랑군이 아닌 고기주(古冀州) 수성현(구 무수현)에서 시작된다고 기록돼 있다.[80] 즉, 같은 당나라 시기에 저술된 두 기록에서 진장성의 동단이 서로 다른 곳에서 시작된다고 기록돼 있는 것이다. 이 두 기록 중 합리적인 기록은 후자인『통전(通典)』의 기록으로 볼 수 있다. 왜냐하면 진시황이 점령하지 못했던 고조선 땅에 들어선 낙랑군 수성현은 진(秦)의 영역이 아니었으므로 진(秦)이 장성을 쌓을 수는 없는 곳이기 때문이다.

이에 더해 동쪽 끝이 '요수(遼水)'에 이르렀다는 진장성(秦長城)은[81] 한반도나 중국 동북 또는 하북성 북부에 있을 수 없다. 왜냐하면 앞에서 밝혔듯이『여씨춘추(呂氏春秋)』,『회남홍렬해(淮南鴻烈解)』등 한대(漢代) 원전 문헌에 한결같이 요수가 '변방(塞)에서 나와 동쪽으로 곧게 흐른다(自塞外東流直)'라고 기록돼 있기 때문이다.[82] 동쪽으로 흐르는 강인 요수에 진시황 장성의 동단이 있었다면, 진장성(秦長城)과 그 이전 연 장성(燕長城)의 동단(東端)은 모두 동쪽으로 흐르는 강들이 있는 현 산서성 태항산맥 인근에서 찾아야 할 것이다.

이상과 같이 기존의 연구들은 원전 문헌을 충실하게 반영하지 못하고 있음이 확인된다. 따라서 고조선 중심지를 밝히기 위해서는 고조선과 관

---

80)『史記索隱』卷二 夏本紀 第二 "太康地理志云, 樂浪遂城縣有碣石山, 長城所起(태강지리지(太康地理志)에 '낙랑 수성현(遂城縣)에 갈석산(碣石山)이 있는데, 장성이 여기서 시작되었다'고 하였다).";『通典』卷第一百七十八 州郡八 古冀州 앞의 주석.

81)『史記』「蒙恬列傳」"正義遼東郡在遼水東, 始皇築長城東至遼水(사기정의(史記正義)에 따르면, 요동군(遼東郡)은 요수(遼水) 동쪽에 있으며, 시황제(始皇)는 장성을 쌓아 동쪽으로 요수까지 이르렀다)."

82)『呂氏春秋』卷十三,『淮南鴻烈解』卷七,『水經注』卷十四 앞의 주석.

련된 핵심 지표들에 대한 원전(原典) 문헌과 고고학적 자료를 더욱 확대시켜, 보다 '실증적'이고 '합리적'으로 규명하는 연구가 선행되어야 할 필요성이 대두되고 있다.

현재 고조선 위치에 관한 연구에 큰 진전이 없는 이유는 기존 학설을 지지하고 유지하는 관점을 바탕으로 연구가 집중되어, 다양한 관점의 연구를 심도 있게 진행하거나 수용하지 못했던 한계에서 비롯되었다고 할 수 있다. 필자 역시 이러한 한반도 중심 '통설'을 한동안 지지하였으나 중국 역대 정사 속에 등장하는 방대한 역사지리 정보가 현재의 한국 학계 주장과 많이 차이가 나는 사실을 발견하였고, 이에 기존 통설을 비판적으로 원문과 비교하는 작업을 통해 고조선에 설치된 한군현의 위치, 특히 고조선과 한군현 중심지인 낙랑군 왕험성(왕검성)이 현재의 한반도나 요녕성(遼寧省) 일대가 되기 어렵다는 결론을 도출하였다. 이러한 문제의식하에 본고에서는 진한(秦漢) 시기 고조선의 국경과 고조선 중심지였던 왕검성(王儉城, 王險城)의 위치를 찾기 위해 기존 연구에서 간과된 원전 문헌상의 사실(史實)들을 보다 폭넓게 인용하여 객관적으로 살피고, 이를 고고학적 자료와 비교해 봄으로써 그동안 학계의 주장이 내포한 문제를 지적하고자 한다.

특히 갈석산(碣石山), 발해(渤海), 요동(遼東), 진장성(秦長城), 요수(遼水), 패수(浿水) 등의 위치에 관해 원전 문헌을 재검토하고, 그동안 연구기 미진한 고조선 접경국이었던 연(燕)의 위치를 자세히 살펴봄으로써 고조선 후기 중심지 왕검성(왕험성)이 어디에 있었는지를 종합적으로 판단하고자 한다.

Ⅲ. 황하에 있었던 고조선 국경 갈석산(碣石山)

고조선의 위치를 구체적으로 살필 수 있는 중요한 표지(標識)인 갈석산(碣石山), 발해(渤海), 진장성(秦長城), 요동(遼東), 요수(遼水), 패수(浿水), 연(燕) 가운데 하나인 갈석산(碣石山)은 고조선의 국경 지역에 있었는데, 전국연(戰國燕)의 세력 확장과 전한(前漢)을 이은 신조(新朝)의 개국 황제 왕망(王莽, 재위: 8-23)에 의한 지명 변경[83] 등으로 인해 그 위치에 관해 후세에 많은 논란을 일으킨다. 갈석산(碣石山)은 또한 후대 고구려의 국경선에 있었고[84], 현재 중국 학계에서 장성(長城)의 기점을 한반도 북부에 비정하는 근거로 사용하고 있기 때문에[85] 고조선의 경계에 있던 갈석산의 위치를 정확히 분석하는 일은 초기 고조선 강역에 대한 오류를 정정하는 중요한 증빙 자료가 될 것이다.

이 장(章)에서는 앞의 선행 연구에서 밝힌 현재까지 주장되고 있는 각 갈석산 비정지들의 문제점을 문헌과 고고학적 자료를 통해 각각 분석하여 초기 고조선 강역을 고찰하고자 한다. 먼저, 초기 갈석산 인근에 있던

---

83) 『水經注(四部叢刊本)』 卷第十四 "地理志曰大碣石山在右北平驪成縣西南王莽改曰揭石也 案揭近刻作碣(지리지에 이르기를, "대갈석산(大碣石山)은 우북평(右北平) 여성현(驪成縣) 서남쪽에 있다. 왕망(王莽)이 이를 게석(揭石)이라 고쳤다." 참고로 '揭'자는 근래에 '碣'자로 고쳐 쓰인다).

84) 『通典』 卷第一百七十八 州郡八 古冀州 앞의 주석.

85) 李殿福, 「東北境內燕, 秦長城考」, 『黑龍江文物叢刊』, 1982. p.62. "秦長城東端至於遼東的東部, 即樂浪郡遂成縣之碣石, 也就是現在朝鮮半島平安南道之龍崗地方(진(秦)나라의 장성 동쪽 끝은 요동(遼東)의 동부, 즉 낙랑군 수성현(遂成縣)의 갈석(碣石)까지 이르렀으니, 이는 곧 오늘날 조선반도 평안남도 용강(龍崗) 지방에 해당한다)."

황하와 무관한 지역들인 평양, 발해만 북부, 하북성 보정시 갈석산설의 문제점을 살피고, 하북성 석가장시 갈석산설이 발생하게 된 원인과 오류, 고대 바닷가에 있던 산동성 빈주시 갈석산의 위치 문제에 대해 설명한 뒤, 마지막으로 초기 문헌 기록과 가장 합치하는 '하남성 광무산(廣武山)'이 여타 후보지에 비해 원(原) 갈석산에 가까움을 논하고자 한다.

만일 황하 인근에 있는 '광무산(廣武山)'이 최초의 갈석산으로 비정된다면, 황하 이남에 있던 연(燕)나라가[86] 고조선(동호)을 물리칠 당시(BC 283),[87] 고조선(동호)의 원 위치는 황하를 경계로 그 북쪽에 있게 된다. 황하를 기준으로 기원전 283년 연나라가 고조선을 물리쳐 1,000리(또는 2,000리)를 빼앗았다면 황하 이북 1,000리(또는 2,000리)에 연나라와 고조선의 경계가 되는데, 그 지역은 대략 현 하북성 중부로 볼 수 있다.[88] 이 하북성 중부는 중국에서 기원전 3세기 말 고조선(예맥조선)과 흉노의 국경이었던 상곡(上谷, 현 保定市)으로 추정하고 있기도 하다.[89]

---

86) 陸東輝, 「殷周金文集成11350號郾王戈銘文考釋」, 『昆明學院學報』 38(1), 2016, pp.131-135.

87) 『史記』 卷一百一十 「匈奴列傳」 "其後燕有賢將秦開, 為質於胡, 胡甚信之. 歸而襲破走東胡, 東胡卻千餘里. …燕亦築長城, 自造陽至襄平, 置上谷漁陽右北平遼西遼東郡以拒胡.(이후에 연나라에 어진 장수 진개가 있었는데, 胡(호)에게 인질로 가 있었고, 胡(호)는 그를 매우 신임하였다. 그가 귀국한 뒤 동호를 기습하여 무찌르고 쫓아냈으며, 동호는 1,000여 리나 물러났다. … 연나라도 또한 장성을 쌓았는데, 조양에서부터 양평까지였다. 그리고 호(胡)를 막기 위해 상곡(上谷), 어양(漁陽), 우북평(右北平), 요서(遼西), 요동(遼東)군을 실시하였나).";『三國志 裴松之注』 卷二十 앞의 주석.

88) 『後漢書』에 따르면 황하 인근 雒陽에서 中山國(현 定州市)까지가 1,400리, 安平(故信都, 현 衡水市)까지가 2,000리로서, 모두 하북성 중부 이남에 위치해 있다(『後漢書』 志 第二十 郡國二 "中山國(高祖置. 雒陽北一千四百里) …安平國(故信都, 高帝置. 明帝名樂成, 延光元年改. 雒陽北二千里).";장우순; 문치웅, 「고대 갈석산의 위치 연구」, 『고조선단군학』 38, 2018, p.124. "(연나라 수도) 계현, 갈석산, 요수의 위치가 요녕성이나 하북성 북부가 아닌 하북성의 중부나 남부 지역에 있었음이 확인되었다."

89) 『史記』 匈奴列傳 "當是之時, 冠帶戰國七, 而三國邊於匈奴. 冒頓既立, 是時東胡彊盛, …

〈그림 Ⅲ-1〉 현 중국 학계의 갈석 위치 추정지. ① 북한 평안남도 용강군(龍岡郡) ② 하북성 진황도시(秦皇島市) 창려현(昌黎縣) ③ 하북성 당산시(唐山市)의 낙정현(樂亭縣) ④ 요녕성 호로도시(葫蘆島市) 수중현(綏中縣) ⑤ 하북성 진황도시(秦皇島市) 북대하구(北戴河區) 금산취(金山嘴) ⑥ 산동성 빈주시(濱州市) 무체현(無棣縣)

1. 중국과 한국의 갈석(碣石) 위치 주장

(1) 중국의 갈석(碣石) 위치 주장

중국 학계에서 주장하는 갈석(碣石)의 위치로는 한반도 평안남도 용강군(龍岡郡)에 대한 설이 계속 유지되고 있다. 다만, 현재 하북성 진황도시(秦皇島市) 창려현(昌黎縣)을 중심으로 그 주변에 있는 당산시(唐山市)의

諸左方王將居東方, 直上谷以往者, 東接穢貉朝鮮.(당시 의관을 한 전국이 7국이 있었는데, 3국이 흉노와 접하고 있었다. (흉노 왕) 묵특이 즉위할 당시(BC209), 동호가 강성하여 …모든 좌측 왕과 장군은 동쪽에 거주하는데, 상곡 이전까지(以往者)를 다스렸고, (상곡) 동쪽으로 예맥조선과 접하였다.)";『中國古今地名大辭典』(1931). p.42. "秦滅代, 置上谷郡, 舊保定, 易州, 宣化, 及順天, 河間之一部(진(秦)이 대(代)를 멸망시키고 상곡군(上谷郡)을 설치하였는데, 이는 옛 보정(保定), 역주(易州), 선화(宣化), 그리고 순천(順天), 하간(河間)의 일부 지역에 해당한다)."

낙정현(樂亭縣), 호로도시(葫蘆島市) 수중현(綏中縣), 진황도시(秦皇島市) 북대하구(北戴河區) 금산취(金山嘴) 역시 유력한 후보지로 보고 있으며, 그 밖에도 소수 의견으로 산동성 빈주시(濱州市) 무체현(無棣縣)의 갈석 산에 대한 논의가 있다.

(2) 한국의 갈석(碣石) 위치 주장

한국 학계에서는 기존 갈석(碣石)에 관한 연구가 주로 낙랑(樂浪)과 관련하여 한반도 현 평양 지역, 하북성 진황도시 창려현 갈석산(河北省 秦皇島市 昌黎縣 碣石山)을 중심으로 이루어졌으며90), 그 밖에 하북성 보정시 내원현 백석산(河北省 保定市 淶源縣 白石山), 산동성 빈주시 무체현 갈석산(山東省 濱州市 無棣縣 碣石山), 하북성 석가장시 고성구 구문 무차산(河北省 石家莊市 藁城區 九門 無此山) 등의 설이 있다.91)

상기 다섯 곳의 갈석 위치 이외에 소수 의견으로 하남성 정주시(鄭州市)에 속한 형양시(滎陽市)의 북쪽 황하 남안(南岸)에 위치한 광무산(廣武山, 前 三皇山)으로 비정하는 견해가 있다.92) 광무산(廣武山) 동남쪽으로는 중국 학계에서 전국시대 연(燕)나라의 최초 수도 郾(언)으로 인정하고 있는 누하시(漯河市)가 있다.93) 중국에서는 연(燕)나라의 국호가 진

---

90) 공석구, 「秦 長城 東端인 樂浪郡 遂城縣의 위치문제」, 『한국고대사연구』 81, 2016, pp.221-262.
91) 장우순; 문치웅, 앞의 논문(2018), p.162.
92) 김진경, 「갈석산(碣石山)의 위치 비정(比定)에 관한 연구」, 『선도문화』 15, 2013, p.323.
93) 陸東輝, 앞의 논문(2016), pp.131-135. "武王滅商, 封召公於郾, 成為郾國始祖; 秦滅郾, 統一六國, 改'郾國'為'燕國', 這是無可爭議的史實 …『說文解字』郾, 潁川縣(今河南許昌市) …著名歷史學家傅斯年認為, 郾國始封地應在河南省郾城縣而其都城則在郾城縣召陵鎮 …而不能證明燕國的始封地匽國就在北京.(진(秦)이 언(郾)을 멸하고 육국을 통일

〈그림 Ⅲ-2〉 한국 학계의 갈석 위치 연구지와 최초 연(燕)의 수도 추정지 누하시(漯河市-그림 하단). ① 북한 평양(平壤) 부근 ② 하북성 진황도시 창려현 갈석산(河北省 秦皇島市 昌黎縣 碣石山) ③ 하북성 보정시 내원현 백석산(河北省 保定市 淶源縣 白石山) ④ 산동성 빈주시 무체현 갈석산(山東省 濱州市 無棣縣 碣石山) ⑤ 하북성 석가장시 고성구 무차산(河北省 石家莊市 藁城區 無此山) ⑥ 하남성 정주시 형양시 광무산(河南省 鄭州市 榮陽市 廣武山, 이전 三皇山)

(秦)나라가 중국을 통일하기 이전(BC 221)까지 '郾(언)'이었다고 주장하고 있는데, 이 연나라 초기 국호인 언(郾)이라는 지명과 더불어, 주 무왕(武王)이 언(郾)국에 봉한 연(燕) 소공(召公)의 능으로 추정되는 소릉(召陵)이 바로 광무산(廣武山, 이전 三皇山) 남쪽으로 약 150km 떨어진 누하시(漯河市)에 있다. 따라서 형양 광무산(廣武山)이 전국시대 연(燕)나라 경계였던[94] 최초 갈석산(碣石山)일 가능성도 배제할 수 없다.

> 한 뒤 郾國을 燕國으로 바꾼 것은 논쟁할 필요가 없다 …『설문해자』에 언은 영천현(현 하남 허창시)이라고 기록하고 있다. …저명한 역사가 부사년은 郾國의 처음 封地는 마땅히 하남성 언성현이고, 그 도성은 언성현 소릉진이라고 말했다 …연나라의 처음 봉지인 언국이 북경에 있었다고 증명할 수 없다.)

94) 『戰國策』「燕策」"(蘇秦)北說燕文侯曰 : 燕東有朝鮮, 遼東, …南有碣石, 雁門之饒((소진

상기 중국과 한국에서 논의되는 갈석산 비정지들의 문제점을 각각 살펴보면 다음과 같다.

2. 갈석산 관련 제설(諸說)의 문제점

(1) 평양 낙랑군 수성현 갈석산 설(說)

낙랑(樂浪) 수성현(遂城縣)에 관해 처음 언급한 『태강지리지(太康地理志)』는 서진(西晉) 태강 3년(282)에 편찬되었다고 하나 그 원본이 전해지지 않고 있고, 『태강지리지(太康地理志)』의 낙랑(樂浪) 수성현(遂城縣) 내용을 인용한 『진서(晉書)』, 『사기색은(史記索隱)』, 『통전(通典)』의 편찬 시기가 진(晉) 태강 연간(280-289) 이후 300여 년 이상 지난 당대(唐代)라는 점, 그 사이 낙랑(樂浪)과 수성현(遂城)의 위치 변동이 이루어졌던 점[95]을 감안할 때 낙랑 수성현을 고정된 특정 지역으로 비정하기 어렵다.

이) 북쪽으로 가서 연나라 문후에게 말하였다: "연의 동쪽에는 조선과 요동이 있으며, … 남쪽에는 갈석(碣石)과 풍요로운 안문(雁門)이 있습니다.")"; 『史記』卷一百二十九 "夫燕亦勃碣之閒(正義勃海, 碣石在西北)一都會也(대체로 연(燕) 역시 발(勃)과 갈(碣) 사이의 지역에 자리한 하나의 도회(都會)였다. (정의 주석: 발(勃)은 곧 지금의 발해(渤海)이고, 갈석(碣)은 그 북서쪽에 있다))."

95) 『資治通鑑』卷第八十八 "孝懷皇帝下建興元年(癸酉, 313年) …遼東張統據樂浪, 帶方二郡, 與高句麗王乙弗利相攻, 連年不解. 樂浪王遵說統帥其民千餘家歸廆, 廆為之置樂浪郡, 以統為太守, 遵參軍事(효회황제(孝懷皇帝) 건흥 원년(계유년, 313년)에… 유동(遼東)의 장통(張統)이 낙랑(樂浪)과 대방(帶方) 두 군을 점거하고, 고구려 왕 을불리(乙弗利)와 서로 공격하여 여러 해 동안 싸움이 끊이지 않았다. 낙랑왕(樂浪王) 준(遵)이 장통을 설득하여 그 백성 1,000여 가구를 이끌고 모용외(廆)에게 귀순하게 하였고, 외(廆)는 그들을 위해 낙랑군(樂浪郡)을 설치하고 장통을 태수로 삼았으며, 준은 군사 업무를 참모하였다)."; 『隋書』卷三十 "上谷郡(開皇元年置易州) …遂城舊曰武遂. 後魏(北魏, 386-534)置南營州, 准營州置五郡十一縣: 龍城, 廣興, 定荒屬昌黎郡 …襄平, 新昌屬遼東郡 …永樂屬樂浪郡 …富平, 帶方, 永安屬營丘郡. 後齊唯留昌黎一郡, 領永樂, 新昌二縣, 餘並省. 開皇元年(581)州移, 三年郡廢, 十八年(598)改為遂城. 有龍山. 永樂舊曰北

갈석(碣石)이 있었다는 낙랑군 수성(遂城)과 관련하여 『태강지리지』의 원본 내용을 인용한 당(唐)대 사서들96)의 내용은 다음과 같다.

『진서(晉書)』志第四 地理上
樂浪郡朝鮮(周封箕子地)屯有, 渾彌, 遂城(秦築長城之所起)(낙랑군 조선(주나라 기자가 봉한 곳이다), 둔유, 혼미, 수성(진 장성이 시작되는 곳이다)).

『사기(史記)』卷二. 夏本紀 第二
太康地理志云, 樂浪遂城縣有碣石山, 長城所起.(『태강지리지』에 말하길 '낙랑 수성현에 갈석산이 있는데 장성이 시작되는 곳이다.')

平, 後周改名焉(상곡군(개황 원년 역주를 설치하다) …수성(遂城)은 옛 이름이 무수(武遂)였다. 북위(北魏, 386-534)는 남영주(南營州)를 설치하고, 영주의 기준에 따라 다섯 군(郡)과 열한 현(縣)을 두었다. 용성(龍城), 광흥(廣興), 정황(定荒)은 창려군(昌黎郡)에 속했고, 양평(襄平), 신창(新昌)은 요동군(遼東郡)에 속했으며, 영락(永樂)은 낙랑군(樂浪郡)에 속했고, 부평(富平), 대방(帶方), 영안(永安)은 영구군(營丘郡)에 속했다. 후제(後齊) 때는 오직 창려(昌黎) 한 군만 남기고, 영락과 신창 두 현을 관할하였으며, 나머지는 모두 폐지되었다. 개황 원년(開皇元年, 581)에는 주(州)를 옮겼고, 3년(583)에는 군이 폐지되었으며, 18년(598)에는 수성(遂城)으로 개칭되었다. 이곳에는 용산(龍山)이 있다. 영락(永樂)은 옛날에는 북평(北平)이라 불렸고, 후주(後周) 때 지금의 이름으로 바뀌었다.";『明一統志』卷四 "永平府 …秦為遼西右北平二郡地漢末為公孫度所據魏改盧龍郡北燕置平州及樂浪郡後魏改樂浪為北平郡隋改為平州后廢州為郡(영평부(永平府)… 진(秦) 때 요서(遼西), 우북평(右北平) 두 군(郡) 지역이었고, 한 말에는 공손도(公孫度)가 점령하였으며, 위(魏)나라에서 노룡군(盧龍郡)으로 개명하였다. 북연(北燕)은 평주(平州)와 낙랑군(樂浪郡)을 설치하였고, 후위(後魏)는 낙랑을 북평군(北平郡)으로 바꾸었으며, 수(隋)나라는 평주(平州)로 개칭했다가 후에 주(州)를 폐지하고 군(郡)으로 환원하였다."

96) 『진서(晉書)』는 당(唐) 방현령(房玄齡, 579-648) 등이 저술하였고, 『사기색은(史記索隱)』은 당(唐) 사마정(司馬貞, 8세기)이 저술하였으며, 『통전(通典)』은 당(唐) 두우(杜佑)가 801년 완성하였다.

『통전(通典)』[97] 卷第一百七十八 州郡八
古冀州遂城 '晉太康地志云, 秦築長城, 所起自碣石, 在今高麗舊界, 非此碣石也.' (고기주(古冀州) 수성(遂城): 진태강지지(晉太康地志)에 '진나라가 장성을 쌓았는데, 갈석에서 시작한다'라고 하였으나 이는 지금 고려(발해) 옛 경계에 있는 갈석이지 이곳 갈석은 아니다.)

상기 당나라 시기 저작들을 보면 수성(遂城)에 대한 주석이 각자 조금씩 다르지만 대체적으로 같은 내용을 담고 있는 것을 볼 수 있다. 그런데 『진서(晉書)』의 "수성(遂城)은 진(秦) 장성이 시작되는 곳이다"라는 내용은 3세기 『진서(晉書)』 원본에 있는 "수성(遂城)"에 7세기 당(唐)의 방현령(房玄齡) 등이 주석을 달아 놓은 것이지 원본 내용이 아니다. "수성(遂城)에서 진(秦) 장성이 시작된다"라는 내용은 『진서(晉書)』 원본에 존재하지 않았다.

다음으로 『사기색은(史記索隱)』에 나오는 "『태강지리지』에 말하길 '낙랑 수성현에 갈석산이 있는데 장성이 시작되는 곳이다"라는 내용을 보면, 『사기(史記)』 원본인 "夾右碣石, 入于海(갈석을 오른쪽에 끼고 바다(황하)로 들어간다)"의 주석 내용으로, 8세기 당(唐) 사마정(司馬貞) 등이 주석한 것이지 역시 『사기(史記)』 원본 내용이 아니다.

한편, 같은 당(唐)대 저서인 『통전(通典)』 역시 수성(遂城) 관련 내용을 설명하면서 역시 『태강지리지(太康地理志)』, 즉 『진태강지지(晉太康地

---

97) 『통전(通典)』은 중국 고대 사서를 광범위하게 모아, 여러 경서(經書)·역사·지리, 한위육조문집(漢魏六朝文集)·상주문, 당국사(唐國史)·실록·문서, 조서, 법규, 대사기(大事記), 『대당개원례(大唐開元禮)』 및 개인 저술 등을 기록한 책으로, 두우(杜佑)가 801년 완성하였다.

志)』내용을 인용하고 있는데,『사기색은(史記索隱)』과 달리 '낙랑(樂浪)'에 있는 수성현(遂城縣)이 아니라 옛 기주(古冀州) '상곡군(上谷郡)'에 있는 수성현을 설명하고 있다.『사기색은(史記索隱)』과 동일한『태강지리지(太康地理志)』를 인용하면서 내용에 차이가 있음을 알 수 있는데,『통전(通典)』의 내용이 더 구체적이고 자세히 기록돼 있으므로 신뢰성이 높다고 볼 수 있다.

『통전(通典)』에 언급한 진(秦)의 장성(長城)이 시작되는 수성현(遂城縣)은 옛 기주(古冀州)에 속해 있는 상곡군(上谷郡) 8현(八縣) 중 하나로서, 조선의 낙랑군이 아니라 옛 연(燕) 땅이었던 상곡군(上谷郡) 내에 있었다. 이 수성현(遂城縣)은 과거 무수현(武遂縣)으로 불리었는데 진(秦) 당시 건설한 장성(長城)이 시작되는 곳이었다.[98]

이러한 사실을 통해 '낙랑군 수성현'과 '상곡군 수성현'이 당나라 사가들 사이에서 혼동되어 인식되었다는 점을 확인할 수 있는데, 그 원인을 살펴보면 당나라 당시 상곡군 수성현(옛 연나라 기주 지역)에 있던 진(秦) 장성(長城)의 기점에 공교롭게도 '갈석(碣石)'으로 불리는 산이 있어서, 당나라 시기『진서』,『사기색은』의 주석자들은 자신들이 가지고 있던 '수성현' 관련 사전 지식을 적용하여 '고대 조선 낙랑의 수성현'을 이 갈석산이 있는 '상곡군 수성현'과 같은 곳으로 간주한 뒤, 임의로 갈석을 고대 조선 낙랑 수성현에 있었다고 주석했을 수 있다. 또는 낙랑이 313년 고

---

[98] 『通典』卷第一百七十八 州郡八 "古冀州上 … 上谷(易)八縣(易, 遂城, 淶水, 容城, 滿城, 五回, 樓亭, 阪城) … 上谷郡; 易州(今理易縣)春秋至戰國屬燕. 秦置上谷郡. … 遂城(古武遂也. 秦築長城之所起.) (고기주 상 … 상곡(易) 8현(易, 수성(遂城), 내수(淶水), 용성(容城), 만성(滿城), 오회(五回), 누정(樓亭), 판성(阪城)) … 상곡군; 역주(易州, 지금의 역현으로 추정(理)는 춘추부터 전국시대까지 연(燕)에 속했다. 진(秦)이 상곡군을 설치하였다. … 수성(遂城)은 옛 무수(武遂)이며, 진나라가 장성을 쌓기 시작한 곳이다)."

구려에 멸망하여 모용외에 투항한 뒤, 모용외가 다시 설치한 낙랑(수성현)의 위치가 옛 기주(古冀州, 현 山西省 남부)에 속해 있던 상곡군(上谷郡, 현 山西省 동남)이었기 때문에 '낙랑군' 수성현, 또는 '상곡군' 수성현으로 기록한 것으로 볼 수 있는데, 후자의 가능성이 높다(이와 관련된 내용은 'Ⅵ. 하북성 석가장시에 있었던 패수(浿水)' 참고).

진(秦)이 쌓은 장성(長城)의 기점이었다는 낙랑(樂浪) 수성현(遂城縣)을 한반도 평양 인근으로 비정할 수 없는 이유는 다음과 같다.

진(秦) 당시 진시황과 그의 아들 호해(胡亥, BC 230-BC 207)가 동쪽으로 순방(東巡)했던 갈석(碣石)은 '남쪽'으로 바다를 따라 내려가면 현 양자강 하류 지역인 회계(會稽)가 나오는 곳이었기 때문에[99] 장성(長城) 끝에 있다는 갈석(碣石)이 한반도 북부에 있을 수 없다. 한반도 북부에 갈석이 있었다면 한반도 북부에서 바다를 따라 남부로 내려가야 회계(會稽)가 있어야 하는 모순이 발생한다.

전한(前漢) 무제(武帝)가 조선을 공격하기 전인 경제(景帝) 시기(BC 157-BC 141)에 저술된 것으로 추정되는[100] 『회남자(淮南子)』에는 다음과 같은 기록이 나온다.

---

[99] 『史記』 卷六 秦始皇本紀 第六 "三十二年, 始皇之碣石, 使燕人盧生求羨門, 高誓, 刻碣石門. …二世東行郡縣, 李斯從. 到碣石, 並海, 南至會稽, 而盡刻始皇所立刻石, 石旁著大臣從者名, 以章先帝成功盛德焉(32년, 시황제가 갈석에 이르러 연나라 사람 노생에게 선문(羨門)과 고서(高誓)를 찾게 하였고, 갈석문을 새겼다. … 이세 황제가 동쪽으로 군현을 행차할 때, 이사가 수행하였다. 갈석에 도착하여 바닷가에서 남쪽으로 회계까지 이르러, 시황제가 세운 모든 비석을 새겼으며, 비석 옆에는 대신과 수행자의 이름을 새겨 선대 임금의 공과 덕을 기렸다)."

[100] 오현수, 「『회남자』 기재 '갈석'과 '요수'를 통해 본 전기 고조선의 중심지」, 『한국학』, 35(4), 2012, p.270.

"東方之極, 自碣石山過朝鮮, 貫大人之國, 東至日出之次, 扶樽木之地, 青土樹木之野, 太皞, 句芒之所司者, 萬二千里."[101](동쪽의 끝; 갈석산에서 조선을 지나 대인의 나라를 뚫고 가면 동쪽에 해가 뜨는 곳에 이른다. 부상목을 받드는 땅이며, 푸른 흙과 수목이 있는 들판으로, 태호와 구망이 다스리는 곳이다. 1만 2,000리 떨어져 있다.)

이 기록을 보면 전한(前漢) 당시 갈석산을 기준으로 조선이 시작되며 동쪽으로 1만 2,000리를 가면 해 뜨는 곳, 즉 동해와 인접한 곳이 나오는 것을 알 수 있다. 이는 거꾸로 동해 인근에서 서쪽으로 대인국과 조선을 지나 1만 2,000리 떨어진 중국 내륙 깊은 곳에 갈석산이 있었다는 설명으로, 만일 갈석산이 한반도 중부(평양)에 있었다면 동해에서 서쪽으로 대인국, 조선을 지나 '1만 2,000리'에 갈석산이 있을 만한 영토가 없다. 또한 '自碣石山過朝鮮(갈석으로부터 조선을 지나)' 기록을 통해 갈석산은 조선 중심지인 낙랑 '내(內)'에 있는 산이 아니라 중국과 조선의 '경계'에 있던 산임을 알 수 있다. 이는 낙랑 중심지로 주장되는 평양에 갈석산이 있을 수 없는 이유가 된다.

후한(後漢) 반고(班固, 32-92)가 편찬한 『한서(漢書)』를 보면 "서쪽으로 여러 나라를 이어 안식국에 이르고, 동쪽으로 '갈석을 지나' 현도와 낙랑을 군(郡)으로 삼았다(西連諸國至于安息, 東過碣石以玄菟, 樂浪爲郡)"라고 기록하고 있는데, 이는 전한(前漢, BC 202-AD 8) 당시 조선을 공격할 때 먼저 동쪽으로 갈석을 지난 뒤 이후 현도와 낙랑에 이르렀다는 이야기로, 갈석이 현도, 낙랑의 서쪽에 위치해 있지 낙랑 내에 있지 않음을 말

---

101) 許愼,「淮南鴻烈解」十,『四庫全書』

하고 있다. 현재 중국에서 주장하는 평양(낙랑) 남서쪽에 갈석이 있었다면 이 기록과 위치상 맞지 않는 것이다.

이에 더해, 옛 기주(古冀州) 상곡군 수성현이나 평양 낙랑군 수성현은 '갈석산(碣石山)이 황하(河) 인근에 있다'는 기록들102)과도 맞지 않는 곳에 위치하고 있다. 따라서 『태강지리지(太康地理志)』에 기록돼 있다는 '낙랑 수성현', 또는 '상곡군 수성현'을 원(原) 갈석산으로 볼 수 없다.

(2) 하북성 진황도시 창려현 인근 갈석산 설(說)

진황도시(秦皇島市) 창려현(昌黎縣)을 비롯한 인근의 낙정현(樂亭縣), 수중현(綏中縣), 북대하구(北戴河區) 등 현 발해만 북부의 4개 갈석산설의 문제점은, 장성을 쌓은 진(秦) 왕조 당시 '고조선(예맥조선)의 서쪽 국경'이 발해만 북부가 아니라 발해만 서쪽 내륙인 현재의 하북성 중부 보정시(保定市)로 비정된다는 데 있다.103) 흉노의 묵특선우(冒頓單于, 묵돌선우)가 즉위하던 기원전 209년104) 당시는 동호(東胡)가 강성하였고, 흉노와 예맥조선이 상곡(上谷)에서 접경하고 있었는데,105) 이 상곡(上谷)이 현재 북경시(北京市) 남부 보정시라면 그 동쪽의 발해만 북부는 진

---

102) 『尚書』「禹貢」"夾右碣石入于河(갈석(碣石)을 오른쪽에 끼고 황하(河)로 들어간다).";
『山海經』「北山經」"碣石之山, 繩水出焉, 東流注於河.(갈석산(碣石之山)에서 승수(繩水)가 발원하여 동쪽으로 흘러 황하(河)로 합류한다.)"

103) 秦蕙田(淸), 『五禮通考』 제27부분 "易州亦為上谷郡今保定府(역주(易州)는 또한 상곡군(上谷郡)에 속하였으며, 지금의 보정부(保定府)에 해당한다).";『中國古今地名大辭典』(1931), 앞의 주석 p.42. 참고.

104) 『두산백과』 冒頓單于(묵특선우) "흉노제국의 건설자(재위 BC 209-BC 174). 동몽골의 동호, 북서몽골의 월지를 격파하고, 북방의 정령, 예니세이강 상류 지역의 견곤 등을 정복하여 아시아 사상 최초의 유목국가를 세웠다."

105) 『史記』 匈奴列傳 앞의 주석.

(秦)의 영토가 아닌 조선의 영토로 볼 수 있으며, 따라서 진(秦) 장성과 관련이 있는 갈석산 역시 발해만 북부 창려현을 비롯한 인근 4개 지역에 존재할 수 없게 된다.

이러한 예맥조선 서계(西界)에 관한 문헌 기록들은 전국시대(戰國時代, BC 476-BC 221)에 연(燕) 또는 진(秦) 왕조가 연산 지역(북경 일대)을 지속적으로 지배하지 않았음을 의미한다.106)

발해만 북부 갈석산 비정지들은 이러한 문제점 이외에도, 앞서 논한 낙랑(樂浪) 수성현(遂城縣) 갈석산설과 마찬가지로 갈석산이 '황하(河)' 인근에 있었다는 기록들과 맞지 않는 점, 그리고 갈석산을 경계로 했던 전국(戰國) 연(燕)107)의 수도 계(薊)가 당(唐) 시기에 황하와 관련이 없는 유주(幽州)로 이동된 사실 등의 문제를 가지고 있다.

『구당서(舊唐書)』「지리지(地理二)」 기록을 보면 전국(戰國)시대 연(燕)의 수도였던 계(薊)를 당(唐) 개원(開元) 18년(730년)에 북경 인근인 유주(幽州)108) 3현(縣)을 떼어 설치했다는 기사가 있다.109) 당시 당나라가 유

---

106) 『百度百科』 薊門煙樹碑 "値得一提的是1974年考古工作者曾在白雲觀附近的'薊丘'發掘, 發現了一段古城牆的西北角, 在此城牆下壓着3座東墓, 說明該城建造年代不早於東漢, 這又作何解釋? 它提示我們對戰國'薊城'位置需要重新認識, 這隻能有待更多的考古發現進一步證明(계문연수비: 특히 1974년 고고학자들이 북경 서부(白雲觀) 인근의 '계구(薊丘, 연나라 수도 유적)'에서 옛 성벽의 북서쪽 모서리를 발굴하였는데, 이 성벽 밑에 3기의 동묘(東墓)가 깔려 있다는 것은 이 성이 동한(AD 1-2세기)보다 축조 연대가 빠르지 않다는 것을 말해 주는데 이는 어떻게 설명할 수 있을까? 이는 전국시대 계성(연나라 수도)의 위치에 대한 재인식이 필요함을 시사하는 것으로, 더 많은 고고학적 발견을 기대할 뿐이다.)"

107) 『戰國策』「燕策」"(蘇秦)北說燕文侯曰 : 燕東有朝鮮, 遼東, …南有碣石, 雁門之饒((소진이) 북쪽으로 가서 연 문후에게 설득하며 말하였다: "연의 동쪽에는 조선과 요동이 있고, … 남쪽에는 갈석과 안문 지방의 풍요한 땅이 있습니다.")."; 『史記』卷一百二十九 앞의 주석.

108) 『詞典網』, "幽州: 唐方鎮名. 先天二年 (713) 置幽州節度經略鎮守使, 治所在幽州(今北

주에 계(薊)를 설치한 시기는 전국연(戰國燕)이 멸망한 BC 222년 이후 952년이 지난 뒤의 일로, 고대 '황하(갈석) 인근'에 있었던 연(燕)의 위치와 당(唐)이 다시 설치한 유주(幽州)의 연(燕) 수도 계(薊)와의 관련성을 찾기 어렵다. 이렇게 당(唐)에서 8세기 초에 연(燕)의 수도 계(薊)를 북쪽으로 이주시키면서 갈석산 역시 북경 인근 바닷가인 발해만 북부로 이주했던 것으로 해석할 수 있는데, 이 발해만 북부 갈석산들은 '연(燕) 서북(西北)에 갈석산이 있다'는 7세기 『사기정의(史記正義)』의 기록[110]과도 맞지 않는다. 연(燕) 수도 계(薊)를 북경으로 볼 경우 현재 발해만 북부 갈석산들은 연(북경)의 '서북쪽'이 아닌 연(북경)의 '동쪽'에 위치해 있다. 따라서 상기 여러 문제들을 볼 때 진황도시(秦皇島市) 창려현(昌黎縣) 인근의 갈석산들을 원(原) 갈석산으로 보기 어렵다.

(3) 하북성 보정시 내원현 백석산 설(說)

한국에서 많이 논의되는 하북성 보정시 내원현(淶源縣) 백석산(白石山) 갈석산설의 경우, 연 장성(燕長城)의 동단이 발견되었다고 하는 현 보정시(保定市) 수성진(遂城鎭)의 수성(遂城)이라는 지명이 『태강지리지』에 갈석이 있다고 기록된 낙랑(樂浪) 수성현(遂城縣)과 같고, 보정시에 전국시대 연(燕)나라 남계(南界)인 역수가 흐르는 역현(易縣)이 있으며, 당시

京市城區西南)(유주(幽州): 당나라의 방진(方鎭, 지방 군정 구역) 명칭이다. 선천 2년(713년)에 유주절도경략진수사(幽州節度經略鎭守使)를 설치하였으며, 치소는 유주, 즉 오늘날 북경시 중심부의 남서쪽에 있었다)."

109) 『舊唐書』「地理二」 "薊州開元十八年(730年), 分幽州之三縣置薊州. 天寶元年(742年), 改為漁陽郡(계주(薊州)는 개원 18년(730년)에 유주(幽州)의 세 현을 나누어 설치하였다. 천보 원년(742년)에는 이름을 바꾸어 어양군(漁陽郡)이라 하였다)."

110) 『史記』 卷一百二十九 앞의 주석.

연나라 유물이라고 하는 연하도 유적이 발견되었고,[111] 연(燕) 소왕(燕昭王) 29년(BC 283) 진개(秦開)가 동호(東胡)를 물리치고 장성을 쌓은 뒤 설치한 상곡군(上谷郡)[112]을 중국에서 보정시(保定市)로 인식하고 있다는 점 등을 근거로 한다.

그러나 앞서 밝혔듯이 낙랑(樂浪) 수성현(遂城縣)에 갈석산이 있다는 내용은 『진서(晉書)』 등 7세기 이후 저술된 당(唐) 시기의 주석으로만 등장하고 있고, 『통전(通典)』에는 수성현이 낙랑이 아닌 현재의 산서성(山西省) 남부인 옛 기주(古冀州) 땅에 있었다고 밝히고 있으며, 당나라 당시 수성현은 수(隋)나라가 무수(武遂)에서 수성(遂城)으로 변경한 곳이라는 기록이 있음을 볼 때,[113] 현재 수성진(遂城鎭)이 있는 보정시 서북에 위치한 백석산(白石山)을 고대 낙랑(樂浪) 수성현(遂城縣)과 같은 곳으로 연결하기 어렵다.

또한, 갈석산 관련 기사가 있는 다른 많은 사서에 갈석산이 황하(河)나 바다(海) 인근에 있다고 기술하고 있으나[114] 보정시 내원현 백석산(白石

---

111) 장우순; 문치웅, 앞의 논문(2018), p.162.
112) 국사편찬위원회(한국사데이터베이스, https://db.history.go.kr), 상곡(上谷). "상곡군은 전국 연나라가 동호(東胡)와 고조선(古朝鮮)을 공격하여 동북방으로 영역을 확장한 다음, 연(燕) 소왕(昭王) 희평(姬平) 29년(BC 283)에 설치했다는 5군(郡) 가운데 하나이다)."; 『史記』 卷一百十 "燕亦築長城, 自造陽至襄平. 置上谷, 漁陽, 右北平, 遼西, 遼東郡以拒胡(연(燕)나라 또한 장성을 쌓았는데, 조양(造陽)에서부터 양평(襄平)까지 이르렀다. 상곡(上谷), 어양(漁陽), 우북평(右北平), 요서(遼西), 요동(遼東)군을 설치하여 오랑캐(胡)를 방어하였다)."
113) 『通典』 卷第一百七十八 州郡八 앞의 주석.
114) 『尙書』 「禹貢」 "夾右碣石入于河(우측에 갈석(碣石)을 끼고 황하로 들어간다)."; 『史記』 「夏本紀」 "夾右碣石入于海(우측에 갈석(碣石)을 끼고 바다로 들어간다)."; 『山海經』 「北山經」 "碣石之山, 繩水出焉, 東流注於河(갈석산(碣石之山)에서는 승수(繩水)가 나오는데, 동쪽으로 흘러 황하로 들어간다)."; 『史記』 「天官書」 "中國山及川東北流行 … 渡河東北盡碣石山(중국의 산과 강은 동북쪽으로 흘러 … 황하를 건너 동북으로 흘러

山)은 황하(河)나 바다(海)와 무관한 태항산맥 내에 있으며, 특히 수성현이 있던 낙랑이 한 곳이 아니라 역사적으로 여러 차례 이주를 한 사실은 115) '낙랑군 수성현'을 고정된 특정 지역으로 보기 어렵게 한다.

이러한 사실은 고조선을 이어 들어선 낙랑군 수성현을 현재의 보정시 수성진 인근으로 비정한 이 학설에 한계가 있음을 보여 준다. 특히 이후 본고에서 상술하겠지만, 보정시 역현(易縣) 연하도(燕下都) 유적이 연(燕)나라 유적이라고 보기 어렵다는 사실도 이 학설의 문제로 지적될 수 있다.

(4) 하북성 석가장시(石家莊市) 고성구(藁城區) 무차산(無此山) 설(說)

작가는 알려지지 않았으나 대략 전국시대 말기(기원전 3세기)에 저술된 것으로 추정되는 『상서(尚書)』「우공(禹貢)」에 갈석(碣石)과 관련된 기록이 나온다. 이 내용은 『사기(史記)』「하본기(夏本紀)」에 다시 실리게 된다. 그런데 갈석(碣石)과 관련된 내용 중 『상서(尚書)』「우공(禹貢)」 원문과 후대에 이를 인용한 『사기(史記)』「하본기(夏本紀)」의 내용에는 약간 다른 부분이 있다.

> 『상서(尚書)』「우공(禹貢)」
> 鳥夷皮服, 夾右碣石入於河.(도이(島夷)는 가죽옷을 입으며, 오른쪽으로 갈석산을 끼고 황하로 들어간다.)

마침내 갈석산에 이른다).";『後漢書 李賢注』「馮衍傳」"碣石, 海畔山也, 在今平州東 (갈석은 바닷가의 산이며, 지금의 평주(平州) 동쪽에 있다)." 등

115) 『資治通鑑』卷第八十八, 『隋書』卷三十 앞의 주석.

『사기(史記)』「하본기(夏本紀)」

鳥夷皮服. 夾右碣石入于海. (조이(鳥夷)는 가죽옷을 입으며, 오른쪽으로 갈석산을 끼고 바다로 들어간다.)

『상서(尙書)』에서 '황하(河)로 들어간다'는 원문이 후대『사기(史記)』에 '바다(海)로 들어간다'로 바뀐 것이다. 이는 갈석의 위치를 규정하는데 중요한 차이로, '황하(河)'로 기록된 것이 맞다면 갈석이 중국 내륙에 있어야 하고, '바다(海)'로 기록된 내용이 맞다면 갈석이 바닷가에 있어야 한다.

이 구절과 관련하여 5세기『사기집해(史記集解)』에 동진(東晉)의 서광(徐廣, 352-425)이 '바다(海)는 황하(河)로 기록하기도 한다(海一作河)'라고 기록하고 있다. 그러나 초기 갈석의 위치가 '바다(海)'가 아닌 '황하(河)' 인근 지역이라는 사실은『상서(尙書)』「우공(禹貢)」과 더불어 갈석 관련 최초 기록 중 하나인『산해경(山海經)』에도 '갈석산에서 승수가 나오는데 동쪽으로 황하에 유입된다(碣石之山, 澠水出焉, 東流注於河)'라고 기록된 점116)과,『상서(尙書)』「우공(禹貢)」에서 언급한 갈석 인근 지역들을 살펴보면 모두 바다가 아닌 황하 주변에 있었다는 점을 통해 입증된다.

『상서(尙書)』「우공(禹貢)」 - 기주(冀州)

冀州 : 旣載壺口, 治梁及岐. 旣修太原, 至于岳陽 ; 覃懷厎績, 至于衡漳. 厥土惟白壤. 厥賦惟上上錯, 厥田惟中中. 恒, 衛旣從, 大陸旣作. 島夷皮服, 夾

---

116) 『山海經』「北山經」 "碣石之山, 澠水出焉, 東流注於河(갈석산(碣石之山)에서는 승수(澠水)가 나오는데, 동쪽으로 흘러 황하로 들어간다)."

右碣石入于河.(기주(冀州)에 대한 설명이다. 호구산(壺口山)을 지나 양산(梁山)과 기산(岐山)을 다스리고, 태원(太原)을 닦은 뒤 악양117) 북쪽에 다다랐다. 담회(覃懷)에서 공을 쌓고 형장(衡漳)에 이르렀는데, 그곳은 흰 빛깔의 땅으로, 세금을 받을 때 최고이고 밭은 중급이다. 항(恆, 史記에는 常)과 위(衛)가 그곳을 따라가다 대륙(大陸)이 된다. 도이(島夷, 史記에는 鳥夷)는 가죽옷을 입는데, 갈석(碣石)을 오른쪽에 끼고 황하(史記에는 海)로 들어간다.)

상기『상서(尚書)』「우공(禹貢)」기주(冀州)조에 밝힌 하(夏)나라 시조 우(禹)가 다스린 기주(冀州) 지역들에 대한 지명을 살펴보면, 먼저 서쪽의 호구(壺口), 량(梁), 기(岐), 태원(太原), 악양(岳陽, 霍太山), 담회(覃懷), 형장(衡漳)으로 갔다가, 다시 항(恆)과 위(衛)를 따라 대륙(大陸)에서 끝이 난다고 기록하고 있다. 그리고 나서 가죽옷을 입는 도이(島夷)118)가 갈석산을 오른쪽으로 끼고 황하(河)로 들어간다는 내용이 이어진다.

그런데 상기 지역들이 있는 기주(冀州)에는 현재 바다(海)가 없기 때문에 이 기록의 '河(황하)'를『사기(史記)』에서 '海(바다)'라고 바꾼『사기(史記)』의 표현은 일견 맞지 않아 보인다. 그러나 서광이 밝혔듯 '河(황하)'를 '海(바다)'로 기록하기도 했다면 이때 '海(바다)'는 '河(황하)' 또는 '황하를 비롯한 여러 강이 유입되는 내륙호수(저지대)'로 볼 수 있다. 고

---

117)『史記』에는 岳陽(악양)이 嶽陽(악양)으로 나오며,『색은』에 악(嶽)은 곽태산(霍太山)이라고 한다)
118) 도이(島夷)는 '바닷가'에 사는 민족이 아닌 중국 내륙 기주에 살던 '도(島,『史記』에는 鳥) 사람들(夷)'이다. 「우공(禹貢)」에는 우(禹)가 나눈 구주(九州)에 여러 민족(夷)이 살고 있었음을 기록하고 있었는데, 그 가운데 중국 내륙인 기주(冀州)에는 도이(島夷)가, 기주 아래 양주(梁州)에는 화이(和夷)가 살고, 동쪽 청주(青州)에는 우이(嵎夷), 서주(徐州)에는 회이(淮夷)가 살고 있다고 기록하고 있다.

정된 갈석산이 '河(황하)'에서 '海(바다)'로 움직일 수는 없기 때문이다. 즉, 기주(冀州) '河(황하)'와 가까운 '海(바다)'는 '河(황하)'와 연결돼 있던 [119)] 내륙의 거대한 저수지대(潴水地代)로서, 현재는 사라진 하북성 남부의 고발해(古渤海)로 볼 수 있다. 하북성 남부에 황하와 연결돼 있었던 고발해(古渤海)와 관련해서는 'Ⅳ. 하북성 내륙에 있었던 발해(渤海)' 부분에서 상술하겠다.

상기『상서(尚書)』「우공(禹貢)」기주(冀州)의 지명들을『대청광여도(大淸廣輿圖)』에 표시하면 아래 그림 Ⅲ-3과 같다.『대청광여도(大淸廣輿圖)』는 일본 지리학의 선구자로 인정받는 나가쿠보 아카미즈(長久保赤水, 1717-1801)가 천명(天明) 5년(1785) 청(淸)나라의 각종 지도 등을 참고로 제작한 지도로서, 당시 일본에서 전국(全國) 제번(諸藩)의 교육용으로 사용된 신뢰성을 갖춘 지도라고 할 수 있다.[120)] 이 지도는 비록 전한(前漢) 시기와 시기적으로 차이가 많고 전한(前漢) 이후 여러 지명이 사라지거나 위치가 이동되었음을 감안하더라도, 고대 중원의 지명들이 여전히 많이 기록돼 있고 비교적 상세하게 표시돼 있어, 대략적인 고지역명(古地域名)을 파악하는 데는 도움을 주고 있다.

〈그림 Ⅲ-3〉을 보면 하(夏)나라 시조 우(禹)가 다스린 지역인[121)] '우공기주의 땅(禹貢冀州地)', 즉 '고기주(古冀州)'가 산서성 서남 지역(①과 ⑤ 사이)에 표시돼 있다. 상기『상서(尚書)』「우공(禹貢)」기주(冀州)조에 기

---

119) 『漢書』「溝洫志」"大司空掾王橫言 : 河入勃海(대사공(大司空)의 참사(掾) 왕횡(王橫)이 말하기를:"황하(河)는 발해(渤海)로 흐른다"고 하였다)."

120) (日本)文化庁, 大淸廣輿図. 논문에 인용된 지도는 일본의 국립국회도서관에 소장된 지도로서, (淸)平江九霞의 原圖를, 일본의 水府赤水가 교정한 지도이다. (지도 출처: https://dl.ndl.go.jp/pid/2543120/1/1)

121) (淸)平江九霞,『大淸廣輿圖原圖』, (日本)國立国會圖書館, 東都 출판, 1785.

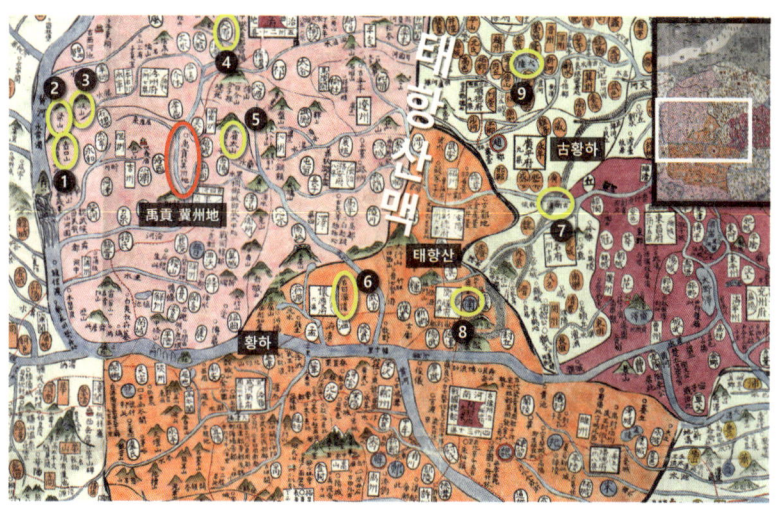

〈그림 Ⅲ-3〉『상서(尙書)』「우공(禹貢)」에 나오는 우(禹)가 다스린 지역 기주(冀州) ① 호구(壺口) ② 량(梁) ③ 기(岐) ④ 태원(太原) ⑤ 악양(岳陽, 霍太山) ⑥ 담회(覃懷) ⑦ 형장(衡漳) ⑧ 위(衛) ⑨ 대륙(大陸)

록된 최초의 갈석산은 기주(冀州)의 동쪽 끝, 즉 황하가 화북평야로 들어가는 곳에 있어야 하는데, 구체적으로 강이 많은 내륙 저지대인 ⑦ 형장(衡漳)이나 광대한 호수인 ⑨ 대륙택(大陸澤)에 이르기 전 마지막 산지인 태항산 인근인 ⑥ 담회(覃懷) 또는 ⑧ 위(衛) 인근에 있었던 것으로 추정할 수 있다.

다음으로 우(禹)임금이 통하게 했다는 9산(九山)과 관련된 기록을 보면 황하 인근에 있던 갈석산이 왜 태항산맥 중부인 현 하북성 석가장시 고성(藁城)으로 옮겨지게 됐는지에 대한 이유를 짐작할 수 있다.

『상서(尙書)』「우공(禹貢)」 - 9산(九山)

導岍及岐, 至于荊山, 逾于河 ; 壺口, 雷首至于太岳 ; 底柱, 析城至于王

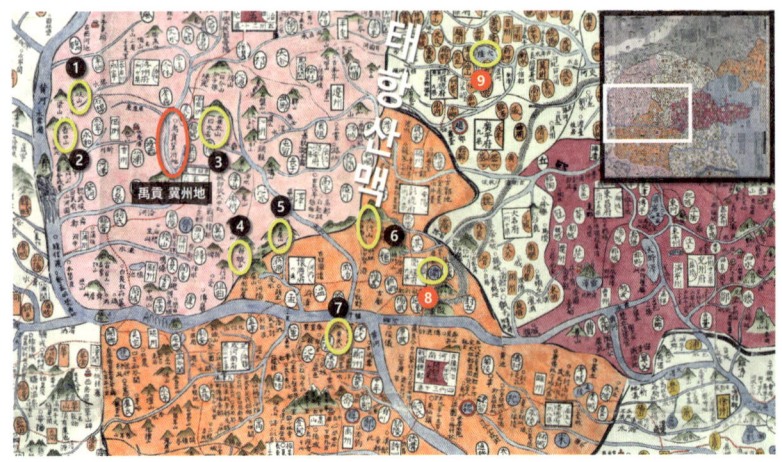

〈그림 Ⅲ-4〉[122] 『상서(尙書)』 「우공(禹貢)」의 9산(九山). ① 기산(岐山) ② 호구산(壺口山) ③ 태악산(太岳山, 霍太山) ④ 석성산(析城山, 지도에는 折城山으로 표기됨) ⑤ 왕옥산(王屋山) ⑥ 태항산(太行山) ⑦ 현 광무산(廣武山, 碣石山 비정지 중 한 곳) ⑧ 위(衛) ⑨ 대륙(大陸)

屋 ; 太行, 恆山至于碣石, 入于海. (견산(岍山, 史記에는 汧山)과 기(岐)산은 황하(河)를 넘어 형산(荊山)까지 이어진다. 호구산(壺口山)과 뇌수산(雷首山)은 태악산(太岳, 史記에는 太嶽山)까지 이어진다. 지주산(砥柱山)과 석성산(析城山)은 왕옥산(王屋山)까지 이어진다. 태항산(太行山)과 항산(恆山, 史記에는 常山)은 갈석산(碣石山)에 이르러 바다로 뻗어간다.)

〈그림 Ⅲ-4〉를 보면, 우(禹)임금이 통하게 했다는 「우공(禹貢)」의 9개의 산 중 6개의 지명(①-⑥)과 갈석산 비정지(⑦),[123] 고기주(古冀州)의 동쪽 끝 지역(⑧, ⑨)을 확인할 수 있다.

---

122) (淸)平江九霞, 앞의 지도(1785).
123) 김진경, 「고대 요수(遼水)의 위치 비정(比定)에 관한 연구」, 국내박사학위논문, 국제뇌교육종합대학원대학교, 2012. p.323.

그런데 상기 「우공(禹貢)」의 "太行, 恆山至于碣石(태항산과 항산이 갈석에 이른다)"라는 내용을 두고 「집해(集解)」에는 '공안국이 이 두 산은 서로 연결되어 있는데 동북 지역의 갈석에서 만나 창해로 흘러 들어간다고 했다(孔安國曰 : 此二山連延, 東北接碣石, 而入于滄海)'라고 주석하고 있다.124)

공안국(孔安國, BC 156-BC 74)은 전한(前漢) 시기 노(魯)나라 출신 관리로, 『상서(尚書)』의 원문인 '태항과 항산이 갈석에 이른다(太行恆山至于碣石)'라는 기록에 '동북(東北)'이라는 표현을 추가하고 있는 것이다(東北接碣石). 공안국의 이 설명은 갈석산이 마치 전한(前漢)의 수도였던 섬서성(陝西省) 장안(長安)을 기준하여 동북 지역인 현 태항산맥 중부에서 태항과 항산이 만나고, 그곳에 갈석산이 있는 것처럼 해석될 수 있다. 그가 그렇게 말한 이유는 실제로 갈석이 전한(前漢) 시기에 이미 황하 인근에서 태항산맥 중부인 현 석가장시 고성구 지역으로 옮겨졌거나, 아니면 공안국이 살던 노(魯) 지역의 위치가 현재 일반적으로 알려진 산동성 태산(泰山) 남부가 아닌 태항산맥 남쪽, 즉 현재 황하 이남의 하남성에 있었기 때문일 수도 있다.

---

124) 『史記』, 「夏本紀」 "道九山 …太行, 常山至于碣石, (集解孔安國曰 : 此二山連延, 東北接碣石, 而入于滄海. 索隱太行山在河內山陽縣西北. 常, 恆山是也, 在常郡上曲陽縣西北)入于海(구산의 길은 … 태항산과 상산이 갈석에 이른다(집해(集解) 공안국(孔安國)이 말하길: '이 두 산은 서로 이어져 동북쪽으로 碣石에 닿고, 그리고 창해(滄海)로 들어간다.' 색은(索隱)은 말하길: '태항산(太行山)은 하내(河內) 산양현(山陽縣) 서북쪽에 있다. 상산(常山)은 즉 항산(恆山)이며, 상산군(常山郡) 상곡양현(上曲陽縣) 서북쪽에 있다)(이 산맥은) 바다로 들어간다.)"

〈그림 Ⅲ-5〉『중국역사지도(中國歷史地圖)』 주초봉건도(周初封建圖)상의 최초 노(魯) 나라 위치[125]

[그림 Ⅲ-5 설명] 주나라 초기(周初) 문왕(文王)의 아들이자 무왕(武王)의 동생인 주공(周公) 단(旦)은 상족(商族)이 반란을 일으키자 연(燕) 소공(召公)과 협력하여 동쪽으로 원정을 나가 현 하남성(河南省) 낙양(洛陽) 부근 낙읍(洛邑:成周)에 진(鎭)을 설치한다. 이후 아들을 노(魯)나라에 봉(封)하는데, 그 위치는 지도와 같이 황하 이남이었다. 최초 갈석산과 관련된 『상서(尙書)』「우공(禹貢)」의 9산(九山)은 모두 지도의 '초기 노나라(魯)'의 북쪽, 즉 태항산맥 서남부, 황하 이북인 산서성(山西省) 남부(고기주)에 위치해 있으며, 초기 노(魯)나라 기준(황하 남쪽)에서 보면 황하 인근, 태항산맥 남쪽 끝자락(고기주 동쪽 끝)에 있던 갈석산이 노나라 동북쪽에 위치하게 된다. 따라서 공안국은 자신이 살던 황하 이남에서 봤

---

[125] 程光裕;徐聖謨;張其昀, 『中國歷史地圖』, (臺灣)中國文化大學華岡出版部, 1980, pp.7-8.

을 때 '동북(東北)에서 두 산(태항산, 항산)이 갈석산에서 만난다(此二山連延, 東北接碣石)'고 기록했을 수 있다.

태항산(太行山)과 항산(恆山)이 만나는 곳에 갈석산이 있었기 때문에, 이 두 산의 위치는 갈석산의 위치를 파악하는 데 중요한 열쇠이다. 현재 태항산맥은 남쪽으로 황하 인근까지 뻗어 있다. 그런데 현재 항산(恆山)의 위치는 '황하와 관련이 없는' 산서성(山西省) 북쪽 대동시(大同市)로 옮겨져 있다.126) 그렇다면 「우공(禹貢)」 9산(九山)과 더불어 '황하(갈석) 인근'에 있었던 항산(恆山)의 원래 위치는 어디였을까?

먼저 「우공(禹貢)」의 기주(冀州)조에 "항(恆, 항산)과 위(衛)가 이를 따라 대륙에 이른다(恆, 衛既從, 大陸既作)"라는 기록을 보면, 서쪽에서부터 동쪽으로 항(恆) → 위(衛) → 대륙(大陸)으로 이어지는 지명을 설명하고 있으므로, '항(恆)'이라는 지명이 〈그림 Ⅲ-4〉의 '⑧ 위(衛)'와 가깝고, 북쪽 석가장 남부의 큰 호수였던 '⑨ 대륙(大陸)'에 이르기 전 남쪽에 있어야 함을 의미한다. 즉, 구체적으로 '⑧ 위(衛)'의 서쪽 황하 인근에 항산(恆山)이 있었던 것이다.

또한, 『사기(史記)』 「천관서(天官書)」에 다음과 같은 기록이 있다.

自華以南, 氣下黑上赤. 嵩高, 三河之郊, 氣正赤. 恆山之北, 氣下黑下青. 勃碣, 海岱之間, 氣皆黑. 江淮之間, 氣皆白.(화산(華山) 이남의 구름 기운은 아래가 검고 위가 붉다. 숭산(崇山)과 삼하(三河) 일대 교외에 구름은 붉은색이다. 항산(恒山) 이북의 구름의 기운은 아래는 검고 위는 푸른색이다. 발해(勃海), 갈석산(碣石山), 바다와 태산(泰山) 사이의 구름의 기운은

---

126) (清)平江九霞, 앞의 지도(1785). 대동시(大同市)에 그려진 항산(恒山)에 "恒山, 古北岳(항산: 고대에 북악이었다)"이라는 설명이 있다.

모두 검은 색이다. 장강과 회하(淮河) 사이의 구름의 기운은 모두 백색이다.)

이 기록의 '恆山(항산)'이란 '황하 남쪽'에 있는 화산(華山)과 숭산(崇山), 삼하(三河)와 대비되는 '황하 북쪽'의 기주(冀州) 지역을 의미한다. 따라서 '恆山之北(항산 이북)'은 태항산맥 남부에서 서쪽으로 황하를 따라 길게 이어진 산악지대로 볼 수 있다. 이렇게 볼 때 갈석산은 황하를 따라 서쪽에서 동쪽으로 뻗어 있는 항산(恆山)과 북쪽에서 남쪽으로 뻗어 있는 태항산이 만나는 중간 지점(太行, 恆山至于碣石)에 있었음을 알 수 있다.

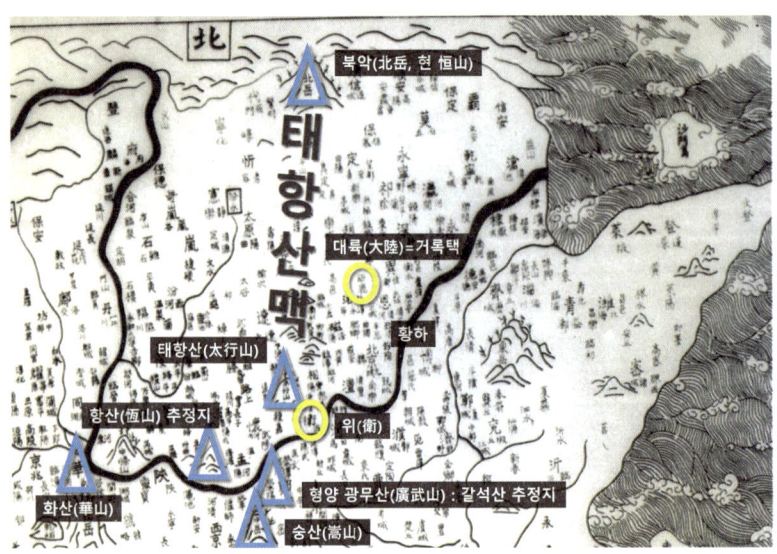

〈그림 Ⅲ-6〉[127] 현재 북방 대동시(大同市)에 있는 항산(恒山)

---

127) 曹婉如,「九域守令圖墨線圖(北宋 1121)」,『中國古代地圖集(元以前)』, 文物出版社, 1990.

[그림 Ⅲ-6 설명] 지도상 북쪽 끝에 있는 북악(北岳)은 현재 중국에서 항산(恒山)으로 이름을 바꾸었으나,128) 원래 항산은 숭산(崇山)과 삼하(三河), 즉 황하 인근에 있었다. 황하 인근 산서성(山西省)의 산들을 설명한 「우공(禹貢)」 9산(九山)에는 항산(恒山)이 태항산과 맞닿아 있다고 하였으며, 「천관서(天官書)」에는 황하 이남의 '화산(華山)', '숭산(崇山)'의 대비되는 지역인 황하 이북 기주 지역(산서성 남부)을 '항산의 북쪽'이라고 표현하고 있다. 따라서 필자는 항산(恒山)의 위치를 그림과 같이 화산-숭산의 북쪽에 동서로 길게 뻗은 산(그림의 항산 추정지)으로 비정하는데, 이 항산(恒山)과 태항(太行)산이 만나는 곳에 갈석산이 있었으므로 지도의 정주시(형양) 인근 광무산(廣武山)을 갈석산으로 볼 수 있는 것이다.

따라서 공안국(孔安國)의 상기 『상서(尚書)』 「우공(禹貢)」의 해석 즉 '이 두 산은 서로 연결되어 동북 지역 갈석에서 만난다(此二山連延, 東北接碣石)'라는 내용은 실제로 '공안국이 태어난 노(魯)나라 지역이 황하 남쪽 현 숭산(崇山) 근처이며 이 숭산 지역 동북에서 항산(恒山)과 태항(太行)이 만나고, 그곳(정주시 형양)에 갈석산이 있었던 것'으로 해석될 수 있는 것이다. 그렇다면 전한(前漢) 시기까지도 노(魯)나라의 위치가 산동성이 아닌 하남성에 있었다고 추정할 수 있다.

하지만 전한(前漢) 이후 후한(後漢) 시기 정현(鄭玄, 127-200)은 갈석(碣石)이 상산군(常山郡) 구문현(九門縣)에 있다고 하였고,129) 현재 중국

---

128) 김진경, 앞의 논문(2013), p.323.
129) 『尚書正義』「禹貢」 "鄭(玄)云：『戰國策』碣石在九門縣, 今屬常山郡, 蓋別有碣石與此名同. 今驗九門無此山也.(정현(127-200)은 『전국책』에 갈석이 구문현에 있다고 했는데, 현재는 (구문현이) 상산군에 속한다. 아마 다른 곳에도 이 이름과 같은 갈석이 있는 것 같다. 현재 구문현 무차산으로 추정된다.)"

에서는 이 후한시기 구문현을 하북성 석가장시 고성구로 밝히고 있는데,130) 이는 황하 인근의 갈석산이 후한 시기 이후 어느 시점에서인가 태항산맥 중부인 석가장 인근으로 이동했음을 의미한다. 따라서 이 석가장시(石家莊市) 고성구(藁城區) 갈석산 역시 「우공(禹貢)」의 '항산과 태항산이 만나는 곳에 갈석산이 있다'는 기록과 맞지 않는 이주된 갈석산으로, 황하 유역에 있던 원(原) 갈석산으로 보기 어렵다.

(5) 산동성 빈주시(濱州市) 무체현(無棣縣) 설(說)

갈석(碣石)과 관련된 최초의 기록은 중국 최초의 지리서 『산해경(山海經)』에 있다. 『산해경(山海經)』은 대략 전국(戰國)시대 말기에서 전한(前漢) 시기에 교정된 책으로, 하(夏) 시기부터 전한(前漢) 이전까지의 중국 지리와 산물을 소개하고 있다. 『산해경(山海經)』의 「북해경(北山經)」 중에는 갈석산과 관련하여 다음과 같이 기록하고 있다.

『산해경(山海經)』의 「북해경(北山經)」
又北五百里, 曰碣石之山. 繩水出焉, 而東流注于河, 其中多蒲夷之魚. 其上有玉, 其下多靑碧. (또 북쪽으로 500리에 '갈석(碣石)'이라 불리는 산이 있다. 그곳에서 승수(繩水)가 나와, 동쪽으로 흘러 황하(河)에 이른다. 그곳의 포 사람들(포이, 蒲夷)은 물고기를 많이 잡고, 그 위쪽에는 옥(玉)이, 아래쪽에는 푸른돌(靑碧)이 많다.)

---

130) 『詞典網』, 九門縣 "西漢置, 屬常山郡. 治所在今河北藁城市西北二十五里九門回族鄉(서한(西漢) 때 설치되었으며, 상산군(常山郡)에 속하였다. 치소(治所, 군현의 행정 중심지)는 지금의 하북성(河北省) 고성시(藁城市) 서북쪽 25리 지점인 구문회족향(九門回族鄉)에 있다.)"

〈그림 Ⅲ-7〉 고대 발해만 서부 해안선[131]

위 내용을 보면 최초의 갈석산은 '승수(繩水)'라는 강이 나와 동쪽으로 흘러가다 '황하(河)'와 만나는 곳에 있음을 알 수 있다. 즉, '승수(繩水)'와 '황하(河)'가 인접한 곳에서 첫 갈석(산)을 찾아야 하는 것이다. 이 조건에 맞는 곳을 찾아보면, 황하(河)와 멀리 떨어진 하북성 진황도시(秦皇島市) 창려현(昌黎縣) 인근 갈석산들이나, 하북성 보정시 내원현 백석산(白石山)은 관련이 없으며, 특히 승수(繩水)가 황하(河)에 유입된다는 기록을 근거할 때, 산동성 무체현(無棣縣) 갈석산은 주변에 흘러드는 강이 없는 고대 바닷가에 있었기 때문에 최초의 갈석산으로 보기 어렵다.

〈그림 Ⅲ-7〉을 보면 기원전 15세기부터 기원후 2세기(BC 1450-AD 150)까지, 즉 후한(後漢) 시기까지 산동성 무체현(無棣縣) 갈석산은 승수(繩水)나 승수가 유입되는 황하와 관련 없는 해변에 위치해 있었음을 알 수 있다.

---

131) 史寶琳(Pauline SEBILLAUD), 앞의 논문(2014), p.77.

(6) 하남성 형양시(滎陽市) 광무산(廣武山, 구 三皇山) 설(說)의 타당성 검토

중원 내륙에서 황하와 승수(繩水)가 만나는 곳 인근에 있는 하남성 정주시(鄭州市) 형양(滎陽) 광무산(廣武山)은 상기『산해경(山海經)』「북해경(北山經)」의 기록인 '갈석(碣石)에서 승수(繩水)가 나와, 동쪽으로 흘러 황하에 이른다(碣石之山. 繩水出焉, 而東流注于河)'라는 내용에 가장 부합하는 곳이다.

〈그림 Ⅲ-8〉『산해경(山海經)』「북해경(北山經)」의 최초 갈석산(碣石山) 관련 기록에 나오는 승수(繩水)(大淸廣輿圖, 1785)

『산해경(山海經)』에 갈석산이 있었다는 繩水(승수)는 澠水(승수)와 같은 강으로서,[132] 〈그림 Ⅲ-8〉을 보면 현재 하남성 낙양(洛陽) 서쪽에서 발원하여 낙양 남쪽을 지나 동쪽으로 흘러 황하와 만나고 있다. 이 승수(繩水)가 황하와 만나는 곳 근처에 '최초의 갈석산'이 있었던 것이다. 이 인근에는 역사적으로 유서 깊은 산이 하나 있는데, 바로 중국의 시조 '삼황(三皇: 복희(伏羲), 신농(神農), 수인(燧人))'을 모신 사당이 있고, 많은

---

[132]『詞典網』, 繩水 "繩水即澠水."

고적(古跡)을 간직한 '높은 바위산'인 과거 삼황산(三皇山), 즉 김진경이 갈석산으로 비정한133) 현 광무산(廣武山)이다.

갈석산은 전국시대 연(燕)나라 경계로 연나라와 관련이 깊은데,134) 앞서 밝혔듯이 광무산 동남쪽에 주 무왕(周武王, ?-BC 1043)이 최초로 연(燕)에 봉한 소공(召公)의 능(陵)이 있는 연(燕)나라 최초 수도 언성(郾城)이 있다.135) 이 언성(郾城)을 기준으로 보면 '연(燕) 서북(西北)에 갈석산이 있다'는 7세기 『사기정의(史記正義)』의 기록136)이 맞게 된다. 또한, 광무산(廣武山)은 황하가 서쪽 상류에서 동쪽으로 흐르다 오른쪽에 보이는 (협우, 夾右) '마지막 높은 산'이며, 이 산을 지난 뒤 황하는 더 이상 산이 없는 중원의 넓은 평원 저지대로 흘러 들어간다. 이렇게 연(燕), 승수(繩水), 황하(黃河)와 가깝고, 「우공(禹貢)」에 기주(冀州) 서쪽 지명들부터 시작하여 동쪽으로 황하를 따라 설명하다가 황하 오른쪽(夾右), 즉 '황하 남쪽'에 갈석산이 있다고 기록된 내용과 합치되는 산이 바로 광무산(廣

---

133) 김진경, 앞의 논문(2013), p.323. 갈석산을 현 하남성 광무산(廣武山, 구 三皇山)으로 최초로 비정한 김진경은 『요사(遼史)』 지리지에 남경(南京) 석진부(析津府)를 연경(燕京)이라고 불렀고, 석진부에 속한 석진현(析津縣)이 진(晉) 당시 계현(薊縣)으로 불렸다는 점을 근거로 석진부(析津府)에 속한 11개 현의 거리 기록을 통해 위치를 추적하여 전국시대 연(燕)의 후기 수도인 계(薊)가 현 산서성 장치시(長治市) 둔유구(屯留區)임을 밝히고, 둔유현 동남쪽 능천현(陵川縣)을 한나라 당시 발해(勃海)에 속했던 안차(安次)로, 남쪽 황하 인근에 있는 삼황산(三皇山), 즉 현 광무산을 갈석산으로 비정하였다.

134) 『戰國策』, 「燕策」 "(蘇秦)北說燕文侯曰 : 燕東有朝鮮, 遼東, …南有碣石, 雁門之饒((소진이) 북쪽으로 가서 연 문후에게 말하였다. '연의 동쪽에는 조선과 요동이 있고, …남쪽에는 갈석(碣石)과 안문(雁門)의 풍요함이 있습니다.')"; 『史記』 卷一百二十九 앞의 주석.

135) 任乃宏, 「"碣石"新考」, 『文物春秋』 2, 河北 邯鄲, 邯鄲學院 趙文化研究中心, 2014, pp.14-19.

136) 『史記』 卷一百二十九 앞의 주석.

武山)이다.

특히, 갈석산이 중원 내륙의 황하(河) 또는 황하가 기주(冀州)에 이르러 넓게 퍼지는 구하(九河)의[137] 시작점에 있다는 기록(至於碣石疏九河)을 근거로 한다면, 이 광무산설(廣武山說) 이외의 다른 지역은 갈석산으로 보기 어렵다. 갈석산이 중원 내륙의 황하(河), 구하(九河)와 관련된 곳에 있었다는 기록은 다음과 같다.

〈표 Ⅲ-1〉 갈석산(碣石山)이 河(황하) 인근임을 전하는 기록

연번	문헌	내용	배경 시기	성서(成書) 연대
[01]	『상서(尙書)』「우공(禹貢)」	冀州 … 島夷皮服, 夾右碣石入于河 (기주(冀州)는 … 도이(島夷)들이 가죽옷을 입고, 오른쪽으로 갈석산을 끼고 황하로 들어간다.)	하(夏)	전국 (BC 3세기)
[02]	『사기(史記)』「하본기(夏本紀)」	① 鳥夷皮服. 夾右碣石 ② 集解孔安國曰 : 碣石, 海畔之山也), 入于海 ③ 集解徐廣曰海, 一作河)(① 조이(鳥夷)는 가죽 옷을 입고, 오른쪽으로 갈석산(碣石)을 끼고 바다로 들어갔다. (② 공안국의 집해에서 말하기를: "갈석은 바닷가의 산이다.") (③ 서광의 집해에서 말하기를: "여기서 말하는 '바다'는 어떤 판본에서는 '황하(河)'로 되어 있다."))	① 하(夏) ② 공안국 (孔安國, BC 156-BC 74) ③ 서광 (徐廣, 352-425)	① 전한 (BC 1세기) ② 남송 (5세기) ③ 남송 (5세기)
[03]	『산해경(山海經)』「북해경(北山經)」	碣石之山, 澠水出焉, 東流注於河 (갈석산(碣石之山)에서 승수(澠水)가 흘러나와 동쪽으로 흐르다가 황하(河)에 합류한다.)	춘추전국	전국(戰國) - 전한(前漢)

---

137) 『史記正義』「夏本紀」 "河至冀州, 分布爲九河(황하가 기주(冀州)에 이르러 아홉 개의 지류(九河)로 나뉜다)."

[04]	『오월춘추(吳越春秋)』	「越王無余外傳」通江東流, 至於碣石 疏九河於涽淵, 開五水於東北(『월왕무여외전(越王無余外傳)』에 따르면, "강물을 동쪽으로 흐르게 하였는데, 갈석(碣石)에 이르러 구하(九河)로 통하게 하여 혼연(涽淵)에 있게 하였고, 동북 지역에 다섯 개의 수로를 열었다.")	전국 시기 (無餘, ?- BC 361)	후한 (後漢, 1세기)
[05]	『회남자(淮南子)』「시즉훈時則訓」	中央之極, …龍門, 河, 濟相貫, 以息壤堙洪水之州, 東至碣石(중앙의 끝(極) …용문(龍門), 황하(河), 제수(濟)가 서로 관통하여 흐르다가, 홍수를 막는 땅에 이르러 쉬는데, 동쪽으로 갈석(碣石)에 이른다.) ※ 참고:『상서(尙書)』「우공(禹貢)」"濟入于河 …東入于海(제수가 황하로 흘러 들어간 뒤 …동쪽으로 바다에 들어간다)"	BC 2세기	전한(劉安, BC 179- BC 122)

따라서 연(燕), 승수(繩水), 황하(黃河), 기주(冀州), 구하(九河)와 관련된 광무산(廣武山)이 『상서(尙書)』와 『산해경(山海經)』에 기록된 원(原) 갈석산일 가능성이 가장 높다고 할 수 있다. 다만, 현재 한국과 중국 학계에 이와 관련된 논의와 연구가 부족하다는 점이 이 학설의 한계이며, 향후 더욱 확장된 연구와 논의를 통한 인증이 필요하다.

이상 갈석산의 원(原)위치와 관련하여 '황하'와 관련이 없는 평양 낙랑(樂浪) 수성현(遂城縣) 갈석산(碣石山), 하북성 진황도시(秦皇島市) 창려현(昌黎縣) 인근의 4개 갈석산, 하북성 보정시 내원현 백석산(白石山)의 문제점을 살펴보았고, 하북성 석가장시(石家莊市) 고성구(藁城區) 무차산(無此山)이 갈석산으로 비정되게 되는 과정, 그리고 바닷가에 있던 산동성 빈주시(濱州市) 무체현(無棣縣) 갈석산 설의 한계에 관해서도 설명하였으며, 마지막으로 황하 유역에 있는 하남성 형양시(滎陽市) 광무산(廣

武山, 과거 三皇山)이 원(原) 갈석산으로 유력함을 설명하였다. 이 결과에 따르면 고조선의 남방 경계는 갈석산이 있던 황하 유역까지 이르렀을 가능성이 높다고 할 수 있다.

전국시대 연(燕)나라의 경계였던 갈석산(碣石山)의 정확한 위치 비정은 연(燕)과 갈등했던 고조선(예맥조선)의 불분명한 위치에 대한 이해를 도울 것이며, 갈석산이 고구려의 옛 경계였다는 사실에서 고구려의 강역에 대한 이해에도 구체적 근거 자료가 될 수 있을 것이다. 참고로, 고구려 당시 갈석산은 진(秦)이 설치한 상곡군(上谷郡)인 현재의 산서성 동남 여성현(黎城縣)으로 비정되는데,[138] 그곳에 진장성의 동단과 갈석산이 있었을 것으로 추정된다. 즉, 고구려의 남방 한계가 현 산서성 동남 지역까지 이르렀음을 짐작할 수 있다. 자세한 내용은 'Ⅵ. 하북성 석가장시에 있었던 패수(浿水)' 부분에서 설명하겠다.

---

[138] 『水經注(四部叢刊本)』卷第十四 "地理志曰大碣石山在右北平驪成縣西南王莽改曰揭石也案揭近刻作碣 (지리지(地理志)에 이르기를, 대갈석산(大碣石山)은 우북평(右北平) 여성현(驪成縣) 서남쪽에 있다. 왕망(王莽)이 이를 개칭하여 '게석(揭石)'이라고 하였다. 참고로 '揭'자는 근래에 새겨진 글자이며 원래는 '碣'이다.)"

Ⅳ. 하북성 내륙에 있었던 발해(渤海)[139]

발해(勃海)는 전국시대 고조선과 갈등하던 연(燕)나라의 국경을 규정짓는 지표이자,[140] 기원전 109년 한(漢)나라가 고조선을 공격할 때 건넌 바다이다. 따라서 발해는 연(燕)의 땅을 차지한 진(秦)·한(漢)과 고조선의 경계 지역에 있었던 것을 알 수 있고, 발해의 위치를 찾으면 연(燕)과 고조선의 위치 역시 구체적으로 밝힐 수 있다.

1. 내륙해 발해(渤海)에 관한 기록들

황하 유역 중원(中原) 제국(諸國)과 고조선 사이의 완충지대였던 발해는 사서(史書)들을 분석하면 진(秦)·한(漢) 당시 현재의 발해(산동반도 북부 바다)가 아니라 중원 내륙(하북성 남부)에 있는 거대한 저지대(호수)처럼 묘사돼 있다. 675년 당(唐)나라 이현(李賢)은 『후한서(後漢書)』에 서한(西漢) 시기 발해 인근 발해군의 위치를 낙양(雒陽)에서 북쪽으로 1,600리 떨어져 있다고 기록하고 있다.

『後漢書』志·郡國

中山國(高祖置. 雒陽北一千四百里). …勃海郡(高帝置. 雒陽北千六百里). …河

---

139) 이 章은 다음 두 논문 내용을 발췌, 보완한 것이다; 이기훈, 앞의 논문(2023), pp.109-150; 이기훈, 앞의 논문(2024), pp.7-60.
140) 『史記』卷一百二十九 앞의 주석.

〈그림 Ⅳ-1〉『후한서(後漢書)』「지·군국(志·郡國)」에 기록된 전한(前漢) 고제(高帝)가 설치한 발해군(勃海郡)의 대략적 위치(대청광여도)

間國(文帝置. 世祖省屬信都, 和帝永元年復故. 雒陽北二千五百里).(중산국(고조가 설치하였으며 낙양에서 북쪽으로 1,400리 떨어져 있다.) …발해군(고제가 설치하였으며 낙양에서 북쪽으로 1,600리 떨어져 있다). …하간국(문제가 설치하였으며 세조 때 줄여서 신도에 속하게 하였고 화제 영원 연간에 옛 땅을 복귀시켰다. 낙양에서 북쪽으로 2,500리 떨어져 있다.))

위 기록대로라면 전한(前漢) 개국황제 고제(高帝, 재위 BC 202-BC 195)가 설치한 발해군이 현재의 하북성 남부에 있던 중산국(中山國)[141]과 불과 200리 떨어져 있으며, 역시 하북성 남부에 있 하간국(河間國) 즉, 현 하북성 헌현(獻縣)[142]에서 900리 남쪽에 있었던 사실을 알 수 있다.

〈그림 Ⅳ-1〉, 〈그림 Ⅳ-2〉의 지도들을 보면 발해군(勃海郡)은 현재의

---

[141] 『中國古今地名大辭典』(1931), p.1399. "靈壽縣: 戰國時中山國地 …故城在今靈壽縣西北十里 今名寧壽村(전국시대 중산국 땅인 영수현(靈壽縣)은 현재 하북성 서남부, 태항산 동쪽에 위치해 있으며 하북성 石家莊市에 속해 있다)."

〈그림 Ⅳ-2〉 위성으로 본 발해군의 대략적 위치(상기 『후한서(後漢書)』「지·군국(志·郡國)」 기록 기준)

발해와 멀리 떨어진 곳으로, 낙양에서 1,600리 북쪽으로 중산국(中山國)과 가까이 있었으며, 현 하북성 남부 창주시(滄州市) 헌현(獻縣)인 하간국(河間國)보다 900리 남쪽에 있었음을 알 수 있다.

이렇게 고조선을 멸망시킨 전한(前漢) 시기에 발해군이 하북성 남부 중산국 인근에 있었다면 발해군에 인접했을 발해가 중원 내륙에 있었음을 유추할 수 있는데, 이 사실은 다음의 여러 기록들로도 확인할 수 있다.

---

142) 『中國古今地名大辭典』(1931), p.517. "[河間郡] 漢河間國 治樂城 即今直隸獻縣治. 後魏初爲河間郡. 在今河間縣西南三十五里([하간군(河間郡)]: 한나라 하간국(漢河間國)이며, 치소는 낙성(樂城)이다. 지금의 직예(直隷, 현 하북성) 헌현(獻縣)이 치소에 해당한다. 후위(後魏) 초기에 하간군으로 개편되었다. 현재 하간현(河間縣) 서남쪽 35리에 위치한다).";『詞典網』, 河間郡. "西漢高祖九年(前198年)置, 治樂城縣(今河北獻縣東南). 景帝二年(前155年)復改河間郡爲國. 其後或郡或國(서한 고조(高祖) 9년(기원전 198년)에 설치되었고, 치소는 낙성현(樂城縣, 지금의 하북성 헌현 동남쪽)이다. 경제(景帝) 2년(기원전 155년)에 다시 하간군을 국(國)으로 개칭하였다. 이후 시기에 따라 군 또는 국으로 바뀌었다)."

〈표 Ⅳ-1〉 전한(前漢) 시기 발해가 중원 내륙해였던 기록과 설명

	발해가 중원 내륙해였던 사실과 관련된 기록과 분석
원문	『山海經』「海內東經」"濟水出共山東丘, 絕鉅鹿澤, 注渤海, 入齊琅槐東北. 潦水出衛皐東, 東南注渤海, 入潦陽. 虖沱水出晉陽城南而西至陽曲北, 而東注渤海, 入章武北. 漳水出山陽東, 東注渤海, 入章武南."(제수(濟水)는 공산(共山)의 남동(南東) 언덕에서 나와, 거록택(鉅鹿澤)을 끊고, 발해에 유입된 뒤, 제(齊)의 낭괴(琅槐) 땅 동북(東北)으로 들어간다. 요수(潦水)는 위고(衛皐)의 동(東)에서 나와, 동남쪽으로 발해에 유입된 뒤, 요양(潦陽)으로 들어간다. 호타수(虖沱水)는 진양성(晉陽城) 남(南)에서 나와 서쪽으로 양곡(陽曲)의 북북에 이르며, 동쪽으로 발해에 유입된 뒤, 장무(章武) 땅 북쪽으로 들어간다. 장수(漳水)는 산양(山陽)의 동쪽에서 나와, 동쪽으로 발해에 유입되며, 장무(章武) 땅 남쪽으로 들어간다.)
분석	발해로 유입되는 네 개의 강들(濟水, 潦水, 虖沱水, 漳水)이 발해로 유입된(注) 뒤에 바로 바다에 흡수되어 사라지는 것이 아니라, 다시 각각 낭괴(琅槐), 요양(潦陽), 장무 북(章武北), 장무 남(章武南)으로 들어갔다면(入), 이는 고대 발해가 현재 중원 강들의 종점인 황해 내해(현 발해)가 아니라, 중원에서 상기 네 개의 강을 받아들인 뒤(注) 다시 동쪽의 다른 지역으로 흘러가는(入) 중간 지점의 거대한 내륙의 저지대(호수)와 같은 곳임을 말하고 있다.
원문	『淮南子』「天文訓」"賁星墜而勃海決."(유성이 떨어져 발해가 터졌다)
분석	발해가 현재의 바다였다면 둑이 터질 수 없다. 발해가 터졌다(決)는 기록은 『수서(隋書)』에도 등장하며, 역대 기록에 호수가 터지거나(湖決) 황하가 터진 기록(河決)이 자주 등장한다.[143] 이는 발해가 현재 바다가 아닌 호수나 황하와 같은 둑을 쌓아 홍수를 막았던 내륙의 거대한 저수지대였음을 의미한다.
원문	『史記』「秦始皇本紀」"於是乃並勃海以東, 過黃, 腄, 窮成山, 登之罘, 立石頌秦德焉而去."(이어 발해(勃海)를 따라 동쪽의 황(黃)과 추(腄)를 지나 성산(成山)까지 이르러 지부산(之罘山)에 올라 비석을 새워 진의 덕을 칭송한 다음 떠났다.)
분석	(진시황이) 발해를 따라 '동쪽으로' 이동하면서 황(黃), 추(腄)를 지난 뒤, 성산(成山)에 이르러 지부산(之罘山)에 올랐다면 지부산(之罘山)은 발해의 동쪽에 있어야 한다. 즉, 발해 동쪽에도 육지가 있었음을 알 수 있다.
원문	『史記』「司馬相如列傳」"且齊東陼巨海, 南有琅邪, 觀乎成山, 射乎之罘, 浮勃澥, [集解漢書音義曰 : 海別枝名也.] [索隱案 : 齊都賦云海傍曰勃, 斷水曰澥也.]"(또한 제나라 동쪽으로는 거해(巨海)가 있고 남쪽으로는 낭야산(琅邪山)이 있다. 성산(成山)에서 유람하고 지부산(之罘山)에서 활을 쏘며, 발해(勃海)에서 배를 띄운다(집해: 한서 음의에 해(澥)는 해(海)의 다른 이름이라고 한다.)(색은: 제도부(齊都賦)에서 말하길 해(海) 옆을 발(勃)이라고 하고 물이 끊어짐(斷水)을 해(澥)라고 한다.)

분석	전한(前漢) 시기에 제(齊)나라 동쪽에는 거해(巨海)가 있고, 남쪽은 산(琅邪山)이었으며, 북쪽에는 거해와 구분되는 발해(勃澥)가 있었음[144]을 알 수 있다. 이 제나라 북쪽에 있었던 勃澥(발해)의 '澥(해)'에 대하여 『집해(集解)』에는 '海(해)의 또 다른 이름(別枝名)'이라고 기록하고 있고, 『색은(索隱)』에는 '澥(해)'의 의미가 '물이 끊어짐(斷水)'이라고 기록하고 있다. 이는 勃海(발해), 즉 勃澥(발해)의 海(해)가 곧 澥(해)로서, 물이 끊기지 않는 대해(大海, 황해)와 달리 물이 자주 끊기는 내륙 지역에 발해가 있었음을 의미한다.
원문	『漢書』「循吏傳」"宣帝即位, 久之, 渤海左右郡歲飢, 盜賊並起."(선제가 즉위(BC 73년)한 뒤 한참 뒤에 발해의 좌우군에 몇 년간 기근이 들어 도적이 한꺼번에 일어났다.) 『漢書』「趙尹韓張兩王傳」"伏聞, 膠東勃海左右郡, 歲數不登, 盜賊並起."(듣건대 교동과 발해 좌우(주변)의 군에 해마다 기근이 들어, 도적이 함께 일어났다고 합니다.)
분석	발해의 좌우군이란 발해를 기준으로 동쪽과 서쪽에 군(郡)이 있었다는 의미로, 발해가 좌우의 여러 군(郡) 사이, 즉 발해를 기준으로 발해를 둘러싼 '주변'의 여러 군들과 인접한 내륙에 있었음을 의미한다. 이 기록은 발해와 교동(산동) 주변 일부 지역(좁은 범위)에 기근이 들고 도둑이 들끓었다는 의미로, 현재 기준 발해 좌우(주변) 군(郡)들이라면 교동(산동)을 포함하여 수천 리 동쪽인 요서와 요동 지역까지 포괄하는 광범위한 지역이므로 기록과 맞지 않는다.
원문	『漢書』「天文志」"元帝初元元年 …其五月, 勃海水大溢. 六月, 關東大飢, 民多餓死, 琅邪郡人相食."(원제 초원 원년(BC 48년) …그해 오월에 발해의 물이 크게 넘쳤다. 6월에 관동에 대기근이 발생하여 많은 백성이 아사하고 낭야군에서는 사람들이 서로 잡아먹었다.) 『後漢書』「桓帝紀」"六州大水, 勃海海溢."(여섯 개 주(州)에 홍수(大水)가 나고, 발해의 해(海)가 넘쳤다.)
분석	발해의 물이 홍수로 인해 크게 넘쳐 대기근이 발생했다면, 당시 발해는 홍수가 나도 수면이 일정한 현재의 발해가 아니라 중원 내륙의 거대한 호수나 강이었음을 의미한다.
원문	『漢書』「帝劉驁紀」"(鴻嘉四年, BC 17년) 秋, 勃海, 淸河河溢, 被災者振貸之."((BC 17년) 가을에 발해, 청하의 하수가 넘쳐 피해를 당한 사람들을 구휼하였다.)
분석	발해와 청하(淸河)의 '하수(河)'가 넘쳤다면 발해는 강이나 호수와 같은 곳임을 의미한다. 청하는 현재의 하북성 남부 청하현(淸河縣)에 있었다.
원문	『漢書』「溝洫志」"大司空掾王橫言：河入勃海, 勃海地高於韓牧所欲穿處. 往者天嘗連雨, 東北風, 海水溢, 西南出, 濅數百里, 九河之地已為海所漸矣." (대사공 연(대사공을 보좌하는 관리) 왕횡이 말하였다. "황하가 발해(勃

	海)로 들어가는데, 발해의 땅은 한목(韓牧: 臨淮 출신 御史)이 뚫고 가려는 곳보다 높습니다. 이전에 날씨(天)가 계속 비가 내리고 동북풍이 불어서, 해수(海水)가 넘쳐 서남쪽으로 물이 나갔는데, 수백 리를 침수시켜 구하(九河)의 땅이 이미 해(海)에 잠겨 버렸습니다.")
분석	발해는 청하(淸河), 신도(信都) 지역 인근에 있었으며, 청하, 신도가 모두 현 하북성 남부에 위치해 있으므로, 발해 역시 하북성 남부에 있었음을 알 수 있고, 그곳은 황하가 유입되는 곳으로 비가 오고 바람이 불면 물이 주변으로 흘러가는 주변보다 고지대였다. 현재의 발해가 될 수 없다.
원문	『後漢書』「孝順孝沖孝質帝紀」"(本初元年, 146년) 海水溢. 戊申, 使謁者案行, 收葬樂安, 北海人為水所漂沒死者, 又稟給貧羸."(해수(海水)가 넘쳤다. 무신에 사자(謁者)로 하여금 순시하도록 하여 낙안, 북해군 사람으로 물에 떠내려가 몰사한 자들을 거두어 장사지내고 가난하고 약한 자들에게 녹을 내려주었다.) 『後漢書』「孝桓帝劉志紀」"(永康元年, 167년) 六州大水, 勃海海溢. 詔州郡賜溺死者七歲以上錢."(여섯 주에 큰 홍수가 나 발해의 해(海)가 넘쳤다. 주와 군의 익사자 중 7세 이상인 자들에게 돈을 하사하도록 조서를 내렸다.) 『後漢書』「志, 第十五, 五行三」"永康元年(167년) 八月, 六州大水, 勃海海溢, 沒殺人.是時桓帝奢侈淫祀, 其十一月崩, 無嗣."(영강 원년 8월에 6주에 큰 홍수가 나 발해의 해수가 넘쳐 사람들이 몰사했다. 이 시기 환제가 사치하고 음란한 제사를 드려 그해 11월에 붕어하니 후사가 없었다.)
분석	발해(渤海)는 전한(前漢)과 마찬가지로 후한(後漢) 시기에도 역시 홍수로 인해 여러 차례 범람하였음을 『후한서(後漢書)』 기록을 통해 확인할 수 있는데, 이는 BC 2세기 – AD 2세기 한(漢) 시기를 거쳐 발해가 현재의 바다가 아닌 내륙의 거대한 호수나 큰 강과 같이 존재했음을 증명하는 중요한 증거로 볼 수 있다.

이렇게 전한(前漢)부터 후한(後漢)까지 하수(河水)가 넘쳐 백성들에게 큰 피해를 주었던 발해가 어디에 있었는지는, 『한서(漢書)』의 기록들 중

---

143) 『隋書』志第十五 "星墜而勃海決. 星隕如雨, 天子微, 諸侯力政"; 『新唐書』志第二十六 "四年夏, 蘇, 湖二州大雨, 水, 太湖決溢"; 『續資治通鑒長編』卷三百 "商湖決三十餘年, 所行河道, 填淤漸高"; 『續資治通鑒長編』卷四百十五 "臣等竊見自黃河決而北流"; 『宋史』志第十四 五行一上 "五年, 河決澶州濮陽"; 『金史』志第八 河渠 "十一年, 河決王村, 南京孟, 衛州界多被其害"; 『明史』志第六十一 "淮決高家堰, 高郵湖決清水潭, 丁志等口"; 『清朝通典』 皇朝通典卷六 "康熙三年海決築海寧縣塘"

144) 『史記』本紀 凡十二卷 高祖本紀 "夫齊, 東有琅邪, 即墨之饒, 南有泰山之固, 西有濁河之限, 北有勃海之利."

발해 인근의 지명들이 어디에 있는지 살펴봄으로써 대략적인 위치를 파악할 수 있다.

〈표 Ⅳ-2〉『한서(漢書)』중 발해(勃海) 인근 지명 기록

『한서(漢書)』	발해(勃海) 인근 지명 기록
本紀, 卷六武帝劉徹紀	三年春, 河水徙, 從頓丘東南流入勃海.師古曰: 頓丘, 丘名, 因以爲縣, 本衛地也.地理志屬東郡, 今則在魏州界也.(3년 봄, 황하의 물줄기가 옮겨져, 둔구(頓丘)를 지나 동남쪽으로 흘러 발해(勃海)로 들어갔다. 사고(師古)가 말하기를: "둔구는 언덕 이름인데, 그것을 따라 현(縣) 이름으로 삼았으며, 본래 위(衛)의 땅이다. 『지리지(地理志)』에서는 동군(東郡)에 속한다고 하였으나, 지금은 위주(魏州)의 경계 안에 있다.")
本紀, 卷十成帝劉驁紀	秋, 勃海, 淸河河溢, 被災者振貸之.(가을에, 발해(勃海)와 청하(淸河) 지역에서 강물이 넘쳐, 재해를 입은 백성들에게 구호물자를 나누어 주었다.)
志, 卷二十八下地理志	齊地, 虛, 危之分壄也. 東有甾川, 東萊, 琅邪, 高密, 膠東, 南有泰山, 城陽, 北有千乘, 淸河以南, 勃海之高樂, 高城, 重合, 陽信, 西有濟南, 平原, 皆齊分也.(제(齊)나라 땅은 허숙(虛宿: 물병자리 인근)과 위숙(危宿: 물병자리 또는 그 인근)의 경계 지점에 있는 들판이다. 동쪽에는 재천(甾川), 동래(東萊), 낭야(琅邪), 고밀(高密), 교동(膠東)이 있고, 남쪽에는 태산(泰山), 성양(城陽)이 있으며, 북쪽에는 천승(千乘), 청하(淸河)의 이남으로, 발해(勃海)의 고락(高樂), 고성(高城), 중합(重合), 양신(陽信)이 있고, 서쪽에는 제남(濟南), 평원(平原)이 있으니, 이 모두가 제나라의 영역이다.)
志, 卷二十九溝洫志	自塞宣房後, 河復北決於館陶, 分爲屯氏河, 東北經魏郡, 淸河, 信都, 勃海入海, 廣深與大河等, 故因其自然, 不隄塞也.(요새의 선방(宣房) 이후로, 황하는 다시 북쪽으로 관도(館陶)에서 갈라져, 둔씨하(屯氏河)로 나뉘어 동북쪽으로 위군(魏郡), 청하군(淸河郡), 신도군(信都郡), 발해군(勃海郡)을 지나 바다로 흘러 들어간다. 넓이와 깊이(廣深)가 대하(大河)와 같아서 모두 자연스러운 흐름에 따라, 인공으로 막거나 둑을 쌓지 않았다.)
列傳, 卷七十四魏相丙吉傳	元鼎二年, 平原, 勃海, 太山, 東郡溥被災害, 民餓死於道路.(원정 2년(기원전 115년), 평원(平原), 발해(勃海), 태산(太山), 동군(東郡) 지역이 널리 재해를 입었고, 백성들은 길가에서 굶어죽었다.)

〈그림 Ⅳ-3〉[145] 『한서(漢書)』 기록에 등장하는 발해(勃海) 관련 지명들

    상기 발해와 관련된 지명들을 『대청광여도(大淸廣輿圖)』에 표시하면 〈그림 Ⅳ-3〉과 같다. 『대청광여도(大淸廣輿圖)』는 앞서 밝혔듯 18세기 일본에서 청나라 각종 지도를 참고하여 제작한 전국(全國) 제번(諸藩)의 교육용 지도로서, 과거 중원의 지명들이 비교적 상세하게 표시돼 있다.

    〈그림 Ⅳ-3〉을 보면 『한서(漢書)』에 등장하는 발해(勃海), 발해군(渤海郡) 관련 지명들이 현재의 발해와 상관없이 모두 고대 황하(古黃河)를 중심으로 좌우에 퍼져 있음을 알 수 있다. 이러한 사실들을 통해 전한(前漢) 당시 발해는 황하가 유입되는 곳으로, 자주 침수가 일어났던 내륙의 방대한 저지대였음을 짐작할 수 있으며, 그 위치는 상기 『한서(漢書)』 기록들이 가장 많이 겹치는 곳인, 전한(前漢) 고제(高帝, BC 202-195)가 설치한 청하군(淸河郡), 즉 현재의 하북성 남부 청하현(淸河縣)[146] 인근에

---

145) (淸)平江九霞, 앞의 지도(1785).
146) 『中國古今地名大辭典』(1931), p.831. "淸河郡. 漢置. 今直隸之淸河. 故城. 棗强. 南宮. 山東之淸平. 恩縣. 冠縣. 高唐. 臨淸. 武城之地([청하군(淸河郡)] 한(漢)나라 때 설

〈그림 Ⅳ-4〉 전한(前漢) 당시 발해군(渤海郡)과 인접해 있던 구(舊) 청하군(淸河郡)인 현(現) 하북성 남부 청하현

있었음을 알 수 있다.

〈그림 Ⅳ-4〉의 저지대(짙은 색 부분) 인근이 내륙해인 발해로 추정된다. 고대 중국의 큰 강이었던 황하는 이 지역으로 흘렀으나(위 「大淸廣興圖」 참고) 현재는 물이 마르고 물길이 바뀌었다. 이는 고대 발해 역시 황하가 이 지역(청하현 인근)을 통과하며 많은 물을 댔으나 현재는 황하와 함께 말랐을 가능성을 의미한다.

2. 현재보다 12m 낮았던 중원 땅

황하와 연결된 중원 내륙의 거대한 저수지대였던 발해의 존재는 전국

치되었다. 지금의 직예(直隷, 현재의 하북성과 산동성 일대) 청하(淸河), 고성(故城), 조강(棗強), 남궁(南宮), 산동의 청평(淸平), 은현(恩縣), 관현(冠縣), 고당(高唐), 임청(臨淸), 무성(武城) 지역에 해당한다.";『詞典網』, 淸河郡. "西漢高帝置, 治所在淸陽縣(今河北淸縣東南)(서한(西漢) 고제(高帝: 유방) 때 설치되었고, 치소(治所)는 청양현(淸陽縣)에 있었으며, 이는 오늘날 하북성 청하현 동남쪽에 해당한다)."

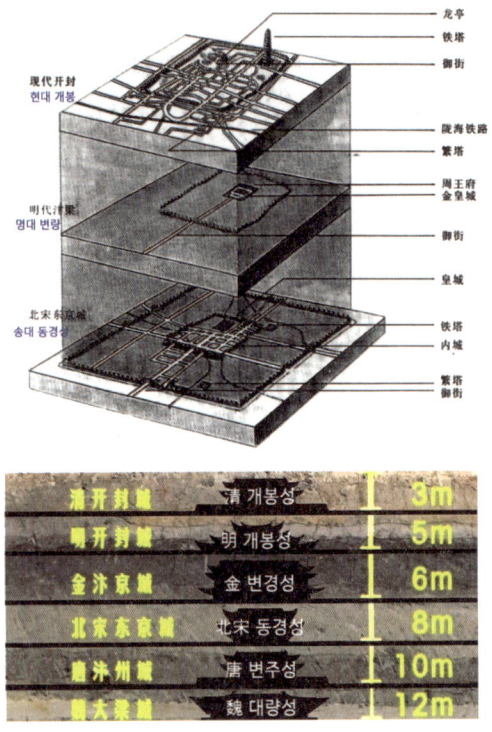

〈그림 Ⅳ-5〉 하남성 개봉시 '성 위의 성(城摞城)'의 지층 모형도(開封城下城地層模擬示意圖)(상)와, 기원전 4-3세기 전국시대 이후 시대별 개봉성의 지표면으로부터의 위치(하)[147]

 (戰國)시대 위(魏)나라(BC 403-BC 225)의 수도였던 대량성(大梁城), 즉 현 황하 유역인 하남성 개봉성(開封城)이 현재보다 12-14m 지층 아래에 건축되었던 사실로 입증될 수 있다. 다수의 고고학적 탐사와 발굴 결과, 현재 하남성 개봉성(開封城) 아래에는 6개의 성곽이 묻혀 있음이 밝혀졌는데, 이 성곽들은 각각 전국(戰國)시대 위(魏)나라의 대량성(大梁城), 당

---

147) 中國考古(http://kaogu.cssn.cn),「黃河流域文化研究之力作—"河南大學考古中原系列叢書"問世」; 搜狐新闻(https://news.sohu.com), 開封一座"城摞城"的城市.

(唐)나라의 변주성(汴州城), 오대(五代) 및 북송(北宋)시대의 동경성(東京城), 금(金)나라의 변경성(汴京城), 명(明)대 개봉성(開封城), 청(淸)대 개봉성(開封城)으로, 이 성곽들은 시대 순서대로 아래에서 위로 겹쳐져 있어, '성 위에 성(城摞城)'이라는 독특한 구조를 형성하고 있다.148) 따라서 전한(前漢) 당시 개봉을 포함한 중원 지역의 해발고도는 현재보다 최소 10m 이상 낮았음을 알 수 있다.

〈그림 Ⅳ-5〉의 그림은 현재 황하 중하류에 위치한 하남성 개봉시는 전국(戰國)시대 위(魏) 당시(BC 403-BC 225) 현재보다 12m 지하에 건설되었고, 7세기 唐(당) 시기 역시 현재보다 10m 지하에 건설된 사실을 설명하고 있다. 이는 기원전 109년 한(漢)나라가 고조선을 공격할 당시, 현 중국 내륙(중원)의 지표면이 현재보다 상당히 낮았음을 의미하고, 현재의 서해 해수면보다 낮은 지역에 거대한 저수지대가 형성돼 있었음을 짐작할 수 있다.

〈그림 Ⅳ-6〉의 그림은 지난 4,000년 동안의 황하 하류(LYR)의 변천사를 보여 준다(이미지 제공: Mike Lamb, 캘리포니아 공과대학). 현 하북성 동부(북경 동남부)와 강소성(江蘇省) 동부 일대는 고대 해안선이 내륙으로 많게는 수백 km 안쪽에 있었으며, 황하 상류에 비해 강물의 토사물이 적게 쌓여 있음을 알 수 있다. 해안선이 고대와 달리 지금처럼 동쪽으로 확장된 이유는 오랜 기간 서쪽 고지대에서 흘러오는 강물의 투사(황토)가 꾸준히 유입되었기 때문임을 알 수 있다. 황하 인근의 하남성 개봉시(開封市)는 토사(황토)의 유입이 심하여 전국시대(戰國時代, BC 476-BC 221)부터 현재까지 토사가 12m 가까이 쌓이게 된다. 즉, 황하의 퇴적물에 의

---

148) 成錦,「開封"城摞城"物質文化遺產傳播路徑探究」,『開封大學學報』34, 2020, pp.13-16.

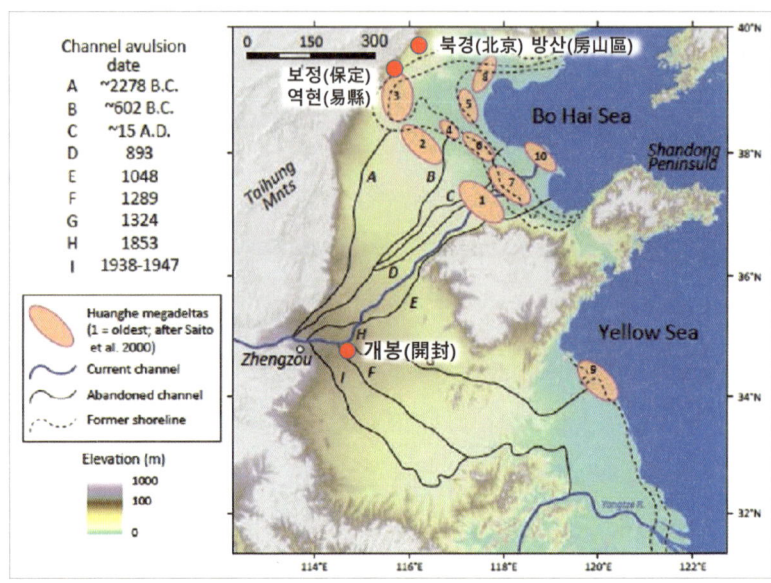

〈그림 Ⅳ-6〉 황하(黃河)와 중국 황토평원(黃土平原, Loess Plateau)의 위치[149]

해 개봉시를 중심으로 한 '중원'의 지형이 크게 변한 사실을 알 수 있고, 그 인근에 발해가 있었던 사실은 앞의 문헌 기록들을 통해 추론할 수 있다.

〈그림 Ⅳ-7〉의 그림에서 보듯이 현재 하북성(河北省) 경내 하북평원(河北平原)에는 고대 황하(河) 물줄기들을 따라 거대한 지하수고(地下水庫)가 형성되어 있다. 그림 좌상(右上)에서 고황하도(古河道)가 현 발해만 서쪽 내륙 깊은 곳에서 끊어지는 현상은 고대 황하가 바다에 유입된 지점이 현재의 해안선이 아니라 현재보다 상당히 서쪽 내륙으로 들어와 있

---

149) ResearchGate GmbH, Location of the Yellow River and the Chinese Loess Plateau, https://www.researchgate.net/figure/Location-of-the-Yellow-River-and-the-Chinese-Loess-Plateau-Inset-A-shows-the-generalized_fig1_274992534, (2024. 09. 12. 접속)

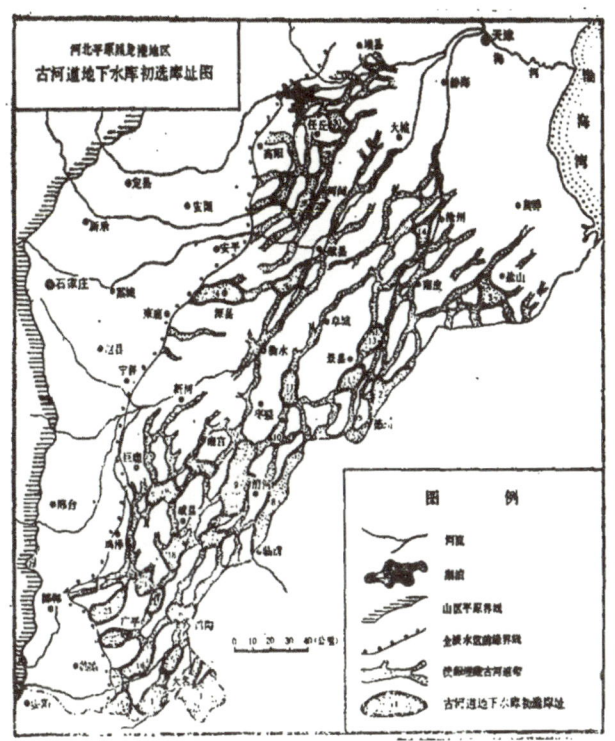

〈그림 Ⅳ-7〉 고하도 지하수고 초선고 지도(古河道地下水庫初選庫址圖)[150]

였음을 의미한다. 이는 현재 하북성의 메마른 지역이 고대 해안선이 내륙으로 깊이 들어왔을 당시(그림 우상(右上) 古河道가 끊어지는 지역) 중원 내륙에 거대한 내륙호수 또는 강이 산재해 있었을 가능성을 시사한다. 古河道를 따라 형성된 지하 물줄기들이 서로 그물처럼 이어지거나 끊어진 것을 통해 海(해)의 다른 이름(別枝名)인 澥(해)가 단수(斷水: 끊어지는 강)라고 기록한 『사기색은(史記索隱)』의 내용을 이해할 수 있다.

---

150) 吳金祥; 吳忱, 「關於河北平原黑龍港地區利用古河道建設地下水庫的探討」, 『海河水利』, 1985, p.44. (역사연구가 박상일 작가 제공)

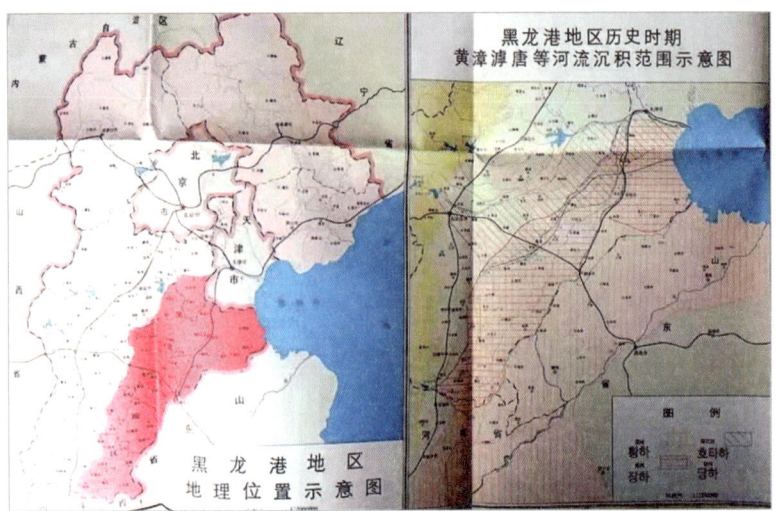

〈그림 Ⅳ-8〉[151] (좌)흑룡항지리위치시의도(黑龍港地理位置示意圖), (우)흑룡항지구역사시기황장호당등하류침적범위시의도(黑龍港地區歷史時期黃漳滹唐等河流沈積範圍示意圖)

〈그림 Ⅳ-8〉에는 하북성 남부(北京 이남)에 역사 시기(歷史時期) 황하(黃河), 장하(漳河), 호타하(滹沱河), 당하(唐河) 등의 강들이 모여들어 형성된 거대한 침적지대의 범위가 표시돼 있다. 고대에 이 지역이 주변의 여러 하수가 모이는 방대한 저지대였음을 알 수 있다. 중국에서는 이 하북성 내륙 저지대를 흑룡항지구(黑龍港地區)라고 명명하는데, 이와 관련하여 중국 『백도백과(『百度百科』)』 사전에는 다음과 같이 소개하고 있다.[152]

---

151) 河北省地理硏究所編繪, 「河北平原黑龍港地區古河道圖」, 『河北平原黑龍港地區〈古河道圖〉及〈說明書〉1:200000』, 吉林省地理硏究所印制, 1977. (역사연구가 박상일 작가 제공)

152) 『百度百科』, 黑龍港地區.

흑룡항지구(黑龍港地區)는 하천 수로와 황하(黃河)가 오랜 기간 퇴적 작용을 거쳐 형성된 지역으로, 한단(邯), 형대(邢), 형수(衡), 창주(滄) 네 도시의 대부분을 포함한다. 이 지역은 지세가 낮고 평탄하며, 해발 고도가 대부분 40m 이하이다. 지형이 낮고 움푹 파여 있어 하북성(河北省) 내 강과 외부 유입수가 모이는 곳이 되며, 배수 수로가 적어 지표면의 유출수가 원활히 배출되지 않아 가뭄, 홍수, 침수, 염류화와 같은 자연재해가 발생하기 쉽다.(黑龍港地區是由海河水系諸支流和黃河長期沖積而成, 包括邯, 邢, 衡, 滄四市的大部分土地. 這個地區, 地勢低平, 海拔多在40米以下. 由於地勢低窪, 成爲河北省河流和客水匯集之處；洩水河道少, 地表逕流排洩不暢易發生旱, 澇, 漬, 鹼等自然災害.)

위 설명과 같이 하북성 남부 저지대(흑룡항지구)는 고도가 낮고 움푹 파여 있어(低窪) 배수가 잘되지 않아 염류(소금) 피해가 자주 발생하는 지역으로, 고대 퇴적물(토사)이 적었을 당시 염분을 포함한 바닷물의 유입이 많았고 그 영향이 현재까지 이어지고 있음을 알 수 있다.

〈그림 Ⅳ-9〉의 지도는 미국 워싱턴 의회도서관(Library of Congress Geography and Map Division Washington)에 보관된 1855-1870년 사이 제작된 지도로서, 150여 년 전 중국 내륙에 지금은 사라진 거대한 호수가 산재해 있음을 알 수 있다. 이 지도에서 전한(前漢) 당시 발해군(渤海郡)과 인접해 있던 구(舊) 청하군(淸河郡) 서북에 대륙택(大陸澤)과 영진박(寧晋泊)이 있는데, 이 거대한 호수들은 1897~1960년대에 사라진다. 특히, 고대 발해로 추정되는 영진박(寧晋泊)은 대륙택(大陸澤)으로 통칭되는데, 16세기 중반까지만 해도 남북 길이가 50km에 달하는 거대한 바다와 같은 곳이었으나, 급격히 위축되어 1939년에는 14km에 불과했고

〈그림 Ⅳ-9〉 직예산동양성지여전도(直隷山東兩省地與全圖, Complete map of Zhili and Shandong)[153]

현재는 사라졌다.[154]

  16세기 남북 50km에 달하던 방대한 대륙택(大陸澤)이 사라지기까지 약 400년이 걸렸다면 현재보다 약 2,100년 전인 기원전 108년 고조선과 한(漢) 전쟁 당시 대륙택(大陸澤)의 넓이는 단순히 산술적으로 계산한다 해도 16세기 면적보다 5배 정도 넓은 남북 250km의 넓은 바다와 같은 곳이었을 가능성을 짐작할 수 있다.

---

153) Library of Congress, Complete map of Zhili and Shandong, https://www.loc.gov/item/gm71005076/ (2024.09.18. 접속)

154) 『百度百科』, 寧晉泊(寧晋泊). "歷史上寧晉泊是一片天然湖泊. 最初與任澤區南泊相連通 稱大陸澤…16世紀中期前後, 大陸澤南北長達50km左右, 東西廣約15km…20世紀 五六十年代, 寧晉泊就完全走向了終結. 一處自先秦以來一直存在的寬廣湖沼群, 至此成 為歷史往跡.",

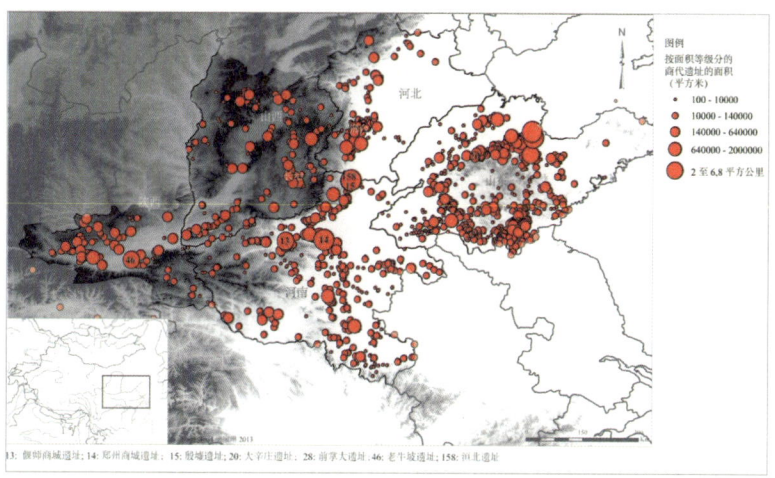

〈그림 Ⅳ-10〉 면적 등급에 따라 분류된 상나라 유적의 면적(按面積等級分的商代遺址的面積)[155]

[그림 Ⅳ-10 설명] 필자가 발해로 비정한 하북성(河北省) 남부 지역(〈그림 Ⅳ-10〉의 하북(河北) 표기 지역)에서는 상나라 유적이 발견되지 않고 있다. 이는 당시(기원전 16-11세기) 이 지역이 주변의 번성한 문화를 이루던 지역들과 달리 사람이 살 수 없는 저수지대(瀦水地代), 즉 바다(海)였음을 시사한다. 이러한 사실은 이후 고조선 멸망 이전인 전국시대(戰國時代, BC 476-BC 221)에도 이어져 당시 화폐인 포전과 명도전이 이 지역에서 발견되지 않는 사실을 통해서도 확인된다(〈그림 Ⅹ-5〉~〈그림 Ⅹ-9〉 참고).

요컨대, 고대 발해가 내륙에 있었음은 발해의 위치가 하북성 남부였음을 증명하는 많은 고대 문헌 기록들과, 발해가 현재의 바다와 달리 홍수로 인해 자주 범람했던 사실, 10m 이상의 퇴적층이 한(漢) 이후 수천 년

---

155) 史寶琳(Pauline SEBILLAUD), 앞의 논문(2014), 圖30 p.94.

동안 그 지역을 채운 사실, 그 지역이 움푹 파여 있고 현재까지도 염류 피해를 입고 있는 사실, 그 지역에서 고대 유물이 발견되지 않는 사실 등을 통해 추론할 수 있다. 이는 『사기(史記)』에서 한(漢)나라가 고조선을 공격할 당시(BC 109) 건넜다는 '발해'가 현재의 발해가 아닌 고대 하북성 남부 내륙의 발해였음을 의미한다. 따라서 고조선의 위치는 현재의 발해 인근이 아닌 이 고발해 북쪽의 하북성 중부 일대(보정시, 북경시)에서 찾아야 할 것이다.

3. 한무제가 설치하려 했던 창해군은 하북성 남부 고발해

기원전 128년 예(濊, 후대 창해군)의 군장이었던 남려(南閭)는 위만조선의 우거왕을 배반하고 자신 휘하의 28만의 사람들과 함께 전한의 무제(한무제, 재위: BC 141-BC 87)에 투항한다. 무제는 그 지역에 창해군을 설치하려 하였으나 2년 뒤(기원전 126년) 폐지한다. 현재 한국 학계에서 당시 창해군을 한반도 동해안이나 현재의 발해 북쪽 요동 지역에서 찾고 있으나,156) 고대 창해는 태항산, 갈석산이 있던 황하 인근(하북성 남부)에 있었다.

『史記』,「夏本紀」
道九山 …太行, 常山至于碣石, (集解孔安國曰 : 此二山連延, 東北接碣石, 而入于滄海. 索隱太行山在河內山陽縣西北. 常山, 恆山是也, 在常山郡上曲陽縣西北)入于海.

---

156) 최슬기,「蒼海郡 위치비정의 쟁점과 전제」,『고조선단군학』44, 2021, pp.169-204.

(구산(九山)의 길은 … 태항산, 상산이 갈석에 이른다. (집해(集解) 공안국(孔安國)이 말하길: "이 두 산은 서로 이어져 동북쪽으로 갈석(碣石)에 닿고, 그리고 창해(滄海)로 들어간다." 색은(索隱)은 말하길: "태항산(太行山)은 하내(河內, 현 河南 沁陽市) 산양현(山陽縣) 서북쪽에 있다. 상산(常山)은 즉 항산(恆山)이며, 상산군(常山郡) 상곡양현(上曲陽縣) 서북쪽에 있다 (이 산맥은) 바다(海)로 들어간다.")

갈석산의 위치와 관련해서 언급했던 위 기록에서 또 한 가지 눈여겨볼 부분은 전한(前漢) 시기 노(魯)나라 출신 관리였던 공안국(孔安國, BC 156-BC 74)이 황하와 갈석산, 태항산맥 인근(하북성 남부)에 있던 바다(海)인 발해[157)를 창해(滄海)로 기록한 것이다. 태항산맥 동쪽(하북성 남부)의 저지대는 앞에서 밝혔듯이 현재는 사라진 고대 발해로서, 이 기록을 통해 공안국 생존 당시인 전한 시기에도 발해와 창해가 같은 바다로 불렸음을 알 수 있는 것이다.

갈석산 인근에 있던 발해(勃海)가 창해(滄海, 滄水)와 같았다는 사실은 전한(漢) 당시 발해군(勃海郡)이 위(魏)나라 당시 창수군(滄水郡)으로 바뀌고, 창주(滄州)에 설치한 부양군(浮陽郡)이 한(漢)나라 시기에 발해군에 속했었음을 통해서도 알 수 있다.[158) 이 창해(발해)의 구체적 위치는

---

157) 『史記』卷一百二十九 "夫燕亦勃碣之閒(正義勃海, 碣石在西北)一都會也(대체로 연(燕) 역시 발(勃)과 갈(碣) 사이의 지역에 자리한 하나의 도회(都會)였다. (정의 주석: 발(勃)은 곧 지금의 발해(渤海)이고, 갈석(碣)은 그 북서쪽에 있다))."

158) 『魏書』卷一百六上, 地形志二上第五. "冀州 勃海郡, 漢高帝置, 世祖初改爲滄水郡; 滄州 浮陽郡, 二漢, 晉屬勃海(발해군(勃海郡): 한 고제(漢高帝)가 설치하였고, 광무제(世祖, 후한 초기 황제) 초기에 창수군(滄水郡)으로 개칭되었다. 창주(滄州)의 부양군(浮陽

상나라 수도였던 안양시(安陽市) 북쪽 예족(濊族)의 땅이었던[159] 현재의 태항산맥 동쪽 형대시(邢臺市), 한단시(邯鄲市) 인근이었다. 그곳은 고대 상나라(은나라)의 후기 중심지였던 예북기남(豫北冀南) 지역으로서, 이곳에 살던 예족은 후한 말 요동 실세였던 공손강에 의해 망하여[160] 동쪽으로 대거 이동한다.

유의당은 발해 연안에 흩어져 있던 예(穢)가 뒤에 중원 여러 나라의 개척에 밀려서 (중국) 동북으로 쫓겨갔다고 설명한다. 허헌범은 『수경주(水經注)』의 예(濊) 및 예읍(濊邑) 관련 기록을 예(穢)의 위치와 연결시키고 있다. 『수경주』에 기록된 장무(章武) 서쪽에 예읍이 있는데, 이 예읍이 바로 예(濊)가 중심적으로 거주하던 터전이라고 본다.[161]

이렇게 고대 예족이 살던 곳이 황하 북쪽인 하북성 남부 형대시(邢臺市), 한단시(邯鄲市) 인근이었음은 다음의 『수경주(水經注)』 기록으로 확인된다. 515년경 저작인 『수경주(水經注)』는 3세기 저작된 것으로 추정되는 『수경(水經)』에 주를 단 책인데, 이 책에 예(濊)는 현 청장하, 호타하

郡)은 전한과 후한, 진대(晉代)에는 모두 발해에 속하였다)."
159) 임찬경, 「조선 즉 위만조선과 창해군의 위치에 관한 연구」, 『국학연구』 22, 2018, p.153.
160) 桓·靈之末, 韓濊彊盛, 郡縣不能制, 民多流入韓國. 建安中, 公孫康分屯有縣以南荒地爲帶方郡, 遣公孫模·張敞等收集遺民, 興兵伐韓濊, 舊民稍出, 是後倭韓遂屬帶方.(建安 연간(AD 196-220; 百濟 肖古王 31-仇首王 7)에 공손강이 둔유현 이남의 황무지를 분할하여 대방군으로 만들고, 공손모·장창 등을 파견하여 漢의 유민을 모아 군대를 일으켜서 한(韓)과 예(濊)를 정벌하자, 옛 백성들이 차츰 돌아오고, 이 뒤에 倭와 韓은 드디어 帶方에 복속되었다.)
161) 唐際根; 岳洪彬 主編, 앞의 논문(2011), p.217.

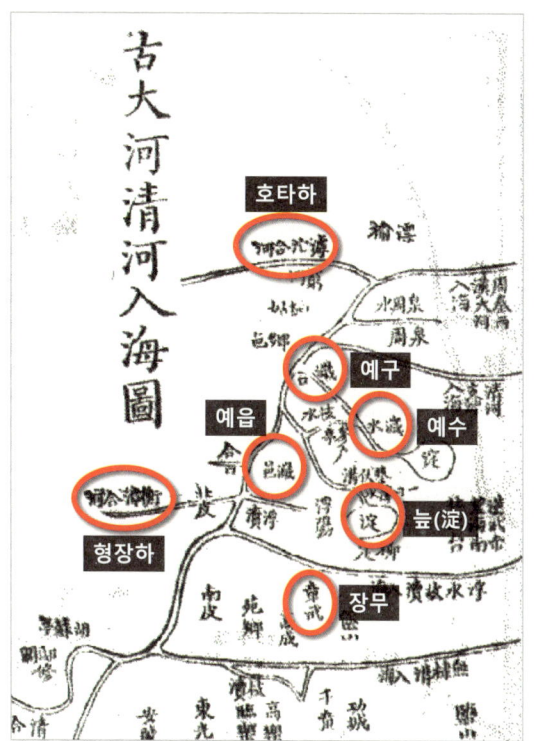

〈그림 Ⅳ-11〉『수경주(水經注)』를 바탕으로 1861년 청나라 학자가 그린 『수경주도(水經注圖)』.162) 예족이 살던 예읍(濊邑), 예구(濊口), 예수(濊水) 등이 호타하와 형장하 사이(하북성 남부)에 그려져 있다.

유역, 바다(고발해) 서쪽, 즉 하북성 동남에 있었다고 기록하고 있다.

『水經注』卷十 濁漳水

衡漳又東逕建成縣故城南, 按《地理志》: 故屬渤海郡…衡漳又東, 左會

滹沱別河故瀆, 又東北入淸河, 謂之合口…又東北過章武縣西, 又東北

---

162) (淸) 汪士鐸, 『水經注圖』, 하버드연경도서관(哈佛燕京圖書館), 1861, p.13.

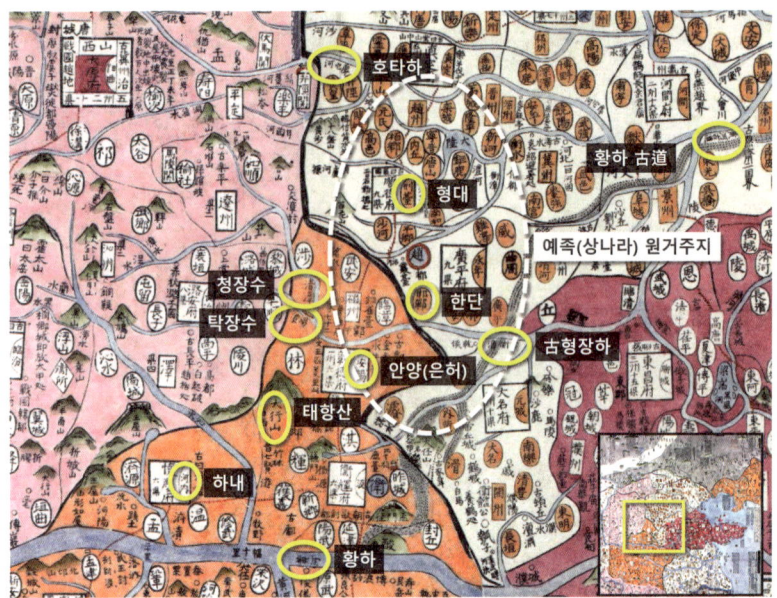

〈그림 Ⅳ-12〉 고대 창해(고발해) 인근에 있던 형장하와 청장수, 상나라 수도 안양시(은허), 예족(고대 상나라) 중심지 예북기남(형대시(邢臺市), 한단시(邯鄲市)) 지역

過平舒縣南 , 東入海 ゚清漳逕章武縣故城西 , 故濊邑也 , 枝瀆出焉 , 謂之濊水 ゚…又東北分為二水 , 一右出為淀 , 一水北注滹沱 , 謂之濊口 ゚清漳亂流 , 而東注于海 ゚

(형장수(衡漳水)는 다시 동쪽으로 흘러 건성현(建成縣)의 옛 성 남쪽을 지난다. 『지리지』에 따르면, 본래 발해군(渤海郡)에 속하였다. … 형장수는 다시 동쪽으로 흘러 좌측에서 호타하(滹沱河)의 지류인 옛 물길과 합류하고, 다시 동북쪽으로 청하(清河)로 들어가는데, 이를 합구(合口)라 한다. … 또 동북쪽으로 장무현(章武縣)의 서쪽을 지나고, 다시 동북으로 평서현(平舒縣)의 남쪽을 지나 동쪽으로 바다에 들어간다. 청장수(清漳水)는 장무현의 옛 성 서쪽을 지나며, 이곳은 본래 예(濊)족의 도읍(濊邑)이었다. 한 물길이 여기서 갈라지며, 이

를 예수(濊水)라 한다. …또 동북으로 두 갈래 물줄기로 갈라지는데, 하나는 오른쪽으로 흘러 늪(淀)이 되고, 다른 하나는 북쪽으로 흘러 호타하(滹沱河)에 들어가며, 이를 예구(濊口)라 한다. 청장수는 물길이 얽혀 흐르며, 끝내 동쪽으로 바다에 흘러든다.)

따라서 상기 공안국과 『수경주』등의 기록 기록을 근거하면 기원전 2세기 한나라 당시 한무제가 설치하려 했던 창해군은 한반도나 현재의 요동이 아닌 고발해가 있던 하북성 남부(태항산맥 동쪽)에 있었다는 사실을 알 수 있다.

서기 3세기 『삼국지』 기록에 나오는 당시 한반도 북쪽에 있던 예(濊, 낙랑 동부도위)는 하북성 북부에 있던 고구려와 마찬가지로 과거 고조선 땅에 속해 있었으며 모두 예족이었다.[163] 비록 이들 예족(濊族)들이 동쪽으로 한반도 북부까지 퍼져 있었지만, 그 기원지는 한반도에서 서쪽으로 '지극히 먼' 창해(고발해) 인근, 즉 고대 상나라 땅인 예북기남(하북성 남부)이라고 볼 수 있다. 즉, 상나라 사람들의 후예로 볼 수 있는 예족이 황하 북쪽에서 망한 뒤 이주한 범위가 우리가 상상하는 것 이상으로 동쪽으로 매우 광범위했음을 알 수 있다.

---

163) 『三國志』「魏書」, 東夷傳, 예(濊) "其耆老舊自謂與句麗同種.(그 니리(예)의 슬기로운 노인들은 예부디 ᄉᆞᆺ로 일킫기를 '[高]句麗와 같은 종족이나'라고 하였다."; 『三國志』「魏書」, 東夷傳, 예(濊) "北與高句驪·沃沮, 南與辰韓接, 東窮大海, 西至樂浪. 濊及沃沮·句驪, 本皆朝鮮之地也.(예(濊)는 남쪽으로는 진한(辰韓=辰, 한반도 남부 삼한 전체)과, 북쪽으로는 고구려·옥저와 접하였고, 동쪽으로는 대해에 닿았으니, 오늘날 조선(낙랑)의 동쪽이 모두 그 지역이다."; 『後漢書』「東夷列傳」, 예(濊) "濊北與高句驪·沃沮, 南與辰韓接, 東窮大海, 西至樂浪. 濊及沃沮·句驪, 本皆朝鮮之地也.(예는 북쪽으로는 고구려·옥저와, 남쪽으로는 진한과 접해 있고, 동쪽은 대해에 닿으며, 서쪽은 낙랑(조선)에 이른다. 예 및 옥저·고구려는 본디 모두가 [옛] 조선의 지역이다."

이 예(濊)는 상(商)나라와 밀접한 관련이 있는 부여(夫餘)의 별칭이었다. 예(濊)와 부여가 같거나 유사한 국가였음은, 부여 왕의 도장에 '예나라 왕의 도장(濊王之印)'이라 새겨져 있었던 사실로 알 수 있다.[164] '부여 왕'의 도장(옥쇄)에 '예(濊)의 왕'이라고 새겨져 있다는 말은, 부여가 예가 같거나 밀접한 관련이 있는 나라임을 의미하기 때문이다.[165]

예족, 즉 부여족이 상나라(은나라)와 관련이 있음은, 고대 상(은)나라와 철기시대 부여(예) 사이에 공통점이 많음을 통해 증명된다. 상과 부여(예)의 공통점을 구체적으로 나열하면 다음과 같다.[166]

[상과 부여(예)의 공통점]

- 흰색을 숭배함.
- 음주와 가무에 능함.
- 두 무릎을 꿇어 겸손을 표현함.
- 상나라와 부여의 시조가 모두 새의 알에서 태어남.
- 왕이 죽었을 때 많게는 100명 이상의 살아 있는 사람을 순장함.
- 국가 대소사에 소를 잡아 제사 지내고 점을 치며 신의 뜻을 알아봄.
- 부여에서는 상나라 멸망(BC 1046) 후 1,000년이 지나도록 당시 주변 국에서는 사용하지 않던 상나라 달력(은력)을 사용함.

---

164) 『三國志』魏書. 其印文言濊王之印, 國有故城名濊城(그(부여) 도장에는 예(濊)왕지인이라 새겨져 있고, 나라에 예성이라는 고성이 있다).

165) 앞 주(注) 『三國志』魏書에 고구려 북쪽에 있던 부여 땅에 예(濊)의 옛 성이 있었다는 기록을 볼 때(國有故城名濊城), 부여는 예인들의 땅에 세워진 나라이고, 원주민 예인은 어디론가 이주했음을 알 수 있다. 당시 예(濊)라는 나라가 한반도 북부에 있었으므로, 한반도 북부의 예(濊)가 원래는 부여 땅(고구려 북쪽)에 있다가 이주했거나 부여 지역까지 다스렸음을 짐작할 수 있다.

166) 이기훈, 2014, 『동이한국사』, 책미래

• 상나라(은나라)의 국호는 '위(衛)'였고, 그 발음은 '의(衣)'였는데,[167] 상나라 국호 '위(衛)'는 '부여(夫餘)', '예(濊)'와 유사하여 현대 중국어 발음으로 각각 '위(衛)'는 '웨이(Wei)', '부여(夫餘)'는 '후위(Fuyu)', '예(濊)'는 '후이(Hui)'로 발음됨. 秦(진) 이전 '夫'의 상고음은 일반적으로 biu(piu)로 추정되지만, '중원 지역'의 상고음은 『중원음운표고(中原音韻表稿)(1985)』의 저자 녕계복(寧繼福)에 따르면 'fu'로 발음했다고 함.[168]

이렇게 상나라와 부여, 예는 밀접한 관련이 있는데, 후대 고구려와 백제 사람들이 스스로를 부여의 후손이라 자칭하였고,[169] 신라(新羅)는 풍속, 형벌 제도, 의복, 언어 등이 대체로 고구려(高麗)·백제(百濟)와 같았고,[170] 고구려는 상나라 왕족 기자(箕子)를 신(神)으로 섬겼으므로,[171] 부여, 예, 고구려, 백제, 신라는 모두 상(商) 문화를 일정 부분 이은 같은 예족(부여족) 계열의 국가들로 볼 수 있다.

이러한 사실은 예족(부여족)을 이은 현대 한국인이 왜 '한국에서 지극

---

167) 王恩田, 2009,「卜辞殷人国号考」,『中原文物』6, pp.60-64.

168) 『漢典』(https://www.zdic.net), 夫.

169) 『裴注三國志』卷三十. "高句麗…東夷舊語以為, 夫餘別種, 言語諸事, 多與夫餘同, 其性氣衣服有異.(고구려는… 동이의 옛말에 따르면 부여의 별종(別種)이라 하며, 말과 여러 풍속은 대부분 부여와 같으나, 성격·기질과 복식은 다르다.)";『魏書』卷一百. "百濟國其先出自夫餘(백제국은 그 선조가 부여에서 나왔다)."

170) 『隋書』卷八十一 列傳第四十六 "新羅 …風俗刑政衣服略與高麗百濟同(신라(新羅)는 …풍속, 형벌 제도, 의복 등이 대체로 고구려(高麗)·백제(百濟)와 같았다).";『梁書』卷五十四 "(新羅)語言待百濟而後通((신라의) 언어는 백제를 거쳐야만 통했다)."

171) 『舊唐書』卷一百九十九上 列傳第一百四十九上 "高麗者, 出自扶餘之別種也. …事靈星神, 日神, 可汗神, 箕子神.(고려(고구려)는 부여에서 나온 일족이다. … 영성신, 일신, 가한신, 기자신을 섬긴다.)"

히 먼 곳'인 황하 유역에서 황하 문명을 창시한 상나라(은나라)와 '중국보다 더 문화적으로 밀접하게 연결'돼 있는지172) 이유를 설명한다.

---

172) 李基勳, 『殷商文化對朝鮮半島的影響硏究』, 北京語言大學 碩士論文, 2013.

V. 산서성에 있었던 만리장성과 요동(遼東)173)

　　진장성(秦長城), 요동(遼東), 요수(遼水), 패수(浿水) 등은 모두 진한(秦漢) 시기 고조선과의 국경 지역에 있었던 표지로서, 고조선 강역을 구체화하기 위해 연구가 필요하다. 진시황(秦始皇, BC 259-BC 210)이 쌓은 진장성(秦長城), 즉 '만리장성'의 동단 위치는 장성이 이르렀다는 요동, 요수(遼水)의 위치를 어디로 보느냐에 따라 주장이 바뀌는데, 요수(遼水)와 패수(浿水)가 모두 동쪽으로 흘렀기 때문에 진시황이 쌓은 장성 역시 동쪽으로 흐르는 강들이 있는 현 산서성 동남부 태항산맥 인근에서 찾아야 함은 앞에서 논한 바 있다.

　　진(秦)시황은 기원전 221년 중원을 통일한 이후 몽염(蒙恬) 장군을 시켜 '흉노(胡)'를 공격하고 '황하 이남(河南)'을 차지한다(BC 215). 당시 진(秦)나라는 흉노를 물리치고 새로 차지한 지역(하동)에 '황하를 요새로 삼고(因河爲塞)' 그 지역에 44개 현(또는 34개 현)을 설치하여 죄수들로 이루어진 병사(또는 그 지역 융족)174)를 옮겨 채웠으며, 황하를 건너서는

---

173) 이 장(章)은 필자의 앞의 논문(2023) 내용을 발췌, 보완한 것이다.
174) 『史記』 「匈奴列傳」에는 "徙適戍以充之(적수를 옮겨 이를 채웠다)"라고 기록하고 있으나, 44개나 되는 현을 죄수 병사(適戍)로만 채워 유지시키는 것은 비현실적이므로, 이 기록의 '적수(適戍: 죄수 수비병)'를 '적융(適戎)'의 오기로 보아, '그 땅에 적응해 사는 융족'으로 해석하는 것이 적당하다. '적융(適戎)'과 관련된 문헌으로는 北宋 曾鞏 (1019-1083)이 지은 『隆平集』 「卷十一」에 "美安撫至代郡, 適戎人萬數攻近塞(미 장군이 대군(代郡)까지 진군하여 민심을 안정시키고자 하였는데, 적융 사람 약 1만 명이 변경 근처를 공격하였다)"라는 기록이 있다. 이 기록을 보면 적융(適戎)이 산서성 중부 대(代)지역에 살던 호인(胡人)을 호칭했음을 확인할 수 있다.

북가(北假), 음산(陰山)[175] 지역을 점령했다.[176] 따라서 진(秦)이 쌓은 장성(長城)은 흉노의 중요 거점이었던 내몽고자치구 서부, 영하회족자치구(寧夏回族自治區) 인근의 황하 중상류 만곡부 남쪽 지대, 즉 '하투(河套)' 지역을 방어하는 것이 주요 목적이었음을 알 수 있다. 이렇게 흉노를 방어하기 위해 건설한 진(秦) 장성(長城)의 서쪽 기점은 임조(臨洮), 동쪽 기점은 '요동(遼東)'이었다. 따라서 당시 진(秦)이 쌓은 장성의 동쪽 기점이 구체적으로 어디였는지 살펴보면 '요동(遼東)'과 '요수(遼水)'의 위치를 알 수 있고, 요동의 위치를 파악하면 전한과 고조선의 국경에 있던 패수(浿水) 역시 대체적인 위치를 추적할 수 있다.

1. 만리장성 서쪽 끝은 바다, 동쪽 끝은 산서성 요동(요수)

(1) 동쪽이 아닌 서남쪽 바다에 이른 장성

진(秦)이 흉노를 몰아내고 쌓은 장성은 『사기(史記)』에 '임조에서 시작하여 요동에 이르렀다(起臨洮, 至遼東)'라고 기록돼 있다. 그런데 이 기록

---

175) 『通典』邊防十 北狄一 "秦始皇平天下北却匈奴築長城 渡河以陰山爲塞(진시황이 천하를 평정하면서 북쪽으로 흉노를 물리치고 장성을 쌓았는데, 황하를 건너 음산을 요새로 삼았다)." 현재 음산(陰山)산맥은 과거 흉노의 중심지였던 현 내몽고자치구 서부, 황하 만곡부 북쪽에 위치해 있다.

176) 『史記』「匈奴列傳」"始皇帝使蒙恬將十萬之衆北擊胡 …悉收河南地, 因河爲塞, 築四十四縣城臨河, 徙適戍以充之. …起臨洮至遼東萬餘里.(索隱韋昭云 : …本秦長城首, 起岷州西七十二里, 延袤萬餘里, 東入遼水.) 又度河據陽山北假中."; 『百度百科』北假 "秦漢稱今內蒙古河套以北, 陰山以南夾山帶河地區為北假"; 『史記』「秦始皇本紀」"自楡中並河以東, 屬之陰山, 以爲三十四縣, 城河上爲塞(시황제가 몽염에게 10만의 군사를 이끌고 북쪽의 호(胡)를 공격하게 하였고, … 황하 남쪽의 땅을 모두 수복하였다. 강(황하)을 경계 삼아 방어선(장성)을 세우고, 강을 따라 44개의 군현성과 성책을 쌓았으며, 그곳에 사람들(적융)을 이주시켜 충당하게 했다. … 방어선은 임조(臨洮)에서 시작하여 요동까지 1만여 리에 이르렀다.)"

132 왕검성(王儉城)

에 당(唐) 시기(7세기) 저작인 『사기정의(史記正義)』에는 '동쪽으로 요수(遼水)에 이르고 서남쪽으로 바다(海)에 이른다(東至遼水, 西南至海)'라고 주석되어 있다.

『사기(史記)』「몽염열전(蒙恬列傳)」
乃使蒙恬將三十萬衆北逐戎狄, 收河南. 築長城, 因地形, 用制險塞, 起臨洮, 至遼東, (正義遼東郡在遼水東, 始皇築長城東至遼水, 西南至海)延袤萬餘里.(이에 몽염이 30만을 이끌고 북쪽으로 융적을 쫓아낸 뒤 '황하 이남'을 차지(收)했다. 장성을 지형을 따라 험한 요새를 이용하여 쌓았는데, 임조에서 요동에 이르렀다.(정의주석: 요동군은 요수 동쪽에 있다. 진시황이 쌓은 장성은 동쪽으로 요수에 이르고 서남쪽으로 바다에 이른다.) 이어진 길이가 만여 리에 이른다.)

중국에서는 이 기록을 근거로 당시 쌓은 진장성(秦長城)이 서쪽으로 현 감숙성(甘肅省) 민현(岷縣)부터 시작하여, 동쪽으로 현 요녕성(遼寧省) 요하(遼河)를 넘어 한반도 인근까지 이르렀다고 주장하고 있다.[177] 한국 학계 역시 장성의 동단에 대해 중국의 주장과 유사한 위치인 요서(遼西), 요동(遼東), 한반도 서북(韓半島 西北)으로 나누어 주장하고 있다.[178] 그

---

[177] 『百度百科』, 長城. "秦始皇三十二年(前215年), 大將蒙恬率30萬大軍北擊匈奴, 取河南地, 其後築起「西起臨洮(今甘肅岷縣), 東止遼東(今遼寧省), 蜿蜒一萬餘里」的長城. 自秦始皇築長城之後, 始有萬里長城之稱(진시황 32년(기원전 215년), 대장군 몽염(蒙恬)이 30만 대군을 이끌고 북쪽의 흉노를 공격하여 하남(河南) 지역을 점령하였다. 그 후 "서쪽으로는 임조(臨洮, 지금의 감숙성 민현)에서 시작하여, 동쪽으로는 요동(遼東, 지금의 요령성)까지 이르는, 구불구불하게 1만여 리에 달하는" 만리장성이 축조되었다. 진시황이 장성을 쌓은 이후로, 비로소 '만리장성(萬里長城)'이라는 명칭이 생겨났다)."
[178] 국사편찬위원회(한국사데이터베이스, https://db.history.go.kr), 秦長城.

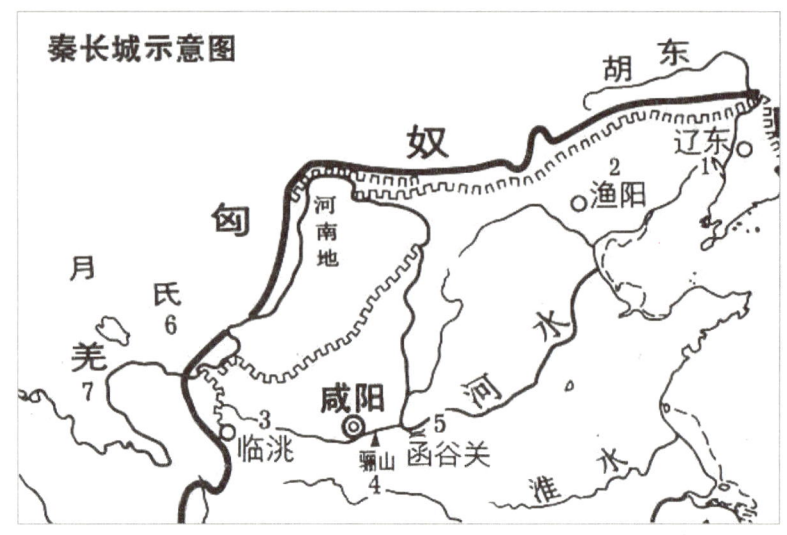

〈그림 Ⅴ-1〉 중국에서 주장하는 진장성(秦長城) 위치 도식도[179]

러나 앞의 선행 연구와 문제점에서 밝혔듯이 고대 요수는 현재의 요서, 요동, 한반도에 있는 강들처럼 서쪽이나 남쪽으로 흐르는 강이 아닌 '동쪽으로 곧게 흘러 바다에 들어가는 강'이었기 때문에[180] 과거의 요동과 요수가 현재의 요서, 요동, 한반도에 있었다고 보기 어렵다.

『사기(史記)』「몽염열전(蒙恬列傳)」에서는 장성의 길이를 '延袤萬餘里(1만여 리가 이어졌다)'라고 기록한 것과 달리, 같은 『사기(史記)』의 「회남형산열전(淮南衡山列傳)」, 그리고 『한서(漢書)』「괴오강식부전(蒯伍江息夫傳)」에는 '東西數千里(동서 수천 리)'로 기록하고 있다.[181] 어느 길이가

---

179) 『百度百科』, 長城.
180) 『呂氏春秋』 卷十三, 『淮南鴻烈解』 卷七, 『水經注』 卷十四 앞의 주석.
181) 『史記』 蒙恬列傳 "起臨洮, 至遼東延袤萬餘里(임조(臨洮)에서 시작하여 요동(遼東)까지 이르며, 그 길이는 1만여 리에 달하였다)."; 『史記』 淮南衡山列傳 "遣蒙恬築長城, 東西數千里(몽염을 보내 장성을 쌓게 하였는데, 동서로 수천 리에 달하였다)."; 『漢書』 蒯

맞는지 불분명하나, 진(秦) 장성(長城)이 현재 중국 서부 감숙성 주천(酒泉), 장액(張掖) 등 청해(靑海) 인근에서 시작한다고 기록한 『송사(宋史)』의 기록182)에 근거하면, 진장성의 서쪽 종점은 과거 서해(西海)로도 불리던183) 현재의 청해성(靑海省) 청해호(靑海湖)일 가능성이 있다. 그러나 그곳에서 동쪽으로 수천 리 떨어진 진장성의 동쪽 종점에 있다는 요수(遼水)는 현재 요녕성의 요하(遼河)로 보기 어려우므로 더 많은 연구를 통해 실제 위치를 파악할 필요가 있다.

(2) 요동(遼東)의 기준인 遼(遼州)의 위치

장성(長城)의 동쪽 끝 요동(遼東)의 기준이 되는 요주(遼州)는 현재 장성이 있는 발해만 북쪽 산해관(山海關) 인근이나 현재의 요녕성 요하(遼河) 인근이 아니라, 고대부터 1912년까지 현 산서성 진중시(晉中市) 좌권현(左權縣)184) 인근에 있었다. 따라서 그곳이 『사기(史記)』에 기록된 장

伍江息夫傳 "遣蒙恬築長城, 東西數千里(몽염을 보내 장성을 쌓게 하였는데, 동서로 수천 리에 달하였다)."

182) 『宋史』列傳第五十一 "度因言酒泉張掖武威燉煌金城五郡之東南, 自秦築長城, 西起臨洮, 東至遼碣, 延裦萬里(도인(度因)이 말하길: "주천(酒泉), 장액(張掖), 무위(武威), 돈황(燉煌), 금성(金城) 등 다섯 군(郡)의 동남쪽은, 진(秦)나라 때 장성을 쌓은 곳으로, 서쪽으로는 임조(臨洮)에서 시작하여, 동쪽으로는 요동(遼)과 갈석(碣石)까지 이르며, 그 길이는 1만 리에 달한다")."

183) (清)平江九霞, 앞의 지도(1785). "靑海一名西海(청해(靑海)는 다른 이름으로 서해(西海)라고도 불린다)."

184) 『百度百科』遼州 "隋開皇十六年(公元596年)置. 治所在樂平(今昔陽西南). 大業初廢. 唐初復置, 移治遼山(今左權). 人稱"老遼州". 轄境相當今山西左權和順榆社等縣地. 明洪武初省遼山入州, 升為直隸州. 1912 年改本州為縣. 1942年改左權縣.(요주(遼州)는 수(隋) 개황 16년(서기 596년)에 설치되었으며, 치소(治所)는 악평(樂平), 지금의 석양[昔陽] 남서쪽)에 있었다. 대업(大業) 초기에 폐지되었고, 당(唐) 초에 다시 설치되었으며, 치소를 요산(遼山, 지금의 좌권[左權])으로 옮겼다. 사람들은 이를 "노요주(老遼州)"라 부른다. 관할 구역은 지금의 산서성(山西省) 좌권(左權), 화순(和順), 유사(榆

성의 끝인 요동(遼東)일 가능성이 높다.

  요동(遼東)의 의미는 '遼(요)의 동쪽(東)'으로, 원(元)나라 이전 역대 지도를 보면 고대 '遼(요)'의 위치가 태항산맥 서쪽의 산서성(山西省) 진중시(晉中市) 좌권현(左權縣) 인근에 그려져 있음을 확인할 수 있다. 따라서 고대 요동(遼東)이 이들 지도상의 '遼(요)' 지역 동쪽에 있었음을 추정할 수 있다.

禹跡圖墨線圖(p.59)

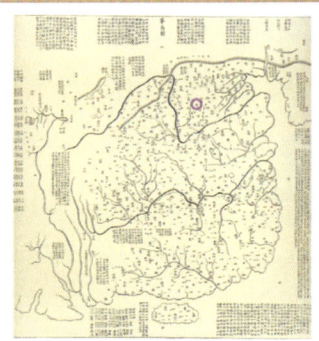
華夷圖墨線圖(p.62)

九域守令圖墨線圖(上)(p.65)

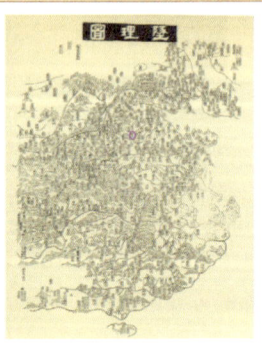
墜理圖(p.70)

社) 등 현의 지역에 해당한다. 명(明) 홍무(洪武) 초기에 요산 지역이 주(州)에 편입되면서 직예주(直隸州)로 승격되었고, 1912년에는 이 주를 현(縣)으로 개편하였다. 1942년에 지금의 이름인 좌권현(左權縣)으로 변경되었다.)"

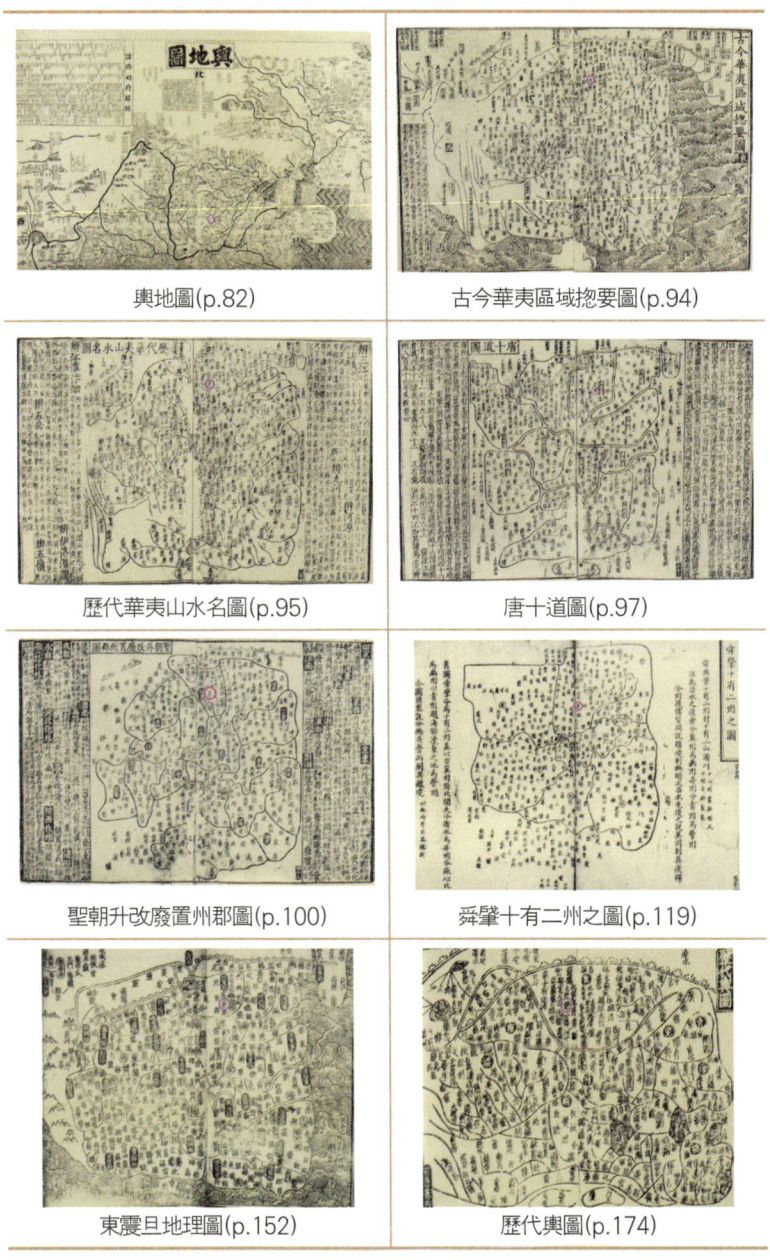

〈그림 Ⅴ-2〉『中國古代地圖集(元以前)』[185])에 실려 있는 古地圖(元以前)상의 遼(遼州) 위치(각 지도의 동그라미 부분)

이상의 원(元)나라 이전 지도들을 통해 遼(요)는 모두 현재와 같은 산서성 진중시 좌권현 인근에 그려져 있음을 확인할 수 있다. 이는 고대 遼東(요동) 역시 이 遼(요) 동쪽인 산서성 진중시(晉中市) 인근이었을 가능성이 높음을 시사한다.

　　따라서 연(燕) 희왕(喜王)이 진시황의 공격에 도피하면서(BC 226) 차지한 요동(遼東)은,[186] 이 고대 遼州(요주)인 진중시 좌권현(左權縣)의 동쪽인 하북성 서남 지역(석가장시 이남 지역)으로 추정할 수 있다. 조선은 BC 209년 흉노의 공격을 받기 전까지 현 하북성 중부 지역(석가장시 북쪽 보정시)[187]에서 흉노와 대치하고 있었기 때문에,[188] BC 210년 사망한 몽염(蒙恬)이 쌓은 진(秦) 장성의 동쪽 끝 요동은, 조선이 건재하던 현재의 하북성 중부인 보정시 남쪽에 있어야 한다. 따라서 현재 학계에서 주장하는 발해만 북쪽 창려현 산해관 지역(요서)이나 그보다 더 동쪽인 현재의 요하 유역(요동), 또는 한반도 서북 지역을 진시황이 쌓은 장성의 동단인 원(原) 요동으로 보기 어렵다.

　　[그림 V-3 설명] 진시황이 몽염(蒙恬, ?-BC 210)을 시켜 황하를 따라 쌓은 장성은 수천 리, 또는 1만 리로 기록돼 있다. 1만 리로 볼 경우 ①번

---

185) 曹婉如等,『中國古代地圖集(元以前)』, 文物出版社, 1990. 중국과학원 자연과학사 연구소(中國科學院自然科學史硏究所)의 曹婉如(조완여)가 1983년 주도하여 수년간 전국 지도 전문가와 협력하에 완성한 지도집에 실린 원(元)나라 이전 고지도들이다.

186)『史記』「秦始皇本紀」"二十一年, 王賁攻(薊)[荊]. 乃益發卒詣王翦軍, 遂破燕太子軍, 取燕薊城, 得太子丹之首. 燕王東收遼東而王之(21년(기원전 226년), 왕분이 계(薊)[荊]를 공격하였다. 이에 병력을 더 징발하여 왕전의 군에 합류시켰고, 마침내 연나라 태자의 군대를 격파하고 연의 계성(薊城)을 함락시켜 태자 단의 목을 얻었다. 연왕은 동쪽으로 도망가 요동을 정복하고(收) 그곳에서 왕이 되었다)."

187) 중국은 조선과 흉노 국경에 있던 상곡을 하북성 중부 보정시로 보기도 한다.『五禮通考』第27部分,『中國古今地名大辭典』(1931), p.42. 앞의 주석.

188)『史記』「匈奴列傳」앞의 주석.

〈그림 Ⅴ-3〉 진장성(秦長城)이 1만 리일 경우(①)와 수천 리일 경우(②) 위치 비정

과 같이 장성의 서단(西端)은 〈그림 Ⅴ-3〉의 왼쪽에 서해(西海)로 불리던 서쪽 청해(靑海)로 볼 수 있고, 동단(東端)인 요동(遼東: 요의 동쪽)은 고대로부터 요주(遼州)였던 태항산맥 중부의 산서성 진중시 좌권현[189] 인근으로 볼 수 있다.

그러나 수천 리로 볼 경우 장성은 ②번과 같이 『산해경(山海經)』에 나오는 서해(西海)로 비정되는 임분분지(臨汾盆地)의 고대호수(古盆湖)를 서쪽 끝(서단)으로 볼 수 있고,[190] 동단의 위치는 황하를 요새로 '황하 이동(하동)'을 병합하여 34개 현을 속하게 했던 음산(현 여량시)에서 동쪽

---

[189] 『百度百科』 遼州 앞의 주석.
[190] 伏元傑, 「山海經中的四海考」, 『文史雜誌』, 2021(06), pp.40-44. "『山海經』中的東海即今山東菏澤市以東的古巨野澤；南海即今湖北荊州，武漢之間的古雲夢澤；西海即今晉南臨汾古盆湖；北海即今晉北雁門山朔州盆湖(『산해경』에 나오는 동해는 오늘날 산동성(山東省) 하택시(菏澤市) 동쪽의 고대 거야택(巨野澤)이며, 남해는 오늘날 호북성(湖北省) 형주(荊州)와 무한(武漢) 사이의 고대 운몽택(雲夢澤), 서해는 오늘날 산서성(山西省) 남부 임분(臨汾)의 고대 분지호(盆湖), 북해는 오늘날 산서성(山西省) 북부 안문산(雁門山)과 삭주(朔州)의 분지호에 해당한다)."

으로 바다(발해)와 조선에 이르렀던 진(秦) 영역의 동쪽 끝, 즉 '요동(좌권현 인근)'으로 볼 수 있다.[191] 그럴 경우 『사기(史記)』「몽염열전(蒙恬列傳)」에 나오는 '황하 이남을 점령했다(收河南)'는 기록[192]의 '황하(河)'는 현재의 황하가 아니라, 산서성에서 황하와 나란히 흐르다가 임분시(臨汾市)를 지나 하류에서 서남으로 황하와 합쳐지는 713km의 달하는 큰 강인 '분하(汾河)'로 볼 수 있다.

필자는 〈그림 V-3〉의 ①보다는 ②번 장성이 진시황이 건설한 장성(秦長城)으로 더 유력하다고 보는데, 그 이유는 다음과 같다.

(1) 진(秦)시황이 흉노를 몰아내고 점령한 곳이 '황하의 동쪽(河以東)'이고 그곳을 지키기 위해 34개 현을 두어 음산(현 여량시)에 속하게 하였다.[193] 그런데 하동(河東) 지역은 현재의 황하 동쪽인 산서성 서남부의 태원시나 임분시 지역을 의미하므로, 그곳에 진(秦)이 새로 점령한 곳을 지키기 위한 장성이 있어야 한다.

(2) 진시황이 장성을 쌓고 황하를 건너 음산(陰山)을 요새로 삼았다는 '음산'은 후한(後漢) 당시 서하군(西河郡)에 속했는데, 구체적 위치는 현재 '태원시 서남쪽' 높은 산맥인 여량산맥(呂梁山脈)에 위치한 여량

---

191) 『史記』「秦始皇本紀」 "自楡中並河以東, 屬之陰山, 以爲三十四縣, 城可上爲塞 …地東至海曁朝鮮 …北據河爲塞, 並陰山至遼東(유중(楡中)에서 황하(並河) 이동을 병합하고 음산(陰山)에 속하게 하였으며, 이를 34개 현으로 나누고, 황하(河) 위에 성을 쌓아 변방 방어선(塞)으로 삼았다. … 그 땅은 동쪽으로는 바다와 조선(朝鮮)에 이르며, … 북쪽은 황하(河)를 따라 방어선으로 삼고, 음산을 따라 요동(遼東)까지 이른다)."
192) 『史記』「蒙恬列傳」 "乃使蒙恬將三十萬衆北逐戎狄, 收河南(이에 몽염(蒙恬)으로 하여금 30만 군사를 거느리고 북쪽으로 융적(戎狄)을 몰아내게 하고, 황하 이남(河南)을 수복하게 하였다)."
193) 『史記』「秦始皇本紀」 앞의 주석.

시(呂梁市) 이석구(離石區)였다.[194]

(3) 한대(漢代)에는 2개의 음산(陰山)이 있었는데, 황하 유역인 서하군(西河郡)과 호남성 계양군(桂陽郡)에 있었다. 그중 진시황이 요새로 삼은 음산은 황하 인근의 서하군(西河郡)으로 볼 수 있다.『중국고금지명대사전(中國古今地名大辭典)』에는 이 서하군을 한(漢)이 설치했다고 하면서 그 치소가 처음에는 내몽골 서남부의 오르도스시(鄂爾多斯 左翼前旗)에 있다가 후한 시기에 현 산서성 여량시(呂梁市)로 이주했다고 한다.[195] 하지만 서한 당시 흉노는 몽염이 사망한 이후(BC 210)로 황하 이남을 다시 차지하고 있었고(〈그림 V-8〉참고),[196] 서하(西河)라는 호칭이 '서쪽 황하'라는 의미이므로 현재 황하 만곡부 안쪽에 있는 오르도스시를 한나라 당시 음산(陰山)으로 보기 어렵다. 즉, 한나

---

194) 『通典』邊防十 北狄一 "秦始皇平天下北却匈奴築長城 渡可以陰山為塞(진시황이 천하를 평정하고 북쪽으로 흉노를 물리친 뒤 장성을 쌓았으며, 황하(河)를 건너 음산(陰山)을 변방 방어선(塞)으로 삼았다.)";『康熙字典』第17部分 '陰' "又漢有兩陰山縣. 地理志, 西河郡陰山, 又桂陽郡陰山(또 한(漢)나라에는 2개의 음산현(陰山縣)이 있었다.『지리지(地理志)』에 따르면, 서하군(西河郡)에 음산이 있고, 또 계양군(桂陽郡)에도 음산이 있다.)";『中國古今地名大辭典』(1931), p.350. "西河郡" 漢置. 治富昌. 在今綏遠鄂爾多斯左翼前旗. 後漢移郡治離石. 即今山西離石縣(현 呂梁市 離石區)(한(漢)나라가 설치하였다. 군치(郡治)는 부창(富昌)에 있었고, 현재의 수원(綏遠) 오르도스 좌익전기(左翼前旗)에 해당한다. 후한(後漢) 때 군치가 이석(離石)으로 옮겨졌으며, 이는 지금의 산서(山西) 여량시(呂梁市) 이석구(離石區)이다)."

195) 『通典』邊防十 北狄一;『康熙字典』第17部分;『中國古今地名人辭典』(1931), p.350. 앞의 주석.

196) 진나라가 장성을 쌓기 시작한 지 불과 몇 년 지나지 않아 몽염(蒙恬)이 죽자(秦始皇 三十七年, BC 210년), 흉노는 황하 이남을 진(秦)으로부터 되찾는다.『史記』「秦始皇本紀」"十餘年而蒙恬死, 諸侯畔秦, 中國擾亂, 諸秦所徙適戍邊者皆復去, 於是匈奴得寬, 復稍度河南與中國界於故塞.(10여 년 후 몽염이 죽고, 제후들이 진(秦)을 배반하였으며, 중국은 혼란에 빠졌다. 진나라가 옮겨 변방에 주둔시켰던 자들 또한 모두 떠나 버리니, 이에 흉노가 틈을 타 점차 황하 이남(河南)을 넘어 옛 방어선(塞)까지 중국과 경계를 이루게 되었다.)"

라 당시 음산으로 보기에 적당한 곳은 후한 당시 서하군(西河郡)이었던 여량시(呂梁市)라고 할 수 있다. 이 여량시는 2개의 큰 河(하) 사이에 놓여 있는데, 서쪽에는 현재의 황하(黃河)가 있고, 동쪽은 황하의 2대 지류이자 원래 큰 강(大河)이라는 뜻의 분하(汾河)가 있다.[197] 여량시 위치가 현재의 황하(고대 서하)와 가까이 있기 때문에 '서하군(西河郡)'으로 불렀다고 볼 때, 한(漢)나라 사람들이 현재의 황하는 '서쪽 황하(西河)'로, 여량시 동쪽의 분하(汾河)는 '동쪽 황하(東河)'로 인식했음을 알 수 있다. 따라서 진시황이 '황하를 건너' '음산(여량시)'에 요새를 쌓았다고 할 때 황하는 서하였던 현재의 황하가 아닌 동하(東河), 즉 현 분하(汾河)일 가능성이 높다(〈그림 V-3〉 참고).

(4) 진장성이 '서남쪽으로 바다에 이르렀다'고 하는데,[198] 당시 교통 상황이나 경제 수준, 인구 등을 감안할 때 진(秦)이 서쪽으로 고대 서역에 속하는 청해호 지역까지 진출하여 장성을 쌓았다는 것은 현실성이 떨어진다. 이에 비해 진(秦)과 가까우면서 황하에 인접한 바다는 산서성에서 '서남쪽으로 흐르는' 큰 강인 분하(汾河)가 이르는 곳이자, 고대 서해(西海)로 주장되는 산서성 서남부 임분분지 고대호

---

197) 『百度百科』 汾河 "黃河的第二大支流, 汾者, 大也, 汾河因此而得名(황하(黃河)의 두 번째로 큰 지류인 분(汾)은 '크다'는 뜻이며, 분하(汾河)는 이로부터 이름이 유래되었다)."

198) 『史記正義』 「蒙恬列傳」 "乃使蒙恬將三十萬衆北逐戎狄, 收河南. 築長城, 因地形, 用制險塞, 起臨洮, 至遼東, (正義遼東郡在遼水東, 始皇築長城東至遼水, 西南至海(이에 몽염(蒙恬)으로 하여금 30만 군사를 거느리고 북쪽으로 융적(戎狄)을 몰아내고, 황하 이남남(河南)을 회복하게 하였다. 그리고 장성을 쌓았는데, 지형을 따라 험한 곳을 이용하여 요새를 세웠으며, 임조(臨洮)에서 시작하여 요동(遼東)에 이르렀다. 『정의(正義)』 주석에 따르면, 요동군은 요수(遼水) 동쪽에 있었으며, 시황제가 장성을 쌓은 것은 동쪽으로 요수에 이르고, 서남쪽으로는 바다에 닿았다고 한다)."

수¹⁹⁹⁾로 보는 것이 합리적이다. 그곳(임분분지)은 분하(汾河)와 더불어 역시 '서남으로 뻗어가는 여량산맥(呂梁山脈)'이 끝나는 곳이다. 진장성이 서남쪽으로 바다에 이르렀다면, 진장성은 이 서남으로 뻗은 여량산맥을 따라 서남쪽으로 건설되어 마지막에 임분분지(臨汾盆地) 고대호수(서해)에 이르렀다고 볼 수 있다.

(3) 후한(後漢) 시기 중산(中山) 지역에 있던 장성과 연(燕)의 위치

서기 1세기 후한(後漢) 원화(元和) 3년(84년) 효장황제(孝章皇帝)가 북쪽으로 순회하여 '중산(中山)', 즉 중국 주장으로 현 하북성 중서부의 '석가장시 또는 보정시 남부'²⁰⁰⁾에 이르러 '장성(長城)'을 넘었다는 기록이 있는데,²⁰¹⁾ 그렇다면 서기 1세기 당시 장성은 고대 중산국이 있던 중국 내륙 석가장시 또는 보정시 남부에 있어야 한다. 진(秦)을 이은 한(漢)

---

199) 伏元傑, 앞의 논문(2021), pp.40-44. "西海即今晉南臨汾古盆湖(서해(西海)는 곧 오늘날 산서성 남부(晉南) 임분(臨汾)의 고대 분지호(盆湖)이다)."

200) 전국시대 중산국(中山國)이 석가장시(石家莊市) 또는 보정시(保定市) 남부에 있었다는 중국의 기록은 다음과 같다. 『戰國策』卷三十三 "杜佑(735-812)云, 常山 靈壽, 中山國, 有故城, 城中有山, 故號中山(두우(杜佑, 735-812)는 말하기를, 상산(常山) 영수(靈壽) 중산국(中山國)에는 옛 성(故城)이 있는데, 성 안에 산이 있어 '중산(中山)'이라는 이름이 붙었다고 하였다.)"; 『中國古今地名大辭典』(1931), p.1399. "靈壽縣: 戰國時中山國地 …故城在今靈壽縣西北十里 今名寧壽村(영수현(靈壽縣): 전국시대 중산국(中山國)의 땅이다. 옛 섬터는 지금의 영수현(靈壽縣) 서북쪽 10리, 현재 이름은 영수촌(寧壽村)이다.)" 전국시대 중산국 땅인 영수현(靈壽縣)은 현재 하북성 서남부, 태항산 동쪽에 위치해 있으며 석가장시(石家莊市)에 속해 있다.; 『中國古今地名大辭典』(1931), p.100. "中山國: 春秋鮮虞國也. 戰國時爲中山. 後爲魏所滅. 今置隸定縣(중산국(中山國)은 춘추시대의 선우국(鮮虞國)이었다. 전국시대에 중산(中山)으로 불렸으며, 이후 위(魏)에게 멸망당했다. 현재는 정현(定縣)에 속해 있다)." 정현(定縣)은 현재의 정주(定州)이며 하북성(河北省) 보정시(保定市)와 석가장시(石家莊市) 사이에 있다.

201) 『資治通鑑』卷第四十七 "元和三年(86년) 帝北巡, 進幸中山, 出長城(원화 3년(86년), 황제는 북쪽 순행을 하여 중산(中山)에 진입하였고, 장성을 나갔다.)"

당시 장성(長城)의 위치가 바뀌지 않은 상황에서, 현재 중국에서 진(秦) 장성 동쪽 위치를 중국 내륙과 관련 없는 중국 북방으로 설정하고 그 끝을 현재의 요하 인근, 또는 한반도 평양 인근까지 인정하고 있는 것과 위치상 다른 것이다.

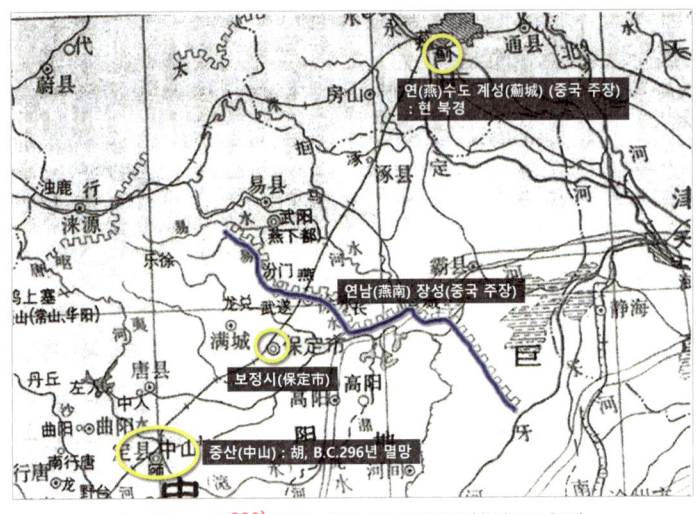

〈그림 Ⅴ-5〉[202) 중국 주장 연남장성도(燕南長城圖)

[그림 Ⅴ-5 설명] 중국에서 연(燕) 장성의 축조 시기로 추정하는 BC 4세기(BC 348-BC 320)는 당시 북방 이민족 '호(胡)'에 속했던 중산국[203)이 망하기 전이다. 그런데 상기 지도에는 연(燕)이 호국(胡國) 중산국(中山國)보다 오히려 북쪽에 위치하고 있어, 중국 북방 호(胡)의 중심지에 연(燕)이 위치하는 모순을 반영하고 있다. 실제로 현재 중국에서 연(燕)

---

202) 劉爭艷, 「時空視野下的春秋戰國長城」 鄭州大學, 2011, p.42.
203) 『史記』 「趙世家」 "吾不疑胡服也, 雖驅世以笑我, 胡地中山吾必有之(나는 호복(胡服)을 꺼리지 않는다. 비록 세상이 나를 비웃는다 하더라도, 호의 땅(胡地) 중산을 반드시 내가 차지할 것이다)." 조나라 무령왕(BC 340-295)은 "호의 땅(胡地) 중산국(中山)을 차지하겠다"라고 하며 중산국을 북방 이민족인 호(胡)로 간주하고 있다.

수도 계성(薊城)으로 주장하고 있는 북경(北京) 일대에서는 전국연(戰國燕)의 유물이 발견되지 않고 있다.[204] 또한, 연나라가 북경 일대에 있었다면, '북쪽'에는 만맥(蠻貉)에 눌리고, '중국 내(內)'에서는 황하 유역에 있던 강국들인 '서쪽의 진(晉), 동쪽의 제(齊)나라 사이(彊國之閒)'에 끼어 국경이 서로 맞물려 있던(措) 가장 약한 나라(最為弱小)였다는 기록[205]과도 맞지 않는다. 즉, 제(齊)나라가 하북성 남부에 있던 고발해(古渤海) 남쪽에 있었으므로 제나라와 이웃했던 연(燕)나라 역시 고발해 북쪽인 하북성 중부 이북에 있으면 안 된다. 따라서 중국에서 연남장성(燕南長城)으로 주장하는 장성이 고발해(古渤海) 북쪽(하북성 중부 이북)에 위치한 사실은 이 장성(長城)이 춘추전국 시기 연(燕)과 관련이 없음을 의미한다.

참고로, 중산국(中山國)에서 장성(長城)을 넘었다면 중산국의 위치는 장성(長城)의 동단인 요동의 기준인 요주(遼州), 즉 산서성 동남부의 진중시 좌권현 인근에 있어야 한다. 이는 〈그림 V-5〉의 지도처럼 장성의 동단인 중산국이 요주(좌권현) 북쪽의 석가장시나 보정시까지 이르기 어려움을 의미한다. 만일 위 지도와 같이 중국 주장대로 석가장시나 보정시가 중산국이라면, 이는 전국시대 중산국이 아니라 조혜문왕(趙惠文王) 3년인 기원전 296년 조(趙)나라가 멸망시키고 왕까지 옮긴[206] 이후의

---

204) 『百度百科』 薊門煙樹碑 앞의 주석.

205) 『史記』 「燕召公世家」 "燕(北)(外)迫蠻貉, 內措齊晉, 崎嶇彊國之閒, 最為弱小, 幾滅者數矣(연(燕)은 북쪽으로는 외부에서 만맥(蠻貉)의 압박을 받고, 안으로는 제(齊)와 진(晉)의 틈바구니에 놓여 있어, 강국들 사이의 험준한 지역에 자리하며, 가장 약소하여 멸망 직전까지 간 것이 여러 번이었다.)"

206) 『史記』 「趙世家」 "(趙惠文王)三年(BC 296), 滅中山, 遷其王於膚施((조 혜문왕) 재위 3년(기원전 296년), 중산국(中山國)을 멸망시키고, 그 왕을 부시(膚施)로 옮겨 살게 하였다)."

'이주된 중산국'으로 볼 수는 있다.

2. '요수(遼水)·요동(遼東)'과 '요서(遼西)'의 구체적 위치

당태종 정관 16년(642년) 완성된 『괄지지(括地志)』에는 만리장성의 동쪽 끝이 '요수(遼水)'에 이르렀다고 기록하고 있다(東入遼水).[207] 앞서 밝혔듯 요수(遼水)와 관련이 있는 당(唐) 시기 요주(遼州)는 중국 중원의 중심 산맥인 태항산맥 중부, 즉 현 하북성 석가장시(石家莊市) 서남부인 산서성 진중시 좌권현(左權縣)이었는데,[208] 원래 그곳은 수(隋)나라 당시 태원군(太原郡)에 속했던 요산현(遼山縣)이었다.[209] 즉, 요산(遼山) 역시 현 하북성 석가장시 서남부(현 산서성 太原市 동남부)에 있었던 것이다. 따라서 『사기정의(史記正義)』에 나오는 '요수(遼水)'는 후한(後漢, 25-220)의 고유(高誘)가 말한 '동쪽으로 곧게 흐르는 강'으로서, 당(唐) 시기까지도 요산(遼山)이 있던 태항산맥 중부 요주(遼州, 좌권현) 인근을 지나 동쪽으로 흘렀으며,[210] 요동(遼東)은 요주(遼州)가 있던 산서성 진중시 좌

---

207) 『史記』 匈奴列傳 "正義括地志云, 秦隴西郡臨洮縣, 即今岷州城. 本秦長城首, 起岷州西十二里, 延袤萬餘里, 東入遼水(『정의 괄지지』에 이르기를, 진(秦)나라의 농서군(隴西郡) 임조현(臨洮縣)은 지금의 민주성(岷州城)이다. 본래 진나라 장성(長城)의 시작은 민주 서쪽 12리 지점에서 비롯되며, 동서로 1만여 리에 걸쳐 뻗어 있고, 동쪽으로는 요수(遼水)로 들어간다고 하였다)."

208) 『百度百科』 遼州 앞의 주석.

209) 『舊唐書』 「地理二」 "遼州隋太原郡之遼山縣. 武德三年, 分并州之樂平和順平城石艾四縣置遼州, 治樂平(요주(遼州)는 수(隋)나라 태원군(太原郡)에 속한 요산현(遼山縣) 지역이다. 무덕(武德) 3년(620년)에, 병주(并州)의 낙평(樂平), 화순(和順), 평성(平城), 석애(石艾) 네 현을 나누어 요주를 설치하고, 낙평을 주치(주 치소, 즉 주의 행정 중심지)로 삼았다)."

210) 『淮南鴻烈解』(四庫全書) 卷七(後漢高誘注) "遼水出碣石山, 自塞北東流直, 遼東之西南

권현 동쪽, 즉 현 하북성 남부에 있었음을 추정할 수 있다.

(1) 동쪽으로 곧게 흐르던 요수(遼水)

고대 요동(遼東)의 기준이 되던 요수(遼水)가 현재와 달리 '동쪽으로 곧게 흐르던 강'이었던 사실과 관련하여 그 위치를 구체적으로 찾아보면 다음과 같다.

『회남자(淮南子)』 지형훈(墬形訓)』에는 "요수는 갈석산에서 나간다. (요수는) 북쪽 변경(塞北)에서 동쪽으로 곧게 흘러 요동의 서남쪽에서 바다로 들어간다(遼水出碣石山, 自塞北東流直, 遼東之西南入海)"라는 내용이 있는데, 이 내용은 『회남자(淮南子)』 원문에는 없는 것으로, 후한(後漢, 25-220)의 고유(高誘)가 주석을 단 내용이다. 이 기록을 보면 요동의 기준이 되는 요수(遼水)가 북쪽 변경(塞北)에서 나와 '동쪽으로 곧게 흘러(東流直)' 후한 당시의 '요동 서남부(遼東之西南)'에서 바다로 들어간다(入海)고 기록돼 있다. 따라서 당시 요수(遼水, 요하)는 북쪽에서 남쪽으로 흐르는 강이 될 수 없고, 북쪽 변경(塞北)으로 볼 수 있는 태항산맥 북쪽을 나와 산서성 일대를 동쪽으로 곧게 흐르다 하북성 남부에 있던 바다, 즉 고대 발해(渤海)로 빠져나갔던 것을 알 수 있다.

『呂氏春秋』(四庫全書) 卷十三: 後漢 高誘 注
"遼水出砥石山, 自塞北東流直, 至遼東之西南入海"(요수는 지석산을 나와, 북쪽 변경에서 동쪽으로 곧게 흘러, 요동의 서남에 이르러 바다로 들어간다)

入海(요수(遼水)는 갈석산(碣石山)에서 발원하여, 변방(塞)의 북쪽에서부터 동쪽으로 곧게 흘러, 요동(遼東)의 서남쪽에서 바다로 들어간다)."

『淮南鴻烈解』(四庫全書) 卷七: 後漢 高誘 注
"遼水出碣石山, 自塞北東流直, 遼東之西南入海"(요수는 갈석산에서 나와, 북쪽 변경(塞北)에서 동쪽으로 곧게 흘러 요동의 서남에서 바다로 들어간다)

『水經注』(四庫全書) 卷十四: 北魏 酈道元 著
"大遼水出塞外, 衛白平山東南入塞, 過遼東襄平縣西, 遼水亦言出砥石山, …自塞外東流直, 遼東之望平縣西"(대요수는 요새 밖에서 나와, 위(衛)의 백평산 동남쪽 요새로 들어가며 요동 양평현 서쪽을 지나간다. 요수 역시 지석산을 나와, …요새 밖에서 동쪽으로 곧게 흘러 요동의 망평현 서쪽에 이른다고 한다.)

이상의 기록들을 통해 요동의 기준이 되는 요수(遼水)가 후한(後漢, 25-220) 시기에 북쪽 변경(塞北)에서 나와 '동쪽으로 곧게 흘러(東流直)' 후한 당시의 '요동 서남부(遼東之西南)'에 이르러(至) 바다로 들어가고(入海), 북위(北魏, 386-534) 시기에도 역시 변경 밖(塞外)에서 나와 '동쪽으로 곧게 흘러(東流直)' 요동 망평현(望平縣) 서쪽에 이르렀던 것을 확인할 수 있다. 따라서 당시 요수(遼水, 요하)는 현재 요하처럼 동쪽으로 흐르다 서남쪽으로 방향을 바꾸어 흐르는 강이 될 수 없고, 북쪽 변경(塞北)으로 볼 수 있는 서쪽 태항산맥을 나와 동쪽으로 곧게 흐르다가 방향의 변동 없이 바로 요동 서남쪽에까지 흘러서 중원 내륙해였던 발해(渤海)로 유입되었던 것을 알 수 있다.

7세기『사기정의(史記正義)』에 '요수(遼水)'가 만리장성의 동쪽 끝(東至

遼水)이라고 밝히고 있다.[211] 그런데 당(唐) 시기(7세기) 요수(遼水) 역시 현재 중국 동북의 요수(요하)와 많이 달랐을 것이다. 앞서 밝혔듯 요수(遼水)와 관련이 있는 당(唐) 시기 요주(遼州)는 중국 중원의 중심 산맥인 태항산맥 동쪽, 즉 현 산서성 진중시 좌권현(左權縣)이었다. 따라서 『사기정의(史記正義)』에 나오는 '요수(遼水)'는 당(唐) 시기(7세기) 태항산맥 좌권현(요주) 인근을 지나 동쪽으로 곧게 흐르고,[212] 요동은 좌권현 동쪽(석가장시 남쪽)으로 인식했을 것이다.

필자의 추정과 같이, 김진경은 6-7세기 고구려 (高句麗)가 수(隋)·당(唐)과 국경선을 이루고 있었던 강인 요수(遼水)가 현재의 산서성(山西省) 남부에서 동쪽으로 흐르는 탁장하(濁漳河)와 청장하(淸漳河)였음을 밝혔는데, 그중 남쪽의 탁장하(濁漳河)를 대요수(大遼水)로, 북쪽의 청장하(淸漳河)를 소요수(小遼水)로 비정하였다.[213] 그는 『漢書』지리지에 '고구려현(高句驪縣)의 요산(遼山)에서 요수(遼水)가 출원하여 서남쪽으로 요대(遼隊)를 지나가서 대요수(大遼水)로 들어갔다'라는 기록 중의 요

---

211) 『史記』「匈奴列傳」"始皇帝使蒙恬將十萬之衆北擊胡 …悉收河南地, 因河爲塞 …起臨洮至遼東萬餘里. (索隱韋昭云 : …本秦長城首, 起岷州西十二里, 延袤萬餘里, 東入遼水.) (시황제(始皇帝)는 몽염(蒙恬)에게 10만의 군사를 이끌고 북쪽의 흉노(胡)를 공격하게 하였고, … 황하(黃河) 남쪽의 땅을 모두 회복하였으며, 강을 따라 방어선(長城)을 쌓았다. 그 징싱은 임소(臨洮)에서 시작하여 요동(遼東)까지 1만여 리에 이르렀나. (『사기집해(史記集解)』 색은(索隱) 주석에서 위소(韋昭)가 말하길: … 진(秦)나라 만리장성의 시작점은 민주(岷州) 서쪽 12리 지점에서 시작되어, 1만여 리에 걸쳐 뻗고, 동쪽으로는 요수(遼水)로 들어간다고 하였다)."

212) 『淮南子』지형훈(墜形訓)"遼水出碣石山, 自塞北東流直, 遼東之西南入海(요수는 갈석산에서 나간다. (요수는) 북쪽 변경(塞北)에서 동쪽으로 곧게 흘러 요동의 서남쪽 바다로 들어간다)

213) 김진경, 앞의 논문(2012), p.1.

〈그림 Ⅴ-6〉 전한(前漢) 시기 요동, 요서, 요하(현재의 漳河) 위치

대현(遼隊縣)이 『요사(遼史)』 지리지에서 순주(順州)의 땅이었다고 한 사실에 근거하여, 순주(順州)와 주변 여러 현들과의 거리와 방향을 고려할 때 현 산서성 동남부 노성시(潞城市)가 한대(漢代) 요동군에 속했던 요대(遼隊)였다고 주장하였다.

〈그림 Ⅴ-6〉의 그림은 필자가 비정한 요동, 요서, 요하의 위치로서, 수(隋)·당(唐) 시기 요주(遼州)가 현 산서성(山西省) 진중시 좌권현(左權縣)이었음을 근거로, 그 동쪽을 요동, 그 서쪽을 요서로 보았으며, 동쪽으로 곧게 흘러 바다(古발해)에 들어가던 요수는 현재의 장하(漳河)로 비정하였다.214)

현재의 요녕성 요동 인근에서 동쪽으로 흐르는 강으로 발해만 북부 대

---

214) 요서의 위치와 관련하여는 '〈그림 Ⅴ-8〉 한말서진(漢末西晉) 시기(2-3세기) 요서(遼西)에 있던 오환(烏桓=烏丸)의 위치' 참고.

릉하(大陵河)가 있다. 그런데 대릉하는 '동쪽으로 곧게 흘러(東流直)' '요동의 서남부'에 이르는(至) 것이 아니라 상류에서는 '동북쪽'으로 흐르다가 중류에서 '동남쪽'으로 90° 가까이 방향을 바꾸어 흐른 뒤, 현재의 요동이 아닌 '요서(遼西)'에 이르러 바다에 들어가기 때문에, 현재의 요하(遼河)와 마찬가지로 위 기록상의 고대 요하(요수)로 보기 어렵다. 또한, 상기『여씨춘추(呂氏春秋)』,『회남홍렬해(淮南鴻烈解)』,『수경주(水經注)』에는 요수(遼水)가 지석산(砥石山) 또는 갈석산(碣石山)에서 출원한다고 기록하고 있는데, 현재 요하(遼河)나 대릉하(大陵河) 상류는 '황하(河)'나 '바다(海)' 인근에 있어야 하는 갈석산이 존재할 수 없는 곳이다. 이는 현재 중국 동북 요녕 지방에 있는 강들이 고대 요하와 관련이 없음을 의미한다.

(2) 요동(遼東)은 하북성 남부 장하(漳河) 인근

전국시대 연(燕)나라가 조선(동호)을 치기 이전(BC 283년 이전) 연나라 동쪽에 조선(朝鮮), 요동(遼東)이 있었고 그 남쪽에 조(趙)나라와 제(齊)나라가 있었다.[215] 그런데 후한(後漢) 시기(AD 1세기)에 기록된『월절서(越絶書)』[216]를 보면 연(燕)나라 동쪽에 있던 '요동(遼東)'이 과거 전국

---

215)『戰國策』「燕策」"北說燕文侯曰, 燕東有朝鮮遼東, 北有林胡樓煩. …燕王曰, 寡人國小, 西迫强秦, **南近齊趙**. 齊趙, 强國也(북쪽으로 연 문후에게 유세하기를 "연나라 동쪽에 조선, 요동이 있고 북쪽에 임호 누번이 있습니다." …연왕이 말하길 "과인의 나라는 작고 서쪽으로 강한 진(秦)이 압박하고 남쪽으로 제(齊)와 조(趙)가 가까운데 두 나라(齊, 趙)는 강국입니다"라고 하였다.)"

216)『越絶書』는 중국 고대 오월(吳越) 지방의 역사를 기록한 책으로, 춘추시대 말기부터 전국 초기까지 오(吳)와 월(越)의 패권 전쟁에 대한 역사를 주로 다루고 있다. 한(漢) 시기 원강(袁康)과 오평(吳平)이 지은 것으로 전한다.

(戰國) 시기 연(燕), 제(齊), 조(趙) 세 나라가 공유했던 곳으로 나온다.[217] 즉, 기원전 283년 조선이 연(燕)의 공격에 의해 위축된 후 연(燕), 제(齊), 조(趙)가 요동(遼東) 지역을 나누어 차지했음을 알 수 있는데, 이는 '요동(遼東)'이 서기 1세기까지도 현재처럼 장성(長城) 동쪽이 아닌 연(燕)나라, 제(齊)나라 조(趙)나라가 만나는 지역에 있었음을 의미한다. 만일 현재 한중(韓中) 학계의 일반적인 인식대로 전국(戰國)시대 연(燕)의 수도가 북경(계성, 薊城)이고 요동이 현재의 장성(북경) 동쪽에 있었다면, 현재의 요동은 연나라 제(齊)나라, 조(趙)나라가 공유할 수 없는 지역이 되므로 『월절서(越絶書)』의 기록과 배치된다.

서기 238년 요동태수 공손연(公孫淵)이 반란을 일으키자 위(魏)의 명제(明帝)는 낙양(洛陽)에서 요동에 가기 위해, 중간에 고죽과 갈석을 넘어 요수(遼水)에 이른다.[218] 당시 조예(曹叡)가 가려던 요동(遼東)은 현재 학계에서 일반적으로 장성(長城)의 동쪽 지역으로 보고 있으나, 당시의 요동이 현재의 장성보다 남쪽에 있었음은 다음의 사실들로 입증된다.

---

217) 『越絶書』第十二 "燕故治, 今上漁陽右北平遼東莫郡, 尾箕也. 齊故治臨菑, 今濟北平原北海郡菑川遼東城陽, 虛危也. 趙故治邯鄲, 今涿東隴西北地上郡雁門北郡清河, 參也(연(燕)의 옛 수도는 지금의 상곡(上谷), 어양(漁陽), 우북평(右北平), 요동(遼東), 막군(莫郡) 지역으로, 미기(尾箕) 자리(宿)에 해당한다. 제(齊)의 옛 수도는 임치(臨菑)였고, 지금의 제북(濟北), 평원(平原), 북해군(北海郡), 치천(菑川), 요동(遼東), 성양(城陽) 지역으로, 허위(虛危) 자리(宿)에 해당한다. 조(趙)의 옛 수도는 한단(邯鄲)이며, 지금의 요동(遼東), 농서(隴西), 북지(北地), 상군(上郡), 안문(雁門), 북군(北郡), 청하(清河) 지역에 해당하며, 참(參) 자리(宿)에 해당한다)."

218) 『晉書』「帝紀」"及遼東太守公孫文懿反, 徵帝詣京師. …景初二年(238), 帥牛金胡遵等步騎四萬, 發自京都. …遂進師, 經孤竹, 越碣石, 次于遼水(요동태수 공손 문의(公孫文懿, 공손연의 아버지)가 반란을 일으키자, (지방에 있는) 황제를 수도로 불러들였다. 경초 2년(238년), (사마의가) 우금(牛金), 호준(胡遵) 등과 함께 보병과 기병 4만을 거느리고 수도(洛陽)에서 출정하였다. 그리하여 군대를 진격시켜 고죽(孤竹)을 지나, 갈석(碣石)을 넘어, 요수(遼水)에 이르렀다)."

『위서(魏書)』「지형지(地形志)」에 "창려군, 진(晉)이 요동에서 분리해 설치하였는데, 진군 8년(447)에 기양과 병합하여 속하게 했다(昌黎郡 晉分遼東置, 眞君八年倂冀陽屬焉)"라는 기록의 요동 인근 기양(冀陽) 지역은 기주(冀州)의 남쪽이란 의미로, 위(魏)나라 당시 요동이 현재의 요동과는 관련이 없는 고대 기주가 있던 태항산맥 인근에 있었을 의미한다.

당시 '요동군 치소'였던 양평(襄平) 역시 현재 중국에서는 현재 요하 인근의 요녕성 요양(遼陽)으로 주장하고 있으나 기록과 차이가 있다. 다음의 기록들을 보면 고대 요동(遼東)의 중심지 양평(襄平) 근처에 양수(梁水)가 흘렀던 사실을 알 수 있다. 그런데 이 양수(梁水)는 앞에서 필자가 요수(遼水)로 비정한 장수(漳水)의 지류이며 장수(漳水)는 황하(河)의 지류였다. 중국에서는 이 요동군 치소 양평(襄平) 근처에 있던 양수(梁水)가 현재의 산서성(山西省) 남부 장치시(長治市) 장자현(長子縣) 동쪽에 있다고 밝히고 있는데, 그렇다면 한(漢) 요동군 치소 양평(襄平)이 현 산서성 동남부 장자현(長子縣)이고, 요동이 고기주(古冀州)였던 산서성 남부 일대에 있었음을 의미한다. 즉, 고대 산서성에 있던 양수(梁水)나 장수(漳水), 황하(黃河)와 관련이 없는 현재의 요녕성 요양(遼陽)은 한(漢)나라 시기 요동군 치소가 될 수 없다.

『漢書』「地理志」第八下

"遼東郡(秦置屬幽州) …居就(室僞山, 室僞水所出, 北至襄平入梁也)(요동군(진이 설치하였고 유주에 속한다) …거취(실위산, 실위수가 나오는 곳인데, 실위수는 북쪽으로 양평(襄平)에 이르러 양수에 유입된다.))

『晉書』卷一 帝紀

"遼東太守公孫文懿反 …次于遼水 …棄賊而向襄平 …時有長星 …自襄平城西南流于東北, 墜於梁水, 城中震慴. …斬于梁水之上星墜之所.(요동태수 공손문의가 반란을 일으켰다. …요수에 이르렀는데 …적들을 버리고 양평으로 향하였다. …이때 혜성(長星)이 있었는데 …양평성(襄平城) 서남쪽에서 동북쪽으로 날아가 양수(梁水)에 떨어졌다. 성안(城中) 사람들이 놀라고 두려워하였다. …양수 위의 별이 떨어진 곳에서 참수하였다.)

『水經注』卷十 濁漳水淸漳水
"濁漳水 …其水東北流入漳水. 漳水東會於梁水 …梁水又北入漳水.(탁장수 …그 물길은 동북쪽으로 장수에 유입이 된다. 장수는 동쪽에서 양수와 만나는데 …양수는 또 북쪽으로 장수에 유입된다.)

『漢書(顔師古注)』地理志第八下
"斥章(應劭曰 漳水出治北, 入河. 其國斥鹵, 故曰斥章)"(척장(응소는 '장수가 그 치소 북쪽에서 나와 황하에 유입되는데, 그 나라는 염분기가 있어서 척장이라고 한다'라고 하였다.))

『中國古今地名大辭典』「梁水」[219]
梁水在山西長子縣東. 水經注梁水出南梁山. 北流至長子縣故城南. 又北入漳水.(양수(梁水)는 산서성(山西省) 장자현(長子縣) 동쪽에 위치한다. 『수경주(水經注)』에 따르면, 양수는 남양산(南梁山)에서 발원하여 북쪽으로 흘러 장자현 고성(故城) 남쪽에 이르고, 다시 북쪽으로 흘러 장수(漳水)에 합류한다.)

---

219) 『中國古今地名大辭典』(1931), p.813.

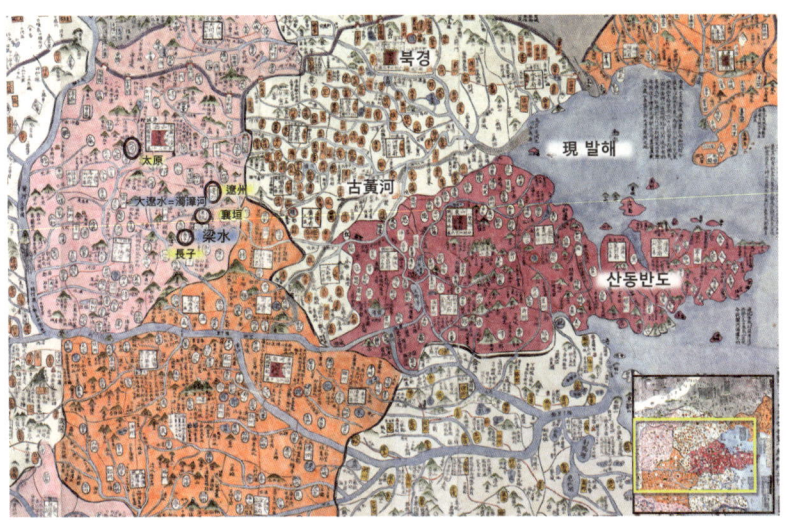

〈그림 V-7〉 요동군 치소 양평성(襄平城) 동북쪽에 있던 양수(梁水)의 위치(『大淸廣輿圖』)

위 기록 중 1931년 중국의 권위 있는 출판사인 상무인서관(商務印書館)에서 출판된 『중국고금지명대사전(中國古今地名大辭典)』에서 요동군 치소 양평(襄平)의 동북쪽에 흐르던 양수(梁水)가 산서성(山西省) 장자현(長子縣) 동쪽에 있다고 밝히고 있는데, 〈그림 V-7〉을 보면 장자현(長子縣)이 현 산서성 동남부에 있음을 확인할 수 있다.

이상의 기록들을 통해 후한(後漢), 조위(曹魏), 서진(西晉) 당시(1-3세기)에 '요동(遼東)'이 현재 학계에서 주장하는 만리장성과 관련이 없는 태항산맥(太行山脈) 중부 이남의 기주(冀州), 양수(梁水), 장수(漳水), 황하(河)가 있는 중원 지역에 있었음을 알 수 있다. 이 사실은 또한 『사기(史記)』「몽염열전(蒙恬列傳)」에 나오는 진장성(秦長城)의 동단인 '요동(遼東)'의 위치가 현재의 요녕성 요하와 관련이 없는, 중원 내륙 산서성 동남부에 있었음을 증거하고 있다.

따라서 진(晉) 이전 후한(後漢), 삼국 위(曹魏) 당시(1-3세기)에도 요동(遼東)이 현 장성과 관련이 없음을 알 수 있는데, 이에 더해 진(晉) 당시 요동에서 분리된 창려(昌黎)가 현재처럼 북경 동쪽이 아니라 현 수성현(遂城縣)이 있는 북경 남쪽 보정시(保定市)라는 중국의 주장[220] 역시 『사기(史記)』「몽염열전(蒙恬列傳)」에 나오는 요동(遼東)의 위치가 하북성 중부 이남에 있었음을 증명한다. 창려군의 위치가 현재의 요동과 관련이 없는 하북성 중부 보정시에 있었다는 중국의 주장은 1931년 편찬된 『중국고금지명대사전(中國古今地名大辭典)』과 1996년 편찬된 『중국역사지도집(中國歷史地圖集)』을 통해 확인할 수 있다.[221]

이렇게 갈석산이 있고 진장성(秦長城)의 기점이었던 요동이 한(漢) 당시 산서성 남부에 있었다면, 현재 중국에서 고조선 국경에 있었다는 갈석산이나 '진장성(秦長城)', '요동(遼東)'을 현재의 요하 유역이나 발해만 북부에 위치시킨 것은 사실과 다르므로 잘못 비정된 곳이라는 사실이 입증된다. 이는 전국시대(戰國時代, BC 476-BC 221) 연나라 동쪽에 요동과 조선이 있었다는 기록[222] 중 조선의 위치 또한 요동 인근인 하북성 중부

---

220) 『隋書』 卷三十 앞의 주석; 『中國古今地名大辭典』(1931), p.473; p.698. "[昌黎郡]三國魏晉因之. 後魏亦置昌黎郡. 後魏置. 北齊因之. 故治在今直隸徐水縣西二十五里. 隋移今易縣治. 改爲上谷郡; [徐水縣]民國改爲徐水縣以縣南有徐水故名. 屬直隸保定道 ([창려군(昌黎郡)]은 삼국시대 위(魏)와 진(晉)에서 그대로 이어졌으며, 후위(後魏) 또한 창려군을 설치하였고, 북제(北齊)도 이를 계승하였다. 본래의 치소는 지금의 직예성(直隸) 서수현(徐水縣) 서쪽 25리 지점에 있었다. 수(隋)나라 때는 치소를 지금의 역현(易縣)으로 옮기고, 이름을 상곡군(上谷郡)으로 바꾸었다. [서수현(徐水縣)]은 중화민국 시기에, 현 남쪽에 '서수(徐水)'가 흐른다고 하여 서수현이라 개칭되었으며, 직예 보정도(直隸 保定道)에 속하였다)."

221) 이와 관련된 내용은 본고의 'Ⅷ-3-(1) 창려(昌黎)와 관련된 기록' 참고.

222) 『戰國策』 「燕策」 "北說燕文侯曰, 燕東有朝鮮遼東((소진이) 북쪽으로 가서 연 문후에게

지역에 있었음을 의미하기도 한다.

(3) 요서(遼西)는 산서성(山西省) 태원시(太原市) 동남

한말(漢末)-서진(西晉) 시기(2-3세기 초) '요서(遼西)'에 있던 오환(烏桓)은 현재 한국학계에서 일반적으로 만주(대흥안령산맥 남부)에 비정하고 있으나, 중국 학계에서는 산서성(山西省) 남부 양천시(陽泉市) 인근에 있었던 것으로 인정하고 있음을 산서성박물관(山西省博物館)의 사진 자료를 통해 확인할 수 있다. 〈그림 V-8〉은 산서성 성도(省都)인 태원시의 산서성박물관(山西省博物館)에 게시된 사진으로, 요동군 서쪽 오환(烏桓, 烏丸)이 있었던 '요서(遼西)'의 위치를 현 산서성 태원시 동쪽, 태항산맥 서쪽에 위치시키고 있다. '요서(遼西)'가 이 지역이라면 이는 앞서 필자가 '요동(遼東)'의 위치를 산서성 동남부로 비정한 주장이 더 확실해진다.

〈그림 V-8〉의 산서성박물관 지도에는 한말(漢末) '요서(遼西)'에 있던 오환(烏丸=烏桓)의 위치가 산서성 태원시 동남쪽, 태항산맥 중부인 양천시(陽泉市) 인근에 그려져 있다. 또한, 이 지도는 오환 인근인 산서성 남부에 흉노가 있었고, 산서성 북쪽에는 이후 북위(北魏北魏, 386-534)를 세우는 탁발선비(拓跋鮮卑)가 있었음을 밝히고 있다.

한말서진(漢末西晉) 시기(2-3세기) 오환(烏桓=烏丸)이 요서(遼西)에 있었음은 다음의 사실들로 알 수 있다. 후한(後漢) 원흥 인년(元興元年, 105년) 요동(遼東)의 맥인(貊人)이 짐입하자 후한(後漢)은 '요서(遼西)에 있던 오환(遼西烏桓)'으로 하여금 이를 토벌하게 한다.[223] 이후 후한(後漢)

말하기를: "연의 동쪽에는 조선과 요동이 있습니다")."
223) 『後漢書』「天文中」"元興元年(105) …其年, 遼東貊人反, 鈔六縣, 發上谷漁陽右北平遼西烏桓討之(원흥 원년(105년), 그해에 요동의 맥인(貊人)이 반란을 일으켜 6개 현

〈그림 Ⅴ-8〉 한말서진(漢末西晉) 시기(2-3세기) '요서(遼西)'에 있던 오환(烏桓=烏丸)의 위치(山西省 소수민족 분포도, 산서성박물관(山西省博物館). 2024. 01. 12. 필자 촬영).

중평 원년(中平元年, 184년) 요동태수(遼東太守)가 된 공손강(公孫康)이 '서쪽으로' 오환을 공격하고 '동쪽으로' 고구려를 공격하였으며, 이후 조

을 약탈하였고, 이에 상곡(上谷)·어양(漁陽)·우북평(右北平)·요서(遼西)의 오환(烏桓) 병력을 동원하여 이를 토벌하였다."

조(曹操)가 건안 12년(建安十二年, 207년) 오환이 있던 '요서(遼西)'를 공격한다.[224] 이러한 기록들에 등장하는 한말(漢末) 오환이 있던 '요서(遼西)'가 바로 상기 지도의 산서성 태원시 동쪽 양천시 인근이었음을 알 수 있는 것이다.

따라서 후한(後漢) 당시 요서(遼西)는 현 산서성(山西省) 남부, 태항산맥 서쪽에 있었고, 요동은 이 산서성 남부의 동쪽, 즉 태항산맥 동쪽 지역에 있었으며, 조조가 오환을 물리치고 돌아오며 읊었던 시 '관창해(觀滄海)'에 등장하는 창해(滄海)나 갈석산(碣石山) 역시 이 오환이 있던 산서성 남부 인근에 있었음을 유추할 수 있다. 이 사실은 현재 한국 학계에서 오환의 위치를 현재의 북경 동쪽 '요서', '만주(大興安嶺山脈 남단)' 일대에 비정한 것[225]과 상당한 차이가 있음을 의미하고, 한국 학계에서 오환 동쪽에 있었던 부여, 고구려, 옥저 등의 위치를 산서성(山西省)과 관련이 없는 현재의 요동에 위치시킨 것이 오류일 가능성을 시사한다.

---

224) 『後漢書』 「袁紹劉表列傳」 "十二年(207), 曹操征遼西, 擊烏桓. 尙熙與烏桓逆操軍, 戰敗走, 乃與親兵數千人奔公孫康於遼東. …康, 遼東人. 父度. 初避吏爲玄菟小吏, 稍仕. 中平元年(184), 還爲本郡守. …因東擊高句驪, 西攻烏桓, 威行海畔(건안 12년(207), 조조가 요서를 정벌하여 오환을 공격하였다. 상희(尙熙)는 오환과 함께 조조의 군을 맞이 씨웠으나 패하여 달아났고, 친병 수천 명과 함께 요동의 공손강(公孫康)에게로 도망쳤다. … 공손강은 요동 사람으로, 아버지는 공손도(公孫度)이다. 공손도는 처음에 관리를 피해 현도(玄菟)의 말단 관리가 되었고, 점차 벼슬길에 올라 중평 원년(184)에 본군(요동군)의 태수로 돌아왔다. 이후 동쪽으로는 고구려를 공격하고, 서쪽으로는 오환을 치며, 그 위세가 해안 일대에 떨쳤다)."

225) 동북아역사넷(http://contents.nahf.or.kr), 烏丸山(烏桓山) "대체로 지금의 중국 內蒙古自治區 阿魯科爾沁旗 북부의 大興安嶺山脈 남단으로 파악되고 있다(馬長壽, 1962:130-138 및 林幹, 1989:1-12)."

Ⅵ. 하북성 석가장시에 있었던 패수(浿水)

1. 낙랑군의 이주와 패수

패수(浿水)는 전한(前漢)이 건국 초기에 고조선과의 국경으로 삼았던 강이다.[226] 따라서 패수의 위치를 파악하면 고조선의 서쪽 국경의 위치를 구체화할 수 있다.

고조선과 패수를 경계로 대치하던 한(漢)은 무제(武帝) 시기인 기원전 108년 고조선을 멸망시키면서 고조선 중심지에 낙랑군(樂浪郡)을 설치한다. 이 고조선 땅에 들어선 낙랑군은 이후 여러 차례 이주를 하는데, 서기 313년 고구려의 공격으로 의해 선비족 모용외(慕容廆, 훗날 전연을 세운 모용황의 부친)에게 1,000여 가가 투항하며, 모용외는 그곳에 낙랑군을 다시 설치한다.[227] 이후 북연(北燕, 407-436) 역시 낙랑군을 설치했고, 북위(北魏)는 낙랑군을 북평군으로 바꾸면서(432) 낙랑을 남영주(南營州) 5군 중 한 곳에 속하게 한다. 이후 북제(北齊, 550-577)는 창려군(昌

---

226) 『史記』「朝鮮列傳」"漢興, 爲其遠難守, 復修遼東故塞, 至浿水爲界(한나라가 흥성한 이후, 멀고 지키기 어려운 곳이었기에 요동의 옛 성을 다시 수리하고, 패수를 경계로 삼았다)."

227) 『資治通鑑』卷八十八 晉紀十 孝愍皇帝 "建興元年(313) 夏四月 …遼東 張統據樂浪·帶方二郡, 與高句麗王 乙弗利相攻, 連年不解. 樂浪 王遵說統帥其民千餘家歸廆, 廆爲之置樂浪郡, 以統爲太守, 遵參軍事(건흥 원년(313) 하(夏) 4월, 요동에서 장통(張統)이 낙랑과 대방 두 군을 점령하고 고구려 왕 을불리(乙弗利)와 서로 공격하여 여러 해 동안 해결되지 않았다. 낙랑왕 준(王遵)이 장통에게 1,000여 가구의 백성을 이끌고 귀의할 것을 권유하였고, 귀의한 장통을 위해 회(廆)가 낙랑군을 설치하였으며, 장통을 태수로, 준을 참군사로 임명하였다)."

黎郡)에 과거 낙랑군에 속했던 영락현(永樂縣)을 귀속시켰으며, 수(隋)나라는 개황 원년(581)에 창려군(과거 낙랑군 영락현)을 이주시켰는데, 2년 뒤 폐지시켰다가(583), 개황 18년(598)에 그 땅에 있던 무수(武遂)를 수성(遂城)이라 고치고 부활시킨다.[228] 이를 통해 낙랑군의 위치가 시대에 따라 변동됐음은 물론이고 원래 낙랑군에 있던 수성현(遂城縣)이라는 지명 역시 낙랑군 수성현과 관련이 없는 과거 진시황이 설치한 고기주(현 산서성 남부 일대) 상곡군 무수현(武遂縣)에 다시 설치되었으며,[229] 수성현뿐 아니라 낙랑군 관련 지명들이 313년 낙랑군의 이동과 함께 이동했던 사실을 알 수 있다.

이렇게 낙랑군의 위치와 지명 변동 사실은 『후한서(後漢書)』와 『진서(晉書)』 사이의 낙랑군 인구수가 크게 차이가 나고 지명 역시 변동이 많았던 점으로 짐작할 수 있다.

『後漢書 李賢注』 志第二十三 郡國五

樂浪郡(武帝置. 雒陽東北五千里)十八城, 戶六萬一千四百九十二, 口二十五萬七千五十. 朝鮮 訷邯 浿水 含資 占蟬 遂城 增地 帶方 駟望 海冥 列口 長岑 屯有 昭明 鏤方 提奚 渾彌 樂都(낙랑군(한 무제가 설치함. 낙양에서 동북쪽으로 5,000리)에 18개 성이 있으며, 가구 수는 61,492호, 인구는 257,050명이다. 조선, 염한, 패수, 함자, 점제, 수성, 증지, 대방, 사망, 해명, 열구, 장김, 둔유, 소명, 누방, 제혜, 혼미, 낙도).

---

228) 『資治通鑑』 卷第八十八, 『隋書』 卷三十 앞의 주석.
229) 『通典』 卷第一百七十八 州郡八 앞의 주석.

『晉書』卷十四 志第四 地理上 平州

樂浪郡(漢置. 統縣六, 戶三千七百) 朝鮮(周封箕子地) 屯有 渾彌 遂城(秦築長城之所起) 鏤方 駟望. …帶方郡(公孫度置. 統縣七, 戶四千九百) 帶方 列口 南新 長岑 提奚 含資 海冥(낙랑군(한나라가 설치함. 6현을 관할하고, 가구 수는 3,700호) 조선(주나라가 기자를 봉한 땅이다), 둔유, 혼미, 수성(진나라가 장성을 쌓기 시작한 곳이다), 누방, 사망. …대방군(공손도가 설치함. 7현을 관할하고, 가구 수는 4,900호이다) 대방, 열구, 남신, 장잠, 제해, 함자, 해명.)

위의 기록을 보면 후한(後漢, 25-220) 당시 낙랑군은 18현(城)에 호수(戶數)가 61,492호(戶)였는데, 진(晉, 266-420) 당시에는 낙랑군과 대방군을 합쳐 13현으로, 이전에 비해 5개 현이 줄어들고(䛁邯 浿水 占蟬 增地 昭明), 대신 새로운 현이 출현했으며(南新), 호수가 8,600호(낙랑군 3,700+대방군 4,900)로 후한 시기의 약 14%밖에 남지 않게 된다. 이는 후한 말 혼란에 의한 결과일 수도 있으나, 진(晉, 266-420) 시기에 고구려의 공격에 의해 낙랑군의 이주(313)가 있었던 사실과, 과거 한나라와 고조선의 경계인 패수가 있던 패수현(浿水縣)이 『후한서(後漢書)』에는 있으나 진(晉) 시기에 사라진 사실, 그리고 수성현(遂城縣)에 『후한서(後漢書)』에 없던 '진(秦)장성이 시작되는 곳이다(秦築長城之所起)'라는 주석이 『진서(晉書)』에 추가된 사실 등은 두 사서(史書) 간의 낙랑군이 서로 다른 곳일 가능성이 높음을 추정하게 한다. 특히, 『진서(晉書)』의 주석에 '수성현이 진(秦)장성이 시작되는 곳이다(秦築長城之所起)'라고 기록한 사실은 낙랑군이 서기 313년 이주한 이후의 상황임이 분명하다. 왜냐하면 진(秦)의 영역이 아닌 조선에 설치한 낙랑군의 다른 현들(占蟬, 增地) 사이에 있던 수성현(遂城縣)에 진(秦)이 장성을 쌓을 수는 없기 때문이다. 따라서 이 기록은 낙랑군이 서기 313년 고기주(古冀州) 지역(산서성 남부)에 이주한 이후 새로 설치한 낙랑군 수성현(舊 武遂縣)에 과거 진(秦)이 쌓았던 장성이 있었음을 의미한다고 볼 수 있다.

이를 통해『사기색은(史記索隱)』에 나오는 "『태강지리지』에 말하길 '낙랑 수성현에 갈석산이 있는데 장성이 시작되는 곳이다'라는 내용과, 같은 당(唐)대 저서인『통전(通典)』에 조선의 낙랑군이 아니라 '진(秦)이 설치한 옛 기주(古冀州)에 속해 있는 상곡군(上谷郡) 수성현(과거 무수현)에 갈석산이 있고 장성이 시작된다(秦置上谷郡…遂城(古武遂也. 秦築長城之所起.))'는 내용이 같은 내용으로서, 모두 과거 고조선 중심지에 들어섰던 낙랑군 수성현이 아니라, 원(原) 고조선 땅 낙랑군과 관련이 없는 고기주, 즉 과거 진시황이 연(燕)을 물리치고 설치했던 상곡군과, 요동 진장성이 있는 현 산서성 남부 일대(고기주)로 이주한 이후(313년) 새로 설치한 '낙랑군 수성현'의 기록이라는 사실을 알 수 있다.

『사기색은(史記索隱)』卷二 夏本紀 第二

太康地理志云, 樂浪遂城縣有碣石山, 長城所起,(『태강지리지』에 말하길 '낙랑 수성현에 갈석산이 있는데 장성이 시작되는 곳이다.')

『통전(通典)』卷第一百七十八 州郡八

古冀州遂城 '晉人康地志云, 秦築長城, 所起自碣石, 在今高麗舊界, 非此碣石也.' (고기주(古冀州) 수성(遂城): 진태강지지(晋太康地志)에 '진나라가 장성을 쌓았는데, 갈석에서 시작한다'라고 하였으나 이는 지금 고려(발해) 옛 경계에 있는 갈석이지 이곳 갈석은 아니다.)

즉, 위 기록들은 『통전(通典)』의 기록대로 고기주(古冀州)에 있던 무수현(武遂縣)에서 수성현(遂城縣)으로 이름이 바뀐 곳인[230] 산서성 남부(고기주)로 313년 이주한 이후의 낙랑군 수성현에 관한 기록임을 알 수 있는 것이다. 그 지역은 진(秦)이 설치한 상곡군(上谷郡)에 속한 땅으로서, 현재의 산서성 동남 여성현(黎城縣)으로 비정되며,[231] 그곳에 진장성의 동단이 있었을 것으로 추정된다.

따라서 패수(浿水)와 관련된 기록들을 『후한서(後漢書)』 이전과 『진서(晉書)』 이후로 나누어 판단해야 할 것이다. 후한 이전 패수(浿水)와 관련된 기록들은 고조선에 설치했던 낙랑군에 있던 패수이고, 진(晉, 266-420) 시기의 기록들은 313년 낙랑의 이주 이전인지 이후인지를 감안하여 패수의 위치를 고증해야 한다. 이에 더해 고구려에 멸망한 낙랑이 고구려 영역인 북경 일대에 지속적으로 군명(郡名)으로 존재했을 가능성이 높으므로(북경 남부에서 539년 사망한 '낙랑군 조선현' 사람 한현도(韓顯度) 고분 발견),[232] 이 사실 역시 감안할 필요가 있다.

2. 패수 관련 기록 분석

패수와 관련된 기록은 많지 않으나 시기별로 정리해 보면 다음과 같다.

---

230) 『通典』 卷第一百七十八 州郡八 앞의 주석.
231) 상곡군(上谷郡)은 수(隋) 개황(開皇) 초에 여군(黎郡)으로 바뀌었는데, 그 구체적 위치는 『대청광여도』상의 과거 어양(漁陽)이었던 노현(潞縣, 현 長治市 潞城區) 동쪽 여성(黎城, 현 長治市 동북 黎城縣)으로 비정된다. 자세한 내용은 〈표 Ⅶ-2〉 참고; 『隋書』 「地理中」 앞의 주석.
232) 2014년 북경시 남부의 대흥구(大興區) 황촌진(黃村鎭) 삼합장촌(三合莊村)에서 발견된 고분의 벽돌에는 원상(元象) 2년(539) 4월 17일 사망한 낙랑군 조선현 사람 한현도(韓顯度)와 관련된 내용(樂浪郡朝鮮縣人韓顯度銘記)이 기록돼 있다.

〈표 Ⅵ-1〉 패수(浿水)와 관련된 기록 분석(시기별 순서)

연번	출처	패수(浿水)와 관련된 기록
[01] 저술: 漢 (BC 91)	『史記』 朝鮮列傳	秦滅燕, 屬遼東外徼, 漢興, 爲其遠難守, 復修遼東故塞, 至浿水爲界.(진나라가 연(燕)을 멸망시키고 요동(遼東) 외요(外徼)에 속하게 하였으며, 한나라가 흥기하자 그곳이 멀고 지키기 어려워 옛 요동의 방어선(塞)을 다시 수리하여, 패수(浿水)를 경계로 삼았다.)

『삼국지(三國志)』에 따르면 연 소왕(燕昭王) 당시 연(燕)나라가 진개(秦開)를 보내 점령한 조선 서방 2,000여 리(二千餘里)의 끝은 '번한(番汗) 끝까지(滿) 이르는(至滿番汗)' 곳이었다.[233] 이 기록의 '지만번한(至滿番汗)'을 만현(滿縣)과 번한현(番汗縣)으로 해석하여 '만현, 번한현에 이르렀다'라고 해석할 수도 있다. 그런데 『한서(漢書)』 「지리지(地理志)」를 보면 번한현(番汗縣)은 요동군(遼東郡)에 속해 있었으며,[234] 요동군 치소 양평(襄平)이 산서성 남부 장수(漳水)로 유입되는 양수(梁水) 인근이었으므로,[235] 번한현(番汗縣) 역시 『한서(漢書)』 「지리지(地理志)」에 같이 등장

---

[233] 『三國志 裴松之注』卷三十 "燕乃遣將秦開攻其西方, 取地二千餘里, 至滿番汗爲界, 朝鮮遂弱(연나라는 장수 진개(秦開)를 보내 서쪽을 공격하여 2,000여 리의 땅을 차지하였고, 만번한(滿番汗)을 경계로 삼았다. 이로 인해 조선은 점차 약화되었다)."

[234] 『漢書』「地理志」第八下 "遼東郡… 番汗(沛水出塞外, 西南入海)(요동군(遼東郡) … 번한(番汗): 패수(沛水)가 새 밖으로 흘러 서남쪽으로 바다로 들어간다)."

[235] 『漢書』「地理志」第八下 "遼東郡(秦置屬幽州) 居就(室僞山, 室僞水所出, 北至襄平入梁也)(요동군(遼東郡)은 진(秦)나라 때 설치되어 유수(幽州)에 속하였다. 거취(居就): 실위산(室僞山)과 실위수(室僞水)가 나오는 곳으로, 북쪽으로 향해 양(梁)으로 들어간다.)"; 『晉書』卷一 帝紀 "遼東太守公孫文懿反 …次于遼水 …棄賊而向襄平 …時有長星 …自襄平城西南流于東北, 墜於梁水, 城中震慴. …斬于梁水之上星墜之所(요동태수 공손문의(公孫文懿)가 반란을 일으켜 … 요수(遼水) 근처에 머물렀다. … 도적을 버리고 양평(襄平)으로 향하였다. … 그때 장성(長星)이 있었는데, … 장성은 양평성 서남쪽에서 동북쪽으로 흐르다 양수(梁水)로 떨어졌고, 성 안이 진동하고 떨었다. … 반역자는 양수 위, 별이 떨어진 곳에서 처형되었다).";『水經注』卷十 濁漳水清漳水 "濁漳水

하는 현도군(玄菟郡)이나 낙랑군(樂浪郡)에 속하지 않는 산서성 남부에 위치한 요동군에 속한 현(縣)임을 알 수 있다. 즉, 연나라가 조선에서 빼앗은 2,000리 땅은 번한현(番汗縣)이 있던 산서성 남부(태항산맥 서쪽)의 '요동군'에 한정되고, 조선의 본토였던 현도군이나 낙랑군과 관련이 없는 곳임을 알 수 있다. 이 사실은 연(燕)을 물리친 진(秦)과 진(秦)을 이은 전한(前漢)의 영토가 과거 연(燕)의 영토였던 산서성 남부(태항산맥 서쪽)[236]를 넘지 않았고, 전한(前漢) 당시 패수는 요동 밖인 태항산맥 동쪽에 있었고, 고조선 수도는 이 패수의 동쪽에 있었음을 추정할 수 있다.

연번	출처	패수(浿水)와 관련된 기록
[02] 저술: 漢 (BC 91)	『史記』 朝鮮列傳	滿亡命, 聚黨千餘人, 魋結蠻夷服而東走出塞, 渡浿水, 居秦故空地上下鄣.(위만이 망명할 때 무리 1,000여 명을 모아, 북상투를 하고 만이(蠻夷)의 옷을 입고 동쪽으로 달아나 요새를 나가, 패수(浿水)를 건넜다. 그들은 진나라의 옛 빈 터인 상하장(上下鄣)에 거주하였다.)

조선은 '북상투(魋結)에 오랑캐의 복장(蠻夷服)'을 입는 사람들이 사는 곳으로, 위만의 모국인 연(燕)나라를 비롯한 주(周)의 봉건국들과 풍습이 달랐다. 연나라 출신 위만은 조선에 가기 위해 '동쪽'으로 향하고 '요동의 요새' 즉 요수로 비정되는 장하(漳河)가 흐르는 요동 동쪽 높은 산맥인 태항산맥을 넘었고, 고조선의 경계 패수를 건넌다. 그곳은 진(秦)의 빈

…其水東北流入漳水. 漳水東會於梁水 …梁水又北入漳水(탁장수(濁漳水)는 …그 물이 동북쪽으로 흘러 장수(漳水)에 합류한다. 장수는 동쪽으로 흘러 양수(梁水)에 합류하고, 양수는 다시 북쪽으로 흘러 장수에 들어간다)."; 『漢書(顔師古注)』 地理志第八下 "斥章(應劭曰 漳水出治北, 入河.(척장(斥章)은(응소(應劭)의 말에 따르면) 장수(漳水)가 치북(治北)에서 발원하여 하수(河水)에 들어간다.)"

236) 연의 위치와 관련해서는 'Ⅶ. 황하 이남에서 산서성으로 이주한 연(燕)나라' 참고.

땅(공지)이라고 기록돼 있는데, 당시 고조선은 진(秦)에 멸망하지 않았으므로, 조선 땅 패수 너머의 공지(空地)는 연(燕)왕 희(喜)가 기원전 226년 진(秦)의 공격을 피해 일시적으로(4년) 점령한(收) '요동'으로서, 진(秦)과 조선 사이의 완충 지역으로 볼 수 있다. 그런데 그곳이 연(燕)·제(齊)의 망명자들이 모여든 곳이었다면, 전국시대 말 연(燕)이 있던 산서성 동남과 제(齊)가 있던 산동성 서부에 가까운 곳이었음을 의미한다. 이를 종합하면 진(秦)의 옛 빈 땅 상하장(秦故空地上下障)은 태항산맥의 동쪽, 고 발해 서북쪽으로서 현 석가장시 인근이 유력하다. 위만이 동쪽으로 이주하면서 패수를 지나 진공지 상하장에 이르렀으므로, 왕험성은 이 패수와 진공지 상하장(석가장시)보다 더 동쪽에 있어야 한다.

연번	출처	패수(浿水)와 관련된 기록
[03] 저술: 漢 (BC 91)	『史記』 朝鮮列傳	左將軍卒正多率遼東兵先縱, 敗散, 多還走, 坐法斬. 樓船將軍將齊兵七千人先至王險. …復聚. 左將軍擊朝鮮浿水西軍, 未能破自前. …左將軍破浿水上軍, 乃前, 至城下, 圍其西北. 樓船亦往會, 居城南. 右渠遂堅守城, 數月未能下.(좌장군 졸정 다(多)가 요동 병사들을 이끌고 먼저 진격하였으나 패주하여 흩어졌고, 많은 이들이 도주하였으며, 법에 따라 참수되었다. 누선장군은 제나라 병사 7,000명을 이끌고 먼저 왕험에 도착하였다. …다시 집결하였다. 좌장군은 조선의 패수 서군을 공격하였으나, 물리치고 앞서 나가지 못하였다. …좌장군이 패수 상군을 격파하고 나아가 성 아래에 이르러 서북쪽을 포위하였다. 누선장군 또한 함께 합류하여 성 남쪽에 머물렀다. 우거는 끝까지 성을 견고히 지켰고, 여러 달 동안 함락되지 않았다.)

요동에서 출발한 좌장군이 먼저 패수 위(상류)에서 조선군을 물리치고 전진하여 왕험성에 이르러 그 서북에 주둔하고, 발해를 건넌 누선장군은 성의 남쪽에 거했다면, 왕험성은 서쪽이 요새가 있는 육지(요동-태항산맥)와 가깝고 남쪽은 바다(발해)와 가까운 곳으로 볼 수 있다.

연번	출처	패수(浿水)와 관련된 기록
[04] 許慎 (58-147) 『水經』 三國 시기 (220-280)	『水經注』 卷十四 浿水	浿水出樂浪鏤方縣, 東南過臨浿縣, 東入于海. 許慎云浿水出鏤方, 東入海, 一曰出浿水縣. (패수(浿水)는 낙랑(樂浪) 누방현(鏤方縣)에서 발원하여, 동남쪽으로 임패현(臨浿縣)을 지나 동쪽으로 바다로 흘러든다. 허신(許慎)은 "패수는 누방현에서 나와 동쪽으로 바다에 들어간다"고 했다. 혹은 패수현(浿水縣)에서 나온다고도 한다.)

『수경주(水經注)』를 기록한 역도원(酈道元, 470—527)은 후한 학자 허신(許慎, 58-147)과 『수경주(水經注)』의 원본이 되는 대략 三國 시기(220-280)에 저술된 『수경(水經)』 내용을 앞에 밝히고, 이어서 자신의 의견을 피력한다(연번 [06] 참고). 앞부분을 『수경(水經)』의 원문으로 보는 이유는 그 내용의 출처가 없고, 이어서 허신의 기록을 추가하고 있기 때문이다. 그런데 이 원전(原典) 기록들은 역도원이 패수가 서쪽 또는 서북쪽으로 흐른다는 견해와 달리 동쪽으로 바다에 이른다고 기록하고 있다. 역도원은 이 기록을 불신하고 있으나, 원전 문헌대로 패수가 낙랑이 313년 이주하기 이전에는 동쪽으로 흘렀다고 보아야 할 것이다.

연번	출처	패수(浿水)와 관련된 기록
[05] 臣瓚: 西晉 (265-316) 저술: 唐 (8세기)	『史記索隱』 朝鮮列傳	臣瓚云「王險城在樂浪郡浿水之東」也.(신찬(臣瓚)은 "왕험성(王險城)은 낙랑군(樂浪郡) 패수(浿水)의 동쪽에 있다"고 하였다.)

서진(西晉, 265-316) 당시 신찬(臣瓚)은 고조선 수도 왕험성이 낙랑군에 속한 패수의 동쪽에 있다고 기록하여, 이전 기록과 같은 입장을 보이

고 있다. 왕험성이 패수의 동쪽에 있다면 패수는 위의 연번 [04]와 같이 낙랑군 서부 지역(누방현 또는 패수현)에서 나와 동남쪽으로 흐르다 임패현을 지나 당시 내륙해인 발해로 들어갔고, 이렇게 동남쪽으로 흐르던 패수의 동북쪽에 왕험성이 있었음을 알 수 있다.

[06] 『十三州志』 北涼 (397-460) 『水經注』 酈道元 (470—527)	『水經注』 卷十四 浿水	十三州志曰 …浿水縣在樂浪東北, 鏤方縣在郡東, 盖出其縣南逕鏤方也. 昔燕人衛滿自浿水西至朝鮮. …若浿水東流, 無渡浿之理. 其地今高句麗之國治. 余訪蕃使, 言城在浿水之陽, 其水西流, 逕故樂浪朝鮮縣即樂浪郡治, 漢武帝置, 而西北流. 故地理志曰 …浿水西至增地縣入海, …考之今古于事差謬, 盖經誤證也(『십삼주지(十三州志)』에 이르기를: "…패수현(浿水縣)은 낙랑의 동북에 있고, 누방현(鏤方縣)은 군의 동쪽에 있으며, 대개 그 현에서 나온 물이 남쪽으로 흘러 누방을 지난다. 옛날 연나라 사람 위만(衛滿)은 패수에서 서쪽으로 건너 조선에 이르렀다. …만약 패수가 동쪽으로 흐른다면, 패수를 건널 도리가 없다. 그 땅은 지금 고구려의 국도(國都)이다. 내가 번국(蕃國)의 사신에게 물으니, 성(평양성)은 패수의 북쪽에 있고, 그 물은 서쪽으로 흘러 옛 낙랑의 조선현, 즉 낙랑군의 치소(治所)를 지나며, 이는 한 무제가 설치한 것이다. 그리고 (그 물은) 서북쪽으로 흐른다 하였다. 그러므로『지리지(地理志)』에 이르기를 '…패수가 서쪽으로 흘러 증지현(增地縣)에 이르러 바다로 들어간다' 하였다. …그러나 지금과 옛날의 일을 살펴보면 서로 어긋난 점이 있으니, 대개 경서(『수경』원문)가 잘못된 증거를 따른 것이다.")

『십삼주지(十三州志)』는 북량(北涼, 397-460) 시기에 저술된 지리서로, 313년 낙랑이 이주한 뒤의 기록이다. 그런데 이 기록부터는 패수(패수현)의 위치가 낙랑군 동쪽(동북)에 있다고 기록된다. [04] 기록에 '패수가 (누방현 또는 패수현)에서 나와 동남쪽(또는 동쪽)으로 흐르다 임패현을 지나 바다(당시 내륙해인 발해)로 들어간다'는 기록의 패수(패수현) 위치와 다른 것이다. 그런데 패수는 낙랑군의 동쪽에 있을 수 없다. 만일 패

수(패수현)가 낙랑군 동쪽에 있다면 고조선 서쪽 연나라에서 망명한 위만이 동쪽으로 이주하여 도착한 곳이 패수가 아니라 먼저 낙랑군에 이르러야 하고, 그 뒤에 패수(패수현)를 건너야 한다. 즉, 패수가 낙랑의 동쪽에 있었다면 전한과 고조선이 국경으로 삼았던 패수가 국경선이 될 수 없다.

『수경주(水經注)』를 기록한 역도원(酈道元, 470-527)은 이 기록과 더불어 합리적이지 못한 이유를 들어 패수가 서쪽으로 흐른다고 주장한다. 그가 제시한 이유는 만일 패수가 동쪽으로 흘렀다면 위만이 패수를 건넜을 리 없다고 주장한 것이다. 그런데 그의 주장과 달리 『수경(水經)』 원문의 패수는 동쪽이 아닌 동남쪽으로 흘렀기 때문에(상기 연번 [04] '浿水出樂浪鏤方縣, 東南過臨浿縣, 東入于海'), 고조선으로 가려면 이 패수를 건너 동북쪽으로 이동할 수 있다. 이러한 그의 비합리적인 추정은 그가 만났다고 하는 고구려 사신의 말을 인용함으로써 합리화시키려고 한다. 고구려 사신은 당시 고구려 수도 평양이 패수 북쪽(浿水之陽)에 있는데, 이 패수는 서쪽으로 흐르다 과거 낙랑군 치소를 지나 서북쪽으로 흐른다고 했다는 것이다. 이에 더해 출처를 밝히지 않은 '옛 지리지(故地理志)'에도 패수가 서쪽으로 증지현에 이르러 바다로 들어간다고 하였다. 그런데 이 주장들에는 문제가 있다. 만일 고구려 사신이 밝힌 대로 패수가 서쪽으로 흘러 낙랑군 치소를 지나 서북쪽으로 흘렀다면, 패수의 기원지가 낙랑군 동쪽이어야 하는데, 그렇다면 위만이 '동쪽으로' 건넌 패수는 낙랑군보다 더 동쪽에 있다는 말이므로, '한나라와 고조선의 국경'이라는 기록과 맞지 않는다(이는 고구려 당시 패수가 낙랑 동쪽으로 이동했을 가능성을 의미한다). 또한 그가 인용했다는 '옛 지리지(故地理志)'가 어떤 책인지 분명하지 않으나, 서기 105년 완성된 『한서(漢書)』 지리지 내용인 '패수:

서쪽으로 증지에 이르러 바다로 들어간다(浿水(水西至增地入海))'라는 기록을 인용했다고 하더라도, 이 내용은 패수에 관한 주석 부분에 해당하기 때문에 언제 누가 주석을 달았는지 알 수 없고, 특히 패수는 서쪽으로 흐를 수가 없다는 문제가 있다. 『한서(漢書)』의 기록대로 패수가 서쪽으로 흘러 바다에 들어갔다면(浿水西至增地縣入海), 연나라에서 동쪽으로 이주한 위만은 먼저 바다를 건넌 다음에 패수를 건너야 한다. 그런데 위만은 바다가 아니라 먼저 동쪽으로 요새(塞)를 나온 뒤 패수를 건넜다(東走出塞, 渡浿水). 이는 연나라와 조선 국경인 패수 서쪽이 바다가 아닌 험한 산지의 교통 요지인 새(塞)²³⁷⁾가 있었음을 의미한다. 실제로 연의 동쪽에 조선(朝鮮), 요동(遼東)이 있다는 기록²³⁸⁾이 있지 연과 조선 사이에 바다가 있다는 기록은 없다. 따라서 고조선 국경에 있던 패수가 서쪽으로 높은 산지인 새(塞)를 거슬러 위만이 떠나온 전한(前漢) 연(燕) 지역으로 흐를 수는 없는 것이다.

---

237) 『呂氏春秋』「有始」"山有九塞, 澤有九藪(산에는 아홉 곳의 요새(요충지)가 있고, 못(늪)에는 아홉 곳의 사냥터(보호지)가 있다)."; 『三國志』「諸葛亮傳」"益州險塞, 沃野千里, 天府之國, 高祖因之以成帝業(익주는 험준한 요새와 같고, 기름진 평야가 천 리에 펼쳐져 있어, 하늘이 내린 보물 창고와 같은 나라이다. 고조(유방)는 그것을 기반으로 황제의 위업을 이루었다)."

238) 『史記』「蘇秦列傳」"說燕文侯曰:「燕東有朝鮮, 遼東, 北有林胡, 樓煩, 西有雲中, 九原(연(燕)의 동쪽에는 조선(朝鮮)과 요동(遼東)이 있고, 북쪽에는 임호(林胡)와 누번(樓煩), 서쪽에는 운중(雲中)과 구원(九原)이 있습니다).";『史記』「貨殖列傳」"夫燕亦勃碣之閒一都會也. 南通齊趙, 東北邊胡.…北鄰烏桓夫餘, 東綰穢貉朝鮮真番之利(연나라도 역시 발해와 갈석산 사이에 위치한 한 도시입니다. 남쪽으로는 제(齊), 조(趙)와 통하고, 동북으로는 호(胡)와 접하고 있습니다. …북쪽으로는 오환(烏桓)과 부여(夫餘)와 이웃하며, 동쪽으로는 穢貉朝鮮(예맥조선), 真番(진번)의 이익을 연결하여 취하고 있습니다)."

연번	출처	패수(浿水)와 관련된 기록
[07] 주석: 顔師古 (581-645) 저술: 漢 (105)	『漢書 顔師古注』 地理志	遼東郡. …望平(大遼水出塞外, 南至安市入海, 行千二百五十里. 莽曰長說) …遼陽(大梁水西南至遼陽入遼. 莽曰遼陰), 險瀆, 居就(室偽山, 室偽水所出, 北至襄平入梁也) …文, 番汗(沛水出塞外, 西南入海) …樂浪郡 …朝鮮, 邯, 浿水(水西至增地入海. 莽曰樂鮮亭), 含資(帶水西至帶方入海) …呑列(分黎山, 列水所出, 西至黏蟬入海, 行八百二十里) (**요동군** …망평(望平): 대요수(大遼水)는 새 밖에서 나와 남쪽으로 안시에 이르러 바다로 들어가며, 길이는 1,250리이다. (왕망은 이를 '장설(長說)'이라 하였다.) …요양(遼陽): 대량수(大梁水)는 서남쪽으로 흘러 요양에 이르러 요수(遼)에 들어간다. (왕망은 이를 '요음(遼陰)'이라 하였다.) 험독(險瀆), 거취(居就): 실위산(室偽山), 실위수(室偽水)가 발원하여 북쪽으로 향평(襄平)에 이르러 양수(梁)에 들어간다. …문(文), 번한(番汗): 패수(沛水)는 새 밖에서 나와 서남쪽으로 흘러 바다로 들어간다. **낙랑군** …조선(朝鮮), 한(邯), 패수(浿水): 물은 서쪽으로 흘러 증지에 이르러 바다로 들어간다. (왕망은 이를 '낙선정(樂鮮亭)'이라 하였다.), 함자(含資): 대수(帶水)는 서쪽으로 흘러 대방에 이르러 바다로 들어간다. …탄열(呑列): 분리산(分黎山), 열수(列水)가 발원하여 서쪽으로 점제(黏蟬)에 이르러 바다로 들어가며, 길이는 820리이다.)

 현재 우리가 보는 『한서(漢書)』는 당나라 시기 안사고(顔師古, 581-645)가 기존 권수가 방대하다고 하여 상·중·하권으로 나누고 주석을 추가하여 120권으로 만든 기록이다. 당나라 이전의 『한서(漢書)』 원본은 이미 대부분 유실되었다.[239] 따라서 당나라 시기 이전 『한서(漢書)』 내용을 확인할 수 없는데, 위의 각 지명들에 달린 주석들(괄호 친 부분)을 보

---

239) 『百度百科』「漢書」 "到了唐代, 顔師古認為『漢書』卷帙繁重, 便將篇幅較長者分為上, 下卷或上, 中, 下卷, 成為現行本『漢書』一百二十卷. …『漢書』的版本很多, 唐朝以前的版本多已佚失(당나라에 이르러, 안사고(顔師古)는 『한서(漢書)』의 권수가 방대하다고 여겨, 분량이 긴 편을 상·하권 혹은 상·중·하권으로 나누었으며, 이것이 지금의 『한서』 120권 체제를 이루게 되었다. …『한서』의 판본은 매우 다양하며, 당나라 이전의 판본은 대부분 유실되었다)."

면 요동군과 낙랑군에 있던 강들 중 동쪽으로 흐르는 강이 없고 대부분 서쪽, 서남쪽으로 흘러 바다로 들어간다고 기록하고 있다. 그런데 이 기록 앞부분의 요동군 조를 보면 후한 당시 요동군 치소였던 양수(梁水)가 장하(漳河)에 물을 대던 산서성 남부 양평(襄平)이 있는 곳, 즉 태항산맥 서쪽 장치분지(長治盆地)를 기준으로 하면 이 기록이 맞는다. 태항산맥 서쪽 기슭에서 서남쪽으로 흐르는 강들이 있기 때문이다. 즉, 이 기록들은 낙랑이 313년 모용외에 투항하여 산서성 남부 고기주(古冀州) 지역에 정착한 이후의 기록일 가능성이 높다.

위 기록의 요동군 조에 이어지는 낙랑군 조를 보면 과연 원본인 반고(班固)가 저술하던 후한 당시(105년) 『한서(漢書)』의 기록인지 의심할 수밖에 없다. 앞의 [06]에서 밝혔듯이 낙랑군에 있던 '패수(浿水)'의 주석으로 '서쪽으로 증지에 이르러 바다로 들어간다(水西至增地入海)'라는 내용은 논리적으로 성립하지 않는다(전한과 고조선의 국경이었던 패수 서쪽에는 바다가 아니라 위만이 넘은 험한 산지의 요새(塞)가 있었다. 또한, 국경에 있던 패수가 서쪽으로 흐른다면 패수는 동쪽 조선이 아닌 서쪽 한(漢)나라로 유입되어야 한다). 이에 더해 반고(班固)와 같은 시기의 허신(許愼, 58-147)은 패수가 동쪽으로 바다로 들어간다고 했으므로(許愼云浿水出鏤方, 東入海) 이 『한서(漢書)』 패수(浿水)의 '주석' 기록을 한대(漢代) 기록으로 보기 어려운 것이다. 따라서 상기 내용 중 낙랑군에 속한 상늘이 서쪽으로 이르러 바다에 이른다는 주석들은 313년 낙랑군이 태항산맥 서쪽으로 이주한 이후의 사실을 반영했거나, 안사고(顏師古, 581-645)가 당나라 당시 상황에 맞게 일부 이전 원문(한서 주석)을 변조했을 것으로 추정할 수 있다.

연번	출처	패수(浿水)와 관련된 기록
[08] 주석: 唐 (7세기 말 또는 736년)	『史記正義』 朝鮮列傳	地理志云, 浿水出遼東塞外, 西南至樂浪縣西入海. (지리지에 이르기를, 패수는 요동의 변방 밖에서 발원하여, 서남쪽으로 흘러 낙랑현 서쪽에서 바다로 들어간다.)

7세기 말 또는 736년에 『사기(史記)』에 주석을 달았던 장수절(張守節) 역시 패수가 앞의 내용과 같이 서남쪽으로 흐르다 낙랑현에 이르러 서쪽으로 바다에 들어간다고 기록하고 있다. 그런데 이 기록은 두 가지 이상한 점이 있다. 하나는, 앞의 『수경주(水經注)』에서는 패수(浿水)가 낙랑군에 속한 누방현(鏤方縣)에서 나온다고 했는데, 이 기록에서는 요동에 속한 새외에서 나온다고 기록하고 있고, 다른 하나는 한나라 당시 낙랑군에 설치되지 않았던 낙랑현이 등장하면서 패수가 서남쪽으로 흐르다가 이 낙랑현 서쪽에서 바다로 들어간다고 주석하고 있는 것이다. 즉, '낙랑현이 요동에 있었다'는 의미이다. 이는 앞서 밝힌 대로 낙랑이 313년 산서성 동남부 요동 양평 인근 지역으로 이주한 이후의 기록임을 의미한다. 낙랑현이 현재의 산서성 동남부에 있었다면 위의 기록은 맞을 수 있다. 그곳에는 태항산맥에서 서남쪽으로 흐르는 강들이 있기 때문이다.

이상의 기록에서 알 수 있는 사실은 낙랑군이 고구려 공격으로 이주한 313년 이전 기록들과 이후 기록들 사이에 패수의 방향이 바뀌었다는 점이다. 313년 이전 기록에는 패수 동쪽, 또는 동남쪽으로 흐른다고 기록돼 있고, 313년 이후 기록들에는 서쪽, 서남쪽으로 흐른다고 기록된 것을 확인할 수 있다(『漢書 顔師古注』地理志 주석의 내용은 신뢰하기 어려우므로 논외로 한다). 따라서 패수는 고조선 땅에 들어선 낙랑군에만 있었던 것이 아니라 313년 이주한 후 낙랑군에도 있었다는 사실을 확인할 수 있다. 패수가 서쪽, 또는 서남쪽으로 흐른다는 기록과 부합하는 곳은 태항산맥 서쪽으로서, 앞의 『통전(通典)』의 기록대로 진장성(秦築長)이 시작되는 고기주(古冀州) 상곡군 수성현(구 무수현), 즉 당시 요동이 있던 산서성 동남부(고기주) 지역으로 볼 수 있고, 313년 이주한 낙랑군이 그곳이었을 가능성이 높다고 할 수 있다.

그렇다면 낙랑이 산서성 남부 고기주(古冀州)로 이주하기 이전 패수의 위치는 어디였을까?

전국시대(戰國時代, BC 476-BC 221) 중원 황하 유역에서 사용되던 포전(布錢)과 구분되어 고발해(하북성 남부) 북쪽에서 사용되던 북방계 화폐인 명도전의 출토지 하한선이 석가장시임을 감안할 때,240) 고조선과 한(漢) 국경 패수(浿水)는 현 하북성 서남 석가장시 인근에 있었던 것으로 보는 것이 합리적이다.

이 석가장시에는 태항산맥의 과거 요새로 볼 수 있는 정형관(井陘關)을 빠져나와 흐르는 호타하(滹沱河)라는 강이 있는데, 산서성 고원에서부터 587km 이어지는 이 강은 물살이 거세서 과거에 '악지(惡池)', 즉 '험악한 물길'이라고 불렸다. 이는 위만이 패수(浿水)를 건너 도읍을 정했다는 험독(險瀆)의 의미가 '강물이 험한 곳'이라고 밝힌 후한학자 응소(應劭)의 말과 부합한다고 볼 수 있다.

『漢書 顏師古注』卷二十八下 地理志 第八下

應劭曰, 朝鮮王滿都也, 依水險, 故曰險瀆.((後漢 학자) 응소(應劭)가 말하

---

240) 박선미, 「동북아시아의 交流史 復原을 위한 明刀錢의 초보적 探討」, 『동북아 문화연구』 18, 2009, pp.207-208; 본고 〈그림 X-3〉, 〈그림 X-4〉, 〈그림 X-7〉, 〈그림 X-8〉 명도전 분포도 참고.

기를 조선(朝鮮)의 왕(王) 위만의 도읍인데 강물의 험한 것을 의지하였기에 험독(險瀆)이라 한 것이라고 했다.)

『百度百科』「호타하(滹沱河)」
『隋圖經』魏改為淸寧河. 滹本為呼或滹, 卽呼嘯之意, 沱卽滂沱. 滹沱河由山西高原東下突入平原, 縱坡陡峻, 水流湍急, 經常氾濫成災. 因此, 歷史上稱作惡池, 滹池, 滹沱, 都是取水流湍急兇猛之意.(『수도경(隋圖經)』에서는 위(魏)나라 때 이를 청녕하(淸寧河)로 고쳤다고 한다. '호(滹)'는 본래 '호(呼)' 또는 '호(滹)'로, '호소하는 소리'라는 뜻이며, '타(沱)'는 '방타(滂沱)' 즉 물이 쏟아짐을 뜻한다. 호타하는 산서(山西) 고원에서 동쪽으로 평원으로 급히 흘러내리며, 경사가 급하고 물살이 거세 자주 범람하여 재해를 일으켰다. 따라서 역사적으로는 '악지(惡池)', '호지(滹池)', '호타(滹沱)'라 불렸는데, 이는 모두 물살이 급하고 사납다는 뜻에서 유래한다.)"

따라서 고조선 국경에 있던 패수는 석가장시 북쪽에 있는 정정고성(正定古城) 남쪽으로 흐르는 호타하(滹沱河)일 가능성이 높다고 할 수 있고, 위만이 조선에서 부여받은 조선 서부 100리(위만 수도)는 석가장시 인근, 그리고 그(패수) 동쪽(동북쪽)에 왕험성(왕검성)이 있었다면 전국시대 화북 지역 중심지였던 연하도 유적(燕下都遺蹟)이 있는 보정시 역현(易縣)이 왕험성의 후보지로 적당하다고 볼 수 있다.[241]

[그림 Ⅵ-9 설명] 기원전 195년 연(燕)나라 사람 위만은 '동쪽으로' 새(塞)를 넘고 패수(浿水)를 건넌다. 패수(浿水)는 전한(前漢)과 고조선의

---

241) 연하도 유적(燕下都遺蹟)과 관련된 내용은 'Ⅹ. 고조선 중심지(2) - 보정시 연하도 유적' 참고.

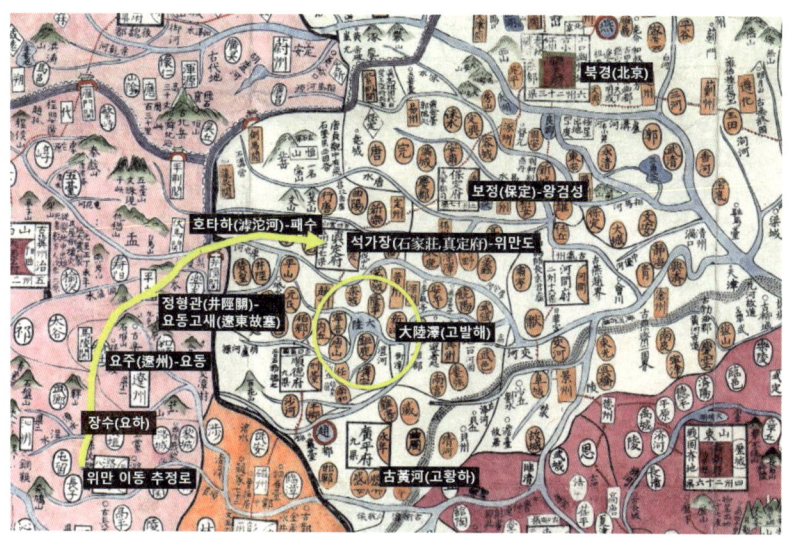

〈그림 Ⅵ-9〉 위만(衛滿)의 조선 망명 추정도(대청광여도)

국경 지역에 있었는데, 만일 전한(前漢) 최변방에 있던 패수가 서쪽으로 흘렀다면 조선(낙랑) 쪽이 아닌 한(漢)나라 지역으로 흘렀다는 의미로, 패수가 낙랑군 내(누방현, 패수현)에 있었다는 기록과 배치된다. 또한 313년 낙랑군이 이주된 이후인 북량(北涼, 397-460) 시기에 저술된『십삼주지(十三州志)』에 패수(패수현)가 낙랑군 동쪽(동북)에 있다고 하는데, 기원전 2세기 전한(前漢) 시기 패수(패수현)는 낙랑군의 동쪽에 있을 수 없다. 그 이유는 서쪽의 한(漢)과 동쪽 조선의 국경에 패수가 있었는데, 만일 패수(패수현)가 낙랑군 동쪽에 있다면 한과 고조선의 국경은 낙랑군이지 그 동쪽에 있던 패수가 국경이 될 수 없기 때문이다. 이에 더해 패수는 바다로 유입이 된다고 했는데, 위만은 '동쪽으로' 새(塞)를 넘고 패수(浿水)를 건넜기 때문에 패수 서쪽에는 강물이 모여드는 바다(고발해)가 아니라, 패수가 거슬러 흐를 수 없는 요동고새(遼東故塞)가 있었음을 알 수 있다. 즉, 한(漢)나라 당시 조선(낙랑) 누방현(패수현)에서 발원하여 바다(고발해)로 유입되던 패수는 서쪽의 한(漢)이나 높은 산지인 새(塞) 방향으로 흐를 수 없고, 바다(고발해)가 있는 동쪽으로 흘렀던 것이다. 이러한 사실들은 모두 패수가 서쪽으로 흐른다는 후한 이후의 기록들이 모순임을 증명한다. 단, 하북성 중부 낙랑군이 313년 태항산맥 서쪽 고기주 지역(산서성 남동부)으로 이주한 이후의 상황이라고 보면 이 기록들이 타당하다. 그곳에는 서쪽 또는 서남쪽으로 흐르는 강들이 있기 때문이다.

7~8세기에 『사기(史記)』에 주석을 달았던 장수절(張守節)은 『사기정의(史記正義)』에서 '지리지에서 말하길 패수가 요동새에서 나와 서남으로 낙랑현에 이르러 바다에 들어간다고 하였다(地理志云, 浿水出遼東塞外, 西南至樂浪縣西入海)'라고 하였는데, 이 내용 역시 낙랑이 313년 고기주(古冀州) 상곡군 수성현(현 黎城縣, 위 지도의 요주 남동쪽)이 있던 산서성 동남부로 이주한 이후의 기록으로 볼 수 있다. 왜냐하면, 이 기록의 '낙랑현'은 과거 조선에 설치한 낙랑군에 없던 현(縣)이자, 과거 낙랑군에 비해 현(縣)급으로 규모가 줄어들었기 때문이다. 이렇게 과거 낙랑군에 없던 낙랑현에 패수가 이르러 서남쪽으로 바다[242]에 들어갔다면, 이는 낙랑군이 이주한 313년 이후 태항산맥 서쪽(산서성 동남부)으로 낙랑과 함께 낙랑군 서쪽에 있던 패수 역시 이동하여, 과거 동쪽으로 흐르던 패수가 이전과 달리 요동새(태항산맥)에서 나와 서남쪽으로 흘렀다고 해석할 수 있다. 위만의 출신지인 전국시대 연(燕)의 위치가 현재의 산서성 남부였음은 이어지는 내용에 상술하겠다.

---

242) 태항산맥 서쪽, 산서성 동남부에 있는 장치분지(長治盆地)에는 3,176㎢에 달하는 장택수고(漳澤水庫)가 있어 주변의 여러 강들이 모여든다. 『사기정의(史記正義)』에서 말하는 '낙랑현 서쪽에서 바다로 들어간다(樂浪縣西入海)'의 해(海)로 비정된다.

Ⅶ. 황하 이남에서 산서성으로 이주한 연(燕)나라

전국시대(戰國時代, BC 476-BC 221) 고조선과 접경하며 갈등했던 연(燕)의 위치는 앞에서 논한 갈석산, 발해, 진장성(秦長城), 요동, 요수, 패수의 위치를 통해 추정이 가능하지만, 연(燕)과 관련된 원전문헌들의 분석을 통해서 그 위치를 더 구체화할 수 있다.

중국에서는 기원전 11세기 주(周)나라가 상나라를 물리친 뒤 제후들에게 봉한 지역 중 하나인 연(燕)나라가 주(周)나라 초기(BC 11세기)부터 전국시대까지 현재의 북경 일대에 있었다고 주장하고 있다. 특히 전국시대 북경 남쪽 하북성 보정시(保定市) 연하도 유적(燕下都遺蹟)을 전국(戰國) 시기 연 소왕(燕昭王, BC 311-BC 279) 시대에 번영하다가 진시황(秦始皇) 25년(BC 222년) 진(秦)이 연(燕)을 정복하면서 폐기된 것으로 추정하고 있다.[243] 그러나 『사기(史記)』를 포함한 역대 연(燕) 관련 내용을 분석하면, 서주(西周) 시기부터 전국(戰國) 시기를 거쳐 당(唐), 요(遼) 시기까지도 연(燕)의 위치가 주로 황하 이남의 하남성(河南省)과 황하 이북의 산서성(山西省)에 있었음을 확인할 수 있다. 이러한 사실은 진국시대 연 소왕(燕昭王) 당시 연(燕)이 북경 남부 보정시(保定市)에 있었다는 중국 학계의 주장에 문제가 있음을 의미하며, 보정시(保定市) 연하도 유적(燕下都遺蹟)의 주체가 연(燕)이 아닌 연(燕)의 동쪽에 있던 조선이었을 가

---

243) 본고 'Ⅹ. 고조선 중심지(2) - 보정시 연하도 유적' 내용 참고.

〈그림 Ⅶ-1〉 현재 중국에서 주장하는 전국(戰國)시대 각국의 형세도(形勢圖)[244]

능성을 시사한다.

1. 문헌에 등장하는 연(燕)의 위치

서주(西周) 시기부터 전국(戰國) 시기를 거쳐 당(唐), 요(遼) 시기까지의 문헌상 등장하는 연(燕)의 위치와 관련된 기록을 분석하면 다음과 같다.

---

244) 譚其驤主編, 『中國歷史地圖集』, 第四冊(南北朝時期圖組), 中國地圖出版社, 1996. 第一冊(戰國形勢圖).

〈표 Ⅶ-1〉 『사기(史記)』와 기타 문헌의 연(燕) 위치 관련 내용 정리[245]

연번	출처	『사기(史記)』 연(燕) 위치 관련 내용
[01]	『史記』 卷三十四 燕召公世家	召公奭與周同姓, 姓姬氏. 周武王之滅紂, 封召公於北燕. 其在成王時, 召公為三公 : 自陝以西, 召公主之 ; 自陝以東, 周公主之. (소공(召公) 석(奭)은 주(周)와 같은 성인 희씨(姬氏)이다. 주 무왕(周武王, ?-1043)이 주왕(紂王)을 멸망시키고 (BC 1046) 소공을 북연(北燕)에 봉했다. 성왕(成王, ?-BC 1021) 재위 때 소공은 3공의 한 사람이 되었다. 섬(陝) 서쪽 지역은 소공이, 섬 동쪽 지역은 주공(周公)이 다스렸다.)
	『史記』 卷四. 周本紀	(東周)惠王二年. …故大夫邊伯等五人作亂, 謀召燕衛師, 伐惠王. 惠王奔溫, 已居鄭之櫟. ((東周) 혜왕 2년(BC 675), …이 일로 대부 변백(邊伯) 등 5인이 난을 일으켜 연(燕), 위(衛)의 군대를 소집해 혜왕을 공격하려고 하였다. 혜왕은 온(溫) 땅으로 달아났다가 얼마 후 정(鄭)의 역(櫟) 땅으로 옮겼다.)
	『史記』 卷五. 秦本紀	(秦)宣公元年, 衛燕伐周, 出惠王, 立王子穨. (선공 원년(BC 675), 위(衛)나라와 연(燕)나라가 周를 공격해 혜왕(惠王)을 내쫓고 왕자 퇴(穨)를 세웠다.)

주 무왕(周武王)이 최초로 소공(召公)을 봉한 북연(北燕)은 성왕(成王, ?-BC 1021) 재위 당시 황하 이남 섬(陝)의 서쪽 지역이었고, 동주(東周) 시기에도 섬(陝) 인근의 동주(東周) 수도 낙양(洛陽)을 공격한 것으로 보아 황하 이남 낙양 근처에 있었음을 알 수 있다. 동주(東周)의 혜왕(惠王)을 공격하기 위해 대부(大夫)와 변방의 백(邊伯)들이 군을 모집한 연(燕), 위(衛), 혜왕이 도망간 온(溫), 정(鄭), 역(櫟) 땅은 모두 황하 남쪽 수도 낙양 인근, 즉 섬(陝) 서쪽 지역이어야 한다. 혜왕이 도망간 땅인 온(溫)은 낙양 서북 지역 온현(溫縣)을 의미하고,[246] 정(鄭)은 낙양 동남의 신

---

245) 김영수의 『사기(史記)』 번역을 따랐으며 필자의 번역과 다를 경우 일부 필자 의견으로 수정함.

246) 『中國古今地名大辭典』(1931), p.1030. "[溫]周畿內國. …[杜注]今河內溫縣. …故城在

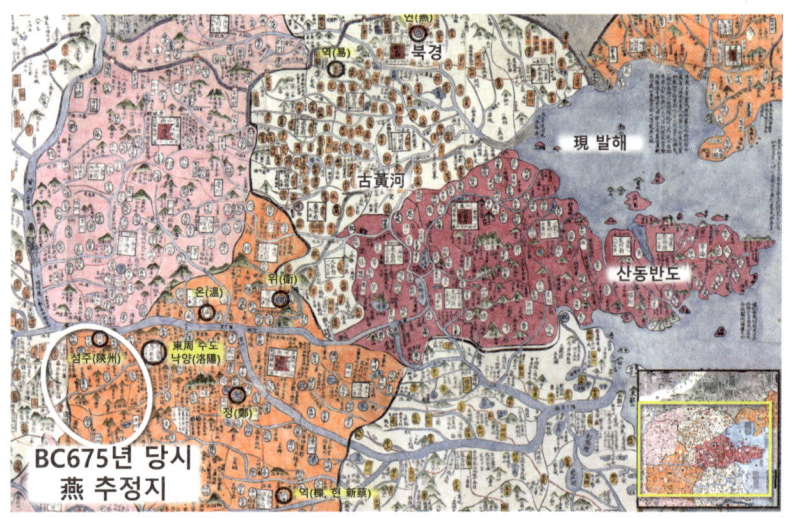

〈그림 Ⅶ-2〉 BC 675년 당시 연(燕) 추정지(『대청광여도(大淸廣輿圖)』)

정시(新鄭市)이며,247) 역(櫟)은 현 신채현(新蔡縣)에 있었다.248) 연(燕)이 봉지로 받았던 섬주(陝州)는 낙양 서쪽 현 하남성(河南省) 삼문협시(三門峽市)에 속해 있는 섬주구(陝州區)에 있었다(〈그림 Ⅶ-2〉 참고). 따라서 동주(東周) 시기 낙양을 공격한 연(燕)은 낙양 서쪽 섬주(陝州) 인근에 있었던 곳으로 보는 것이 합리적이다. 현재 중국에서 연(燕)으로 주장되는 하북성 보정시 역현(易縣)은 거리상 이 지역들과 많은 차이가 있다.

今河南溫縣西南([온(溫)]은 주(周)나라의 기내국(畿內國, 중앙 근처의 행정구역)이다. [두주(杜注)]에 따르면 지금의 하남성 온현(河南溫縣)에 해당한다. 옛 성지는 지금의 하남성 온현 서남쪽에 위치해 있다)."

247) 『中國古今地名大辭典』(1931), p.1201. "[鄭]周國名. 姬姓. …今河南新鄭縣是也([정(鄭)]은 주나라의 제후국 이름이며, 희성(姬姓)을 사용하였다. … 지금의 하남성 신정현(河南新鄭縣)이 그 옛터이다)."

248) 『中國古今地名大辭典』(1931), p.1344. "[櫟縣] 春秋鄭地. …今河南新蔡縣北二十里有野機店([려현(櫟縣)]은 춘추 시대 정나라의 영토였다. … 지금의 하남성 신채현(新蔡縣) 북쪽 20리 지점에 야기점(野機店)이 있다)."

[그림 Ⅶ-2 설명] 동주(東周) 혜왕 2년(BC 675) 대부와 변백(邊伯) 5인이 난을 일으켜 군사를 모집한 위(衛)와 연(燕) 땅 가운데 위(衛)는 지도의 낙양 동북쪽에 있는데, 연(燕)은 소공이 봉지로 받은 지도의 섬주(陝州)의 서쪽, 즉 섬서(陝西)에 있었던 것으로 추정된다. 이 위(衛)와 연(燕) 군사들을 피해 낙양에 있던 혜왕이 도망간 온(溫), 정(鄭), 역(櫟) 땅은 모두 수도 낙양 인근 지역에 있었다. 따라서 위(衛)와 함께 군사를 모집한 연(燕)은 처음 봉지인 낙양 서쪽 섬(陝) 지역(三門峽市 陝州區)에 있었다고 보는 것이 합리적이다. 중국 주장처럼 당시 연나라가 현재 북경 인근에 있었다면 낙양에서 수천 리 떨어진 곳에서 군사를 모집하여 낙양까지 반란군을 이끌고 왔다는 의미로, 현실성이 떨어진다.

연번	출처	『사기(史記)』 연(燕) 위치 관련 내용
[02]	『史記』卷五. 秦本紀	(秦)孝公元年, 河山以東彊國六, 與齊威楚宣魏惠燕悼韓哀趙成侯並. 淮泗之閒小國十餘. 楚魏與秦界界. (효공 원년(BC 361), 황하와 효산(殽山=崤山) 동쪽의 여섯 강국인 제나라 위왕(威王), 초나라 선왕(宣王), 위나라 혜왕(惠王), 연나라 도후(悼侯), 한나라 애후(哀侯), 조나라 성후(成侯)와 어깨를 나란히 했다. 회하(淮河)와 사수(泗水) 사이에는 10여 개의 소국이 있었으며, 초(楚)나라와 위(魏)나라는 진(秦)나라와 가까이 붙어 있었다.)

기록의 하산(河山)의 河(하)는 황하를 의미하고 '山(산)'은 진(秦)의 동쪽 경계인 효산(殽山, 崤山)을 의미한다. 황하와 효산(현 河南省 洛寧縣 北部)은 모두 황하 인근에 위치하므로, 진(秦) 효공 원년(孝公元年, BC 361) 당시 '황하와 효산의 동쪽' 여섯 강국은 황하(河南城) 인근에 있어야 한다. 현재 북경 남부 보정시에 연이 있었다면 '황하와 효산(殽山)의 동쪽'에 있다고 보기 어렵다.

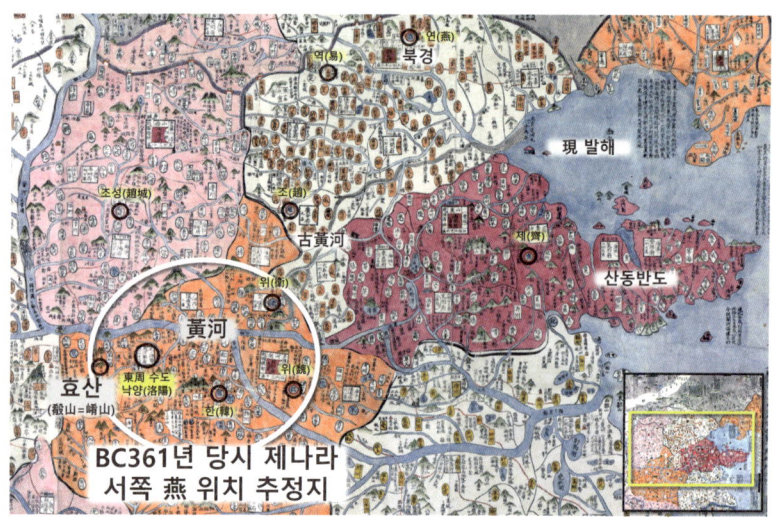

〈그림 Ⅶ-3〉 BC 361년 당시 제나라 서쪽 연(燕) 위치 추정지(『대청광여도(大淸廣輿圖)』). 효공 원년(BC 361), 황하와 효산(殽山=崤山) 동쪽에 제, 초, 위, 연, 한, 조 여섯 나라가 있었다면 황하, 효산과 관련이 없는 북경 지역에 연(燕)이 있었다고 보기 어렵다.

연번	출처	『사기(史記)』 연(燕) 위치 관련 내용
[03]	『史記』 卷五. 秦本紀	(惠文君七年, BC 331) 韓趙魏燕齊帥匈奴共攻秦. …二十三年, 尉斯離與三晉燕伐齊, 破之濟西. ((BC 331년)한, 조, 위, 연, 제나라가 흉노와 함께 진나라를 공격했다. …23년, 도위 사리(斯離)가 삼진(한, 조, 위), 연나라와 함께 제나라를 정벌해 제수(濟水) 서쪽에서 격파했다.)

연(燕)은 삼진(三晉, 韓趙魏)과 제(齊) 사이의 국가였고(『史記』「燕召公世家」"燕(北)(外)迫蠻貊, 內措齊晉"), 연(燕)이 제(齊)의 국경에 흐르던 강이었던 제수(濟水)의 서쪽을 공격했다면 연(燕)은 제(齊)가 있었던 산동성 서부의 북쪽(북경, 보정시)이 아닌 제(齊)의 서쪽에 있어야 한다. 그 위치는 하남성 북부 제수(濟水)의 발원지인 제원(濟原, 현 濟原市)[249] 인근으

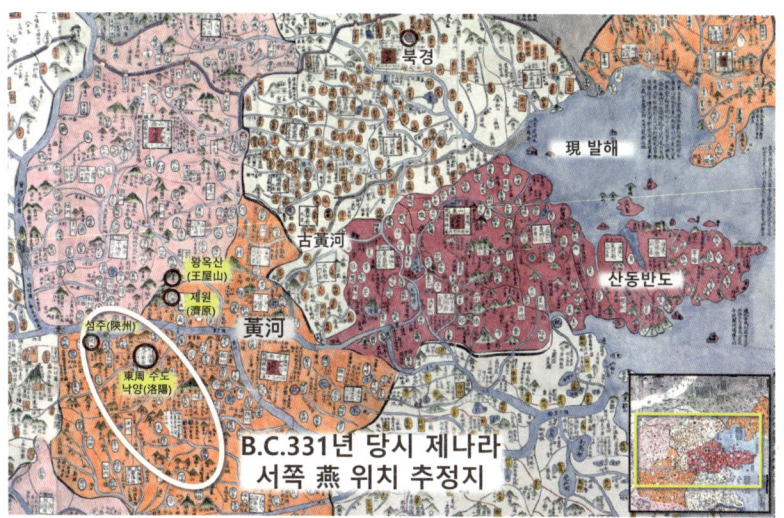

〈그림 Ⅶ-4〉 제(齊) 나라 국경에 흐르던 제수(濟水)의 기원지 왕옥산(王屋山)과 제원시(濟源市).

로 볼 수 있으며, 연(燕)은 하남성 제원시(濟源市) 서쪽에 있었음을 알 수 있다.

[그림 Ⅶ-4 설명] 진(秦) 혜문군(惠文君) 23년(BC 315), 연(燕)나라는 삼진(三晉)과 함께 제(齊)나라 국경에 흐르던 제수(濟水) 서쪽에서 제나라를 격파한다. 연나라는 진(晉)과 제(齊) 사이에 있던 나라로(內措齊晉), 서쪽의 진(晉)과 함께 동쪽으로 제(齊)나라를 공격했던 것이다. 당시 제나라 국경에 있던 제수(濟水)는 산동성이 아닌 하남성에 있었으며, 그 기원지는 하남성 제원시(濟源市) 북쪽의 왕옥산(王屋山)이었다. 고대 제수(濟水)는 황하 북쪽 왕옥산에서 동남쪽으로 흐르다 황하로 유입되는 강이었다. 그 물길은 원래 황하를 가로질러 황하 남쪽에서 동쪽으로 황하

---

249) 『中國古今地名大辭典』(1931), p.1312. "[濟水] …水經所云. 濟水出河東垣縣王屋山([제수(濟水)] …『수경(水經)』에 이르기를, 제수는 하동(河東) 연현(垣縣)의 왕옥산(王屋山)에서 발원한다)."

와 함께 흐르다 황하와 함께 바다(海, 고발해로 추정)로 유입됐다.[250] 이러한 사실은 전국시대(戰國時代, BC 476-BC 221) 연나라가 하남성 중부에서 남북으로 흐르던 제수(濟水)의 서쪽, 즉 현 낙양 서남부에 있었고, 제나라 역시 산동성이 아닌 현 하남성 중동부에 있었음을 추정케 한다.

연번	출처	『사기(史記)』 연(燕) 위치 관련 내용
[04]	『史記』 卷五. 秦本紀	秦取魏安城, 至大梁, 燕趙救之, …(秦昭襄王)三十五年(BC 272), 佐韓魏楚伐燕. 初置南陽郡. (진나라가 위나라 안성(安城)을 빼앗고 대량에 이르자, 연나라와 조나라가 위나라를 구원했다. …35년(BC 272), 한, 위, 초나라를 도와 연나라를 치고, 처음으로 남양군(南陽郡)을 설치했다.)

진(秦)이 위(魏)를 치고 현 하남성 개봉(開封)에 있던 대량(大梁)에 이르렀을 때 연(燕)과 조(趙)가 이를 도왔다면 연(燕)은 현 개봉(開封)과 가까운 곳이어야 한다. 진(秦)이 한(韓), 위(魏), 초(楚)의 도움을 받아 연(燕)을 정벌(伐)한 뒤 처음으로 설치한 남양군(南陽郡)이 현 하남성 남양

---

250) 『中國古今地名大辭典』(1931), p.1312. "[濟水] …春秋時濟水經曹衛齊魯之界. 在齊界爲齊濟. 在魯界爲魯濟. 亦稱沇水. 源出河南濟源縣西王屋山. 東南流爲豬龍河. 入黃河. 其故道本過黃河而南. 東流至山東. 與黃河平行入海. 水經所云. 濟水出河東垣縣王屋山. 其下流東北入海是也. 今下游爲黃河所佔. 惟河北發源處尙存. 山東鄆城縣之沮水. 亦稱濟水.([제수(濟水)]는 춘추 시대에 조(曹), 위(衛), 제(齊), 노(魯)의 경계를 흐르던 강이었다. 제나라 경내에서는 제제(齊濟), 노나라 경내에서는 노제(魯濟)라고 불렸으며, 연수(沇水)라고도 불렸다. 그 수원은 하남성 제원현(濟源縣) 서쪽의 왕옥산(王屋山)에서 나오며, 동남쪽으로 흘러 저룡하(豬龍河)가 되고 황하(黃河)로 흘러든다. 본래 옛 물길은 황하를 남쪽으로 건넌 뒤, 다시 동쪽으로 흘러 산동(山東)까지 이르러 황하와 나란히 바다로 들어갔다. 『수경(水經)』에 "제수는 하동(河東) 원현(垣縣)의 왕옥산에서 발원하며, 하류는 동북으로 흘러 바다로 들어간다"고 하였는데, 이는 옛 강로를 말한다. 지금은 하류가 황하에 잠식되어 원래의 흐름이 사라졌고, 오직 하북(河北) 지역의 발원지 일부만 남아 있다. 또 산동 운성현(鄆城縣)의 저수(沮水)도 제수라고 불린 바 있다)."

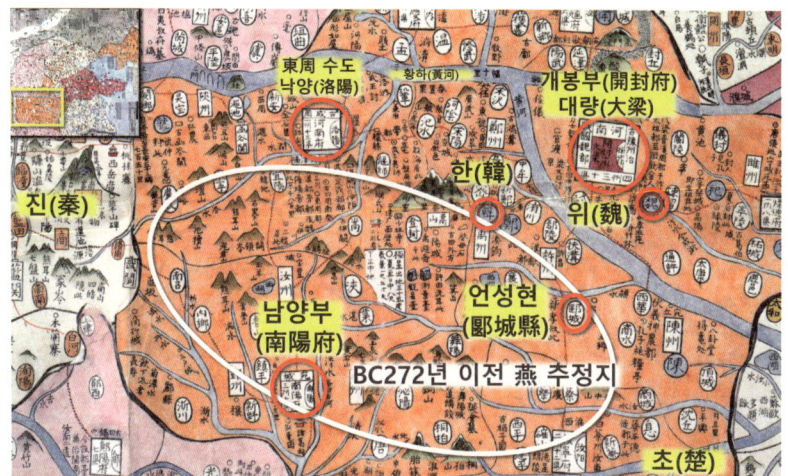

〈그림 Ⅶ-5〉 BC 272년 이전 연(燕) 추정지(『대청광여도(大淸廣輿圖)』). 황하 이남의 위(魏)를 돕기 위해 연(燕)과 조(趙)가 개봉(대량)에 이르렀다면, 연(燕)은 현 황하 남쪽 개봉(開封)과 가까운 곳이어야 하며, BC 272년 진(秦)이 연(燕)을 정벌한 후 설치한 남양군(南陽郡)이 현재 하남성 남양시(南陽市)이므로, 연은 최초 수도로 추정되는 하남성 언성현(鄢城縣)을 포함한 남양시 인근에 있어야 한다.

시(南陽市)이므로,[251] 연(燕)은 진소양왕(秦昭襄王) 35년, 즉 기원전 272년까지 중국에서 연의 최초 수도로 비정하는 하남성 언성현(鄢城縣) 인근에 있었다고 보아야 한다. 진(秦)을 도운 한(韓), 위(魏), 초(楚) 땅에 남양군(南陽郡)을 설치하진 않았을 것이다.

---

[251] 『中國古今地名大辭典』(1931), p.595. "[南陽郡] 秦置. 爲今河南舊南陽府. …即今河南南陽縣治(남양군(南陽郡)]은 진(秦)나라 때 설치된 군으로, 지금의 하남성(河南省) 옛 남양부(南陽府)에 해당한다. … 즉 오늘날 하남성 남양현(南陽縣)의 치소(행정 중심지) 자리이다)."

연번	출처	『사기(史記)』 연(燕) 위치 관련 내용
[05]	『史記』 卷六. 秦始皇本紀	(秦始皇)五年, 將軍驚攻魏, 定酸棗燕虛長平雍丘山陽城, 皆拔之, 取二十城. 初置東郡. (진시황 5년(BC 242), 장군 몽오가 위나라를 공격해 산조(酸棗), 연(燕), 허(虛), 장평(長平), 옹구(雍丘), 산양성(山陽城)을 평정해 모두 함락시키고 20개 성을 취하니 처음으로 동군(東郡)이 설치되었다.)

    기원전 242년 진(秦)의 장군 몽오(蒙驁)가 동쪽으로 공격한 산조(酸棗), 장평(長平), 옹구(雍丘)는 모두 현재 하남성에 속한 지역이고, 이 지역을 평정하고 설치한 동군(東郡)은 산동성 서부이다.252) 진(秦)의 공격 순서(酸棗, 燕, 虛, 長平)로 볼 때 연(燕)은 산조현(酸棗縣), 즉 현 하남성(河南省) 연진현(延津縣) 동쪽과 장평현(長平縣), 즉 서화현(西華縣) 사이에 있었던 것으로 추정되며, 이 지역은 연의 최초 수도로 비정되는 언성현 인근이다. 하북성 보정시 지역과는 무관한 지역에 연(燕)이 있었음을 알 수 있다.

---

252) 『中國古今地名大辭典』(1931), p.1133. "[酸棗縣] 鄭東延邑亦曰破表. [左傳襄公三十年]「鄭游吉奔習. 帶迫之. 及于酸棗.」漢置酸棗縣. 北齊省. 故城在今河南延津縣北十五里; [長平縣] 戰國魏地. [國策魏策]「魏芒卯曰. 秦王欲魏長平. 漢置長平縣. 封衛青島侯邑. 南齊作甚平. 北齊省. 金爲鎭. 在今河南西華縣東北十八里; [雍丘] 春秋爬都. 即今河南相縣治;〔[산조현(酸棗縣)] 정(鄭)의 동쪽 변경 지역으로, 파표(破表)라고도 불렸다. 『좌전』 양공 30년(기원전 543)에 "정나라 유길이 습(習)으로 도망가자 대백이 그를 뒤쫓아 산소(酸素)까지 갔다"고 기록되어 있다. 한(漢)나라 때 산조현이 설치되었으나, 북제(北齊) 때 폐지되었다. 옛 성터는 오늘날 하남성 연진현(延津縣) 북쪽 15리 지점에 있다. [장평현(長平縣)] 전국 시대에는 위나라의 영토였다. 『국책·위책』에 "위나라 망묘(芒卯)가 말하길, 진왕이 위나라의 장평을 원했다"고 하였다. 한(漢)나라 때 장평현을 설치하고, 위청(衛青)을 도후(島侯)로 봉했다. 남제(南齊)에서는 심평(甚平)이라 하였고, 북제(北齊) 때 폐지되었으며, 금(金)나라 때에는 진(鎭)으로 삼았다. 그 위치는 지금의 하남성 서화현(西華縣) 동북쪽 18리 지점이다. [옹구(雍丘)] 춘추 시대에는 포(爬)나라의 수도였으며, 지금의 하남성 상현(相縣) 지역이 그 중심이었다)."

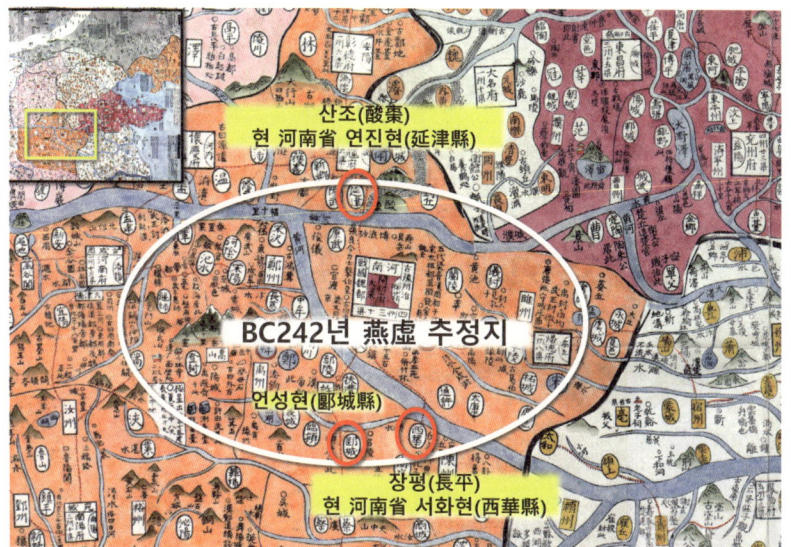

〈그림 Ⅶ-6〉 BC 242년 연허(燕虛) 추정지(『대청광여도(大淸廣輿圖)』) BC 272년 진(秦)이 연(燕)을 정벌한 한 후, 242년 진(秦)이 또다시 중원을 공격할 때 공격 순서(酸棗, 燕虛, 長平)를 보면, 燕虛(연허, 연의 빈 땅, 과거 연 지역)는 산조현(酸棗縣), 즉 현 하남성(河南省) 연진현(延津縣) 동쪽과 장평현(長平縣), 즉 현 서화현(西華縣) 사이에 있었음을 알 수 있다. 燕虛(연허)의 뜻이 '연의 빈 땅'이라는 뜻을 감안할 때, 당시 연(燕)의 주요 세력은 이미 북쪽 산서성으로 이주한 것으로 추정된다.

중국에서 이 기록의 '연(燕)', '虛(허)'를 구분하여 연 지역과 허 지역으로 해석하는 것은 문제가 있다. '虛(빌 허)'를 지명으로 쓰기 어렵기 때문이다. 따라서 '燕虛(연허)'로 붙여 읽을 경우, 기원전 242년 진(秦)의 몽오(蒙鶩)가 농쪽을 공격할 때 이미 산조(酸棗)와 장평(長平) 사이, 즉 황하 이남은 '연(燕)의 빈 땅(虛)'으로서, 연(燕)이 당시에 이미 북쪽 산서성 동남부로 이주했을 가능성이 높음을 알 수 있고, 그 시기는 진(秦)이 한(韓), 위(魏), 초(楚)의 도움을 받아 연(燕)을 정벌(伐)한 뒤 남양군(南陽郡)을 설치한 기원전 272년 이후임을 짐작할 수 있다.

연번	출처	『사기(史記)』 연(燕) 위치 관련 내용
[06]	『史記』卷六. 秦始皇本紀	十九年(BC 228), 王翦羌瘣盡定取趙地東陽, 得趙王. 引兵欲攻燕, 屯中山. …趙公子嘉率其宗數百人之代, 自立爲代王, 東與燕合兵, 軍上谷. …二十年(BC 227), …而使王翦辛勝攻燕. 燕代發兵擊秦軍, 秦軍破燕易水之西. 二十一年(BC 226), 王賁攻(薊)[荊]. 乃益發辛詣王翦軍, 逐破燕太子軍, 取燕薊城, 得太子丹之首. 燕王東收遼東而王之.) (19년(BC 228), 왕전, 강외가 조나라 땅 동양(東陽)을 모조리 평정하여 취하고, 조나라 왕 천(遷)을 잡았다. 바로 군대를 이끌고 연나라를 공격하기 위해 중산에 주둔했다. …조나라 공자 가(嘉)가 종족 수백 명을 이끌고 대(代)로 가서 스스로 왕으로 즉위하고는 동으로 연나라와 연합해 군사를 상곡(上谷)에 주둔시켰다. …20년(BC 227), …왕전, 신승(辛勝)에게 연나라를 공격하게 했다. 연나라는 대의 군대와 함께 진나라 군대를 공격했다. 진나라 군대는 연나라를 역수(易水) 서쪽에서 격파했다. 21년(BC 226), 왕분(王賁)이 (연나라 계(薊)를) 공격했다. 군사를 늘려 왕전의 군대로 보냈고, 마침내 연나라 태자의 군대를 격파했다. 연나라의 계성을 점령하고 태자 단의 목을 얻었다. 연왕은 동쪽 요동(遼東)을 수습하여 그곳의 왕이 되었다.)

상기 기록들의 황하 이남 하남성(河南省)에 있던 연(燕)과 달리 이 기록부터는 중산(中山), 상곡(上谷), 대(代), 요동(遼東) 등 황하 이북의 현 산서성(山西省), 하남성(河北省) 남부 지역이 연(燕)의 중심지로 등장한다. 상곡과 요동은 연(燕)의 장수 진개(秦開)가 동호(東胡)에서 빼앗고 기원전 283년 설치한 지역이다.[253] 이렇게 연의 중심지가 황하 이남에서 황하 이북으로 이동된 사실은 앞서 밝혔듯이 상기 진소양왕(秦昭襄王) 35년(BC 272) 진(秦)이 연(燕)을 정벌(伐)한 뒤 황하 이남에 남양군(南陽郡)을 설치하고, 이후 진시황 5년(BC 242) 진(秦) 장군 몽오(蒙驁)가 동쪽으로 하남성에 있던 연허(燕虛: 연의 빈 땅)를 함락시킨 뒤 동군(東郡)을 설치한 사실들로 짐작할 수 있다. 이는 BC 272년 경 연(燕)의 위치가 황

하 이남 남양군 지역에 있다가, 진(秦)의 공격으로 인해 연(燕)이 이전에 (BC 283년) 동호(고조선)에게서 빼앗은 산서성(山西省) 남부로 위축됐을 가능성을 시사한다. 단, 요동 지역은 진시황(秦始皇) 21년(BC 226) 진(秦)에 쫓긴 연(燕)의 희왕(喜王)이 정복하고(收) 왕이 된 지역으로, 태항산맥 동쪽(하북성 서남부) 요동은 연이 망하기(BC 222) 불과 몇 년 전까지(BC 226) 연의 영토가 아니었음을 알 수 있다. 이 사실은 연(燕) 장수 진개가 BC 283년 동호에게서 빼앗은 1,000리가 요동(태항산맥 동쪽, 과거 요주였던 산서성 진중시 좌권현 동쪽)까지 포함할 수 없음을 의미한다.

연번	출처	『사기(史記)』 연(燕) 위치 관련 내용
[07]	『史記』 卷六. 秦始皇本紀	二十五年(BC 222), 大興兵, 使王賁將, 攻燕遼東, 得燕王喜. 還攻代, 虜代王嘉. (25년(BC 222), 진왕은 크게 군사를 일으켜 왕분에게 거느리게 했다. 연나라 요동을 공격하여 연나라 왕 희(喜)를 잡았다. 돌아오는 길에 대(代)를 공격하여 그 왕 가(嘉)를 포로로 잡았다.)
	『史記』 卷七. 項羽本紀	徙燕王韓廣爲遼東王. 燕將臧荼從楚救趙, 因從入關, 故立荼爲燕王, 都薊. (연왕 한광(韓廣)은 요동왕(遼東王)으로 옮기고, 연의 장수 장도(臧荼)는 초군을 따라서 조를 구원했고 관중에 함께 들어왔다. 이에 장도를 연왕으로 삼고 계(薊)에 도읍하게 했다.)
	『史記』 卷八. 高祖本紀	燕將臧荼爲燕王, 都薊. 故燕王韓廣徙王遼東. 廣不聽, 臧荼攻殺之無終. (연의 장수 장도를 연왕으로 세워 계현을 도읍으로 삼게 했다 과거 연왕이었던 한광은 요동으로 옮겨 왕으로 삼았으나 한광이 듣지 않자 장도가 그를 공격하여 무종에서 죽였다.)

253) 기원전 283년 경 조(趙)나라는 동호에게서 산서성 서부의 구대(歐代) 지역을 빼앗는다. 연나라 진개가 동호를 물리친 시기 역시 기원전 283년(연 소왕 희평 29년)이므로, 동호(조선)는 서쪽(조)과 남쪽(연)에서 공격을 받은 것으로 볼 수 있다.(『史記』 「趙世家」 "(惠文王)二十六年(BC 283), 取東胡歐代地(혜문왕 26년(기원전 283년), 동호(東胡)의 구·대(歐·代) 땅을 취하였다).";『史記』卷一百一十「匈奴列傳」앞의 주석.

기원전 242년 진(秦)의 장군 몽오(蒙驁)가 하남성의 연허(燕虛)를 정복할 당시, 연(燕)은 이미 북쪽으로 이주한 것으로 추정되는데, 진(秦)이 기원전 226년 또다시 연왕(燕王) 희(喜)를 공격하여 요동으로 몰아내기 전까지 연(燕)의 수도가 어디인지 명확하지 않다. 다만, 상기 기록에 진(秦)이 연(燕)의 계성(薊城)에서 태자 단(丹)을 참수했다는 기록(取燕薊城, 得太子丹之首)을 볼 때 계성(薊城)이 수도였을 가능성이 있다. 당시 연(燕)이 황하 이북 '산서성'에 있었음은 기원전 228년 조나라 공자 가(嘉)가 종족 수백 명을 이끌고 이주한 산서성 대(代) 땅의 동쪽에 연나라가 있었다는 기록과,[254] 진(秦)이 진시황(秦始皇) 25년(BC 222) 요동(산서성 동남부 좌권현 동북쪽 석가장시 일대로 비정됨)으로 도망간 연왕을 잡은 뒤 돌아오는 길에 현 산서성 중부 태원시(太原市) 북쪽에 있던 대(代) 지역을 공격하여 그 왕을 포로로 잡은 사실로 알 수 있다.

　　이렇게 산서성으로 이주한 연(燕)의 도성이 산서성 계(薊)로 추정되는데, 이 새로운 연의 수도 계(薊)가 분명히 연(燕)의 수도가 되는 시기는 기원전 222년 연(燕)이 멸망한 뒤, 항우(項羽, BC 232-202)가 진(秦)에 반기를 들고 스스로 서초패왕(西楚霸王)으로 등극하면서 장도(臧荼)를 연왕(燕王)으로 삼던 기원전 206년이다.

　　항우(項羽)에 의해 기원전 206년 처음 계(薊)가 연(燕)의 수도가 되었다면, 전국시대 소진(蘇秦, ?-BC 317?)이 연(燕) 문후(文侯, 재위 BC 361-

---

254) 『史記』卷六. 秦始皇本紀 "十九年(BC 228), 王翦羌瘣盡定取趙地東陽, 得趙王. 引兵欲攻燕, 屯中山. …趙公子嘉率其宗數百人之代, 自立爲代王, 東與燕合兵, 軍上谷(진나라 19년(기원전 228년), 왕전(王翦)과 강회(羌瘣)가 조나라의 동양(東陽) 땅을 모두 평정하고, 조나라 왕을 사로잡았다. 이어서 병력을 이끌고 연(燕)을 공격하려 하여 중산(中山)에 주둔하였다. …그 무렵 조나라의 공자 가(嘉)는 일족 수백 명을 이끌고 대(代) 땅으로 가서 스스로 대왕(代王)을 자처하였고, 동쪽으로 연과 연합하여 상곡(上谷)에서 군을 일으켰다)."

BC 333)에게 말한 연(燕) 동쪽의 '조선', '요동'(燕東有朝鮮遼東)' 등의 연(燕) 관련 위치는 연나라가 산서성으로 이주하기 이전인 전국 시기가 아니라, 사마천의 생존시기인 전한(前漢) 시기를 기준으로 당시의 산서성에 있던 연(燕)의 위치를 두고 사마천이 소진의 고사(故事)를 재구성(상상)한 것으로 추정할 수 있다.

참고로, 계(薊)는 기원전 1046년 주(周) 무왕(武王)이 동쪽으로 은(殷)을 정벌하고 상(商)로 돌아오자마자 황제(黃帝)의 후손에게 임명한 곳으로,255) 은(殷)나라 수도(安陽市) 서쪽에 있어야 하며, 계(薊)의 군주의 성씨가 기성(祁姓)인 것과,256) 계(薊)가 산서성 태원(太原)에 속한 기현(祁縣)과 함께 고기주(古冀州)에 속했던 사실로 볼 때,257) 계(薊)의 위치는 기현(祁縣)이 있는 산서성 태원(太原) 남쪽으로 비정된다. 이는 김진경이 계(薊)의 위치를 산서성 남부 둔유(屯留) 일대로 비정했던 것과 부합된다.258) 주(周) 무왕(武王)은 당시 계(薊)와 연(燕) 두 나라를 세웠는데, 계

---

255) 『史記』卷二十四 樂書 "武王克殷返商, 未及下車而封黃帝之後於薊, 封帝堯之後於祝, 封帝舜之後於陳.(무왕은 은나라를 이기고 상으로 돌아와서 수레에서 미처 내리기도 전에 황제(黃帝)의 후예를 계(薊)에 봉하고, 요임금의 후예는 축(祝)에 봉하고, 순임금의 후예를 진(陳)에 봉했다.)

256) 『百度百科』「薊國」, "國君爲祁姓, 堯的後裔. 薊國建國於商朝(국왕의 성은 기(祁)씨이며, 요(堯)의 후손이다. 제국(薊國)은 상(商)나라 때 세워졌다)."

257) 『文獻通考』卷三百十六 古冀州 "太原郡二十一縣 …大陵, 原平, 祁, 廣陽國四縣, 薊, 方城, 廣陽, 陰鄕(태원군(太原郡)에는 21개 현이 있었는데, 그중에 대릉(大陵), 원평(原平), 기(祁), 광양국(廣陽國) 네 현, 그리고 제(薊), 방성(方城), 광양(廣陽), 음향(陰鄕)이 있다)."

258) 김진경, 앞의 논문(2012), pp.88-323. 김진경은 수(隋)·당(唐) 대의 계(薊)가 요나라 연경(燕京)이었으며 현재의 둔유(屯留)로 비정하면서 안민성(安民城)이 계(薊)에 위치하고 있었으며 계를 신도(信都) 또는 중산(中山)으로 부른 것으로 추정하였다. 그가 현 산서성 장치시(長治市) 둔유구(屯留區)를 계(薊)로 비정한 근거는 『요사(遼史)』 지리지에 남경(南京) 석진부(析津府)를 연경(燕京)이라고 불렀고, 석진부에 속한 석진현(析津縣)이 진(晉) 당시 계현(薊縣)으로 불렸다는 사실에 근거하고 있다. 둔유현 동남

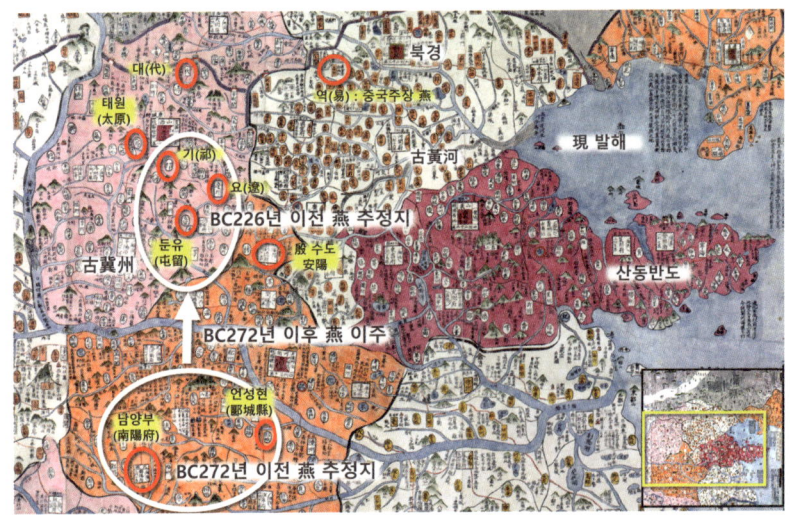

〈그림 Ⅶ-7〉 연(燕)의 시기별 위치 추정(『大淸廣輿圖』)

나라(薊國)는 미약하고 연나라(燕國)는 번성하여(薊微燕盛) 연나라(燕國)가 계나라(薊國)를 병합했다고 한다.[259] 이는 하남성에 있던 연국(燕國)이 어느 시기인가 연에 속하지 않았던 산서성 남부에 있었던 것으로 추정되는 계국(薊國)을 병합했고, 이후 하남성 연국(燕國)의 세력 축소로 산서성 남부 계(薊)가 연의 중심지가 됐음을 짐작하게 한다.

[그림 Ⅶ-7 설명] BC 272년 진(秦)이 연(燕)을 정벌한 한 후 연(燕)은

쪽 능천현(陵川縣)을 한나라 당시 발해(勃海)에 속했던 안차(安次)로, 남쪽 황하 인근에 있는 삼황산(三皇山), 즉 현 광무산을 갈석산으로 비정하였다.

259) 『史記』史記卷四 周本紀 "封召公奭於燕(…周封以五等之爵, 薊燕二國俱武王立, 因燕山薊丘為名, 其地足自立國. 薊微燕盛, 乃幷薊居之, 薊名遂絕焉. 今幽州薊縣, 古燕國也.)(소공석(召公奭)을 연(燕)에 봉했다. (… 주(周)나라가 오등작(五等之爵)으로 봉했으며, 계(薊)와 연(燕) 두 나라는 모두 무왕(武王)이 세웠다. 연산(燕山)과 계구(薊丘)를 따라 이름 지었으며, 그 땅은 자립 국가가 될 만했다. 계는 미약하고 연이 번성하자, 계를 병합하여 연이 그 땅에 거주하게 되었고, 계라는 이름은 결국 사라졌다. 지금의 유주(幽州) 계현(薊縣)은 고대 연나라의 땅이다))."

연나라 말기 수도가 되는 계(薊)가 있던 산서성 남부로 이주한 것으로 보인다. BC 226년 연(燕) 희왕이 진(秦)의 공격으로 계(薊)를 버리고 지도상 요(遼)의 동쪽, 즉 요동(遼東)으로 도망가 그곳을 정복하고 왕이 되기 이전에, 연(燕)의 중심지는 황하 이남 언성현, 남양부 일대에서 대(代)의 남쪽인 산서성 동남 둔유(屯留) 인근으로 이주한 것으로 추정된다. 중국에서 전국시대 연(燕)의 수도로 주장하는 북경 남쪽 보정시 역현(易縣) 연하도 유적지는 이상의 기록과 비교할 때 연(燕)과 관련이 직접적 관련이 없음을 알 수 있다.

연번	출처	『사기(史記)』 연(燕) 위치 관련 내용
[08]	『史記』 卷十二. 孝武本紀	大見數月, 佩六印, 貴振天下, 而海上燕齊之間, 莫不搤捥而自言有禁方, 能神僊矣. (난대가) 주상을 만난 지 몇 달 만에 여섯 개의 도장을 차고 천하를 울리는 귀한 몸이 되었다. 그러자 바닷가 연나라와 제나라 방사들은 자신들에게도 신선을 부르는 비방이 있다며 큰소리를 치지 않는 자가 없었다.)
	『史記』 卷二十八. 封禪書	而海上燕齊怪迂之方士多相效, 更言神事矣. (바다와 가까운 연(燕)과 제(齊) 지역의 괴이하고 황당한 방사들이 서로 이를 따라 하니 귀신에 관한 일을 두고 말이 더 많아졌다.)

한대(漢代) 연(燕)의 위치는 동쪽으로 해(海), 즉 발해에 이르렀는데, 연(燕)이 해(海)까지 이른 시기는 연희왕(燕王喜) 21년(BC 226) 진(秦)에 쫓긴 연(燕)의 희왕(喜王)이 요동을 정복하고 왕이 된 이후로 볼 수 있다. 이는 연희왕(燕王喜)이 진(秦)의 공격에 사망한 기원전 222년 이후 진(秦)의 영토가 비로소 바다(발해)와 조선에 이르렀다는 기록으로 추정할 수 있다.[260]

---

260) 『史記』 秦始皇本紀 第六 "(二十六年(BC 221)) 分天下以爲三十六郡, …地東至海暨朝

| [09] | 『史記』卷十三. 三代世表 | 霍將軍者, 本居平陽(自)[白]燕. (곽장군은 본래 평양 (自, 白)燕에 거했다.) |

곽장군(霍將軍)은 전한(前漢) 시기 흉노(匈奴) 토벌로 유명한 명장(名將) 곽거병(霍去病)을 말하는데, 그의 원 거주지가 평양(平陽, 현 山西省 남부 臨汾市 남쪽)261) 백연((白)燕)이라는 사실은 전한(前漢) 당시 연(燕)이 산서성 남부 임분시(臨汾市)와 관련된 곳일 가능성을 의미한다.

연번	출처	『사기(史記)』 연(燕) 위치 관련 내용
[10]	『史記』卷十七. 漢興以來諸侯王年表	自鴈門太原以東至遼陽, 為燕代國; 常山以南, 大行左轉, 度河濟, 阿甄以東薄海, 為齊趙國. (안문(雁門), 태원(太原)으로부터 동쪽으로 요양(遼陽)에 이르는 것이 연(燕)과 대(代) 나라였다. 상산(常山) 남쪽의 태항산(太行山)부터 동쪽으로 향해 황하(黃河), 제수(濟水)를 건너 동아(東阿), 견성(甄城) 동쪽으로 곧장 바닷가에 이르는 것이 제(齊) 나라, 조(趙) 나라였다.)

한(漢) 당시 연(燕)과 대(代) 지역은 현 산서성 중부 태원시(太原市) 북쪽의 안문(鴈門, 雁門)262)부터 요양(遼陽) 사이에 있었다. 요양(遼陽)은 산서성 동남부 요(遼州) 인근의 지명으로서,263) 연(燕)과 대(代) 지역은

鮮."

261) 『中國古今地名大辭典』(1931), p.215. "[平陽縣] …史記魏豹傳「漢元年. 項羽能魏王豹於河東. 都平陽.」漢置平陽縣. 故城在今山西臨汾縣南([평양현] …『사기(史記) 위포전(魏豹傳)』에 "한나라 원년(기원전 206년), 항우가 하동(河東)에서 위왕 포(魏豹)를 능가하였다. 위왕 포의 도읍은 평양이었다"라고 하였다. 한나라가 평양현을 설치하였다. 옛 평양성은 지금의 산서성 임분현(臨汾縣) 남쪽에 위치한다])."

262) 『中國古今地名大辭典』(1931), p.964. "[雁門郡] 戰國趙置. 在今山西右玉縣南. 後漢移郡治陰館. 在今山西代縣西北([안문군]은 전국시대 조나라가 설치하였다. 현재의 산서성 우옥현(右玉縣) 남쪽에 위치한다. 후한 때는 군청을 음관(陰館)으로 옮겼는데, 지금의 산서성 대현(代縣) 북서쪽에 있다)."

263) 『水經注』卷十四 "小遼水: 又玄菟高句麗縣有遼山, 小遼水所出, 西南至遼隊縣, 入於大

〈그림 Ⅶ-8〉 전한(前漢) 당시 연(燕)의 범위는 현(現) 산서성 동남부(太原–遼陽)(『대청광여도(大淸廣輿圖)』)

산서성 중북부(雁門)부터 산서성 동남부(遼陽)에 있었음을 알 수 있는데, 북쪽은 대(代), 남쪽은 연(燕) 지역으로 볼 수 있다.

[그림 Ⅶ-8 설명] 전한(前漢) 시기 연(燕)과 대(代)는 안문(雁門), 태원(太原)으로부터 동쪽으로 요양(遼陽)에 이르는 지역이었다. 연나라에 있

> 遼水也. 縣故高句麗胡之國也. 漢武帝元封三年平右渠, 置玄菟郡於此. 王莽之下句麗. 水出遼山, 西南流逕遼陽縣, 與大梁水會. 水出北塞外, 西南流逕遼陽縣, 注遼水, 故地理志曰: 大梁水西至遼陽入遼, 郡國志曰：縣故屬遼東, 後入玄菟. 其水西南流, 故謂之爲東梁水也(소요수(小遼水)는 또한 현도(玄菟) 고구려현에 있는 요산(遼山)에서 발원하여, 서남쪽으로 요대현(遼隊縣)에 이르러 대요수(大遼水)에 합류한다. 이 현(縣)은 원래 고구려 호(胡)에 속한 나라(國)였다. 한 무제 원봉 3년(기원전 110년경)에 우거(右渠)를 평정하고, 이곳에 현도군(玄菟郡)을 설치하였다. 왕망 때에는 하구려(下句麗)라 불렸다. 요수는 요산에서 발원하여 서남쪽으로 흐르며 요양현(遼陽縣)을 지나 대량수(大梁水)와 합류한다. 강은 북쪽 국경 밖에서 발원하여 서남쪽으로 요양현을 지나 요수에 합류한다. 이에 지리지에는 '대량수는 서남쪽으로 흘러 요양에서 요수에 들어간다'고 기록되어 있고, 군국지에는 '이 현은 원래 요동에 속하다가 나중에 현도에 편입되었다'고 하였다. 그 강이 서남쪽으로 흐르므로 동량수(東梁水)라고도 불린다)."

었던 요양(遼陽)의 위치를 살펴보면, 『위서(魏書)』에 진군 9년(眞君九年, 448) 양원(襄垣) 근처에 있던 요양(遼陽)을 파(罷)하고 설치한 향현(鄕縣)에 무향성(武鄕城)과 유사성(榆社城)이 있다고 하였고, 요양(遼陽)이 낙평군(樂平郡)에 속한다고 한다.264) 따라서 요양(遼陽)은 현 산서성(山西省)에 있는 진중시(晉中市) 유사현(榆社縣)과 장치시(長治市) 최북단의 무향현(武鄕縣) 인근, 즉 고요하(古遼河)로 추정되는 장하(漳河) 북쪽에 있었음을 알 수 있다. 이는 전한(前漢) 초 연국(燕國)이 태원(太原) 남쪽인 산서성 동남부에 있었음을 의미하며, 그보다 앞서 전국(戰國) 시기 연(燕)이 남쪽 하남성에서 북쪽 산서성 남부로 이주했음을 추정케 한다. 이러한 사실은 또한 연(燕)나라가 하북성 북경시, 보정시 일대와 관련이 없음을 의미하기도 한다.

---

264) 『魏書』「地形志」二上第五 "幷州 領郡五 縣二十六, 太原郡 領縣十 …晉陽 祁 榆次 中都 鄔 平遙 沾 受陽 長安 陽邑; 上黨郡 領縣五 …屯留 長子 壺關 寄氏 樂陽; 鄕郡 領縣四 …陽城 襄垣 鄕(郡治. 晉屬上黨, 眞君九年(448)罷遼陽屬焉. 有武鄕城, 魏城, 榆社城…) 銅鞮; 樂平郡 領縣三 …遼陽(晉屬, 眞君九年(448)幷鄕, 孝昌二年(526)復. 有黃澤嶺, 遼陽城.) 樂平 石艾 襄垣郡 領縣四 …襄垣 五原 建義 刈陵(병주(幷州)는 5개의 군과 26개의 현을 관할하였다. 태원군(太原郡)은 10개의 현을 관할하는데, 현으로는 진양(晉陽), 기(祁), 유차(榆次), 중도(中都), 오(鄔), 평요(平遙), 점(沾), 수양(受陽), 장안(長安), 양읍(陽邑)이 있다. 상당군(上黨郡)은 5개의 현을 관할하며, 현으로는 돈류(屯留), 장자(長子), 호관(壺關), 기씨(寄氏), 락양(樂陽)이 있다. 향군(鄕郡)은 4개의 현을 관할하며, 현으로는 양성(陽城), 양원(襄垣), 향(郡治, 晉 소속 상당군, 진군 9년(448년)에 **요양을 폐지하고 소속**함), 동제(銅鞮)가 있다. **무향**성, 위성, **유사**성도 있다. 낙평군(樂平郡)은 3개의 현을 관할하며, 현으로는 요양(遼陽, 진 소속, 진군 9년(448)에 향군과 합병, 효창 2년(526)에 복구됨), 락평(樂平), 석애(石艾)가 있다. 황택령과 요양성도 있다. 상원군(襄垣郡)은 4개의 현을 관할하며, 현으로는 양원(襄垣), 오원(五原), 건의(建義), 예릉(刈陵)이 있다)."

연번	출처	『사기(史記)』 연(燕) 위치 관련 내용
[11]	『史記』卷二十七. 天官書	及秦幷吞三晉燕代, 自河山以南者中國(正義河, 黃河也. 山, 華山也. 從華山及黃河以南爲中國也.. 中國於四海內則在東南, 爲陽；…其西北則胡貉月氏諸衣旃裘引弓之民, 爲陰；…故中國山川東北流, 其維, 首在隴蜀, 尾沒于勃碣. (진(秦)나라가 삼진(三晉)과 연(燕), 대(代) 지구를 병탄한 후에 화산(華山)과 황하 이남 지구를 중국이라고 일컬었다. 중국은 사해(四海) 중에 동남방향에 있고 동남방은 양(陽)에 속한다. …중국 서북은 호(胡), 맥(貉), 월지(月氏) 등 모피 옷을 입고, 활로 수렵생활을 하는 백성들인데, 서북은 음(陰)이다. …그래서 중국의 산맥과 강물은 서남쪽에서 동북 방향으로 흐르는데, 산천의 원두(源頭, 발원지)는 농(隴)과 촉(蜀) 지구이고, 말미에는 발해(渤海), 갈석산(碣石山) 일대로 빠져나간다.)

　　진(秦)은 삼진(三晉), 연(燕), 대(代)를 점령한 뒤 '황하와 화산 이남'을 '중국(中國)'이라 하였다. 삼진(三晉)과 연(燕)은 춘추전국 시기 주(周) 정권의 핵심 국가로서 '중국(中國)'에 포함되어야 마땅하므로, 진(秦) 당시 삼진(三晉), 연(燕), 대(代) 등이 '황하(현 산서성 汾河?) 이남'에 있었거나, 최소한 현재의 황하 인근에 있었을 가능성을 의미한다.

연번	출처	『사기(史記)』 연(燕) 위치 관련 내용
[12]	『史記』卷三十四. 燕召公世家	王因令章子將五都之兵, 以因北地之衆以伐燕. 士卒不戰, 城門不閉, 燕君噲死, 齊大勝. 燕子之亡二年(BC 312), 而燕人共立太子平, 是爲燕昭王. 燕昭王於破燕之後即位, 卑身厚幣以招賢者. 謂郭隗曰：「齊因孤之國亂而襲破燕, 孤極知燕小力少, 不足以報. 然誠得賢士以共国, 以雪先王之恥, 孤之願也. (이에 제왕은 장자(章子)에게 5도(五都)의 군사와 북방의 무리들을 거느리고 연나라를 정벌하게 했다. (연나라의) 사졸들은 싸우지 않았고, 성문도 닫지 않았다. 연나라의 군주 쾌는 죽고 제나라는 대승을 거두었다. 연나라의 자지가 죽은 지 2년(BC 312)에 연나라 사람들이 태자 평을 세우니 이가 연나라 소왕(昭王)이다. 연 소왕은 연나라가 다 무너진 직후 즉위하여 몸을 낮추고 후한 대우로 현자를 초빙했다. 곽외(郭隗)에게 "제나라가 우리의 난국을 틈타 연나라를 기습하여 무너뜨렸소. 우

> 리 연나라의 땅은 작고 힘이 약해 되갚기에는 부족하다는 것을 내가 너무 잘 알고 있소. 그러나 정말 유능한 인재를 얻어 함께 나라를 다스리며 선왕의 치욕을 씻는 것이 나의 바람이오. 선생께서 보기에 이런 인재가 있다면 이 몸이 친히 그를 모시리라"라 했다.)

기원전 312년 연나라는 제나라의 공격에 왕이 죽고 대패하는데, 이렇게 '다 무너진 연나라(破燕)'에서 태자 소왕(燕昭王, 재위: BC 311-BC 279)이 등극한다. 당시 연은 '땅이 작고 국력이 약하던(燕小力少)' 나라였다. 그러나 그로부터 28년 뒤(燕昭王 28년, BC 284) 연 소왕(燕昭王)은 제나라 수도 임치(臨淄)까지 점령하는 강국이 된다. 즉, 제나라에 망한지 불과 28년 만에 연나라의 국력이 다시 신장했음을 알 수 있는데, 연나라는 이렇게 강해진 국력을 바탕으로 호(胡)에 인질로 잡혀갔던 진개(秦開)를 시켜 북쪽의 동호(東胡)를 물리치고 1,000리 영토를 개척한다.

진개(秦開)가 동호(東胡)를 물리친 시기는 조(趙) 무령왕(武靈王)이 운중(雲中)·안문(雁門)·대(代) 등의 3군을 설치하던 무령왕(武靈王) 26년(BC 300) 이후였다(燕昭王 姬平 29년, BC 283년). 그런데 『사기(史記)』「조세가(趙世家)」에 의하면 조(趙)나라가 북쪽을 공격할 당시(BC 300) 이미 연(燕)이 대(代)와 함께 조나라 북쪽에 있었던 것으로 나온다.[265] 이

---

265) 『史記』「趙世家」"二十六年, 復攻中山, 攘地北至燕代, 西至雲中九原((조나라 무령왕 재위) 26년, 다시 중산을 공격하여, 영토를 넓혀 북으로는 연(燕)과 대(代)에 이르렀고, 서쪽으로는 운중(雲中)과 구원(九原)까지 확장하였다).";『史記』「匈奴列傳」"而趙武靈王亦變俗胡服, 習騎射, 北破林胡樓煩. 築長城, 自代並陰山下, 至高闕爲塞.而置雲中鴈門代郡. 其後燕有賢將秦開, 爲質於胡, 胡甚信之(조나라 무령왕은 오랑캐의 복장을 받아들여 호복(胡服)을 입고, 기마와 활쏘기를 익혔으며, 북쪽으로는 임호(林胡)와 누번(樓煩)을 격파하였다. 그리고 장성을 쌓았는데, 대(代)에서 시작하여 음산(陰山) 아래를 따라 고궐(高闕)까지 이르도록 변경을 방어하게 하였다. 그리고 운중(雲中), 안문(雁門), 대군(代郡)을 설치하였다. 그 후, 연나라에는 현명한 장수 진개(秦開)가 있

는 황하 유역에 있던 연나라와 다른 연(燕)이 代와 더불어 조나라 북쪽에 있었음을 의미한다. 이 조나라 북쪽에 있던 전국연(戰國燕)과 다른 연(燕)은 대(代)와 함께 동호에 속해 있었을 가능성이 높다. 대(代)가 동호(東胡)에 속해 있었음은 조(趙)나라 혜문왕(惠文王, 재위: BC 299-266) 26년(BC 283년)에 대(代)의 땅(代地)에 있던 동호(東胡)를 점령한 기사로 알 수 있으므로,266) 조나라 북쪽의 대(代)와 함께 있던 연(燕) 역시 동호(東胡)의 세력 하에 있었음을 짐작할 수 있는 것이다.

즉, 당시 조나라 무령왕이 북방을 점령하던 기원전 300년 이전 조(趙)의 북쪽에 있던 연(燕)과 대(代)는, 황하 이남의 제나라에 의해 파괴된 (BC 312) 소왕(昭王)의 연(燕)과 관련이 없는 동호(東胡)의 영향력이 있던 태원시(太原市) 인근, 연경산(燕京山) 지역으로 추정할 수 있다. 연경산(燕京山) 지역은 상(商)나라 시기부터 주(周) 시기에 황하 이남 연(燕)과는 다른 연경융(燕京戎)이 살았는데, 연경융(燕京戎)의 분포지는 현 산서성 태원 북쪽 연경산(燕京山) 부근의 정락현(靜樂縣)부터 남부 기현(祁縣) 서쪽까지 이르렀다.267) 그 지역은 한말(漢末)에는 흉노가 살던 곳으로, '연(燕)'이라는 지명이 상나라 시기부터 오랫동안 유지된 곳임을 알 수 있다.

었는데, 한때 오랑캐에게 인질로 보내져 그들로부터 깊은 신뢰를 얻었다)."
266) 『史記』「趙世家」"(惠文王)二十六年(BC 283), 取東胡歐代地((혜문왕) 26년(기원전 283년), 동호(東胡)의 구역인 구(歐), 대(代)의 땅을 빼앗았다)."
267) 『百度百科』燕京戎, "燕京戎, 簡稱為燕. 活躍於商朝末期和周朝的游牧民族. 從今山西靜樂周圍, 南下沿汾水兩岸, 直到祁縣以西鄔縣以北, 兩百多里都是燕京戎所在地區(연경융(燕京戎), 줄여서 '연(燕)'이라 불리며, 상(商) 말기와 주(周) 시대에 활약한 유목 민족이다. 지금의 산서성 정락(山西 靜樂) 주변에서 출발하여 남쪽으로 분수(汾水) 양안을 따라 내려오며, 기현(祁縣) 서쪽과 오현(鄔縣) 북쪽까지 이르는 200여 리 구간이 연경융의 활동 지역이었다)."

이러한 사실들을 통해 기원전 300년 경 조(趙)나라가 동호 세력을 몰아내고 산서성 서부 대(代) 지역 일부를 차지하자, 이로 인해 동호가 약해진 틈을 타서 황하 이남(갈석산 남쪽)의 약소국 연(燕, 郾?)의 소왕(昭王)이 황하를 건너 연경융(燕京戎)이 살던 산서성 동남부 기현(祁縣) 남쪽 둔유(屯留) 일대를 장악했음을 추정할 수 있는데, 당시 연(燕, 郾?)이 정복한 지역은 구체적으로 『한비자(韓非子)』「유도(有度)」의 기록 중의 계(薊)와 탁(涿), 방성(方城) 지역으로 볼 수 있다.[268] 즉 연(燕, 郾?)은 기원전 284년 제(齊)를 정복하여 강국이 된 뒤 기원전 283년(燕 昭王 姬平 29년) 동호(東胡)를 공격한 것이다. 그러나 이렇게 강해진 연나라는 기원전 272년 진(秦)에 의해 연의 중심지였던 하남성 지역(南陽郡) 연(燕, 郾?)이 정벌되어 세력이 약해지다가, 기원전 242년 진(秦)의 장군 몽오(蒙鷔)가 동쪽으로 산조(酸棗), 장평(長平)과 함께 연의 빈 땅(燕虛)을 정벌함으로써, 황하 이남의 燕(郾?)은 완전히 멸망한 것으로 추정된다. 즉, 황하 이북 산서성의 연경융(燕京戎) 고유 땅으로 황하 이남의 연(燕, 郾?)이 이주하게 된 계기는 기원전 300년 조(趙)가 대(代)를 차지하면서 동호가 약해진 틈을 타 연(燕, 郾?)이 북쪽 산서성 동남부를 차지하고(BC 283년 동호 공격), 이후 기원전 272년 진(秦)의 공격으로 인해 원래 동호의 땅이었던 이 산서성 동남부로 이주하여 그 지역을 중심으로 활동했다고 볼 수 있다. 따라서 전국 시기 하남성에 있던 연(燕, 郾?)의 국호가 연(燕)으로 확정된 시기 역시 황하 이북 연경융(燕京戎) 지역으로 이주한 이 시

---

268) 『韓非子』「有度」"燕襄王以河爲境, 以薊爲國, 襲涿方城, 方城涿之邑也(연(燕)의 양왕(襄王, 재위:BC 311-BC 279), 연 소왕(燕昭王) 또는 연 양왕(燕襄王)으로 불린다)은 황하(河)를 경계로 삼고, 계(薊)를 나라(國)로 삼고, 탁(涿)의 방성(方城)을 공격하였다. 방성은 탁의 읍(邑)이다."

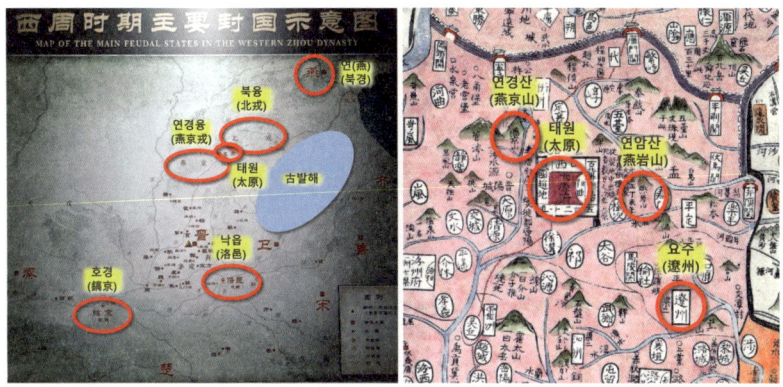

〈그림 Ⅶ-9〉 서주시기주요봉국시의도(西周時期主要封國示意圖)(山西省博物館, 2024.01.12. 필자 촬영)(좌)와 大淸廣輿圖(우)에 표시된 연경융(燕京戎)

기로 볼 수 있을 것이다.

[그림 Ⅶ-9 설명] 기원전 11세기 서주(西周) 당시 주(周)나라 봉국이 었던 연(燕)은 산서성 중부 융(戎)족이 살던 연경(燕京)과 다른 나라로, 서주(西周)의 중심지 호경(鎬京)과 낙읍(洛邑) 인근에 있어야 한다. 그러나 지도상 연(燕)의 위치는 연경(燕京) 융족(戎族)과 북융(北戎)이 살던 태원시를 건너 그 북쪽에 그려져 있다. 서주(西周)가 은(殷)나라를 물리치고 차지한 곳은 황하 유역(현 하남성 정주시(鄭州市) 인근)이므로, 서주(西周)가 북방 융적(戎狄)의 땅을 지나 봉국을 세우는 것은 현실성이 떨어지고 문헌 기록에도 남아 있지 않지만, 현 중국 학계에서는 융적(戎狄)의 땅과 고발해(古渤海)를 건너 현 북경 지역에 연(燕)을 위치시키고 있다. 조(趙)나라 무령왕이 북방을 점령하던 기원전 300년 이전 조(趙)의 북쪽에 있었다는 연(燕)은, 황하 이남에 있던 제나라에 의해 파괴된(BC 312) 연 소왕(燕昭王)의 연(燕)과 관련이 없는 융족인 연경융(燕京戎)이 살던 연경산(燕京山) 지역으로 추정할 수 있다. 전국시대 연(燕)의 국호

Ⅶ. 황하 이남에서 산서성으로 이주한 연(燕)나라 203

역시 황하 이남의 언(郾)이 이 지역(산서성 남부)으로 이주된 후 연(燕)으로 확정된 것으로 보인다.

연번	출처	『사기(史記)』연(燕) 위치 관련 내용
[13]	『史記』卷三十四. 燕召公世家	(燕昭王)二十八年(BC 284), 燕國殷富, 士卒樂軼輕戰, 於是遂以樂毅為上將軍, 與秦楚三晉合謀以伐齊. 齊兵敗, 湣王出亡於外. 燕兵獨追北, 入至臨淄, 盡取齊宝, 燒其宮室宗廟. 齊城之不下者, 獨唯聊莒即墨, 53)其余皆屬燕, 六歲. (28년에 연나라는 부유해지고 병사들은 기꺼이 전투에 나가려 했다. 이에 마침내 악의를 상장군으로 삼아 진(秦)나라와 초나라, 삼진과 함께 제나라를 정벌하기로 했다. 제나라의 군대는 패했고 민왕은 도성 밖으로 도망쳤다. 연나라의 군대만 '북쪽으로' 추격하여 임치에 진입해서는 제나라의 보물을 취하고 궁실과 종묘를 불태웠다. 함락되지 않는 제나라의 성으로는 요(聊), 거(莒), 즉묵(即墨)만 남았고 나머지는 모두 연나라의 차지가 되어 6년 동안 지속되었다.)

연나라가 제나라에 패한 후 다시 강성해진 연 소왕(昭王) 당시, 연나라는 제나라에 대한 복수로 '남쪽에서 북쪽으로' 제나라 민왕(湣王)을 추격하여 수도 임치(臨淄)에 이르게 된다. 따라서 당시 연나라는 제나라 남쪽에 있었을 가능성이 높다. 즉, 연 소왕(昭王) 당시 연나라는 제나라 북쪽인 현 북경 남부(보정시)에 있었다기보다는, 제나라 남쪽인 하남성 언성현 인근에 있었다고 보는 것이 적당하다. 이를 통해, 황하를 경계로 연 소왕(昭王) 당시까지 황하 이북(갈석 이북)은 조선(동호)이 있었고, 황하 이남은 진(秦), 초(楚), 삼진(三晉), 제(齊) 등의 '중국'이 있었음을 추정할 수 있다.

연번	출처	『사기(史記)』연(燕) 위치 관련 내용
[14]	『史記』卷三十四. 燕召公世家	(燕)惠王七年(BC 272)卒. 韓魏楚共伐燕. 燕武成王立. (연나라 혜왕은 7년 만에 죽었다. 한, 위, 초가 함께 연나라를 정벌했다. 연의 무성왕(武成王)이 즉위했다.)

기원전 272년 황하 이남에 있던 한(韓), 위(魏), 초(楚)가 연(燕)을 협공했다면 당시 연(燕) 역시 황하 이남 한(韓), 위(魏), 초(楚) 인근의 국가로 보아야 한다.

연번	출처	『사기(史記)』연(燕) 위치 관련 내용
[15]	『史記』卷三十四. 燕召公世家	燕見秦且滅六國, 秦兵臨易水, 禍且至燕. 太子丹陰養壯士二十人, 使荊軻獻督亢地圖於秦, 因襲刺秦王. 秦王覺, 殺軻, 使將軍王翦擊燕. 二十九年, 秦攻拔我薊, 燕王亡, 徙居遼東, 斬丹以獻秦. 三十年(BC 225), 秦滅魏. (연나라는 진나라가 머지않아 6국을 멸망시키고, 진나라의 군대가 역수(易水)까지 밀어닥쳐 화가 연나라에 미칠 것을 알았다. 태자 단은 몰래 장사 20명을 기르고 형가(荊軻)를 보내 독항(督亢)의 지도를 (진나라에) 바치면서 기습적으로 진왕을 찌르게 했다. 진왕이 이를 알아채고 형가를 죽이고는 장군 왕전(王翦)을 보내 연나라를 공격했다. 29년(BC 226)에 진나라가 연나라의 계(我薊)를 빼앗자, 연왕은 요동(遼東)으로 도망쳐서는 태자 단의 목을 베어 진나라에 바쳤다. 30년(BC 225)에 진나라가 위나라를 멸망시켰다.)

'我薊(아계)'란 연나라의 수도(都)라기보다는 '우리나라(연)에 속한 계'라는 뜻으로 해석할 수 있다. 계(薊)는 원래 연나라의 중심지가 아니라 연나라가 정복한 지역이므로,[269] 연의 수도라기보다는, 기원전 272년 진

---

[269] 『史記』史記卷四 周本紀 "封召公奭於燕 …周封以五等之爵, 薊燕二國俱武王立, 因燕山薊丘為名, 其地足自立國. 薊微燕盛, 乃并薊居之, 薊名遂絕焉. 今幽州薊縣, 古燕國也 (소공석(召公奭)을 연(燕)에 봉하였다. 주(周)는 다섯 등급의 작위를 봉하였으며, 계(薊)와 연(燕) 두 나라는 모두 무왕(武王)이 세운 것이다. 연산(燕山)과 계구(薊丘)를

(秦)에 밀린 연이 중심지를 이동시킨 연의 요충지로 보아야 할 것이다.

『사기(史記)』 주본기(周本紀)의 "계가 미약해지고 연이 강성해지자 연나라는 계나라를 병합하고 그곳에 거했다. 계는 이로써 이름이 끊어지게 되었다. 오늘날 유주 계현이 옛 연국이다(薊微燕盛, 乃幷薊居之, 薊名遂絶焉. 今幽州薊縣, 古燕國也)"라는 기록은 연나라가 중심지를 연에서 계나라로 이동시킨 사실과 이로 인해 계국이 사라진 사실, 계국의 땅이 연나라가 된 사실을 전하고 있으며, 이는 전국 시기 연의 수도로 알려진 계(薊)가 원래 연나라 수도가 아니었음을 의미한다.

연번	출처	『사기(史記)』 연(燕) 위치 관련 내용
[16]	『史記』 卷三十四. 燕召公世家	三十三年, 秦拔遼東, 虜燕王喜, 卒滅燕. 是歲, 秦將王賁亦虜代王嘉. (33년(기원전 222년)에 진나라가 요동을 빼앗고, 연왕 희(喜)를 사로잡아 마침내 연나라를 멸망시켰다. 이해에 진나라의 장수 왕분(王賁)도 조나라 대왕(代王) 가(嘉)를 사로잡았다.)

연왕(燕王) 희(喜)가 진(秦)의 공격을 피해 기원전 226년 요동을 정복하고(收) 그곳의 왕이 된 지 4년 만에 요동의 연은 멸망하고 그 땅은 진(秦)의 영역이 된다. 연이 기원전 226년 정복하기 이전까지 요동이 전국 시기 연의 영토였다는 기록이나 증거가 없으므로, 요동은 기원전 226년 이전 고조선의 영토였을 가능성이 높다. 즉, 고대 요주(遼州)였던 산서성 동남부 진중시 동쪽(요동)이 중원 정권에 귀속되는 시기는 기원전 226년 이후로 볼 수 있다.

따라 이름을 삼았으며, 그 땅은 스스로 나라를 세울 만한 충분한 조건이 있었다. 계는 약하고 연이 강하여 마침내 계를 병합하고 그곳에 거주하였으며, 계라는 이름은 드디어 사라졌다. 지금의 유주(幽州) 계현(薊縣)은 옛 연나라 땅이다)."

연번	출처	『사기(史記)』 연(燕) 위치 관련 내용
[17]	『史記』 卷三十四. 燕召公世家	太史公曰 : 召公奭可謂仁矣!甘棠且思之, 況其人乎？燕(北)[外]迫蠻貉, 內措齊晉, 崎嶇彊国之間, 最爲弱小, 幾滅者數矣. 然社稷血食者八九百歲, 於姬姓独後亡, 豈非召公之烈邪! (태사공은 이렇게 말한다. "소공(召公) 석(奭)은 어질다 하겠다! (백성들이) 팥배나무도 사모하거늘 사람이야 오죽하겠는가? 연나라는 밖으로는 만맥(蠻貊)과 가깝고 안으로는 제나라와 진(晉)나라와 같은 강한 나라에 끼인 가장 약소한 나라로서 거의 몇 번이나 망할 뻔했다. 그럼에도 사직의 제사를 800에서 900년 가까이 유지하며 희씨 성들 가운데 가장 늦게 망했으니 이 어찌 소공의 공이 아니겠는가？")

제(齊)나라는 고발해(古渤海)의 남쪽인 산동성 서부 지역에 있었고, 진(晉)나라는 산서성(山西省) 남서부에 있었으므로, 연(燕)나라가 그 '사이에 끼어 있는(齊晉之間)' 약소국이라면 이는 하남성 북부 또는 산서성 동남부를 의미한다. 현재 북경 지역은 고대에 고발해(하북성 남부) 북쪽 지역으로, 연이 이 발해 북쪽 북경 지역에 있었다면, 제(齊)나라와 접경할 수 없고, 기록상 제(齊)나라 북쪽 즉, 고발해 북쪽은 조선이었으므로(BC 109 한(漢)나라가 발해를 건너 조선 공격), 당시 북경 지역을 연으로 비정할 수 없다.

연번	출처	『사기(史記)』 연(燕) 위치 관련 내용
[18]	『史記』 卷四十八. 陳涉世家	趙王將相相與謀曰.「王王趙, 非楚意也. 楚已誅秦, 必加兵於趙. 計莫如毋西兵, 使使北徇燕地以自広也. 趙南拠大河, 北有燕代, 楚雖勝秦, 不敢制趙. (조왕은 장상들과 함께 다음과 같이 논의했다. "왕이 조의 왕이 된 것은 초의 뜻이 아닙니다. 초가 진을 없애면 틀림없이 조를 향해 병사를 더할 것이 분명합니다. 따져보면 서쪽으로 병사를 보내지 말고 사신을 북으로 보내 연 지역을 개척하여 우리 기반을 넓히는 것이 좋습니다. 조는 남으로 큰 강(황하)이 있고, 북으로 연, 대(代)가 있기 때문에 초가 진에게 승리하

		더라도 감히 조를 통제할 수 없습니다. 만약 초가 진을 이기지 못하면 조를 중시할 수밖에 없고, 조는 진이 피폐해진 틈을 타고 천하에 뜻을 얻을 수 있을 것입니다.")
	『史記』 卷四十八. 陳涉世家	燕故貴人豪傑謂韓廣曰:「楚已立王, 趙又已立王. 燕雖小, 亦萬乘之国也, 願將軍立為燕王.」 (조왕이 그렇다고 여겨 서쪽으로 출병시키지 않고 상곡(上谷) 졸사(卒史)인 한광(韓廣)에게 병사를 이끌고 북으로 연의 땅을 개척하게 했다. 연의 오랜 귀족과 호걸들이 한광(韓廣)에게 이르길 "초가 이미 왕을 세웠고, 조도 왕을 세웠습니다. 연이 비록 작지만 역시 만 승의 나라입니다. 장군께서 연왕으로 자립하시길 원합니다"라고 했다.)

진이세 원년(秦二世元年, BC 209) 조왕(趙王) 무신(武臣)의 명령을 받고 연(燕) 지역을 정복한 한광(韓廣)은 연(燕)의 귀족들에 의해 왕이 될 것을 권유받는다. 당시 연나라 귀족들은 스스로를 '작은 나라'로 인정하고 있지만 '만승(萬乘)'을 가진 나라로 과장하고 있다. 기원전 4세기까지 연나라는 전차가 육백승(車六百乘)이었고, 연나라보다 강국이었던 조(趙)나라가 전차 천승(車千乘)을 보유했을 뿐이었다.[270] 그렇다면 실제 연의 규모는 어느 정도였을까? 당시 연나라를 정복한 조(趙)의 영토는 남쪽으로 황하와 북쪽으로 연(燕), 대(代) 사이에 있던, 현 산서성 서남부의 크지 않은 땅을 차지하고 있었다. 따라서 소국(小國) 연(燕)은 서쪽의 강국

---

270) 『史記』「蘇秦列傳」"蘇秦者, …説燕文侯(재위 BC 361-BC 333)曰 燕東有朝鮮遼東, …帶甲數十萬, 車六百乘, 騎六千匹, 粟支數年. …當今之時, 山東之建國莫彊於趙. 趙地方二千餘里, 帶甲數十萬, 車千乘, 騎萬匹 …(소진(蘇秦)은 …연(燕)나라 문후(文侯, 재위 기원전 361~기원전 333)를 설득하며 말하였다. "연나라 동쪽에는 조선(朝鮮)과 요동(遼東)이 있어 …갑옷을 입은 병사 수십만 명, 전차 600승, 기병 6,000필이 있고, 곡식은 여러 해를 지탱할 수 있을 만큼 비축되어 있습니다. …지금 이 시점에서, 산동(山東) 지역의 여러 나라들 중 가장 강한 나라는 조(趙)입니다. 조나라는 땅의 넓이가 2,000여 리에 달하며, 갑옷을 입은 병사 수십만 명, 전차 1,000승, 기병 1만 필을 보유하고 있습니다. …")"

조(趙)보다는 작은 영토여야 한다.271) 즉, 진이세(秦二世) 당시 현 심수(沁水, 고대 易水) 동쪽, 산서성 동남부의 장치분지(長治盆地) 지역에 연(燕)이 있었음을 추정할 수 있다.

연번	출처	『사기(史記)』연(燕) 위치 관련 내용
[19]	『史記』 卷六十四. 司馬穰苴列傳	司馬穰苴者, 田完之苗裔也. 齊景公時, 晉伐阿甄, 而燕侵河上, 齊師敗績. (사마양저(司馬穰苴)는 전완(田完)의 후예다. 제(齊)나라 경공(景公) 때((재위: BC 547-BC 490) 진(晉)나라는 아(阿)나라, 견(甄)나라를 공격하고, 연(燕)나라는 하상(河上)을 침범하여 제나라 군대가 잇따라 패했다.)

제(齊)나라 경공(景公, 재위 BC 547-BC 490) 당시, 연(燕)은 황하(河上) 이남에 있던 제를 공격하던 황하 인근의 국가이다.

연번	출처	『사기(史記)』연(燕) 위치 관련 내용
[20]	『史記』 卷六十九. 蘇秦列傳	蘇秦者, 東周雒陽人也. …去遊燕, 歲餘而後得見. 説燕文侯(재위 BC 361-BC 333)曰:「燕東有朝鮮遼東, 北有林胡樓煩, 西有雲中九原, 南有嘑沱易水, 地方二千餘里, 帶甲數十萬, 車六百乘, 騎六千匹, 粟支數年. 南有碣石鴈門之饒, 北有棗栗之利, 民雖不佃作而足於棗栗矣. 此所謂天府者也. …夫燕之所以不犯寇被甲兵者, 以趙之為蔽其南也. …文侯曰:「子言則可, 然吾國小, 西迫彊趙, 南近齊, 齊趙彊國也. 子必欲合從以安燕, 寡人請以國從.」 (소진(蘇秦(?-BC 284)은 동주(東周) 낙양(雒陽) 사람이다. …연(燕)나라로 가서 떠돌다 1년이 지나서야 만날 수 있었는데 연 문후(文侯)에게 이렇게 유세했다. "연나라는 동쪽으로 조선(朝鮮)과 요동(遼東)이, 북쪽으로는 임호(林胡)와 누번(樓

---

271) 『史記』「蘇秦列傳」"文侯曰 : 子言則可, 然吾國小, 西迫彊趙(문후(文侯)가 말하였다: "그대의 말은 옳소. 그러나 우리나라는 작고, 서쪽으로는 강대한 조(趙)나라에 눌려 있소.")

> 煩)이, 서쪽으로는 운중(雲中)과 구원(九原)이, 남쪽으로는 호타하(嘑沱河)와 역수(易水)가 있습니다. 땅은 사방 2,000여 리에 갑옷을 두른 병사가 수십 만, 전차가 600승, 전투마가 6,000필, 비축된 식량은 몇 년을 먹을 수 있습니다. 남으로 갈석(碣石)과 안문(雁門)의 풍요로움이 있고, 북으로는 대추와 밤이 풍족합니다. 이것이 이른바 하늘이 내려준 창고라는 것이지요.
> …연나라가 침범을 당하지 않고 전쟁의 피해를 입지 않는 것은 조나라가 남쪽을 막고 있기 때문입니다. …문후는 "그대의 말이 옳긴 하지만 우리나라는 작은 데다가 서쪽의 강력한 조나라가 압박하고 남쪽은 제나라와 가깝소. 제와 조는 강한 나라요. 그대가 합종(合縱)으로 연나라를 안정시키겠다 하니 과인이 나라를 들어 따르겠소"라 했다.

연 문후(燕文侯)가 재위하던 기원전 4세기 연(燕)은 동쪽으로 조선, 요동과 접하고 있었고, 남쪽으로 역수(易水, 현 沁水로 비정됨)와 황하 유역에 있던 갈석(碣石)을 경계로 하고 있었다고 한다. 그렇다면 기원전 4세기 당시 연나라는 이미 황하 이북의 현 계(薊)의 위치로 추정되는 산서성 태원(太原) 남쪽 둔유(屯留) 일대에 있었음을 의미한다.

그러나 이 기록은 기원전 11세기 연(燕) 소공(召公)이 주(周)로부터 봉지로 부여된 최초의 연(燕)이 황하 이남의 섬(陝) 서쪽이라는 기록(封召公於北燕. …自陝以西, 召公主之), 그리고 연(燕) 소왕(昭王) 28년(BC 284) 연나라 병사가 '북쪽으로' 진군하여 제나라 수도 임치에 이르렀다는 기록(燕兵獨追北入至臨淄), 진소양왕(秦昭襄王) 35년(BC 272) 진(秦)이 한(韓), 위(魏), 초(楚)의 도움을 받아 연(燕)을 정벌하고 설치한 남양군(南陽郡)이 현 하남성 남양시(南陽市)라는 점, 진시황 5년(BC 242) 진(秦) 장군 몽오(蒙驁)가 하남성(河南城) 산조(酸棗), 장평(長平) 사이에 있던 연허(燕虛)를 차지하고 '동군(東郡)'을 설치했다는 기록 등의 하남성에 있던 전국시대 연(燕)과 위치가 맞지 않는다.

따라서 이 기록은 연 문후(燕文侯)가 재위하던 기원전 4세기 기록이라 기보다는, 연나라가 황하 북쪽(산서성 동남)으로 이주한 연도로 추정되는 기원전 272년 이후의 상황을 기록한 것이며,『史記』의 저자 사마천이 자신의 생존 시기인 전한(前漢)에 속했던 연(燕)의 영토(산서성 동남)를 기준으로 4세기 소진(蘇秦)과 연 문후(燕文侯)의 대화 내용을 재구성했을 가능성이 있다.

연번	출처	『사기(史記)』연(燕) 위치 관련 내용
[21]	『史記』卷六十九. 蘇秦列傳	當今之時, 山東之建國莫彊於趙. 趙地方二千餘里, 帶甲數十萬, 車千乘, 騎萬匹, 粟支數年. 西有常山, 南有河漳, 東有清河, 北有燕國. 燕固弱國, 不足畏也. (지금 산동에 세워진 나라로서 조나라보다 강한 나라는 없습니다. 조나라 땅이 사방 2,000여 리에 무장한 군대가 수십 만이며, 전차는 1,000승에 전투마가 1만 필이고, 식량은 몇 년을 버틸 수 있을 정도입니다. 서쪽으로 상산(常山)이, 남쪽으로 황하와 장수(河漳)가, 동쪽으로 청하(淸河)가, 북쪽으로 연나라가 있습니다. 연나라는 본디 약한 나라이므로 두려울 것 없습니다.)

이 내용 역시 상기 기원전 4세기 말 소진(蘇秦)과 연 문후(燕文侯)의 대화 내용과 같이, 실제 4세기 당시 조(趙)의 영토가 아닌『史記』의 저자 사마천이 자신의 생존 시기인 전한(前漢)에 속했던 조(趙)의 영토를 기준으로 기록했을 가능성이 높다(趙의 원 위치는 대청광여도 산시성 시남부 臨汾 북쪽 趙城 위치 참고).

진시황 19년(BC 228), 조나라 공자 가(嘉)는 종족 수백 명을 이끌고 산서성 대(代)로 가서 스스로 왕으로 즉위하고는 '동(東)으로 연나라와 연합해' 군사를 상곡(上谷)에 주둔시켰다.[272] 따라서 당시 조나라는 연나라

---

272)『史記』「秦始皇本紀」"趙公子嘉率其宗數百人之代, 自立爲代王, 東與燕合兵, 軍上谷"

의 서쪽에 있었음을 알 수 있다. 그런데 이 기록에 연나라는 조나라 동쪽이 아닌 북쪽에 있는 것으로 기록돼 있다(北有燕國). 즉, 진(秦) 당시(기원전 3세기 말) 연나라 서쪽에 있던 조(趙)나라가 그보다 앞서 기원전 4세기 말에 연나라 남쪽의 국가로 묘사돼 있는 것이다. 이는 앞서 밝힌 황하 이남의 연(匽)나라와 구분되는 조나라 북쪽 동호(東胡) 영역에 있었던 연경융(연)을 『사기』의 저자 사마천이 전국연으로 간주했거나, 3세기 조나라가 연나라 남쪽인 태항산 남쪽(황하, 제수 인근)으로 이주한 이후의 상황을 사마천이 4세기 당시 상황과 같다고 간주한 결과로 짐작된다.

전국 시기 산서성에 서부 대(代) 지역 인근에 있던 조(趙)는 한(漢) 건국 후 태항산 동쪽, 황하와 제수 인근(산동성 서부)으로 이동한다. 이러한 사실은 『사기(史記)』「한흥이래제후왕연표(漢興以來諸侯王年表)」에 "상산(常山) 남쪽의 태항산(太行山)부터 동쪽으로 향해 황하(黃河), 제수(齊水)를 건너 동아(東阿), 견성(甄城) 동쪽으로 곧장 바닷가에 이르는 것이 제(齊)나라, 조(趙)나라이다(常山以南, 大行左轉, 度河濟, 阿甄以東薄海, 爲齊趙國)"라고 기록한 한(漢)나라 건국(興) 이후의 조(趙)나라 위치로 알 수 있다. 따라서 소진열전(蘇秦列傳)의 연(燕) 위치 관련 기록은 실제 당시 상황이라기보다 전한(前漢) 당시의 이동된 지명이 반영됐을 가능성이 높다.

연번	출처	『사기(史記)』 연(燕) 위치 관련 내용
[22]	『史記』 卷六十九. 蘇秦列傳	蘇秦見齊王, 再拜, 俯而慶, 仰而弔. …今燕雖弱小, 即秦王之少婿也. (소진은 제왕을 만나 두 번 절하고 고개를 숙여 축하하고 고개를 들며 조의를 나타냈다. …지금 연이 비록 약소하긴 하지만 그래도 진왕의 작은 사위입니다.)

소진(蘇秦)이 활동하던 기원전 4세기 말, 연은 약소국으로서 명도전 중심지인 연하도 유적이 있는 보정시를 중심으로 한반도까지 퍼진 광활한 명도전 사용 지역을 다스렸다고 보기 어렵다.

연번	출처	『사기(史記)』 연(燕) 위치 관련 내용
[23]	『史記』 卷七十. 張儀列傳	秦地半天下, 兵敵四國 …今趙王已入朝澠池, 效河閒以事秦. 今大王不事秦, 秦下甲雲中九原, 駆趙而攻燕, 則易水長城非大王之有也. …燕王曰:「寡人蠻夷僻処, 雖大男子裁如嬰児, 言不足以采正計. 今上客幸教之, 請西面而事秦, 獻恆山之尾五城.」 ("진나라의 땅은 천하의 절반이고, 군대는 사방의 나라를 대적할 수 있습니다. …지금 조왕은 이미 민지에서 진왕에게 조회하고 하간 땅으로 진나라를 섬기기로 했습니다. 지금 대왕께서 진나라를 섬기지 않으면 진나라는 운중(雲中), 구원(九原)으로 군을 보내 조나라를 내몰고 연나라를 공격할 것이니, 역수와 장성은 대왕의 땅이 아닌 것이 됩니다. …연왕은 "과인은 오랑캐처럼 구석진 곳에 살다보니, 다 큰 남자이지만 어린애 같아 말로는 바른 계책을 받아들이기에 부족하오. 지금 다행히 상객의 가르침을 받게 되니 서쪽으로 진나라를 섬기고 항산(恒山) 끝의 다섯 개 성을 드리고자 합니다.")

기원전 4세기 말 장의(張儀, ?-BC 309)는 연(燕) 소왕(昭王, 재위: BC 311-BC 279)과의 대화에서 "진(秦)나라는 운중(雲中), 구원(九原)으로 군대를 보내 조나라를 내몰고 연나라를 공격할 것이니, 역수와 장성은 대왕의 땅이 아닌 것이 됩니다"라고 말한다. 그런데 조나라가 운중(雲中)을 차지한 시기는 조 무령왕(武靈王) 26년인 기원전 300년이므로, 이보다 10년 전인 진(秦) 무왕(武王) 2년(BC 309) 위(魏)에서 사망한 장의(張儀)[273]가 이런 말을 할 수는 없다.

또한, 장의(張儀)가 사망하기 2년 전(BC 311)에 태자였던 연 소왕이 등

---

273) 『百度百科』張儀 "張儀(？-前309年), 魏國安邑(今山西運城萬榮)人, 中國戰國時期政治家, 外交家, 縱橫家."

극하는데, 당시 연나라는 제나라에 거의 망한 지 1년밖에 안 된 시기였다(BC 312). 이 시기에 연이 장성을 쌓았다는 말은 있을 수 없다. 연이 장성을 쌓은 시기는 연 소왕이 제나라에 대한 복수를 하고(BC 284) 강력해진 국력으로 동호(東胡)를 몰아낸 기원전 283년 이후이므로, 연 소왕이 등극하자마자 장성 관련 대화를 나눈 것은 시기적으로 맞지 않는다. 따라서 이 내용 역시 상기 소진(蘇秦)과 연 문후(燕文侯)의 대화 내용과 같이, 4세기 말 장의(張儀)가 실제 했던 말이라기보다는 『사기(史記)』의 저자 사마천이 자신의 생존 시기인 전한(前漢)의 연(燕) 위치를 기준으로 편집하여 기록했을 가능성이 높은 것이다. 이 내용의 실제 발생 시기는 연나라가 진개(秦開)를 파견하여 동호를 무너뜨리고 장성을 쌓고, 진(秦)에게 황하 이남을 정복당하여 빼앗긴 기원전 272년 이후의 기록으로 볼 수 있다. 즉, 연(燕)의 중심지가 황하 이남의 '중국(中國)'이 아닌 만이(蠻夷) 오랑캐가 사는 황하 이북의 편벽한 땅(蠻夷僻処, 산서성 동부)으로 이주된 이후의 상황으로 볼 수 있다. 다만, 이 시기는 장의(張儀)도, 연(燕) 소왕(昭王)도 모두 사망한 시기이기 때문에, 실제 4세기 말 영토를 기준으로 대화한 내용으로는 보기 어렵다.

장의(張儀)가 활동할 당시인 기원전 4세기 말, 진(秦)은 아직 중원까지 차지하지 못하고 중국 하남성 낙양 서쪽 민지(澠池, 대청광여도 참고)에서 조(趙)나라와 경계하고 있었다. 그런데도 섬서성(陝西省)에 있던 진(秦)의 영토가 천하의 절반이라고 한 것은, 전국(戰國) 시기 나머지 국가들의 영토가 크지 않았음을 의미한다. 특히, 당시 조(趙)나라의 위치는 황하 인근의 민지(澠池)와 하간(河間)을 남쪽 경계로 북쪽으로 산서성(山西省)의 운중(雲中), 구원(九原) 지역이 중심지였다. 따라서 산서성 서부를 차지하고 있던 조(趙)나라 동쪽(趙公子 …東與燕合兵)의 편벽한 땅(蠻夷僻

処)에 있던 연(燕)나라는 산서성 동남부(沁水 동쪽)를 의미한다. 이 사실은 소진열전(蘇秦列傳)에서 조나라 '북쪽'에 약소국인 연(燕)이 있었다는 기록(趙地 …北有燕國, 燕固弱國)과 맞지 않는다. 앞서 밝혔듯이 연나라가 조나라 북쪽에 있다는 기록은 황하 이남 연(燕), 즉 언(鄢)을 산서성 남부에 있었던 동호 지역의 燕(연경융)과 혼동(치환)하였거나, 전한(前漢) 당시 조(趙)나라가 현 태항산 동쪽으로 이동된 이후의 상황을 전국시대 상황으로 치환한 기록으로 볼 수 있다. 여하튼, 4세기 당시 산서성 조나라 동쪽의 대대로 약소국(燕固弱國)이었던 연나라가 현 보정시 이북의 광대한 지역을 차지했을 가능성은 적다.

연번	출처	『사기(史記)』 연(燕) 위치 관련 내용
[24]	『史記』 卷八十. 樂毅列傳	燕昭王怨齊, 未嘗一日而忘報齊也. 燕國小, 辟遠, 力不能制 (연 소왕은 제나라에 원한을 품고 단 하루도 제나라에 대한 보복을 잊은 적이 없다는 소문을 들었다. <u>연나라는 나라가 작고 먼 구석진 곳에 있어</u> (제나라를) 제압할 힘이 없었다.)

전국 시기 연 소왕(燕昭王, 재위: BC 311-279) 당시 연국(燕國)은 중국의 주장처럼 보정시 이북의 광대한 영역을 차지한 강국이 아닌 작고 편제를 공격하던 황하 인근의 국가이다.

연번	출처	『사기(史記)』 연(燕) 위치 관련 내용
[25]	『史記』 卷八十. 樂毅列傳	樂毅攻入臨菑, 盡取齊寶財物祭器輸之燕. 燕昭王大說, 親至濟上勞軍, 行賞饗士, 封樂毅於昌國, 號為昌國君. (악의는 임치로 공격해 들어가서 제나라의 보물과 제기 등을 모두 취하여 연나라로 보냈다. 연 소왕은 크게 기뻐하며 몸소 제수로 가서 군대를 위로하여 상을 내리고 잔치를 베푸는 한편 악의를 창국(昌國)에 봉하여 창국군(昌國君)으로 불렀다.)

『史記』 卷八十. 樂毅列傳	齊田單後與騎劫戰, 果設詐誑燕軍, 遂破騎劫於即墨下, 而轉戰逐燕, 北至河上, 盡複得齊城, 而迎襄王於莒, 入於臨菑. (제나라의 장수 전단(田單)이 그 뒤 기겁(騎劫)과 싸우면서 아니나 다를까 연나라의 군대를 속이고 끝내 즉묵에서 기겁을 격파했다. 이어 잇따라 연나라를 내몰아 북으로 황하에 이름으로써 제나라의 성들을 모두 수복하고, 양왕(襄王)을 거에서 맞아들여 임치로 들어왔다.)

 연(燕) 소왕(昭王) 28년(BC 284) 악의(樂毅)는 제나라 수도를 점령하며 큰 공을 세운다. 이에 연 소왕은 직접 '제수(濟水)'에 이르러 군대를 위로하고 큰 잔치를 베푼다. 이는 전국시대 연(燕)이 '황하와 연결된 제수(濟水) 인근에 있던 국가'임을 의미한다. 현재 중국에서 전국시대 연의 위치를 하북성 보정시 이북으로 비정하고 있는 것과 맞지 않는다.

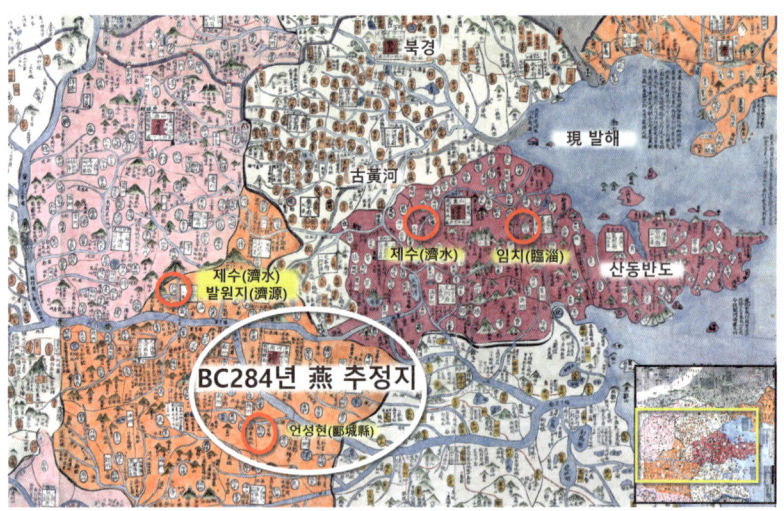

〈그림 VII-10〉 BC 284년 연(燕) 추정지(『대청광여도(大淸廣輿圖)』)

 [그림 VII-10 설명] 연(燕) 소왕(昭王)이 친히 군대를 위로한 제수(濟水)의 발원지(濟源)는 산동성이 아닌 하남성 제원시(濟源市) 북쪽의 왕옥산(王屋山)으로서, 현 하남성 낙양, 정주(鄭州)의 북쪽, 황하 유역에 제수(濟

水)가 흘렀다. 이는 연나라가 하남성 제수(濟水) 인근에 있었음을 의미한다. 이에 비해 〈그림 Ⅶ-1〉에서 보듯 현재 중국에서 주장하는 전국(戰國)시대 각국의 형세도(形勢圖)상의 연(燕) 위치가 황하 유역의 제수(濟水)와 관련이 없는 북경 일대에 그려져 있는데, 이는 근거가 부족한 주장이다.

연번	출처	『사기(史記)』 연(燕) 위치 관련 내용
[26]	『史記』 卷八十六. 刺客列傳	今秦已虜韓王, 盡納其地. 又擧兵南伐楚, 北臨趙 ; 王翦將數十萬之衆距漳鄴, 而李信出太原雲中. 趙不能支秦, 必入臣, 入臣則禍至燕. 燕小弱, 數困於兵, 今計擧國不足以當秦. 諸侯服秦, 莫敢合從. (이제 진나라는 이미 한(韓)나라의 왕을 사로잡고, 그 땅을 전부 거두었소. 또한 군사를 일으켜 남쪽으로는 초나라를 치고, 북쪽으로는 조나라까지 임박했소. 왕전(王翦)이 수십만 대군을 거느리고 장(漳)과 업(鄴)으로 갔으며, 이신(李信)은 태원(太原)과 운중(雲中)으로 출병했소. 조나라는 진나라를 지탱할 수 없어 반드시 (진나라로) 들어가 신하가 될 것이고, (조나라가 진나라로) 들어가 신하가 되면 그 화가 연나라에 미치게 되오. 연나라는 작고 약해 여러 차례 전쟁으로 곤궁을 당했는데, 이제는 온 나라를 헤아려도 진나라를 감당할 수 없소. 제후들이 진나라에 복종하고, 감히 합종하려는 자가 없소.)

기원전 227년, 연(燕)나라 태자 단(丹)이 형가(荊軻)와 나눈 대화를 보면, 당시 연(燕)나라가 황하 이남에서 산서성 동남부로 이주했음을 알 수 있다. 당시 조(趙)나라는 위 기록대로 산서성 중서부 태원(太原) 인근에 있었고, 연나라는 이 조나라와 접경하여 태원 동남쪽, 즉 산서성 동남부의 좁은 지역(燕小弱)에 있었음을 알 수 있다.

연번	출처	『사기(史記)』 연(燕) 위치 관련 내용
[27]	『史記』 卷八十九. 張耳陳餘列傳	張耳陳餘說武臣曰:「王王趙, 非楚意, 特以計賀王. 楚已滅秦, 必加兵於趙. 願王毋西兵, 北徇燕代, 南收河內以自廣. 趙南拠大河, 北有燕代, 楚雖勝秦, 必不敢制趙.

		(그러자 장이와 진여는 무신을 설득해 말했다. "왕께서 조왕이 되신 것은 초의 뜻이 아니며, 단지 계책에 따라 대왕에게 축하했을 뿐입니다. 초는 진(秦)이 멸망되고 나면 반드시 군사를 더하여 조를 공격할 것입니다. 대왕께서는 군대를 서쪽으로 움직이지 마시고 <u>북쪽의 연(燕)과 대(代)를 취하시고, 남쪽으로는 하내(河內)를 거두어</u> 스스로 영토를 넓히시기 바랍니다. <u>조가 남쪽으로는 대하(大河)를 근거로 하고, 북쪽으로는 연과 대 지방을 차지하게 되면</u>, 초가 비록 진을 이긴다고 하더라도 감히 조를 제압하지는 못할 것입니다.)

진(秦) 말엽 농민 반군 수령으로 스스로 조왕(趙王)이 된 무신(武臣, ?-BC 209) 당시에 조나라는 여전히 산서성 서남부에 있었음을 알 수 있다.「대청광여도」상의 산서성 서남부 조성(趙城)을 기준으로 보면 북쪽에 연(燕), 즉 연경융이 살던 연경산 일대와 대(代)가 있고, 동남쪽에 황하 북변의 하내(河內, 현 河南 沁陽市)가 있다. 즉, 진(秦) 말엽에 조(趙)나라는 아직 동쪽으로 태항산(제수)까지 진출하지 못하고 연(燕)과 하내(황하 북변) 서쪽에 있었는데, 연(燕)이 조나라 동쪽에 있었으므로(趙公子 …東與燕合兵), 연(燕)은 조(趙)에 속하지 않았던 산서성 동남, 즉 황하 북변의 하내(河內, 현 河南 沁陽市) 북쪽인 장치시(長治市) 둔유(屯留) 지역(長治盆地)에 있었던 것으로 추정할 수 있다.

연번	출처	『사기(史記)』 연(燕) 위치 관련 내용
[28]	『史記』卷一百十. 匈奴列傳	晉文公 …而晉北有林胡樓煩之戎, <u>燕北有東胡山戎</u>. 各分散居谿谷, 自有君長, 往往而聚者百有餘戎, 然莫能相一. (진(晉)나라 문공 …진(晉)나라 북쪽에는 임호(林胡), 누번(樓煩) 등의 융족이 있었고, <u>연(燕) 북쪽에는 동호(東胡), 산융(山戎)</u> 등의 융족이 살고 있었다. 이들은 각기 산의 골짜기에 거주하면서 제각기 군장이 있었다. 가끔 100여 개의 융족들이 합치는 경우는 있었지만 하나로 통일되지는 못했다.)

진(晉) 문공(文公, 재위: BC 636-BC 628) 당시 황하 북쪽의 산서성 서남에는 진(晉)나라가 있었고 그 동쪽에 연(燕)나라가 있었다. 단, 이 당시 연(燕)은 소공(召公)이 주(周)로부터 분봉 받은 황하 이남 섬(陝) 지역에서 북쪽으로 이주하기 전이었으므로, 당시(기원전 7세기) 연북(燕北)에 있었다는 동호(東胡)와 산융(山戎)은 황하 이북의 계곡(谿谷)이 많은 산서성 남부 지역으로 볼 수 있다.

연번	출처	『사기(史記)』 연(燕) 위치 관련 내용
[29]	『史記』 卷一百十. 匈奴列傳	趙襄子踰句注而破並代以臨胡貉. …而趙武靈王 …置雲中鴈門代郡. 其後燕有賢將秦開, 為質於胡, 胡甚信之. 歸而襲破走東胡, 東胡卻千餘里. 與荊軻刺秦王秦舞陽者, 開之孫也. 燕亦築長城, 自造陽至襄平. 置上谷漁陽右北平遼西遼東郡以拒胡. 當是之時, 冠帶戰國七, 而三國邊於匈奴. (조양자(趙襄子, ?-BC 425)가 구주산(句注山)을 넘어 대(代)를 공격하여 그 땅을 병합하고 호맥(胡貉)에까지 이르렀다. …한편 조(趙)나라의 무령왕(武靈王)은 …그 땅에 운중(雲中), 안문(雁門), 대(代) 등 군을 설치했다(BC 300). 그 후에 연나라의 명장 진개(秦開)가 호(胡)에 인질로 가 있으면서 그들의 신임을 얻었다. 그는 연나라로 돌아온 후, 군대를 이끌고 동호를 습격해 패주시켰다. 이때 동호는 1,000여 리나 물러갔다. 형가(荊軻)와 함께 진시왕을 암살하려던 진무양(秦舞陽)은 진개의 손자다. 연나라 역시 조양(造陽)에서 양평(襄平)에 이르는 지역에 장성을 쌓고 상곡(上谷), 어양(漁陽), 우북평(右北平), 요서(遼西), 요동(遼東) 등에 군을 설치하여 북방 오랑캐를 방어했다. 당시 중국에는 경제와 문화가 발달한 전국칠웅(戰國七雄)이 있었는데 그중 세 나라가 흉노와 국경을 맞대고 있었다.)

산서성 중부 태원 인근에 있던 대(代)는 기원전 5세기 조양자(趙襄子)에 의해 처음 조(趙)에 속했으나 이후 다시 '동호(東胡)'에 빼앗겼음은 조(趙) 혜문왕(惠文王) 26년(BC 283) 조나라가 "동호(東胡)에 속하는 구(歐)와 대(代)를 취했다(取東胡歐代地)"는 『사기(史記)』「조세가(趙世家)」의 기

록274)을 통해 알 수 있다. 즉, 조(趙) 무령왕이 산서성 중부에 장성은 쌓았지만(BC 300), 대(代) 지역을 모두 정복한 것은 아니었음을 알 수 있다. 이는 조 혜문왕(BC 283)이 대(代) 지역에서 동호를 몰아내기 전까지 동호가 강성했음을 의미하는데, 이를 통해 기원전 5세기 조양자(趙襄子)가 대(代) 지역(현 산서성(山西省) 중북부 흔주시(忻州市))을 차지하고 이르렀던 '호맥(胡貊)'이 동호 세력이었음을 추정할 수 있다. 즉, 당시 조(趙)와 동호(東胡)의 국경은 대(代, 현 忻州市)가 있는 산서성 중북부였고, 조 혜문왕이 동호 세력을 약화시킴으로써(BC 283), 동호에 인질로 잡혀 가 있던 연(燕)나라의 장군 진개(秦開)가 동호(東胡)의 약해진 틈을 타서 물리치는 계기가 된 것으로 보인다. 따라서 연(燕)은 아직 진개(秦開)를 통해 동호(東胡) 1,000리 땅, 즉 조나라가 차지한 산서성 대(代, 현 忻州市) 남쪽에 이르기 전이므로, 하남성에 있었음을 추정할 수 있다.

학계에서는 연나라 장군 진개(秦開)가 인질로 가 있던 호(胡)를 동호가 아닌 '흉노'로 해석하기도 하지만 초기 연(燕)나라로 추정되는 하남성(河南城) 언성현(郾城縣) 경계에 '호성(胡城)'이 있었고,275) 진개가 '호(胡)'에서 돌아와 공격한 곳이 흉노라 아니라 '동호(東胡)'였다는 사실은, 진개가 인질로 가 있던 '호(胡)'가 흉노가 아닌 '동호'였음을 의미한다. 진개가 인질로 있으면서 익숙했던 지역이 '흉노'라면 흉노를 공격했어야지 '동호(東胡)'를 공격할 이유가 없다. 따라서 동호가 연나라 진개에게 빼앗긴 영토는 황하 이남 언성현의 경계에 있던 호성(胡城)부터 북쪽으로

---

274) 『史記』「趙世家」"(惠文王)二十六年(BC 283), 取東胡歐代地(혜문왕 26년(기원전 283년), 동호(東胡)의 구(歐), 대(代) 땅을 점령하였다)."

275) 『史記正義』卷四十 楚世家第十 "括地誌云 : 故胡城在豫州郾城縣界(『괄지지』에 이르기를: 옛 호성(胡城)은 예주(豫州) 언성현(郾城縣) 경계 안에 있다)."

1,000리, 즉 현 산서성 남부 지역이었음을 짐작할 수 있다. 이러한 사실은 앞서 밝힌 대로 진한(秦漢) 당시 연나라 동쪽에 있던 요동이 현 산서성 중남부 진중시(晉中市) 인근으로 비정되는 사실로 추정할 수 있다.

연번	출처	『사기(史記)』 연(燕) 위치 관련 내용
[30]	『史記』 卷一百十. 匈奴列傳	當是之時, 秦襄公伐戎至岐, 始列為諸侯. 是後六十有五年, 而山戎越燕而伐齊, 齊釐公與戰於齊郊. 其後四十四年, 而山戎伐燕. 燕告急於齊, 齊桓公北伐山戎, 山戎走. 其後二十有餘年, 而戎狄至洛邑, 伐周襄王, 襄王奔於鄭之氾邑. (이때 진나라 양공은 견융을 정벌하기 위해 기산(岐山)에까지 이르자 비로소 제후의 반열에 오르게 되었다. 그로부터 65년 뒤(기원전 706년)에 산융이 연(燕)나라를 넘어와서 제(齊)나라를 침범하여 제나라 희공(釐公)이 제나라 교외에서 산융과 싸웠다. 그로부터 44년 후(기원전 664년)에 산융이 다시 연나라를 침공했다. 연나라는 곧 위급함을 제나라에 알렸다. 제나라 환공(桓公)은 북쪽으로 가서 산융을 공격해 그들을 패주시켰다. 그로부터 20여 년 후(기원전 636년)에 융적이 낙읍으로 침범하여 주나라 양왕(襄王)을 공격했다. 이에 양왕은 정(鄭)나라의 범읍(氾邑)으로 도피했다.)

『염철론(鹽鐵論)』에 근거하면 연나라가 조선을 공격하던 BC 300년 이전 '조선'은 '연(燕) 지역 동쪽'을 뺏고, '동쪽으로 동해를 넘어' 절강(양자강 유역) 남쪽을 점령한 강국이었다.[276] 당시 동해는 현 산동성 서쪽 내륙의 하택시(菏澤市) 인근으로 비정되므로,[277] 조선이 차지한 연나라 동쪽은 이 하택시 서쪽(하남성)에 있었음을 알 수 있다. 이러한 사실로 보

---

276) 『鹽鐵論』 卷第七 備胡 第三十八 "大夫曰 : 往者, 四夷俱强, 幷爲寇虐, 朝鮮踰徼, 劫燕之東地, 東越東海, 略浙江之南(대부(大夫)가 말하였다. "예전에 사방의 오랑캐가 모두 강성하여 함께 도적이 되어 난폭하게 굴었는데, 조선(朝鮮)은 변경을 넘어 연(燕)의 동쪽 땅을 침탈하였고, 동쪽으로 동해를 건너 절강(浙江)의 남쪽을 침략하였다)."

277) 伏元傑, 앞의 논문(2021), pp.40-44.

면 이 기록상의 산융(戎伐)이 공격한 연(燕)과 제(齊), 낙읍(낙양)이 모두 황하 이남에 있었음을 알 수 있다. 이는 1980년 대만에서 제작한 「주초봉건도(周初封建圖)」상의 연(燕)과 제(齊)의 위치가 황하 이남인 사실과 부합하며, 당시 연(燕)과 제(齊)를 공격한 산융이 『염철론(鹽鐵論)』에 기록된 조선일 가능성이 높음을 시사한다.

이 기록은 북경 유리하(琉璃河) 유적지의 청동기와 동일 인명 족휘(族徽, 부족의 상징)가 보이는 청동기가 중국 각 지역에 퍼져 있는데,[278] 그 가운데 한 곳이 황하 이남 낙양(成周)인 사실과 관련이 있을 것으로 추정된다. 낙양(成周) 지역의 인명 족휘가 유리하에서도 발견되었다는 사실은 낙양(낙읍) 지역 청동기를 유리하(琉璃河) 세력(산융?, 조선?)이 탈취해 왔을 가능성을 말하는데, 이 기록(戎狄至洛邑, 伐周襄王)이 이를 입증하고 있기 때문이다. 이와 관련된 내용은 다음 장(章)에 상술하겠다.

연번	출처	『사기(史記)』 연(燕) 위치 관련 내용
[31]	『史記』卷一百一十五. 朝鮮列傳	朝鮮王滿者, 故燕人也. 自始全燕時嘗略屬眞番朝鮮, 爲置吏, 築鄣塞. 秦滅燕, 屬遼東外徼. 漢興, 爲其遠難守, 複修遼東故塞, 至浿水爲界, 屬燕. 燕王盧綰反, 入匈奴, 滿亡命, 聚黨千餘人, 魋結蠻夷服而東走出塞, 渡浿水, 居秦故空地上下鄣, 稍役屬眞番朝鮮蠻夷及故燕齊亡命者王之, 都王險. (조선(朝鮮)의 왕 만(滿)은 원래 연(燕)나라 사람이었다. 당초 연은 전성기 때 진번(眞番)과 조선을 공략하여 귀속시키고는 관리를 두고 변방 요새를 쌓았다. 진(秦)이 연을 멸망시키고 요동(遼東) 바깥 경계에 귀속시켰다. 한(漢)이 일어나자 그곳이 멀어 지키기가 어려워서 다시 요동의 옛 요새를 수리하고 패수(浿水)에 이르러 경계를 정하고 연에 소속시켰다.

---

278) 閔厚基, 「燕 封建의 재구성-琉璃河 출토 有銘 청동기의 분석을 중심으로-」, 『동양사학연구』 151, 2020, p.63.

> 연왕(燕王) 노관(盧綰)이 배반하여 흉노(匈奴)로 들어가자 위만은 망명하여 무리 1,000여 명을 모아 추결(魋結, 상투를 틀다)을 하고 만이(蠻夷)의 옷을 입고는 동쪽 요새를 나와 패수를 건너 진의 옛 비어 있는 지역을 점거하고, 변방을 오가며 점차 진번과 조선의 만이와 옛 연과 제(齊)의 망명자들을 복속시켜 그들의 왕이 되어 왕검(王險)을 도읍으로 삼았다.

연(燕)이 가장 강력했을 당시 즉, 전연시(全燕時)는 연(燕) 소왕(昭王, 재위: BC 311-BC 279) 시기로, 당시 연나라는 악의(樂毅)가 제나라를 크게 물리치고(BC 284), 진개(秦開)가 동호(東胡)를 1,000리 몰아낸 시기였다. 진개가 동호를 물리친 시기를 중국에서 조(趙) 무령왕(武靈王)이 3군을 설치하던 기원전 300년으로 보고 있지만, 당시 연나라는 기원전 312년 제나라에 무너진 뒤(破燕) 회복하기까지 얼마 안 됐고, 나이가 어린 소왕(昭王)이 재위할 당시 연은 '땅이 작고 국력이 약하던(燕小力少)', '나라가 작고 먼 구석진 곳(燕國小, 辟遠)'에 있던 나라였으므로, 스스로 동호를 공격할 힘이 없었다. 단, 연의 국력이 크게 신장 된 계기는 악의(樂毅)가 조나라(趙)·초나라(楚)·한나라(韓)·위나라(魏) 연합군을 이끌고 제나라(齊)를 크게 물리친 기원전 284년 이후로 보아야 할 것이다. 당시 제나라를 물리친 연나라는 자신들의 북쪽에서 강한 세력을 유지하던 동호를 공격할 기회를 노렸을 것이다. 그런데 조(趙)나라 혜문왕(惠文王, 재위: BC 299-266) 26년(BC 283년)에 산서성 대(代)의 땅(代地)에 있던 동호(東胡)를 점령하면서, 연나라는 비로소 조(趙)나라에 의해 약해진 동호를 공격할 수 있었을 것으로 추정된다. 즉, 조나라가 산서성 중서부의 대(代)를 차지하자 연나라는 산서성 동남부, 지금의 산서성 장치시(長治市) 둔유구(屯留區)[279] 일대로 진출하였고, 그 진출 시기는 연(燕)이 동호를 공격한 소왕(昭王) 희평(姬平) 29년(BC 283)으로 볼 수 있다. 연나라는 이로써 하남성(河南城) 언성현(鄔城縣) 일대에서 동쪽으로 제나라와 황하 이북 산서성 장치시(長治市)까지 확보한 강국이 된 것이다.

그런데 이렇게 연국(燕國)이 전성기를 누리는 기간은 얼마 되지 않는다. 서쪽의 진(秦)에 의해 연(燕)의 기원지인 하남성 일대가 기원전 272년, 기원전 242년 두 번이나 정벌을 당하기 때문이다. 이러한 진(秦)의 공격은 연(燕)으로 하여금 자신들이 기원전 283년 경 갓 정복한 황하 이북(산서성 남부) '동호' 지역으로 중심지를 이주하게 만들었을 것이다. 따라서 위 기록의 '연의 전성기(全燕時)'에 해당하는 시기는 기원전 284년 제나라를 정복하고 272년 진나라에 의해 정벌당하는 불과 8년 정도로 볼 수 있다. 비록 이 시기에 연나라가 북방 조선(朝鮮) 지역 서부를 정복했을 수 있으나, 구체적 정복 기록은 '진개(秦開)'가 차지한 동호, 또는 조선 서방을 정복했다는 기록밖에 없고, 그 범위가 요동-상곡, 즉 현 산서성 중부를 넘지 못했음은 앞서 요동과 양평, 상곡의 위치가 모두 산서성 중부(진중시 좌권현 인근)임을 살펴봄으로써 증명하였다.

특히 진개(秦開)가 활동하던 기원전 3세기보다 앞서 소진(蘇秦)이 연문후(燕文侯, 재위 BC 361-BC 333)에게 연(燕)의 동쪽에 조선이 있다고 한 말이나(『사기(史記)』「소진열전(蘇秦列傳)」),『사기(史記)』「화식열전(貨殖列傳)」에 연의 '동쪽과 북쪽(東北)'에 '호(胡)'가 있다고 하면서 구체적으로 북쪽에는 오환과 부여, 동쪽에는 조선(예맥조선 진번)이 있다고 기록하여 연 주변 국가를 모두 호(胡)라고 부른 점,『삼국지(三國志)』에서

---

279) 김진경, 앞의 논문(2012), p.88. "수(隋)·당(唐) 대의 계(薊)가 요나라 연경(燕京)이었으며 현재의 둔유(屯留)로 비정할 수 있다; 김진경, 앞의 논문(2012), p.101. "안민성(安民城)이 계(薊)에 위치하고 있었으며 계를 신도(信都) 또는 중산(中山)으로 부른 것으로 추정해 볼 수 있다."

인용한 『위략(魏略)』에서 진개(秦開)가 활동하던 당시 연나라와 갈등한 나라는 동호가 아닌 조선이라고 기록한 점, 『사기(史記)』와 『위략(魏略)』에서 '진개(秦開)'가 공격한 곳을 '동호'와 '조선' 두 곳이 아닌 각각 한 곳만 기록한 점을 볼 때,280) 진개(秦開)가 정복한 동호(東胡)는 『위략(魏略)』의 기록대로 조선(朝鮮)의 서방 2,000리일 가능성이 높다.

당시 연(燕) 소왕(昭王, 재위: BC 311-BC 279)이 진개를 시켜 차지한 영역을 『史記』에는 '동호 땅 1,000여 리(東胡卻千餘里)', 『위략(魏略)』에는 '조선 서방 2,000여 리(秦開攻其西方, 取地二千餘里)'라고 다르게 기록하고 있으나, 상기 「조선열전(朝鮮列傳)」 기록에 "당초 연은 전성기 때 진번(眞番)과 조선을 공략하여 귀속시키고는 관리를 두고 장새(鄣塞)를 쌓았다(自始全燕時嘗略屬眞番朝鮮, 爲置吏, 築鄣塞)"라고 할 때의 '장새(鄣塞)'는 「흉노열전(匈奴列傳)」의 연(燕)이 쌓았다는 상곡(上谷)에서 요동(遼東)에 이르는 장성과 같다고 볼 때, 연이 동호 또는 조선 서방을 물리치고 차지

---

280) 『史記』 「蘇秦列傳」 第九 "說燕文侯曰燕東有朝鮮遼東(소진이 연 문후에게 말하였다. "연의 동쪽에는 조선과 요동이 있습니다)."; 『史記』 「貨殖列傳」 앞의 주석; 『史記』 卷一百一十 「匈奴列傳」 앞의 주석.; 『三國志 裴松之注』 卷三十 "魏略曰：燕自尊爲王, 欲東略地, 朝鮮侯亦自稱爲王,…後子孫稍驕虐, 燕乃遣將秦開攻其西方, 取地二千餘里, 至滿番汗爲界, 朝鮮遂弱(『위략』에 이르기를: 연나라가 스스로 왕이라 칭하고, 동쪽으로 영토를 확장하려 하자, 조선후도 이에 따라 스스로 왕이라 칭하였다 … 그 뒤 조선후의 자손이 점점 교만하고 포악해지자, 연나라는 장수 진개를 보내 서쪽 변경을 공격하여 2,000여 리의 땅을 빼앗고 번한(滿番汗)를 경계로 삼았다. 이로 인해 조선은 약해졌다)."; 『史記』 「朝鮮列傳」에 "自始全燕時嘗略屬眞番朝鮮, 爲置吏, 築鄣塞. 秦滅燕, 屬遼東外徼. 漢興, 爲其遠難守, 複修遼東故塞, 至浿水爲界, 屬燕(처음 연나라가 강성했을 때 진번(眞番) 조선을 대략 속국으로 삼고 관리(吏)를 두었으며, 장애(鄣)와 방벽(塞)을 쌓았다. 진(秦)이 연을 멸망시키자 (그 땅은) 요동 외곽 변경에 속하게 되었다. 한(漢)나라가 건국된 뒤에는, 그 땅이 멀고 지키기 어려워 다시 요동의 옛 방벽을 수리하고 패수(浿水)를 경계로 삼아 (그 땅을) 연(燕)에 속하게 하였다)." 이 기록은 전연시(全燕時)는 연 소왕(燕昭王) 당시를 의미한다.

한 영토는 요동, 즉 현 산서성 진중시 좌권현을 넘지 못하는 것이다.

다만, 고조선이 멸망한 후 저술된 『염철론(鹽鐵論)』에는 "연(燕)이 동호(東胡)를 습격하여 1,000리의 땅을 개척하고, 요동(遼東)을 지나 조선(朝鮮)을 공격하였다(燕襲走東胡, 辟地千里, 度遼東而攻朝鮮)"281)라고 기록하고 있다. 그런데 이 기록의 '요동(遼東)을 지나 조선(朝鮮)을 공격하였다'는 내용은 연 소왕(昭王)이 동호를 공격할 당시인 기원전 283년이 아닌 연나라 마지막 왕 희(喜)가 진시황의 공격으로, 기원전 226년 조선 땅 서쪽에 있던 요동(석가장시 인근)으로 건너가 그곳을 정복(收)했던 기록으로 볼 수 있다. 왜냐하면 연나라가 요동을 처음 정복한 시기가 이 연왕 희가 진시황을 피해 도피한 226년이기 때문이다.282)

설령 이 『염철론(鹽鐵論)』 기록과 중국 학계의 주장대로 진개가 정복한 '동호'와 '조선'을 다르게 파악하여, 연 소왕이 진개를 시켜 동호 땅 1,000리를 차지한 후, 이어서 또다시 그를 시켜 조선 서쪽 땅 2,000리를 추가로 차지하여 관리를 파견했다고 하더라도,283) 연이 조선 서부를 지

---

281) 『鹽鐵論』 卷第八 伐功 第四十五

282) 연왕 희는 요동을 정복한 후 4년 만에 진(秦)나라에 망하고, 그가 정복했던 '요동(석가장시 인근)'은 진공지(秦空地)가 되어 방치된 것으로 추정된다. 그곳은 후일 위만과 연제(燕齊) 유민이 모여든 곳(위만도)으로 위만은 그곳을 중심으로 세력을 키워 고조선 준왕을 몰아냈으며(BC 194), 이후 한나라에 멸망(BC 108)하여 요동속국이 된 뒤 창려군이 설치된 것으로 보인다.

283) 『百度百科』 秦開 "秦開, 出身魯國秦氏, 戰國時期燕國將領. 早年在東胡做人質, 很受東胡的信任, 通曉民情風俗. 燕昭王姬職即位后, 秦開逃歸燕國. 後於公元前三百年大破東胡, 迫使東胡北退千餘里, 還曾渡過遼水進攻箕氏朝鮮, 直達滿番汗 (今朝鮮淸川江以西大寧江流域博川郡境內的博陵古城) 為界, 取地兩千餘里. 燕國置上谷漁陽右北平遼西遼東五郡, 修築燕長城(진개(秦開)는 노국(魯國) 출신의 진씨(秦氏)로, 전국시대 연나라의 장수이다. 그는 젊은 시절 동호(東胡)에 인질로 보내져 있었는데, 동호의 깊은 신임을 받으며 그들의 풍속과 민정을 잘 알게 되었다. 연 소왕(燕昭王, 이름은 희직·姬職)이 즉위한 뒤, 진개는 연나라로 탈출해 돌아왔다. 이후 기원전 300년에 동호를 크

배한 시기는 연(燕)이 가장 강력했을 당시, 즉 전연시(全燕時)인 연(燕) 소왕(昭王, 재위: BC 311-BC 279) 시기로 제한된다. 조선은 연 소왕의 장군 진개가 기원전 283년 공격했을 때 비로소 약화되었을 뿐이다.[284] 조선을 공격한 뒤 얼마 지나지 않아 연(燕)은 기원전 272년 진(秦)에 의해 정벌(伐)을 당하며 위기에 빠졌고, 상기 기록대로 진(秦)이 연을 멸했을 때(BC 222) 조선은 형식상 요동에 속함을 의미하는 '요동외요'일 뿐 독립국이었으므로, 조선에 대한 연(燕)의 지배는 연(燕)이 진(秦)에 멸망하기 전에 시행되지 않았음을 알 수 있다. 즉, 기원전 3세기 이전 황하 이남에 있었던 연나라가 지속적으로 북경 일대의 조선을 지배한 기록은 찾을 수 없고, 북경이 연(燕)의 중심지는 더욱 될 수 없다. 따라서 『위략(魏略)』의 '조선 서방 2,000리 정복' 기록을 인정하더라도 대략 기원전 284년 이후부터 연(燕)이 진(秦)에 의해 정벌(伐)된 기원전 272년 사이 10여 년간 북경 일대에 영향력을 행사했을 가능성이 있을 뿐, 북경 일대의 토착 문화를 연(燕) 문화의 중심지로 간주할 수 없는 것이다.

  황하 이남의 연나라가 북쪽으로 이주하여 중심지가 된 것으로 추정되는 계국(薊國), 즉 산서성 둔유현(屯留縣, 현 산서성(山西省) 장치시(長治市) 둔유구(屯留區)) 일대는 상(商)나라 재상 기자(箕子)가 이주한 지역으로 추정되는 기주(箕州), 기산(箕山)이 있던 산서성(山西省) 동남부의 요주

게 무찌르고, 동호를 북쪽으로 1,000여 리 물리쳤다. 또한 요수(遼水)를 건너 기자조선(箕氏朝鮮)을 공격하여 만번한(滿番汗)에 이르기까지 진격하였다. 만번한은 오늘날 조선(북한) 청천강 이서(以西), 대녕강 유역의 박천군 경내 박릉고성에 해당한다. 진개는 이 일대에서 2,000여 리의 땅을 빼앗았다. 연나라는 이 지역에 상곡(上谷), 어양(漁陽), 우북평(右北平), 요서(遼西), 요동(遼東)의 5군을 설치하고, 연 장성(燕長城)을 축조하였다."

284) 『三國志』"燕乃遣將秦開攻其西方…朝鮮遂弱(연나라가 장수 진개를 보내 서방을 공격하니…조선이 결국 약해졌다.)"

(遼州), 즉 산서성 진중시 좌권현 인근285)이다. 만일 이 기(箕) 지역이 기자(箕子)가 이주한 지역이라면 이 지역은 연나라 진개가 점령하기 전 조선 서방(동호)에 해당된다. 왜냐하면 『상서대전(尙書大傳)』에 '기자가 주나라의 석방을 참지 못하고 조선으로 가자 무왕이 이를 듣고 그를 조선에 봉했다(箕子不忍周之釋, 走之朝鮮. 武王聞之, 因以朝鮮封之)'라는 기록286)에 근거하면 본명이 서여(胥餘) 또는 수유(須臾)였던 기자가 이주한 땅이 조선인데, 그가 '기자(箕子)'로 불린 이유는 그가 '기(箕)' 지역에 봉해졌기 때문이었으므로, 조선 안에 '기(箕)' 지역이 있었음을 알 수 있는 것이다. 즉, 진개가 물리친 동호(東胡) 1,000리는 조선영역 서부에 속하는 '기(箕)' 지역인 현 산서성 남부를 말하며, 동호가 곧 조선(조선 서방)이고, 기자가 이주한 지역이라는 추론이 가능하다.

---

285) 『詞典網』箕州 "唐武德八年 (625) 改遼州置, 治所在遼山縣(今山西左權縣)(당나라 무덕 8년(625)에 요주(遼州)로 개편되었으며, 치소(治所, 주의 행정 중심지)는 요산현(遼山縣, 지금의 산서성 좌권현(左權縣))에 두었다)."

286) 『尙書大傳』卷二 周書 洪範五行傳 "武王釋箕子之囚. 箕子不忍周之釋, 走之朝鮮. 武王聞之, 因以朝鮮封之. 箕子旣受周之封, 不得無臣禮, 故於十二祀來朝. 武王因其朝, 而問洪範(무왕(武王)이 기자(箕子)의 옥을 풀어 주었다. 기자는 주(周)의 은혜로운 석방을 차마 감당할 수 없어, 조선(朝鮮)으로 달아났다. 무왕이 이 소식을 듣고, 이에 조선 땅을 봉하여 그에게 주었다. 기자는 이미 주나라의 봉토를 받았기에, 신하로서의 예를 갖추지 않을 수 없어, 12년에 조정에 와 조회하였다. 무왕은 그가 조회하러 온 기회를 이용해 『홍범(洪範)』에 대해 물었다)."

연번	출처	『사기(史記)』 연(燕) 위치 관련 내용
[32]	『史記』 卷 一百二十九. 貨殖列傳	然邯鄲亦漳河之間一都會也. 北通燕涿, 南有鄭衛. 鄭衛俗與趙相類, 然近梁魯, 微重而矜節. 濮上之邑徙野王, 野王好氣任俠, 衛之風也. (한단(邯鄲)은 장수(漳水)와 황하 사이의 도회지이다. 북으로 연(燕), 탁(涿)과 통하고, 남으로 정(鄭), 위(衛)가 있다. 정과 위의 습속은 조와 비슷하지만 양(梁), 노(魯)와도 가까워 진중하고 절개와 의리를 높게 친다. 복수(濮水) 가까운 읍에서 야왕(野王) 지역으로 옮겼는데, 야왕 지역도 기가 세고 협객을 자처하는데 위(衛)의 유풍이다.)

「화식열전(貨殖列傳)」이 기록되던 전한(前漢) 당시 과거 조(趙)나라 수도였던 한단(邯鄲)은 장수와 황하 사이(漳河之間)에 있었다. 즉, 현 산서성과 하북성 남부를 흐르는 장수 이남이 전한(前漢) 시기 조(趙)의 영역이었는데, 이는 이전 기록에 조(趙)나라가 대(代) 지역 남부인 산서성 서남부에 있었다는 내용과 다르다. 즉, 전한 시기 조(趙)의 영역이 서쪽 산서성 서부에서 동쪽 산서성 남부로 이주했음을 의미한다. 이는 전국시대 조(趙)나라의 동쪽, 또는 북쪽인 산서성 동남부에 있던 연(燕)의 위치 역시 전한(前漢) 시기에는 원래 전국시대 초 연의 위치(황하 이남)와 다를 수 있음을 시사한다. 전한(前漢) 시기 연(燕)의 위치는 구체적으로 조(趙)가 있던 장수 이남의 북쪽, 즉 장수 북쪽인 현 산서성 동남부 장치시(長治市) 일대로 볼 수 있다.

연번	출처	『사기(史記)』 연(燕) 위치 관련 내용
[33]	『史記』卷一百二十九. 貨殖列傳	夫燕亦勃碣之閒一都會也. 南通齊趙, 東北邊胡. 上谷至遼東, 地踔遠, 人民希, 數被寇, 大與趙代俗相類, 而民雕捍少慮, 有魚塩棗栗之饒. 北鄰烏桓夫餘, 東綰穢貉朝鮮真番之利. 洛陽東賈齊魯, 南賈梁楚. 故泰山之陽則魯, 其陰則齊. (연(燕)은 발해(渤海)와 갈석산(碣石山) 사이에 있는 도회지이다. 남으로 제(齊), 조(趙)와 통하고, 동북은 흉노 가장자리이다. 상곡(上谷)에서 요동(遼東)에 이르는 지역은 멀고 인민이 적어 자주 침략을 당했다. 조(趙), 대(代)의 풍속과 아주 비슷하다. 인민은 독수리처럼 사납지만 생각이 부족하고, 물고기, 소금, 대추, 밤이 많이 난다. 북은 오환(烏桓), 부여(夫餘)와 이웃해 있고, 동은 예맥(穢貉), 조선(朝鮮), 진번(眞番)의 지리적 이점을 통제하고 있다.)

전한(前漢) 시기 황하가 물을 대던 발해, 즉 고발해(古渤海)는 현 하북성 남부에 있었고, 갈석산은 황하 유역에 있었다. 따라서 산동 지역 제(齊)와 산서성 서남부 조(趙) 사이에 있던 연(燕)나라는 황하 북쪽의 산서성 동남부 지역으로 볼 수 있다. 전한 당시 이 연(燕) 북쪽에 오환과 부여가 있었고 동쪽에 예맥조선 진번이 있었다면, 산서성 동남부를 기준으로 오환과 부여는 산서성 북부, 조선은 산서성 동부, 즉 현 하북성 중부(발해 북쪽)에 있었음을 알 수 있다. 연나라 '동북쪽'에 호(胡)가 있다는 말은 이 연의 동쪽과 북쪽에 있던 나라들을 모두 '호(胡)'로 칭했음을 의미하는데, 구체적으로 동쪽은 '조선', '요동', 북쪽은 '오환'과 '부여'를 통칭하여 '호(胡)'라고 불렀음을 알 수 있다.

연번	출처	『사기(史記)』 연(燕) 위치 관련 내용
[34]	『史記』卷一百二十九. 貨殖列傳	齊趙設智巧, 仰機利. 燕代田畜而事蠶. (제(齊), 조(趙)는 영리하고 약아서 투기로 이익을 꾀한다. 연(燕), 대(代)는 밭을 갈고 가축을 기르며 그리고 누에치기를 한다.)

전한(前漢) 당시 연(燕) 지역은 장수(漳水) 남쪽에 있던 조나라의 북쪽인 산서성 중부 대(代) 인근에 있었으며(대청광여도 참고), 그곳은 농사와 목축에 적당한 곳이었다. 따라서 연(燕)은 대(代)의 남쪽의 넓은 분지(장치분지)에서 찾아야 한다. 현재의 중국 주장대로 하북성 북부부터 한반도 북부까지 광활한 지대를 모두 '대(代)와 인접하고 농사와 목축에 적합한' 연(燕)으로 볼 수 없다.

연번	출처	『사기(史記)』 연(燕) 위치 관련 내용
[35]	『史記』 卷一百三十. 太史公自序	率行其謀, 連五國兵, 爲弱燕報彊齊之讎, 雪其先君之恥. (모략으로 5국의 군대를 연합하여 약한 연나라를 위해 강국 제나라를 쳐서 원수를 갚고 선조의 치욕을 씻었다.)

연 소왕(燕昭王) 28년(BC 284) 당시 악의(樂毅)는 약한 연나라를 위해 진(秦)·초(楚)·삼진(三晉)과 함께 제나라를 공격하여 대패시킨다. 이는 기원전 284년 이전에 연나라의 국력이 약했던 사실과 연나라가 고발해(古渤海) 북쪽(하북성 중부)이 아닌 산동성 제(齊) 인근에 있었던 사실을 의미한다.

연번	출처	『사기(史記)』 연(燕) 위치 관련 내용
[36]	『史記』 卷一百三十. 太史公自序	楚人迫我京索, 而信拔魏趙, 定燕齊, 使漢三分天下有其二, 以滅項籍. (초나라가 한나라의 경과 삭을 압박할 때 한신이 위나라와 조나라를 공략하고 연나라와 제나라를 평정하여 천하의 2/3를 한이 차지함으로써 항우를 멸망시킬 수 있었다.)

항우(項羽, BC 232-202)가 멸망한 기원전 201년 경 한(漢) 고조의 초나라가 연(燕)과 제(齊)를 평정했다면, 연(燕)은 제(齊)와 함께 한(漢) 고조

의 중심지인 초나라 인근에 있어야 한다. 만일 연(燕)이 당시 북경 지역에 있었다면, 한(漢)이 기원전 109년 제(齊)에서 하북성 남부 발해를 건너 '다시' 북경 지역(조선)을 공격할 필요가 없다.

연번	출처	『사기(史記)』이외의 문헌상 연(燕) 관련 내용
[37]	『韓非子』「有度」戰國, 韓非(약BC 280-BC 233)	燕襄王以河爲境, 以薊爲國, 襲涿方城, 方城涿之邑也. 殘齊, 平中山, 中山國名. 有燕者重, 無燕者輕. 謂鄰國得燕爲黨者則重, 反是者則輕也. 襄王之氓社稷也, 而燕以亡. (연나라의 양왕(襄王, 昭襄王, 昭王으로도 불린다. 재위: BC 311-BC 279)은 황하를 경계로 삼고 계(薊)를 나라의 중심으로 삼아, 탁(涿)의 방성(方城)을 습격하였다. 방성은 탁의 도읍 이름이다. 제나라를 잔혹하게 무너뜨리고 중산국을 평정하였다. 중산은 나라의 이름이다. 연나라를 중하게 여긴 자는 무겁고, 연나라를 경시한 자는 가볍다는 말은 이웃 나라들이 연나라를 당(黨)으로 삼으면 중하게 여기고, 그렇지 않으면 가볍게 여긴다는 뜻이다. 양왕이 백성들과 사직을 지켰으나, 연나라는 멸망하였다.)

기원전 312년 연나라는 제나라의 공격으로 왕 쾌(噲)가 죽고 거의 멸망하게 된다. 당시 태자였던 평(平)이 연나라 사람들에 의해 추대되어 연(燕) 소양왕(昭襄王, 재위: BC 311-BC 279)이 되는데, 줄여서 연 소왕(燕昭王) 또는 연 양왕(燕襄王)으로도 불린다. 당시 작고 약하던 연나라(燕小力少)는 국력을 길러 연 소왕(燕昭王) 28년(BC 284) 제나라를 공격하여 철저히 복수하고(殘齊), 이어서 연(燕)의 장군 진개(秦開)가 동호(東胡)를 물리치는데(BC 283), 이 기록에서는 『사기(史記)』기록의 동호(東胡)를 물리쳤다는 기록과 달리 중산(中山)을 평정(平)했다고 기록하고 있다. 따라서 중산(中山)은 동호로 비정할 수 있다(자세한 내용은 이어지는 '3. 연(燕)이 공격한 조선 서부는 기자조선=중산=동호=오환' 내용 참고). 그런데 연이 강성해진 뒤 얼마 지나지 않아 기원전 272년 진(秦)이 연(燕)을 정벌

(伐)하자, 연(燕)은 '황하를 국경으로 삼고(以河爲境)' 과거 자신들이 정복한 계(薊)287)를 나라(國)의 중심지로 삼아(以薊爲國) 국가를 이주시키고 진(秦)과 제(齊)의 재침을 대비하게 된다. 따라서 전국시대 소왕(昭王) 당시 연나라는 황하 유역에 있어야 하며, 그 중심지 계(薊) 역시 다시 소국이 된 연나라의 국력으로 볼 때 황하 유역에 있어야지 중국 학계의 주장대로 황하에서 멀리 떨어진 현 하북성 중부 보정시(연하도 유적지)까지 이주했다고 보기 어렵다.

연번	출처	『사기(史記)』 이외의 문헌상 연(燕) 관련 내용
[38]	『鹽鐵論』 卷十 前漢(BC 94-BC 74)	燕塞碣石, 絶邪谷, 繞援遼. (연나라는 갈석산(碣石山)을 변경 요새로 하고(塞), 계곡(사곡(邪谷))에 의해 끊겼으며, 요수(遼水)에 의해 둘러싸였다.)

고조선 멸망 이후(BC 108)까지도 연(燕)은 황하(黃河) 유역에 있던 갈석산, 그리고 계곡(邪谷)으로 경계를 삼고 요수(遼水)로 비정되는 탁장하(濁漳河)와 청장하(清漳河)288)가 '감싸는(繞援) 지역'에 있었는데, 이러한 지형 조건에 맞는 곳은 산서성(山西省) 동남부 장치분지(長治盆地)로 볼 수 있다. 중국에서 전국시대 연나라의 중심지로 주장하는 현 북경 지역은 갈석산이 있던 황하나 계곡, 요수가 감싸는 지역과 관련이 없다.

---

287) 『史記』「周本紀」"薊微燕盛, 乃幷薊居之, 薊名遂絶焉. 今幽州薊縣, 古燕國也(계(薊)의 세력이 약해지고 연(燕)이 강성해지자, 연이 계를 병합하여 그곳에 거주하였다. 이로 인해 '계'라는 이름은 점차 사라지게 되었다. 지금의 유주(幽州) 계현(薊縣)은 옛 연나라의 땅이다)."

288) 김진경, 앞의 논문(2012), p.1.

연번	출처	『사기(史記)』이외의 문헌상 연(燕) 관련 내용
[39]	『漢書』「地理志」後漢(105) 注: 顔師古 (581-645)	廣陽國(高帝燕國, 昭帝元鳳元年爲廣陽郡, 宣帝本始元年更爲國. 莽曰廣有) 戶二萬七百四十, 口七萬六百五十八. 縣四 : 薊(故燕國, 召公所封. 莽曰伐戎.) 方城, 廣陽, 陰鄕. 莽曰陰順. (廣陽國(高帝(재위: BC 202-BC 195) 시기 燕國으로, 소제 원풍 원년(BC 80) 광양군으로, 선제 본시 원년(BC 73) 다시 國이 되었다. 왕망은 廣有라 하였다.) 20,740戶에 인구가 70,658이다. 현(縣)이 넷이다. 계(薊, 옛 燕國으로, 召公이 봉해진 곳이다. 왕망은 伐戎이라 하였다.) 방성, 광양, 음향(왕망은 음순이라 하였다.)
	『後漢書』「光武帝紀」南朝宋 (432-445) 注: 李賢 (655-684)	按 : 張增謂案前志, 薊屬廣陽國, 續志屬廣陽郡, 皆無「屬涿郡」之文. (장증위가 전지(前志)에 근거하여 계가 광양국에 속했었고, 속지(續志)에 광양군에 속한다고 하는데, 모두 탁군에 속한다는 기록은 없다고 하였다.)

　전한(前漢) 초 설치한 연국(燕國)은 광양군(廣陽郡), 광양국(廣陽國)으로 지명이 바뀌는데, 이 광양국에 과거 연(燕)의 수도이자 연 초대 군주 소공(召公)의 봉지(封地)였던 계현(薊縣)이 있었다고 한다. 그런데 이 기록은 소공(召公)의 봉지(封地)인 황하 이남의 '섬(陝)' 지역이라는『사기(史記)』「연소공세가(燕召公世家)」의 기록과 맞지 않는다. 이렇게 불일치하는 이유는 앞서 밝힌 대로, 기원전 300년 조(趙) 무령왕(武靈王)이 산서성 서부 3군을 설치한 후 연(燕)이 연경융(燕京戎)이 살던 산서성 중부 기현(祁縣) 남쪽 둔유(屯留) 일대를 장악하여 북쪽으로 영토를 넓히고, 이후 연(燕)이 진(秦)에 의해 황하 이남을 빼앗긴 기원전 272년 이후 북쪽 산서성 남부로 위축된 이후의 기록이기 때문임을 짐작할 수 있다. 따라서 이 기록의 전한(前漢) 초 계(薊)는 황하 이남 원래의 연이 북쪽 산서성으로 이주한 이후 중심지(수도)가 된 계(薊)로 볼 수 있다.

상기 『후한(後漢書)』 기록을 보면 연나라의 수도였던 계(薊)가 광양국(廣陽國), 광양군(廣陽郡)에 속한 기록은 있으나 북쪽의 탁군(涿郡)에 속한다는 기록은 없다고 밝히고 있다. 즉, 전한(前漢) 초 연(燕)은 광양군(廣陽郡), 탁군(涿郡) 인근에 있었던 것이다. 그런데 현재 중국에서는 탁군(涿郡)과 광양군(廣陽郡)을 모두 북경으로 비정하고 있다. 이러한 주장은 탁군과 이 탁군(涿郡)에 속했던 광양국(廣陽國)이 분하(汾河)가 있는 현재의 산서성 남부라는 사실과는 상관이 없는 주장으로, 시정이 필요하다. 한(漢) 당시 탁군(涿郡), 광양국(廣陽國)이 현 중국 주장대로 북경이 아닌 분수(汾水) 인근인 현 산서성 중남부에 있었음은 다음 기록으로 알 수 있다([40] 내용 참고).

연번	출처	『사기(史記)』 이외의 문헌상 연(燕) 관련 내용
[40]	『後漢書』「郡國五」南朝宋 (432-445) 注: 李賢 (655-684)	涿郡, 高帝置. 雒陽東北千八百里. 七城, 戶十萬二千二百一十八, 口六十三萬三千七百五十四. 涿, 遒 侯國, 故安 易水出, 雹水出 范陽 侯國. 良鄉. 北新城 有汾水門. 方城 故屬廣陽, 有臨鄉, 有督亭. (탁군(涿郡), 고제(高帝)가 설치하였다. 낙양(雒陽)에서 동북쪽으로 1,800리에 있다. 성(城)이 7개이고 가구수는 10,2218이며 인구수는 63,3754명이다. 탁현(涿縣), 주국(遒國). 후국(侯國)이다. 고안현(故安縣) 역수(易水)가 나오며 박수(雹水)가 나온다. 범양국(范陽國). 후국(侯國)이다. 양향현(良鄉縣). 북신성현(北新城縣). 분수문(汾水門)이 있다. 방성현(方城縣) 옛 광양국(廣陽國)에 속했는데 임향(臨鄉)이 있고, 독정(督亭)이 있나.)

상기 『후한서(後漢書)』에는 고안(故安)에서 역수(易水)가 시작됐다고 하는데, 『사기(史記)』「소진열전(蘇秦列傳)」에는 "(연나라) 남쪽에 호타, 역수가 있다(南有嘑沱易水)"라고 기록하여 역수(易水)가 연나라 남쪽에 있었음을 알 수 있다. 그런데 『사기(史記)』의 다른 기록인 「진시황본기

〈秦始皇本紀〉」에는 "진나라 군사가 역수의 서쪽에서 연을 격파했다(秦軍破燕易水之西)"라고 하여, 역수가 남북으로 흐르던 강으로 묘사되고 있다. 이를 통해 역수(易水)가 상류에서 남북으로 흐르다 하류에서 동서로 흐르는 강이란 사실을 유추할 수 있는데, 그러한 흐름을 갖는 강은 현 산서성 중부에서 동남쪽으로 흐르는 심수(沁水)가 가장 가깝다. 심수(沁水)가 고대 연나라 서쪽, 남쪽으로 흐르던 역수(易水)임은 김진경이 연의 수도 계(薊)로 비정한 지역이 이 심수 동쪽 둔유(屯留)임을 통해 가능성이 높아진다. 또한, 위 기록에 이 역수(易水)가 고안(故安)에서 시작된다고 하는데, 1754년 청나라 조일청(趙一淸)이 지은 『수경주석(水經註釋)』에 고안성(故安城)이 '기주(祁州)' 무극현(無極縣)에 있다고 하였고, 역수(易水)는 고안현(故安縣) 염향(閻鄕) 서쪽 산에서 발원한다고 기록하고 있다.[289] 그가 기록한 '역수가 발원한다는 기주(祁州) 고안성(故安城)'을 『대청광여도』에서 찾아보면 산서성 중부 태원시(太原市) 동남에 있었음을 알 수 있는데(〈그림 Ⅶ-11〉 참고), 이 기주(祁州, 고안)에서부터 沁水(심수)가 발원하는 것을 확인할 수 있다. 즉, 연나라 서쪽 또는 남쪽에 있던 역수(易水)는 산서성 '기주(祁州)' 인근의 고안(故安)에서 발원한 강으로, 현재 심수(沁水)로 비정할 수 있다.

연나라 국경에 있던 역수(易水)가 산서성에 있던 강이라는 또 다른 증거는, 상기 기록에서 "북신성현(北新城縣). 분수문(汾水門)이 있다"라는 내용 중 분수(汾水)가 산서성 중부에서 서남으로 흐르는 강이라는 사실

---

[289] 『水經註釋』卷十一 "祁州無極縣故安城下引, 水經雲'故安城'即魏之安鄉城 …易水出涿郡故安縣閻鄕西山(기주(祁州) 무극현(無極縣)의 고안성(故安城)에 대해서 『수경(水經)』에 이르기를, 고안성은 곧 위나라의 안향성(安鄉城)이다. …역수(易水)는 탁군(涿郡) 고안현(故安縣)의 염향(閻鄕) 서산(西山)에서 발원한다)."

이다. 즉, 역수(易水, 현재의 沁河)는 이 분수(汾水, 현재의 汾河)와 함께 탁군(涿郡)에 있었는데, 그 위치가 산서성 남부였던 것이다. 이 분수문(汾水門)과 관련된 기록에 대해 당나라 시기 이현(李賢, 655-684)은 "사기(史記)에서 말하기를 조(趙)가 연(燕)에게 분문(分門)을 주었다고 했다(史記曰趙與燕分門)"라고 주석하고 있다. 즉, 분수문(汾水門)은 탁군에 있던 주요 강 이름(易水, 雹水)이기보다 물이 나뉘는 곳(分門)이라는 지명의 의미로 사용되다가 이후 산서성 서부의 큰 강인 분하(汾河=東河?)를 호칭하는 강명으로 바뀐 것으로 보인다. 따라서 현재 중국에서 북경 일대를 탁군과 탁군에 속했던 광양국(연나라 수도 계(薊)가 있던 곳)으로 주장하는 것과, 현재 하북성 남부에 있는 역수(易水)를 고대 역수와 같은 곳으로 비정하는 것은 문제가 있으며, 전국시대 연나라는 현재의 하북성이 아닌 분하(汾河)가 흐르는 산서성 동남부에 있었음을 알 수 있다.

연번	출처	『사기(史記)』 이외의 문헌상 연(燕) 지역 관련 내용 및 분석
[41]	『後漢書』「東夷列傳」南朝宋 (432-445) 注: 李賢 (655-684)	建光元年春(121), 幽州刺史馮煥·玄菟太守姚光·遼東太守蔡諷等將兵出塞擊之, 捕斬濊貊渠帥, 獲兵馬財物. 宮乃遣嗣子遂成將二千餘人逆光等, 遣使詐降, 光等信之, 遂成因據險阨以遮大軍, 而潛遣三千人攻玄菟·遼東, 焚城郭, 殺傷二千餘人.於是發廣陽·漁陽·右北平·涿郡屬國三千餘騎同救之, 而貊人已去. (건광 원년(建光 元年, AD 121; 高句麗 太祖王 69) 봄에, 유주자사(幽州刺史) 풍환(馮煥)과 현도태수(玄菟太守) 요광(姚光)과 요동태수(遼東太守) 채풍(蔡諷) 등이 군사를 거느리고 국경을 넘어 고구려를 공격하여, 그 우두머리(渠帥)를 붙잡아서 목베고 병마(兵馬)와 재물을 노획하였다. 宮(고구려 태조왕)은 이에 嗣子(상속자) 遂成(고구려 次大王)에게 군사 2,000여 명을 거느리고 가서 요광(姚光) 등을 맞아 싸우게 하였다. 수성(遂成)이 사자(使者)를 보내어 거짓으로 항복하니 요광(姚光) 등은 이를 믿었다. 수성(遂成)은 이 틈을 타 험요지(險要地)를 점거하여 [요광(姚光) 등의] 대군(大軍)을 막고는 몰래 3,000여 명의 군사를 보내어 현도(玄菟)와 요동(遼東)을 공격하여 성곽(城郭)을 불태우고 2,000여 명을 살

> 상(殺傷)하였다. 이에 [후한(後漢)은] 廣陽·漁陽·右北平·涿郡·遼東 속국(屬國)에서 3,000여 명의 기마병을 출동시켜 함께 [요광(姚光) 등을] 구원케 하였으나, 맥인(貊人)이 벌써 돌아가 버렸다.)

　전한(前漢)의 무제(武帝)가 조선을 물리치고 낙랑군을 설치한 기원전 108년 이후 1년 뒤인 기원전 107년에 현도군(玄菟郡)을 설치한다. 이는 초기 현도군(玄菟郡)이 중원에서 볼 때 낙랑보다 먼 북쪽 지역에 있었음을 의미한다. 이렇게 낙랑 북쪽에 설치된 것으로 추정되는 현도군(玄菟郡)은 서기전 75년에 이맥(夷貊)의 침범으로 그 위치를 고구려 서북으로 옮긴다. 그곳은 『삼국지(三國志)』가 기록되던 서기 3세기에 현도의 옛날 관청, 즉 현도고부(玄菟故府)라고 기록돼 있다. 따라서 서기 3세기 이전, 즉 후한(後漢) 당시에 고구려 서북 지역이 현도의 '옛 중심지(故府)'였다면, 현도는 이후 고구려 서북에서 어디론가 다시 이주했음을 알 수 있다.[290] 이렇게 세 차례의 이주가 있던 현도(玄菟)는 3세기 당시 부여에서 남쪽으로 1,000리 떨어진(去) 산서성 태원시 남쪽 요양(遼東, 현 산서성 진중시 유사현과 장치시 무향현, 〈그림 Ⅶ-8〉 참고) 인근에 있었고,[291] 고구려

---

[290] 『三國志』「魏志」東夷傳 "漢武帝元封二年伐朝鮮, 殺滿孫右渠, 分其地爲四郡, 以沃沮城爲玄菟郡. 後爲夷貊所侵, 徙郡句麗西北, 今所謂玄菟故府是也(한무제 원봉 2년(기원전 108년)에 조선을 정벌하여, 위만의 자손 우거(右渠)를 죽이고 그 땅을 4개 군으로 나누었다. 옥저성(沃沮城)을 현도군(玄菟郡)으로 삼았다. 그 후 이맥(夷貊)의 침략을 받아 현도를 구려(句麗) 서북쪽으로 옮겼다. 오늘날 말하는 현도 고부(故府)는 바로 그 곳이다)."

[291] 한국 학계에서는 현도군의 위치가 3차례 변경된 사실을 인정하고 있으나, 그 위치에 대한 재고가 필요하다. 특히 3세기 당시 현도군이 이주한 '요동군'이 어디였는가에 대해, 필자는 앞서 요동을 현 장하(漳河)가 흐르는 산서성 남부로 비정하였는데, 이는 현재 학계의 비정과 차이가 있다. 『한국민족문화대백과사전』에는 현도군(玄菟郡)에 관해 다음과 같이 설명한다. "…압록강 중·상류의 주민 집단은 이러한 정세 변화를 적극 활용해 제1현도군을 무력으로 공격했던 것이다. …고구려가 제2현도군에게 잦은 침

는 부여의 남쪽(또는 부여의 동쪽)에 접(接)해 있었다.292) 즉, 현도와 고구려는 서로 다른 지역에 위치하고 있었는데, 고구려와 부여는 접해 있었으므로, 부여에서 1,000리 떨어진 현도는 고구려보다 더 남쪽, 고발해 서쪽인 산서성 일대에 위치해 있었음을 알 수 있다.

이렇게 3세기 요동(遼東) 인근에 있던 현도의 후한(後漢) 시기 구체적 위치는 『천남생묘지명(泉男生墓誌銘)』를 통해서도 현 산서성 태원시(太原市) 남부 인근으로 비정할 수 있다. 1921년 하남(河南) 낙양성(洛陽城) 동북 영두촌(嶺頭村)에서 발견된 『천남생묘지명(泉男生墓誌銘)』에는 그가 고구려 멸망 해인 총장 원년(總章元年, 668) 당(唐)으로부터 '현도군개국공(使持節遼東大都督上柱國玄菟郡開國公)으로 임명받은 지역이 병(並), 분(汾), 기(箕), 람(嵐)이라고 기록돼 있다.293) 이 지역들은 모두 현 산서

공을 가하자 제2현도군은 다시 무순(撫順) 지방으로 후퇴하게 되었다. 이때 본래의 속현(屬縣)에 '요동군(遼東郡)'의 속현인 고현(高顯)·후성(侯城)·**요양(遼陽)** 등 3현을 분할, 귀속'시키면서 제3현도군을 형성하였다."

292) 『三國志』「烏丸鮮卑東夷傳」"夫餘在長城之北, 去玄菟千里, 南與高句麗, 東與挹婁, 西與鮮卑接(부여(夫餘)는 장성(長城) 북쪽에 있으며, 현도(玄菟)에서 1,000리 떨어져 있다. 남쪽으로는 고구려(高句麗)와, 동쪽으로는 읍루(挹婁)와, 서쪽으로는 선비(鮮卑)와 접경하고 있다).";『三國志』「烏丸鮮卑東夷傳」"夫餘本屬玄菟. 漢末, 公孫度雄張海東, 威服外夷, 夫餘王尉仇台更屬遼東. 時句麗鮮卑彊, 度以夫餘在二虜之間, 妻以宗女(부여는 본래 현도군에 속해 있었다. 한나라 말기에 공손도(公孫度)가 해동 지역을 장악하여 외적을 제압하였고, 부여왕 위구대(尉仇台)는 다시 요동(遼東)에 속하게 되었다. 당시 고구려와 선비가 강성하였기에, 공손도는 부여가 두 강력한 세력 사이에 있음을 고려해 자신의 종녀(宗女)를 부여에 시집보냈다)."

293) 『百度百科』, 泉男生墓志 "總章元年, 授使持節遼東大都督上柱國玄菟郡開國公食邑二千戶, 餘官如故. …可贈使持節大都督, 並汾箕嵐四州諸軍事, 并州刺史, 餘官並如故(총장(總章) 원년에 그에게 절부를 지닌 사자(使持節), 요동 대도독(遼東大都督), 상주국(上柱國), 현도군 개국공(玄菟郡開國公)의 지위를 수여하고, 식읍 2,000호를 내렸다. 나머지 관직은 전과 동일하다. …(사후에) 그에게 절부를 지닌 대도독(使持節大都督), 병·분·기·람 4개 주의 제군사, 병주자사(并州刺史)로 추증(추서)할 것을 가하였다. 나머지 관직도 모두 그대로 유지한다)."

성 태원시(太原市) 남부 인근의 지역들로 확인되는데,294) 분(汾) 지역은 현 산서성 태원시(太原市) 인근으로 흐르는 분하(汾河) 유역이고, 기(箕) 지역은 당(唐) 무덕 8년(武德八年, 625) 요주(遼州)에서 기주(箕州)로 바뀐 현 산서성 좌권현(左權縣)295) 인근이다. 즉, 연남생(천남생)이 당(唐)으로부터 봉지로 받은 현도군(玄菟郡) 지역이 현 산서성 태원시(太原市) 남부 인근이라는 사실은 비록 현도가 역사적으로 세 차례 이주를 했지만 현도의 원위치가 산서성 태원시(太原市)와 가까운 북쪽에 있었음을 추정할 수 있고, 현재 학계에서 비정하듯이 현 요하의 동쪽 무순(撫順)과 같이 태원시에서 먼 곳을 현도의 원위치로 보기는 어렵게 한다.

고구려 태조왕 당시 후한(後漢)의 유주자사, 현도태수, 요동태수 등이 고구려를 공격하자(121), 고구려는 반격하여 현도와 요동성을 불태우고 성을 불사른다. 이때 현도와 요동을 돕기 위해 광양(廣陽), 어양(漁陽), 우북평(右北平), 탁군(涿郡) 등에서 3,000여 기마병을 파병한다. 그런데 이때 지원군을 보낸 광양(廣陽), 어양(漁陽), 우북평(右北平), 탁군(涿郡)은 모두 과거 진(秦)이 연(燕)을 멸한 후(BC 222) 그 땅에 설치한 곳이다. 광양(廣陽)은 원봉(元鳳) 원년(BC 80)에 연(燕)에서 지명이 바뀐 곳이

---

294) 『中國古今地名大辭典』(1931), p.143. "〔太原郡〕 周并州之域. …〔汾州〕 …在今山西隰縣東北. …〔箕州〕 後復曰遼州. 即今山西遼縣治… 〔嵐縣〕 …今屬山西冀寧道; 〔并州〕 …後復曰太原府. 即今山西陽曲縣治([태원군(太原郡)] 주나라의 병주(并州) 지역이었다. [분주(汾州)] …지금의 산서성(山西省) 습현(隰縣) 동북쪽에 있다. [기주(箕州)] 후에 다시 요주(遼州)라고 불렀다. 지금의 산서성 요현(遼縣)의 치소(治所)이다. [람현(嵐縣)] …지금은 산서성 기녕도(冀寧道)에 속한다. [병주(并州)] 후에 다시 태원부(太原府)라 하였다. 지금의 산서성 양곡현(陽曲縣)의 치소이다)."

295) 『詞典網』 箕州 "唐武德八年 (625) 改遼州置, 治所在遼山縣(今山西左權縣)(당나라 무덕 8년(625년), 요주(遼州)를 설치하였고, 주의 치소(治所)는 요산현(遼山縣, 지금의 산서성 좌권현(左權縣))에 두었다)."

고,296) 어양(漁陽)은 산서성 동남부에 있던 노현(潞縣, 현 長治市 潞城區)이었으며,297) 우북평(右北平) 역시 당시 어양(漁陽)과 함께 연(燕) 지역에 들어선 군이었고, 탁군(涿郡)은 원래 진(秦)이 연을 멸하고 설치한 상곡군(上谷郡)이었는데 전한(前漢) 고제(高帝) 시기에 이름이 바뀐 곳이다.298) 특히 상곡군(上谷郡)은 수(隋) 개황(開皇) 초에 여군(黎郡)으로 바뀌었는데,299) 그 구체적 위치는 『대청광여도』상의 과거 어양(漁陽)이었던 노현(潞縣, 현 長治市 潞城區) 동쪽 여성(黎城, 현 長治市 동북 黎城縣)으로 비정된다. 이 상곡에서 이름이 바뀐 여군(黎郡)에는 과거 연나라 남쪽에 흐르던 역수(易水)가 있었다고 하는데, 여성(黎城) 인근에 있는 현재의 탁장하(濁漳河)로 비정된다(참고로, 「진시황본기(秦始皇本紀)」의 "진나라 군사가 역수의 서쪽에서 연을 격파했다(秦軍破燕易水之西)는 기록의 남북으로 흐르는 역수(易水), 즉 고안현(故安縣)에서 발원하는 심수(沁水)는 북역

---

296) 『晉書』「地理上」 "元鳳元年, 改燕曰廣陽郡(원봉 원년(기원전 80년), 연(燕)을 고쳐 광양군(廣陽郡)이라 하였다)."

297) 『隋書』「東夷」 "潞. 舊置漁陽郡. 開皇初廢([潞]는 옛날에 어양군(漁陽郡)에 설치되었으나, 개황(開皇) 초기에 폐지되었다).";『中國古今地名大辭典』(1931), p.1176. "[潞縣] 古潞子區. 漢置潞縣. 故城在今山西潞城縣東北四十里([노현(潞縣)]은 옛날에 노자(潞子)의 지역이었다. 한나라 때 노현이 설치되었으며, 옛 성은 지금의 산서(山西) 노성현(潞城縣) 동북쪽 40리에 있다)."

298) 『晉書』「地理上」 "及秦滅燕, 以為漁陽上谷右北平遼西遼東五郡. 漢高帝分上谷置涿郡(진(秦)이 연(燕)을 멸망시키고, 그 지역을 어양(漁陽)·상곡(上谷)·우북평(右北平)·요서(遼西)·요동(遼東)의 다섯 군으로 삼았다. 한 고제(漢高帝)는 상곡군을 나누어 탁군(涿郡)을 설치하였다)."

299) 『隋書』「地理中」 "上谷郡(開皇元年置易州). 統縣六, 戶三萬八千七百. 易(開皇初置黎郡, 尋廢. 十六年置縣. 大業初置上谷郡. 舊有故安縣, 後齊廢. 有駮牛山五迴嶺. 有易水徐水.)(상곡군(개황 원년에 역주를 설치함)은 6개의 현을 관할하고, 호수는 3만 8,700이다. 역현(개황 초에 여군을 설치하였으나, 곧 폐지됨. 개황 16년에 현을 설치함. 대업 초기에 상곡군을 설치함. 예전에 고안현이 있었으나 후에 제나라에서 폐지됨. 박우산과 오회령이 있으며, 역수와 서수가 있다.))"

수(北易水)로 볼 수 있다.300)). 따라서 과거 전국 시기 연(燕)나라 영토인 상곡군, 즉 여성(黎城)과, 어양군, 즉 노현(潞縣)은 과거 연나라 수도 계(薊)로 비정되는 산서성 장치시(長治市) 둔유구(屯留區)301)를 중심으로 대략 50km 이내에 있었음을 알 수 있다(〈그림 Ⅶ-11〉 참고). 흉노 묵특선우 즉위 당시인 기원전 209년 흉노와 예맥조선이 경계를 하고 있던 상곡(上谷)을 현재 중국에서 현 하북성 중부 보정시(保定市)로 비정하고 있는 것과 차이가 있다.

이러한 사실은 진시황이 연을 멸하고 설치한 연5군(燕五郡)이 현재 중국 주장대로 하북성을 넘어 한반도 북부에 이른 것이 아닌, 후한 시기까지도 과거 유주(幽州), 즉 고기주(古冀州) 지역인 현 산서성 남부에 국한돼 있었음302)을 의미한다. 특히 현재 중국에서 하북성 중부 이북을 연(燕)의 영토로 확정하고 공인하고 있는데, 이는 향후 시정이 필요한 부분이라고 할 수 있다.

---

300) 『讀史方輿紀要』卷十二 北直三 "濡水在縣西. 自易州流入境, 亦曰北易水. 『水經注』濡水出故安縣西北窮獨山南谷 … 處也(유수(濡水)는 현(縣)의 서쪽에 있으며, 역주(易州)에서 흘러 들어와 경내를 지난다. 북역수(北易水)라고도 한다. 『수경주』에는 '유수는 고안현(故安縣) 서북쪽 궁독산(窮獨山)의 남쪽 골짜기에서 발원한다 ……곳이다'라고 하였다)."

301) 김진경, 「고대 요수(遼水)의 위치 비정(比定)에 관한 연구」, 국내박사학위논문, 국제뇌교육종합대학원대학교, 2012, p.88;p.101.

302) 『晉書』「地理上」"幽州. 按, 禹貢冀州之域, 舜置十二牧, 則其一也. … 及秦滅燕, 以為漁陽, 上谷, 右北平, 遼西, 遼東 五郡. 漢高帝分上谷置涿郡(유주(幽州)는 살피건대, 『우공(禹貢)』에 나오는 기주(冀州)의 영역이며, 순임금은 열두 목(牧)을 설치했는데 그중 하나이다. … 진(秦)이 연(燕)을 멸한 뒤, 어양(漁陽), 상곡(上谷), 우북평(右北平), 요서(遼西), 요동(遼東) 등 다섯 군을 설치하였다. 한 고제(漢高帝)는 상곡군에서 갈라내어 탁군(涿郡)을 설치하였다)."

〈표 Ⅶ-2〉 121년 현도와 요동에 지원군을 보낸 광양(廣陽), 어양(漁陽), 우북평(右北平), 탁군(涿郡) 등의 지명 변천 과정(『백도백과(百度百科)』 내용 정리)

군명(郡名)/시기	광양군(廣陽郡)	어양군(漁陽郡)	우북평군(右北平郡)	탁군(涿郡) 상곡군(上谷郡)
戰國 (BC 475-BC 221)	• 廣陽郡 설치(BC 222). 치소는 燕 중심지 薊縣.	• 연(燕)이 東胡를 몰아낸 뒤 造陽에서 襄平까지 장성 건설, 上谷郡, 漁陽郡, 右北平郡, 遼西郡, 遼東郡 설치.	• 연(燕)이 東胡를 몰아낸 뒤 右北平郡 설치. 치소는 平剛.	• 연(燕)이 東胡를 몰아낸 뒤 上谷郡 설치.
秦 (BC 221-BC 206)	• 韓廣이 薊城을 점령하고 스스로 燕王이 됨(BC 209). 廣陽郡 폐지.	• 漁陽郡 설치	• 右北平郡 설치	
漢 (BC 202-220)	• 燕國 설치(BC 202) • 漢武帝가 황자 劉旦을 燕王으로 봉하고 燕國을 설치, 도읍을 薊로 정함(BC 117). • 劉旦의 반란으로 燕國 폐지. 다시 廣陽郡으로 개명됨(BC 80). • 東漢 시기 廣陽郡 치소 薊縣은 幽州 刺史 치소이기도 함.	• 漁陽郡 유지. 幽州에 속함.	• 右北平郡 유지. 匈奴와 대치. 東漢 시기 烏桓, 鮮卑 침략으로 영토 축소.	• 上谷郡을 나누어 涿郡 설치(BC 201).
三國 (220-280)	• 燕國으로 불림.	• 漁陽郡 폐지.		• 范陽郡으로 변경.
西晉 (265-316)	• 廣陽郡 유지. 潞縣 등 10개 현 관할.	• 廣陽郡과 합병하여 燕國 설립.	• 北平郡으로 개칭.	

隋 (581-618)		• 潞縣. 옛 漁陽郡에 설치. • 漁陽郡 폐지 후 재설치.		• 幽州 설치. 치소 薊縣. • 上谷郡에 易州, **黎郡** 설치. 燕 남쪽에 있던 易水가 시작되는 故安縣이 있음.
唐 (618-907)		• 薊州로 개명 후 漁陽郡 복원.		• 幽州 范陽縣에 涿州 설치.

[그림 Ⅶ-11 설명] 서기 121년, 고구려의 현도와 요동성 공격에 지원군을 보낸 광양(廣陽), 어양(漁陽), 우북평(右北平), 탁군(涿郡)은 모두 과거 진(秦)이 연(燕)을 멸한 후(BC 202) 설치한 군(郡)에 있었다. 이 지역들은 현재 모두 산서성 동남부에 위치하는데, 광양군(廣陽郡)은 연(燕) 중심지 계현(薊縣)에 설치한 군으로, 현 장치시(長治市) 둔유구(屯留區)로

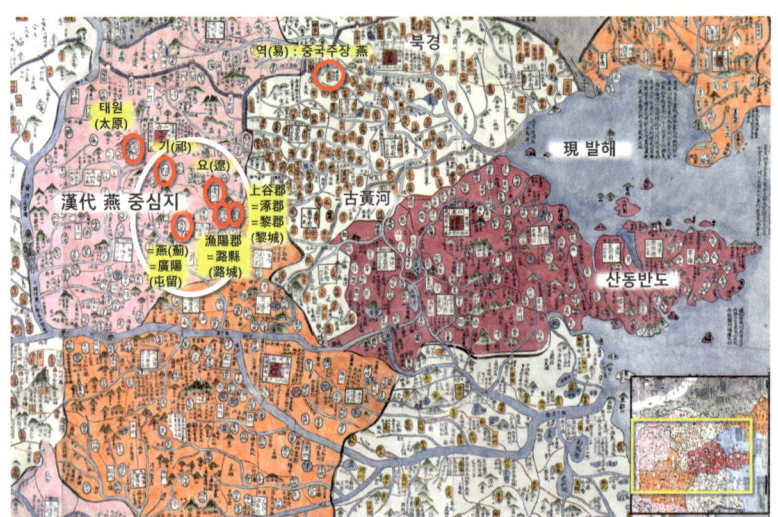

〈그림 Ⅶ-11〉 광양(廣陽), 어양(漁陽), 상곡(上谷), 탁군(涿郡) 등의 위치

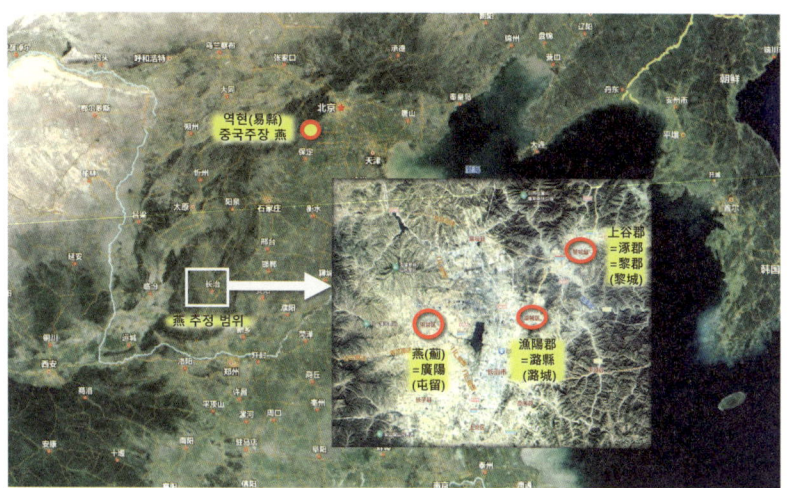

〈그림 Ⅶ-12〉 전국시대 연(燕)의 추정 범위

비정되며, 어양군(漁陽郡)은 수나라 당시 노현(潞縣)으로 바뀐 현 장치시(長治市) 노성구(潞城區)였다. 탁군(涿郡)은 원래 연(燕)의 상곡군(上谷郡)에서 분리되었는데,[303] 이 상곡군(上谷郡)의 역현(易縣)에 수(隋)나라 개황(開皇) 초에 여군(黎郡)을 설치한다.

[그림 Ⅶ-12 설명] 연(燕)의 수도 계(薊)로 비정되는 산서성 동남부 장치시(長治市) 둔유구(屯留區)와 그 인근에는 과거 연(燕) 땅에 들어선 상곡군(上谷郡)의 후기 지명인 여성(黎城), 그리고 어양군(漁陽郡)의 후기 지명인 노성(潞城)이 있다. 이는 전국시대 연(燕)의 범위가 산서성 동남의 사방 50km를 넘지 않는 작은 나라였음을 추정케 하며, 현재 중국에서 연(燕)의 중심지로 주장하는 북경 지역에는 없는 지명이자 북경과 거리상 큰 차이가 있다.

---

303) 『遼史』 「地理志四」 "漢高祖六年(BC 201)分燕置涿郡(한 고조 6년(기원전 201년)에 연(燕)을 분할하여 탁군(涿郡)을 설치하였다)."

연번	출처	『사기(史記)』 이외의 문헌상 연(燕) 관련 내용
[42]	『晉書』「地理上」唐(646) 내용: 晉 (266~420)	秦始皇既得志於天下 …起雁門以東, 盡遼陽, 爲燕代. 常山以南, 太行左轉, 渡河濟, 漸于海, 爲齊趙. …冀州. 案禹貢周禮並爲河內之地, 舜置十二牧, 則其一也. …其地有險有易, 帝王所都, 亂則冀安, 弱則冀强, 荒則冀豊. 舜以冀州南北闊大, 分衛以西爲幷州, 燕以北爲幽州, 周人因焉. 及漢武置十三州, 以其地依舊名爲冀州, 歷後漢至晉不改. (진시황이 천하를 얻은 후, …안문(雁門)에서부터 동쪽으로 요양(遼陽)에 이르는 지역을 연나라와 대나라(燕代)로 삼았다. 상산(常山)에서 남쪽으로 태항산(太行山)을 왼쪽으로 돌고, 황하를 건너 바다까지 이르는 지역을 제나라와 조나라(齊趙)로 삼았다. …기주(冀州): 『우공(禹貢)』과 『주례(周禮)』에 따르면 이 지역은 하내(河內)의 땅으로, 순(舜)이 열두 목(牧)을 설치할 때 그중 하나가 되었다. …이 지역은 험난한 곳도 있고 평탄한 곳도 있어, 제왕들이 도읍을 정하던 곳이었으며, 혼란할 때는 기주가 안정되었고, 약할 때는 기주가 강해졌으며, 황폐할 때는 기주가 풍요로웠다. 순(舜)은 기주가 남북으로 넓고 크기 때문에, 위나라(衛)의 서쪽을 병주(幷州)로, 연나라(燕)의 북쪽을 유주(幽州)로 나누었다. 주나라 사람들은 이를 이어받았다. 한무제(漢武帝)가 열세 주(州)를 설치할 때 이 지역을 옛 이름대로 기주라고 불렀고, 후한(後漢)에서 진(晉)까지도 이름이 바뀌지 않았다.)

진시황이 통일할 당시(BC 221) 연(燕)과 대(代) 지역은 앞에서 밝힌 바와 같이 산서성(山西省) 중북부의 안문(雁門, 현 흔주시(忻州市))에서 산서성 동남부 장치시(長治市) 무향현(武鄕縣) 인근의 요양(遼陽) 사이였으므로 연(燕)은 현재의 산서성 동남부에 있음을 알 수 있다. 황하 안쪽(河內), 즉 황하 북쪽을 기주(冀州)라 하였는데, 연(燕)이 속했던 그 땅은 '험한 곳과 평탄한 곳이 섞여 있는 곳(有險有易)'으로서, 남북으로 길게 뻗은 곳(冀州南北闊大)이었다. 이 기록에 맞는 지역은 현 하북성 평원 지역이 아닌 옛 기주(冀州)였던 산서성 남부 지역이다. 이 기주(冀州)가 남북으로 길기 때문에 요양(遼陽), 즉 요주(遼州), 장수(漳水) 인근의 연(燕)나라로부터 북쪽(以北)을 유주(幽州)라고 부르고, 그 남쪽을 병주(幷州)라고

불렀다. 이 지명은 진(晉)까지도 이어졌기 때문에 진(晉) 이전까지 연(燕)나라는 산서성에 있었던 사실을 알 수 있다. 이는 하북성(河北省) 보정시 역현(易縣)의 연하도 문화 지역이 전국시대 연나라가 될 수 없는 이유를 설명하고 있다. 다만, 북경시 일대, 즉 과거 고조선 땅이 유주(幽州)에 귀속되는데, 그 시기는 전한(前漢) 무제(武帝)가 조선을 물리친 기원전 108년 이후부터였던 사실은 다음의 기록으로 알 수 있다.

연번	출처	『사기(史記)』이외의 문헌상 연(燕) 관련 내용
[43]	『晉書』「地理上」唐(646) 내용: 晉 (266-420)	幽州. 按, 禹貢冀州之域, 舜置十二牧, 則其一也. 周禮. '東北曰幽州.' 春秋元命包云..'箕星散為幽州, 分為燕國.' 言北方太陰, 故以幽冥為號. 武王定殷, 封召公於燕, 其後與六國俱稱王. 及秦滅燕, 以為漁陽, 上谷, 右北平, 遼西, 遼東 五郡. 漢高帝分上谷置涿郡. 武帝置十三州, 幽州依舊名不改. 其後開東邊, 置玄菟樂浪等郡, 亦皆屬焉. 元鳳元年, 改燕曰廣陽郡. 幽州所部凡九郡, 至晉不改. 幽州統郡國七, 縣三十四, 戶五萬九千二百. (유주: 생각건대 우공(禹貢)에서 기록하기를 기주(冀州)의 영역이었고 순(舜)은 12목(牧)을 설치하였는데 즉 그중 하나라고 하였다. 주례(周禮)에서 기록하기를 동북쪽은 유주(幽州)라고 하였다 『춘추원명포(春秋元命包)』에서 기록하기를 '箕星散為幽州, 分為燕國(기성의 자리가 흐트러져 유주가 되었는데 나누어 연국으로 하였다)'이라 하였다. 북쪽을 태음(太陰)이라고 하는바 (유주를) 유명(幽冥)이라고 부른다. 무왕(武王)이 은국(殷)을 평정하고 소공(召公)을 연(燕)에 봉하였는데 그 후에 여섯 나라는 모두 왕이라 칭하였다. 이내 진(秦)은 연(燕)을 멸망시키고 어양군 상곡군 우북평군 유서군 요동군 등의 5개 군으로 하였다. 한(漢)의 고제(高帝)는 상곡을 나누이 탁군을 실시하였다. 무제(武帝)는 13주를 설치하였는데 유주는 옛 이름 그대로 사용하였다. 그 후에 동쪽 변방을 열어 현도군과 낙랑군을 설치하고 역시 모두 (유주에) 속하게 하였다. 원봉(元鳳) 원년에 연(燕)을 고쳐 광양군(廣陽郡)으로 하였다. 유주가 거느리는 것은 대개 9개의 군인데 진(晉)에 이르기까지 바뀌지 아니하였다. 유주(幽州)는 다스리는 군국(郡國)이 7이며 현은 34개이고 가구수는 59,200이다.)

위 기록대로 유주(幽州)는 원래 산서성 남부의 古冀州(고기주)에 속했었는데, 진(秦)이 연(燕)을 멸망시키고(BC 222) 어양, 상곡, 우북평, 요서, 요동 5군을 그곳에 설치하였으며, 이후 한(漢)의 고제(高帝, 재위 BC 202-BC 195)가 상곡을 나누어 탁군을 설치하였고, 이후 한(漢) 무제(武帝, BC 141-BC 87) 때까지도 유주(幽州)는 명칭이 바뀌지 않았다. 그런데 한(漢) 무제(武帝)가 고조선을 정복한 이후 '유주(幽州)의 동쪽 변방' 고조선을 공격하여 현도와 낙랑을 설치하는데(BC 108) 이때 비로소 고조선 중심지였던 북경 일대가 유주(幽州)에 속하게 된다. 즉, 기원전 108년 이전까지 기주(冀州), 유주(幽州)에 속했던 산서성의 연나라는 하북성 중부인 북경시, 보정시 일대와는 관련이 없으므로 그보다 앞선 서주(西周)시대 북경의 유리하 유적, 전국(戰國)시대 보정시의 연하도 유적을 연나라 유적으로 볼 수 없다.

연번	출처	『사기(史記)』 이외의 문헌상 연(燕) 관련 내용
[44]	『舊唐書』 卷三十九 志第十九 後晉(945)	幽州領薊良鄉潞涿固安雍奴安次昌平等八縣. …薊, 州所治. 古之燕國都. 漢爲薊縣, 屬廣陽國. (유주(幽州)는 계현(薊縣) 량향현(良鄉縣) 로현(潞縣) 탁현(涿縣) 고안현(固安縣) 옹노현(雍奴縣) 안차현(安次縣) 창평현(昌平縣) 등의 8개의 현을 다스렸다. …계현(薊縣), 유주 대도독부를 다스리는 곳이다. 옛날 연국(燕國)의 도읍이었다. 한(漢) 당시 계현(薊縣)이었고 광양국(廣陽國)에 속하였다.)

전한(前漢) 초 광양국(廣陽國)에 속했던 연(燕)의 중심지 계현(薊縣)은 당(唐)나라 시기에 노현(潞縣), 탁현(涿縣)과 함께 유주(幽州)에 속하면서 유주의 중심지가 된다. 노현(潞縣)은 현 산서성(山西省) 남부 여성현(黎城縣)에 있었으므로,304) 유주(幽州)의 도독부가 있었던 계현(薊縣) 역시 그

인근(산서성 남부)에 있었던 사실을 알 수 있고, 이를 통해 계현(薊縣), 탁현(涿縣)이 모두 현 북경 일대가 아닌 현 산서성 동남부의 노현(潞縣) 인근에 있었음을 알 수 있다.

연번	출처	『사기(史記)』 이외의 문헌상 연(燕) 관련 내용
[45]	『遼史』 「地理志」 元(1344)	南京析津府. 本古冀州之地. …川河沛, …武王封太保奭于燕. 秦以其地爲漁陽, 上谷, 右北平, 遼西 遼東 五郡. 漢爲燕國 … 後漢爲廣平國廣陽郡. 或合于上谷, 復置幽州. (남경석진부는 원래 옛날 기주(古冀州)의 땅이다. …큰하천[川]으로는 황하(河)와 제수(沛)가 있다. …무왕(武王)은 태보(太保) 소공석(奭)을 연(燕)에 봉하였다. 진(秦)은 그 땅을 어양 상곡 우북평 요서 요동 등의 5개 군으로 삼았다. 한(漢)에서는 연국(燕國)으로 삼았다. …후한(後漢)에서는 광평국(廣平國)과 광양군(廣陽郡)을 두었었는데 영역을 상곡(上谷)에 합쳤다가 되돌려서 유주(幽州)에 설치하였었다.)

이 기록에 한(漢) 시기 연국(燕國)이 요(遼)나라의 남경(南京)인데 현재 산서성 남부인 옛날 기주(古冀州) 땅이었다고 한다. 그런데 그곳(요나라 남경)에는 큰 하천으로 황하(河)와 제수(沛水=濟水)가 흘렀으며, 요동과 요서의 기준이 되는 요주(遼州)가 있었다. 고지도(古地圖)에는 이 지역들이 모두 산서성(山西省) 남부로 그려져 있다. 따라서 한(漢) 당시 연(燕)은 산서성 남부로 볼 수 있다.

[그림 Ⅶ-13 설명] 지도를 보면 중국 학계가 연(燕)의 위치를 북경 인근으로 비정하고 있는 것과 달리 문헌에 나오는 황하(河)와 제수(沛水=濟水)가 흘렀던 옛날 기주(古冀州)인 현 산서성(山西省) 남부에 연(燕) 관련

---

304) 『百度百科』, 潞縣 "春秋赤狄潞氏之國, 西漢置縣. 治所在今山西黎城縣黎侯鎮古縣村(춘추시대 적적(赤狄)의 노씨(潞氏) 나라였으며, 서한 때 현이 설치되었다. 치소는 지금의 산서성 여성현 여후진 고현촌에 있다)."

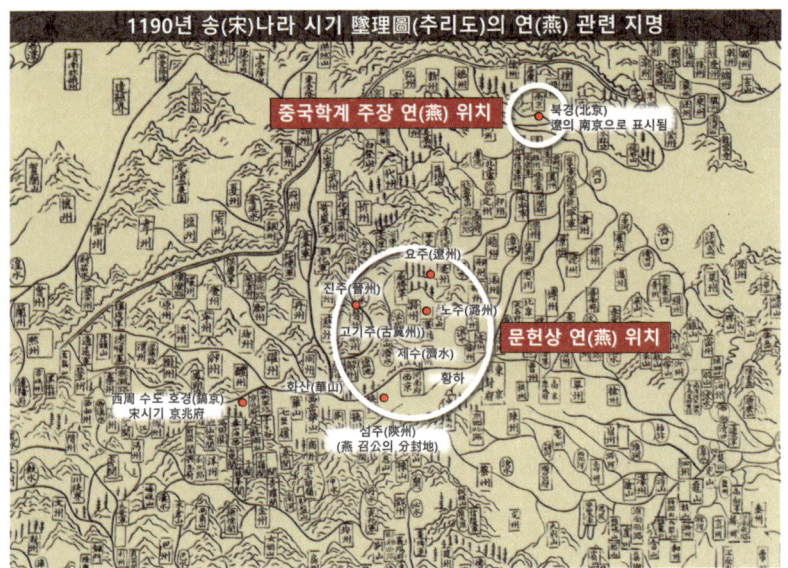

〈그림 Ⅶ-13〉[305] 1190년 송(宋)나라 시기 추리도(墜理圖)의 연(燕) 관련 지명

지명이 모여 있는 사실을 확인할 수 있다.

2. 연(燕)의 시기별 위치 분석

이상의 내용을 근거로 할 때 전국시대 연(燕)의 위치가 황하 이남의 하남성에서 황하 이북의 산서성 남부로 이주된 사실을 확인할 수 있다. 이렇게 연(燕)이 이동하는 과정을 시기별로 분석해 보면 〈표 Ⅶ-3〉과 같이 정리할 수 있다.

---

305) 曹婉如, 앞의 책(1990).

〈표 Ⅶ-3〉 시기에 따른 연(燕) 위치 추정

시기	내용(근거는 상기 〈표 Ⅶ-1〉의 연번으로 표시)	연(燕) 위치
서주(西周)-춘추(春秋) BC 1045-BC 675	주무왕(周武王)이 최초로 소공(召公)을 봉한 북연(北燕)은 황하 이남의 섬(陝) 서쪽 지역. 동주(東周) 시기 대부(大夫), 변백(邊伯) 등 5인이 연(燕)에서 반란군을 소집한 곳은 동주(東周) 낙양(洛陽)에 있던 혜왕이 피신한 하남성 온(溫), 정(鄭), 력(櫟) 인근. 모두 하남성 일대를 의미함. ([01])	하남성 (河南省)
춘추(春秋) BC 706-BC 636	당시 융(戎, 山戎, 戎狄)은 서쪽으로 섬서성(陝西省) 서안(西安) 서부의 기산(岐山)까지 침입하고(BC 706), 연(燕)과 제(齊)를 침범하였으며, BC 664년 연(燕)을 재침하고, BC 636년에 황하 이남 낙읍(낙양)을 침범함. 즉, 연(燕)이 망하지 않은 상태에서 융이 BC 636년에 황하 이남 낙읍(洛邑, 洛陽)을 직접 공격함. 따라서 당시까지 낙읍(洛邑, 洛陽) 이북 지역인 황하 이북을 춘추제국(春秋諸國), 특히 황하 이남 섬(陝)이 봉지였던 연(燕)이 차지했을 가능성은 낮음. 만일 연(燕)이 황하 이북에 있었다면, 융적(戎狄)은 전국 시기 가장 북쪽에 있던 연(燕)을 정복해야만 황하 이남 낙읍(洛邑) 진출이 가능하나 BC 636 당시 연(燕)은 융(戎)에게 공격당하거나 망했다는 기록이 없으므로, 연의 위치는 낙읍(낙양) 인근의 하남성 언성현 또는 섬서성(陝西省) 기산(岐山)에 가까운 낙읍(낙양) 서쪽 하남성(河南城) 섬주(陝州)이었을 것으로 추정됨. ([30])	하남성 (河南省)
춘추(春秋) BC 636-BC 628	진(晉) 문공(文公) 당시 연(燕)은 소공(召公)이 주(周)로부터 분봉 받은 황하 이남 섬(陝) 지역에서 북쪽으로 이주했다는 기록이 없음. 연북(燕北)에 있었다는 동호(東胡)와 산융(山戎)이 있던 곳은 연(燕)의 지형과 달리 계곡(谿谷)이 많은 곳으로, 기원전 3세기 초 연(燕) 장군 진개(秦開)에게 빼앗긴 황하 이북 산서성 남부 지역으로 볼 수 있음. 따라서 연(燕)은 황하 이남의 평지로 추정됨. ([28])	하남성 (河南省)
전국(戰國) BC 361	진(秦) 효공(孝公) 시기 연(燕)을 포함한 6개 강국(彊國)은 황하와 황하 남쪽 효산(殽山, 崤山)의 동쪽에 위치. ([02])	하남성 (河南省)
전국(戰國) BC 361-BC 333	연 문후(燕文侯, 재위 BC 361-BC 333)에게 소진(蘇秦)이 말한 연(燕)의 영토는 황하 유역에 있었던 갈석(碣石)의 북쪽으로, 현 산서성 일대로 볼 수 있음. 단,	산서성 (山西省).

	최초 연(燕)의 봉지(封地)가 황하 이남이고, 진소양왕(秦昭襄王) 35년(BC 272) 진(秦)이 연(燕)을 정벌하고 설치한 남양군(南陽郡)이 현 하남성 남양시(南陽市)라는 점 등, 연(燕)이 황하 이남이라는 기록들과 맞지 않음. 따라서 이 기록은 소진(蘇秦) 당시 기록이라기보다 사마천 생존 시기인 BC 2세기-BC 1세기 전한대(前漢代) 연(燕) 지역을 기준으로 사마천이 가필(加筆)한 것으로 보임. ([20])	(실제 영토는 河南省으로 추정됨)
전국(戰國) BC 331	진(秦) 혜문군(惠文君) 시기 연(燕)은 황하 이남에 있는 위(魏)와 제(齊) 사이의 국가였음. ([03])	하남성 (河南省)
전국(戰國) BC 312	제나라의 공격에 왕이 죽고 대패함. 연 소왕(燕昭王, 재위: BC 311-BC 279)이 등극할 당시 연은 제나라 서쪽의 땅이 작고 국력이 약한(燕小力少) 나라였음. 연나라 초기는 동호를 물리치기 전이었으므로 아직 산서성 일대에 진출하지 못함. 따라서 당시 연나라는 산동성 서부 제나라의 서쪽에 있던 작은 나라로 하남성에 있었을 것으로 추정됨. ([12])	하남성 (河南省)
전국(戰國) BC 311- BC 310	기원전 4세기 말 장의(張儀)와 연(燕) 소왕(昭王)의 대화에서 장의(張儀)는 자신이 사망한 기원전 309 이후의 내용(기원전 300년 조나라가 운중(雲中)을 차지함)에 대해 언급하고 있음. 따라서 비록 내용은 운중, 구원, 장성, 역수를 언급하여 산서성(山西省)으로 볼 수 있지만 앞의 소진(蘇秦) 기사와 같이 4세기 당시 기록이 아닌 사마천의 가필로 보이며, 전체적으로 내용을 신뢰하기 어려움. ([23])	산서성 (山西省) 동부. (실제 영토는 河南省으로 추정됨)
전국(戰國) BC 300- BC 284	기원전 300년 조(趙) 무령왕(武靈王)이 산서성 서부 3군을 설치. 이렇게 동호가 약해진 시기를 틈타 황하 이남(갈석산 남쪽)의 약소국 연(燕, 鄾?) 소왕(昭王)이 황하를 건너 연경융(燕京戎)이 살던 산서성 중부 기현(祁縣) 남쪽 둔유(屯留) 일대(『한비자(韓非子)』 기록의 계(薊), 탁방성(涿方城)) 장악 추정. ([12])	河南省 (山西省 남부 진출)
전국(戰國) BC 284	연(燕)이 진(秦), 초(楚), 삼진(三晉), 제(齊) 등과 함께 제나라를 공격할 때, 연(燕)의 군사가 '북쪽으로' 제나라 수도 임치(臨淄)에 이르렀고, 연(燕) 소왕(昭王)이 직접 '제수(濟水)'에 이르러 군대를 위로했다는 사실은 연나라 중심지가 아직 황하, 화산 이남의 중국(河山以南者中國)에 있었음을 의미. ([11], [13], [25], [35])	하남성 (河南省) 중심

시기	내용	중심지
전국(戰國) BC 283	조(趙) 혜문왕(惠文王) 26년(BC 283), 동호(東胡)에 속하는 구(歐)와 대(代)를 취했다면(取東胡歐代地), 당시 조(趙)와 동호(東胡)의 국경은 대(代, 현 흔주시(忻州市)가 있는 산서성 중북부임. 이 사건 이후 동호(東胡)가 약해지면서 진개(秦開)가 동호(東胡)를 물리치는데(BC 283), 이는 조(趙)에 의해 동호(東胡)가 약해진 틈을 타 공격한 것으로 추정됨. 따라서 연(燕)의 중심지는 아직 진개(秦開)를 통해 동호(東胡) 1,000리 땅, 즉 조나라가 동호로부터 빼앗은 산서성 대(代, 현 흔주시(忻州市))의 남쪽으로 이주하기 전이므로, 하남성이 중심이었을 것임. ([29])	하남성 (河南省) 중심
전국(戰國) BC 284 -BC 272	연(燕)의 장군 진개(秦開)가 동호(東胡)를 물리친 시기는 기원전 284 제나라를 무너뜨린(殘齊) 이후로(BC 283), 당시 연이 점령한 동호(東胡)는 호(胡)의 땅에 있던 중산(=동호=조선서부=오환)으로 비정됨. ([37])	하남성(河南省) 중심 산서성(山西省) 동남부
전국(戰國) BC 272	진(秦) 소양왕(昭襄王) 시기 연(燕)은 현 황하 이남 개봉(開封)과 가까운 곳으로, 진(秦)이 한(韓), 위(魏), 초(楚)의 도움을 받아 연(燕)을 정벌하고 설치한 남양군(南陽郡)은 현 하남성 남양시(南陽市)로서, 연(燕) 수도로 비정되는 하남성 언성현(鄢城縣) 일대임. 연(燕)이 중심지 황하 이남(鄢城縣 일대)을 실지(失地)한 후 남양군(南陽郡) 북쪽인 황하 이북 산서성(BC 283년 진개가 동호를 물리치고 차지한 1,000리)으로 축소된 것으로 추정됨. ([04])	하남성(河南省)에서 산서성(山西省)으로 이동
전국(戰國) BC 242	진(秦)의 장군 몽오(蒙驁)가 동쪽으로 공격한 산조(酸棗), 연허(燕虛), 장평(長平) 중 산조(酸棗), 장평(長平)은 모두 현재 하남성 황하 인근과 그 이남에 속한 지역임. 연허(燕虛)가 그 사이라면 연허(燕虛)는 황하 이남이며, 연허(燕虛)의 의미가 '연(燕)의 빈 땅(虛)'으로 연(燕)이 과거 존재했던 곳임을 의미함. 이는 연(燕)이 BC 272 이후 황하 이남에서 철수했음을 시사. ([06])	산서성 (山西省)
전국(戰國) BC 228	진시황 19년(BC 228), 조나라 공자 가(嘉)는 종족 수백 명을 이끌고 산서성 대(代)로 가서 스스로 왕으로 즉위하고는 '동(東)으로 연나라와 연합해' 군사를 상곡(上谷)에 주둔시킴(趙公子嘉率其宗數百人之代, 自立爲代王, 東與燕合兵, 軍上谷). 산서성 대(代)의 동쪽은 산서성 동부. ([21])	산서성 (山西省) 동부

전국(戰國) BC 227	조(趙)나라는 산서성 중부 태원(太原) 인근에 있었고, 연나라는 이 조나라와 접경하여 태원 동남쪽, 즉 산서성 동부의 좁은 지역(燕小弱)으로 볼 수 있음. ([26])	산서성 (山西省) 동남부
전국(戰國) BC 228- BC 226	중산(中山), 상곡(上谷), 대(代), 요동(遼東) 등 황하 이북의 현 산서성(山西省) 남부지역이 연(燕)의 중심지로 등장. BC 227 연(燕)은 역수(易水, 현 沁河) 동쪽에 있었으나 BC 226 진(秦)의 공격으로 계(薊)가 점령되자 연왕(燕王)이 동쪽 요동(遼東)을 점령하고 도피함. ([06])	산서성(山西省) 동남, 하북성(河北省) 서남(遼東) 진출.
전국(戰國) BC 222	진시황(秦始皇) 공격으로 요동(遼東) 연왕(燕王)이 포로가 되어 연(燕)이 멸망함.([06]) 진(秦)의 산서성 중부 대(代)지역 점령 후 어양, 상곡, 우북평, 요서, 요동군 설치함으로써, 진(秦) 영역이 동쪽으로 하북성 서남부(遼東)-산서성 중부(代)까지 확대됨. ([16])	하북성(河北省) 서남부에서 전국연(戰國燕) 멸망.
전국(戰國) BC 221	진시황이 통일할 당시(BC 221) 산서성(山西省) 중북부의 안문(雁門: 현 忻州市)에서 산서성 남부 장수(漳水: 古遼河) 인근에 있던 요양(遼陽) 사이가 연(燕)과 대(代)였으므로 연(燕)은 현재의 산서성 동남부임. 황하 안쪽(河內), 즉 황하 북쪽 산서성 남부 기주(冀州)의 '험한 곳과 평탄한 곳이 섞여 있는(有險有易)', '남북으로 길게 뻗은 곳(冀州南北闊大)'은 현 산서성 동남부를 의미함. ([42])	산서성 (山西省) 동남부
전국(戰國) 말	연(燕)나라가 고발해(古渤海)의 남쪽 제(濟)와 산서성(山西省) 남서부에 있었던 진(晉)나라 '사이에 끼어 있는(齊晉之閒)' 약소국이라면 이는 산서성 동남부를 의미함. ([17])	산서성 (山西省) 동남부
전한(前漢) BC 209	연(燕) 지역을 정복한 조(趙)의 영토는 남쪽으로 황하, 북쪽으로 연(燕)과 대(代) 사이에 있던, 현 산서성 서남부의 크지 않은 땅을 차지하고 있었으므로, 그 동쪽의 소국(小國) 연(燕)은 조(趙)보다 작은 영토여야 함. ([18])	산서성 (山西省) 동남부
전한(前漢) BC 209	북쪽에 연(燕)과 대(代)가 있고, 남쪽으로는 하내(河內)가 있다면, 황하 바로 북쪽에 있던 하내(河內, 현 河南 沁陽市)의 북쪽 둔유(屯留) 일대가 연(燕). ([27])	산서성 (山西省) 동남부
전한(前漢) BC 206	항우(項羽)가 장다(臧荼)를 연왕(燕王)으로 삼고 계(薊)를 수도로 정함. 산서성 태원(太原) 남쪽, 장치시(長治市) 둔유(屯留) 일대. ([07])	산서성 (山西省) 동남부

전한(前漢) BC 156- BC 87	한(漢) 무제(武帝, BC 156- BC 87) 시기 연(燕)의 위치는 동쪽으로 해(海), 즉 하북성 남부 고발해(古渤海)에 이르렀음. 요동은 연희왕(燕王喜) 21년(BC 226) 진(秦)에 쫓긴 연(燕)이 정복한 이후 연의 영토가 됨. ([08])	하북성 (河北省) 남서부
전한(前漢) BC 140- BC 117	곽거병(霍去病, BC 140-BC 117)의 원 거주지인 평양(平陽: 현 山西省 남부 임분시(臨汾市) 남쪽)이 (白)燕(백연) 지역임. ([09])	산서성 (山西省) 남부
전한(前漢) BC 108	산서성 남부인 고기주(古冀州: 우공기주(禹貢冀州)) 땅에 설치한 유주(幽州)는 그 위치가 한(漢) 무제(武帝) 시기까지 바뀌지 않음. 즉, 한(漢) 무제(武帝) 시기까지 유주(幽州)는 산서성 남부 고기주(古冀州) 지역이었음. 한(漢) 무제(武帝)가 '유주(幽州) 동쪽(古冀州인 산서성 남부의 동쪽)'인 고조선을 정복한 BC 108 이후, 현도(玄菟)와 낙랑(樂浪)이 있던 하북성 중부(산서성 동부)가 비로소 유주(幽州)에 속하게 되지만, 연(燕)의 위치는 여전히 산서성 동남부 고기주(古冀州)였음. ([43])	산서성 (山西省) 동남부
전한(前漢)	한(漢) 당시 연(燕)과 대(代) 지역은 현 산서성 중부 태원시(太原市) 북쪽의 안문(鴈門, 雁門)부터 산서성 동남부 장수(漳水: 古遼水) 인근의 요양(遼陽) 사이. ([10])	산서성 (山西省) 동남부
전한(前漢) BC 94- BC 74	고조선 멸망 이후(BC 108)까지도 연(燕)은 황하(黃河) 유역에 있던 갈석산과 계곡(邪谷)으로 경계를 삼고 요수(遼水)가 감싸는(繞援) 지역으로, 현 산서성(山西省) 동남부로 볼 수 있음. ([38])	산서성 (山西省) 동남부
후한(後漢)	연(燕) 동쪽 또는 남쪽에 흘렀다는 역수(易水)는 후한(後漢) 당시 연(燕)의 수도 계(薊)로 비정되는 둔유(屯留)를 감싸는 산서성 심수(沁水)와 위치상 합치. 역수(易水)가 기원하는 고안(故安)이 산서성 기주(祁州)에 있었으며, 고안(故安)과 같이 탁군(涿郡)에 속했던 북신성현(北新城縣)에 산서성 서남부로 흐르는 분수(汾水)와 관련된 분수문(汾水門)이 있었다는 사실 역시 당시 연(燕)이 산서성 동남부에 있었음을 의미. ([40])	산서성 (山西省) 동남부
후한(後漢) AD 121	후한(後漢)의 유주자사(幽州刺史), 현도태수(玄菟太守), 요동태수(遼東太守)가 고구려를 공격하자 고구려가 이를 반격하여 현도와 요동을 파괴하였으며, 이에 후한에서 지원병을 보내는데, 이때 지원군을 보낸 광양	산서성 (山西省) 동남부

	(廣陽), 어양(漁陽), 우북평(右北平), 탁군(涿郡)은 모두 과거 秦이 연(燕)을 멸한 후(BC 202) 그 땅에 설치한 군들임. 과거 연(燕)이었던 광양(廣陽)은 장치시(長治市) 둔유구(屯留區)로, 어양(漁陽)은 노현(潞縣)으로, 과거 연나라 상곡군이었던 탁군(涿郡)은 여성현(黎城縣)으로 비정됨. 이 지역들은 모두 산서성 동남부로서, 후한 당시까지도 연(燕) 지역이 현 산서성 동남부에 있었던 사실과, 이를 통해 유주(幽州), 현도(玄菟), 요동(遼東) 역시 산서성 동남부에 있었음을 알 수 있음. ([41])	
당(唐) AD 618-907	연(燕)의 중심지 계현(薊縣)은 당(唐)나라 시기에 노현(潞縣), 탁현(涿縣)과 함께 유주(幽州)에 속하면서 유주의 중심지가 되는데, 노현(潞縣)은 현 산서성(山西省) 남부 여성현(黎城縣)임. 따라서 당(唐) 시기까지 연(燕)의 중심지 계현(薊縣)은 산서성 동남부로 비정됨. ([44])	산서성 (山西省) 동남부
요(遼) AD 916-1125	한(漢) 시기 연국(燕國)이 요(遼)나라의 남경(南京)인데 고기주(古冀州)였으며, 황하(黃河)와 제수(沛水, 濟水)가 흐르고, 요주(遼州)가 있었음. 현 산서성 동남부에 해당됨. ([45])	산서성 (山西省) 동남부

  이상의 내용을 통해 연(燕)의 위치는 기원전 11세기 서주(西周) 초기부터 황하 이남 하남성이었는데, 연 소왕(燕昭王, BC 311-BC 279) 시기에 제(齊)를 물리치면서(BC 284) 강국이 되자, 비로소 북쪽 산서성(山西省) 동남부 일대에 눈을 돌려 중산(中山) 즉, 동호(東胡)를 물리치고(BC 283) 그 지역을 장악한 사실을 확인할 수 있다.

  연(燕)의 전성기는 오래가지 못하였는데, 기원전 272년 진(秦)이 한(韓), 위(魏), 초(楚)와 함께 연(燕)을 정벌(伐)한 뒤 남양군(南陽郡)을 설치하면서 연(燕)은 황하 이남 지역을 잃게 된 사실을 알 수 있다. 그 후 산서성(山西省) 동남으로 축소된 연(燕)은 또다시 진(秦)의 공격으로 기원전 226년 연 희왕이 요동(遼東), 즉 현 산서성 동남부 진중시에 있는 요주(遼州)의 동쪽(하북성 서남부 석가장시 인근)으로 밀려나는데, 불과 4년 만인 기원전 222년에 결국 요동에서 망하게 된다. 이러한 사실은 연(燕)의 위치가 서주(西周)-전국(戰國) 시기까지 하남성, 산서성 일대에 있었음을 말하고 있는데, 이는 연(燕)이 건국 초부터 북경 일대에 있었다고 주장하여 북경 일대의 고대 유물을 모두 연(燕)의 유물로 간주하는 중국 학계의 관점에 문제가 있음을 의미한다.

3. 연(燕)이 공격한 조선 서부는 기자조선=중산=동호=오환

황하 이남(언성현)에서 312년 제나라에 크게 무너진 이후 제나라에 대한 복수를 꿈꾸던 연(燕) 소왕은 먼저 황하 이북 탁(涿) 지역의 읍(邑)인 방성(方城)을 공격하며 힘을 기르게 된다. 당시 상황은 앞서 언급한 『한비자(韓非子)』「유도(有度)」를 통해 알 수 있다.

> 『韓非子』「有度」
> 燕襄王以河爲境, 以薊爲國, 襲涿方城, 方城涿之邑也. 殘齊, 平中山, 中山國名.(연나라의 양왕(襄王, 昭襄王, 昭王으로도 불린다. 재위: BC 311-BC 279)은 황하를 경계로 삼고 계(薊)를 나라의 중심으로 삼아, 탁(涿)의 방성(方城)을 습격하였다. 방성은 탁의 도읍 이름이다. 제나라를 산혹하게 무너뜨리고(殘齊) 중산국을 평정하였다(平中山). 중산은 나라의 이름이다.)

위 기록대로 기원전 284년(燕昭王 28년) 연(燕) 소왕은 드디어 장군 악의(樂毅)를 대장으로 진(秦), 초(楚), 삼진(三晉) 연합국 병사를 이끌고 제나라 수도 임치(臨淄)까지 점령하면서 제나라에 철저히 복수한다(殘齊).

이로써 연나라는 비로소 강국이 되었으며, 이렇게 커진 국력을 바탕으로 당시 '호(胡) 땅에 있던 중산국(胡地中山)'³⁰⁶⁾을 평정(平中山)하는데, 중산국은 읍(邑)보다 규모가 큰 '국가'였다(中山國名). 중산국(中山國)은 조혜문왕(趙惠文王) 3년인 기원전 296년 조(趙)나라에 망한 것으로 나오지만, 조(趙)나라가 그 왕을 부시(膚施)로 옮긴 것을 볼 때 완전히 망하지 않았음을 알 수 있다.³⁰⁷⁾

　한편, 기원전 3세기에 기록된 이 『한비자(韓非子)』에 연(燕) 소왕(昭王, 襄王)이 '국가(國)'였던 '중산국을 평정했다(平中山)'라는 기록은 다른 문헌에는 나오지 않는다. 대신에 『한비자(韓非子)』보다 약 150여 년 뒤 기록된 『사기(史記)』에 연(燕) 소왕(昭王) 당시 연의 장군 진개(秦開)가 당시 '중산국이 있던 호(胡地中山)'에 인질로 잡혀갔다가 돌아와 '동호(東胡)'를 물리쳤다고 기록하고 있고, 약 500년 뒤 저술된 『삼국지(三國志)』가 인용한 「위략(魏略)」에는 조선과 연나라가 서로 칭왕(稱王)하며 갈등하다가 연 소왕 당시 진개(秦開)가 '조선의 서쪽 2,000리'를 빼앗았는데 조선은 그때 비로소 약해졌다고 기록하고 있다.³⁰⁸⁾ 즉, 연(燕) 소왕(昭王) 당시 연나라 인근에 있던 '호(胡)'로 불리던 '국가(國)'의 국호가 중산(中山, BC 3세기 『한비자(韓非子)』 기록) → 동호(東胡, BC 1세기 『사기(史記)』 기록) → 조선 서부(朝鮮, AD 3세기 『삼국지(三國志)』 기록)로 시대에 따라 다르게 기록되고 있는 것이다. 한 가지 유념할 부분은 진개(秦開)의 활동 이후 약 500년 뒤 기록된 『삼국지(三國志)』에서 진개가 빼앗은 땅을

---

306) 『史記』 「趙世家」 "雖驅世以笑我, 胡地中山吾必有之(비록 세상이 나를 비웃는다 해도, 호(胡) 땅 중산은 내가 반드시 차지하리라)."

307) 『史記』 「趙世家」 "(趙惠文王)三年(BC 296), 滅中山, 遷其王於膚施(중산을 멸하고, 그 왕을 부시(膚施)로 옮겼다)."

308) 『史記』 「匈奴列傳」 앞의 주석 ; 『三國志 裴松之注』 卷三十 앞의 주석.

1,000리가 아닌 2,000리로 늘린 이유는 당시 조위(曹魏) 정권이 고구려를 크게 물리치면서(244, 245) 조선의 영토에 대한 소유권을 정당화하기 위해 가필한 내용이 아닌지 의심이 된다.

따라서 연나라가 물리쳤다는 '중산', '동호', '조선 서부'는 하나의 정치체, 즉 조선에 속한 '조선의 서부 지역'이었을 가능성이 높다. 그 근거는 다음과 같다.

① 『사기(史記)』에 연(燕)의 동쪽과 북쪽(東北)에 '호(胡)'가 있다고 하면서 구체적으로 북쪽에 '오환(烏桓), 부여(夫餘)'가 있고 동쪽에 '예맥조선, 진번(穢貉朝鮮真番)'이 있다고 기록하여 연나라 인근(동쪽, 북쪽) 국가들을 모두 '호(胡)'라는 하나의 민족명으로 부르고 있다. 이는 『사기색은(史記索隱)』 「천관서(天官書)」에 "조선은 북방 호(胡)의 땅에 거한다(朝鮮在海中, 越之象, 居北方, 胡之域也)"라는 기록과 같이 조선을 호(胡)라고 부른 사실과 일치하고 있다. 즉, 조선을 호(胡)라는 대명사로 부르고 있으므로, 흉노 동쪽에 있다 하여 동호(東胡)로 불리던 지역은 호(胡)였던 조선에 속한 조선의 서부(흉노의 동쪽) 일부로 볼 수 있다.

② 기원전 3세기 묵특선우(冒頓單于, 재위 BC 209-BC 174)는 당시 강국이었던 '동호(東胡)'를 물리치고(BC 209) 대제국을 건설하는데, 동호가 망한 뒤 흉노는 상곡(上谷)을 기준으로 서쪽에 있었고 동쪽에는 '예맥조선'이라는 '하나의 나라'와 접하고 있었다.309) 즉, 동호, 오환,

---

309) 『史記』「匈奴列傳」 "冒頓既立, 是時東胡彊盛, 聞冒頓殺父自立,…遂東襲擊東胡. 東胡初輕冒頓, 不為備. 及冒頓以兵至, 擊, 大破滅東胡王, 而虜其民人及畜產. …諸左方王將居東方, 直上谷以往者, 東接穢貉朝鮮(묵특(冒頓)이 즉위하였을 때, 당시 동호(東胡)는

부여, 진번 등 '조선 호(胡)'에 속했던 예맥계 나라들이 '조선'이라는 하나의 정치체에 묶여 있었음을 알 수 있다.

③ 전한(前漢) 초 효문제(孝文帝, BC 203-BC 157) 시기에 북쪽에는 흉노(匈奴)와 조선(朝鮮)이 있었다. 효문제(孝文帝)는 북방에 있는 조선을 공격하자는 진무(陳武) 등의 건의에 대해 그럴 만한 국력이 되지 못하니 화친을 맺어 사신을 보내 왕래하라고 지시한다.310) 이는 전한(前漢) 초 조선이 중국 북부 주변 예맥 국가들을 아우른 강력한 국력을 가진 독립된 국가였음을 의미한다.

④ 기원전 2세기 저술로 추정되는 『회남자(淮南子)』에는 연나라 국경에 있던 갈석산을 나오면서부터 시작되는 나라가 호(胡)나 동호(東胡)가 아닌 '조선'이라는 하나의 나라로 기록돼 있다(自碣石山過朝鮮).311)

⑤ 조선이 멸망한 이후의 기록인 『사기(史記)』, 『삼국지(三國志)』, 『후한서(後漢書)』 등에 "조선, 고구려, 왜(倭), 한(韓), 마한, 옥저, 부여, 오환, 선비"가 모두 예맥조선으로 대표되는 예맥(濊貊)이라는 민족명과 함께 호칭되고 있다. 이는 동호(東胡)로 분류되는 오환(烏桓) 역시 예맥조선의 일원이었음을 의미한다.312)

강성하였다. 동호는 묵특이 아버지를 죽이고 스스로 군주가 되었다는 소문을 듣고… 이에 동쪽으로 나아가 동호를 기습 공격하였다. 동호는 처음에 묵특을 가볍게 여기고 대비하지 않았다. 묵특이 군대를 이끌고 도착하자 공격하여, 동호왕을 크게 격파하고 멸망시켰으며, 그 백성과 가축을 사로잡았다. …좌방(左方)의 여러 왕과 장수들이 동쪽 지역에 거주하며, 상곡(上谷) 이전(以往者)까지 다스리며 예맥조선(穢貉朝鮮)과 접하였다)."

310) 『史記』「律書」 앞의 주석.
311) 『淮南鴻烈解』 10, 『四庫全書』 앞의 주석.
312) 〈표 Ⅷ-1〉 濊貊계 국가들의 상호 관련성 및 동질성에 관한 기록들(朝鮮, 駒麗, 扶餘,

이러한 사실들은, 연(燕)나라 인근에 있다는 국가들의 위치가 예맥인들이 살던 조선[313]과 관련이 있고 상호 민족적으로 동일하거나 유사함을 나타내고 있다. 즉, 이들 연나라 북쪽과 동쪽의 호(胡)로 불리던 '동일계열' 국가들을 모두를 포괄하고 있는 국명을 '조선'으로 볼 수 있는 것이다.

이렇듯 『사기(史記)』에 기록된 연(燕) 소왕(昭王) 당시 진개(秦開)가 물리친 '동호(東胡, BC 1세기)'가 『삼국지(三國志)』에 기록된 '조선의 서부(其西方)'라는 사실은 앞서 밝혔듯 진개(秦開)가 공격한 지역이 『사기(史記)』에는 '동호(東胡)'만 기록하고 있고, 『삼국지(三國志)』에는 '조선의 서방(其西方)'이라고만 기록하고 있다는 사실로 알 수 있다. 만일 진개(秦開)가 서로 다른 두 지역(동호, 조선)을 각각 별도로 공격했다면 구체적으로 두 지역을 공격한 사실이 각각 다르게 기록돼야 하나, 『사기(史記)』에는 '조선의 서방(其西方)'을 공격했다는 기록이 없고 단지 '동호(東胡)'만 공격했다고 기록하고 있고, 『삼국지(三國志)』에는 '동호(東胡)'를 공격한 사실이 없고 단지 '조선의 서방(其西方)'만 기록하고 있는 것이다. 즉, 진개(秦開)라는 한 인물이 공격한 곳이 '동호(東胡)' 또는 '조선의 서방(其西方)'으로서, 두 지역은 서로 다른 곳이 아닌 동일 지역임을 추정할 수 있다.

그런데 『염철론(鹽鐵論)』에는 언니가가 '동호'를 1,000리 물리치고 '요동'을 건너 '조선'을 공격했다(燕襲走東胡, 辟地千里, 度遼東而攻朝鮮)라고

韓=馯, 貉=貊 등) 참고.
313) 『御批資治通鑑綱目』 卷四下 "即古濊貉國本朝鮮地(곧 고대 예맥의 나라로, 본래 조선의 땅이다)."

기록돼 있다.314) 『염철론』은 『사기(史記)』이후의 기록으로서, 『사기(史記)』에서 연(燕)이 정복한 곳을 동호(東胡)라고 기록한 것을 이후 조선(朝鮮)까지 포함하여 기록하고 있는 것이다. 현 중국 학계도 이 기록과 같은 입장을 보여, 기원전 283년 당시(燕 昭王 29년) 진개가 동호를 정복하고 '이어서 조선을 정복'하였으며, 그 영토는 현재의 북한 청천강까지 이르렀다고 주장하고 있다.315) 하지만 앞에서 언급했듯이 기록상 연나라가 요동(遼東)을 공격한 시기는 연 소왕이 진개를 시켜 동호를 공격할 당시인 기원전 283년이 아니라, 기원전 226년 연나라 마지막 왕 희(喜)가 진시황의 공격으로 조선 땅 인근에 있던 요동(석가장시 인근)으로 건너가 그곳(요동)을 정복(收)한 때가 처음이었다.316) 『사기(史記)』「조선열전(朝鮮列傳)」에 "당초 연은 전성기 때 진번(眞番) 조선을 공략하여 귀속시키고는 관리를 두고 변방 요새를 쌓았다. 진(秦)이 연을 멸망시키고 요동(遼東) 바깥 경계에 귀속시켰다(朝鮮王滿者, 故燕人也. 自始全燕時嘗略屬眞番朝鮮, 爲置吏, 築鄣塞. 秦滅燕, 屬遼東外徼)"라는 기록에도 요동을 공격했다는 기록은 없고 '요동 바깥(요동외요)에 있던 진번조선'을 공격했다고 기록하고 있다. 그러나 순서상 '요동 바깥에 있던 조선'을 공격하기 위해서는 먼저 요동을 공격하여 수복했어야 하나 실제로 요동을 처음 점령한 기록은 기원전 226년 연나라 마지막 왕 희(喜)왕에 의한 점령이 처음인 것이다. 즉, 위 『염철론』이나 『사기(史記)』「조선열전(朝鮮列傳)」기록은 이 57년의 시간차가 있는 두 가지 사건(진개의 동호 점령, 연 희왕의 요동

---

314) 『鹽鐵論』卷九 伐功第四十五 "燕襲走東胡, 辟地千里, 度遼東而攻朝鮮(연나라가 동호를 공격해 쫓아내고 1,000리의 땅을 개척하였으며, 요동을 건너 조선을 공격하였다)."
315) 『百度百科』秦開 앞의 주석.
316) 『史記』「秦始皇本紀」앞의 주석.

정복)을 연나라의 주요한 정복 전쟁으로 보고 동시에 기록한 것으로 볼 수 있다. 고조선이 멸망하기 전인 기원전 3세기에 기록된 『한비자(韓非子)』와 달리 고조선이 멸망한 이후 기록된 『사기(史記)』 「조선열전(朝鮮列傳)」과 『염철론(鹽鐵論)』에 연나라가 동호 이외에 조선을 점령(공격)한 기록이 처음 등장하는 이유는 기원전 108년 정복한 조선(朝鮮) 영역(한군현)에 대한 명분 즉, '요동(遼東)과 조선(朝鮮)은 연(燕)이 다스리던 곳'이라는 한나라의 조선 정복에 대한 정당성을 확보하기 위해서였을 가능성이 있다.

『사기집해(史記集解)』에 3세기 삼국시대 위(魏)나라의 인물인 여순(如淳)의 말을 빌어 "한(漢)나라가 기록한 동호는 오환이다(漢紀東胡, 烏丸也)"317)라고 하여, 『사기(史記)』에서 진개가 공격했다는 '동호(東胡)'가 조선 전체가 아닌 예맥에 속한 조선 서부 오환(烏丸) 지역에 국한됐음을 시사한다. 이렇게 동호(東胡)가 조선 전체가 아닌 조선 서부 오환(烏丸)에 국한되는 사실은 다음 두 기록으로도 확인이 된다.

『史記』「匈奴列傳」
燕北有東胡·山戎. (연(燕)의 북쪽에는 동호(東胡)와 산융(山戎)이 있다.)

『史記』「貨殖列傳」
夫燕 …北鄰烏桓·夫餘. (대저 연(燕)은 … 북쪽으로 오환(烏桓)과 부여(夫餘)와 이웃하고 있다)

---

317) 『史記』「韓信盧綰列傳」 "孝景中六年, 盧綰孫他之, 以東胡王降(集解如淳曰 : 「為東胡王來降也. 漢紀東胡, 烏丸也.」)(효경 중 6년(기원전 144년), 노관의 손자 타지가 (한나라에) 왔고, 동호왕이 항복하였다. (집해에서 여순이 말하기를: "동호왕이 되어 와서 항복한 것이다." 『한기(漢紀)』에서는 동호를 오환(烏丸)이라 한다).)"

위 『사기(史記)』의 기록에는 연(燕) 지역 북쪽(北)에 있던 나라를 서술하고 있는데, 같은 『사기(史記)』 기록임에도 「흉노열전(匈奴列傳)」에는 동호(東胡)와 산융(山戎)으로 기록돼 있고, 「화식열전(貨殖列傳)」에는 오환(烏桓)과 부여(夫餘)로 기록돼 있다. 위 「흉노열전(匈奴列傳)」 기록은 진(晉) 문공(文公, 재위: BC 636-BC 628) 당시의 상황이며, 아래 「화식열전(貨殖列傳)」 기록은 그 내용의 구체성으로 보아 『사기(史記)』의 저자 사마천이 직접 체험을 통해 얻은 내용으로 볼 수 있으므로 『사기(史記)』를 저술할 당시인 기원전 2세기-1세기 전한(前漢) 시기 상황으로 볼 수 있다. 따라서 시기적으로 약 5세기 이상 차이는 나지만, 연(燕) 북쪽에 있던 민족이 크게 바뀌지 않았다는 전제하에, 동호(東胡)는 오환(烏桓)이며, 산융(山戎)은 부여(夫餘)임을 알 수 있는 것이다.[318]

이렇게 동호(東胡)가 오환(烏桓)이라는 사실은 기원전 209년 흉노 묵특선우가 물리친 동호(東胡)가 오환(烏桓)의 조상이라고 기록한 다음 내용을 통해서도 확인할 수 있다.

『史記』「匈奴列傳」

集解漢書音義曰 : 「烏丸, 或云鮮卑.」 索隱服虔云 : 「東胡, 烏丸之先, 後為鮮卑. 在匈奴東, 故曰東胡.」 案 : 續漢書曰 「漢初, 匈奴冒頓滅其國, 餘類保烏桓山, 以為號. 俗隨水草, 居無常處. 以父之名字為姓. 父子男女悉髡頭為輕便也」.(集解: 한서 음의에서 말하길: '오환은 혹은 선비라고도 한다.' 索隱: 복건이 말하길: '동호는 오환의 선조이며, 후에 선비가 되었다. 흉노의 동쪽에 있어서 동호라고 불렀다.' 『속한서』에서 말하길: '한 초기에 흉노 묵특이 그 나

---

318) 김진경, 「고조선의 도읍지, 건국(建國) 년도, 국호 등에 관한 고찰」, 『선도문화』 16, 2014, pp.160-161.

라(동호)를 멸망시켰고, 남은 무리는 오환산에 의지하여 이를 명칭으로 삼았다. 풍속은 물과 풀을 따라 거처하며 일정한 거주지가 없고, 아버지의 이름을 성으로 삼는다. 아버지와 아들, 남녀 모두 머리를 짧게 깎는데 편리함을 위해서였다.')

이상의 기록들을 통해 알 수 있는 사실은 연(燕)이 기원전 283년 물리친 동호(東胡)가 곧 오환(烏丸)으로서, 한때 강성했으나 흉노 묵특선우에 망하여 이주하였으며(BC 209), 조선과 같은 예맥족에 속했던 사람들로서, 이후 선비가 됐다는 사실이다.

동호(東胡) 즉, 오환(烏丸)의 조상이 기원전 209년 흉노에 망하기 전 살았던 원위치를 고찰하면, 전한(前漢) 당시 상곡(上谷)을 기준으로 기원전 209년 동호를 흡수한 흉노와 조선이 접경하였으므로, 흉노의 영역 중 동쪽 끝, 즉 상곡(上谷) 서북이 동호가 원래 살던 곳임을 알 수 있다. 그 위치는 구체적으로 상곡군(上谷郡)의 후기 지명인 산서성 동남부 여성(黎城)의 서북부, 즉 요주(遼州)가 있던 진중시 좌권현 일대이다(〈그림 V-8〉 참고). 그런데 그곳은 앞서 밝힌 대로 상(商)나라 재상 기자(箕子)가 이주한 지역으로 추정되는 기주(箕州), 기산(箕山)이 있던 산서성(山西省) 요주(遼州), 즉 산서성 진중시 좌권현 인근과 일치하고 있다.[319] 그렇다면 동호(東胡)의 뿌리는 상(商)나라 재상 기자(箕子)가 조선으로 이주하여 세웠다는 일명 '기자조선(箕子朝鮮)'과 닿아 있다고 할 수 있다.

이러한 내용들을 종합할 때 BC 3세기 연(燕)이 정복한 동호(東胡)는 다음과 같이 기자조선, 중산, 오환, 조선 서방과 같은 지역(국가)임을 알

---

319) 리지린; 이덕일 해역, 『고조선연구』, 도서출판 말, 2018, pp.280-290;『詞典網』箕州 "唐武德八年 (625) 改遼州置, 治所在遼山縣(今山西左權縣) (기주(箕州)는 당 무덕 8년 (625)에 요주로 개편하여 설치하고, 치소는 요산현(지금의 산서 좌권현)에 두었다)."

수 있다.

연(燕)이 점령하기 전 山西省 東南部 지역 국가명의 변천

기자조선(箕子朝鮮, BC 3세기-BC 2세기 『尚書大傳』 기록)
= **중산**(中山, BC 3세기 『韓非子』 기록)
= **동호**(東胡, BC 1세기 『史記』 기록)
= **오환**(烏桓, BC 1세기 『史記』 기록)
= **조선 서방**(朝鮮西方, AD 3세기 『三國志』 기록)

『사기(史記)』「조세가(趙世家)」에 기원전 296년에 조(趙)나라가 중산국(오환?)을 멸망시키고 그 왕을 부시(膚施)로 옮겼다고 하는데,³²⁰⁾ 『한비자(韓非子)』 기록에서는 연(燕) 소왕 당시 연나라가 284년 제를 멸한(殘齊) 뒤 다시 중산국을 평정한다(平中山). 즉, 296년 당시 중산국이 조나라에 완전히 멸망하지 않았던 것이다. 따라서 중산국(中山國)은 작은 영토의 국가(國)가 아닌 넓은 영토를 가진 '조선'과 같은 개념의 국가로서 조선을 대표하는 조선 서부 일부 지역(중산=오환=동호)을 의미하며, 이 '조선'을 전국시대(戰國時代, BC 476-BC 221) 조(趙)가 중산의 서부를, 연(燕)이 중산의 동부(동호)를 차지한 것으로 해석할 수 있다. 이를 통해, 연(燕)이 점령한 호(胡)의 땅에 있던 중산(中山), 즉 오환이 곧 기원전 4세기 연(燕)과 서로 칭왕(稱王)하며 갈등했던 조선(조선 서방, 중국이 주장하는 조선후국(朝鮮侯國))이며, 연나라 진개(秦開)가 인질로 잡혀가 있던 호(胡)이며, 진개(秦開)가 인질에서 풀려난 뒤 공격하여 점령한 동호(東胡)로서, 이들은 '같은 국가', 또는 '조선의 서방'에 속하는 조선 방국으로 해석할 수 있다.

---

320) 『史記』「趙世家」"(趙惠文王)三年(BC 296), 滅中山, 遷其王於膚施((조 혜문왕) 3년 (기원전 296년), 중산을 멸망시키고, 그 왕을 부시로 옮겼다)."

따라서 이러한 여러 정황으로 볼 때, 기원전 3세기 연나라가 진개가 공격하여 차지한 지역은 산서성 동부와 북부의 '중산=동호=조선(서부)= 오환'으로서, 그 땅을 연(燕)나라가 점령한 시기는 연나라가 동호(東胡) 를 점령한 기원전 283년이고, 이 지역이 연나라의 중심지가 되는 시기는 연나라가 진(秦)나라에 정벌 당하여 황하 이남을 빼앗기던 기원전 272년 경으로 추정할 수 있다. 즉 연 소왕(昭王) 당시인 '연나라 전성 시(全燕 時)'는 기원전 283년부터 기원전 272년 사이이고, 연(燕)의 동호(조선 서 방) 지배 기간은 연왕 희(喜)가 진(秦)의 공격으로 도망하여 요동을 빼앗 고(收) 그곳 왕이 되던 기원전 226년까지로 볼 수 있다. 즉, 연 소왕(昭王) 이후 연(燕)이 현 산서성 동남부 '동호(조선 서방)'을 차지한 기간은 최대 기원전 283년부터 기원전 226년 사이로 57년 동안의 짧은 기간임을 알 수 있다.

기원전 283년 이후 연(燕)에 의해 1,000리 영토를 빼앗겼던 동호(東胡) 는 흉노 묵특(冒頓) 선우가 왕이 된 BC 209년에는 다시 강한 국가가 되 어 있었다.[321] 연(燕)이 기원전 226년까지 동호(東胡)의 땅을 다스렸지 만, 동호(東胡)는 망한 것이 아니라 일찍이 연(燕)의 북쪽 오환(烏桓) 지 역으로 이주하여 강한 세력을 유지했음을 짐작할 수 있다.

4. 연(燕)이 차지한 조선 서방(동호, 중산)의 위치

필자는 앞에서 『상서대전(尙書大傳)』의 기원전 11세기 '기자조선(箕子 朝鮮)'이 기원전 3세기 『한비자(韓非子)』 기록의 연(燕)에 의해 평정된

---

[321] 『史記』 匈奴列傳 "冒頓既立, 是時東胡彊盛(묵특이 즉위하였을 때, 이 시기에 동호가 강 성하였다)."

'중산(中山)'의 위치와 겹치며, 『사기(史記)』의 '동호(東胡)', '오환(烏桓)', 그리고 『삼국지(三國志)』의 '조선 서방(朝鮮西方)'과도 같은 국가였을 가능성이 높음을 설명하였고 그 위치를 현재의 산서성 동남부로 비정하였다. 김진경 역시 산서성 동남의 둔유(屯留)가 연(燕)의 수도 계(薊)이자 그곳을 중산(中山)으로 주장하였는데,322) 이에 비해 현재 중국에서는 중산(中山)의 위치를 산서성과 관련이 없는 북경 남쪽인 하북성(河北省) 중부 태항산맥 동쪽 기슭으로 주장하고 있다.

> 『百度百科』「中山國」
> 中山國是嵌在燕趙裡(在今河北省中部太行山東麓一帶)一個由鮮虞人建立的國家, 因城裡有山得國名. 由中山武公建立, 經歷了戎狄鮮虞和中山三個發展階段, 在每個階段都被中原諸國視為華夏的心腹大患, 同樣經歷了邢侯搏戎, 晉侯抗鮮虞, 魏滅中山和趙滅中山的階段. (중산국은 연(燕)과 조(趙) 지역 안에 위치한 나라로, 현재 중국 하북성 중부 태항산 동쪽 기슭 일대에 있었다. 이 나라는 선우(鮮虞)족에 의해 세워졌으며, 성 안에 산이 있어 국명을 '중산(中山)'으로 지었다. 중산 무공(中山武公)에 의해 건국되었고, 융적(戎狄), 선우(鮮虞), 중산(中山) 세 단계의 발전을 겪었다. 각 단계마다 중원 제국들에 의해 화하(華夏)의 큰 위협으로 간주되었으며, 형후(邢侯)의 융족 격퇴, 진후(晉侯)의 선우 대항, 위(魏)와 조(趙)가 중산을 멸망시키는 단계를 거쳤다.)

그런데 문헌 기록을 보면 중국에서 주장하듯이 하북성 태항산맥 동쪽

---

322) 김진경, 앞의 논문(2012),. p.101. "안민성(安民城)이 계(薊, 현 산서성 둔유현)에 위치하고 있었으며 계를 신도(信都) 또는 중산(中山)으로 부른 것으로 추정해 볼 수 있다."

지역에 중산국이 있을 수 없다. 앞서 밝혔듯이 중산국은 닉양에서 출발했을 때 고발해가 있던 하북성 남부보다 200리 더 남쪽에 있었다.[323] 중산국과 관련된 도시들의 기록을 살펴보더라도 대부분 산서성 동남부에 있는데(〈표 Ⅶ-4〉 참고), 그렇다면 중산국, 동호, 오환 남쪽에 있던 연(燕)나라는 산서성 남부를 넘을 수 없고, 현재 연하도 유적(燕下都遺蹟)이 있는 태항산맥 동쪽 북경 남부 역현(易縣)일 수가 없다. 이는 북경 남쪽 연하도 유적(燕下都遺蹟)을 전국시대 연(燕) 소왕(昭王)의 중심지로 비정한 중국의 주장이 오류임을 의미한다.

〈표 Ⅶ-4〉『사기(史記)』의 중산국(中山國) 위치와 관련된 기록

문헌	내용
『史記』 「范雎蔡澤列傳」	且昔者中山之國地方五百里, 趙獨吞之. (옛날 중산(中山)의 땅이 사방 500리였는데 중산과 가장 가까운 조나라가 혼자 그 땅을 차지했다.)
『史記』 「匈奴列傳」	漢兵物故什六七. 漢復使因杅將軍敖出西河, 與彊弩都尉會涿涂山(…正義匈奴中山也), 毋所得. ((BC 99년) 한나라는 또다시 인우장군 공손오에게 명하여 서하군(西河郡)에서 출격하여 강노도위와 탁(涿)의 도산(涂山)에서 합류하게 했으나(…[정의]에는 흉노가 중산이라고 하였다) 아무런 전과를 올리지 못했다.)
『史記』 「貨殖列傳」	昔唐人都河東, 殷人都河內, 周人都河南. 夫三河在天下之中, 若鼎足, 王者所更居也, 建國各數百千歲, 土地小狹, 民人眾, 都國諸侯所聚會, 故其俗纖儉習事. (옛날 당(唐, 요임금) 사람들은 하동(河東)에 도읍했고, 은(殷) 사람들은 하내(河內)에 도읍했고, 주(周) 사람들은 하남(河南)에 도읍했다. 대개 이 삼하(三河) 지역은 천하의 중심으로 마치 세발솥처럼 왕들이 돌아가며 차지하여 각각 수백 년에서 천년 가까이 나라를 세웠다. 땅은 좁고 인구는 많지만 도읍을 정하고 제후들이 모여드는 곳이라 그 풍속이 인색하고 세상 물정에 밝았다.)

---

323) 『後漢書』 志·郡國 앞의 주석.

`史記』「貨殖列傳」	楊平陽陳西賈秦翟, 北賈種代. 種代, 石北也, 地邊胡, 數被寇. (양(楊), 평양(平陽)은 서쪽으로 진(秦), 적(翟)과 교역을 했고, 북쪽으로는 종(種) 대(代)와 교역을 했다. …)
	溫軹(索隱二縣名, 屬河內.西賈上黨, 北賈趙中山. (온(溫), 지(軹)는 ([색은] 2개 현의 이름으로, 하내에 속한다) 서쪽으로 상당(上黨)과 교역하고, 북쪽으로는 조(趙), 중산(中山)과 교역을 한다.)
	中山地薄人衆, 猶有沙丘紂淫地餘民, 民俗懁急, 仰機利而食. 丈夫相聚游戲, 悲歌慷慨, 起則相隨椎剽, 休則掘冢作巧姦冶,… (중산은 땅은 척박한데 인구가 많다. 또 사구(沙丘)에는 음탕했던 주왕(紂王)의 유풍이 아직 남아 있어 인민의 습속은 성격이 조급하고 투기로 이익을 취해 먹고 산다. 남자들은 함께 모여 놀면서 비분강개 노래를 부른다. 평소에는 서로 서로 치고받고 빼앗고 빼앗기며 놀고, 쉴 때는 무덤을 파헤치고 정교하고 아름다운 금속 제품(巧姦冶)을 만든다. …)
	然邯鄲亦漳河之閒一都會也. 北通燕涿, 南有鄭衛. … ((조(趙)나라 수도였던) 한단(邯鄲)은 장수(漳水)와 황하 사이의 도회지이다. 북으로 연(燕), 탁(涿)과 통하고, 남으로 정(鄭), 위(衛)가 있다. …)
	夫燕亦勃碣之閒一都會也. 南通齊趙, 東北邊胡. 上谷至遼東, 地踔遠, 人民希, 數被寇, 大與趙代俗相類, 而民雕捍少慮, 有魚鹽棗栗之饒. 北鄰烏桓夫餘, 東綰穢貉朝鮮真番之利. (연(燕)은 발해(渤海)와 갈석산(碣石山) 사이에 있는 도회지이다. 남으로 제(齊), 조(趙)와 통하고, 동쪽과 북쪽은 호(胡)와 접경하고 있다. 상곡(上谷)에서 요동(遼東)에 이르는 지역은 멀고 인민이 적어 자주 침략을 당했다. 조(趙), 대(代)의 풍속과 아주 비슷하다. 인민은 독수리처럼 사납지만 생각이 부족하고, 물고기, 소금, 대추, 밤이 많이 난다. 북은 오환(烏桓), 부여(夫餘)와 이웃해 있고, 동은 예맥(穢貉), 조선(朝鮮), 진번(眞番)의 지리적 이점을 통제하고 있다.)
『中國古今地名大辭典』	p.1344 [懷慶府] 漢河內郡. …即今河南沁陽縣治(【회경부】 한나라 하내군. …지금의 하남성 심양현 소재지.). p.0215 [平陽縣] 古堯都. …漢置平陽縣. 故城在今山西臨汾縣南(【평양현】 고대 요임금의 도읍. …한나라 때 평양현을 설치. 옛 성은 지금의 산서성 임분현 남쪽에 있음.). p.1031 [溫縣] 亦曰蘇城. 周畿內邑. …故城在今河南溫縣西南三十里(【온현】 소성(蘇城)이라고도 불림. 주나라 때 수도권 안의 고을. …옛 성은 지금의 하남성 온현 남서쪽 30리에 있음.). p.0947 [軹縣] 戰國魏邑. …故城在今河南濟源縣東南十三里. 今名城鎭(【지현】 전국시대 위나라의 고을. …옛 성은 지금의 하남성 제

원현 동남쪽 13리에 있음. 지금은 성진(城鎭)이라 부름.).
p.0047 [上黨都] …漢治長子. 在今山西 長子縣西(【상당도】…한나라가 장자를 다스림. 지금의 산서성 장자현 서쪽에 위치.).

이상의 기록들은 삼하(三河), 즉 황하를 중심으로 동쪽(河東)과 남쪽(河南)과 북쪽(河內) 지역인 산서성 남부와 하남성을 천하의 중심이라고 설명하며, 그 가운데 하내(河內)인 산서성(山西省) 남부에 있는 지역들에 대해 설명하고 있다. 이 기록들을 통해 중산(中山)과 관련된 지명들이 현 하북성 북경 일대와는 관련이 없고 모두 황하 이북 산서성(山西省)과 관련이 있다는 사실을 알 수 있다.

〈그림 Ⅶ-14〉 '사기(史記)』의 중산국(中山國, 후대 燕)과 관련된 지명들(『대청광여도(大淸廣輿圖)』)

[그림 Ⅶ-14 설명] 중산국(中山國)은 지도의 황하 안쪽(河內)에 있는 온현(溫縣)과 지현(軹縣) 북쪽에 있어야 한다(溫·軹北賈趙·中山). 현 하북성 중부 북경 일대를 황하 유역 온현(溫縣)과 지현(軹縣) 북쪽 인근으

로 보기는 어렵다.

 정리하자면, 중산(中山)은 사방 500리의 작은 나라로, 上谷(상곡), 탁(涿) 지역인 현 산서성 여성현(黎城縣) 인근이었고, 현 산서성 임분(臨汾)인 평양(平陽)과 인접하였었다. 또한, 황하가 감싸는 북쪽(河內)의 하남성 온현(溫縣)과 지현(軹縣, 현 濟源市) 북쪽에 있었고, 현 산서성 장자현(長子縣)인 상당(上黨) 동쪽에 있었다.

 중산국을 필자가 '기자조선(箕子朝鮮)'과 연결한 이유는 『한비자(韓非子)』 기록 중 기원전 3세기 연(燕)에 의해 평정된 '중산(中山)'의 위치가 기자(箕子)가 이주한 것으로 주장되는 기산(箕山) 인근이기 때문인데, 위치에 더해 그 땅(중산) 주변에 살던 사구(沙丘) 사람들이 기자의 조국인 은(殷)나라 마지막 왕 주왕(紂王)의 음란한 유풍을 간직하고 있다고 하여 (紂淫地餘民), 중산(中山)과 은(殷)나라, 그리고 은(殷) 유민이 이주한 기자조선(箕子朝鮮)과의 관계가 인정되기 때문이다.

 한단(邯鄲)이 장수(漳水)와 황하 사이에 있었다면 현 황하 이북 산서성 남부를 의미하는데, 이 한단(邯鄲) 북쪽이 연(燕)과 탁(涿)이었다. 그렇다면 연(燕)과 탁(涿)은 한단(邯鄲), 즉 장수(漳水) 북쪽에 있어야 하는데, 그 위치는 산서성 남부를 흐르는 장수(漳水) 인근의 연(燕, 薊, 屯留)과 상곡(上谷, 涿, 黎城) 위치와 일치한다. 전국시대 중산(中山)의 땅을 차지한 연(燕)의 북쪽에는 또 다른 중산(中山), 즉 동호(東胡)가 이주해 세운 오환과, 오환 동쪽의 부여가 있었으며, 그 동쪽에는 예맥조선 진번이 있었다.

 [그림 Ⅶ-15 설명] 기원전 284년 이후 연(燕)에 의해 평정된 중산국

---

324) 程光裕; 徐聖謨; 張其昀, 앞의 책(1980), pp.12.

〈그림 Ⅶ-15〉[324] 『중국역사지도(中國歷史地圖)』「전국칠웅도(戰國七雄圖)」상의 중산국(中山國) 위치와 실제 중산국(中山國) 위치

(中山國)은 삼하(三河) 유역(河東, 河內, 河南), 즉 황하를 끼고 있는 '중원'에 속한 국가로서, 황하 인근에 있어야 하며, 〈그림 Ⅶ-15〉의 지현(軹縣, 현 濟源市) 북쪽, 평양(平陽, 현 臨汾市) 인근에 있어야 한다. 그런데 현재 중국에서는 연(燕)과 중산(中山)을 황하(黃河), 지현(軹縣), 평양(平陽)과 관련이 없는 하북성 중부에 위치시키고 있다. 조(趙)의 수도였던 한단(邯鄲)은 산서성 남부를 흐르는 장수(漳水)부터 남쪽으로 황하(黃河) 사이에 있어야 하는데(漳·河之間), 지도에서는 한단(邯鄲)은 산서성 남부 장수(漳), 하남성 황하(河)와 관련이 없는 하북성 남부로 그리고 있다. 연(燕)의 위치 역시 산서성 남부를 흐르는 장수(漳水) 북쪽에 있다고 기록돼 있으나, 지도를 보면 장수(漳水) 남쪽에 있어야 하는 조(趙)가 연(燕) 대신 장수(漳水) 북쪽에 그려져 있고, 연(燕)은 이들 지명과 관련이 없는 하북

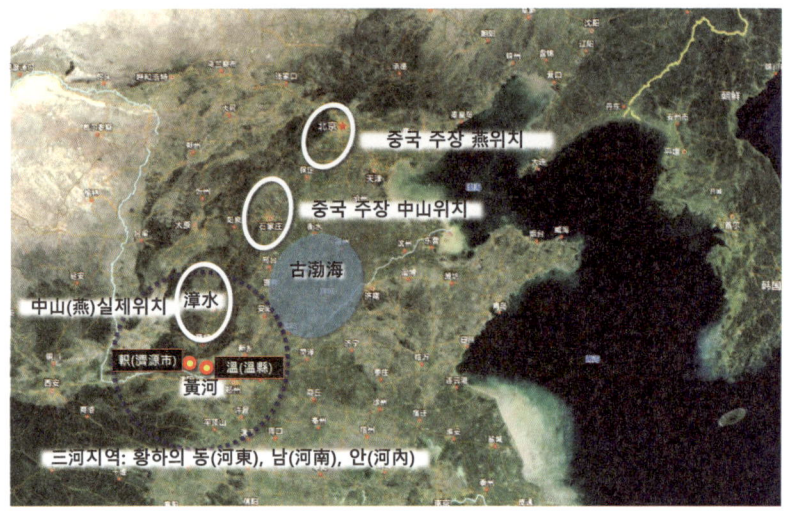

〈그림 Ⅶ-16〉 현 황하 북안에 있는 하남성 온(溫, 현 溫縣)과 지(軹, 현 濟源市)의 북쪽에 있던 중산(中山)

성 북부-한반도 북부까지 설정돼 있다.

[그림 Ⅶ-16 설명] 황하 유역의 온(溫, 현 溫縣), 지(軹, 현 濟源市)와 교역을 하던 중산(中山)은, 황하에서 장수(漳水) 사이에 있던 조나라(한단)의 북계인 장수(漳水) 북쪽에 있었고, 그곳은 발해군보다 200리 남쪽으로, 중산이 발해 남쪽, 장수 북쪽에 있었음을 알 수 있다. 그 땅은 황하 이남에 있던 연(燕)이 기원전 3세기 초 평정한 곳으로, 상기『사기(史記)』「화식열전(貨殖列傳)」을 보면, '온(溫)·지(軹) 북쪽의 조(趙)·중산(中山)'이란 표현과 '조(趙)나라 북쪽의 연(燕)'이란 표현이 나오는 것으로 보아 전한(前漢) 당시 조나라 인근 중산(中山)을 연(燕)과 동일시했음을 추정할 수 있다. 이는 기원전 3세기 초 연(燕)이 정복한 동호(東胡)가 곧 중산(中山)이었음을 의미하기도 한다. 이 연(燕), 즉 중산의 동쪽에 조선(예맥조선 진번)이 있었다. 따라서 중국에서 주장하는 고대 발해(古渤海)를 넘

어서는 북쪽 현 하북성 석가장시(石家莊市) 일대나 북경시(北京市) 일대에는 중산(中山)이나 연(燕)이 아닌 조선이 있었음을 알 수 있다.

이상과 같은 분석을 통해 서주(西周) 시기부터 전국(戰國) 시기까지 연국(燕國)이 현 하남성에서 이주하여 산서성(山西省) 동남부로 이주하는 과정을 살펴보았다. 이 분석을 통해 연국(燕國)이 시종 현 하북성 북경 일대와 관련이 없는 정권임을 확인하였다. 따라서 문헌적으로 볼 때, 북경시(北京市) 남부 방산구(房山區) 유리하진(琉璃河鎭) 유리하 유적(琉璃河遺蹟)을 서주(西周) 시기 연(燕)의 수도 유적(西周燕都 遺蹟)으로 보거나, 하북성(河北省) 보정시 역현(易縣) 연하도 유적(燕下都遺蹟)을 전국 시기 연(燕)의 유적으로 판단할 근거를 찾기 어렵다고 할 수 있다.

Ⅷ. 고조선과 왕검성(王儉城) 중심지 하북성

이상의 고조선 위치 관련 지표(指標) 연구를 통해 고조선의 위치가 현재의 하북성 중부에 있을 가능성이 높음을 확인하였다. 이를 전제로 고조선의 후기 수도 왕검성(왕험성)에 관한 구체적 위치를 살피고자 한다. 특히, 고조선(하북성 중부) 인근의 예북기남(하남성 북부-하북성 남부)에 있었던 상나라가 고조선 기층 민족인 예맥족과 어떤 관계가 있으며, 기자(箕子)의 40여 대 후손이라는 기준(箕準)과 그를 이은 위만 정권의 도읍인 왕검성(왕험성)이 어디였는지에 관해 역대 기록을 통해 고찰하고자 한다.

1. 상(은)나라 북쪽에 있던 고조선과 예맥계 국가들

기자조선(箕子朝鮮)이란 은(殷)나라, 즉 상(商)나라 왕족인 기자(箕子)가 조선으로 이주하여 기원전 11세기경에 건국한 국가로서, 기원전 195년 위만(衛滿)에게 멸망될 때까지 900여 년간 존속했던 것으로 이해되고 있다. 현재 한국 학계에서는 이 기자조선과 관련된 기록에 대해 다음과 같은 입장을 보이고 있다.

기자(箕子)와 관련된 초기 기록으로는 진(秦)나라 이전의 문헌인 『죽서기년(竹書紀年)』· 『상서(尙書)』· 『논어(論語)』가 있는데, 기자가 은(殷)나라 말기의 현인(賢人)으로만 표현되어 있다. 그러나 한(漢)나라 이후의 문헌인 『상서대전(尙書大傳)』 「은전(殷傳)」, 『사기(史記)』 「송미자세가(宋微子世家)」, 『한서(漢書)』 「지리지(地理志)」 등에서 기자는 은나라의 충신으로서 은나라의 멸망을 전후해 조선으로 망명해 백성을 교화시켰으며, 이에 주(周)나라는 기자를 조선의 제후에 봉했다고 함으로써 비로소 기자와 조선이 연결되었다. 한국사에서 기자조선에 대한 인식은 고려시대의 기록인 『삼국유사(三國遺事)』에서 단군조선과 구분하지 않고 고조선이라는 표현 속에 포함시켜 이해하고 있으며, 『제왕운기』에서는 후조선(後朝鮮)으로 표현해 기자에 대한 강조가 보이지 않는다.[325]

즉, 한국 학계에서는 상(商)나라 출신 기자가 주(周)나라에 의해 조선의 제후에 봉해졌다는 사실에 대해서는 회의적으로 보고 있는데, 이와 관련된 논의는 차치하고 이 기록들을 통해 알 수 있는 중요한 사실은 『사기(史記)』를 비롯한 믿을 만한 한(漢)대 사서들에 기원전 1046년경 멸망한 상(商)나라 인근에 조선(朝鮮)이라는 나라가 존재했음을 명기했다는 점이다. 그런데 앞서 밝혔듯 중국 학계에서 상(商)나라 후기 중심지는 예북기남(豫北冀南), 즉 하남성(河南省) 북부와 하북성(河北省) 남부 지역으로 비정하고 있으므로,[326] 기자가 망명한 고조선이 하북성 남부(冀南)와 가까운 곳에 있었음을 유추할 수 있다.

상(商)나라 멸망 당시 상나라 인근에 있었던 국가들에 대하여 전한(前漢) 시기 공안국(孔安國, BC 156-BC 74)이 저술한 기록인 『한공씨전(漢孔氏傳)』에 당(唐)의 육덕명(陸德明)이 음과 뜻을, 같은 당(唐) 시기의 공영

---

325) 한국민족문화대백과사전(https://encykorea.aks.ac.kr), 기자조선(箕子朝鮮).
326) 唐際根; 岳洪彬 主編, 앞의 논문(2011), p.217.

달(孔穎達)이 해설(疏)을 한 『상서주소(尚書注疏)』에 다음과 같이 기록하고 있다.

『尚書注疏』卷十七 (四庫全書)

成王旣伐東夷, 肅愼來賀傳, 海東諸夷駒麗扶餘馯貊之屬, 武王克商皆通道焉 …(駒麗扶餘馯貊之屬, 此皆於孔君之時有此名也. 周禮職方氏四夷之名八蠻九貉, 鄭玄云北方曰貉又云東北夷也. 漢書有高駒麗扶餘韓無此馯, 馯即彼韓也. 音同而字異.)(성왕(成王, ?-BC 1021)이 동이(東夷)를 물리치자 숙신(肅愼)이 찾아와 축하하며 전하였다. "바다 동쪽 모든 이(夷)족과 구려(駒麗), 부여(扶餘), 한(馯), 맥(貊)이 무왕(武王)이 상나라(은나라)를 이기자(BC 1046) 길을 통하게 되었습니다." …(구려(駒麗), 부여(扶餘), 한(馯), 맥(貊) 종족들은 모두 공안국(孔君) 시기의 이름이다. 『주례(周禮)』 직방씨(職方氏)에는 사이(四夷)의 이름을 팔만구맥(八蠻九貉)이라 하였고, (후한의) 정현(鄭玄)은 북방 민족을 맥(貉) 또는 동북이(東北夷)라고 하였다. 『한서(漢書)』에는 고구려(高駒麗), 부여(扶餘), 한(韓)이 있는데 (본문의) 한(馯)은 없다. 한(馯)이 (한서의) 한(韓)인 것이다. 음이 같으나 글자가 다르다.))

위 기록을 통해 주(周) 무왕(武王)이 상나라(은나라)를 물리쳤을 당시 상나라 주변에 해동(海東)의 제이(諸夷), 구려(駒麗), 부여(扶餘), 한(馯), 맥(貊)이 있었음을 알 수 있다. 그 가운데 바다 동쪽(海東)의 '제이(諸夷)'는 전한(前漢) 당시 하북성 남부의 거대한 내륙해로 비정되는 고발해(古渤海)[327]의 동쪽인 현 산동성 남부 지역(淮水와 岱山 지역)을 의미한다고 볼 수 있고,[328] 나머지 구려(駒麗), 부여(扶餘), 한(馯, 韓), 맥(貊)은 섬서성(陝西省)에 있던 주(周)나라에서 볼 때 동북 지역에 사는 민족, 즉 상기

〈그림 Ⅷ-1〉 공안국(孔安國, BC 156-BC 74) 기록인 『상서주소(尚書注疏)』에 근거한 商(殷)나라 후기 중심 지역 예북기남(豫北冀南)과 상(商) 주변국(기원전 11세기)

후한 학자 정현(鄭玄)의 말대로 북방 또는 동북방에 살던 맥(貊), 동북이(東北夷) 민족을 의미하고 있다.

이렇게 중원의 구려(駒麗), 부여(扶餘), 한(韓, 馯), 맥(貉, 貊)의 위치가 바로 중원의 '북방' 또는 '동북방', 즉 상(商)나라 중심지였던 예북기남의 북쪽 또는 동북쪽 지역이라는 사실을 알 수 있는데, 이들 구려(駒麗)와 부여(扶餘), 한(韓), 맥(貉) 등 '예맥족 국가들'[329]이 과거 고조선(조선예

---

327) 이기훈, 앞의 논문(2024), pp.7-60.
328) 『後漢書』, 「東夷列傳」 "桀爲暴虐, **諸夷**内侵, 殷湯革命, 伐而定之. 至于仲丁, 藍夷作寇. 自是或服或畔, 三百餘年. 武乙衰敝, 東夷浸盛, 逐**分遷淮·岱**, 漸居中土.(桀이 포악해지니 **諸夷**가 **内地**에 侵入하여 왔는데, 殷의 湯王이 革命하고 [난 뒤] 이들을 정벌하여 평정하였다. 仲丁 때에 이르러 藍夷가 침입하였다. 이로부터 복종하고 배반하기를 300여 년간 계속하였다. 武乙에 이르러 [殷이] 衰弱해지자, 東夷가 점차 강성해져서 드디어 淮水와 岱山으로 나뉘어 옮겨오더니 점차 中土에까지 뻗어와 살게 되었다.)

맥)에 속했었거나 고조선과 관련이 깊은 국가라는 사실은 역대 사서들을 통해 확인된다.

〈표 Ⅷ-1〉 예맥(濊貊)족 국가들의 상호 관련성 및 동질성에 관한 기록들(朝鮮, 駒麗, 扶餘, 韓=馯, 貉=貊 등)

예맥족 국가	문헌	내용
현도, 낙랑	『漢書』 地理志	玄菟, 樂浪, 武帝時置, 皆朝鮮濊貉, 句驪蠻夷.(현도, 낙랑은 한(漢) 무제 시(조선을 물리치고) 설치했는데 모두 조선예맥(濊貊), 구려만이(蠻夷) 사람들이다.)
조선, 고구려, 왜(倭), 한(韓), 마한, 옥저, 부여, 오환, 선비	『史記』 匈奴列傳	東接穢貉朝鮮((흉노는) 동쪽으로 예맥조선과 접했다.)
	『三國志』 魏書八	高句麗濊貊與淵爲仇, 並爲寇鈔.(고구려예맥이 연(淵)과 원수가 되었다.)
	『後漢書』 東夷列傳	濊貊倭韓萬里朝獻(예맥왜한(倭韓)이 헌상했다.); 率馬韓濊貊數千騎圍玄菟((고구려가) 마한예맥을 이끌고 현도를 포위했다.); 沃沮濊貊悉屬樂浪(옥저예맥은 모두 낙랑에 속한다.); 接夫餘濊貊二十餘邑爲東部(부여예맥과 접한 20여 읍이 동부이다.); 烏桓濊貊咸來助祭(오환예맥이 모두 와서 제사를 도왔다.); 鮮卑濊貊連年寇鈔(선비예맥이 매년 노략질했다.)
고구려, 옥저, 동예	『三國志』 魏書三十	高句麗 …沃沮, 東穢皆屬焉.(고구려 …옥저, 동예가 모두 속해 있다.)
	『梁書』 卷五十四	句驪 …沃沮, 東穢皆屬焉.(고구려가 옥저·동예를 모두 복속시켰다.)

329) 예맥을 독립된 국가로 볼 경우 『사기(史記)』 이후 문헌 기록상 예맥과 함께 나오는 모든 국가(조선, 고구려, 왜(倭), 한(韓), 마한, 옥저, 부여, 오환, 선비 등)와 예맥이 국경을 접할 수 없다. 즉, 예맥은 민족명으로 해석하는 것이 합리적이라고 할 수 있다. 이는 『한서(漢書)』 지리지(地理志)에 조선예맥(朝鮮濊貉)과 함께 나오는 구려만이(句驪蠻夷)를 구려국과 만이국이 아닌 '구려(句驪)국의 만이(蠻夷)족'으로 해석해야 합리적인 것을 통해서도 확인된다. 만이(蠻夷)를 국가명으로 볼 수 없기 때문이다. 즉, 조선과 구려는 국명, 예맥과 만이는 족명으로 보아야 한다.

조선(기씨조선), 한(韓)	『後漢書』 卷八十五	昔武王封箕子於朝鮮 …其後四十餘世, 至朝鮮侯準, 自稱王. …初, 朝鮮王準為衛滿所破, 乃將其餘眾數千人走入海, 攻馬韓, 破之, 自立為韓王.(과거 무왕이 (상나라 왕의 숙부인) 기자를 조선에 봉했다. … 그 후 40여 대가 이어져 조선제후 준(기준)에 이르러 자칭 왕이라 하였다. …처음에 조선왕 준이 위만에 패하여 그 남은 무리 수천 인을 이끌고 바다로 들어가 마한을 공격한 뒤 스스로 한왕(韓王)이 되었다.)
예(濊), 고구려	『三國志』 魏書三十	其耆老舊自謂與句麗同種."(그 나라(濊)의 노인들은 예부터 스스로 일컫기를 '[高]句麗와 같은 종족이다'라고 하였다.)
		濊 …言語法俗大抵與句麗同(예(濊)는 언어, 법, 풍속이 대략 고구려와 같다.)
동옥저(東沃沮), 고구려	『三國志』 魏書三十	東沃沮 …其言語與句麗大同, 時時小異.(동옥저는 언어가 고구려와 대략 같으며 가끔 조금 다르다.)
고구려, 마한	『後漢書』 東夷列傳	(句驪王)宮遂率馬韓濊貊數千騎圍玄菟.(고구려 왕궁이 마한예맥 수천 기를 이끌고 현도를 포위했다.)
부여, 고구려	『三國志』 魏書三十	東夷舊語以為夫餘別種, 言語諸事, 多與夫餘同.(동이(東夷)들이 서로 전(傳)하여 오기를 (고구려는) 부여의 별종이라 하는데, 그러한 까닭으로 언어와 모든 행사가 (부여와) 많이 같다.)
조선, 한(韓), 맥(貊)	『晉書』 卷五十一	撫定朝鮮, 奄征韓貊.(조선을 안정시키고 한맥(韓貊)을 정벌했다.)
한(韓), 예(濊)	『三國志』 魏書三十	韓濊彊盛, 郡縣不能制.(한예(韓濊)가 강성하여 군현을 다스릴 수 없었다.)
한(韓), 예(濊), 맥(貊)	『三國志』 魏書四	樂浪外夷韓, 濊貊各率其屬來朝貢.(낙랑 밖의 한예맥(韓濊貊)이 각각 조공했다.)
조선, 예, 옥저, 고구려	『後漢書』 東夷列傳	濊及沃沮·句驪, 本皆朝鮮之地也.(예 및 옥저·고구려는 본디 모두가 [옛] 조선(朝鮮)의 지역이다.)
고구려, 동옥저	『後漢書』 東夷列傳	東沃沮 …言語·食飲·居處·衣服有似句驪.((동옥저는) 언어, 음식, 거처, 의복이 고구려와 유사하다.)
부여, 백제, 고구려	『魏書』 卷一百	百濟國, 其先出自夫餘.(백제국(百濟國)은 그 선조가 부여(夫餘)로부터 나왔다. 의복과 음식은 고구려와 같다.)

마한, 백제, 부여	『周書』 卷四十九	百濟者, 其先蓋馬韓之屬國, 夫餘之別種(백제는 그 조상이 대개 마한의 속국으로, 부여에서 갈라진 사람들이다.)
백제, 삼한	『梁書』 卷五十四	百濟者, 其先東夷有三韓國, 一曰馬韓, 二曰辰韓, 三曰弁韓.(백제는 그 조상이 동이로 3개의 한국이 있었다. 첫째는 마한, 둘째는 진한, 셋째는 변한이다.)
신라, 고구려, 백제	『隋書』 卷八十一	新羅 …風俗, 刑政, 衣服, 略與高麗, 百濟同.(신라(新羅)의 풍속, 형벌과 정치(刑政), 의복은 대략 고구려, 백제와 같다.)
신라, 백제	『梁書』 卷五十四	(新羅)語言待百濟而後通(신라(新羅)의 언어는 백제(인)의 통역이 있어야 소통할 수 있다.)
신라, 진한	『北史』 卷九十四	新羅者, 其先本辰韓種也.(신라는 그 조상이 본래 진한 사람이다.)
조선, 고구려	『舊唐書』 卷一百九十九 上	高麗者 …事 …箕子神(고구려는 (상나라에서 조선으로 이주한) 기자신(箕子神)을 섬긴다.)
신라, 변한	『新唐書』 卷二百二十	新羅, 弁韓苗裔也.(신라는 변한(弁韓)의 후예이다.)
조선, 진한(신라)	『新唐書』 卷二百二十	先是, 朝鮮遺民分居山谷之間, 爲六村 …是爲辰韓六部.(조선(朝鮮)의 유민이 산골짜기 사이에 나누어 살면서 6촌(六村)을 이루고 있었는데, …이들이 바로 진한(辰韓)의 6부이다.)

이렇게 주(周) 무왕(武王)이 상나라를 물리칠 당시 상나라 북쪽(하북성 중부 이북)에는 기자(箕子)가 이주한 조선(朝鮮)과 조선(예맥조선)과 밀접한 관련이 있는 국가들인 구려(駒麗), 부여(扶餘), 한맥(馯貊=韓貉) 등이 있었고, 이들 국가들은 철기시대까지도 상호 유사한 정치적, 문화적 유대성을 유지하고 있었던 사실을 상기 기록을 통해 확인할 수 있다.

〈그림 Ⅷ-2〉 고대 중원 지역의 동이부족과 화하부족, 묘만부족 범위[330]

2. 상족(商族)이 이주한 조선 위치 추정

중국에서는 고대에 서쪽 화하(華夏)족과 대비되는 동쪽 부족을 동이(東夷)족이라고 부른다. 동이족의 범위는 북쪽으로는 북경(北京) 일대를 포함한 발해만 유역, 그리고 중국 동부 해안 일대, 서쪽으로는 중국 중부를 남북으로 가르는 태항산맥(太行山脈), 남쪽으로는 양자강 하류 유역까지 아우르고 있을 정도로 광범위하다.

고고학적으로 볼 때, 중국 동북 요서(遼西) 지역 하가점하층 문화(夏家店下層文化: BC 2300-BC 1600)[331]의 영향을 강하게 받은 상(商)족[332]

---

330) 國務院僑務辦公室,『中國歷史常識(中韓對照)』, 外語教學與硏究出版社, 2009, p.12.
331) 『百度百科』夏家店下層文化 "典型的夏家店下層文化的年代大體在距今4300-3600年, 也就是公元前2300-1600年之間(전형적인 하가점하층 문화의 연대는 대체로 지금으로부터 약 4,300년 전에서 3,600년 전 사이, 즉 기원전 2300년에서 1600년 사이에

역시 동이족의 일파로 구분되는데,³³³⁾ 그들은 BC 1900년-BC 1600년 사이에 현재의 중원을 포함한 태항산맥(太行山脈) 지역에 위치해 있던 하칠원 문화(下七垣文化)의 주인공이었다(〈그림 Ⅷ-3〉 참고). 당시 하칠원 문화의 서쪽은 이리두 문화(二里頭文化)가 있었고 동쪽은 악석 문화(岳石文化)가 있었다.³³⁴⁾ 하칠원(下七垣) 문화는 상(商)의 선조 문화(先商文化)로 유력시 되는데,³³⁵⁾ 화하족 문명에 속하는 서쪽 이리두(二里頭) 문화, 그리고 동이족 문화에 속하는 동쪽 악석(岳石) 문화와 구분되어 존재했다. 이 하칠원 문화(下七垣文化)에 속했던 사람들 중 일부가 BC 1600년 경 황하 유역을 장악하면서 상(商, 殷) 왕조를 건설하고 갑골문을 비롯한 중국 문명을 획기적으로 발전시킨다.

해당한다)."

332) 徐昭峰,「試論鄭州地區的筒腹鬲」,『中國國家博物館館刊』, 3, 2014, p.29. "商文化中包括筒腹鬲，彩繪紋樣和占卜技術等均受到了夏家店下層文化的強烈影響(상(商) 문화에는 통복력(鬲, 삼족 솥), 채화 문양, 점복(占卜) 기술 등이 포함되는데, 이들 모두 하가점하층 문화의 강한 영향을 받았다)."

333) 張碧波,「古朝鮮文化探源」,『北方論叢』159, 2000, p.1. "商族與夷族似出一源, 故周人稱殷商為夷.(상족(商族)과 이족(夷族)은 본래 한 뿌리에서 나온 것으로 보이며, 그래서 주(周)나라 사람들은 은상(殷商)을 '이(夷)'라고 불렀다)."; 畢庶春,「"乘桴浮海""欲居九夷"考論」,『遼東學院學報(社會科學版)』, 13, 2011, p.114. "殷人, 孔子與東夷淵源甚為深遠. 孔子自稱'丘也, 殷人也' …既然箕子, 孔子和朝鮮之民, 都是東夷之屬, 那麼, 箕子赴朝, 孔子仰慕殷人前賢也欲'乘桴浮海', '欲居九夷', 實不足為怪(은(殷)나라 사람 공자와 동이(東夷) 사이의 연원은 매우 깊다. 공자는 스스로를 '구(丘, 공자 이름)는, 은인이다(丘也 , 殷人也)'라고 하였다. … 기자가 조선으로 간 것과 공자가 은인의 옛 성현을 흠모하며 '뗏목을 타고 바다를 건너고자' 하고, '구이(九夷)에 살고자' 한 것은, 이들 모두 동이에 속한 존재들이기 때문에, 결코 이상한 일이 아니다).": 李亨求,「渤海沿岸의 甲骨文化와 우리나라의 甲骨文化」,『중국학연구(China Studies)』, 1996, pp.43-47; 은상 문화(殷商文化)가 동이족 지역으로 분류되는 중국 동북 지역의 홍산 문화를 직접적으로 계승했다고 주장하는 대표적인 중국 학자로 鄭振香, 郭大順, 鄧淑萍 등이 있다.

334) Pauline SEBILLAUD(史宝琳), 앞의 논문(2014), 부록 p.85.

335) Pauline SEBILLAUD(史宝琳), 앞의 논문(2014), p.35.

중국에서는 태항산맥을 따라 남북으로 퍼진 하칠원(下七垣) 문화와 산동 지역의 악석(岳石) 문화를 주(周)나라와 대립했던 같은 동이족 범주에 두기도 하지만 아래의 그림를 보면 서로 기원이 다른 것을 알 수 있다. 이러한 사실은 중국에서 상나라의 기원지에 관한 설(說) 중 한 곳으로 주장되고 있는 동방설(산동성(山東省) 중심설)[336]보다는 그림에서 상나라의 중심지였던 하칠원 문화 남부 지역(상나라 후기 수도 안양(安陽) 인근)이 포함되는 북방설(유연(幽燕)설, 홍산 문화 지역설)이 더 설득력이 있음을 보여 준다.

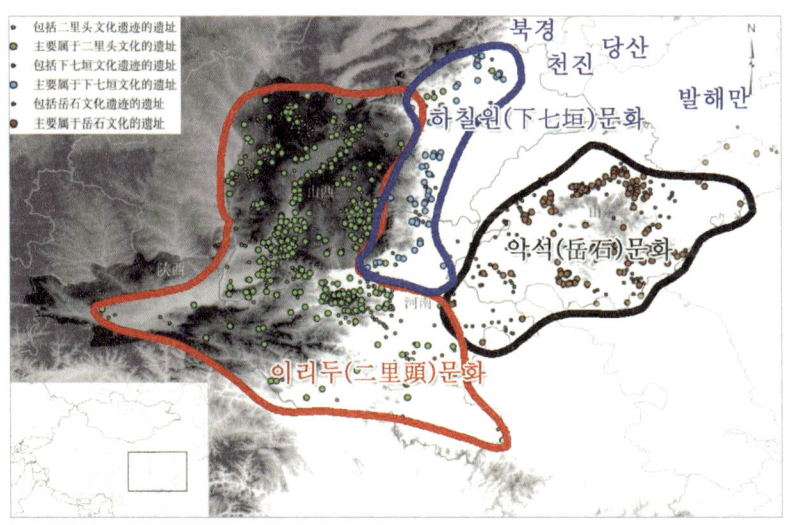

〈그림 Ⅷ-3〉[337] 이리두 문화(二里頭文化), 하칠원 문화(下七垣文化), 악석 문화(岳石文化) 취락 분포도

[그림 Ⅷ-3 설명] BC 1900년-BC 1600년 시기에 서쪽에는 화하족 주(周)나라의 기원인 이리두 문화가 형성되었고, 동쪽에는 하칠원 문화와

---

336) 孫瑋, 「商族起源新探」, 『安徽史學』, 1999, pp.3-14.
337) Pauline SEBILLAUD(史宝琳), 앞의 논문(2014), 부록 p.85.

악석 문화가 존재했는데, 학계에서는 하칠원 문화를 상(商)나라의 선조 문화, 즉 선상 문화(先商文化)로 인식하고 있다. 상나라 수도 은허(殷墟) 의 유적지가 이 하칠원 문화 지역 남부에 속한 안양시(安陽市)에 위치해 있는데, 중국 학계에서는 후기 상나라의 중심지를 이 안양시(安陽市)를 비롯한 하칠원 문화의 남부인 예북기남(豫北冀南, 그림의 하칠원 문화 남 부) 지역으로 보고 있다. 따라서 동이(東夷)족으로 간주되던 상나라와 인 접했던 고조선은 이 하칠원 문화의 북부 지역(豫北冀南의 북쪽, 하북성 중 부 이북)에 있었던 것으로 추정할 수 있다.

하칠원(下七垣) 문화를 이은 상(商)족은 이들 세 문명이 교차하는 황하 중하류 지역, 즉 중원을 장악한 뒤(BC 1600년경) 약 500년 후인 BC 1046 년경 서쪽의 주(周)나라 사람들에게 패하여 원 기원지인 동북 지역으로 이주한 것으로 보이는데,[338] 그 범위는 태항산맥을 따라 북상하여 하북 성(河北省) 중부 이북부터 중국 동북 지역 요서(遼西)일대였던 것으로 추

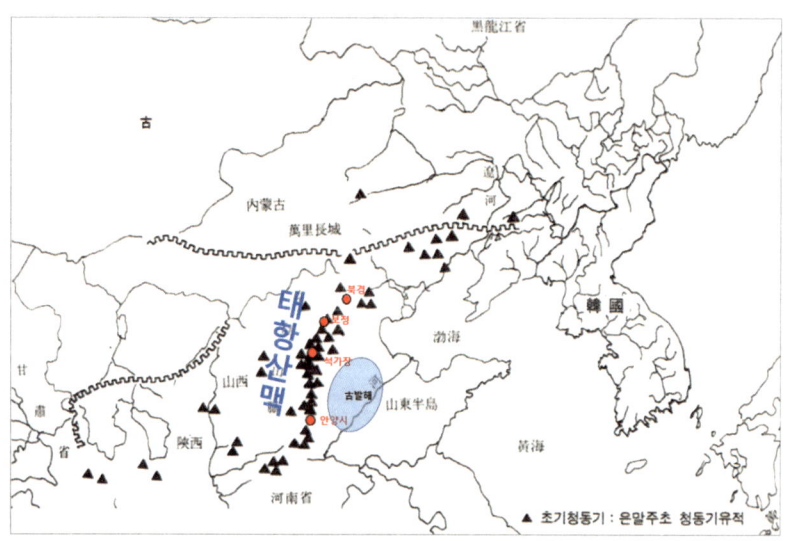

〈그림 VIII-4〉[339] 상나라 말기부터 주나라 초기까지의(BC 11-10세기경) 청동기 유적 분포

정된다. 이는 이 지역에서 상말주초(商末周初, BC 11세기-BC 10세기) 시기 청동기가 발견되는 것으로 유추할 수 있다.

[그림 Ⅷ-4 설명] 상(商)의 선(先) 문화(先商文化)인 하칠원 문화(下七垣文化, BC 1900-BC 1600)의 범위(태항산맥 동부)와 대략 일치하며, 황하 유역부터 요하 유역까지 퍼져 있다. 상(商)의 후기 중심지는 수도가 있던 하남성(河南省) 북부 안양시(安陽市), 즉 상기 청동기 유물 분포의 남부 지역인 예북기남(豫北冀南, 河南省 북부-河北省 남부) 지역이었다.

상기 지도들에서 한 가지 눈여겨볼 점은 상말주초(商末周初, BC 11세기-BC 10세기) 청동기 유물이 중원으로 불리던 황하 유역보다 태항산맥을 따라 그 동쪽 기슭에 집중돼 있고, 그 중심지가 현 하북성 중남부인 석가장시(石家莊市) 인근이라는 사실이다. 그곳은 상나라 후기 중심지였던 하남성 안양시(安陽市)보다 북쪽에 위치한 곳이다. 따라서 학계에서 인식하듯 하남성 안양시에 있던 상나라가 멸망하여 상말주초(商末周初) 청동기가 하북성과 요녕성에 퍼진 것이 아닌, 상말주초(商末周初) 청동기의 중심지가 원래 태항산 중부인 석가장시(石家莊市) 인근이었고, 그 남쪽에 있던 상나라(안양시)는 이 지역의 영향을 받았다고 해석할 수도 있다.

석가장시(石家莊市)는 한(漢)나라가 조선을 공격할 때 건넜던 고발해(古渤海)의 북쪽에 위치해 있으므로 고조선 영역으로 볼 수 있고, 상말주초(商末周初) 청동기의 중심지인 것으로 보아 고조선의 중심지(수도)였을 가능성이 있다. 이렇게 석가장시 인근이 고조선 중심이었을 가능성

---

338) 孫瑋, 앞의 논문(1999), p.3;『史記』「宋微子世家』"於是武王乃封箕子於朝鮮而不臣也 (이에 무왕은 기자를 조선에 봉하였으나 신하로 삼지는 않았다)."
339) 이형구, 앞의 논문(1996), p.70.

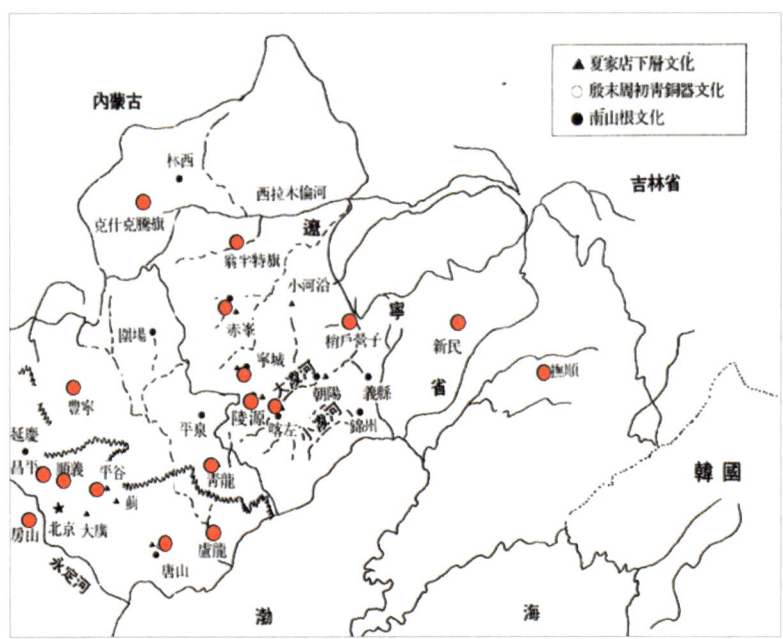

〈그림 Ⅷ-5〉340) 발해 연안 북부의 상말주초(商末周初, BC 11세기-BC 10세기) 청동기 유적 분포도(지도의 'O' 표시)

은, 이후 밝히겠지만, 그 북쪽 보정시(保定市)와 더불어 석가장시(石家莊市)가 중원의 포전(布錢: 布자 형태 화폐)과 다른 북방 명도전의 초기 형태인 첨수도(尖首刀) 유통의 중심 지역이었다는 사실341)과 관련지어 유추할 수 있다.

---

340) 李亨求, 「요서지방(遼西地方)의 고조선(古朝鮮)」, 『고조선단군학』 18, 2008, p.46.
341) 陳隆文, 「春秋戰國時期金屬鑄幣的空間特徵與地理基礎」, 陝西師範大學 博士學位論文, 2003, p.59. "不僅佔據了尖首刀幣流通區域的核心地區, 今石家莊保定一帶,…(이는 첨수도 화폐 유통 지역의 핵심 지역인 현재의 석가장(石家莊)과 보정(保定) 일대를 차지했을 뿐만 아니라 …)"

3. 왕검성(왕험성)과 관련된 초기 기록과 왕검성 비정의 전제 조건

 이상과 같은 문헌과 고고학적 유물을 참고할 때, 태항산맥 동쪽 지역은 상(은)나라의 활동지로, 그 북쪽인 하북성 중부 이북 지역(고발해 이북)은 예맥조선의 활동지로서 유력하다고 볼 수 있다. 그렇다면 현재의 하북성 중부인 보정시와 북경시 일대에 고조선의 수도 왕검성(왕험성)이 있었을 가능성이 높은데, 이는 왕검성과 관련된 기록들을 검토하여 확인할 수 있다.

(1) 왕험성이 있던 창려(昌黎)와 관련된 기록

 창려(昌黎)의 위치가 중요한 이유는 앞에서 밝혔듯이 『사기(史記)』「조선열전(朝鮮列傳)」의 '왕험에 도읍했다(都王險)'라는 원문의 주석으로 『사기집해(史記集解)』에 서광(徐廣, 352-425)이 '창려에 험독현이 있다(昌黎有險瀆縣也)'라 하였고, 『사기색은(史記索隱)』에는 후한(後漢) 학자 응소(應劭)가 '요동 험독현이 조선왕의 옛 수도였다(遼東險瀆縣, 朝鮮王舊都)'라고 하였는데,342) 이 기록에 의하면, 조선왕의 수도 왕험성이 있는 곳이 바로 창려군이기 때문이다.

 창려군(昌黎郡)은 후한(後漢) 시기 설치된 요동속국(遼東屬國)의 관할을 받던 **창려현**(昌黎縣)에서 시작된다. 서진(西晉) 시기에는 요동에서 분리해 창려군(昌黎郡)을 두었고, 북위 진군 8년(真君八年, 447)에는 태항산맥 인근 기양(冀陽)에 속하게 된다.343)

---

342) 『史記』「朝鮮列傳」'都王險' 앞의 주석.
343) 『魏書』卷一百六上 地形志二上第五 "昌黎郡(晉分遼東置, 真君八年併冀陽屬焉.)(창려군(昌黎郡)은 진(晉)나라가 요동(遼東)을 분할하여 설치한 군으로, 진나라 진군(眞君)

조선왕의 수도였다고 한 요동 인근(요동 속국) 창려(昌黎)의 위치는 후한(後漢) 학자 응소(應劭)가 '요동 험독현'에 있었다고 한 것과 비교하여, 『수서(隋書)』에는 상곡군(上谷郡) 수성현(遂城縣)이 북제(北齊, 550-577) 시기 창려군(昌黎郡)에 귀속됐음을 기록하고 있다.[344)] 이렇게 창려군에 귀속된 상곡군(上谷郡)의 위치에 대해 청나라 진혜전(秦蕙田, 1702-1764)은 『오례통고(五禮通考)』에서 하북성 보정시(保定市)가 상곡군이라고 기록하고 있다.[345)] 1931년 편찬된 『중국고금지명대사전(中國古今地名大辭典)』 역시 창려군(昌黎郡)이 보정시 서수현(徐水縣) 서쪽 25리에 있다고 기록하고 있으며,[346)] 중국 역사 지리학의 대가인 담기양(譚其驤, 1911-1992)이 주편(主編)한 『중국역사지도집(中國歷史地圖集)』에도 북제(北齊) 시기(572) 창려군(昌黎郡)을 보정시에 표기하고 있다. 즉, 조선의 수도였던 창려(昌黎)는 후한(後漢) 당시 요동군에, 수(隋)나라 당시 상곡군에 속했었는데, 그 위치는 현재처럼 북경 동쪽이 아닌 북경 남쪽 하북성 보정시(保定市)에 있었다고 중국 학자들이 밝히고 있는 것이다.

　　　8년에 기양(冀陽)을 병합하여 그 아래에 속하게 하였다)."
344) 『隋書』卷三十 "上谷郡(開皇元年置易州) …遂城(舊曰武遂 …後齊唯留昌黎一郡)(상곡군(上谷郡)은 개황 원년(즉, 수나라 시대)에 설치된 역주(易州)를 포함한다. … 수성(遂城)은 옛 이름이 무수(武遂)이며, 후에 제나라 때에는 창려(昌黎) 한 군만 남았다)."
345) 『五禮通考』第27部分, 『中國古今地名大辭典』(1931), p.42. 앞의 주석.
346) 『中國古今地名大辭典』(1931), p.473; p.698 앞의 주석.

〈그림 Ⅷ-6〉 고조선의 수도이자 후한 당시 요동(遼東)에 속했던 창려군(昌黎郡)의 위치|347)

[그림 Ⅷ-6 설명] 〈그림 Ⅷ-6〉의 지도를 보면 『중국고금지명대사전(中國古今地名大辭典)』 내용과 같이 1996년 편찬된 『중국역사지도집(中國歷史地圖集)』에도 창려군이 572년 당시 북경 남부 보정시에 표시돼 있다. 현재의 창려현(昌黎縣)은 북경 동쪽 하북성(河北省) 진황도시(秦皇島市)에 있다. 후한 당시 '조선의 수도 험독현'이 있던 창려군(昌黎郡)이 북제(北齊) 무평 3년(武平3年, 572)에 북경(北京) 남쪽 보정시(保定市)에 있었다면, 창려군이 요동군에서 분리되기 전 서진(西晉, 266~317) 당시에도 요동군(遼東郡)이 현 북경 동쪽이 아닌 보정시(保定市) 남쪽에 있었을 가능성이 높다. 현재 북경 동쪽 진황도시에 있는 창려현(昌黎縣)은 지도의 6세기(572년) 북경 남쪽의 원 요동(原遼東)에서 어느 시기인가 동쪽으로 이동시킨 위치이다. 이렇게 창려현의 원위치가 북경 남쪽 보정시(保定

---

347) 譚其驤主編, 앞의 책(1996), 第四冊(南北朝時期圖組).

市)라면 보정시가 바로 조선왕의 옛 수도 왕험성이며 그곳이 원래 요동 (요동속국)이었다는 의미가 된다.

다만, 왕검성(왕험성)은 마땅히 낙랑군에 속해야 하므로 요동군, 상곡군에 속했던 창려는 고조선의 수도 왕검성(왕험성)으로 보기 어렵다. 그렇다면 후한(後漢) 학자 응소(應劭)가 험독현이 '조선왕의 옛 수도(구도)였다(遼東險瀆縣, 朝鮮王舊都)'라고 한 기록에 근거하여 위만이 조선의 수도 왕험성을 차지하기 전 '위만의 첫 수도였던 구도(舊都)'가 바로 요동에 있던 험독현(險瀆縣) 창려(昌黎)였을 가능성을 생각할 수 있다. 즉, '요동군의 속국'이었던 창려(昌黎)는 고조선과 한나라 국경인 패수가 있던 곳으로 비정한 현 석가장시이며, 그곳을 초기 위만이 처음 도읍한 위만도(衛滿都)로 해석할 수 있는 것이다. 왜냐하면 위만이 망명하여 고조선 왕(준왕)으로부터 얻은 땅이 조선의 서부 경계(패수, 현 석가장시 호타하)에서 백리의 땅이기 때문이다.[348] 이에 비해 준왕(準王)의 도읍으로서 후대 '낙랑군'에 속하게 되는 왕검성은 위만이 준왕(準王)에서 빼앗은 고조선 후기 수도(準王都)로 석가장시 북쪽의 현 보정시로 추정할 수 있다 (보정시가 왕검성일 가능성이 높은 이유는 Ⅸ장에 상술). 이렇게 위만조선의 거점지(위만도)로 추정되는 창려에 관한 기록들을 살펴보면 〈표 Ⅷ-2〉와 같다.

---

[348] 『三國志』 魏書 三十 烏丸鮮卑東夷傳 "燕人衛滿亡命, 為胡服, 東度浿水, 詣準降, 說準求居西界, (故)(收)中國亡命為朝鮮藩屏. 準信寵之, 拜為博士, 賜以圭, 封之百里, 令守西邊(연(燕) 사람 위만(衛滿)이 망명하여 오랑캐 복장을 하고 패수(浿水)를 넘어 동쪽으로 건너와 준(準)에게 항복하였다. 준에게 말하여 서쪽 변경에 거주하기를 청하고, (그 뒤) 중국에서 망명해 온 자들을 모아 조선의 번병(藩屏, 울타리 역할)으로 삼았다. 준은 그를 믿고 총애하여 박사(博士)로 삼고, 옥규(圭)를 하사하였으며, 100리의 땅을 봉해 주고 서쪽 변경을 지키게 하였다)."

〈표 VIII-2〉 왕검성 험독현이 있던 창려(昌黎)와 관련된 기록과 분석

연번	출처	왕검성이 있던 창려(昌黎)와 관련된 기록
[02] 저술: 唐 (646) 내용: 晉 (266-420)	『晉書』 地理志上	案『禹貢』冀州之域, 於周爲幽州界, 漢屬右北平郡. 後漢末, 公孫度自號平州牧. 及其子康康子文懿並擅據遼東, 東夷九種皆服事焉. 魏置東夷校尉, 居襄平, 而分遼東昌黎玄菟帶方樂浪五郡爲平州, 後還合爲幽州. 及文懿滅後, 有護東夷校尉, 居襄平. 咸寧二年十月, 分昌黎遼東玄菟帶方樂浪等郡國五置平州. 統縣二十六, 戶一萬八千一百. 昌黎郡漢屬遼東屬國都尉, 魏置郡. 統縣二, 戶九百 (『우공(禹貢)』에 따르면 이 지역은 기주(冀州)의 영역이었고, 주나라 때는 유주(幽州)의 경계에 속했으며, 한나라 때는 우북평군(右北平郡)에 속했다. 후한 말에는 공손도(公孫度)가 스스로 평주목(平州牧)을 자칭하였고, 그의 아들 공손강(康), 손자 문의(文懿)가 차례로 요동을 장악하여 동이(東夷) 아홉 부족이 모두 그들에게 복종하였다. 위나라는 동이교위(東夷校尉)를 설치하고 양평(襄平)에 주둔시켰으며, 요동·창려·현도·대방·낙랑 다섯 군을 나누어 평주(平州)를 설치하였다. 이후 다시 유주(幽州)에 통합되었다. 문의(文懿)가 멸망한 뒤에는 동이교위를 두어 양평에 주둔하게 하였다. 함녕(咸寧) 2년(276년) 10월, 창려·요동·현도·대방·낙랑 등 5개 군국을 나누어 다시 평주를 설치하였다. 이 평주는 26개 현을 관할하고 호구는 1만 8,100호였다. 창려군(昌黎郡)은 한나라 때 요동속국도위(遼東屬國都尉)에 속했고, 위나라가 군(郡)을 설치하였다. 2개의 현을 관할하고, 호구는 900호였다.)

한(漢) 당시 창려(昌黎)는 요동속국에 있었다. 즉, 요동과 가까운 요동 북쪽에 있었음을 의미한다. 진(晉) 당시 창려는 276년(함녕 2년) 요동, 현도, 대방, 낙랑과 함께 평주에 속했는데, 이때 창려가 낙랑과 행정상 구분이 되는 것은 '창려군' 왕검성과 '낙랑군 조선현' 왕검성이 서로 다름을 의미한다. 3세기 초 조위(曹魏)에서 설치한 평주(平州, 이후 유주(幽州))의 주요 지역 순서를 보면 요동(遼東) → 창려(昌黎) → 현도(玄菟) → 대방(帶方) → 낙랑(樂浪)의 순으로 기록돼 있다. 이후 3세기 말 진(晉)에서 다시 설치한 평주(平州)는 창려(昌黎) → 요동(遼東) → 현도(玄菟) → 대방

(帶方) → 낙랑(樂浪)의 순으로 돼 있다. 따라서 창려(昌黎)와 요동은 서로 가깝고 그 북쪽으로 순서대로 현도, 대방, 낙랑이 있었음을 추정할 수 있다. 그런데 창려의 위치가 3세기 초 위(魏) 시기에는 요동 이후에 나오는 것으로 보아 요동 북쪽에 있었고, 3세기 말(276년) 진(晉) 시기에는 요동보다 먼저 나오는 것으로 보아 한때 조선왕의 옛 수도로 알려져 있던 창려(昌黎)가 위나라의 멸망(266년)과 더불어 산서성 동남에 있던 요동의 인근으로 이주했을 가능성을 짐작할 수 있다.

연번	출처	왕검성이 있던 창려(昌黎)와 관련된 기록
[03] 저술: 北齊 (507-572) 내용: 北魏 (4-6세기))	『魏書』 地形志二 上 第五	龍城(真君八年併柳城昌黎棘城屬焉. 有堯祠榆頓城狼水.) (용성(龍城): 진군(真君) 8년(445년)에 유성(柳城), 창려(昌黎), 극성(棘城)을 병합하여 그에 속하게 하였다. 요제(堯帝)를 제사 지내는 사당(堯祠), 유돈성(榆頓城), 낭수(狼水)가 있다.)

447년(진군 8년) 창려는 요동이 아니라 한나라 당시 요서(遼西)에 속했던 유성(柳城)[349] 인근에 위치했다. 이를 통해서도 창려가 서진(西晉) 이후 요동(요동속국)에서 요서로 옮겨진 사실을 확인할 수 있다.

연번	출처	왕검성이 있던 창려(昌黎)와 관련된 기록
[04] 저술: 北魏 (6세기 초)	『水經注』 白狼水	白狼水出白狼縣東南, 北逕白狼山, 又東北逕昌黎故城西, 又北逕黃龍城東 (백랑수(白狼水)는 백랑현(白狼縣) 동남쪽에서 발원하여, 북쪽으로 백랑산(白狼山)을 지나고, 다시 동북쪽으로 창려 고성(昌黎故城) 서쪽을 지나며, 다시 북쪽으로 황룡성(黃龍城) 동쪽을 지난다.).

---

349) 『遼史』 卷四十 志第十 地理志四 "廣寧縣: 漢柳城縣, 屬遼西郡. 東北與奚, 契丹接境 (광녕현(廣寧縣)은 한나라 때 유성현(柳城縣)으로, 요서군(遼西郡)에 속했다. 그 동북쪽은 해(奚)와 거란(契丹)과 접경하였다.)"

『수경주(水經注)』저자 북위의 역도원(酈道元 466-527) 생존 당시 창려고성(昌黎故城)은 백랑산 동북에 있었다. 백랑산(白狼山)은『삼국지(三國志)』「위무기(魏武紀)」에 현 산서성 태원시 동부에 있던 요서(遼西), 즉 오환(烏丸)과 유성(柳城) 인근에 있었으므로,350) 창려고성(昌黎故城)은 현 태항산맥 서쪽 현 산서성 동남부에 있었음을 알 수 있다. 북위 당시 창려의 옛성(昌黎故城)이 오환, 유성 인근 즉, 요서에 있음을 볼 때, 동한시기 요동에 설치된 창려가 서진(西晉) 이후 요동(요동속국)에서 요서로 옮겨진 뒤 중심지가 바로 현 산서성 동남부였음을 짐작할 수 있다.

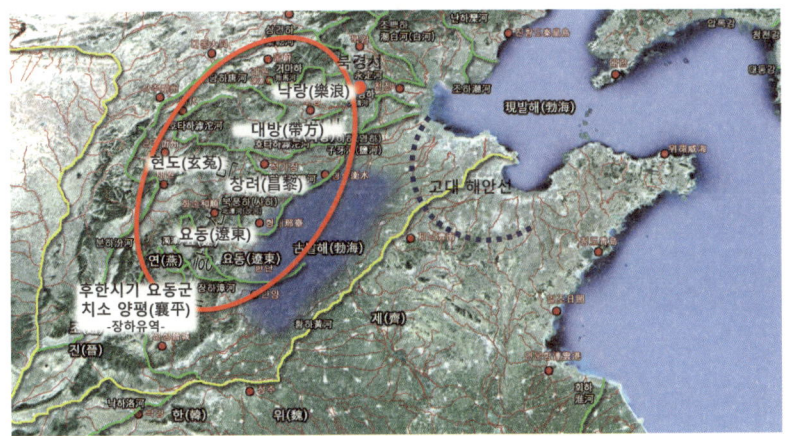

〈그림 Ⅷ-7〉 조위(曹魏)에서 설치한 평주(平州, 이후 幽州)의 주요 지역 순서

[그림 Ⅷ-7 설명] 조위(曹魏) 당시 평주(平州)에 설치된 군이 요동(遼東) → 창려(昌黎) → 현노(玄菟) → 대방(帶方) ⟩ 낙랑(樂浪)의 순으로

---

350) 3세기 당시 오환(烏丸)이 산서성 동남부 양천시(陽泉市) 인근에 있었음은 '〈그림 Ⅴ-8〉 한말서진(漢末西晉) 시기(2-3세기) 요서(遼西)에 있던 오환(烏桓=烏丸)의 위치' 참고;『中國古今地名大辭典』(1931), p.253. "[三國志魏武紀] 北征烏丸. 引軍出盧龍塞. 東指柳城. 未至二百里. 登白狼山[『삼국지 위무기(三國志 魏武紀)』에 의하면 조조가 북으로 오환(烏丸)을 정벌하였다. 군대를 이끌고 노룡새(盧龍塞)를 나와 동쪽으로 유성(柳城)을 향하였다. 유성에 이르기 200리쯤 전에, 백랑산(白狼山)에 올랐다]."

기록돼 있으므로 장하(漳河) 유역의 요동부터 고발해 북쪽에 있던 고조선(낙랑군)의 위치를 상기 그림과 같이 비정할 수 있다.

『진서(晉書)』「지리지(地理志)」에 의하면 조위(曹魏) 당시 설치한 평주(平州)는 원래 우공기주(禹貢冀州), 즉 산서성 남부에 있던 고기주(古冀州)의 경계에 있던 유주(幽州)에 있었다. 따라서 당시 평주의 위치는 산서성 중부 지역으로 볼 수 있다. 그곳은 한(漢)나라 시기에 우북평(右北平)이었는데 후한말 공손도(公孫度, ?-204)가 스스로를 평주목(平州牧)으로 자칭하면서 평주가 된다. 산서성 남부 장하(漳河) 인근에 있던 요동군 치소 양평(襄平)을 근거지로 했던 공손도(公孫度) 정권은 북쪽으로 산서성(山西省) 동남부 양천시(陽泉市) 인근, 즉 요서에 있던 오환과 오환 동쪽에 있던 고구려를 공격하면서 크게 세력을 키워[351] 주변 민족을 모두 복속시켰고(東夷九種皆服事), 그의 아들 공손강(公孫康)은 낙랑군 둔유현(屯有縣) 남쪽에 대방군(帶方郡)을 설치한다(204년). 공손씨 정권이 낙랑까지 확장한 평주는 이후 다시 산서성 유주에 합쳐지면서(後還合爲幽州) 하북성 북부 일대가 유주에 속하게 된다.

창려는 276년(함녕 2년) 서진(西晉) 당시 요동, 현도, 대방, 낙랑과 함께 이 평주에 속했는데 이렇게 창려가 낙랑과 함께 평주에 속해 있으나 낙랑과 행정상 구분이 되는 것은 '창려군 험독현 왕험성(위만의 거점지)'과 고조선 중심지였던 '낙랑군 조선현 왕검성(기준왕 고조선의 수도)'이 서로 다름을 의미한다. 서진(西晉) 이후 요동(요동속국)에서 요서(산서성 동남)

---

351) 『三國志』「魏書」二公孫陶四張傳 "公孫度字升濟, 本遼東襄平人也. …東伐高句驪, 西擊烏丸, 威行海外(공손도(公孫度), 자는 승제(升濟)로, 본래 요동(遼東) 양평(襄平) 사람이다. … 동쪽으로는 고구려(高句驪)를 정벌하고, 서쪽으로는 오환(烏丸)을 공격하여, 그 위세가 해외(海外)까지 떨쳐졌다.)"

로 옮겨지기 이전 창려는 요동과 낙랑 사이에 있는 태항산맥 동쪽 지역(하북성 서남)인 현 석가장시 부근에 있던 것으로 추정된다.

(2) 왕검성(왕험성)과 관련된 기록

고조선 수도 왕검성(왕험성)과 관련된 초기 기록을 살펴보면 왕검성 위치 비정에 필요한 전제 조건과 구체적 지리를 설정할 수 있다. 다음은 왕검성(王儉城)과 관련된 기록들과 이에 대한 분석이다.

〈표 Ⅷ-3〉 왕검성(왕험성)과 관련된 기록

연번	출처	왕검성(왕험성)과 관련된 기록
[01] 前漢 (BC 108? -BC 91?)	『史記』 朝鮮列傳	燕王盧綰反, 入匈奴, 滿亡命, 聚黨千餘人, 魋結蠻夷服而東走出塞, 渡浿水, 居秦故空地上下鄣, 稍役屬眞番朝鮮蠻夷及故燕齊亡命者王之, 都王險. (集解徐廣曰:「昌黎有險瀆縣也.」索隱韋昭云「古邑名」. 徐廣曰「昌黎有險瀆縣」. 應劭注「地理志遼東險瀆縣, 朝鮮王舊都」. 臣瓚云「王險城在樂浪郡浿水之東」也.) (연왕(燕王) 노관(盧綰)이 [한(漢)을] 배반하고 흉노(匈奴)로 들어가자 만(滿)도 망명하였다. 무리 1,000여 인(千餘人)을 모아 북상투에 오랑캐의 복장을 하고서, 동쪽으로 도망하여 [요동(遼東)의] 요새를 나와 패수를 건너 진(秦)의 옛 공지(空地)인 상하장(上下鄣)에 살았다. 점차 진번(眞番)과 조선(朝鮮)의 만이(蠻夷) 및 옛 연·제(燕·齊)의 망명자(亡命者)를 복속시켜 거느리고 王이 되었으며, 王險에 도읍을 정하였다. (『사기집해(史記集解)』에서 서광(徐廣, 352-425))이 말하길 '창려에 험독현이 있다'고 하였고, 『사기색은(史記索隱)』에서 위소(韋昭, 204-273)가 말하길 '옛 고을 이름이다'라고 하였다. 서광(徐廣, 東晉 학자)이 '창려에 험독현이 있다'라고 하였고, 응소(應劭, 後漢 학자)는 '지리지에 요동 험독현이 조선왕의 옛 수도였다'고 하였다. 신찬(臣瓚, 西晉 학자)이 말하길 '왕험성은 낙랑군 패수의 동쪽에 있다'고 하였다.))

위만이 넘은 새(塞)는 험한 산지에 있는 변방의 요새로,[352] '동쪽으로' 험한 산지(塞)를 넘었다면 위만이 도착한 곳이 태항산 동쪽 평지일 가능성이 높다. 그곳은 하북성 남부에 있던 고발해의 북쪽에 있던 조선과, 고발해 남쪽의 제(齊), 태항산맥 서쪽(요서)의 연(燕) 사람들이 모일 수 있는 곳이어야 한다. 당시 발해를 사이에 두고 조선·연(燕)·제(齊) 사람들이 모일 수 있는 곳은 태항산맥 동쪽 현 석가장시 일대가 유력하다(명도전 분포 하한선,[353] 즉 고조선 남쪽 경계). 위만이 세운 위만조선 중심지 왕험성은 당시 조선 왕인 기준(箕準)의 기씨조선 수도와 구분된다. 필자는 명도전의 발전 과정을 통해 하북성 석가장시를 위만의 수도(위만도, 창려)로, 보정시 역현 연하도 유적을 전국시대 기씨조선(준왕조선)의 수도 왕검성으로 보고 있다. 이와 관련한 내용은 본고 XI장, 2절, '전국시대 화북 지역 중심지 보정시 연하도 유적지'에서 분석하였다.

[그림 Ⅷ-8 설명] 〈그림 Ⅷ-8〉은 『사기(史記)』의 저자 사마천(司馬遷)이 연(燕)에 대해 서주(西周) 이후로 '북쪽에 만맥(蠻貉)에 눌리고 제(齊)와 진(晉) 사이에 끼어 있는 가장 약한 나라'라고 한 내용과 부합한다.[354] 기원전 4세기 연(燕)나라 동쪽에는 조선과 요동이 있었고, 남쪽에 강한 제(齊)와 조(趙)가 있었다.[355] 당시 제(齊)는 고발해(古渤海)의 남쪽에 있

---

352) 『呂氏春秋』「有始」 "山有九塞, 澤有九藪(산에는 아홉 개의 새(塞)가 있고, 못(늪)에는 9개의 습지(藪)가 있다).";『三國志』「諸葛亮傳」 "益州險塞, 沃野千里, 天府之國, 高祖因之以成帝業(익주(益州)는 험준한 요새(塞)가 많고, 비옥한 평야가 1,000리에 달하는 천부지국(天府之國)이다. 고조(高祖)가 이를 기반으로 제업(帝業)을 이루었다)."
353) 陳隆文, 앞의 논문(2003), p.59.
354) 『史記』「燕召公世家」 "燕(北)(外)迫蠻貉, 內措齊晉, 崎嶇彊國之閒, 最為弱小, 幾滅者數矣(연나라(북쪽)는 밖으로는 만맥(蠻貉)과 접하고, 안으로는 제(齊)·진(晉) 사이에 끼어 있다(措). 험준한 강국들 사이에 위치하여 가장 약소하여, 여러 차례 거의 멸망할 뻔하였다)."

〈그림 Ⅷ-8〉[356] 〈표 Ⅷ-3〉 연번 [01] 내용을 근거한 험독(창려), 왕험성 위치 범위

었으므로, 연(燕)은 제(齊)와 조(趙)의 중간에서 두 나라와 접해 있으면서 동쪽(북쪽)에는 요동과 조선(만맥)이 있어야 한다. 참고로, 요동은 그림의 '요(遼, 좌권현)' 인근에 있었는데, 왕험성이 있다는 창려(昌黎)가 후한 시기(永興中)이 요동(遼東)의 속국으로 편제된다. 이후 창려는 진(晉) 당시 (447년)에 요동에서 분리되는데, 앞서 언급했듯이 중국에서는 이 요동에

---

355) 『戰國策』 「燕策」 "北說燕文侯(?-BC 333)曰, 燕東有朝鮮遼東, 北有林胡樓煩. …燕王曰, 寡人國小, 西迫强秦, 南近齊趙. 齊趙, 强國也(소진이 연 문후(?~기원전 333)에게 말하였다: "연나라 동쪽에는 조선과 요동이 있고, 북쪽에는 임호(林胡)와 누번(樓煩)이 있습니다." … 연왕이 말하였다: "내 나라는 작고, 서쪽으로는 강한 진(秦)에 압박받으며, 남쪽으로는 제(齊)와 조(趙)에 인접해 있다. 제와 조는 강대한 나라들이다.")."

356) 지도의 진(晉), 조(趙), 한(韓), 위(魏)의 위치는 1785년 일본에서 제작된 『대청광여도(大淸廣輿圖)』를 참고함.

서 분리된 창려를 북경 남쪽 보정시(保定市)에 있었다고 밝히고 있고,[357] 기원전 209년 흉노와 예맥조선의 국경인 상곡(上谷) 역시 보정시(또는 장가구시)로 규정하고 있다.[358] 이러한 사실들을 종합할 때 하북성 중부 이북에 조선(예맥조선)이 있었음을 추정할 수 있다.

연번	출처	왕검성(왕험성)과 관련된 기록
[02] 前漢 (BC 91)	『史記』 朝鮮列傳	其秋, 遣樓船將軍楊僕從齊浮渤海, 兵五萬人, 左將軍荀彘出遼東, 討右渠. 右渠發兵距險. 左將軍卒正多率遼東兵先縱, 敗散, 多還走, 坐法斬. 樓船將軍將齊兵七千人先至王險. 右渠城守, 窺知樓船軍少, 卽出城擊樓船, 樓船軍敗散走. 將軍楊僕失其衆, 遁山中十餘日, 稍求收散卒, 復聚. 左將軍擊朝鮮浿水西軍, 未能破自前. (그 해 가을에, 누선장군(樓船將軍) 양복(楊僕)을 파견하여 제(齊)로부터 배를 타고 발해(渤海)를 건너게 하고 군사 5만으로 좌장군(左將軍) 순체(荀彘)는 요동에서 출격하여 우거(右渠)를 토벌하게 하였다. 우거(右渠)는 군사를 일으켜 험준한 곳에서 대항하였다. 좌장군(左將軍)의 졸정(卒正)인 다(多)가 요동 군사를 거느리고 먼저 출진하였으나, 싸움에 패하여 군사는 흩어지고 다(多)도 도망하여 돌아왔으므로 법(法)에 따라 참형(斬刑)을 당하였다. 누선(樓船)[將軍]은 제(齊)나라 병사 7,000인을 거느리고 먼저 왕험(王險)에 이르렀는데, 우거(右渠)가 성(城)을 지키고 있으면서, 누선(樓船)의 군사가 적음을 엿보아 알고, 곧 성(城)을 나와 누선(樓船)[軍]을 치니 누선군(樓船軍)은 패해 흩어져 도망갔다. 장군(將軍) 양복(楊僕)은 그의 군사(軍士)를 잃고 10여 일을 산중에 숨어 살다가 점차 흩어진 병졸들을 다시 거두어 모아들였다. 좌장군(左將軍)도 조선(朝鮮)의 패수(浿水) 서군(西軍)을 쳤으나 깨뜨리고 전진할 수가 없었다.)

왕험성에 도달할 수 있는 방법은 배를 타고 하북성 남부의 발해를 건너는 방법과 태항산맥 좌측에서 북상하여 요동을 통해 육지로 출격하는

---
357) 〈그림 Ⅷ-6〉 참고.
358) 『史記』 「匈奴列傳」 앞의 주석.

방법이 있었다. 그 둘이 만나는 곳은 고발해의 북쪽인 현 하북성 중남부 석가장시, 보정시(保定市) 인근으로 볼 수 있다.

[03] 前漢 (BC 108? -BC 91?)	『史記』 朝鮮列傳	左將軍破浿水上軍, 乃前, 至城下, 圍其西北. 樓船亦往會, 居城南. 右渠遂堅守城, 數月未能下. (좌장군이 패수(浿水) 위의 군사를 격파하고 전진하여 [王險]城 아래 이르러 서북쪽을 포위했다. 누선(樓船)[軍]도 또한 가서 합세하여 성의 남쪽에 주둔하였다. 우거가 끝내 성을 굳게 지키므로 몇 달이 되어도 함락시킬 수 없었다.)

요동에서 출발한 좌장군이 먼저 패수 위(상류)에서 조선군을 물리치고 전진하여 왕검성 아래(남쪽)에 이르러 그 서북에 주둔하고, 발해를 건넌 누선장군은 성의 남쪽에 거했다면, 왕험성은 서쪽이 육지(태항산맥)와 가깝고 남쪽은 바다(발해)와 가까운 곳으로 추정된다.

[그림 Ⅷ-9 설명] 한(漢)나라 군대가 왕험성에 도달할 수 있는 방법은 배를 타고 하북성 남부의 고발해를 건너는 방법과 태항산맥 좌측에서 북

〈그림 Ⅷ-9〉 연번 [02], [03] 내용을 근거한 왕험성 위치 범위

상하여 요동을 통해 육지로 출격하는 방법이 있었다. 요동에서 출발한 좌장군은 왕검성 아래(남쪽)에 이르러 그 서북에 주둔하고, 발해를 건넌 누선장군은 성의 남쪽에 거했다면, 왕험성은 서쪽이 육지(태항산맥)와 가깝고 남쪽은 바다(발해)와 가까운 곳으로 추정된다.

연번	출처	왕검성(왕험성)과 관련된 기록
[04] 前漢 (BC 91)	『史記』 朝鮮列傳	元封三年(BC 108)夏, 尼谿相參乃使人殺朝鮮王右渠來降. 王險城未下, 故右渠之大臣成己又反, 復攻吏. 左將軍使右渠子長降. 相路人之子最告諭其民, 誅成巳, 以故遂定朝鮮, 爲四郡. 封參爲澅淸侯, 陰爲荻苴侯, 唊爲平州侯, 長[降]爲幾侯. 最以父死頗有功, 爲溫陽侯. (원봉(元封) 3년(BC 108) 여름, 니계상(尼谿相) 참(參)이 사람을 시켜 조선왕 우거(右渠)를 죽이고 항복하여 왔으나, 王險城은 함락되지 않았다. 죽은 우거의 대신(大臣) 성기(成己)가 또 한(漢)에 반(反)하여 다시 군리(軍吏)들을 공격하였다. 좌장군은 우거의 아들 장항(長降)(硌)과 상(相) 로인(路人)의 아들 최(最)로 하여금 그 백성을 달래고 성기(成己)를 죽이도록 하였다. 이로써 드디어 조선을 평정하고 사군(四郡)을 설치하였다. 참(參)을 봉하여 澅淸侯로, 음(陰)은 적저후(荻苴侯), 협(唊)은 평주후(平州侯), 장(長)은 기후(幾侯)로 삼았으며, 최(最)는 아버지가 죽은데다 자못 공이 있었으므로 온양후(溫陽侯)로 삼았다.) [주석] 澅淸侯:『史記集解』에는 지금의 山東省인 齊에 속한다고 하였고『史記索隱』에는 澅淸은 齊에 속한 縣名이라 하였다; 荻苴侯:『史記集解』와『史記索隱』에는 渤海에 속한다고 기록되어 있다; 平州侯『史記集解』와『史記索隱』은 韋昭의 말을 인용하여 梁父에 속한다고 하였다; 幾侯『史記集解』와『史記索隱』은 韋昭의 말을 인용하여 河東에 속해 있던 縣名이라고 하였다; 溫陽侯『史記』「建元以來侯者奉表」와『漢書』「地理志」南陽郡의 屬縣에는 涅陽으로 되어 있다. [참고] 梁父:『通志』29 "其後詔以泰山之南武陽, 牟, 南城, 梁父, 平陽五縣爲南城郡"; 涅陽:『史記(三家注)』 "括地志云 涅陽故城在鄧州穰縣東北六十里";『史記索隱』 "韋昭云屬齊也"

한(漢)이 조선을 평정할 때 한(漢)을 도와 공을 세운 조선의 관료들이

상훈으로 받은 봉지가 산동성 중부 제(齊)에 속하는 훼청(潰淸), 온양(溫陽, 涅陽), 하북성 남부 발해에 속하는 적저(荻苴), 산동성 남부 태산(泰山) 남쪽인 평주(平州, 梁父), 산서성 서부에 해당하는 기(幾, 河東) 지역이라면, 조선은 이들 지역(산동, 산서, 하북성 남부)으로 둘러싸인 지역, 즉 현 하북성 중부 일대였음을 의미한다.

〈그림 Ⅷ-10〉 한(漢)에 협조한 조선 관료들이 받은 봉지(封地) 분포

[그림 Ⅷ-10 설명] 기원전 108년 한(漢)이 조선을 평정할 때 한(漢)을 도와 공을 세운 조선의 관료들이 상훈으로 받은 봉지(封地)는 모두 고대 발해 남쪽과 산서성에 위치하고 있다. 이는 조선이 이들 봉지(封地) 인근, 즉 고대 발해 북쪽에 있었음을 추정케 한다. 지도의 봉지(封地)들은 발해 남쪽에 있던 제(齊) 인근의 두 곳, 한나라 발해군 위치인 하북성 남서부, 황하 동쪽의 하동(河東) 지역에 대략적으로 표시하였다.

연번	출처	왕검성(왕험성)과 관련된 기록
[05] 前漢 (BC 91)	『史記』 朝鮮列傳	朝鮮王滿者, 故燕人也. 自始全燕時, 嘗略屬眞番朝鮮, 爲置吏, 築鄣塞. 秦滅燕, 屬遼東外徼. 漢興, 爲其遠難守, 復修遼東故塞, 至浿水爲界. (조선왕(朝鮮王) 만(滿)은 옛날 연(燕)나라 사람이다. 처음 연(燕)나라의 전성기(全盛期)로부터 일찍이 진번(眞番)과 조선(朝鮮)을 침략하여 복속시키고, 관리를 두어 국경에 성과 요새를 쌓았다. 진(秦)이 연(燕)을 멸한 뒤에는 [그곳을] 요동(遼東) 외요(外徼)에 소속시켰는데, 한(漢)이 일어나서는 그곳이 멀어 지키기 어려우므로, 다시 요동의 옛 요새를 수리하고 패수(浿水)에 이르는 곳을 경계로 하여 연(燕)에 복속시켰다.) [주석] 조선(朝鮮): [정의(正義)] 조선(潮仙) 두 음이다. 『괄지지(括地志)』에서 말하길 고려(高驪)가 평양성에 도읍했는데(都平壤城), 본래 한(漢) 낙랑군(樂浪郡) 왕험성(王險城)이었다. 옛날에는 조선 땅이었다고도 한다.([正義] 潮仙二音. 括地志云高驪都平壤城, 本漢樂浪郡王險城, 又古云朝鮮地也.)

연나라가 가장 강했을 당시를 의미하는 '전연시(全燕時)'는 연 소왕(燕昭王)이 재위하던 BC 311년-BC 279년 시기로 볼 수 있다. 당시 연나라는 진개(秦開)를 시켜 동호 또는 조선 서방을 공격하여 1,000리 또는 2,000리를 차지한다.[359] 그러나 상기 기록대로 진번조선(眞番朝鮮)을 점령하고 하북성까지 진출했을 가능성은 낮다. 왜냐하면 앞서 언급했듯이 연나라가 전연시(全燕時)에 점령했던 진번조선, 즉 요동외요(遼東外徼)(요동의 변방)의 기준이 되는 요동(遼東)은 진(秦)이 연(燕)을 공격할 때(BC 226) 비로소 연왕 희(喜)가 도피하여 정복했다는(收) 기록이 나오기 때문이다.[360]

따라서 전한(前漢) 당시 요동외요(遼東外徼)는 연(燕)왕 희(喜)가 진

---

359) 『史記』「匈奴列傳」, 『三國志 裴松之注』卷三十 앞의 주석.
360) 『史記』「秦始皇本紀」앞의 주석.

(秦)의 공격에 의해 도피한 기원전 226년부터 연이 멸망한 기원전 222년까지 4년 동안 연(燕)이 차지하고 있던 장하(漳河) 인근인 산서성 동남부(요동) 동쪽으로 볼 수 있다. 그곳은 현재의 태항산맥 동쪽 석가장시 이남으로 추정되며, 진(秦)이 연(燕)을 멸망시키면서 진(秦) 영역에 포함되었으나 진(秦)에 의해 '공지(空地)'로 방치되었음을 알 수 있다. 연(燕)의 위치와 관련된 자세한 내용은 'Ⅶ. 황하 이남에서 산서성으로 이주한 연(燕)나라' 부분에 후술하겠다.

연번	출처	왕검성(왕험성)과 관련된 기록
[06] 後漢 (105)	『史記』 朝鮮列傳	燕王盧綰反, 入匈奴, 滿亡命, 聚黨千餘人, 椎結蠻夷服而東走出塞, 度浿水, 居秦故空地上下障, 稍役屬眞番·朝鮮蠻夷及故燕·齊亡在者, 王之, 都王險. (연왕(燕王) 노관(盧綰)이 [한(漢)을] 배반하고 흉노(匈奴)로 들어가자 만(滿)도 망명하였다. 무리 1,000여 인(千餘人)을 모아 북상투에 오랑캐의 복장을 하고서, 동쪽으로 도망하여 [요동(遼東)의] 요새를 나와 패수를 건너 진(秦)의 옛 공지(空地)인 상하장(上下鄣)에 살았다. 점차 진번(眞番) 조선(朝鮮)의 만이(蠻夷) 및 옛 연·제(燕·齊)의 망명자(亡命者)를 복속시켜 거느리고 왕(王)이 되었으며, 왕험(王險)에 도읍을 정하였다.) [주석] 왕험(王險): [보주(補注)] 심흠한(1775—1832)이 말하길, 『수서(隋書)』 고려(고구려)전에 평양성에 도읍하였는데 장안성이라고도 하며, 동북 6리에 산을 따라 굽이가 있고 남쪽에 패수가 있다고 하였다. 『신당서』에 평양은 압록수 동남에 있는데, 두우가 말하길 평양이 곧 왕험성이라고 하였다.([補注] 沈欽韓(1775—1832)曰, 隋書高麗傳, 都於平壤城, 亦曰長安城, 東北六里, 隨山屈曲, 南臨浿水. [新唐書] 平壤在鴨淥水東南. 杜佑云, 平壤, 卽王險城也.)

위만이 망명한 곳은 위만 이전에도 연(燕)·제(齊)의 망명자들이 다수 모여든 조선의 서부 변경으로서, 연(燕)이 있던 산서성 동남과 제(齊)가 있던 산동성 서부가 접하는 곳이었다. 이 세 곳이 모일 수 있는 곳은 고

〈그림 Ⅷ-11〉 연(燕)의 전성기(全燕時) 연(燕)이 차지한 조선 서부 영토 추정

발해의 서북쪽인 현 석가장시 인근으로, 위만은 그곳(秦故空地上下障)에서 세력을 키워 고조선 수도 왕검성(왕험성)을 전복한다(BC 194). 그런데, 당시 위만이 차지한 왕험성(왕검성)이 바로 후대 고구려 수도 평양이라는 『수서(隋書)』, 『신당서』의 기록은 고구려의 중심지(수도)가 바로 이 위만의 중심지(위만도)로 추정되는 석가장시에서 멀지 않는 하북성 보정시 인근에 있었을 가능성이 높음을 시사한다.

연번	출처	왕검성(왕험성)과 관련된 기록
[07] 後漢 (105)	『史記』 地理志 第八下	"遼東郡(秦置屬幽州)戶五萬五千九百七十二, 口二十七萬二千五百三十九. 縣十八：襄平(有牧師官莽曰昌平), 新昌, 無慮(西部都尉治), 望平(大遼水出塞外, 南至安市入海, 行千二百五十里. 莽曰長說), 房, 候城(中部都尉治), 遼隊(莽曰順睦), 遼陽(大梁水西南至遼陽入遼. 莽曰遼陰), 險瀆, 居就(室偽山, 室偽水所出, 北至襄平入梁也), 高顯, 安市, 武次(東部都尉治. 莽曰桓次), 平郭(有鐵官, 鹽官), 西安平(莽曰北安平), 文(莽曰(受)[文]亭), 番汗(沛水出塞外, 西南入海), 沓氏. (요동군(遼東郡), 진(秦)에서 설치하였고 유주(幽州)에 속한다. 가구수는 55,972이고 인구수는 272,539명이다. 현은 18개이다. 양평현(襄平縣), 목사관(牧師官)이 있다. 왕망은 창평(昌平)이라 했다. 신창현(新昌縣), 무려현(無慮縣), 서부도위(西部都尉)가 다스린다. 망평현(望平縣), 대요수(大遼水)가 새(塞) 밖을 나와서 남쪽으로 안시현(安市縣)에 이르러 바다로 들어가는데 1,250리를 흐른다. 왕망은 장설(長說)이라고 했다. 방현(房縣), 후성현(候城縣), 중부도위(中部都尉)가 다스린다. 요대현(遼隊縣), 망(莽)은 순목(順睦)이라 했다. 요양현(遼陽縣), 대량수(大梁水)가 서남쪽으로 요양현(遼陽縣)에 이르러 요수(遼水)로 들어간다. 왕망은 요음(遼陰)이라 했다. 험독현(險瀆縣) …) [唐 顔師古 주석] 험독현(險瀆縣): (후한(後漢) 학자) 응소(應劭)가 말하기를 조선(朝鮮)의 왕(王) 위만이 도읍인데 강물의 험한 것을 의지하였기에 험독(險瀆)이라 한 것이라고 했다. (서진(西晉, 266-317) 사람) 신찬(臣瓚)이 말하기를 왕험성(王險城)은 낙랑군 패수(浿水)의 동쪽에 있는데 이것이 바로(此自) 험독이라고 했다고 한다. 사고(師古)가 말하기를 신찬의 말이 옳다고 했다. 浿의 음은 배(普大反)이다.(應劭曰, 朝鮮王滿都也, 依水險, 故曰險瀆. 臣瓚曰, 王險城在樂浪郡浿水之東, 此自是險瀆也. 師古曰, 瓚說是也. 浿音普大反.)

　요동군의 중심지였던 양평(襄平)은 산서성 동남 장수(漳水) 인근이었기 때문에,[361] 이 산서성 남부 장수 인근의 양평과 함께 요동군에 속했던 험독현은 그 위치가 산서성 동부, 태항산맥 이서(以西)로 추정된다. 그

---

361) 『漢書』「地理志」第八下, 『晉書』卷一 帝紀, 『水經注』卷十 濁漳水淸漳水, 『漢書(顔師古注)』地理志第八下 앞의 주석.

곳은 태항산맥 이동(以東)의 낙랑군에 속했던 왕험성(王險城)과는 다른 곳이다. 즉, 위만의 최초 도읍지 험독현은 이 기록대로라면 태항산 동쪽이 아닌 태항산맥 서쪽 요동에 있게 된다. 그러나 위만은 낙랑군에 있던 패수(樂浪郡浿水)를 건너 도읍하였으므로 석가장시 인근이 위만의 최초 도읍지로 합리적이다.

따라서 응소(應劭)가 말한 요동군 험독현(險瀆縣)이 조선(朝鮮)의 왕(王) 위만 도읍이라는 주장은 오류일 가능성이 있다. 이는 낙랑군 왕험성(王險城)의 '험(險)'자와, 요동군 험독현(險瀆縣)의 '험(險)'자가 동일하여 생긴 오해일 것이다. 이 내용을 기록한 당(唐) 안사고(顏師古) 역시 응소(應劭)가 요동군 험독현을 조선왕 위만의 수도(『사기색은(史記索隱)』에는 조선왕 구도(舊都)라고 기록됨)라고 본 사실에 대한 평가는 하지 않고, 신찬(臣瓚)이 말한 왕험성(王險城)이 낙랑군 패수(浿水)의 동쪽에 있다고 한 말이 옳다고 인정하고 있다. 다만, 험독이 있던 요동군, 즉 산서성 동남부는 상(商)나라 재상 기자(箕子)가 이주한 지역으로 추정되는 기주(箕州), 기산(箕山)이 있던 곳으로,362) 기자조선의 수도가 있었던 것으로 해석할 여지는 있다. 후한학자 응소(應劭)가 말한 '요동 험독현이 조선왕의 옛 수도(구도)였다(遼東險瀆縣, 朝鮮王舊都)'라는 기록의 험독은 하북성 낙랑군 패수 동쪽의 위만조선의 수도(위만도, 원 창려)가 아니라 창려가 서진(西晉) 이후 요동(요동속국)에서 요서(산서성 동남)로 옮겨질 때 창려군에 속하게 된 험독현으로 추정되며, 그곳이 바로 요동군에 있던 기자조선의 수도였을 가능성이 있는 것이다.

따라서 필자는 서진(西晉, 266-317)이 276년(함녕 2년) 요동에서 분리

---

362) 리지린; 이덕일 해역, 앞의 책(2018), pp.280-290;『詞典網』箕州 "唐武德八年(625) 改遼州置, 治所在遼山縣(今山西左權縣)."

해 처음 설치한(晉分遼東置) 창려군(昌黎郡)이 위만 세력이 처음 기반을 닦은 고발해 북쪽의 석가장시 일대였을 가능성은 인정하지만, 『사기집해(史記集解)』에서 서광(徐廣, 352-425)이 '창려에 험독현이 있다(昌黎有險瀆縣也)'고 한 내용은 요동속국에 있던 원 창려가 아닌 요서로 이주한 후기 창려를 말하는 것으로 본다. 서광(徐廣)은 서진(西晉)이 멸망하고(317년) 난 뒤 사람으로, 창려가 서진의 멸망과 더불어 하북성 요동속국에서 산서성 요동 근처(요서)로 이주한 이후의 상황을 설명한 것으로 분석하고 있는 것이다. 따라서 서광이 말한 요동에 속했던 험독현은 요동속국에 속했던 원(原) 창려363)에 없었다고 보는 것이다. 그러나 필자의 추정이 100% 옳다고 할 수는 없으므로 본고에서는 일단 기록대로 왕검성이 있던 창려와 험독을 같은 곳으로 간주하고자 한다.

연번	출처	왕검성(왕험성)과 관련된 기록
[08] 西晉 (280-290)	『三國志』 魏書 三十 烏丸鮮卑 東夷傳	魏略曰: 昔箕子之後朝鮮侯, …燕乃遣將秦開攻其西方, 取地二千餘里, 至滿番汗爲界, 朝鮮遂弱. 及秦幷天下, 使蒙恬築長城, 到遼東. 時朝鮮王否立, 畏秦襲之, 略服屬秦, 不肯朝會. 否死, 其子準立. 二十餘年而陳項起, 天下亂, 燕齊趙民愁苦, 稍稍亡往準, 準乃置之於西方. 及漢以盧綰爲燕王, 朝鮮與燕界於浿水. 及綰反, 入匈奴, 燕人衛滿亡命, 爲胡服, 東度浿水, 詣準降, 說準求居西界, (故)(收)中國亡命爲朝鮮藩屛. 準信寵之, 拜爲博士, 賜以圭, 封之百里, 令守西邊. 滿誘亡黨, 衆稍多, 乃詐遣人告準, 言漢兵十道至, 求入宿衛, 遂還攻準. 準與滿戰, 不敵也. (위략(魏略): 옛 기자(箕子)의 후예인 조선후(朝鮮侯)는 주(周)나라가 쇠약해지자, 연(燕)나라가 스스로 높여 왕(王)이라 칭하고 동쪽으로 침략하려는 것을 보고, 조선후(朝鮮侯)도 역시 스스로 왕호(王號)를 칭하고 군사를 일으켜 연(燕)나라를 역격(逆擊)하여 주(周) 왕실(王室)을 받들려 하였는데, 그의 대부(大夫) 예(禮)가 간(諫)하므로 중지하였다. 그리하여 예(禮)를 서쪽에 파견하여 연(燕)나라를 설득하게 하니, 연

363) 『晉書』 地理志 上 "漢屬遼東屬國都尉, 魏置郡, 統縣 二, 戶九百, 昌黎, 賓徒."

(燕)나라도 전쟁을 멈추고 [조선(朝鮮)을] 침공하지 않았다. 그 뒤에 자손이 점점 교만하고 포악해지자, 연(燕)은 장군 진개(秦開)를 파견하여 [조선의] 서쪽 지방을 침공하고 2,000여 리의 땅을 빼앗아 만번한(滿番汗)에 이르는 지역을 경계로 삼았다. 마침내 조선의 세력은 약화(弱化)되었다. 진(秦)나라가 천하(天下)를 통일한 뒤, 몽염(蒙恬)을 시켜서 장성(長城)을 쌓게 하여 요동(遼東)에까지 이르렀다. 이때에 조선왕(朝鮮王) 부(否)가 왕(王)이 되었는데, 진(秦)나라의 습격을 두려워한 나머지 정략(政略)상 진(秦)나라에 복속(服屬)은 하였으나 조회(朝會)에는 나가지 않았다. 否가 죽고 그 아들 준(準)이 즉위하였다.

그 뒤 20여 년이 지나 [중국에서] 진승(陳[勝])과 항우(項[羽])가 기병하여 천하(天下)가 어지러워지자, 연·제·조(燕·齊·趙)의 백성들이 괴로움을 견디다 못해 차츰 차츰 준(準)에게 망명(亡命)하므로, 준(準)은 이들을 서부 지역에 거주하게 하였다. 한(漢)나라 때에 이르러 노관(盧綰)으로 연왕(燕王)을 삼으니, 조선(朝鮮)과 연(燕)은 패수(浿水)를 경계로 하게 되었다. [노(盧)]관(綰)이 [한(漢)을] 배반하고 흉노(匈奴)로 도망간 뒤, 연(燕)나라 사람 위만(衛滿)도 망명하여 오랑캐의 복장을 하고 동쪽으로 패수(浿水)를 건너 준(準)에게 항복하였다. [위만(衛滿)]이 서쪽 변방에 거주하도록 해주면 중국(中國)의 망명자(亡命者)를 거두어 조선(朝鮮)의 번병(藩屛)이 되겠다고 준(準)을 설득하였다. 준(準)은 그를 믿고 사랑하여 박사(博士)에 임명하고 규(圭)를 하사(下賜)하며, 백리(百里)의 땅을 봉(封)해 주어 서쪽 변경을 지키게 하였다. [위]만이 [중국의] 망명자들을 유인하여 그 무리가 점점 많아지자, 사람을 준(準)에게 파견하여 속여서 말하기를, "한(漢)나라의 군대가 열 군데로 쳐들어오니, [왕궁(王宮)]에 들어가 숙위(宿衛)하기를 청합니다." 하고는 드디어 되돌아서서 준(準)을 공격하였다. 준(準)은 만(滿)과 싸웠으나 상대가 되지 못하였다.)

위만이 처음 패수를 건너 조선에서 부여받은 거점지는 조선의 서쪽 국경에서 100리의 땅이다. 즉, 조선왕 준의 수도는 조선 서쪽 국경 위만의 거점지(요동 험독현의 만도(滿都))에서 100리 이상 동쪽으로 떨어진 거리에 있어야 한다. 따라서 위만이 거주했던 곳은 한(漢)과 조선의 경계인 패수(요새인 태항산맥 인근)에서 동쪽으로 100리 안쪽에 이르는 곳으로,

〈그림 Ⅷ-12〉 한(漢) 시기 요동군에 속했던 험독(위만 수도)과 낙랑군에 속했던 패수·조선현(고조선 수도 왕험성) 위치 추정

고발해 북쪽에 있던 석가장시가 적당하며, 고조선 수도 왕험성은 위만 거점지(석가장시)와 멀지 않은 전국시기 화북 지역 중심지였던 연하도 유적(燕下都遺蹟)이 있는 보정시 역현(易縣) 인근으로 볼 수 있다.

[그림 Ⅷ-12 설명] 한(漢)나라 이전 고발해(하북성 남부) 북쪽에서 사용되던 북방계 화폐인 명도전의 출토지 하한선이 석가장시이므로,364) 고조선과 한(漢) 국경 패수(浿水)는 현 석가장시 인근으로 보는 것이 합리적이다. 한(漢)과의 경계이자 위만이 건넜던 패수와 조선의 수도 왕험성은 요동군에 속했던 험독현이 아닌 낙랑군에 속하는 지역으로,365) 이

---

364) 박선미, 앞의 논문(2009), pp.207-208.
365) 『後漢書』「志第二十三」 郡國五 "樂浪郡 …朝鮮,〈言冉〉邯, 浿水, 含資, 占蟬, 遂城, 增地, 帶方, 駟望, 海冥, 列口, 長岑, 屯有, 昭明, 鏤方, 提奚, 渾彌, 樂都; 遼東屬國 …昌遼, 故天遼, 屬遼西. 賓徒, 故屬遼西. 徒河, 故屬遼西. 無慮, 有醫無慮山. 險瀆, 房"

는 요동 험독현 위만의 도성(衛滿都)이 위만 이전 고조선의 수도(조선현)가 될 수 없음을 의미한다. 따라서 위만이 조선에서 부여받은 조선 서부 100리(위만 수도)는 석가장시 인근으로, 왕험성(왕검성)은 그 동북쪽인 현 보정시 인근으로 볼 수 있다.

연번	출처	왕검성(왕험성)과 관련된 기록
[09]	『三國史記』 高句麗 本紀 東川王	二十一年, 春二月, 王以丸都城經亂, 不可復都, 築平壤城, 移民及廟社. 平壤者, 本仙人王儉之宅也. 或云, "王之都王險." (21년(247) 봄 2월에 왕이 환도성이 전란을 겪어 다시 도읍으로 삼을 수 없다고 하여, 평양성(平壤城)을 쌓고 백성과 종묘(宗廟)와 사직(社稷)을 옮겼다. 평양은 본래 선인(仙人) 왕검(王儉)의 땅이다. 다른 기록에는 "왕이 되어 왕험(王險)에 도읍하였다"라고 하였다.)

동천왕 당시 옮긴 고구려 수도 평양은 선인(仙人) 왕검(王儉)의 땅(宅)이라고 한다. 즉, 한국 기록의 왕검(王儉)은 왕의 호칭으로, 중국 기록의 왕험(王險)은 땅의 이름으로 나온다. 이는 한국의 왕을 의미하는 고유어 임금, 즉 임검(壬儉)이 사는 성(城)이 고대 중국인에 의해 지명으로 바뀌어 왕험(王險)이 되었을 가능성이 있음을 의미한다.[366] 동천왕 당시(3세기) 고구려는 요동(산서성 동남)에서 동쪽으로 1,000리 떨어진 산이 험한 곳인 현 북경 북쪽 연산 지역에 있었던 것으로 추정된다.[367] 따라서 고

---

366) 湖山生, 『개벽』 신간 제2호, 개벽사(開闢社), 1934, p.78. "그 밖에 『임』의 譯인 「主」자에 『검』의 譯인 「神」자를 넣어 『主神』이라 함은 곧 『임검』의 한자역이며, 또 天祖之輝光於天下之義인 倍達에 主祖의 譯인 『壬儉』을 넣어 『倍達壬儉』이라 함은 곧 우리말로 『배달임검』의 한자음역이니 이는 다 檀君의 칭호이다."

367) 『三國志』「魏書」 30 東夷傳 "高句麗在遼東之東千里, 南與朝鮮·濊貊; 『南史(659)』, 『梁書(636)』 "百濟者, 其先東夷有三韓國, 百濟卽其一也. 後漸强大, 兼諸小國. 其國本與句麗俱在遼東之東千餘里."

〈그림 Ⅷ-13〉 조위(曹魏) 시기 고구려의 남쪽에 있던 조선(낙랑)

구려 남쪽에 있던 고조선의 중심지 낙랑군 왕험성은 현 북경 북쪽 연산 지역 남쪽인 하북성 중부에 있어야 한다.

[그림 Ⅷ-13 설명] 3세기 조위(曹魏) 시기(동천왕이 고구려 수도를 평양으로 옮긴 247년경) 고구려는 요동 동쪽 1,000리에 있었으며 조선예맥(낙랑)은 험한 산지에 있던 고구려 남쪽, 고발해 북쪽에 있었으므로, 낙랑(조선)의 위치를 위와 같이 비정할 수 있다.

연번	출처	왕검성(왕험성)과 관련된 기록
[10]	『三國史記』 紀異第一	魏書云, "乃往二千載有壇君王儉立都阿斯達. 開國號朝鮮, 與高同時." (『위서(魏書)』에 이르기를, "지금으로부터 2,000여 년 전에 단군왕검(壇君王儉)이 있어 아사달(阿斯達)에 도읍을 정하였다. 나라를 개창하여 조선(朝鮮)이라 했으니 고[高-요임금-]와 같은 시대이다.")

『위서(魏書)』에서 말한 고조선 왕 단군왕검의 수도는 아사달이다. 즉, 왕검성은 단군임금(단군왕검)이 다스리던 성(城)이라는 의미의 보통명사이고 아사달은 왕검성(임금성)의 고유명사로 해석된다. 후한학자 응소(應劭)가 고조선 수도 왕험성(왕검성)이 요동 험독현(창려)에 있다고 밝힌 것과, 황하 이남 낙양에 수도를 했던 위(魏)나라의 역사서인『위서(魏書)』에 단군왕검에 관한 기사가 실린 것은 고조선 수도 왕험성(왕검성, 아사달)이 황하 이남에 도읍했던 한(漢)이나 위(魏)에서 '지극히 멀리 떨어진(極遠)' 한반도가 아닌, 위나라(낙양) 요동군(산서성)과 가까운 하북성 일대에 있었음을 추정케 한다.

연번	출처	왕검성(왕험성)과 관련된 기록
[11]	『三國史記』紀異第一	前漢朝鮮傳云, "自始燕時常畧得眞畨·朝鮮爲置吏築障. 秦滅燕屬遼東外徼. 漢興爲遠難守, 復修遼東故塞至浿水爲界屬燕. 燕王盧綰反入凶奴, 燕人衛滿亡命聚黨千餘人, 東走出塞渡浿水居秦故空地上下障. 稍役屬眞畨·朝鮮蠻夷及故燕·齊亡命者, 王之都王儉. 以兵威侵降其旁小邑, 眞畨·臨屯皆来服屬方數千里. (『전한서(前漢書)』「조선전(朝鮮傳)」에 이른다. "처음에 연(燕)나라 때부터 일찍이 진번(眞番)·조선(朝鮮)을 빼앗아 거기에 관리를 두고 장새(障)를 쌓게 하였다. 진(秦)나라가 연(燕)나라를 멸망시키자 요동(遼東)의 변방 지역에 속하게 되었다. 한(漢)나라가 일어났지만 멀어서 지키기 어렵다고 하여, 다시 요동의 옛 요새(故塞)를 수리하고 패수(浿水)에 이르러 경계로 삼아 연나라에 속하게 하였다. 연나라 임금 노관(盧綰)이 배반하여 흉노(匈奴)에게로 들어가자, 연나라 사람 위만(魏滿)이 망명(亡命)하여 1,000여 명의 무리를 모아서 동쪽으로 요새를 빠져 달아나 패수를 건너 진나라 빈 땅의 아래위 장새(障)에 와서 살면서 진번·조선의 오랑캐들과 예전의 연나라·제나라의 망명자들을 차츰 복속시키고 임금이 되어 왕검(王儉)에 도읍하고 무력으로써 그 이웃 작은 읍락들을 침범하여 항복시키니 진번·임둔이 모두 와서 복속하여, 사방이 수천 리나 되었다.) [주석] 왕검(王儉): (西晉, 266-317 사람) 신찬(臣瓚)이 말하길 왕검성은 낙랑군 패수의 동쪽에 있다고 하였다(臣讚曰王儉城在樂浪郡浿水之東.)

연(燕)이 진번조선을 빼앗고 쌓은 '장(障)'은 산의 험한 요지를 막는 '새(塞)'[368]와 구분되는 평지의 홍수 등을 막는 방어 시설(장애물)을 말한다.[369] 즉, 연나라가 조선에서 빼앗아 차지한 땅은 평지이자, 요동에 속했던 '번한 끝까지 이르는(至滿番汗)' 곳으로서, 현재 산서성 동남부의 넓은 저지대(장치분지)로 비정된다. 위만이 건넌 패수는 새(塞)(태항산맥)를 나와 요동외요로 추정되는 석가장시(石家莊市)에 이르기 전 건너야 했던 강으로, 태항산에서 동쪽으로 흐르는 물살이 거센 강인 석가장시의 호타하(滹沱河)로 추정된다. 이렇게 위만이 처음 정착한 곳(요동외요)을 현 하북성 중부 석가장시(石家莊市) 일대로 볼 수 있는 이유는 앞서 밝혔듯이 그곳이 중원과 다른 화폐인 명도전의 최남단 경계선이기 때문이다.

연번	출처	왕검성(왕험성)과 관련된 기록
[12]	『帝王韻紀』卷下 高句麗紀	麗祖姓高諡東明, 善射故以朱蒙名. 父解慕漱母柳花, 皇天之孫河伯甥. …漢元立昭二甲申, 開國馬韓王儉城, 天遣人來立宮闕, 山昏谷暗聞丁丁, 爲七日已雲霧捲, 金碧嶙峋磨新晴. (고구려 왕조의 성(姓)은 고씨(高氏)로 시호(諡號)는 동명(東明)인데, 활을 잘 쏘았으므로 주몽(朱蒙)이라 이름하였네. 아버지는 해모수(解慕漱)이고 어머니는 유화(柳花)로, 황천(皇天)의 자손 하백의 외손자이시다. …한 원제(元帝) 건소(建昭) 2년(BC 37) 갑신년에, 마한(馬韓)의 왕검성(王儉城)에서 건국하니, 하늘에서 사람을 보내와 궁궐을 지으니, 산중이 어두워졌는데도 정소리가 들리고, 7일이 되어서야 〈공사를〉 마치므로 운무(雲霧)가 걷혀, 금벽(金碧)을 솟구치게 하고 연마하여 새로운 하늘을 열었도다.)

고구려 시조 주몽이 마한의 왕검성에서 개국했다면, 이 왕검성은 조선(낙랑)에만 있던 특정한 지역을 의미하는 것이 아닌 보통명사, 즉 임금성

---

368) 『呂氏春秋』卷十三 "山有九塞 澤有九藪(漢 高誘注: 險阻曰塞有水曰澤無水曰藪)"
369) 『史記』卷四十二 鄭世家 第十二 "障大澤(集解服虔曰: 陂障其水也)"

〈그림 Ⅷ-14〉 명도전 분포 하한선 석가장시는 위만 이주지(험독), 명도전 집중지 보정은 고조선 수도

(王城)으로 해석할 수 있다. 전한 시기 왕검성은 낙랑군에 속했기 때문에 고구려의 마한에 속한 왕검성과 같은 위치일 수 없다. 즉, 왕검성은 '임금(王)이 사는 수도(城)'라는 일반명사로서, 조선의 수도도 될 수 있고 고구려의 수도도 될 수 있다고 해석할 수 있다.

[그림 Ⅷ-14 설명] 위만이 처음 조선으로 이주한 곳(요동군 험독현)은 명도전 출토지의 하한선이자 명도전 거푸집이 발견된 고조선 주요 거점 도시인 석가장시일 가능성이 높으며, 이후 위만이 도읍한 왕검성(낙랑군 조선현)은 명도전 거푸집이 주로 발견된 보정시 역현(易縣) 연하도 유적지(燕下都遺蹟地)가 유력하다고 볼 수 있다. 보정시 북쪽에 있는 역현(易縣) 지역은 위만이 점령한 사방 수천 리에 남쪽 석가장시 이북부터 임둔태수장(臨屯太守章)이 발견된 요녕성(遼寧省) 호로도시(錦西市, 葫蘆島市)까지를 다스리기에 적당한 중심 지역이다.

(3) 왕험성(왕검성) 비정의 전제 조건 정리

이상의 기록들을 분석할 때 BC 194년 위만이 쿠데타로 차지한 고조선의 수도 왕험성(왕검성)은 다음과 같은 조건에 맞는 곳이어야 한다.

① **고발해(古渤海) 위치는 하북성 남부**: 고발해(古渤海)는 현 하북성 남부에 위치해 있었으므로, 산동성 제(齊)나라가 발해를 건너 공격한 조선의 수도는 발해 북쪽(하북성 중부)에 있어야 한다.

② **전국연(戰國燕) 위치는 산서성 남부**: 전국연(戰國燕)의 기원지는 황하 이남(許昌市 인근)으로, 북쪽의 만맥(조선)과 남쪽의 제(齊), 조(趙) 사이에 끼인 약한 나라였다. 따라서 연(燕)이 기원전 3세기 조선에게서 빼앗은 지역(조선서부 1,000리, 또는 2,000리)은 BC 209년 당시 조선과 흉노의 국경이었던 하북성 중부 상곡(上谷)(중국 주장 보정시), 그리고 한(漢) 시기까지 조선이 있던 고발해(古渤海)의 북쪽인 현 하북성 중부를 넘을 수 없다. 즉, 고대 요주(遼州, 현 山西省 晉中市 左權縣)와 고발해(古渤海)의 서쪽에 있는 산서성 중부 이남에 전국연(戰國燕)이 있어야 한다.

③ **요동군 치소 양평(襄平) 위치는 장하(漳河) 유역**: 한(漢)의 요동군(遼東郡) 치소 양평(襄平)은 발해로 유입되던 하북성 남부 장하(漳河) 유역이었다.[370] 따라서 요동(遼東)은 장하 유역부터 수(隋)나라 이후 근대까지 요주(遼州) 였던 현 산서성(山西省) 중남부의 진중시(晉中市)의 동쪽(하북성 남부)까지로 보아야 한다.

④ **한(漢)의 공격 지점 요동과 발해는 현 하북성 남부**: 한(漢)에서 조선을 공격하기 위해서는 육로(陸路)는 요동(현 하북성 남부)에서, 해로(海

---

370) 『漢書』「地理志」第八下, 『晉書』卷一 帝紀, 『水經注』卷十 濁漳水清漳水, 『漢書(顏師古注)』 地理志 第八下 앞의 주석.

路)는 산동성에서 하북성 남부 내륙의 고(古)발해를 건너야 하므로, 이 두 공격 루트가 만나는 곳은 현 하북성 중부 보정시 일대가 적당하다.

⑤ 한(漢)이 항복한 조선인에게 봉(封)한 지역의 위치는 고(古)발해 서부와 남부: 한(漢)이 조선을 평정할 때 한(漢)을 도와 공을 세운 조선의 관료들이 상훈으로 받은 봉지(封地)가 고발해(古渤海) 이남이므로, 한(漢)이 공격한 조선은 고발해(古渤海) 이북(하북성 중부 이북)으로 볼 수 있다.

⑥ 명도전 분포지의 하한선(석가장시)이 패수, 요동외요, 상하장: 명도전(明刀錢)의 분포지는 고발해(古渤海) 북쪽(하북성 중부 이북), 그리고 흉노-조선 국경인 상곡(현 하북성 보정시) 이북에서 출토되므로, 산서성 동남부 요동 인근에 있던 연(燕)[371]의 화폐가 될 수 없다. 명도전 출토지 하한선이 하북성 중남부 석가장시(石家莊市)임을 감안할 때 고조선과 한(漢)의 국경 패수(浿水)는 현 석가장시 인근에 있어야 한다. 따라서 진(秦)의 요동외요(遼東外徼), 진(秦)의 옛 공지(空地)인 상하장(上下鄣), 한과 조선의 경계인 패수(浿水)는 모두 요동과 조선(낙랑)의 중간 지역인 현 하북성 석가장시(石家莊市) 일대로 보아야 한다.

⑦ 위만의 최초 도읍지 요동군 험독현(창려)과 낙랑군 조선현은 다른 곳으로, 왕험성(왕검성)은 낙랑군 조선현에 있어야 한다: 한(漢)과의 경계를 이루던 패수(패수현)와 조선의 중심지였던 조선현은 요동군에 속한 험독과 달리 낙랑군(樂浪郡)에 속하는 지역으로, 조선의 수도는 낙랑군 조선현에 있어야 하며, 한(漢)의 요동군에 속했던 험독현(險瀆縣)에 있을 수

---

371) 『漢書』「卷二十八上」 "燕其後三十六世與六國俱稱王, 東有漁陽右北平遼西遼東, 西有上谷代郡鴈門(연(燕)은 그 뒤로 36대에 이르러 여섯 나라와 함께 왕을 칭하였고, 동쪽에는 어양(漁陽), 우북평(右北平), 요서(遼西), 요동(遼東)이 있으며, 서쪽에는 상곡(上谷), 대군(代郡), 안문(鴈門)이 있었다)."

없다. 즉, 험독(險瀆)과 조선현이 구분되기 때문에 요동군 험독현이 조선의 원 수도가 될 수 없고, 낙랑군 조선현이 위만 이전 조선의 수도가 되어야 한다. 이는 석가장시로 추정되는 험독(險瀆)이 위만의 초기 거점지(위만도)이고, 위만의 쿠데타 이전 조선의 수도 왕험성(왕검성)이 마땅히 험독 북쪽의 낙랑군 조선현이었을 가능성을 의미한다. 이러한 사실들을 볼 때 고조선 남쪽에 있던 패수(浿水)는 석가장시(험독) 북부에 있는 정정고성(正定古城) 남쪽으로 흐르는 호타하(滹沱河)로, 최초의 위만도(衛滿都) 험독(險瀆)은 석가장시 인근으로 추정되며, 위만이 기준(箕準)에게서 찬탈한 왕험성(왕검성)은 전국시대 화북 지역 중심지였던 연하도 유적(燕下都遺蹟)이 있는 보정시 역현(易縣)이 유력하다고 볼 수 있다.

[그림 Ⅷ-15 설명] 연(燕)의 동북쪽에 있던 요동(遼東)372)의 치소 양평(襄平)이 현 산서성 남부의 장하(漳河) 유역에 있었고, BC 109년 제군(齊軍)이 조선을 치기 위해 건넜던 고발해(古渤海)가 현 하북성 남부에 있었다는 사실을 기준으로 조선의 위치를 살펴보면, 요동(遼東)에 속했던 위만의 중심지로 추정되는 험독(창려)은 명도전의 하한선인 석가장시 일대로 볼 수 있고, 조선의 중심지는 명도전 주조가 집중적으로 이루어진 연하도 유적(燕下都遺蹟)이 있는 보정시 역현(易縣) 일대로 볼 수 있다. 조선

---

372) 『史記』卷一百二十九 貨殖列傳 第六十九 "夫燕…上谷至遼東, 地踔遠, 人民希, 數被寇, 大與趙 代俗相類, 而民雁倬少慮, 有魚鹽棗栗之饒. 北鄰烏桓·夫餘, 東綰穢貊 朝鮮·眞番之利(연(燕)은 … 상곡에서 요동에 이르기까지, 땅은 멀리 뻗어 있고 인구는 드물며, 자주 침략을 받는다. 그 풍속은 조(趙)·대(代)와 대체로 비슷하지만, 백성들은 억세고 용감하며 근심이 적고, 물고기·소금·대추·밤이 풍부하다. 북쪽으로는 오환(烏桓)·부여(夫餘)와 인접하고, 동쪽으로는 예맥(穢貊)·조선·진번(眞番)의 이익을 거두고 있다.)" 상곡(上谷)에서 요동(遼東)은 연나라 중심지(발갈지간)에서 상당히 먼 곳으로, 사람이 적고 연(燕)의 북쪽에 있던 대·오환·부여(代·烏桓·夫餘)와 인접했기 때문에, 요동은 연나라 동북쪽에 있었음을 알 수 있다.

〈그림 Ⅷ-15〉 왕검성 비정의 전제 조건 정리

멸망 후 한(漢)에 협조했던 조선 재상(宰相)들이 상으로 받은 봉지가 모두 요동군과 고발해를 넘지 못한 사실은 조선이 고발해 북쪽에 있었음을 추정케 한다. 서기 3세기 고구려의 위치가 요동에서 동쪽 1,000리 떨어진 산지에 있었고, 그 남쪽에 낙랑이 있었다는 사실 역시 낙랑이 현 북경 일대에 있었음을 의미한다.

4. 고조선의 위치에 관한 기록과 고조선 위치 비정

앞에서 살펴본 상(商)부터 한(漢)까지의 기록들과 이를 통해 추정한 고조선과 고조선 수도 왕험성의 위치는 고조선과 관련된 춘추전국(春秋戰國, BC 8세기-BC 3세기) 시기 이후의 기록들을 살펴봄으로써 신뢰성을 검증할 수 있다. 왕험성 위치를 찾기 이전에 고조선 위치를 찾는 것이 순서상 합리적일 수 있으나, 요동(遼東), 발해(渤海) 등 구체적 지명을 파악할 수 있는 왕험성 관련 내용을 먼저 살펴보아야 고조선의 대략적인 위치 비정이 용이하므로 고조선 관련 고문헌 내용을 상기 왕험성 분석에 이어 아래와 같이 후술한다.

〈표 Ⅷ-4〉 고조선 위치에 관한 기록(문헌 기록 시기순)

연번	출처	고조선 위치에 관한 기록
[01] 春秋 戰國 (BC 8세기- BC 3세기)	『管子』 卷第 二十三	桓公問管子曰：「吾聞海內玉幣有七筴, 可得而聞乎?」. 管子對曰：「陰山之礝碈, 一筴也, 燕之紫山白金, 一筴也, 發朝鮮之文皮, 一筴也, (환공이 관자에게 물었다. "내가 듣자하니, 천하의 보배로운 옥과 폐(예물)에는 일곱 가지 종류가 있다 하던데, 들을 수 있겠는가?" 관자가 대답하였다. "음산(陰山)의 연민(礝碈, 옥돌)이 한 가지요, 연나라 자산(紫山)의 백금이 한 가지요, 조선(朝鮮)에서 나는 문피(文皮)가 또 한 가지입니다.")

발조선의 문피는 무늬가 있는 호랑이나 표범 가죽으로, 예맥조선 중 맥(貉, 貊)의 '특산물'인 표범피를 의미한다.373) 보정시 만성한묘(滿城漢墓) 유물에 표범 모양의 금동 인형이 발견된 것은, 보정시가 표범이 없었던 남방의 한(漢)나라보다는 표범이 살았던 북방 맥국(이후 고구려)과 가까운 곳이었음을 의미하고, 그곳이 조선의 중심지 중 한 곳임을 알 수 있다.

---

373) 吳炫受,「고조선의 종족과 교섭망 연구」,『진단학회진단학보진단학보』, 제137호, 2021. pp.12-13. "『詩經』「韓奕」선조들의 명을 받들어, 여러 蠻을 다스리네. 왕이 韓侯에게 追와 貊을 하사하셨도다. 북쪽의 나라들을 두루 받아, 그 땅의 백이 되었네. 성을 쌓고 해자를 파며, 땅을 구획하고 세금을 정했구나. (왕께) 비휴 가죽[貔皮]과 붉은 표범[赤豹], 누런 곰 가죽[黃羆] 을 선물로 보내 주었도다.";『說文解字』「第9下」"貔[비휴]는 표범[豹]에 속하는데, 貊國에서 난다."

연번	출처	고조선 위치에 관한 기록
[02] 春秋 戰國 (BC 8세기- BC 3세기)	『管子』 卷第 二十三	桓公曰:「四夷不服, 恐其逆政, 游於天下, 而傷寡人, 寡人之行, 爲此有道乎?」. 管子對曰:「吳·越不朝, 珠象而以爲幣乎! 發朝鮮不朝, 請文皮毲, 服而以爲幣乎! 禺氏不朝, 請以白璧爲幣乎! 崑崙之虛不朝, 請以璆琳琅玕爲幣乎! 故夫握而不見於手, 含而不見於口, 而辟千金者, 珠也, 然後八千里之吳·越可得而朝也. 一豹之皮, 容金而金也, 然後八千里之發朝鮮可得而朝也. (환공이 말하였다. "사방의 오랑캐들이 복종하지 않으니, 그들이 정사를 거스르고 천하를 떠돌며 과인에게 해를 끼칠까 두렵소. 과인이 이 일에 대해 행할 방법이 있겠소?" 관자가 대답하였다. "오나라와 월나라가 조공하지 않거든, 그들의 진주와 상아를 요구하여 화폐로 삼으십시오! 발조선이 조공하지 않거든, 문양 있는 (표범) 가죽과 담비 가죽을 요구하여 복식으로 삼고 화폐로 삼으십시오! 우씨(禺氏) 나라가 조공하지 않거든, 흰 구슬을 요구하여 화폐로 삼으십시오! 곤륜허(崑崙之虛)가 조공하지 않거든, 구슬과 아름다운 옥을 요구하여 화폐로 삼으십시오! 그러므로 손에 쥐어도 손에 보이지 않고, 입에 물어도 입에 드러나지 않지만, 천금을 물리치게 만드는 것이 바로 구슬(옥, 진주)입니다. 그리하면 8,000리 밖의 오나라·월나라도 조공하게 될 것입니다. 표범 한 마리의 가죽은 금을 담을 수 있고 그것 자체로도 금과 같으니, 그리하면(표범피를 금과 바꾸면) 8,000리 밖의 발조선도 조공하게 될 것입니다.)"

『관자』는 춘추시대(BC 770- BC 403) 제(齊)나라 재상 관중(管仲)이 기원전 6세기 이전 제나라의 정치 상황을 기록한 것으로 추정되는 사서로서, 발조선은 표범가죽이 나는 맥국이며, 당시 조선은 제나라와 8,000리 떨어져 있다고 했다. 8,000리는 상징적 거리로 매우 먼 거리로 해석되며, 황하 이남 제나라에서 볼 때 '고발해 북쪽에 있던 조선'까지 8,000리는 고발해를 동쪽에 끼고 태항산맥을 따라 올라가면 닿을 수 있는 현 북경시 일대로 볼 수 있다.

[그림 Ⅷ-16 설명] 전한(前漢) 시기(BC 113?) 조성된 보정시 만성한묘(滿城漢墓)에서는 맥(貊, 貉)의 특산물인 표범의 인형이 출토된다. 맥(貊,

〈그림 Ⅷ-16〉 발조선(發朝鮮)과 맥(貊, 貉)의 특산품인 표범의 서식지임을 증명하는 표범 인형(河北省博物館, 2024. 01. 10. 필자 촬영)

貊)은 상(商)나라 후기 중심지였던 예북기남(豫北冀南) 북쪽(古渤海 북쪽) 즉, 『상서주소(尚書注疏)』에서 정현(鄭玄, 127-200)이 말한 대로 후한(後漢) 수도 낙양(洛陽) 동북 지역에 사는 이민족(東北夷) 지역을 말한다. 맥(貊, 貉)의 '특산물'인 표범 가죽(文皮)이 많이 나는 지역은 중원의 북쪽에 있었다(『詩經』「韓奕」). 산동성 제(齊)나라에서 8,000리 떨어진 먼 곳의 발소선(發朝鮮) 지역 역시 표범 피로 추정되는 무늬기 있는 가죽(文皮)이 생산된 것으로 보아(『管子』), 맥(貊, 貉)이 발조선(發朝鮮)과 같거나 인근 지역임을 추정할 수 있다. 따라서 전한(前漢) 시기(BC 2세기) 표범 금동 인형이 발견된 보정시(保定市) 서북쪽 만성구(滿城區) 만성한묘(滿城漢墓) 인근을 전한(前漢) 이전 발조선, 한나라 시기 맥(貊, 貉) 지역으로 추정할 수 있으며, 후대에 맥(貊=狛)으로도 불리던 고구려(句驪一名貊)[374] 역시 이 지역 인근에 있었음을 추정할 수 있다.

연번	출처	고조선 위치에 관한 기록
[03] 戰國前漢 (BC 5세기- BC 2세기)	『山海經』 第十 海內南經	『海內東經』:「鉅燕在東北陬之後, 蓋國在鉅燕南, 卽蒙上鉅燕之文, 而朝鮮·蓬萊並在東海, 亦灼然可信也.」. (『해내동경(海內東經)』: "거연(鉅燕)은 동북 모퉁이 너머에 있고, 개국(蓋國)은 거연의 남쪽에 있으며, 곧 거연의 문장(文)을 이어받은 나라이다. 그리고 조선(朝鮮)과 봉래(蓬萊)는 모두 동해에 있으니, 이것 또한 분명히 믿을 만하다.")

BC 3세기 전후에 제작된 『산해경(山海經)』에 조선은 동해의 동쪽(海東)이 아니라 동해(東海) 가운데 있던(在東海) 나라였다. 이는 조선이 황하 남쪽 중원 제국들이 볼 때 동쪽 바다인 하북성 남부 고발해를 경계로 하고 있었음을 추정케 한다.

연번	출처	고조선 위치에 관한 기록
[03] 戰國前漢 (BC 5세기- BC 2세기)	『山海經』 第十二 海內北經	朝鮮在列陽東, 海北山南. 列陽屬燕.(郭璞(276-324)云, 朝鮮今樂浪縣, 箕子所封也. 列亦水名也, 今在帶方, 帶方有列口縣. 郝懿行云,『漢書』地理志云, 樂浪郡朝鮮又呑列 分黎山, 列水所出, 西至黏蟬入海. 又云, 含資帶水, 西至帶方入海. 又, 帶方列口并屬樂浪郡.『晉書』地理志 列口屬帶方郡. (조선은 열양(列陽)의 동쪽에 있으며, 바다(海)의 북쪽이자 산(山)의 남쪽에 있다. 열양은 연(燕)에 속한다. 곽박(郭璞, 276~324)은 말하기를, "조선은 지금의 낙랑현(樂浪縣)이며, 기자(箕子)가 봉해졌던 곳이다. '열(列)' 또한 물 이름으로, 지금의 대방(帶方)에 있으며, 대방에는 열구현(列口縣)이 있다"고 하였다. 학의행(郝懿行)은 말하기를, 『한서』

---

[374] 『後漢書』「東夷列傳」 "句驪一名貊(耳), 有別種, 依小水爲居, 因名曰小水貊. 出好弓, 所謂「貊弓」是也."

	「지리지」에는 "낙랑군 조선이 또한 열(列)을 병합하였고, (여산(黎山)을 나누었으며, 열수(列水)가 그곳에서 발원하여 서쪽으로 점제(黏蟬)로 흘러 바다로 들어간다)" 또 "함자수(含資水)와 대수(帶水)가 서쪽으로 흘러 대방(帶方)으로 들어가 바다에 이른다"고 하였으며, 또한 "대방의 열구(列口)는 모두 낙랑군에 속한다"고 하였다. 『진서』「지리지」에는 열구(列口)는 대방군에 속한다고 기록되어 있다.)

BC 3세기 경 조선은 열양(列陽, 列水의 북쪽 지역)의 동쪽, 海(발해)의 북쪽, 山(태항산, 연산)의 남쪽(海北山南)에 있었다. 연나라는 열양(열수의 북쪽)을 차지하고 있었고 그 동쪽에 조선이 있었다. 종합하면 조선은 고발해(하북성 남부)와 태항산맥, 연산산맥으로 둘러싸인 현 하북성 북부 일대에 있었음을 알 수 있다.

서진(西晉) 말에서 동진(東晉) 초 학자인 곽박(276-324)이 언급한 '낙랑현'은 앞에서 밝힌 대로 과거 낙랑군(郡)에는 없던 현(縣)이다. 따라서 낙랑군에 설치된 적이 없던 낙랑현은 313년 고구려에 멸망한 뒤 모용외에 투항하여 모용외가 다시 설치한 낙랑을 의미한다고 볼 수 있다. 당시 낙랑현은 하북성 북부 고구려 세력의 남쪽에 있던 고발해의 서쪽, 태항산맥의 서쪽, 현재의 산서성 동남 지역(고기주)으로 추정된다. 그곳(낙랑군에서 이주한 낙랑현)은 과거 기자가 봉지로 받은 곳으로, 실제로 그 지역에는 기산(箕山)이 있었음을 감안할 때(대청광여도 참고) 곽박의 낙랑현이 기자의 봉지였다는 주장은 근거가 있다고 볼 수 있다.

열수(列水)의 입구인 열구(列口)가 대방(帶方)에 있었던 사실은 『진서(晉書)』「지리지(地理志)」 원문이므로 신뢰할 수 있으나, 열수(列水)가 서쪽으로 점제현에 이르러 바다(海)에 이르렀다는 내용(列水所出, 西至黏蟬入海)은 『한서(漢書)』「지리지(地理志)」 원문이 아닌 주석의 내용으로, 북경 일대 낙랑군과 대방군을 차지하고 있던 고구려가 멸망하기 이전 당(唐)나라 안사고(顏師古, 581-645)가 주석을 한 것으로 추정되며, 진(晉) 이전의 상황이 아니라 313년 모용외(慕容廆)에 투항하여 이동된 낙랑(낙랑현), 대방으로 볼 수 있다. 당시 열수가 서쪽으로 흘러 유입된 바다는 현 태항산맥 서쪽 산서성(山西省) 장치시(長治市) 인근의 장택호(漳澤湖)일 가능성이 높다. 장택호(漳澤湖)가 있는 산서성 동남의 장치분지(長治盆地)는 태항산맥(太行山脈)과 태악산맥(太岳山脈) 사이에 끼어 있는 약 2,000km²의 넓은 분지(盆地)로서, 고대 요하로 추정되는 장하(漳河)의 여러 물줄기들이 모여드는 곳이다.

앞에서 밝혔듯이 중국의 복원걸(伏元傑)은 고대 서해(西海)를 산서성 남부의 임분분지(臨汾盆地)로 보고 있는데,[375] 필자는 임분분지의 동쪽 장치분지(長治盆地) 역시 고대 바다였고, '열수(列水)가 서쪽으로 점제현에 이르러 바다(海)에 이르렀다(列水所出, 西至黏蟬入海)'는 『한서(漢書)』 「지리지(地理志)」의 7세기 주석 내용의 바다(海)로 추정하고 있다.

연번	출처	고조선 위치에 관한 기록
[05] 戰國前漢 (BC 5세기- BC 2세기)	『山海經』 第十八 海內經	東海之內, 北海之隅, 有國名曰朝鮮 (郭璞云, 朝鮮今樂浪郡也. 珂案, 朝鮮已見『海內北經』.) 天毒, 其人水居, 偎人愛之. (동해의 안쪽, 북해의 모퉁이에 조선(朝鮮)이라 불리는 나라가 있다. (곽박은 말하기를, "조선은 지금의 낙랑군(樂浪郡)이다"라고 하였다. 가(珂)는 말하기를, "조선은 이미 『해내북경(海內北經)』에 나타난 바 있다.") 천독(天毒)이라는 나라도 있는데, 그 나라 사람들은 물 위에서 살며, 사람들과 친하게 지내고 사람들을 사랑한다.)

375) 伏元傑, 앞의 논문(2021), pp.40-44. "『山海經』中的東海即今山東菏澤市以東的古巨野澤 ; 南海即今湖北荊州, 武漢之間的古雲夢澤 ; 西海即今晉南臨汾古盆湖 ; 北海即今晉北雁門山朔州盆湖."

BC 3세기 전후에 제작된 『산해경(山海經)』에 조선은 동해의 안쪽이므로, 중국에서 볼 때 동쪽 바다인 고발해 유역에 조선이 있었다. 또한 북해 깊숙한 곳(隅)에 조선이 있다면, 조선은 현 발해(古北海) 북쪽에 있던 국가로 볼 수 있다. 그리고 조선 사람들은 물(강)이 많은 곳에 살던 사람들로(其人水居), 조선이 산지가 아닌 저지대 평지에 있었음을 알 수 있다. 전체적으로 볼 때 조선은 고발해 북쪽인 하북성 중부 보정시 일대의 평원지대에 있었던 것으로 추정할 수 있다.

연번	출처	고조선 위치에 관한 기록
[05] 戰國前漢 (BC 5세기-BC 1세기)	『戰國策』 卷第 二十九	蘇秦將爲從, 北說燕 文侯曰:「燕東有朝鮮·遼東, 北有林胡·樓煩, 西有雲中·九原, 南有呼沱·易水, 地方二千餘里, 帶甲數十萬, 車七百乘, 騎六千疋, 粟支十年. 南有碣石·鴈門之饒, 北有棗栗之利. (소진(蘇秦)이 장차 합종책을 펼치려 하여, 북으로 연(燕)에 가서 문후(文侯)에게 다음과 같이 말했다. "연나라의 동쪽에는 조선(朝鮮)과 요동(遼東)이 있고, 북쪽에는 임호(林胡)와 누번(樓煩), 서쪽에는 운중(雲中)과 구원(九原), 남쪽에는 호타(呼沱)와 역수(易水)가 있습니다. 그 땅은 사방 2,000여 리에 이르고, 무장한 병사가 수십만, 전차는 700승, 기병은 6,000필, 곡식은 10년을 견딜 수 있을 정도입니다. 남쪽에는 갈석산(碣石)과 안문(鴈門)의 풍요로움이 있고, 북쪽에는 대추와 조의 이익이 있습니다.")

소진(蘇秦, ?-BC 284) 당시 연나라는 동쪽에 조선이 있고 북쪽에 임호, 누번, 서쪽에 운중 구원이 있고, 남쪽에 호타, 역수가 있는 방(方) 2,000리 땅이었다. 따라서 당시 연나라는 사방이 육지로 막힌 내륙에 있었는데, 이는 현재 학계에서 연나라 위치로 비정하는 현재의 발해만 지역(하북성 북부)과 지형상 다른 곳이다. 연나라 남쪽에 있던 호타수(呼沱水), 역수(易水)는 현재 하북성 중부에 있으나, 전국 시기 역수(易水)가 산서성 남

부 심하(沁河)로 비정되므로,376) 호타수(呼沱水) 역시 산서성 남부 일대에 있었을 것이다.

연번	출처	고조선 위치에 관한 기록
[07] 戰國 (BC 239)	『呂氏春秋』 卷第二十	非濱之東(高注: 朝鮮樂浪之縣, 箕子所封, 濱於東海也), 夷·穢之鄉(高注: 東方曰夷, 穢, 夷國名)大解·陵魚·其鹿野·搖山·揚島·大人之居, 多無君(高注: 東方之夷, 無有君長). (비빈지동(非濱之東)은 (고씨 주석에 따르면: 조선은 낙랑의 현으로, 기자(箕子)가 봉해진 곳이며, 동해에 인접해 있다), 이(夷)와 예(穢)의 땅이다. (고씨 주석: 동방을 이(夷)라 하고, 예(穢)는 이(夷)의 나라 이름이다.) 대해(大解), 능어(陵魚), 기록야(其鹿野), 요산(搖山), 양도(揚島), 대인(大人)의 거처들이 있으며, 대부분 임금이 없다. (고씨 주석: 동방의 이(夷)는 군장이 없다.))

기원전 239년 제작된 것으로 알려진 『여씨춘추(呂氏春秋)』에 조선(夷·穢之鄉)은 북쪽(필원(畢沅)은 非를 北이라고 하였다) 해변의 동쪽, 즉 고(古)발해 북쪽 해변의 동쪽에 조선이 있다고 기록하고 있다. 현 하북성 중북부 이동(以東)으로 볼 수 있다.

[그림 Ⅷ-17 설명] 전국(戰國)-전한(前漢)(BC 5세기-BC 2세기) 시기에 기록된 『산해경(山海經)』에는 조선이 동해(東海)의 안쪽(內), 북해(北海)의 구석(隅)에 있다고 기록돼 있다. 2021년 중국의 복원걸(伏元傑)은 『산해경(山海經)』에 등장하는 사해(四海)의 위치에 관한 논문을 통해 산동성 하택시(菏澤市) 동부를 동해(東海), 호북성 형주(荊州), 무한(武漢) 사이를 남해(南海), 임분(臨汾) 일대를 서해(西海), 삭주(朔州) 일대를 북해(北海)

---

376) 역수(易水)가 현재의 심하(沁河)로 비정되는 사실은 '〈표 Ⅷ-1〉『사기(史記)』와 기타 문헌의 연(燕) 위치 관련 내용 정리'의 연번 [40] 참고.

〈그림 Ⅷ-17〉 『산해경(山海經)』에 등장하는 사해(四海) 위치와 조선의 위치

로 비정하였다.[377] 그 가운데 『산해경(山海經)』에 북해 깊숙한 곳(隅)에 조선이 있다고 한 기록의 북해(北海)는 전한(前漢) 초 산동성 제(齊)나라와 가까운 곳에 있었으므로,[378] 삭주시 일대가 아니라 현재의 산동반도 북쪽에 있었던 고(古)발해, 또는 현재의 발해일 가능성이 있다. 전국시대 조선은 이 바다 북쪽 해변의 동쪽(非濱之東)에 있으면서 물이 많은 강 사이에 있었다(水居). 따라서 여러 강이 흘러 수운이 편리했을 현 북경 남쪽 평지 일대가 조선의 위치로 적당하다고 볼 수 있다.

377) 伏元傑, 앞의 논문(2021), pp.10-44.
378) 『史記』 「項羽本紀」 "漢之二年冬, 項羽遂北至城陽, …遂北燒夷齊城郭室屋, 皆阬田榮降卒, …徇齊至北海, 多所殘滅. 齊人相聚而叛之.(한(漢, 西楚霸王) 2년(BC 205) 겨울, 항우가 마침내 북(北)으로 성양(城陽)에 이르자, …(항우는) 마침내 북(北)쪽 제(齊)나라의 성곽과 집들을 불살라 평지로 만들고(夷), 모든 항복한 전영(田榮)의 군사들을 파묻었다. …제를 점령(徇)하고 북해(北海)까지 이르면서 많은 곳을 파괴하였다. 제 사람들은 다시 사람을 모아 반란을 일으켰다.)"

연번	출처	고조선 위치에 관한 기록
[08] 前漢 (BC 179- BC 122)	『淮南子』 卷五 時則訓	五位, 東方之極, 自碣石山, 過朝鮮, 貫大人之國.(碣石, 在遼西界海水西畔. 朝鮮, 樂浪之縣也. 貫, 通也. 大人國在其東. 逹吉按,『太平御覽』引無山字, 注云：碣石在東北海中. 朝鮮, 東夷. 東方有大人之國也.)東至日出之次扶榑木之地青土樹之野博木搏桑太皥句芒之所司者萬二千里 (오위(五位)는 동방의 끝이며, 갈석산(碣石山)에서 시작하여 조선(朝鮮)을 지나, 대인국(大人之國)을 관통한다. (갈석은 요서 경계, 바닷물 서쪽 기슭에 있다. 조선은 낙랑의 현(縣)이다. 관(貫)은 통과함을 뜻한다. 대인국은 그 동쪽에 있다. 규길(逹吉)의 주에 따르면,『태평어람(太平御覽)』에는 '산(山)' 자가 없이 인용되었으며, 주석에 이르기를："갈석은 동북 해중(海中)에 있다. 조선은 동이(東夷)이며, 동방에는 대인국이 있다.") 동쪽으로는 해가 뜨는 곳까지 이르며, 부전목(扶榑木)의 땅, 청토수지야(青土樹之野), 반목(博木), 단상(搏桑), 태호(太皥), 구망(句芒)이 관장하는 지역까지 이어지는데, 그 거리는 1만 2,000리이다.)

기원전 2세기 기록된『회남자(淮南子)』에 갈석에서 시작하여 동쪽으로 조선을 지나 대인국의 해가 뜨는 곳까지 1만 2,000리라고 기록했다면 조선은 갈석이 있던 황하 유역부터 북쪽으로 광활한 영토를 차지했었음을 의미한다.

연번	출처	고조선 위치에 관한 기록
[09] 前漢 (BC 179- BC 122)	『淮南子』 卷九 主術訓	解箕子之囚.(箕子, 紂之庶兄.『論語』云：箕子爲之奴, 武王伐紂, 赦其囚執, 問以洪範, 封之于朝鮮也.) (기자의 감금을 풀어 주다. (기자(箕子)는 주왕(紂王)의 서형(庶兄)이다.『논어』에 이르기를："기자는 (주왕에게) 노예가 되었으며, 무왕(武王)이 주왕을 정벌한 뒤 그의 억류를 풀어 주고, 그에게『홍범(洪範)』을 물었으며, 그를 조선(朝鮮)에 봉하였다."))

기자(箕子)는 인명이 아닌 지역명으로, 기자가 이주한 조선의 기(箕) 지역은 과거 기주(箕州)가 있던 산서성(山西省) 요현(遼縣), 즉 요주가 있

던 산서성 태원시 동남쪽의 진중시 좌권현 일대[379]이다. 북한학자 리지린 역시 기자(箕子)와 관련된 역대 기록을 분석하여 기(箕)가 인명이 아닌 지역명이며, 그 위치는 초기에 하남성 양(梁)국 몽현(蒙縣)에서 후기에 산서성 경지(태원 인근)로 이동된 것으로 보았다.[380]

연번	출처	고조선 위치에 관한 기록
[10] 前漢 (BC 179- BC 122)	『淮南子』 卷十二 道應訓	昔武王伐紂, 破之牧野, 乃封比干之墓, 表商容之閭, 柴箕子之門.(紂死, 箕子亡之朝鮮. 舊居空, 故柴護之也. 逵吉按, 柴護之者, 設軍士護之也, 柴卽俗寨字.)(옛날 무왕(武王)이 주왕(紂)을 정벌하여 목야(牧野)에서 그를 격파한 뒤, 비간(比干)의 무덤에 제사를 지내고, 상용(商容)의 마을 어귀에 표식을 세우며, 기자(箕子)의 집 문에는 나무 울타리를 둘러 보호하였다. (주(紂)가 죽자, 기자는 조선으로 떠났다. 옛집이 비었으므로 울타리로 지켜 준 것이다. 규길(逵吉)의 주석에 따르면, '울타리로 지켰다(柴護之)'는 것은 군사로 하여금 지키게 했다는 뜻이며, '柴(시)'는 곧 속된 말로 '채(寨, 성책)'이다.))

기자는 봉해진 것이 아닌 조선에 망명한 것이고, 기자의 옛 거주지인 상나라 수도는 상나라 멸망과 더불어 폐허가 된다.[381] 상나라 유민이 조선으로 망명하고 옛 거주지가 폐허가 된 사실은 상나라 정체성이 적국이었던 주나라보다 조선으로 이어졌을 가능성이 있음을 의미한다.

연번	출처	고조선 위치에 관한 기록
		見其傳曰 : 『亡秦者胡也, 因發卒五十萬, 使蒙公・楊翁子, (蒙公, 蒙恬也. 楊翁子, 秦將.) 將築脩城, 西屬流沙, (起隴西臨洮縣.) 北擊遼水, (遼水, 遼東.) 東結朝鮮.(朝鮮, 樂浪.)』.

---

379) 『詞典網』箕州 "唐武德八年 (625) 改遼州置, 治所在遼山縣(今山西左權縣)"
380) 리지린; 이덕일 해역, 앞의 책(2018), pp.280-290.
381) 『史記』卷四 周本紀第四, 『史記』卷三十八 宋微子世家. 앞의 주석.

[11] 前漢 (BC 179- BC 122)	『淮南子』 卷十八 人閒訓	(그 전(傳)에 이르기를: "진(秦)을 망하게 한 자는 호(胡)이다. 이에 병졸 50만을 동원하여 몽공(蒙公)과 양옹자(楊翁子)를 보내어(몽공은 몽염(蒙恬)이며, 양옹자는 진나라의 장수이다.) 성을 쌓게 하였으니, 서쪽으로는 유사(流沙)에 이르고 (이는 농서(隴西) 임조현(臨洮縣)에서 시작되었다.) 북쪽으로는 요수(遼水)를 공격하고 (요수는 요동 지역이다.) 동쪽으로는 조선(朝鮮)과 연결하였다. (조선은 낙랑 지역이다.)"

요수(요동)는 진(秦)이 점령한 땅 가운데 북쪽에 있었고 조선은 현재 산서성 남부에서 동쪽으로 흐르는 장하(漳河)로 추정되는 요수382) 동쪽에 있었다. 현재의 요수인 요녕성 요하(遼河)는 전국시대 섬서성 일대를 중심으로 산서성 남부 요수(장하) 일대를 차지했던 진(秦)의 북쪽으로 보기 어렵다.

[그림 Ⅷ-18 설명] 조선은 갈석산을 지나 대인국(지역 수장을 大人으로 부르던 읍루383)로 추정)까지 1만 2,000리 지역의 중간에 있었다. 기원전

〈그림 Ⅷ-18〉『회남자(淮南子)』가 기록되던 기원전 2세기 전한(前漢, BC 179-BC 122) 당시 조선

11세기 주(周)나라에 망하여 조선으로 망명한 기자(箕子)의 '기(箕)'는 인명이 아닌 지역명으로서, 기(箕) 지역은 현 산서성 중남부인 태원시(太原市)와 진중시 좌권현(左權縣) 일대였다. 그곳이 기자조선의 근거지이자 기원전 3세기 연(燕)이 조선으로 빼앗은 '조선 서부' 1,000리로 추정된다.

연번	출처	고조선 위치에 관한 기록
[12] 史記: 前漢 (BC 91) 正義: 唐 (736)	『史記』 秦始皇 本紀 第六	(二十六年(BC 221)) 分天下以爲三十六郡, …地東至海暨朝鮮, ([正義] …海謂渤海 南至揚·蘇·台等州[384] 之東海也. 暨, 及也. 東北朝鮮國. 括地志云:「高驪治平壤城, 本漢樂浪郡王險城, 卽古朝鮮也.」) 西至臨洮羌中, 南至北嚮戶, 北據河爲塞, 並陰山至遼東. ((진시황26년, 기원전 221년) 천하를 나누어 36군(郡)으로 삼고, …영토는 동쪽으로 바다와 조선(朝鮮)에 이르렀다. ([정의(正義)] … 여기서 말하는 바다는 발해(渤海)를 가리키며, 남쪽으로는 양(揚)·소(蘇)·태(台) 등 여러 주의 동해(東海)에 이른다. 기(暨)는 곧 '및'이라는 뜻이다. 동북에는 조선국(朝鮮國)이 있다. 『괄지지(括地志)』에 이르기를: "고구려는 평양성(平壤城)에 도읍하였는데, 이는 본래 한나라 낙랑군(樂浪郡)의 왕험성(王險城)이며, 곧 고조선(古朝鮮)이다.") 서쪽으로는 임조(臨洮)와 강중(羌中)에 이르고, 남쪽으로는 북향호(北嚮戶)에 이르며, 북쪽으로는 황하(河)를 경계로 삼아 요새를 삼았고, 음산(陰山)을 따라 요동(遼東)까지 이르렀다.)

진시황이 차지한 곳은 동쪽으로 바다에 이르고 조선에 다다르는 곳(暨 미칠 기)이었다. 『시기정의(史記正義)』에는 이 바다(海)가 발해(渤海)라고

---

382) 김진경, 앞의 논문(2012), p.1.

383) 『三國志』「魏書」東夷傳 挹婁 "無大君長, 邑落各有大人."

384) 『中國古今地名大辭典』(1931), p.897. "[揚州] …今江蘇江都縣治([양주] … 지금의 강소성 강도현 치소이다).";『中國古今地名大辭典』(1931), p.197. "[台州] …治所卽今臨海縣[태주] … 그 치소는 지금의 임해현이다)."

기록하고 있는데, 당나라 시기 이 발해의 남쪽에는 양주(揚州), 소주(蘇州) 등 현 안휘성(安徽省)과 강소성(江蘇省) 사이에 있는 내륙 바다인 동해가 있었다. 따라서 당나라 당시 내륙해인 안휘성(安徽省) 인근 동해의 북쪽에 있던 발해는 현재의 발해와 다름을 알 수 있고, 진시황(秦始皇)이 이르렀던 바다 발해 역시 현재의 발해가 아닌 안휘성 북쪽에 있던 내륙해였음을 알 수 있다. 이 내륙해였던 발해 인근에 조선이 있었기 때문에 당시 조선은 한반도가 될 수 없고, 고발해 북쪽인 현재의 하북성 중부 일대가 조선의 위치로 적당하다. 또한, 상기『괄지지(括地志)』의 기록대로 고조선 수도 왕험성에 세워진 고구려의 수도 평양성 역시 이 하북성 북부 북경 일대일 가능성이 높다고 할 수 있다.

연번	출처	고조선 위치에 관한 기록
[13] 史記: 前漢 (BC 91) 正義: 唐 (736)	『史記』 漢興以來 將相名臣 年表 第十	歷至孝文卽位, 將軍陳武等議曰:「南越 · 朝鮮([正義]潮仙二音. 高驪平壤城本漢樂浪郡王險城, 卽古朝鮮地, 時朝鮮王 滿據之也.) 自全秦時內屬爲臣子, 後且擁兵阻陋, 選蠕觀望. (한나라 효문제(孝文帝)가 즉위하자 장군 진무(陳武) 등이 간언을 올려 말했다. "남월(南越)과 조선(朝鮮)은 진(秦)나라 전성기에 신하로 복속했습니다. 후에 또한 군대를 소유하며 험난한 요새를 의지하여 꿈틀거리며 난을 일으킬 기회를 관망하고 있습니다.")

전한(前漢) 문제(文帝, BC 203-BC 157) 시기 남월과 조선은 전한(前漢)을 위협할 정도로 강한 나라였다. 진(秦)나라 전성기에 진(秦)은 연나라를 정복하고 조선을 요동외요에 속하게 하여 형식적으로 관할하였으나 직접 다스리지 않았다(『史記』「朝鮮列傳」"朝鮮王滿者…秦滅燕, 屬遼東外徼").

연번	출처	고조선 위치에 관한 기록
[14] 史記: 前漢 (BC 91) 正義: 唐(736) 索隱: 唐(8세기 초)	『史記』 天官書 第五	及秦幷吞三晉・燕・代, 自河山以南者中國.([正義]河, 黃河也. 山, 華山也. 從華山及黃河以南爲中國也.) 中國於四海內則在東南, 爲陽, 其西北則胡・貉・月氏諸衣旃裘引弓之民, 爲陰, …故中國山川東北流, 其維, 首在隴・蜀, 尾沒于勃・碣. …誅夷狄者數十年, 而伐胡尤甚. …朝鮮之拔, 星茀于河戍, ([索隱]案, 天文志, 「武帝元封之中, 星孛于河戍, 其占曰『南戍爲越門, 北戍爲胡門』其後漢兵擊拔朝鮮, 以爲樂浪・玄菟郡. 朝鮮在海中, 越之象, 居北方, 胡之域也.」 其河戍卽南河・北河也.) (진(秦)이 삼진(三晉), 연(燕), 대(代)를 병합한 뒤, 황하와 화산(華山) 이남은 중국(中國)이라 하였다. ([정의]에 따르면, '하(河)'는 황하(黃河), '산(山)'은 화산(華山)을 가리키며, 화산과 황하로부터 이남 지역을 중국이라 한다.) 중국은 사해(四海) 안에서 보면 동남에 있으므로 양(陽)이고, …그 서북은 호(胡)・맥(貉)・월지(月氏) 등 털옷을 입고 활을 쓰는 민족들로, 음(陰)에 해당한다. …그러므로 중국의 산천은 동북으로 흐르며, 그 체계는 서쪽에서 시작되어, 머리는 농(隴)・촉(蜀)에 있고, 꼬리는 발해(勃海)와 갈석산(碣石)에서 사라진다. 수십 년간 오랑캐를 정벌하였고, 그중에서도 특히 호(胡)를 공격함이 심하였다. 조선을 정벌할 때, 별(彗星)이 하수(河戍)에 나타났다. ([색은(索隱)]에 따르면, 『천문지(天文志)』에 "무제(武帝) 원봉(元封) 연간에 별이 하수에 나타났는데, 그 점괘에 이르기를 '남쪽 하수는 월(越)의 문이고, 북쪽 하수는 호(胡)의 문이다.' 그 뒤에 한나라 군사가 조선을 정벌하여, 이를 낙랑군・현도군으로 삼았다." 조선은 바다 가운데에 있으니, 이는 월의 형상이며, 북쪽에 있어 호의 영역이다.) 그 하수(河戍)는 곧 남하(南河)와 북하(北河)이다.)

진한(秦漢) 당시 중국은 황하와 화산 이남, 사해의 안쪽, 즉 황하를 따라 동남쪽에 있었고, 중국 서북쪽에는 호, 맥, 월씨 등이 있었다. 따라서 조선은 황하 이북, 중국 동북에 있게 되는데, 당시 조선은 바다 가운데 거하였다고 한다. 당시 조선이 도끼(越, 鉞 도끼 월)의 모양으로 중국의 북방 호(胡)의 땅에 있었다면, 조선이 거하던 바다(海中)는 중원 황하 유역에 있던 발해이며, 이 발해 건너 북쪽에 조선이 있었음을 추정할 수 있

다. 즉, 황하 이북(古中國 이북) 태항산 동쪽에 조선이 있었던 것이다.

연번	출처	고조선 위치에 관한 기록
[15] 前漢 (BC 91)	『史記』 平準書 第八	自是之後, 嚴助朱買臣等招來東甌, 事兩越, 江淮之閒蕭然煩費矣. 唐蒙司馬相如開路西南夷, 鑿山通道千餘里, 以廣巴蜀, 巴蜀之民罷焉. 彭吳賈滅朝鮮, 置滄海之郡, 則燕齊之閒靡然發動. (이로부터 이후, 엄조(嚴助), 주문신(朱買臣) 등이 동구(東甌)를 불러들이고, 양월(兩越)을 섬기니, 강회(江淮) 지역은 쓸쓸하고 어지러워져 많은 비용이 들었다. 당몽(唐蒙)과 사마상여(司馬相如)는 서남이(西南夷)로 통하는 길을 열기 위해 산을 뚫고 천여 리의 길을 냈으니, 이는 파촉(巴蜀)의 영토를 넓히기 위함이었으나 파촉의 백성들은 피폐해졌다. 팽(彭), 오(吳), 가(賈) 등이 조선을 멸하고 '창해(滄海)에 군(郡)을 설치하자', 연(燕)과 제(齊) 사이의 지역이 무너지고 동요하였다.)

팽오가 조선을 멸하고 창해군을 설치하려 하자 연·제(燕·齊) 사람들이 동요했다면, 조선은 태항산맥 동쪽의 창해(고발해)를 사이에 두고 연나라 제나라와 접경해야 한다. 당시 조선은 중국 북방 호의 땅에 있었으므로, 당시 창해는 연나라 제나라와 가까운 내륙의 발해 인근에 있었음을 알 수 있다.

연번	출처	고조선 위치에 관한 기록
[16] 前漢 (BC 91)	『史記』 宋微子 世家 第八	於是武王乃封箕子於朝鮮而不臣也. 其後箕子朝周, 過故殷虛, 感宮室毀壞, 生禾黍, 箕子傷之, 欲哭則不可, 欲泣爲其近婦人, 乃作麥秀之詩以歌詠之. (이에 무왕은 기자를 조선에 봉하였으나 신하로 삼지 않았다. 그 후 기자가 주나라에 조회하러 가다가 옛 은나라 터를 지나면서, 궁실이 무너지고 기장과 벼가 자라고 있는 것을 보고 기자가 슬퍼하였다. 울고자 했으나 할 수 없었고, 눈물을 흘리려 하니 가까이 있던 부인들 때문에 그러지 못하고, 마침내 《맥수》라는 시를 지어 읊으며 그 슬픔을 노래하였다.)

기자가 조선에 봉해졌으나 신하로 있지 않다가 다시 주나라에 입조할 때 은(상)나라 수도(하남성 안양시)를 지났다면, 당시 교통 상황을 감안할 때 조선이 한반도와 같은 먼 곳이 아니라 은나라 수도(하남성 안양시)와 가까운 곳이어야 한다.

연번	출처	고조선 위치에 관한 기록
[17] 前漢 (BC 91)	『史記』 蘇秦列傳 第九	(蘇秦)去游燕, 歲餘而後得見. 說燕文侯曰:「燕東有朝鮮·遼東, 北有林胡·樓煩, 西有雲中·九原, 南有嘑沱·易水, …南有碣石·鴈門之饒. ((소진(蘇秦)이) 연나라(燕)를 떠나 돌아다닌 지 1년 남짓 지나서야 겨우 문후(燕文侯)를 만날 수 있었다. 그는 연 문후에게 말하였다: "연나라 동쪽에는 조선(朝鮮)과 요동(遼東)이 있고, 북쪽에는 임호(林胡)와 누번(樓煩)이 있으며, 서쪽에는 운중(雲中)과 구원(九原)이 있고, 남쪽에는 호타(嘑沱)와 역수(易水)가 있으며, …남쪽에는 갈석산(碣石)과 안문(鴈門)의 비옥한 땅이 있다.")

전국시대 연나라 동쪽에 조선과 요동이 있고, 남쪽에 황하와 바다(발해) 입구에 있던 갈석이 있었다면, 연나라는 황하 북쪽, 태항산맥 서쪽인 현 산서성 남부에 있어야 하고, 조선과 요동은 태항산맥 동쪽인 현 하북성에 있어야 한다.

연번	출처	고조선 위치에 관한 기록
[18] 前漢 (BC 91)	『史記』 萬石張叔 列傳 第 四十三	是時漢方南誅兩越, 東擊朝鮮, 北逐匈奴, 西伐大宛, 中國多事. (이때 한나라 동쪽에서는 조선을 공격하고, 남쪽에서는 양월(兩越)을 정벌하며, 북쪽으로는 흉노를 쫓아내고, 서쪽으로는 대완(大宛)을 정벌하여, 중국은 많은 분쟁과 전란이 있었다.)

전한 당시 조선은 수도 장안을 중심으로 동쪽에 있었다. 전한(장안) 북

쪽이 흉노였고 흉노는 조선과 상곡(보정시)에서 국경을 맞대고 있었으므로(아래 [19]번 기사 참고), 조선은 장안에서 봤을 때 동쪽 멀지 않은 곳에 있었음을 알 수 있다.

연번	출처	고조선 위치에 관한 기록
[19] 前漢 (BC 91)	『史記』 匈奴列傳 第五十	冒頓旣立, 是時東胡彊盛, …諸左方王將居東方, 直上谷以往者, 東接穢貉·朝鮮. 右方王將居西方, 直上郡以西, 接月氏·氐·羌. ("묵특(冒頓)이 즉위하였을 때, 그 시기에 동호(東胡)가 강성하였다. … 좌방(左方)의 여러 왕과 장수들은 동방에 거주하여, 상곡(上谷) 이전(以往者)까지 다스렸다(直). 동쪽으로는 예맥(穢貉)과 조선(朝鮮)과 접하였다. 우방(右方)의 왕과 장수들은 서방에 거주하여, 곧바로 상군(上郡)으로부터 서쪽으로 나아가면 월지(月氏), 저(氐), 강(羌)과 접하였다.")

묵특 선우가 즉위할 당시(BC 209) 흉노는 상곡 동쪽으로 예맥조선과 접경했다. 중국 주장대로 상곡이 하북성 서쪽(보정시, 장가구시)에 있었다면 그 동쪽이 조선이어야 한다.

연번	출처	고조선 위치에 관한 기록
[20] 前漢 (BC 91) 集解: 南朝宋 (420-479) 索隱: 唐 (8세기 초) 正義: 唐 (736)	『史記』 朝鮮列傳 第五十五	(朝鮮)([集解]張晏曰:「朝鮮有濕水·洌水·汕水, 三水合爲洌水, 疑樂浪·朝鮮取名於此也.」…) 朝鮮(…括地志云:「高驪都平壤城, 本漢樂浪郡王險城, 又古云朝鮮地也.」) 王滿者, 故燕人也. 自始全燕時, 嘗略屬眞番([集解]徐廣曰:「一作莫. 遼東有番汗縣. …」 朝鮮, ([索隱]如淳云:「燕嘗略二國以屬己也.」應劭云:「玄菟本眞番國.」) 爲置吏, 築鄣塞. 秦滅燕, 屬遼東外徼. 漢興, 爲其遠難守, 復修遼東故塞, 至浿水爲界,(…[正義]地理志云浿水出遼東塞外, 西南至樂浪縣西入海. 浿普大反.) 屬燕. 조선(朝鮮)([집해] 장안(張晏)이 말하였다: "조선에는 습수(濕水), 열수(洌水), 산수(汕水)가 있는데, 이 세 강이 합쳐져 열수가 된다. 낙랑(樂浪)과 조선(朝鮮)은 아마 이 강 이름에서 유래한 것 같다."…) 조선 (…『괄지지(括地志)』에서는 말하기

338 왕검성(王儉城)

를: "고구려는 평양성을 도읍으로 삼았는데, 본래는 한나라 낙랑군 왕험성(王險城)이었으며, 또 오래전에는 조선 땅이었다.") 조선왕 만(滿)은 본래 연(燕)나라 사람이었다. 연나라가 완전하던 초기부터, 진번(眞番)을 잠시 점령하여 속국으로 삼았다.([집해] 서광(徐廣)은 말하기를: "'진(眞)'을 '막(莫)'으로도 쓴다. 요동에 번한현(番汗縣)이 있었다." …) 조선 ([색은] 여순(如淳)은 말하기를: "연이 이 두 나라를 점령하여 자신에게 귀속시킨 것이다." 응소(應劭, ? ~ 204년?)는 말하기를: "현도(玄菟)는 본래 진번국(眞番國)이었다.") 관리(吏)를 설치하고, 장새(鄣塞: 관문과 성책)를 쌓았다.
진나라가 연나라를 멸망시키자, 조선은 요동 외곽 지역에 속하게 되었다. 한나라가 건국된 뒤, 조선이 너무 멀어 다스리기 어려워서, 다시 요동의 옛 성책을 수축하고, 패수(浿水)까지를 경계로 삼았다. (… [정의]『지리지』에서는 "패수는 요동의 변방에서 발원하여, 남서쪽으로 흘러 낙랑현(樂浪縣) 서쪽에서 바다로 들어간다"고 하였다. 패수는 크게 굽이친다.) 이 지역은 다시 연(燕)에 속하게 되었다.)

연나라가 강성하던 시기(BC 3세기 초) 점령한 진번국(眞番國)은 후한 학자 응소(應劭, ?-204년?)가 말한 대로 조선에 속했던 현도(玄菟)일 가능성이 있다. 후한 시기 현도의 위치는 현 산서성 중부 일대(태원시 남쪽)로 추정된다.[385] 즉, 연나라가 조선 전체를 정복한 것이 아니라 조선의 서부 지역(산서성) 일부(진국, 번국)를 차지했던 것이다. 실제로 연나라가 조선을 정벌했을 때 정복한 곳은 상기 기록대로 현 산서성 동남부인 요동군에 있었던 번한현(番汗縣, 번국)까지로 한정된다.

연나라가 멸망한 후 요동의 요새(산지)를 수리하여 패수를 경계로 삼았다면, 요동 요새(塞)는 산지가 많은 태항산맥을 말하며, 그 동쪽의 강을 패수로 볼 수 있는데, 이 패수는『사기정의(史記正義)』에 지리지(地理志)를 인용하여 요동 요새(태항산맥)에서 나와 서남쪽으로 흘러 낙랑현

---

[385] 현도의 위치와 관련해서는 '〈표 Ⅶ-1〉『사기(史記)』와 기타 문헌의 연(燕) 위치 관련 내용 정리' 연번 [41] 내용 참고.

의 서쪽에 이르러 바다에 들어간다고 하였다. 그런데 앞서 언급했듯이 이 기록의 '낙랑현'은 고조선의 '낙랑군'과 다르다. 전한(前漢)이 한군현(漢郡縣)을 설치할 때 낙랑군 조선현은 있지만 낙랑현은 없었다. 즉, 태항산맥 동쪽의 낙랑군과, 낙랑군이 313년 고구려에 멸망한 이후 모용외에 투항하여 새로 설치한 낙랑군은 다른데, 이 기록의 낙랑현은 313년 이후 태항산맥 서쪽(산서성)으로 이주된 낙랑군으로 보는 것이 합리적이다. 태항산맥 서쪽으로 이주한 후 낙랑군(낙랑현) 지역 강들은 서남으로 흘러 장치분지(長治盆地)로 모여든다. 즉, 전한 당시 고조선 국경에 있던 패수와, 기원후 313년 낙랑이 이주된 뒤의 패수는 다른 강으로 보아야 할 것이다.

연번	출처	고조선 위치에 관한 기록
[21] 前漢 (BC 91)	『史記』 貨殖列傳 第六十九	夫燕亦勃 · 碣之閒一都會也. 南通齊 · 趙, 東北邊胡. 上谷至遼東, 地踔遠, 人民希, 數被寇, 大與趙 · 代俗相類, 而民雕捍少慮, 有魚鹽棗栗之饒. 北鄰烏桓 · 夫餘, 東綰穢貉·朝鮮·眞番之利. (대체로 연(燕) 또한 발해(勃)과 갈석(碣) 사이에 있는 하나의 도회(都會)이다. 남쪽으로는 제(齊)와 조(趙)로 통하고, 동쪽과 북쪽으로는 호(胡)를 접하고 있다. 상곡(上谷)에서부터 요동(遼東)까지의 지역은 땅이 멀리 떨어져 있고, 인구는 드물며, 자주 침입을 당하였다. 대체로 조(趙)·대(代) 지역과 풍속이 비슷하며, 백성은 거칠고 용맹하며 근심이 적고, 물고기 · 소금·대추·밤이 풍부하다. 북쪽으로는 오환(烏桓)·부여(夫餘)와 이웃하고, 동쪽으로는 예맥(穢貉)·조선(朝鮮)·진번(眞番)의 이익을 움켜쥐고 있다.)

연나라는 발해와 갈석 사이인데, 남쪽에 제(齊)와 조(趙)가 있고 북쪽에 오환 부여가 있었다면 오환· 부여는 제와 조의 정북 지역에 있고, 그 가운데에 연이 있던 것이다. 그렇다면 연나라는 하북성 북부나 한반도

북부에 있을 수 없고, 제와 조의 중간 지역인 산서성 동부에 있어야 한다. 연나라 동쪽과 북쪽에는 북방 오랑캐의 일반적 호칭인 '호(胡)'가 있었는데, 이 호(胡)는 구체적으로 동쪽의 예맥조선 진번, 북쪽의 오환, 부여를 의미한다. 따라서 연나라는 동서남북이 모두 강국으로 둘러싸인 발해(하북선 남부 고발해) 서쪽의 산서성 남부 지역으로 볼 수 있다. 참고로, 내륙인 산서성 남부는 아직도 소금 호수인 염호(鹽湖)가 있는데,386) 이는 고대에도 이 지역에서 소금이 생산되었음을 의미한다.

〈그림 Ⅷ-19〉『사기(史記)』에 근거한 진(秦)과 조선의 위치 비정

[그림 Ⅷ 19 설명] 『사기(史記)』「진시황본기(秦始皇本紀)」에는 섬서성 함양(咸陽)에 있던 진(秦)나라가 중국을 통일하여 동쪽으로 바다와 조선

---

386) 『百度百科』 運城鹽湖 "運城鹽湖位於鹽湖湖中心區域, 屬於國家4A級景區, 古為鹽販之澤, 有過鹽邑((산서성 서남부) 운성시(運城市) 염호(鹽湖)는 염호의 중심 지역에 위치하며, 국가 4A급 관광지에 속한다. 고대에는 소금 판매의 호수(澤)였고, 한때 소금 고을(鹽邑)이 있었다.)"

에 이르렀다고 한다(地東至海暨朝鮮). 『사기정의(史記正義)』에는 이때 바다(海)는 발해(渤海 - 그림의 古渤海 지역)라고 기록하고 있고, 조선은 동북쪽에 있다고 한다. 따라서 조선은 고발해(古渤海) 북쪽에 있었고, 진(秦)은 남쪽으로 양주(揚州), 소주(蘇州)가 있는 현 안휘성(安徽省)과 강소성(江蘇省) 일대까지 차지한다. 당시 조선은 바다(발해, 북해) 가운데(中) 있었는데, 중원(황하 이남)의 북쪽 호(胡)의 땅이었고, 영토의 모습은 날이 넓은 도끼(越, 鉞 도끼 월)모양이었다. 전한(前漢) 당시 연(燕) 지역은 남쪽의 제(齊)와 조(趙), 동북 지역의 호(胡), 북쪽에 부여, 오환, 동쪽에 예맥조선 진번이 있었기 때문에 이 지역들을 공유할 수 있는 곳은 고발해(古渤海) 서쪽, 즉 현 산서성 중남부에 위치해 있었음을 유추할 수 있다. 당시 조선이 한반도 북부까지 포괄되는 사실은 명도전 분포지와 『후한서(後漢書)』「동이열전(東夷列傳)」에 "예와 옥저, 구려가 본래 모두 조선의 땅이었다(濊及沃沮·句驪, 本皆朝鮮之地也)"라는 기록에 근거한다.

연번	출처	고조선 위치에 관한 기록
[22] 前漢 (BC 94- BC 74)	『鹽鐵論』 卷第四	文學曰：秦之用兵, 可謂極矣. 蒙恬斥境, 可謂遠矣. 今踰蒙恬之塞, 立郡縣寇虜之地, 地彌遠而民滋勞. 朔方以西, 長安以北, 新郡之功, 外城之費, 不可勝計. 非徒是也, 司馬·唐蒙鑿西南夷之塗, 巴·蜀弊於邛·筰, 橫海征南夷, 樓船戍東越, 荊·楚罷於甌·駱, 左將伐朝鮮, 開臨洮[屯], 燕·齊困於穢貉, 張騫通殊遠, 納無用, 府庫之藏, 流於外國, 非特斗辟之費, 造陽之役也. 由此觀之. 非人主用心, 好事之臣, 爲縣官計過也. (문학(文學)이 말하였다: "진(秦)의 병력 운용은 극에 달했다고 할 수 있다. 몽염(蒙恬)이 변경을 개척한 것도 아주 멀리까지 나아간 것이었다. 그런데 지금은 몽염이 설치한 변경을 넘어서서, 오랑캐들의 땅에 군현(郡縣)을 설치하였으니, 땅은 더욱 멀어지고 백성들의 고달픔은 더욱 심해졌다. 삭방(朔方) 이서(以西), 장안 이북(以北)에 새로 설치된 군의 공사와 외성(外城)을 세운 비용은 이루 헤아릴 수가 없다. 이뿐만이 아니다. 사마(司馬)와 당몽(唐蒙)은 서남이(西南夷)의

길을 뚫었고, 파(巴)·촉(蜀)은 공·작(邛·筰) 지역에서 지쳤으며, 바다를 가로질러 남이를 정벌하였고, 누선(樓船)은 동월(東越)을 지키러 나아갔으며, 형(荊)·초(楚)는 구·락(甌·駱)으로 인해 지쳤고, 좌장(左將)은 조선(朝鮮)을 정벌하였으며, 임조(臨洮)[에 주둔군을] 열었고, 연(燕)·제(齊)는 예맥(穢貉) 때문에 피폐해졌다. 장건(張騫)은 아주 먼 지역과 통했지만 쓸모 있는 것을 들여오지 못했으며, 창고에 있던 물자는 외국으로 흘러들어갔다. 이는 단지 전쟁과 성 쌓는 데 드는 비용에 그친 것이 아니다. 이로 미루어 보건대, 이는 임금이 마음을 잘못 쓰고, 신하들이 허황된 일을 좋아하여 조정의 이익을 해친 것이다.")

전한(前漢) 시기 기록된 『염철론(鹽鐵論)』에는 섬서성 장안 중심의 한(漢)이 바다를 가로질러(橫海) 남이(南夷)를 정복하고 누선(樓船)으로 동월(東越)을 지켰다면, 당시 남이(南夷)와 한(漢) 사이에는 내륙의 바다(海)가 있었음을 말한다. 즉, 전한(前漢) 당시 중원 내륙에 현재와 달리 바다(海)와 같은 넓은 수역(水域)이 펼쳐져 있었음을 알 수 있다.

연번	출처	고조선 위치에 관한 기록
[23] 前漢 (BC 94- BC 74)	『鹽鐵論』 卷第七 備胡 第三十八	大夫曰：往者, 四夷俱強, 幷爲寇虐, 朝鮮踰徼, 劫燕之東地, 東越東海, 略浙江之南, 南越內侵, 滑服令, 氐·棘人·冉·駹·嶲唐·昆明之屬, 擾隴西·巴·蜀. 今三垂已平, 唯北邊未定. 夫一擧則匈奴中外震懼, 釋備而何寡也? (대부가 말하였다. "지난날 사방 오랑캐들이 모두 강성하여 함께 침략하고 해를 끼쳤습니다. 조선은 변경을 넘어 연(燕)의 동쪽 땅을 빼앗았고, 동쪽으로 동해를 건너 절강(浙江) 남쪽을 약탈하였으며, 남월은 안으로 침입하여 명령이 제대로 미치지 않았습니다. 저 기(氐)·극(棘) 사람들과 염(冉)·방(駹)·서당(嶲唐)·곤명(昆明) 등의 무리는 농서(隴西)·파(巴)·촉(蜀) 지방을 소란스럽게 하였습니다. 지금은 세 방면이 이미 평정되었고, 오직 북방 변방만이 아직 안정되지 않았습니다. 한번 일거에(군사를 일으키면) 흉노는 안팎으로 놀라고 두려워할 것이니, 방비를 풀어놓는다면 어찌 이익이 없겠습니까?")

전한(前漢) 이전 조선은 연(燕) 지역 동쪽을 뺏고, '동쪽으로 동해를 넘어' 절강(양자강 유역) 남쪽을 점령한 강국이었다. 그런데 조선이 '동쪽으로 동해를 건너 절강 남쪽을 정복했다(東越東海, 略浙江之南)'라면 동해 동쪽에 절강이 있다는 말로, 하북성 남부가 바다였음을 의미한다.

연번	출처	고조선 위치에 관한 기록
[24] 前漢 (BC 94- BC 74)	『鹽鐵論』 卷第八 結和 第四十三	今四夷內侵不攘, 萬世必有此長患. 先帝興義兵以誅暴强, 東滅朝鮮, 西定冄·駹, 南擒百越, 北挫强胡. (지금 사방의 오랑캐들이 안으로 침입해 오는데도 물리치지 않으면, 만세토록 반드시 이 오래된 근심이 있게 될 것입니다. 선제(先帝)께서는 정의로운 군대를 일으켜 포악하고 강한 무리들을 주벌하셨습니다. 동쪽으로는 조선을 멸하고, 서쪽으로는 염(冄)과 방(駹)을 평정하고, 남쪽으로는 백월(百越)을 사로잡고, 북쪽으로는 강한 흉노를 꺾으셨습니다.)
[25] 前漢 (BC 94- BC 74)	『鹽鐵論』 卷第八 誅秦 第四十四	秦旣幷天下, 東絶沛水, (王云, 按沛水當卽浿水.『漢書』朝鮮傳, 衛滿東走出塞度浿水, 居秦故空地上下障, 此秦絶浿水也.『說文』, 沛水, 出遼東番汗塞外西南入海, 是沛係浿之本字.) 幷滅朝鮮, 南取陸梁, 北卻胡·狄, 西略氐·羌, 立帝號, 朝四夷. (진(秦)이 이미 천하를 통일한 뒤, 동쪽으로 패수(沛水)를 끊었으며, (왕운(王云)이 말하길, "패수(沛水)는 곧 패수(浿水)일 것이다. 『한서(漢書)』 조선전(朝鮮傳)에 위만(衛滿)이 동쪽으로 도망쳐 새(塞)를 넘어 패수(浿水)를 건너 진(秦)의 옛 빈 땅의 상하장(上下障)에 거주하였다고 하였으니, 이는 곧 진나라가 패수(浿水)를 끊은 것이다. 『설문(說文)』에 '패수(沛水)는 요동(遼東) 번한(番汗) 새(塞)의 밖에서 나와 남서쪽으로 바다에 들어간다' 하였는데, 이는 패(沛)가 곧 패(浿)의 본래 글자이다.") 조선을 병탄(幷呑)하고, 남쪽으로는 육량(陸梁)을 취하고, 북쪽으로는 흉노와 적(狄)을 물리치고, 서쪽으로는 저(氐)와 강(羌)을 침략하여 황제라 칭하고, 사방 오랑캐들이 조공하게 하였다.)

진(秦)이 동쪽으로 패수(沛水, 浿水)를 넘어(絶) 조선을 멸했다면 한(漢) 무제가 다시 조선을 멸할 이유가 없다. 즉, 진(秦)은 조선을 멸망시킨 것이 아니라 연왕 희가 진나라를 피해 도망가 차지했던 조선 남부 요

동(석가장시) 인근을 연왕으로부터 다시 빼앗았던 것이다. 그 이유는 『염
철론(鹽鐵論)』보다 앞서 기록된 『사기(史記)』에 진(秦)의 영역이 '동쪽으
로 바다와 조선에 '이르렀다'고 하였지(『史記』「秦始皇本紀」'地東至海暨朝
鮮'), 조선을 정복했다고 기록돼 있지 않기 때문이다. 당시 조선과 진(秦)
사이에는 연나라 희(喜)왕이 진(秦)의 공격을 피해 동쪽 요동을 점령(收)
하여(BC 226) 차지했던 땅으로 추정되는 요동외요(遼東外徼)가 있었다.
그곳이 바로 진(秦)의 상하장(上下鄣)으로, 진나라 멸망 후 그곳(요동외
요)은 진(秦) 공지(空地)가 되어 위만을 비롯한 중원 유민이 유입된 것으
로 볼 수 있다. 구체적으로 북방계 화폐 명도전과 중원계 화폐 포폐(布
幣)가 중첩되는 하북성 중부 보정시 이남, 석가장시 인근 지역으로 추정
된다.[387]

연번	출처	고조선 위치에 관한 기록
[26] 前漢 (BC 94- BC 74)	『鹽鐵論』 卷第八 伐功 第四十五	大夫曰 : 齊桓公越燕, 伐山戎, 破孤竹, 殘令支. 趙 武靈王踰 句注, 過代谷, 略滅林胡·樓煩. 燕襲走東胡, 辟地千里, 度遼 東而攻朝鮮. 蒙公爲秦擊走匈奴, 若鷙鳥之追群雀. (대부가 말하였다: "제 환공이 연을 지나 산융을 정벌하고, 고죽을 깨뜨리고, 영지(令支)를 잔멸하였다. 조나라 무령왕 은 구주를 넘고, 대곡을 지나, 임호와 누번을 거의 멸망시켰 다. 연나라는 동호를 습격하여 달아나게 하고, 1,000리의 땅 을 개척하였으며, 요동을 건너 조선을 공격하였다. 몽공(몽 염)은 진나라를 위해 흉노를 격퇴하였으니, 마치 사나운 매 가 참새 떼를 쫓는 것과 같았다.")

전국시대 연(燕)나라는 동호(조선 서부) 1,000리 땅을 개척하고, 요동
을 건너 조선을 '공격'하였으나 조선의 땅을 더 빼앗았다는 기록은 없다.
만일 연나라가 당시 요동, 조선을 차지했다면 연나라 마지막 왕 희(喜)가

---

387) 관련된 내용은 본고 X. 고조선 중심지(2) – 보정시 연하도 유적 내용 참고.

기원전 226년 요동을 다시 정복(收)할 리 없다.[388] 즉, 조선이 연의 기원전 283년 진개에게 빼앗긴 조선 서부 땅(동호)은 『사기(史記)』의 기록대로 1,000리이자 『사기(史記)』보다 약 300년 뒤 저서인 『삼국지(三國志)』의 2,000리로, 거리 기록은 다르지만 같은 지역(산서성 동남부)으로 볼 수 있고, 연나라가 요동을 건너 조선을 공격한 시기는 연왕 희(喜)가 기원전 226년 요동을 차지한 시기로 볼 수 있다.

연번	출처	고조선 위치에 관한 기록
[27] 前漢 (BC 94- BC 74)	『易林』 卷第七	武王伐紂而有天下, 以元女大姬, 嫁胡公而封諸陳. 朝鮮之地, 箕伯所保, 宜人宜家, 業處子孫, 求事大吉. 箕子, 紂諸父. 武王伐紂, 遂歸周, 封於朝鮮. (무왕이 주왕을 정벌하여 천하를 소유하게 되자, 장녀인 태희(大姬)를 호공(胡公)에게 시집보내고 진(陳)에 봉하였다. 조선의 땅은 기자(箕子)가 보존하던 곳으로, 사람이 살기에 적합하고 가정도 이루기 좋은 곳이며, 자손이 대대로 살아갈 만한 곳이니, 대국을 섬기기에 길하다. 기자는 주왕의 숙부였다. 무왕이 주왕을 정벌하자, 기자는 결국 주나라에 귀부하였고, 조선에 봉해졌다.)
[28] 前漢 또는 前漢 이후 (BC 2세기 -?)	『尚書 大傳』 卷二 周書 洪範 五行傳	武王釋箕子之囚. 箕子不忍周之釋, 走之朝鮮. 武王聞之, 因以朝鮮封之. 箕子既受周之封, 不得無臣禮, 故於十二祀來朝. 武王因其朝, 而問洪範. (무왕(周武王)은 기자(箕子)의 감금을 풀어 주었다. 기자는 주나라가 은(殷)을 멸한 것을 차마 보지 못하여 조선으로 달아났다. 무왕이 이 소식을 듣고, 이에 조선에 그를 봉하였다. 기자는 이미 주나라의 봉을 받았기에, 신하로서의 예를 갖추지 않을 수 없었다. 그러므로 12년마다 조정에 나아와 조회하였다. 무왕은 그가 조회하러 온 것을 계기로 『홍범(洪範)』에 대해 물었다.)

기자(箕子)는 주(周) 무왕(武王)에 의해 조선에 봉해진 것이 아닌 스스로 조선으로 이주한 것이다. 당시 기자가 이주한 지역은 과거 기주(箕州),

---

388) 『史記』「秦始皇本紀」 앞의 주석.

요주(遼州)인 산서성 좌권현(左權縣) 인근으로 추정된다(箕州, 遼州 위치는 『대청광여도(大淸廣輿圖)』참고).

연번	출처	고조선 위치에 관한 기록
[29] 後漢 (85-163)	『潛夫論』 卷第八 五德志	武王封微子於宋, 封箕子於朝鮮. (무왕은 미자(微子)를 송(宋)에 봉하고, 기자(箕子)를 조선(朝鮮)에 봉하였다.)
[30] 後漢 (1세기-2세기 초)	『說文解字』 第二上	咺. 朝鮮謂兒泣不止曰咺. 從口宣省聲. 況晚切. (咺(훤). 조선에서 아이가 울음을 그치지 않을 때 이를 '咺(훤)'이라고 한다. '口' 부수에 '宣'의 줄인(省) 소리가 聲(성)이다. 발음은 況(황)과 晚(만)의 반절(切)이다.)
[31] 後漢 (1세기-2세기 초)	『說文解字』 第四上	盱. 張目也. 從目于聲. 一曰, 朝鮮謂盧童子曰盱. 況于切. (盱(우). 눈을 크게 뜨는 것이다. '目' 부수에 '于'가 聲(성)이다. 한편, 조선에서는 눈동자(盧童子)를 '盱(쳐다볼 우)'라고 부른다. 발음은 況(황)과 于(우)의 반절(切)이다.)

후한 시기 조선에는 후한과 다른 고유의 언어와 한자가 있었고, 당시 『설문해자(說文解字)』 저자인 허신은 조선어에 대한 이해가 깊었다.

[그림 Ⅷ-20 설명] 기원전 3세기 황하 이남에 있었던 연(燕)나라의 장군 진개(秦開)는 호(胡)에 인질로 와 있었다. 이 사실은 호(胡), 즉 동호(조선)[389]의 영향력이 황하 이남에 있던 연나라까지 미칠 정도로 강성했

---

389) 胡(호)가 조선(동호)으로 해석되는 이유는 『漢書』「天文志」에 "朝鮮在海中, 越之象也, 居北方, 胡之域也"라는 기록과 더불어 앞에서 밝힌 바 있다. "진시황이 7국을 병합하고(BC 221) 장성을 쌓기 전, 전국(戰國) 7국 중 3국인 진(秦), 조(趙), 연(燕)은 북쪽으로 흉노와 접하고 있었고, 흉노 동쪽에는 상곡(현 북경 남쪽 하북성 보정시)을 경계로 예맥조선이 있었다. 따라서 중국과 흉노, 조선 사이에 호(胡)라는 나라는 없었으며 호(胡)가 북방 이민족을 지칭할 때 쓰는 보통명사임을 알 수 있다. 『史記』의 호(胡)는 일반적으로 흉노를 지칭한다. 이를 통해 흉노와 접경하고 있던 3국 중 가장 동쪽에 있던 연(燕)나라의 장수 진개(秦開)가 물리친 동호(東胡)는 『삼국지(三國志)』의 기록대로 '흉노(호)'와 접경한 '조선'의 서부(朝鮮西部), 즉 동호였으며, 동호가 흉노(호) 동쪽

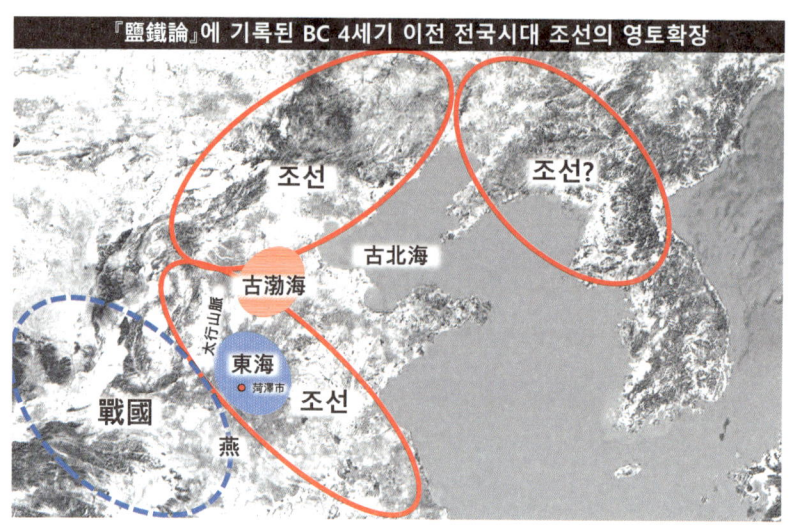

〈그림 VIII-20〉 『염철론(鹽鐵論)』에 기록된 조선의 전국시대 영토 확장

음을 의미한다. 호(胡)에 인질로 왔던 진개는 연나라로 돌아간 뒤 호(胡), 즉 동호(조선)에 대한 정보를 바탕으로 동호(조선)를 물리치고 동호(조선) 1,000리(또는 조선 2,000리) 영토를 빼앗는다(위 그림의 태항산맥 서쪽). 따라서 전한(前漢) 시기 기록된 『염철론(鹽鐵論)』에 "과거 사이(四夷)가 모두 강하여 모두 적이 되었는데, 조선은 변경을 넘어 '연(燕)나라 동쪽'을 차지하고 동쪽으로 동해(東海)(중국의 복원걸(伏元傑)이 비정한 사진의 고발해 남쪽 바다)를 넘어 절강(浙江) 남쪽까지 차지했다(往者, 四夷俱強, 幷爲寇虐, 朝鮮踰徼, 劫燕之東地, 東越東海, 略浙江之南)"라는 기록을 근거로 하면, 조선이 기원전 3세기 이전 황하 이남 연나라를 굴복시키고 산

에 국경을 접하고 있던 조선의 일부임을 알 수 있다. 동호(東胡)가 조선 서부라는 사실은 『사기(史記)』에 흉노와 예맥조선이 국경을 접하고 있었던 사실 이외에, 연(燕)이 동호(東胡)를 공격하기(燕 昭王 재위 시 BC 311-BC 279) 전인 기원전 4세기 연(燕)과 칭왕(稱王) 문제로 갈등한 나라가 동호가 아닌 조선이라는 기록으로 확인된다."

동 서부에 있던 동해를 건너 절강(浙江)의 남쪽의 땅, 즉 양자강 이남까지의 영토를 확대했음을 짐작할 수 있다.

고조선이 기원전 3세기 이전 전국 시기에 황하 이남 연나라보다 더 남쪽에 있던 초(楚)나라 인근까지 진출했을 가능성은 다음 기록으로도 추정할 수 있다.

『三家注史記』卷四十·楚世家第十

十六年, 孔子相魯. 二十年, 楚滅頓…滅胡(集解杜預曰 汝南縣西北胡城, 正義 括地誌云 故胡城在豫州郾城縣界.)(16년에 공자(孔子)가 노(魯)나라의 상(相)이 되었다. 20년에 초나라가 돈(頓)과 호(胡)를 멸망시켰다(사기집해: 두예가 말하길 여남현 서북에 호성(胡城)이 있다고 하였다. 사기정의: 괄지지에 옛 호성(故胡城)이 예주 언성현 경계에 있었다고 한다.))

상기 기록은 초(楚) 소왕(昭王) 20년인 기원전 496년에 초나라가 북방민인 호(胡)를 몰아냈다는 『사기(史記)』의 기록에 주석을 단 내용이다. 그런데 이 전국 시기 초나라가 물리친 호(胡)의 위치에 관해 3세기 두예(杜預, 222-285)는 여남현(汝南縣) 서북쪽에 호성(胡城)이 있다고 하였고, 당(唐) 시기 저술된 『괄지지(括地誌)』에는 옛날 호성(故胡城)이 예주(豫州) 언성현(郾城縣) 경계에 있었다고 기록하고 있다. 현재 여남현(汝南縣)과 언성현(郾城縣)은 서로 인접해 있는데, 그 지역은 중국에서 고대 고조선과 갈등했던 연나라의 초기 중심지로 인정하고 있으며, 위치는 황하 이남 하남성 중남부에 있다.[390] 따라서 이 기록의 초나라와 갈등한 호는

---

390) 『百度百科』汝南縣 "汝南縣, 隸屬於河南省駐馬店市(여남현은 하남성 주마점시(駐馬店市)에 속해 있다).";『百度百科』郾城縣 "郾城縣, 隸屬河南省漯河市. 位於河南省中部,

고조선이고, 고조선이 하남성까지 진출했을 가능성이 높다.

이렇게 황하 이남의 여남현(汝南縣)과 언성현(郾城縣) 접경 지역에 고조선인 또는 북방 이민족을 의미했던 호(胡)391)가 기원전 5세기 전국 시기에 중국 남방 정권인 초(楚)나라와 전쟁을 했다면, 고대 '황하 이남에 있던 중국(화산과 황하 이남)392)'에서 가장 북쪽에 있던 연(燕)나라가 건국 초기부터 전국시대까지 현재의 북경에 있었다는 중국 주장과 배치되는 것은 물론이고,393) 북방 '호(胡)'의 세력이 전국시대(戰國時代, BC 476-BC 221)에 황하 이남까지 미쳤음을 확인하는 근거가 된다. 이러한 사실은 상기 『염철론(鹽鐵論)』의 기록인 '조선이 연나라 동쪽을 차지하고 동쪽으로 동해를 건너 절강 남쪽까지 차지한 사실(朝鮮踰徼, 劫燕之東地, 東越東海, 略浙江之南)'을 뒷받침하는 근거가 된다.

단, 위 『염철론(鹽鐵論)』 기록의 주어를 '조선'이 아닌 '동월·동해(東越·東海)', 즉 동월(東越)국과 동해(東海)국으로 보아 '동월·동해가 절강 남쪽을 차지했다'라고 해석할 수도 있다. 『염철론(鹽鐵論)』 권제4(卷第四)에 '누선을 보내 동월을 지켰다(樓船戍東越)'라는 기록에 동월(東越)이라는 국호가 나오기 때문이다. 즉, 상기 기록 중 '浙江之南'의 '浙(절)'이란

黃河南岸(언성현은 하남성 누하시(漯河市)에 속해 있다. 하남성 중부, 황하 남안에 위치한다)."

391) 『漢書』 天文志 第六 "朝鮮在海中, 越之象也, 居北方, 胡之域也(조선은 바다 가운데에 있으니, 월(越)의 상(象)이요, 북쪽에 거주하니, 호(胡)의 지역이다)."
392) 『史記』 天官書 第五 "及秦幷呑三晉·燕·代, 自河山以南者中國.([正義] 河, 黃河也. 山, 華山也. 從華山及黃河以南爲中國也.) 中國於四海內則在東南(진(秦)이 삼진(三晉), 연(燕), 대(代)를 병탄한 뒤로는, 하(河)와 산(山) 이남이 중국이다.([정의] 하(河)는 황하(黃河)이고, 산(山)은 화산(華山)이다. 화산과 황하 이남을 중국이라 한다.) 사해(四海) 안에서 중국은 동남(東南)에 위치한다)."
393) 연나라가 북경에 건재했다면 북방 호(胡)는 황하 이남까지 진출하기 어렵다.

'절수(浙水)'라는 강 이름으로, 후한 시기 저서인 『설문해자(說文解字)』에는 회계산의 북쪽(會稽山陰)에 이르는 강이라 했는데,394) 청(淸)나라 단옥재(段玉裁)는 그곳을 양자강 남쪽 소흥(紹興)에 있다고 원문에 주석하고 있다.395) 즉, 동월이 양자강 이남 '절수(浙水)' 지역에 있었음을 알 수 있었으므로 현 절강성(浙江省) 북부(항주 일대)에 동월·동해국이 있었다고 가정하면, 이 '절수(浙水)' 지역(절강지남) 남쪽 일대를 동월(東越)국이 차지했다는 의미로 해석될 수 있다.

그러나 현재 중국에서 진한(秦漢) 시기 동월(東越)의 중심지를 절강성 남부로 비정하고 있기 때문에,396) 조선이 아닌 동월국(東越國)이 주어가 된다면 자신들의 근거지인 절강성 남부를 다시 차지했다는 모순이 있게 된다.

연번	출처	고조선 위치에 관한 기록
		三年(BC 108) …夏, 朝鮮斬其王右渠降, 以其地爲樂浪·臨屯·玄菟·眞番郡.(臣瓚曰:「茂陵書臨屯郡治東暆縣, 去長安

---

394) 『說文解字』 卷十一 水部 "浙: 江. 水東至會稽山陰爲浙江(절(浙)은 강(江)을 뜻한다. 물이 동쪽으로 흘러 회계(會稽) 산음(山陰)에 이르러 '절강(浙江)'이 된다).".

395) 『說文解字注』 十一 "江水東至會稽山陰為浙江(註解: 會稽郡山陰二志同.) 今浙江省紹興府山陰縣是其地(강물이 동쪽으로 흘러 회계 산음(會稽山陰)에 이르면 절강(浙江)이 된다.(주해: 회계군(會稽郡)과 산음(山陰)은 모두 『지』에 동일하게 기록되어 있다.) 지금의 절강성(浙江省) 소흥부(紹興府) 산음현(山陰縣)이 그 지역이다.)".

396) 『百度百科』 東越 "東越, 即東甌. 秦漢時分佈今浙江南部甌江, 靈江流域一帶, 西漢惠帝時其族首領搖為東海土, 俗號東甌王, 都東甌(今溫州市). 後世因為甌越或東甌為今浙江南部地區或溫州市的別稱(동월(東越)은 곧 동구(東甌)이다. 진(秦)·한(漢) 시대에는 지금의 절강(浙江) 남부의 구강(甌江)과 영강(靈江) 유역 일대에 분포하였다. 서한(西漢) 혜제(惠帝) 시기, 그 부족의 수령 요(搖)가 동해왕(東海王)이 되었고, 일반적으로 동구왕(東甌王)이라 불렸다. 수도는 동구(東甌, 지금의 온주(溫州市))였다. 후세에는 구월(甌越) 또는 동구(東甌)를 지금의 절강 남부 지역 또는 온주시의 다른 이름으로 부르게 되었다).".

[32] 後漢 (105)	『漢書』 武帝紀 第六	六千一百三十八里, 十五縣. 眞番郡治霅縣, 去長安七千六百四十里, 十五縣.」) (3년(기원전 108년) … 여름, 조선이 그 왕 우거(右渠)를 참수하고 항복하여 그 땅을 낙랑(樂浪), 임둔(臨屯), 현토(玄菟), 진번(眞番) 군으로 삼았다. (신찬(臣瓚)이 말하기를: "무릉서에는 임둔군 치소가 동이현(東暆縣)이라 하였으며, 장안에서 6,138리 떨어져 있고, 15개의 현이 있다. 진번군 치소는 잡현(霅縣)이라 하였으며, 장안에서 7,640리 떨어져 있고, 15개의 현이 있다."))

임둔군 치소를 요녕성 호로도시(구 錦西市)에서 발견된 임둔태수장을 근거로 호로도시로 비정할 때,397) 낙랑은 호로도시 서쪽에 있어야 한다. 서진(西晉, 266-317) 사람 신찬(臣瓚)에 의하면 한무제(漢武帝, BC 156- BC 87) 시기의 공문서인 무릉서(茂陵書)에 장안에서 임둔 치소 동이현(東暆縣)까지 6,138리, 진번 치소 잡현(霅縣)까지 7,640리로 기록돼 있다고 하였다. 진번은 임둔(호로도시) 동쪽의 진번방중국(眞番旁衆國), 또는 진번·진국(眞番·辰國)으로,398) 소위 '한사군' 중 가장 먼 곳이었다. 현 요녕성 중동부 지역으로 추정된다. 진번진국(眞番·辰國)은 아래 [33] 기록의 '진번은 본래 조선 땅이다(眞番本朝鮮地)'라는 기록을 근거로 할 때, 진번조선(眞番·朝鮮)과 같은 표현으로 볼 수 있다. 그렇다면 진번·진국(眞番·辰國), 진번·조선(眞番·朝鮮)의 의미는 조선(朝鮮), 즉 진(辰)에 속

---

397) 복기대, 「臨屯太守章 封泥를 통해 본 漢四郡의 위치」, 『백산학보』 61, 2001, pp.47-65.

398) 『史記』 「朝鮮列傳」 "眞番旁家國欲上書見天子, 又擁閼不通(진번(眞番)과 주변 여러 나라들이 천자에게 글을 올려 뵙기를 원했으나, 또다시 길이 막혀 통하지 못했다).";『漢書』 「朝鮮傳」 "以故滿得以兵威財物侵降其旁小邑, 眞番·臨屯皆來服屬, 方數千里(이로 인해 만(滿)은 병력과 재물을 바탕으로 그 주변의 작은 읍락들을 침공하여 복속시킬 수 있었고, 진번(眞番)과 임둔(臨屯)도 모두 와서 복속되었으며, 그 세력 범위는 사방 수천 리에 달했다).";『漢書』 「朝鮮傳」 "眞番·辰國欲上書見天子, 又雍閼弗通(진번(眞番)과 진국(辰國)이 천자에게 글을 올려 뵙기를 원했으나, 또다시 길이 막혀 통하지 못했다)."

하는 진(眞)과 번(番) 지역으로 해석할 수 있다. 이때의 진번은 앞에서 연나라가 강성할 당시 점령했던 진번, 즉 응소(應劭, ?-204년?)가 현도라고 밝힌 산서성 경내의 요동군 진번국(眞番國)과 다른 곳으로 볼 수 있다.

연번	출처	고조선 위치에 관한 기록
[33] 後漢 (105)	『漢書』 昭帝紀 第七	(始元五年(BC 82)夏六月) 罷儋耳·眞番郡.(師古曰 :「儋耳本南越地, 眞番本朝鮮地, 皆武帝所置也. 番音普安反.」) (시원 5년(기원전 82년) 하 6월) 담이(儋耳)와 진번(眞番) 군을 폐지하였다. (사고(師古)가 말하기를: "담이는 본래 남월(南越) 땅이고, 진번은 본래 조선(朝鮮) 땅으로 모두 무제(武帝)가 설치한 것이다. '번'은 '보안(普安)'의 반(反)음이다.")

전한 당시 임둔(호로도시) 동쪽의 요녕성 진번(眞番)은 기원전 3세기 연나라가 정복했던 산서성 요동에 속한 진번이 아니라 한무제가 북경 일대 고조선을 정복하고(BC 108) 설치한 새로운 진번이다. 그 땅이 원래 조선 땅이었다면, 조선은 동쪽으로 요녕성 지역까지 차지하고 있었음을 알 수 있다.

연번	출처	고조선 위치에 관한 기록
[34] 後漢 (105)	『漢書』 天文志 第六	元封中(BC 110-BC 105), 星孛于河戌. 占曰:「南戌爲越門, 北戌爲胡門.」其後漢兵擊拔朝鮮, 以爲樂浪·玄菟郡. 朝鮮在海中, 越之象也, 居北方, 胡之域也. (원봉 중기(기원전 110년~기원전 105년), 살별(星孛)이 하수(河戌)에 나타났다. 점괘에는 "남쪽 수비는 월문(越門)이고, 북쪽 수비는 호문(胡門)이다"라고 하였다. 그 후 한나라 군대가 조선을 공격하여 함락시키고, 그 땅을 낙랑군(樂浪郡)과 현토군(玄菟郡)으로 삼았다. 조선은 바다 한가운데에 있으며, 월(越, 鑕 도끼 월)의 모양이고, 북쪽에 위치하여 호(胡)의 영역에 속한다.)

조선은 중국의 북방 호(胡)의 땅에 있으며 조선과 중국 사이에는 바다, 즉 하북성 남부의 고발해가 있었다. 조선의 모습인 도끼 모양(越)의 범위는 비파형 동검, 철기 전파, 명도전으로 그 범위를 추정할 수 있다.

연번	출처	고조선 위치에 관한 기록
[35] 後漢 (105)	『漢書』 萬石衛直 周張傳 第十六	元鼎五年, … 是時漢方南誅兩越, 東擊朝鮮, 北逐匈奴, 西伐大宛, 中國多事. 天子巡狩海內, 修古神祠, 封禪, 興禮樂. (원정 5년(기원전 110년경), … 이때 한나라는 남쪽에서 양월(兩越)을 정벌하고, 동쪽에서 조선을 공격하며, 북쪽에서 흉노를 몰아내고, 서쪽에서 대완(大宛)을 정벌하는 등 중국은 많은 분쟁과 혼란이 있었다. 황제는 천하를 순행하며 옛 신전을 수리하고 봉선 의식을 행하며 예악 문화를 부흥시켰다.)

전한(前漢)의 주변국으로는 남쪽의 양월, 동쪽의 조선, 북쪽의 흉노, 서쪽의 대완이 있었다. 즉, 『사기(史記)』「화식열전(貨殖列傳)」의 연나라 동쪽과 북쪽 지역(발해 북쪽)에 있다는 '호(胡)'는[399] 연나라가 있던 산서성 남부에서 볼 때 동쪽과 북쪽인 '고발해 북쪽', '호(胡)의 땅'에 있던 산서성 북부, 하북성 중부 조선으로 볼 수 있다.

연번	출처	고조선 위치에 관한 기록
[36] 後漢 (105)	『漢書』 衛靑霍去 病傳 第二十五	自靑圍單于後十四歲而卒, 竟不復擊匈奴者, 以漢馬少, 又方南誅兩越, 東伐朝鮮, 擊羌·西南夷, 以故久不伐胡. (위청은 선우의 군대를 포위한 지 14년이 지난 후 사망하였는데, [이 기간 동안] 다시금 흉노를 치지 않은 것은 한나라의 전마가 적은데다 한에서 남쪽으로는 양월(兩越)을 공격하고 동쪽으로는 조선을 쳤으며, [서쪽으로는] 강족과 서남이(西南夷)를 공격하였기에 오랫동안 흉노를 치지 않은 것이다.)

399) 『史記』「貨殖列傳」卷一百二十九 "夫燕亦勃·碣之閒一都會也. 南通齊·趙, 東北邊胡. … 東綰穢貉·朝鮮·眞番之利."

위의 [34]번 기록에서 조선은 호(胡)의 땅에 있다고 하였는데(朝鮮在海中, 越之象也, 居北方, 胡之域也.), 이 기록에서 호(胡)는 흉노를 의미한다. 따라서 호(胡)는 흉노만을 지칭하는 고유명사가 아닌 조선을 포함한 북방민을 의미하는 일반명사로 사용되었음을 알 수 있다.

연번	출처	고조선 위치에 관한 기록
[37] 後漢 (105)	『漢書』 眭兩夏侯 京翼李傳 第四十五	孝武皇帝躬仁誼, 厲威武, 北征匈奴, 單于遠遁, 南平氐・羌・昆明・甌・駱・兩越, 東定薉・貉・朝鮮. (효무황제께서는 몸소 인의를 행하시고 무력을 키워 북쪽으로 흉노를 정벌하여 선우가 멀리 도망하였으며, 남쪽으로 저(氐)・강(羌)・곤명(昆明)과 구(甌)・낙(駱)・양월(兩越)을 평정하였고, 동쪽으로 예맥(薉貉) 조선을 평정하였다.)

한(漢) 당시 수도 장안(長安)을 기준으로 북쪽에는 흉노가 있었고 동쪽에는 예맥조선(薉·貉·朝鮮)이 있었다면, 흉노와 조선은 장안(長安)이 있던 현재의 섬서성을 기준으로 동북인 화북 지역에서 병립했음을 추정할 수 있다. 당시 예맥조선은 한(漢)나라에 정복되기 전까지 고발해 북쪽인 현 하북성 중부에 있었으므로, 흉노와 조선의 국경은 장안의 동북쪽인 산서성 북부, 또는 하북성 서부 지역으로 볼 수 있다.

연번	출처	고조선 위치에 관한 기록
[38] 西晉 (280-290)	『三國志』 魏書 三十 烏丸鮮卑 東夷傳 第 三十 韓	韓在帶方之南, 東西以海爲限, 南與倭接, 方可四千里. 有三種, 一曰馬韓, 二曰辰韓, 三曰弁韓. 辰韓者, 古之辰國也. (한(韓)나라는 대방(帶方)의 남쪽에 있으며, 동서로는 바다를 경계로 하고, 남쪽으로는 왜(倭)와 접하여, 대략 4,000리 정도 된다. 삼한(三韓)이 있는데, 첫째는 마한(馬韓), 둘째는 진한(辰韓), 셋째는 변한(弁韓)이다. 진한은 옛날의 진국(辰國)이다.

〈그림 Ⅷ-21〉 『한서(漢書)』에 근거한 낙랑군, 임둔, 진번의 위치 비정

진번과 진국(辰國)은 조선 동쪽에 있었으며, 진(辰)은 진한(辰韓)이라고 한다. 즉, 임둔태수장 봉니가 발견된 호로도시 동쪽 요녕성에 진번국과 진국(진한)이 있었던 것이다.

[그림 Ⅷ-21 설명] 기원전 108년 한무제(漢武帝)는 조선을 물리치고 낙랑군을 설치한다. 1997년 요녕성(遼寧省) 금서시(錦西市, 현 호로도시)에서 발견된 낙랑 인근에 있던 임둔의 임둔태수장(臨屯太守章) 봉니(封泥)를 근거로 할 때, 한무제(漢武帝, BC 156-BC 87) 시기의 공문서인 『무릉서(茂陵書)』 기록의 장안(長安)에서 임둔 중심지 동이현(東暆縣)까지 거리 6,138리와, 진번 치소 잡현(霅縣)까지 7,640리 거리를 대략적으로 추정할 수 있다. 진번 잡현은 임둔 동이현에서 1,502리 떨어진 곳으로, 현 요하 상류 지역(長春市 일대)로 비정된다.

IX. 고조선 중심지(1)
- 북경 유리하 유적(서주연도 유적)

지금까지 고조선과 낙랑의 중심지로 하북성(河北省) 중부(中部) 지역이 유력함을 살펴보았다. 이상의 연구를 토대로 상주(商周) 시기부터 전한(前漢)까지, 즉 기원전 11세기-기원전 1세기 유물들이 집중적으로 분포된 하북성 중부 지역의 유적지들을 분석하여 고조선의 중심지인 왕검성(왕험성)의 위치를 구체적으로 찾고자 한다.

현재 하북성 지역에서 전한(前漢) 이전까지의 주요 유적지는 시기순으로 첫째, 북경시 방산구(房山區) 유리하진(琉璃河鎮)의 유리하 유적(琉璃河遺蹟, 西周燕都 유적으로도 불림)이고, 둘째, 전국 시기(戰國時期) 만기(晚期) 연(燕)나라의 수도 유적지로 알려진 보정시(保定市) 역현(易縣) 연하도 유적(燕下都遺蹟), 셋째, 전한(前漢) 중기(BC 113년 경)에 조성된 것으로 알려진 보정시(保定市) 만성구(滿城區)에서 발견된 만성한묘 유적(滿城漢墓遺蹟)이다.

이 세 유적지는 모두 전한(前漢) 무제(武帝)가 고조선을 물리치기 전(BC 108년)까지 고발해(古渤海) 북쪽에 위치해 있기 때문에, 전한(前漢) 이진까지는 중국 정권이 아닌 고조선 정권에 속한 지역으로 볼 수 있다. 그러나 현재 대부분 학자들은 전국시대(戰國時代, BC 476-BC 221) 연(燕)의 위치를 하북성 중부 북경 일대에 비정함으로써 이 세 유적지를 주(周)와 한(漢) 등 황하 유역(중원) 정권의 유물로 간주하고 있는데, 이는

필자가 고증한 갈석산(碣石山), 발해(渤海), 요동(遼東), 요수(遼水),

	유리하 유적 (琉璃可(西周燕都) 遺蹟)	연하도 유적 (燕下都遺蹟)	만성한묘 유적 (滿城漢墓遺蹟)
위치	북경시 방산구 유리하진(北京市 房山區 琉璃河鎮)	하북성 보정시 역현(河北省 保定市 易縣)	하북성 보정시 만성구 능산(河北省 保定市 滿城區 陵山)
시대	西周時期 (BC 1046-BC 771)	戰國時期 (BC 476-BC 221)	西漢時期 (BC 202-BC 8)
유형	도성(都城) 유적	도성(都城) 유적	묘장(墓葬) 유적
주요 발견	• 궁전 지역(宮殿區): 대규모 건물 부지에 궁전, 종묘(宗廟) 건축물. • 매장지(墓葬區): 당시 귀족들의 생활상을 반영하는 청동, 도자기, 옥 등의 유물이 다수 출토. • 성벽: 도시의 규모와 배치를 알 수 있는 성벽과 해자 유적.	• 성벽: 당시 방어 체계를 보여 주는 비교적 잘 보존된 성벽 기초 발견. • 궁전 및 주거 지역: 다수의 궁전, 관청, 주거 지역이 비교적 명확하게 배치됨. • 장인 작업장: 철 제련, 도자기 제작 등 수공업 유적.	• 무덤: 만성한묘(滿城漢墓) 1호 무덤과 2호 무덤. 중국에서 전한 중산정왕(中山靖王) 유승(劉勝, ?-BC 113)과 그의 아내 두관(竇綰)의 무덤으로 추정함. • 출토 유물: 매우 정교한 금실옥옷(金縷玉衣), 청동기, 도자기, 칠기, 비단 등 다수 유물 출토.
문화 특징	• 청동기: 출토된 청동기의 대부분은 서주 시대의 청동 문화와 의식 및 음악 체계를 반영하는 문양이 새겨져 있음. • 건축 양식: 궁전 구역의 구조는 초기 수도의 계획 및 건설 수준을 반영하여 잘 조직됨.	• 군사 방어: 성벽과 해자는 전국시대 도시의 방어적 특성을 보여 줌. • 사회생활: 출토된 생활 도구와 생산 도구는 당시의 사회 경제와 일상생활을 반영함.	• 매장 시스템: 복잡한 금과 옥으로 만든 의복과 수많은 부장품은 당시 매장 방법과 사후 세계에 대한 믿음을 반영. • 장인 정신: 출토된 유물들이 정교하고 아름다워, 당시 높은 수준의 장인 정신과 미학을 반영함.

400) 『百度百科』琉璃可遺蹟(西周燕都遺蹟), 燕下都遺蹟, 滿城漢墓遺蹟 내용 정리. (2024. 07. 13. 접속)

〈그림 IX-1〉 유리하 유적(琉璃河, 西周燕都遺蹟), 연하도 유적(燕下都遺蹟), 만성한묘 유적(滿城漢墓遺蹟)의 위치

패수(浿水) 연(燕) 등의 위치에 부합하지 않는 비정으로, 만일 필자의 주장이 맞다면 학계의 다각적인 검토를 통해 고조선 영역으로의 재고가 이루어져야 할 것이다.

위의 세 유적지는 전한(前漢, BC 202-AD 8) 이전 화북 지역의 주요 유적으로, 모두 필자가 비정한 낙랑군 지역 내에 위치해 있다. 이에 비해 현재 중국에서는 북경시 방산구 유리하 유적을 서주(西周) 시기 연(燕)나라 도성(都城)으로, 보정시 역현 연하도 유적을 전국(戰國) 시기 연(燕)나라 도성(都城)으로 공인하고 있으며, 만성한묘 유적(滿城漢墓遺蹟)은 BC 113년 사망한 전한(前漢)의 중산정왕(中山靖王) 무덤으로 발표하였다. 그러나 이 유적들은 모두 한(漢)이 하북성 남부 고발해(古渤海)를 건너 조선을 공격하던 BC 109년 이전까지 고발해(古渤海) 북쪽에 있었기 때문에 고조선(낙랑군) 지역으로 보는 것이 타당하다.

상기 세 유적 가운데 고조선이 기원전 108년 한(漢)에 의해 멸망할 당시 도성인 왕험성(왕검성)으로 가장 유력한 곳은 전국시대(戰國時代, BC 476-BC 221) 궁성과 성벽이 발견된 연하도 유적(燕下都遺蹟)이라고 할 수 있다. 연하도 유적 인근의 유리하 유적(琉璃河遺蹟, 西周燕都遺蹟)은 그보다 앞선 서주(西周) 시기의 유적이므로 고조선 초기의 도성(都城) 유적으로 볼 수 있고, 만성한묘(滿城漢墓) 유적은 도성(都城) 유적이 아니므로 고고학적으로 왕험성으로 비정하는 데 제한이 있다.

이렇게 고조선 전기 수도로 추정되는 유리하 유적(琉璃河遺蹟, 西周燕都遺蹟)과 후기 수도로 추정되는 연하도 유적(燕下都遺蹟), 고조선 왕의 무덤으로 추정되는 만성한묘(滿城漢墓) 유적을 중국에서는 각각 서주(西周, BC 1046-BC 771), 전국(戰國, BC 476-BC 221), 전한(前漢) 정권의 유적으로 공식 발표하고 있으나, 고대 지리와 유물의 성격을 분석해 보면 그 유물들이 황하 유역 중원 정권의 유물이기보다는 북방 정권, 즉 고발해(古渤海) 북쪽의 고조선 유물일 가능성이 높음을 확인할 수 있다.

1. 유리하 유적(琉璃河遺蹟, 西周燕都遺蹟) 개황(槪況)[401]

중국에서는 현재 북경시 일대의 유리하 유적(琉璃河遺蹟)을 상(商)나라가 주(周)나라에 멸망한 기원전 1046년 다음 해인 기원전 1045년 주의 봉건국이었던 연(燕)이 세운 초기 수도로 발표하고 있다. 이 유적이 중요한 이유는 그곳이 현재까지 중국에서 발견된 서주(西周, BC 1046-BC 771) 시기의 성터, 궁전 구역, 제후묘가 동시에 존재(唯一一處集城址宮殿

---

401) 劉立早, 「琉璃河遺址—北京城市發展的源頭」, 『北京規劃建設』 02, 2014, pp.150-155.

〈표 IX-2〉 유리하 유적(서주연도 유적) 발굴 정보[402]

유리하 유적(琉璃河遺蹟, 西周燕都遺蹟) 발굴 정보	
위치	북경시(北京市) 남부 방산구(房山區) 유리하진(琉璃河鎭) 동남 동가림촌(董家林村)에 위치하며, 일부 유리점(劉李店)과 황토파촌(黃土坡村)도 포함됨. 전체적으로 주변 지역보다 1~2m 높은 지대에, 성벽과 참호, 궁전 구역, 의식 구역, 주거 구역, 수공예 공방 구역 등 여러 부분으로 나뉘어 분포함.  〈그림 IX-2〉 유리하 유적(琉璃河遺蹟, 西周燕都遺蹟) 구성도
궁전 구역 (宮殿區)과 제사 구역 (祭祀區)	궁전 구역은 도시 중심부의 북쪽 성벽과 가까운 곳에 위치하고 있으며, 대형 건물의 기초로 추정되는 6기의 흙을 달구질 한(夯土) 기반이 확인됨. 궁전 주변에서는 도제(陶制) 하수관이 발견되었고 판기와(板瓦)가 출토됨. 제사 구역은 궁전 구역의 남서쪽에 위치하며, 점술용 점괘와 갑옷, 제사용 대형 토기 항아리와 모조동제(仿銅) 옹기항아리, 제사용 소의 완전한 골격이 발견됨.
주거지와 수공업 작업 구역	주거지와 수공예 작업장의 유적은 성벽 안팎에서 발견됨. 주거지에서는 반 굴집의 난로 구덩이(竈坑)가, 수공업 작업장 구역에서는 도자기를 굽던 도기 가마, 청동기를 주조하던 도자기 거푸집(陶范)과 도자기 모형(陶模), 구리 세련 산재 등이 발견됨.
묘지 구역	묘지는 주로 도시 동쪽의 황토파촌(黃土坡村)에 집중되어 있으며, 서주 시기의 대형, 중형 고분 수백 기가 있음. 현재 고고학적으로 발굴된 무덤은 약 300여 기에 달하며, 차마갱(車馬坑)은 30기 가까이 발굴됨. 황토포촌에 위치한 고분은 경광(京廣) 철도 양쪽에 분포되어

---

402) 劉立무, 앞의 논문(2014), pp.150-155.

묘지 구역	있으며 크게 제1구역과 제2구역으로 나눌 수 있는데, 제1구역 고분은 주로 상(商)나라 유민의 무덤이고, 제2구역 고분은 주로 주(周)나라 사람들의 무덤임. 두 지역의 무덤 매장 관습에는 상(商)과 주(周) 문화, 북방과 중원 문화 간의 차이를 반영하는 명백한 구분이 있음. 고고학적으로 발굴된 대표적인 무덤으로는 M52, M53, M251, M253, M1193이 있음. 그중 M52, M53, M251, M253은 중형 고분으로 묘주는 귀족이며, M1193은 제후(諸侯) 1급 대형 고분으로 그 주인은 연나라 초대 군주(召公의 아들) 연후(燕侯) 극(克)으로 추정됨. 최근 몇 년 동안의 고고학 탐사 결과에 따르면 황토포촌의 농가와 도로 아래에는 여전히 제후(諸侯) 1급의 대형 무덤을 포함하여 많은 수의 무덤과 말과 수레 구덩이가 있으며 전체 규모는 발굴된 부분보다 더 커질 것으로 전망됨. 황토포촌 외에도 동가림(董家林), 유리점(劉李店), 입교(立敎), 장두(庄頭), 회성(洄城) 등의 촌(村)에서도 산발적으로 매장지가 발견되고 있음.
출토 유물	유리하 유적지에서 출토된 유물의 종류는 도기(생활용품과 도구 포함), 원시 청자, 갑골, 청동기(의식용기, 무기, 도구, 車馬器 등), 옥, 칠기, 잡기, 석기, 골기, 금기(金器), 납기(鉛器), 마노, 뿔, 이빨, 민물 조개 및 패(貝) 등 다양함.

區和諸侯墓地同時並存)하는 유일한 유적이자, 3,000여 년 전 도시 문명을 이룬 사실이 확인된 현재까지 중국에서 발견된 가장 이른 서주 시기의 제후국 도성 유적(目前所知唯一的一座始建於西周早期的諸侯國都城遺址)이기 때문이다.[403] 이 유적은 발굴 당시 세계적인 주목을 받으면서 현재까지도 중국의 대표적 문화 유적지 중 한 곳으로 중요시되고 있다. 1988년 중국국무원에서는 유리하 유적을 전국중점문물보호단위(全國重點文物保護單位) 가운데 세 번째로 공포하였으며, 제11차 4개년계획(十一五, 2006-2010) 시기에는 전국 100대 최고 대표성 대형 유적 중 한 곳으로 선정하기도 하였다.

---

403) 『百度百科』 '琉璃河遺址' (2024. 07. 13. 접속); 劉立早, 앞의 논문(2014), pp.150-155.

〈그림 IX-3〉[404] 중국에서 주장하는 연국(燕國) 오도(五都) 위치

2. 유리하 유적을 서주(西周)의 연나라 도성(燕都)으로 비정한 문제점
   - 문헌·명문 분석

　중국의 최초 도시 유적인 유리하 유적(서주연도 유적)이 서주(西周) 시기 연(燕)의 초기 수도라는 중국의 주장은 여러 가지 문제점을 내포하고 있다. 연(燕)이 북경 지역에 있을 수 없다는 사실은 연(燕)의 영토를 차지한 진(秦), 진(秦)의 영도를 이은 한(漢)나라가 하북성 남부 고발해(古渤海) 남쪽 지역에 있었다는 사실 이외에도, 연(燕)과 관련된 문헌과 유물(명도전, 동검 등)의 분석을 통해서도 입증된다.

---

404) 劉立早, 앞의 논문(2014), pp.150-155.

(1) 연(燕) 소공(召公)의 봉지(封地)는 북경이 아닌 황하 이남

현재 중국에서는 북경(北京)을 연도(燕都, 연나라 수도)로 부르고 있는데, 북경과 연(燕)나라의 연관성에 관한 중국 학계의 입장을 확인하면 다음과 같다.405)

[연도(燕都, 연나라 수도)가 북경시 발전에 미친 중요 의미]

연(燕)나라는 기원전 1045년에 건국되어 기원전 222년 진(秦)나라에 의해 멸망하기까지 823년 동안 지속되었다. 전성기 연나라의 영토는 북경을 중심으로 하북성 북부, 내몽골 남부, 산서성 동북부, 산동성 북서부, 요녕성 서부 등 광대한 지역을 다스렸으며, 서주(西周)시대부터 춘추전국시대까지 명실상부한 대국이었다.

서주(西周) 이후, 북경 지역에서 형성된 연 문화는 자체 발전 과정에서 중국 북방의 광대한 지역으로 퍼져 나갔다. 중원의 강력한 문화의 영향을 받아 북방 및 동북 지방의 다양한 문화를 흡수했으며, 주변 특히 북방 및 동북 지방의 문화에도 다양한 영향을 미쳤다. 이러한 상호 융합과 반복 과정을 통해, 사회의 발전과 함께 북방의 문화 변두리 지역을 새로운 문화 지역으로 통합시켰다. 그 결과 중국 역사상 최초로 중원 문화와 동북 및 북방 유목 민족 문화의 교류가 이루어졌으며, 중원의 농경 문명과 북방의 목축 경제를 연결했다. 이러한 문화적 교류는 역사적인 민족 융합, 경제 발전, 변방 개발, 국가 통합을 촉진하는 데 크게 기여했다. 서주 초기 주무왕(周武王, ?-BC 1043)이 연나라를 분봉한 것은 북경 도시 역사 발전의 중요한 출발점이었으며, 이는 북경이 지역적 정치, 문화 중심지

---

405) 劉立루, 앞의 논문(2014), pp.150-155.

로 자리 잡기 시작했음을 의미한다.

[연국(燕國)의 건국]

　기원전 1045년, 주무왕이 상(商)나라를 멸망시키고 주(周) 왕조를 세웠다. 각 지역에 대한 통치를 강화하기 위해, 주왕은 자신의 자손, 친척, 공신들을 각지에 봉지로 나누어 주어 방비와 진압을 맡겼는데, 이것이 주 왕조의 봉건 제도이다.

　당시 북경 지역은 상(商)나라 세력의 근거지 중 하나였으며, 동북과 북방 교통의 요지였다. 상나라 유민들은 북방 지역에서 강력한 정치적, 군사적 힘을 가지고 있었고, 연산(燕山) 북쪽의 넓은 초원 유목 민족들도 역시 아직 강하지 않던 주(周) 왕조에 위협이 되었다. 따라서 주(周)의 왕은 소공(召公) 석(奭)을 연에 봉하기로(封召公奭于燕) 결정한다. 소공(召公)의 이름은 석(奭)이며, 소(召) 지역을 식읍으로 받았기 때문에 소공(召公)이라 불렸다. 소공은 주공(周公), 태공(太公)과 더불어 '삼공(三公)'으로 불리는 중신(重臣)이자, (주나라 왕족 성씨인) 희(姬)씨 성의 직계 귀족으로 주왕이 가장 신뢰하는 사람 중 하나였다. 소공(召公)을 주 왕조의 동북 변경에 봉한 목적은 첫째, 이곳의 상(商)나라 유민들을 진압하기 위함이었고, 둘째, 국경의 기자조선(箕子朝鮮), 무종(無終), 묵태씨(墨胎氏)의 고죽(孤竹) 등 지방 세력을 방비하기 위함이었다.

　소공(召公)은 주 왕신을 보좌하기 위해 연국(燕國)에 직접 가지 않고, 대신 그의 아들 극(克)을 보내 연(燕)의 첫 번째 군주가 되게 했다. 얼마 지나지 않아, 극(克)은 유리하(琉璃河) 연도(燕都)에 부임하여 현지의 옛 상나라 귀족들과 토착 주민들과 연합 정권을 세웠다. 그 수도는 오늘날의 유리하로 정해졌다.

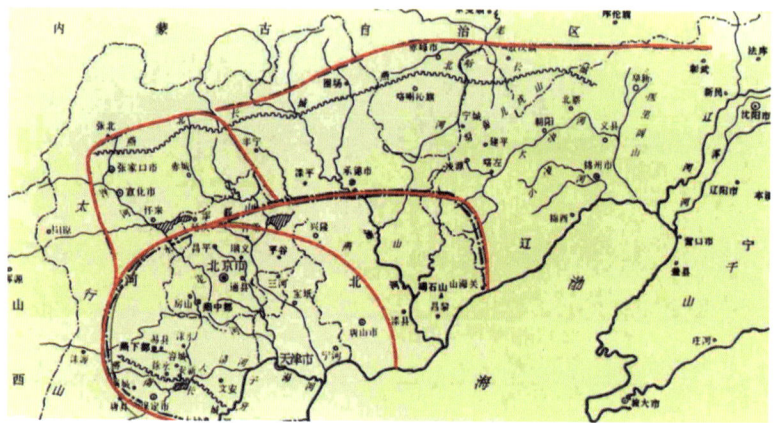

〈그림 IX-4〉[406] 중국에서 주장하는 연국(燕國)의 초기부터 말기까지의 국경 발전도 (남쪽에서 북쪽으로 확장)

연국(燕國)이 설립된 후, 그 세력 범위는 계속해서 기북(冀北), 요서(遼西) 일대로 확장되었으며, 대략 서주 중기에 다른 곳으로 천도했다(천도의 시기, 이유, 장소에 대한 사료나 고고학적 발견이 부족하여 현재로서는 이를 입증할 수 없음). 이 유적지는 서주(西周) 중후기에 점차 폐기되었다가 1945년에 발견되었다.

상기 중국 학계의 일반적인 인식 중 "전성기 연나라의 영토는 '북경을 중심으로' 하북성 북부, 내몽골 남부, 산서성 동북부, 산동성 북서부, 요녕성 서부 등 광대한 지역을 다스렸으며, 서주(西周)시대부터 춘추전국시대까지 명실상부한 대국이었다"라는 인식은 다음의 연(燕)과 관련된 기록들을 살펴보면 이치에 닿지 않음을 확인할 수 있다.

『사기(史記)』의 연(燕) 초대 제후로 임명된 소공(召公) 관련 기록은 다

---

406) 劉立무, 앞의 논문(2014), pp.150-155.

음과 같다.

『史記』卷三十四 燕召公世家

召公奭與周同姓, 姓姬氏. 周武王之滅紂, 封召公於北燕. 其在成王時, 召王為三公 : 自陝以西, 召公主之 ; 自陝以東, 周公主之. (소공(召公) 석(奭)은 주(周)와 같은 성인 희씨(姬氏)이다. 주 무왕(周武王, ?-1043)이 주왕(紂王)을 멸망시키고(BC 1046) 소공을 북연(北燕)에 봉했다. 성왕(成王, ?-BC 1021) 재위 때 소공은 3공의 한 사람이 되었다. 섬(陝) 서쪽 지역은 소공이, 섬(陝) 동쪽 지역은 주공(周公)이 다스렸다.)

상기 기록에 대하여 남조송(南朝宋, 420-479) 시기 배인(裵駰)이 저술한 『사기집해(史記集解)』와 당(唐) 시기 사마정(司馬貞, 679-732)이 저술한 『사기색은(史記索隱)』에는 다음과 같이 주석을 하고 있다.

『史記集解』卷三十四 燕召公世家

譙周曰周之支族, 食邑於召, 謂之召公. (조주(譙周, ?-270)가 말하길 주(周)나라의 일족으로 소(召)에 식읍을 두었기 때문에 소공(召公)이라 한다고 하였다.)

『史記索隱』卷三十四 燕召公世家

召者, 畿內菜地. 奭始食於召, 故曰召公. …後武王封之北燕, 在今幽州薊縣故城是也. 亦以元子就封. 而次子留周室代為召公. (소(召)는 기내(수도권)의 농경지(菜地)다. 석(奭)이 처음 소(召)의 식읍을 받았으므로 소공(召公)이라 부른다. …이후 무왕(?-BC 1,043?)이 그를 북연에 봉하였는데, 현재의 유주(幽

州) 계현(薊縣) 고성(故城)이다. 또 그 장자(元子)로 그를 이어 봉하였고(就封), 차자(次子)를 주 왕실에 남기어 소공을 대신하였다.)

위 기록에서 알 수 있는 내용은 주(周) 무왕이 기원전 1046년 상(商)을 물리치기 전 소공(召公)은 현 섬서성(陝西省) 서안시(西安市)에 있던 주(周)의 수도인 호경(鎬京) 인근(畿內) 땅을 식읍으로 받던 사람이며, 주(周) 무왕이 상(商)을 멸망시킨 후 그가 북연(北燕)에 봉해졌는데, 소공(召公)이 봉해져 다스린 북연(北燕)은 섬(陝)의 서쪽 지역이었다는 사실이다. 그런데 중국의 민국(民國) 시기(1912-1949)의 지명 사전『중국고금지명대사전(中國古今地名大辭典)』에는 한(漢)나라가 설치한 '소공이 분할 받은 섬(陝)의 땅(召公分陝之地)'을 '황하의 남안(南岸)'이라고 밝히고 있다.[407] 섬주(陝州)는 남조 양(梁)나라 시기에도 황하 이남에 있었는데, 구체적으로 현 호북성(湖北省) 의창현(宜昌縣) 서북이었다.[408] 이렇게 섬(陝) 지역이 황하 이남에 있던 사실은 소공이 봉해진 북연(北燕) 지역이 황하 이북에 있을 수 없고, 현재의 북경(北京)과 관련이 없음을 의미한다.

소공(召公)이 BC 1046년 경 봉해진 북연(北燕)에 관해 당시보다 약 1,700년 후 사람인 당(唐) 시기의 사마정(司馬貞, 679-732)은 『사기색은(史記索隱)』에서 그곳이 '현 유주(今幽州) 계현(薊縣) 옛 성(故城)'이라고 주석하고 있다. 그런데 북연(北燕)이 유주(幽州)에 있었다고 하더라도 이

---

[407] 『中國古今地名大辭典』(1931), p.759. "[陝縣] 漢置. …縣城瀕黃河南岸. 周初周公召公分陝之地.([섬현(陝縣)]은 한나라 때 설치되었다. … 현성(縣城)은 황하 남안에 인접해 있다. 주(周)나라 초기에 주공(周公)과 소공(召公)이 섬(陝)의 땅을 나누었다)."

[408] 『中國古今地名大辭典』(1931), p.695. "[峽州] 亦作陝州. …在今湖北宜昌縣西北([협주(峽州)]는 '섬주(陝州)'로도 표기된다. …지금의 호북성(湖北省) 의창현(宜昌縣) 서북에 해당한다)."

역시 고대 북연(北燕)이 현재의 북경시(北京市)는 될 수는 없다. 왜냐하면 고대 북연(北燕)이 있던 유주(幽州)는 태항산맥(太行山脈) 서남쪽의 고기주(古冀州), 즉 한(漢)무제가 고발해(古渤海)를 건너 조선(현 북경시 일대)을 점령하기 전에 요동, 요서(遼西)가 있던 산서성(山西省) 남부에 있었기 때문이다.409) 유주(幽州)는 이후에도 북위(北魏) 당시인 432년에 낙랑(樂浪), 대방(帶方), 현도(玄菟) 등 옛 조선 땅 유민이 옮겨간 곳이기도 한데, 당시 낙랑군은 인구가 겨우 1,800명밖에 안 되는 작은 현급으로 바뀐다.410) 그렇다면 북위 당시 유주(幽州)는 한(漢)나라 당시 낙랑(樂浪), 대방(帶方), 현도(玄菟)의 원(原) 위치(하북성 중부 일대)와 다른 곳임을 의미한다. 이렇게 유주(幽州)는 북경 일대에 있었던 낙랑(樂浪)이 될 수 없고,

---

409) 『晉書』卷十四志 第四 地理上 "幽州. 案禹貢冀州之域, 舜置十二牧, 則其一也. 周禮 : 東北曰幽州. 春秋元命包云 : 箕星散為幽州, 分為燕國." 言北方太陰, 故以幽冥為號. 武王定殷, 封召公於燕, 其後與六國俱稱王. 及秦滅燕, 以為漁陽上谷右北平遼西遼東五郡. 漢高祖分上谷置涿郡. 武帝置十三州, 幽州依舊名不改. 其後開東邊, 置玄菟樂浪等郡, 亦皆屬焉. 元鳳元年(BC 80), 改燕曰廣陽郡. 幽州所部凡九郡, 至晉不改. 幽州統郡國七, 縣三十四, 戶五萬九千二十(유주(幽州):『우공(禹貢)』에 따르면 기주(冀州)의 영역이며, 순(舜)이 열두 목(牧)을 설치할 때 그중 하나이다.『주례(周禮)』에 이르기를: 동북을 유주라 한다.『춘추원명포(春秋元命包)』에는 '기성(箕星)이 흩어져 유주가 되고, 나뉘어 연국(燕國)이 되었다'고 한다. 북방은 태음(太陰)의 방위이므로, 그 어두운 기운을 뜻해 '유명(幽冥)'이라는 이름을 붙였다. 무왕(武王)이 은(殷)을 정벌한 후, 소공(召公)을 연(燕)에 봉하였고, 그 후로는 여섯 나라와 함께 왕을 칭하였다. 진(秦)이 연을 멸망시킨 뒤에는 이를 어양(漁陽), 상곡(上谷), 우북평(右北平), 요서(遼西), 요동(遼東) 등 다섯 군(郡)으로 삼았다. 한 고조(漢高祖)는 상곡을 나누어 탁군(涿郡)을 설치하였다. 한 무제(漢武帝)는 열세 주(州)를 설치하였고, 유주는 예전 이름 그대로 변경되지 않았다. 그 후 동쪽 변경을 개척하면서 현도(玄菟), 낙랑(樂浪) 등의 군을 설치하였으며, 이들 역시 모두 유주에 소속되었다. 원봉(元鳳) 원년(기원전 80년)에는 연(燕)을 광양군(廣陽郡)으로 고쳤다. 유주가 관할한 군은 모두 아홉 군이며, 진(晉)나라에 이르기까지 변경되지 않았다. 유주는 7개 군국을 통할하였고, 34개 현(縣), 59,020호를 관할하였다).";『상서(尚書)』「우공(禹貢)」에 나오는 기주(冀州)가 산서성 남부(황하 북쪽)임은 〈그림 Ⅲ-3〉 참고.; 한말(漢末)에 요서가 산서성 동남부에 있었음은 〈그림 Ⅴ-8〉 요서(遼西)에 있던 오환(烏桓=烏丸)의 위치 참고.

유주(幽州)에 있었다는 북연(北燕) 역시 현재의 북경시(北京市)가 될 수 없다.

당(唐)의 사마정(司馬貞, 679-732)이 북연(北燕)을 황하 이남의 섬주(陝州)가 아닌 '현 유주(今幽州) 계현(薊縣) 옛 성(故城)'이라고 주석한 이유는, 당나라가 고구려를 멸망시킨 668년 이후 서기 730년(開元十八年)에 유주(幽州) 3현을 분리해 연(燕)의 수도였던 계(薊)를 유주(今幽州)에 설치한 사실과 관련이 있을 것이다.[411] 즉, 연의 수도 북연(北燕)이 처음에는 황하 이남 섬(陝)의 서쪽 지역에 있다가 어느 시기인가에 산서성 남부 고기주(古冀州)로 이동되고, 이후 그 땅이 '유주(幽州)'가 되면서 당(唐) 시기에 그 유주의 일부가 계주가 된 것(730)을 짐작할 수 있다. 산서성 남부 고기주(古冀州)와 관련이 없는 북경 일대가 현재처럼 '유주(幽州)'가 되고 '계현(薊縣)'이 된 이유는 고조선 멸망 이후 유주의 범위가 북경 일대(낙랑)까지 확장되면서[412] 후대인들이 전국 시기 중국 최북방에 위치

---

410) 『魏書』帝紀 第4 世祖紀上 "延和元年(432) …徒營丘, 成周, 遼東, 樂浪, 帶方, 玄菟六郡民三萬家於幽州, 開倉以賑之(연화 원년(432) … 영구(營丘), 성주(成周), 요동(遼東), 낙랑(樂浪), 대방(帶方), 현도(玄菟) 여섯 군(郡)의 백성 3만 가호(家)를 유주(幽州)로 옮겨 살게 하고, 창고를 열어 구휼하였다)."; 낙랑군은 후한(後漢, 25-220) 당시에 18현(城)에 호수(戶數)가 61,492호(戶)였는데, 313년 고구려에 멸망하여 고기주 지역(산서성 남부)의 모용외에 투항한 이후 북위 때에 이르러서는 2개 현에 인구가 1,800명으로 줄어든다. 『魏書』地形誌 "樂浪郡, 前漢武帝置二漢晉曰樂浪後改罷正光末復治連城. 領縣二, 戶二百一十九, 口一千八(낙랑군(樂浪郡)은 전한(前漢) 무제(武帝)가 설치하였고, 후한(後漢)과 진(晉)에서도 낙랑이라 하였으며, 이후 폐지되었다가 정광(正光) 말년에 다시 연성(連城)에 치소를 두었다. 2개 현을 관할하였고, 219호(戶), 인구 1,800명이 있었다)."

411) 『舊唐書』卷三十九 志第十九, "薊州: 開元十八年, 分幽州之三縣置薊州. 天寶元年, 改為漁陽郡, 乾元元年, 復為薊州(계주: 개원 18년(730년)에 유주의 3개 현을 분리해 설치했다. 천보 원년(742년)에 어양군으로 고쳤다가, 건원 원년(758년)에 다시 계주가 되었다)."

412) 『漢書』卷28下 地理志 第8下 "樂浪郡, 武帝 元封三年開. 莽曰樂鮮. 屬幽州. 應劭曰 故

했던 연나라 수도 계(薊)를 북경과 연결시키면서 비롯된 것으로 추정된다.

이렇게 주(周) 무왕이 기원전 1046년 상(商)을 물리칠 당시 소공(召公)이 봉해진 북연(北燕)의 위치가 현 북경 일대와 무관하다는 사실은, 북경대 교수를 역임한 중국의 저명한 학자 부사년(傅斯年, 1896-1950) 역시 언급하였다. 부사년은 소공(召公)이 봉해진 연(燕)나라가 황하 남쪽 하남성(河南省) 언성현(郾城縣)에 있었다고 주장하였다.

무왕이 상을 멸하고 소공을 언(郾)에 봉하여 언국의 시조가 된다. 진(秦)이 언(郾)을 멸하고 6국을 통일한 뒤 언국(郾國)을 연국(燕國)으로 고친다. 이는 논쟁의 여지가 없는 사실(史實)이다. 그러나 연국(燕國)을 최초 봉지(封地)가 어디였는지에 대해, 언국(郾國)이 왜 연국(燕國)으로 이름을 바꾸었는지 학계에서 일치를 보지 못하고 있다. 저명한 역사학자인 부사년은 "언국의 최초 봉지(封地)가 마땅히 하남성 언성현(郾城縣)이며, 그 도성(都城)은 바로 언성현 소릉진(召陵鎭)이다"라고 하였다. 부사년은 또한 다음과 같이 고증하였다. "연(燕)은 본래 언(郾)으로서, 현재의 하남성 언성(郾城)과 어떤 관계가 있는지 주목할 만하다. 한(漢) 시기에 언현(郾縣)과 소릉현(召陵縣)은 비록 영천(潁川), 여남(汝南) 2군(郡)에 속했지만 그 땅이 가깝고, 현재의 언성현(郾城縣)은 실제로 고대 언(郾)과 소릉(召陵) 2현을 포괄하고 있었다. 최근 언성(郾城)에서 허충(許沖, 許愼의 아

朝鮮國也. …雒陽東北三千二百六十里(낙랑군(樂浪郡)은 한 무제(武帝) 원봉(元封) 3년(기원전 108)에 개설되었다. 왕망(王莽)은 이를 '낙선(樂鮮)'이라 고쳤다. 유주(幽州)에 속했다. 응소(應劭)는 말하기를, "본래 조선국(朝鮮國)이 있던 곳이다." … 낙랑군은 낙양(雒陽)에서 동북쪽으로 3,260리 떨어져 있다).

들)의 무덤이 출토되었는데, 이 허충은 바로 '소릉만세리(召陵萬歲里: 소왕의 능이 만세 동안 있는 곳)'에 살던 인물로, 그는 확실히 현재 언성현의 경내에 살고 있었던 것이다. 언(郾)과 소(召)는 서로 무관한 증거가 아니며, 언(郾)이 소공(召公)이 처음 봉해진 연(燕)이 틀림없다." 소공(召公)과 소릉(召陵)이 '소(召)' 자를 공유하고, 소릉(召陵)이 한때 언성에 속했으며, 연국(燕國)과 언국(郾國)이 같은 이름을 가진 것은 결코 역사적 우연이 아니다.413)

중국 학계에서는 이렇게 진(秦)이 6국을 통일하기 이전 연(燕)의 초기 국호가 언(郾)이라는 사실에 동의하고 있는데, 부사년은 소공(召公)의 무덤, 즉 소릉(召陵)이 '만세에 이어진(召陵萬歲里)' 하남성 언성현(郾城縣) 소릉진(召陵鎮)을 소공(召公)의 최초 봉지였던 '언(郾)', 즉 '연(燕)'으로 본 것이다.

서기 2세기 초 저술인『설문해자(說文解字)』에는 이 연(燕)의 원 국호인 언(郾) 지역을 영천현(潁川縣)으로 기록하고 있는데, 그곳은 과거 개봉부(開封府) 허주(許州, 현 許昌市) 언성현(郾城縣, 현 漯河市 郾城區)이었다.414) 이렇게 최초의 연(燕)나라로 추정되는 하남성 영천현(潁川縣), 언

---

413) 陸東輝, 앞의 논문(2016), p.132. "(원문)武王滅商, 封召公於郾, 成為郾國始祖; 秦滅郾, 統一六國, 改"郾國"為"燕國", 這是無可爭議的史實. 但是對於燕國的始封地在哪裡, 郾國為什麼改名為燕國, 學界認識還不一. 著名歷史學家傅斯年認為, 郾國始封地應在河南省郾城縣, 而其都城則在郾城縣召陵鎮. 傅斯年還考證: "燕即本作郾, 則與今河南之郾城有無關係, 此可注意者. 在漢世, 郾縣與召陵縣雖分屬潁川汝南二郡, 然土壤密邇, 今郾城縣實括故郾召陵二縣境. 近年郾城出許沖墓, 則所謂召陵萬歲里之許沖, 固居今郾城治境中. 曰郾曰召, 不為孤證, 其為召公初封之燕無疑也." 召公與召陵共用"召"字, 召陵又曾隸屬郾城, 燕國過去又與郾國同名, 這絕非歷史巧合."

414)『康熙字典』15 "郾 …[說文] 潁川縣名. [正字通] 卽古鄾子國故地, 今爲開封府許州郾城縣.";『史記集解』卷四十 楚世家第十 "地理志曰潁川許昌縣, 故許國也(언(郾) …『설

성현(郾城縣)은 앞서 밝혔듯 전국시대 고대 북방민의 도시를 의미하는
'호성(胡城)'과 접경하고 있었다고 『집해(集解)』와 『괄지지(括地誌)』에 기
록돼 있고,[415] 이는 황하 이남의 연(燕), 즉 언(郾) 접경에 북방 '호(胡)'로
불리던 고조선의 세력이 황하 남부까지 미쳤음을 짐작하게 한다.

참고로, 황하 이남에 있었던 연(燕)이 황하 이북으로 진출한 시기는,
이 황하 유역(언(郾) 접경)까지 진출한 '호(胡)'에 인질로 잡혀 있다 돌아
간 연나라 장군 진개(秦開)가 '동호(東胡)' 또는 '조선'을 물리치고 그 땅
1,000리 또는 2,000리를 빼앗은 연(燕) 소왕(燕昭王) 29년(BC 283)으로
볼 수 있다.[416] 그러나 연(燕)이 황하를 건너 조선(동호)에서 빼앗은 조
선 서부 땅 역시 현재 북경 지역까지 이를 수 없음은 전술(前述)했던 "연
(燕)은 북쪽의 만맥(蠻貊)에 눌리고 제(齊)와 진(晉) '사이에 끼어 있는(之
間)' 가장 약한 나라(最為弱小)로, 거의 몇 번이나 망할 뻔했다"라는 기원
전 91년 완성된 『사기(史記)』의 기록으로 알 수 있다. 기록대로 연(燕)의
말기 위치가 제(齊)와 진(晉) 사이에 있었다면, 연(燕)의 중심지를 현재처
럼 북경으로 볼 경우 북경 동쪽 요서(遼西) 지역에 제(齊)가 있어야 하고
북경 서쪽 산서성(山西省) 대동시(大同市) 일대에 진(晉)이 있어야 하는

문(說文)』에는 영천(潁川)의 현 이름이라 하였고, 『정자통(正字通)』에서는 옛 언자국
(郾子國)의 옛 땅으로, 지금 (하남성) 개봉부(開封府) 허주(許州) 언성현(郾城縣)이라
고 하였나)."

[415] 『三家注史記』卷四十 楚世家第十 "十六年, 孔子相魯. 二十年, 楚滅頓…滅胡(集解杜預
曰 汝南縣西北胡城, 正義括地誌云 故胡城在豫州郾城縣界(16년, 공자(孔子)가 노(魯)
의 재상이 되었다. 20년, 초(楚)가 돈(頓)을 멸망시키고 … 호(胡)를 멸망시켰다. 『집
해(集解)』에서 두예(杜預)는 말하기를: "여남현(汝南縣) 서북에 호성(胡城)이 있다."
『정의(正義)』 『괄지지(括地誌)』에서는 말하기를: "옛 호성은 예주(豫州) 언성현(郾城
縣) 경계 안에 있다.")."

[416] 『史記』卷一百一十 「匈奴列傳」 앞의 주석; 『三國志 裴松之注』卷三十 앞의 주석.

모순이 있기 때문이다. 즉, 기원전 1000년 경 유적인 유리하 유적(琉璃河 遺蹟)이 있는 북경 일대에 서주(西周) 시기에 연(燕)나라가 있었다는 문헌적 근거는 찾을 수 없다.

〈그림 IX-5〉 BC 11세기 서주(西周) 시기 연(燕, 郾)의 수도(西周燕都) 위치에 관한 문헌상 위치와 중국 학계의 주장

[그림 IX-5 설명] 중국 학계에서는 북경 유리하(琉璃河) 유적에서 발견된 청동 주기(酒器) 명문(銘文)인 '令克矦于匽'의 내용 중 등장하는 克(극)을, BC 1046년 경 연(燕)에 최초로 임명된 소공(召公)의 장자로 추정하면서 〈그림 IX-5〉와 같이 북경을 연(燕)의 초기 수도로 비정하고 있다. 그러나 앞서 밝힌 대로 20세기 초 제작된 『중국고금지명대사전(中國古今地名大辭典)』에는 소공(召公)이 분봉(分封) 받은 섬(陝)의 서쪽(西)이 '황하 이남'이라고 기록하고 있고, 『진서(晉書)』에는 고기주(古冀州) 땅인 유주(幽州), 즉 현 산서성(山西省) 남부라고 주석하였다(幽州, 案禹貢冀州之域). 또한, 연나라 초대 제후인 소공의 능이 있던 곳으로 추정되는 소릉진

(召陵鎭)이 하남성 언성현(郾城縣)에 있었으며(현 漯河市 召陵區), 부사년은 이곳을 燕(郾)의 최초 봉지(封地)라 하였다.『삼가주사기(三家注史記)』에는 이 언성현 인근 여남현(汝南縣) 서북쪽에 호성(胡城)이 있다고 하였고(杜預, 222-285), 언성현 경계에 북방 이민족의 도시를 의미하는 호성(胡城)이 있었다고 기록하고 있는데(『括地誌』), 북방 이민족의 도성인 호성(胡城)이 언성현 인근에 있었다면 언성현이 서주(西周) 연맹국의 최북단 국경이며, 연맹국 중 가장 북쪽에 있었던 연(燕)이 이곳(황하 이남)이었음을 추정케 한다.

〈그림 IX-6〉[417] 1100년 송(宋)나라 시기 추리도(墜理圖)의 섬주(陝州) 위치

주무왕(周武王)이 상(商)을 멸망시키고(BC 1046) 소공(召公)을 북연(北燕)에 봉하는데, 소공은 성왕(成王, ?-BC 1021) 당시 섬(陝) 서쪽 지역을

---

417) 曹婉如,「墜理圖」,『中國古代地圖集(元以前)』, 文物出版社, 1990.

다스린다. 지도상의 섬주(陝州)는 현 황하 이남 하남성 서부 일대임이 확인되며, 이는 소공(召公)이 봉해진 북연(北燕)이 북경과 관련이 없는 곳임을 의미한다.

한편, 연(燕)나라의 위치와 관련된 한대(漢代) 이후의 문헌들에 나타나는 연(燕)의 위치는 황하 이남이 아닌 '황하(黃河)' 북쪽인 산서성(山西省) 동남부 장치시(長治市) 인근에 있었음을 기록하고 있다. 이는 연(燕)이 황하 이남에서 황하 이북(산서성 동남)으로 이주했음을 의미하는데, 이와 관련된 문헌 자료들은 앞에서 설명하였고, 고고학적 자료는 다음 장의 연하도(燕下都) 유적과 관련된 분석을 통해 제시하고자 한다.

(2) 극뢰(克罍) 명문(銘文) 해석 문제

중국학계의 일반적 인식인 "소공(召公)은 주 왕실을 보좌하기 위해 연국(燕國)에 직접 가지 않고, 대신 그의 아들 극(克)을 보내 연(燕)의 첫 번째 군주가 되게 했다. 얼마 지나지 않아, 극(克)은 유리하(琉璃河) 연도(燕都)에 부임하여 현지의 옛 상나라 귀족들과 토착 주민들과 연합 정권을 세웠다"[418]라는 내용 역시 검토가 필요하다. 중국 학계는 『사기(史記)』의 연(燕) 소공(召公) 관련 기록을 유리하(琉璃河) 유적의 '제후(諸侯)'급 대형 묘에서 발견된 청동기인 '극뢰(克罍)'의 명문(銘文)과 연결시켜 연(燕)을 북경에 비정하였다. 그러나 기원전 91년경 완성된 『사기(史記)』의 기록을 기원전 1000년 경 북경 유리하 유적 청동기 명문 내용(令克矦于匽)과 연결시킨 과정에 여러 문제점이 있음이 확인된다.

북경 유리하 유적 중 제후(諸侯) 1급 대형 고분인 M1193은 중국 학계

---

418) 劉立早, 앞의 논문(2014), pp.150-155.

에서는 그 묘주(墓主)가 연나라 초대 군주였던 소공(召公)의 아들 '연후(燕侯) 극(克)'이었다고 추정하고 있다. 중국 학계에서 그렇게 추정하는 근거는 『사기(史記)』의 연소공(燕召公)과 관련된 내용으로, 다시 한번 소개하면 다음과 같다.

『史記』卷三十四 燕召公世家
召公奭與周同姓, 姓姬氏. 周武王之滅紂, 封召公於北燕. 其在成王時, 召王為三公 : 自陝以西, 召公主之 ; 自陝以東, 周公主之. (소공(召公) 석(奭)은 주(周)와 같은 성인 희씨(姬氏)이다. 주 무왕(周武王, ?-1043)이 주왕(紂王)을 멸망시키고(BC 1046) 소공을 북연(北燕)에 봉했다. 성왕(成王, ?-BC 1021) 재위 때 소공은 3공의 한 사람이 되다. 섬(陝) 서쪽 지역은 소공이, 섬 동쪽 지역은 주공(周公)이 다스리게 되었다.)

『史記索隱』卷三十四 燕召公世家
召者, 畿內菜地. 奭始食於召, 故曰召公. …後武王封之北燕, 在今幽州薊縣故城是也. 亦以元子就封. 而次子留周室代為召公. (소(召)는 기내(수도권)의 농경지(菜地)다. 석(奭)이 처음 소(召)의 식읍을 받았으므로 소공(召公)이라 부른다. …이후 무왕(?-BC 1043?)이 그를 북연에 봉하였는데, 현재의 유주(幽州) 계현(薊縣) 고성(故城)이다. 또 그 장자(元子)로 그를 이어 봉하게 하였고(就封), 차자(次子)를 주 왕실에 남기어 소공을 대신하였다.)

두 기록 중 위의 기록은 기원전 91년 완성된 사마천(司馬遷)이 『사기(史記)』에 기록한 연(燕)의 초대 제후 소공(召公)에 관한 내용이고, 아래는 당(唐) 사마정(司馬貞, 679-732)이 원문 기록에 주석을 추가한 내용이다. 먼저 원문인『사기(史記)』의 기록을 보면, 주(周)의 초대 왕 무왕(武王, ?-1043)은 기원전 1046년 상(商)나라 마지막 왕인 주왕(紂王)을 멸한 후, 소공(召公)을 북연(北燕)에 봉(封)한 사실을 알 수 있다. 이후 2대 성왕(成王, ?-BC 1021) 당시 소공(召公)은 주(周)나라의 3공(三公)의 지위까지 오르는데, 주(周)의 최고 지위에 오른 그가 다스리던 지역은 현재 하남성 황하 이남의 섬(陝) 서쪽 지역(陝西)이었다. 즉, 북연(北燕)이 황하 이남의 섬서(陝西) 지역이었음을 알 수 있다.

기원전 11세기에 벌어진 이 상황에 대해 약 1,700년 뒤 당(唐)의 사마정(司馬貞)은 당시 소공(召公)이 받은 봉지(封地)에 소공(召公)의 장자(元子)가 취임하였고(就封), 차자(次子)는 소공을 대신해 주 왕실(周室)에 남았다고 주석하고 있다. 1,700년이라는 시간적 간극을 볼 때 이 사마정(司馬貞)의 기록을 신뢰하기 어렵지만, 만일 그의 기록을 신뢰하더라도 소공(召公)의 '장자(元子)가 봉지에 취임하였다(就封)'는 말은 소공(召公)이 '죽은 뒤 또는 퇴임한 뒤' 그의 큰아들이 소공(召公)을 이어(就) 봉지(封地)에 취임했다고 해석하는 것이 합리적이다. 왜냐하면 소공의 큰아들이 소공의 봉지에 취임할 당시 소공의 차자(次子)가 주 왕실(周室)에서 소공의 업무를 대신했기 때문이다. 소공이 생존해 있거나 재직 중이라면 그의 차자가 그의 업무를 대신할 이유가 없다.

설령 소공(召公)이 북연(北燕)에 봉해졌으나 직접 가지 않고 자신의 장자를 보내 북연(北燕)의 1대 제후로 취임시키고, 자신의 차자를 주 왕실에 남겨 놓았다고 해석하더라도 소공(召公)의 장자(元子)가 취임한 곳은 소공(召公)이 주 무왕(周武王)에게서 봉지로 받은 북연(北燕), 즉 '황하 이남' 섬(陝)의 서쪽 지역(陝西) 이외의 다른 곳이 될 수 없다. 부친의 봉지를 이어받은 큰아들(以元子就封)이 섬서(陝西)를 떠나 다른 곳에 취임할 수 없고 그러한 기록도 없기 때문이다. 그러나 현재 중국 학계에서는 이 기록에 대해 '소공(召公)은 자신의 봉지인 북연(北燕)으로 가지 않고 주나라 수도에 남아 있었으며, 대신 장자(元子)를 황하 이남의 섬서(陝西) 지역과 관련이 없는 황하 북쪽 수천 리 떨어져 있는 북경 유리하유적지에 보내 그곳의 초대 제후가 되게 했다'라는 근거가 부족한 해석을 공인하고 있다.

현재 중국 학계에서 이러한 주장을 하며 북경 지역을 연(燕)나라의 최초 수도로 비정하는 핵심적 근거는 유리하 유적 M1193 대형 묘에서 출토된 청동기 극뢰(克罍: 극(克)자가 새겨진 술단지)의 명문 때문이다. 이 청동 극뢰(克罍)의 모습과 뚜껑 안쪽에 새겨진 명문(銘文) 내용은 다음과 같다.

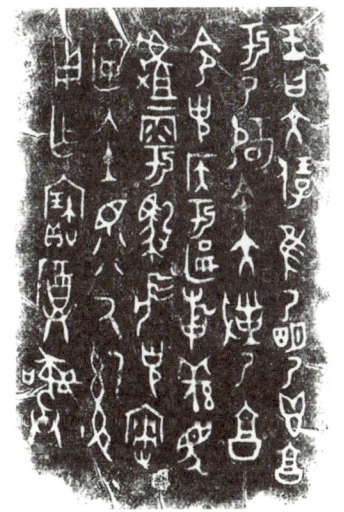

[원문자 해독]
王曰大(太)保,
隹(惟)乃明乃鬯, 亯(享)
于乃辟. 余大封乃亯(享)
令(命)克䝅(侯)于匽(燕),
旌(使)羌兔
叡霏馭微, 克宦(宅)
匽入土眔厥 嗣(司)
用乍(作)宝尊彝

〈그림 IX-7〉 유리하 유적 M1193호 묘에서 출토된 청동 주기(酒器) '극뢰(克罍)'의 뚜껑에 새겨진 명문과 글자 분석[419]

---

419) 張全禮, 「克罍克盉銘文與西周封燕」, 『文史知識』 2, 2021, pp.10-14.

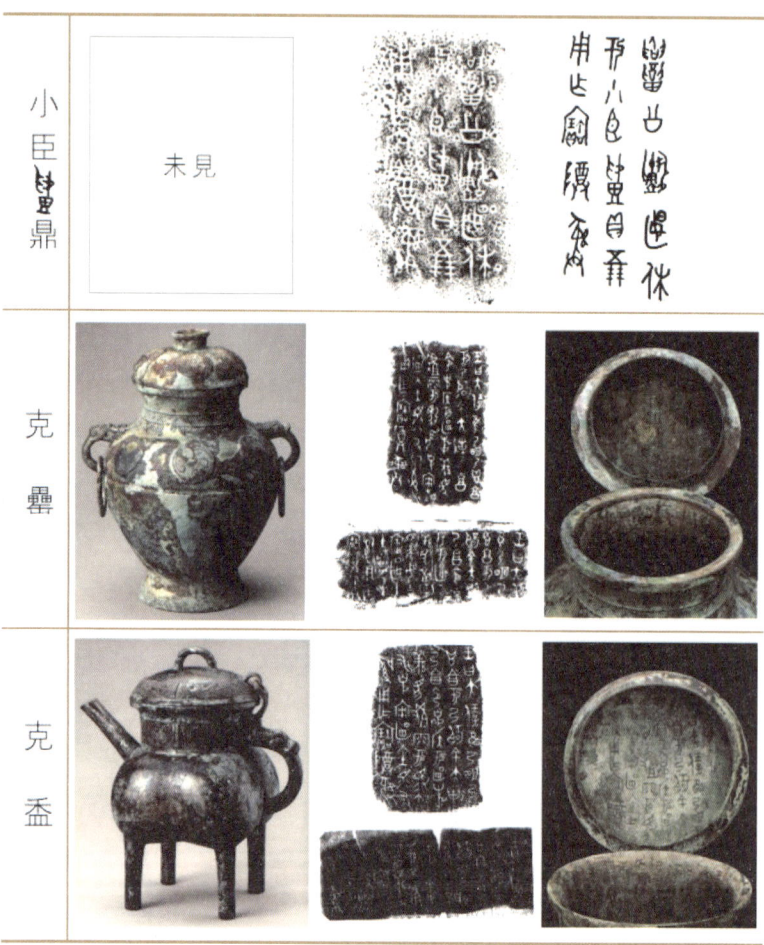

〈그림 IX-8〉 연국 초기 봉지와 관련된 청동기(與燕國初封有關的銅器)420) 위부터 소신정(小臣鼎), 극뢰(克罍), 극화(克盉). 중국 학계는 북경(北京) 유리하 유적(琉璃河遺址)에서 출토된 다량의 언후(匽侯)와 관련된 청동기를 근거로 북경을 주초(周初) 연국(燕國)의 수도로 비정하고 있다. 그중 상기 세 청동기를 대표적인 연후(燕侯) 관련 유물로 간주하고 있다.

중국 학계에서는 유리하에서 발견된 청동 주기(酒器) '극뢰(克罍)'의 내용 중 '令(命)克矦(侯)于匽(燕)' 문구를 '(왕이) …극 제후(克矦(侯))를 언(匽(燕))에 명했다'라고 해석하면서, 이 기록의 '克(극)'이 바로 주무왕(周武王)이 기원전 1046년 경 소공(召公)에게 봉한 북연(北燕) 땅에 소공 대신 취임하여 연(燕)의 제1대 군주가 되는 소공의 장자(長子) 이름이고, 그가 왕의 명령으로 얻은 '匽(언)'이 바로 '연(燕)'을 의미한다고 해석하고 있다.

이러한 해석의 문제는 두 가지인데, 첫째는 중국학계에서 소공(召公)이 주무왕(周武王)이 자신에게 봉한 북연(北燕) 땅에 가지 않았다는, 기록에 없는 주장을 하면서 명문의 克(극)을 소공을 대신해 1대 군주가 된 '소공의 장자(長子)라고 추정'하는 것과, 둘째는 북경 이외의 여러 지역에서 발견되는 명문의 匽(언)을 전국 시기 황하 이남에 있던 연(燕)과 동일시하고 있다는 점이다.

먼저, 첫 번째 문제인 명문의 克(극)이 소공의 장자(長子) 이름이라는 주장을 살펴보면, 그 근거가 소공(召公)으로부터 1,700여 년 이후에 태어난 사마정(司馬貞, 679-732)이 쓴 기록에 있음을 알 수 있다. 소공의 장자가 소공의 봉지에 취임(就任)했기 때문에 소공이 자신의 봉지에 갈 필요가 없고, 그의 차자(次子)가 소공 대신에 주왕실(周室)에 남아 소공을 대신했기 때문에 소공이 주왕실(周室)에 계속 있었을 것이라는 추정을 하고 있는 것이다.

중국에서 이런 주장을 하는 이유는 상기 극뢰(克罍)에 새겨진 '令(命)克㾕(侯)于匽(燕)' 문구에서 '왕이 언(匽(燕))에 임명한(令(命))' 대상이 소공(召公) 또는 소공 이름인 석(奭)이어야 당시 북경이 연(燕)의 땅임이 분명해지는데, 소공(召公)과 전혀 관련이 없는 '克(극)'이라는 사람의 이름

---

420) 馬立志,「西周金文所見西土北土邦国地理整理与研究」, 吉林大学 박사학위논문, 2021, p.177.

이 명문에 새겨져 있으므로, 소공(召公) 대신 소공의 장자(元子)를 내세워 그가 소공 대신 연에 임명된 연의 1대 군주 克(극)이라는 무리한 추정을 하고 있다고 볼 수 있다. 그러나 앞서 언급했듯, 소공(召公)은 주무왕 이후 지속적으로 성공하여 주(周) 2대 왕인 성왕(成王) 때 3공(三公)의 최고위직에 올랐는데, 자신이 '퇴직 또는 사망'에 의해 그의 큰아들에게는 자신의 봉지를 물려주고, 그의 작은 아들에게는 자신의 관직을 물려주어 주(周) 왕실에 머물게 했던 것으로 해석하는 것이 합리적이다. 즉, 소공이 생전에 자신의 봉지에 가지 않았다는 증거를 찾을 수 없고, 더 큰 문제는 이 명문 기록의 '극후(克侯)', 즉 '극(克)이라는 제후(侯)'의 이름인 '克(극)'을 문헌상 근거 없이 소공의 장자(元子)로 임의로 비정한 사실이다.

이렇게 중국 학계에서 북경 유리하 유적 청동 명문 속의 '克(극)'을 소공의 장자로 인정한 근거는 문헌적 기록이 아닌 유리하 유적 청동 주기(酒器) 극뢰(克罍)의 명문(銘文)에 대한 자의적 해석에 의존하고 있다.[421] 즉, 3,000여 년 전 북경 유물의 명문 속 '극(克)'이라는 인물을 1세기 『사기(史記)』 기록의 소공 큰아들과 동일한 인물로 '간주'하고 이를 공식화하고 있는데, 이는 합리성이 결여된 해석으로 볼 수 있다.

(3) 언(匽)을 연(燕)과 동일시 한 문제

'극뢰(克罍)' 명문의 '令(명)克侯(후)于匽(연)' 문구를 '(왕이) …극 제후(克侯)를 언(匽)에 명했다.' 내용 중 등장하는 '匽(언)'을 과연 전

---

[421] 『百度百科』, 燕侯克, (2024. 07. 17. 접속) "燕侯克, 燕侯姬克, 諡號不詳, 據學者考證, 他為召公的兒子.(연후 극, 즉 연후 희극(姬克)은 시호가 불문명한데, '학자들의 고증'에 따르면, 그는 소공의 아들이었다.)"

국시기 황하 이남의 연(燕)과 동일시할 수 있는지에 대한 고찰이 필요하다.

중국의 육동휘(陸東輝)는 '匽(언)'과 '연(燕)'이 서로 관련이 없음에 대해 강조하며, '언(郾)'과 '연(燕)'을 동일시하는 관점에 다음과 같이 의문을 제시하였다.

[언왕(郾王) 과(戈)의 명문고석(銘文考釋)] 422)

갑골문에 이미 "연(燕)"자가 있었고, 당시 이미 "연산(燕山)"이라는 이름이 있었는데, 왜 "令克侯于'匽'"(령극후우'언')이라고 쓰고 "令克侯于'燕'"(령극후우'연')이라고 쓰지 않았을까? 1997년 7월 산동성 치박시(淄博市) 임치구(臨淄區) 제도진(齊都鎭)에서 발굴된 언(郾)왕 직검(職劍) 및 수많은 언후(郾侯) 창(戈), 언후(郾侯)가 기재된 창(戈), 언왕(郾王) 융인(戎人) 창(戈) 등을 보거나, …연국(燕國)의 마지막 군주인 언왕 희의 검(郾王喜劍)과 창(矛)까지, 연국(燕國)의 금석 명문에는 모두 '匽(언)' 또는 '郾(언)'으로 기록되어 있다. 현재까지, 주(周)나라 이전에 연국(燕國)의 지역에 '匽(언)' 또는 '郾(언)'이라 불린 방국(方國)이 있었다는 증거는 발견되지 않았으며, 언국(郾國) 멸망 이전에 '언(郾)'자가 '연(燕)' 자와 통용되었다는 증거도 없다. 따라서 '令克侯于匽(령극후어언)'이라는 명문이 새겨진 그릇이 북경에서 출토된 것은, 언국(匽國)이 나중에 현재의 북경

---

422) 陸東輝, 앞의 논문(2016), p.132. "(원분)甲骨文中就有'燕'字, 當時已有'燕山'之名, 為什麼要寫令克侯於'匽'而不是令克侯於'燕'呢? 再看1997年7月山東省淄博市臨淄區齊都鎭發掘出的郾王職劍, 以及眾多的郾侯戈郾侯載戈郾王戎人戈 …再到燕國最後一個國君的郾王喜劍郾王喜矛, 燕國金石銘文, 皆用"匽"或"郾". 截至目前, 沒有發現任何證據證明燕國之地在周之前有叫'匽'或'郾'的方國, 也沒有任何證據證明在郾國滅國之前'郾'字與'燕'字通假. 由此可知, '令克侯於匽'的克罍在北京出土, 只能證明匽國後來確實遷徙到了現在的北京, 而不能證明燕國的始封地匽國就在北京."

지역으로 이주했다는 것을 증명할 뿐, 연국(燕國)의 시초 지역이 바로 북경이라는 것을 증명하지는 못한다.

위의 주장에서 중요한 사실은 주(周)무왕이 기원전 11세기 소공(召公)에게 봉한 '황하 이남' 섬(陝) 지역의 언(匽)과, 다음 『한서(漢書)』의 기록에 나오는 '황하 이북' 땅에 등장하는 연(燕)을 동일시하기 어렵다는 사실이다. 즉, 서주(西周) 초기 황하 이남의 '언(匽)'과 전한(前漢) 시기 황하 이북 '연(燕)'이 서로 다를 수 있지만 중국 학계는 이를 동일시하고 있는 것이다.

『漢書』卷二十八下 地理志第八下
燕地, 尾箕分野也. 武王定殷, 封召公於燕, 其後三十六世與六國俱稱王. 東有漁陽右北平遼西, 遼東, 西有上谷代郡雁門, 南得涿郡之易容城范陽北新城故安涿縣良鄕新昌, 及勃海之安次, 皆燕分也. 樂浪玄菟, 亦宜屬焉.(연 지역은 미기 별자리(尾箕分野)에 속한다. 무왕(周武王)이 은(殷)나라를 평정한 후 소공(召公)을 연에 봉했다. 그 후 36대에 걸쳐 여섯 나라(六國)와 함께 왕호를 칭하였다. 동쪽에는 어양군(漁陽), 우북평군(右北平), 요서군(遼西), 요동군(遼東)이 있고, 서쪽에는 상곡군(上谷), 대군(代郡), 안문군(雁門)이 있으며, 남쪽으로는 탁군(涿郡)의 역현(易), 용성(容城), 범양(范陽), 북신성(北新城), 고안(故安), 탁현(涿縣), 양향(良鄕), 신창(新昌)과 발해(渤海)의 안차현(安次)이 있다. 이들은 모두 연에 속하는 지역이다. 또한 낙랑(樂浪)과 현도(玄菟)도 연(燕)에 포함되는 것이 마땅하다.)

위 『한서(漢書)』의 기록을 살펴보면, 전한(前漢) 시기 '연(燕)'은 황하 이북의 산서성(山西省) 중남부 좌권현(左權縣) 일대에 있었던 요동(遼東)을 동쪽 끝으로 하여 그 서쪽에 있던 것으로 기록돼 있다. 『사기(史記)』 「연소공세가(燕召公世家)」에서 서주(西周) 초기 '황하 이남'의 섬의 서쪽(陝西)을 차지했다는 연(燕)의 영토가 전한(前漢) 시기에 '황하 이북'으로 옮겨진 것이다. 당시 낙랑(조선)이 있었던 북경 일대는 '연(燕)에 포함되는 것이 마땅하다(樂浪玄菟亦宜屬焉)'라고 하여 연(燕)이 직접적으로 다스린 곳이 아닌 형식적 예속관계로 기록하고 있다. 즉, 북경 지역을 산서성 중남부 요주(遼州) 인근의 연(燕)이 직접 다스리지 않았음을 알 수 있다.

상기 연구에서 눈여겨볼 또 다른 중요한 사실은 언왕(匽王) 또는 언후(匽侯)의 검(劍)과 창(戈, 矛)이 고대 '연(燕)과는 관련이 없는' 산동성(山東省) 치박시(淄博市) 임치구(臨淄區) 제도진(齊都鎮)에서 다수 발견된 사실이다. 이는 '언(匽)'이 '연(燕)'이 될 수 없음을 의미한다. 왜냐하면 중국에서 '연(燕)'을 유리하 유적 극뢰(克罍) 명문의 '匽(언)'을 근거로 북경으로만 지목하는 주장이 같은 '匽(언)' 유물이 발견된 '산동'까지 포함되어야 하는데, '산동'이 고대 '연(燕)'의 영토였다는 문헌적 근거가 없기 때문이다. 산동 지역에서 '匽(언)' 유물이 발견되었다면 산동 지역 역시 연(燕)의 영역이어야 하는데, 그럴 만한 근거를 찾을 수 없으므로, 북경 유리하 유적의 '匽(언)'만을 '연(燕)'과 동일시하는 데 문제가 있는 것이다.

이러한 맥락으로 보면 '匽(언)'이라는 글자가 고유의 '지명'이 아닌 글자의 원뜻인 '숨다', '그치다'라는 일반명사로 해석되어야 할 가능성도 있다. '匽(언)'의 사전적 의미를 살펴보면, '匿(숨을 닉)'[423], '匽武(전쟁을 그

---

423) 『說文解字』 匸部 "匽, 匿也(匽(언): 숨는다는 뜻의 匿(닉)과 같은 의미이다)."

치다)'⁴²⁴⁾라는 뜻이 있는데, 이를 통해 북경 유리하 유적의 '극뢰(克罍)' 명문인 '令(命)克侯(侯)于匽'를 '(왕이) …극 제후(克侯(侯))를 언(匽), 즉 연(燕)에 (가도록) 명했다'라기보다 '(왕이) …극 제후(克侯(侯))를 퇴임지 (휴식지, 안식지 匽)에 (가도록) 명했다'라고 해석할 수도 있는 것이다.

이러한 추정은 '편안함', '안식'을 의미하는 安(안)의 금문(金文) 형태와 '숨다', '그치다'를 의미하는 匽(언)의 금문 형태가 유사한 점을 통해 확인된다.⁴²⁵⁾

- 安(안)의 금문 형태⁴²⁶⁾:
- 匽(언)의 금문 형태⁴²⁷⁾:

'安(안)'과 '匽(언)'의 금문 형태를 보면 공통적으로 여자를 의미하는 女(여)가 있고 여자 주변에 여자를 보호해 주는 지붕(宀) 또는 기슭, 굴바위, 헛간 등을 의미하는 厂(기슭 엄), 또는 숨을 곳을 의미하는 乚(숨을 은), 匸(감출 혜)가 추가돼 있다. 이는 두 글자가 모두 '女(여자)'가 편안히 (숨어) 있을 만한 공간'과 관련돼 있음을 의미한다. 그런데 '安(안)'과 달리 '匽(언)'에는 해를 의미하는 日(일) 또는 관리가 부여받은 봉지(封地)

---

424) 『漢書』卷二二 禮樂志 "海內安寧, 興文匽武(천하가 평안해지자, 문(文)을 일으키고 무(武)를 감추었다)."

425) 馬立志, 앞의 논문(2021) p.175. "對於'匽'字本義的說解, 以往多望文生義或隨音臆解, 不可信據. 陳劍先生在釋讀'安'字本義的時候對'匽'字的分析較爲允治('匽'자의 본래 의미에 대한 해석은 대체로 글자의 모양에만 의존하거나 발음에 따라 임의로 해석한 경우가 많아 신뢰할 수 없다. 진검(陳劍) 선생이 '安' 자의 본래 의미를 해석할 때 '匽' 자와 비교 분석한 내용은 비교적 타당하다)."

426) Chinese Etymology(https://hanziyuan.net), 安.

427) 馬立志, 앞의 논문(2021), p.175.

를 의미하는 邑(고을 읍)이 추가되는 경우가 있다. 즉, 한 곳에 편안히 쉬는 모습의 安(안)과 달리 匽(언)이 '(퇴임 후) 공적으로 부여받은 편안한 (숨어 지내는) 봉지(封地)'라는 뜻이 있음을 알 수 있다.

'匽(언)'이 특정한 장소, 즉 '연(燕)나라'를 의미하는 고유명사라기보다는 '휴식처(休)'라는 뜻에 가깝다는 사실은 '匽(언)'과 관련된 금문(金文)들을 분석하여 확인할 수 있다.

〈표 IX-3〉[428] '匽(언)' 명문을 통한 '匽(언)'의 의미 분석

기명(器名)과 제작 시기	명문 예(辭例)	출토지, 유물 번호	분석
尊卣 (早一)	匽(燕)侯旨作姑妹寶尊彝.	山西 翼城 大河口西周墓 M1:273, 271276	'匽侯(언후)'가 지시하여(旨) 고매(姑妹)의 보존이(寶尊彝)를 만든다'로 해석된다. 기물(器物)이 산서성(山西省) 남부 황하 인근의 익성(翼城)에서 출토된 사실은 산동성, 요녕성 발굴 유물들과 더불어 북경만을 匽(언), 즉 연(燕)으로 특정시킬 수 없음을 의미한다.
觚 (早一)	匽(燕)侯作瓚.	山西 翼城 大河口西周墓 M1:268	
小臣䵼鼎 (早一)	䵼(召)公(建)匽(燕)休于小臣䵼貝五朋, 用作寶尊彝.		䵼를 召公의 召(소)와 연결시킬 근거가 부족하다. 또한, 匽 뒤에 '쉬다'라는 뜻의 '休'가 온 것은 匽이라는 지역이 '休(휴)'를 위한 곳이라고 해석할 수 있는 가능성을 높인다.
圉鼎 (早一)	休朕公君匽(燕)侯易圉貝, 用作寶尊彝.	房山琉璃河 M253:11	문장의 주어로 볼 수 있는 '休朕公君匽侯(휴짐공군언후)'는 '쉬고 있는(休) 우리(朕=我)의 공군(公君) 언후(匽侯)가'로 해석할 수 있다. 상기 '小臣䵼鼎'의 예에서 匽(언)과 休(휴)가 같이 등장한 것과 같이 이 명문 역시 匽侯(언후)의 의미를 내용 중 休(휴: 쉬다, 그만두다)와 통하는 '퇴직한 제후'로 해석될 수 있다.

428) 馬立志, 앞의 논문(2021), pp.180-308

명문	원문	출토지	해석
雪鼎 (早二)	隹九月既生霸辛酉, 才(在)匽(燕). 侯易(賜)雪(憲)貝金, 揚侯休, 用乍(作)釁(召)白(伯)父辛寶尊彝. 萬年子子孫孫寶. 光用大保.	山東 壽張縣 梁山下	명문 가운데 '才(在)匽. 侯易(賜)雪(憲)貝金, 揚侯休' 문장은 '匽(언)에서 제후(侯)가 憲(헌)에게 돈(貝)과 금(金)을 하사하여(賜), 제후(侯)를 찬양하고(揚) 쉬도록(休) 하였다'로 해석할 수 있는데, 이 문장 역시 '匽(언)'과 '休(휴)' 사이에 관련이 있음을 설명하고 있다. 또한, 앞의 경우와 같이 釁를 召公의 召(소)와 연결시킬 만한 근거가 부족하다.
堇鼎 (早一)	匽(燕)侯令堇飴(飴)大保于宗周. 庚申, 大保賞貝, 用乍大子癸寶尊鬻.	琉璃河 M253：12	첫 문장을 '匽侯(언후)가 堇(근)에게 명하여 大保를 飴(성실히 받들게)하여 宗(종실)을 周(온전히) 하니, 大保가 이에 상금을 내리다'로 해석할 수 있다. '宗周(종주)'를 '주(周) 왕실을 宗(종실)으로 삼다'로 해석하거나,429) 주(周) 왕실의 수도였던 鎬京(호경)으로도 해석할 수도 있다.430) 북경 유리하 유적지에서 수천 리 떨어진 섬서성 종주(宗周, 鎬京)에 堇(근)을 파견하여 대보(大保)를 섬기게 하니 대보가 이에 상을 내려 보존(寶尊)을 제작했는데, 그 보존(寶尊)이 북경(유리하 유적)에서 발견됐다면 당시의 교통 상황을 감안할 때 쉽지 않은 일이었을 것이다. 또한, 匽侯(언후)가 직접 堇(근)에게 상을 내리지 않고 대보(大保)가 堇(근)에게 상을 내린 것은, 匽侯(언후)가 堇(근)에게 명하여 대보(大保)를 보좌하라고 하였으나 匽侯(언후)가 堇(근)에게 업무를 맡기고 '퇴직'하면서 匽侯(언후) 대신 대보(大保)가 堇(근)에게 상을 내렸음을 의미할 수 있다.
匽侯旨鼎 (早一)	匽(燕)侯旨初見事于宗周, 王賞旨貝二十朋, 用作又(有)妣寶尊彝.	北京城外出土	앞부분 문장을 '匽侯(언후)인 旨(지)가 처음(初) 신하로서 일을 감독하여(見事) 宗(종실)을 周(온전히)하니, 왕이 旨(지)에게 20붕(朋)의 돈(貝)을 상으로 내렸다'로 해석할 수 있다. 이는 匽侯(언후)로 직함을 받았던 旨(지)가 일찍이(初) 일을 잘하여 왕(王)이 상을 내린 것으로, 匽侯(언후)의 의미가 현직이 아닌 퇴임직으로 사용됐을 가능성이 있다. 이 문장에서 宗周(종주)를 주

			(周) 왕실의 수도였던 鎬京(호경)으로 해석할 수도 있으나, 상기 내용과 같이 북경과 수천 리 떨어진 섬서성에서 공무를 행하고 받은 상인 보존이(寶尊彝)가 북경에서 발견된 이유가 설명되기 어렵다.
匽侯簋 (早)	匽(燕)侯乍姬 ㊤(丞)尊彝		중국 학계에서는 금문의 姬(희)를 주(周) 왕실의 성씨인 희씨(姬氏)와 연결하고 있으나, 姬(희)는 고대에 부녀자의 미칭 또는 궁녀로 사용되던 보통명사였다.431) 이 명문들 역시 匽侯(언후)가 姬(부녀, 혹은 궁녀)를 위해 존이(尊彝)를 제작했음을 의미한다고 해석할 수 있는데, 이는 다른 금문 내용 중 '乍中姬寶(中姬를 위해 만든 보물)', '作井姬用鼎(井姬가 사용할 정(鼎)을 만들다)'432) 등의 용례로 알 수 있다.
匽侯簋 (早)	匽(燕)侯乍姬 □		
匽侯盂 (早)	匽(燕)侯乍旅盂		
匽侯盂 (早)	匽(燕)侯乍 (饋)盂	凌源縣 海島營子村(今喀左縣馬廠溝) 銅器窖藏	요녕성(遼寧省) 조양시(朝陽市)에 속한 객좌현(喀左縣)에서 匽(언) 명문 유물이 발굴된 사실은 산서성(山西省) 남부 황하 인근의 익성(翼城), 산동성 치박시(淄博市) 발굴 유물과 더불어 匽(언)을 연(燕)으로 특정시키기 어렵게 한다.
克罍 克盉 (早一)	王曰大保, 隹(惟)乃明乃鬯, 亯(享)于乃辟. 余大封乃亯(享), 令(命)克侯(侯)于匽(燕), ㊤(使)羌兔馭微, 克㊤(宅)匽入土眾氒嗣(司), 用乍(作)宝尊彝	北京 房山 琉璃河西周墓 M1193 : 168, M1193 : 167	명문의 주어는 왕(王)이고, 극(克)이라는 제후(侯)에게 명하여 匽(언)에 거할 것을 명한 내용으로 풀이할 수 있다. 중국에서는 匽(언)을 연(燕)으로 해석하여 극(克)을 주(周)무왕이 연에 봉한 소공의 큰아들로 해석하고 있다. 그런데 이 극(克)이라는 사람에 관한 이어지는 내용인 '克㊤(宅)匽入土'의 뜻을 보면 '克이 匽에 거하여(㊤) 흙에 들어가자(入土)'로 해석할 수 있는데, 이는 匽(언)과 入土(입토), 즉 '사망' 사이의 일정한 관련이 있음을 추정케 한다. 즉, 이 문장을 '克이 (되직하여) 匽(匽侯)으로 지내다(㊤) 사망하다(入土)'로 해석할 수 있다. 이럴 경우 匽은 고관이 죽는 날까지 머무는 최후 안식처임을 의미한다.

匽侯舞錫 (早)	匽(燕)侯舞	房山琉璃河 M1193	『설문해자(說文解字)』에는 '舞(춤출 무)'에 대하여 '翌, 古文舞从羽亡.'이라고 설명하고 있다. 이는 고대 '춤(舞)'이 '깃털(羽)', '사망(亡)'과 관련돼 있음을 의미한다. 이를 통해 망자(亡者)가 새와 같이 하늘에 닿기를 염원하는 소원을 비는 의례가 춤(舞)이었음을 추정하게 한다. 즉, 舞(무)라는 글자가 원래 '사망', '사라짐(없음)'과 관련이 있음을 의미하며, 匽侯舞(언후무)라는 문장 속의 '숨다', '그치다'를 의미하는 '匽'과 '사망'과 관련된 '舞(무)' 사이에 서로 연관된 뜻이 있을 가능성이 있다.
匽侯舞錫 (早)	匽(燕)侯舞昜 (錫)	房山琉璃河西 周墓出土, 18484 (M252:2), 18485 (M252:4), 18486 (M1193:211), 18487 (M1193), 18488 (M1029 : 36)	
匽侯旨鼎 (早)	匽(燕)侯旨作 父辛尊.		맨 위 명문은 '匽侯(언후) 旨(지)가 父辛(부신)의 尊(존)을 만들다'로 해석되는데, 중국 학계에서 父辛(부신)을 召公(소공) 奭(석)으로 '추정'하고 있으나 근거가 부족하다. 그 아래의 두 명문에 '乍(作)父戊', '乍(作)父乙'이라는 父와 관련된 내용들이 있는 것으로 보아, 공직에서 물러난 언후(匽侯)들이 자신들의 부친(父)을 위해 청동 제기(尊彝)를 만드는 풍속이 있었음을 추정할 수 있다.
伯矩鬲 (早一)	才(在)戊辰, 匽(燕)侯昜白 矩貝, 用乍父 戊尊彝.	房山琉璃河 M251 : 23	
亞盉 (早)	甚侯亞吴(疑), 匽(燕)侯昜亞 貝, 乍父乙寶 尊彝.	北京 近郊 盧 溝橋(按, 可能 出自琉璃可一 帶)	

 이상과 같이 '匽(언)'이라는 글자가 기록된 청동기가 북경에 있었다는 '연(燕)'의 고유 지역 청동기가 될 수 없음은, '匽(언)' 관련 청동기 명문의 출토지가 다양하고(북경 일대 이외의 산서성(山西省) 남부 익성(翼城), 산동성 치박시(淄博市), 산동성 장수현(壽張縣), 요녕성(遼寧省) 조양시(朝陽市) 등), 그 명문들 속 언(匽)의 뜻이 연(燕)나라와 관련이 없는 '휴식지', '퇴임지'로 해석될 가능성이 높기 때문이다.

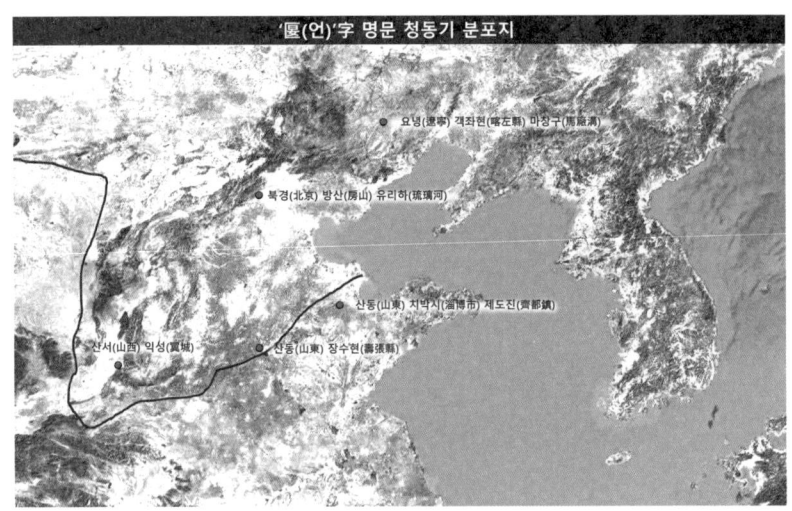

〈그림 IX-9〉 '匽(언)'자 명문 청동기 분포지

[그림 IX-9 설명] '匽(언)' 글자가 있는 청동기의 출토지가 광범위하고 다양한 사실은 명문이 발견된 여러 곳 중 한 곳인 '북경'만이 '연(燕)'의 고유 지역일 수 없음을 의미한다. 특히 과거 제(齊)의 땅으로 추정되는 산동성 치박시 제도진에서 '匽(언)'자 명문 청동기가 다수 발견된 사실은 '匽(언)'이 '연(燕)'이 되기 어려움을 증명한다. 또한, '匽(언)'의 의미가 '연(燕)'의 고유 지명이 아닌 고위 관직자들이 퇴임 후 왕에게 봉지로 받

---

429) 『史記』 「魯周公世家」 "宁淮夷东土, 二年而毕定. 诸侯咸服宗周(회이(淮夷)와 동방 땅을 평정하니, 2년 만에 모두 안정되었다. 제후들이 모두 종주(宗周)에 복종하였다)."

430) 『漢書 顏師古注』 地理志第八下, "師古曰 : 宗周, 鎬京也(사고(師古)가 말히였다: "종주(宗周)는 호경(鎬京)이다)."

431) 『漢典』姬, "古代對婦女的美稱. 中國漢代宮中的女官. 舊時稱妾 : -人. -妾. -侍. 舊時稱以歌舞為業的女子 : 歌-. 姓(희(姬): 고대에 여성에 대한 아름다운 칭호. 중국 한나라 시대 궁중의 여관(여자 관리). 옛날 첩을 이르는 말: -인, -첩, -시. 옛날 노래와 춤을 업으로 삼는 여자: 가-. 성씨)."

432) 馬立志, 앞의 논문(2021), pp.295-297

은 '퇴임지(휴식지)'라는 보통명사로 해석될 수 있음이 각 지역에서 발견된 명문(銘文) 해석을 통해 확인된다.

(4) 한(漢)과 다른 고조선 고유 문자의 존재

전한(前漢) 또는 신(新)나라 시기에 양웅(揚雄, BC 53-AD 18)은 27년간 답사를 통해 중국 주변의 어휘를 조사하여 『방언(方言)』을 저술한다. 최근 이 책에 기록된 '조선열수' 지역 어휘 32개를 몽골어, 만주어 및 어원커어 등 한국인과 가까운 주변 민족들의 관련 어휘와 비교 분석한 결과 '조선열수' 지역 어휘의 언어 정체성이 고조선어였을 개연성이 높다는 사실이 밝혀졌다.433) 한편, 일부 중국 연구자는 "중국의 동북 지역은 고대부터 한족(漢族)이 지배해 왔음을 주장"하면서 그 주요 근거의 하나로 고조선이 중국어(한자)를 사용하였다는 점을 들고 있고, 구체적으로 양웅이 저술한 『방언』 내용을 바탕으로 "동북 지역 및 한반도는 원래 중국인들이 살던 곳으로 중국어(한자)를 사용하였음이 양웅의 『방언』 중 '북연-조선 방언구' 설정에서 확인된다"고 주장하고 있다.434)

이러한 주장들을 종합할 때 고조선은 한자문화권 내에 있던 국가, 즉 한자를 사용하고 있었으며, 중원과 다른 고유한 언어체계가 있었음을 확인할 수 있다. 다만, 중국에서 고조선이 '한자(중국어)'를 사용했기 때문에 한족(漢族)이 지배했다는 주장은 사고의 전환이 필요하다.

한자를 최초로 체계화한 동이족 계열 국가인 상나라(은나라)의435) 갑

---

433) 정재남, 「고조선어 분석에 관한 새로운 성과와 절반의 '아쉬움'-동북아역사재단 북방사연구소 편」, 『고조선의 언어계통 연구: 양웅의 『방언』 수록 고조선어 분석』, 고조선단군학 45, 2021, pp.237-264.

434) 田子馥, 『中國東北漢文化史述』, 中國社會科學出版社, 2015, pp.55-58.

435) 張碧波, 앞의 논문(2000), p.1. "商族與夷族似出一源, 故周人稱殷商為夷(상(商)족과

골문을 분석할 때 주(周) 왕조로 대표되는 화하계 중원 문화보다는 예맥 조선, 부여를 비롯한 예맥계 국가들과 문화적으로 더 유사한 사실이 확인된다.436) 기원전 108년 고조선 멸망 이전까지 상(商)의 재상 기자(箕子)의 후손인 기씨(箕氏) 왕이 다스리던 조선,437) 상(商)과 풍습상 유사성이 있던 부여, 그리고 그 나라들의 영향을 일정 부분 이어받아 성립된 예맥족 국가들(고구려, 백제, 옥저, 예 등)의 문화적 공통성은, 이들 국가들이 상(商)과 일정한 관련성이 있음을 짐작하게 한다. 이러한 예맥족 국가들과 동이족 국가 상(商)의 연관성은 유물과 역사적 기록, 문화적 유사성 이외에도 언어적 방면에서 연구되고 있는데, 전(前) 어문학회 회장을 역임한 유창균 교수는 '고대 중원의 언어(갑골어)와 한국 고유어의 유사성 연구'를 통해 언어학적으로 고대 한자의 발음이 한국 고유어와 연결돼 있음을 주장하기도 하였다.438)

이(夷)족은 마치 같은 근원에서 나온 듯하여, 그래서 주(周) 사람들은 은상(殷商)을 이(夷)라고 불렀다).＂; 畢庶春, 앞의 논문(2011), p.114. "殷人孔子與東夷淵源甚爲深遠. 孔子自稱'丘也, 殷人也' …旣然箕子, 孔子和朝鮮之民, 都是東夷之屬, 那麼, 箕子赴朝, 孔子仰慕殷人前賢也欲'乘桴浮海', '欲居九夷', 實不足爲怪(은인(殷人)인 공자(孔子)와 동이(東夷)와의 연원은 매우 깊다. 공자 자신도 '구(丘: 공자 이름)는 은인이다'라고 자칭하였다. 이미 기자(箕子), 공자, 그리고 조선의 민족이 모두 동이의 일파라면, 기자가 조선으로 가고 공자가 은인의 옛 현인을 흠모하여 '뗏목을 타고 바다를 떠돌며', '구이(九夷)에 거주하고자' 한 것은 전혀 이상할 일이 아니다)."

436) 李基勳, 앞의 논문(2013).
437) 『二國志』「東夷傳」濊, "昔箕子旣適朝鮮, 作八條之敎以敎之, 無門戶之閉而民不爲盜. 其後四十餘世, 朝鮮侯(淮)[準]僭號稱王(옛날에 기자(箕子)가 조선에 갔을 때, 여덟 조항의 교훈을 만들어 백성을 가르치니, 문을 닫지 않아도 백성이 도둑질을 하지 않았다. 그로부터 40여 세대가 지난 후, 조선후 준(準)이 왕을 참칭하였다)."
438) 유창균, 『문자에 숨겨진 민족의 연원』, 집문당, 1999. "갑골문에서 금문, 전서를 통하여 초문에 결합한 初音(초음)이 너무도 한국적인 성격을 가짐을 발견하고 놀라지 않을 수 없었다. …우리민족은 결코 한반도에서 일어난 것이 아니고, 아시아 대륙을 누리던 선진 민족이었으며, 점차 그 세력의 약화와 동진에 의해 한반도로 밀려난 것이란 생각

BC 11세기 이전 고대 상(商)나라 문화를 담고 있는 초기 한자인 상(商) 문자(갑골문)의 문화적 현상이 중원보다 한국의 전통 문화와의 관련성이 높다는 사실은,[439] 한자 사용의 최초 주체가 동이족과 문화적으로 차이가 있던 중원 민족[440]이 아니라 예맥조선 계열 사람들이었을 가능성이 있음을 의미한다. 이는 고조선이 '한자'를 사용했으므로 중국 정권이라는 관점의 전환이 필요한 이유가 된다. 왜냐하면 최초의 '한자'를 개발하고 사용한 민족의 주체가 과연 현대 '중국인'에 국한될지에 대한 근원적 질문에 대한 확실한 답을 할 수 없기 때문이다.

　　중국에서 북경이 '연(燕)'의 초기 수도라고 주장하는 중요한 근거 유물인 유리하 유적 M1193호 묘에서 출토된 극뢰(克罍)의 명문(銘文)은 중국 학계에서도 그 해석이 매우 난해한 것으로 인정하고 있다. 명문 해석이 어려운 이유는 일부 현대 한자로 해석이 어려운 글자들과 해석된 문자들 사이의 문법적 연결이 쉽지 않아 전체적 문장 내용을 이해하기 어렵기 때문이다.[441]

에 도달하게 되었다."

439) 李基勳, 앞의 논문(2013).

440) 李德山, 「東北古民族源於東夷論」, 『東北師大學報』 4, 1995, p.94. "東夷人有自己獨特的禮. …就是以蹲踞為恭敬. 由於族系不同的緣故, 華夏民族視蹲踞為無禮的表示. …秦漢時期, 隨着山東諸地東夷民族的被同化, 蹲踞禮在我國內地不復存在(동이 사람들에게는 독특한 예절이 있는데, …바로 쭈그려 앉는 것(蹲踞)을 공손하다고 여기는 것이었다. 종족의 계통이 다른 관계로 화하 민족은 쭈그려 앉는 것을 무례하다 여겼다. …진한 시기(秦漢, BC 3세기-AD 220년)에 산동 지역의 여러 동이 민족이 동화되면서 쭈그리고 앉는(蹲踞) 예절은 우리나라(중국) 내부에서 더 이상 존재하지 않게 된다)."

441) 張全禮, 앞의 논문(2021), p.12.

[극뢰(克罍) 명문 원문]

王曰大保, 隹乃明乃㣇, 亯于乃辟. 余大封乃亯, 令克侯于匽,󰡚羌兔󰡚󰡚
馭󰡚, 克󰡚匽入土眔氒󰡚, 用乍宝尊彝

    명문 해석이 어려운 이유 중 하나는 고조선인들이 쓰던 고유 문자가 문장에 사용되었기 때문일 가능성이 있다. 후한(後漢) 시기인 서기 1세기-2세기 초 허신(許愼)이 저술한『설문해자(說文解字)』에는 고조선 사람들이 자신들만 쓰는 언어와 문자(한자)가 있었음을 밝히고 있다.

〈표 IX-4〉『설문해자(說文解字)』에 기록된 고조선 고유의 언어와 문자

문헌	원문	해석
『說文解字』第二	咺. 朝鮮謂兒泣不止曰咺. 從口宣省聲. 況晚切.	咺(훤). 조선에서 아이가 울음을 그치지 않을 때 이를 '咺(훤)'이라고 한다. 'ㅁ' 부수에 '宣'의 줄인(省) 소리가 聲(성)이다. 발음은 況(황)과 晚(만)의 반절(切)이다.
『說文解字』第四	盱. 張目也. 從目于聲. 一曰, 朝鮮謂盧童子曰盱. 況于切.	盱(우). 눈을 크게 뜨는 것이다. '目' 부수에 '于'가 聲(성)이다. 한편, 조선에서는 눈동자(盧童子)를 '盱(쳐다볼 우)'라고 부른다. 발음은 況(황)과 于(우)의 반절(切)이다. ※참고: 盧童子(로동자)는 검은 눈동자를 의미하는 '矏(검은 눈동자 현)'과 같은 의미이다.(『說文解字』"矏, 盧童子也.")
『說文解字』第十四上	錪. 朝鮮謂釜曰錪.从金典聲他典切.	錪(전). 조선에서는 솥(釜)을 '錪'이라고 한다. 부수는 金이고 典이 聲(성)이다. 발음은 他(타)와 典(전)의 반절이다.

    이렇게 조선 언어에 대한 이해가 깊었던 후한 시기(後漢, BC 25-220) 『설문해자(說文解字)』의 저자 허신(許愼)은 '소릉(召陵)이 만세에 이어진 (召陵萬歲里)' 언성현(鄢城縣) 소릉진(召陵鎭) 출신으로, 그가 태어난 곳은

부사년 선생이 소공(召公)의 최초 봉지였던 '언(郾)' 즉 '연(燕)'의 수도로 주장했던 곳이다. 현재 하남성(河南省) 누하시(漯河市)에 속해 있는 황하 이남의 소릉현(召陵縣) 출신 허신(許愼)이 서기 1세기경 조선어에 익숙했다는 사실은 후한(後漢) 당시 조선과 황하 유역과의 교류가 상당히 활발했음을 짐작게 하며, '조선'이라는 국호가 후한(後漢) 당시에 사라지지 않고 여전히 사용되고 있었음을 알려 준다. 만일 후한(後漢) 당시 조선이 한반도에 있었다면 황하 이남 출신인 허신(許愼)이 조선어에 익숙하기 어려울 것이다. 즉, 허신의 고향인 황하 이남 소릉현(召陵縣)과 멀지 않은 북쪽에 조선이 있었음을 추정할 수 있다.

따라서 극뢰(克罍)가 황하 이남 소릉현(召陵縣)에서 수천 리 북쪽 조선 영토로 추정되는 북경 유리하 유적에서 발견되었다는 사실은, 극뢰(克罍)의 명문(銘文) 중에 고조선의 고유한 언어와 문자가 포함되었을 가능성이 높음을 의미하고, 만일 고조선 고유 문자가 명문(銘文)에 포함돼 있다면 번역이 쉽지 않을 수 있다.

(5) 필자의 반론 정리

이상에서 살펴본 바와 같이 북경 유리하(琉璃河) 유적을 서주(西周) 연도(燕都) 유적으로 비정하는 데에는 여러 문제점이 드러난다. '유리하 유적이 서주(西周) 연도(燕都) 유적'이라는 중국 학계의 주장에 대한 필자의 '문헌과 명문(銘文) 분석'을 통한 반론을 정리하면 다음과 같다.

〈표 Ⅸ-5〉 유리하 유적을 서주(西周) 연(燕)과 연결시킨 중국의 근거와 필자의 반론 정리

유리하 유적을 서주(西周) 연(燕)과 연결한 중국 학계의 주요 근거[442]

① 북경 유리하 청동 유물 명문(銘文)인 '宗周', '成周'의 '周'가 西周의 수도(宗周)와 洛邑(成周)을 의미하므로 북경 지역이 西周의 제후국 연(燕)의 초기 봉지(封地)였다.

② 북경 유리하 유적 M1193의 '克罍(극뢰)', '克盉(극화)'의 명문에 "왕이 극후를 연(燕)에 명하였다(王令克侯于燕)"는 기록이 있으므로, 북경이 연(燕)이다.

③ 무덤 부장품 중 청동 예기 조합 및 특성이 중원 주(周)나라 무덤과 큰 차이가 없다.

필자의 반론

①번 주장에 대한 반론

유리하에서 발굴된 청동기 명문 중 '宗周', '成周'의 '周'는 이어지는 명문 내용을 볼 때 지명이 아닌 '술어(형용사)'로 해석될 수 있다.

[유리하유적의 '宗周', '成周' 관련 명문]
(1) "匽侯令堇飴(飴?)大保于宗周. 庚申, 大保賞貝, 用乍大子癸寶尊彝. 🈚" (琉璃河 M253：12)
(2) "王公式于成周, 王賜園貝, 用作寶尊彝".(琉璃河 M1901 銅簋)[443]

'周'의 고대 문헌상 의미가 '술어(형용사)'로 사용된 예는 다음과 같다.[444]
 a. 빽빽하다(주도면밀하다).『說文』"周, 密也."
 b. 충성스럽고 신의가 있다.『國語 · 魯語』"忠信為周."
 c. 신중하고 치밀하다.『管子 · 人主』"人不可不周. 注：謂謹密也."

또한 '于'는 '於'와 같은 글자로(『설문해자』), 그 뜻이 주로 '-로 향하여 가다(往)', '-에(在)', '-에게(給, 向, 對)', '-을 위하여(為)'라는 의미로 사용된다.[445] 따라서 위 두 명문 중의 '于宗周', '于成周'는 '宗(종묘) 또는 成(城)[446]에 가서(于) 충성스럽고 성실하게 업무하다(周)'로 해석할 수 있다. 이어지는 내용이 모두 그로 인해(그의 충직함으로 인해) 고관인 대보(大保) 또는 왕(王)이 상금(貝)을 하사하여(賞, 賜), 그것으로(用) 귀중한 청동기(寶尊彝, 寶尊彝)를 만든(乍, 作) 사실은 이러한 해석에 타당성을 부여한다. 만일 명문의 '周'를 술어인 '충성하다'가 아니라 '시명(周나라)'으로 해석한다면 이어지는 '이에 상금을 하사하여 그 돈으로 청동 보물(寶尊彝)을 제작하다.'라는 내용의 '상금을 하사하는 이유'가 불분명하게 되어 앞뒤 문장의 인과성이 결여된다.

---

442) 韓嘉穀, 「談張家園上層類型, "張家園上層文化"和琉璃河早期類型」, 『北京文博文叢』 24(1), 2017, pp.2-3.

상기 명문의 '成周(성주)'를 『사기(史記)』 「노주공세가(魯周公世家)」에 나오는 周成王 7년(기원전 1037년) 당시의 雒邑(낙읍),447) 즉 현재의 洛陽(낙양)으로 해석하고, 宗周(종주)를 주(周)나라의 수도 鎬京(호경)으로 해석할 수도 있다.448) 그러나 그럴 경우라도 북경 유리하 유적을 연(燕)나라 유적과 직접 연결하기 어렵다. 왜냐하면 '宗周(종주)', '成周(성주)'라는 지명은 '西周의 수도'로서, '宗周(종주)', '成周(성주)' 명문 청동 유물들이 발견된 유리하 지역(북경)을 '西周의 수도'로 볼 수 없고, 유리하 유적이 제작되던 西周(서주) 시기 연(燕)나라는 기록상 아직 황하 이남 섬(陝) 지역에 있었기 때문이다.449) 다만, '宗周(종주)', '成周(성주)' 명문 청동기들을 기원전 636년 戎狄(융적)이 東周(동주)의 수도였던 낙읍(낙양)을 정벌했을 때 약탈한 유물로는 추정할 수는 있는데,450) 그럴 경우 당시 東周(동주)를 정복한 '戎狄(융적)의 수도'가 현 유리하 유적이었다고 해석할 수는 있다.451)

②번 주장에 대한 반론: '克罍(극뢰)' 원문은 '王曰大保, 隹(惟)乃明乃鬯, 亯(享)于乃辟. 余大封乃亯(享), 令(命)克㫊(侯)于匽(燕)'으로, '연(燕)'이 아닌 '匽(언)'으로 기록돼 있다. 앞에서 설명했듯이 '匽(언)'과 '연(燕)'을 동일시하기 어려운 이유는 '匽(언)' 관련 청동기 명문의 출토지가 다양하고(산서성, 산동성, 요녕성 등), '그치다', '숨다'의 의미를 가진 '匽'이 고유지명이 아닌 '휴식지(퇴임지, 匽)'로 해석될 가능성이 높기 때문이다. 또한, 克罍(극뢰) 명문의 克을 문헌에 없는 연(燕) 소공(召公)의 장자 이름으로 '추정'하여 克罍(극뢰)가 발견된 북경을 연의 도읍으로 비정한 것도 근거가 부족한 주장이다.

③번 주장에 대한 반론: 주(周)나라는 기본적으로 중원 상(商, 殷)의 관제를 이었기 때문에(周因於殷禮)452) 동이족 계열의 상(商, 殷)을 배척한 주(周)의 청동 예기나 무덤을 모두 화하족 중심의 중원국가 대표인 주(周)에 귀속시킬 수 없다. 이에 비해 유리하 유적의 유물을 주(周)에 의해 세력이 축소된 동이족 계열의 상(商) 유물로 보는 것이 당시 북경 일대의 유물적 성격을 볼 때 보다 합리적이라고 할 수 있다.453)

---

443) 人民日報海外版(http://paper.people.com), 琉璃河遺址 兩段銘文共證北京三千年建城史.

444) 漢典(https://www.zdic.net), 周.

445) 漢典(https://www.zdic.net), 于(於).

446) 『周禮』 「冬官考工記」 "方十里爲成(사방 10리를 하나의 성(成)이라 한다.)"; 『左傳』 「哀元年」 "有田一成(밭 한 성이 있었다)."

447) 『史記』 「魯周公世家」 "成王七年二月乙未, 王朝步自周, 至豐, 使太保召公先之雒相土. 其三月, 周公往營成周雒邑(集解公羊傳曰:「成周者何? 東周也.」 何休曰:「名為成周者, 周道始成, 王所都也..」), 卜居焉, 曰吉, 遂國之(성왕 7년(기원전 1037년) 2월 을미일에

3. 유리하 유적을 서주(西周)의 연나라 도성(燕都)으로 비정한 문제점 - 고고학적 분석

북경 유리하(琉璃河) 유적이 기원전 11세기 서주(西周) 당시 서주(西周)의 봉국(封國)이었던 연나라의 수도(燕都) 유적이라는 주장은 '고문헌과 명문(銘文) 분석' 이외에도 유리하(琉璃河) 유적과 관련된 고고학적 자료의 분석을 통해서도 여러 문제가 있음이 확인된다.

(1) 북경은 북방 빗살무늬(繩紋, 之字紋) 도기(陶器) 문화권

유리하 유적(西周燕都遺跡)에서 발굴되는 도기(陶器)의 경우 대부분 표면에 다양한 빗살무늬(繩紋, 之字紋)가 시문(施文)돼 있다. 빗살무늬는 신석기시대 한반도 및 중국 동북방을 포함한 아시아 북방에서 광범위하게 사용되던 문양으로서, 그 기원지와 지역별·시대별 사용 시기를 살펴보

왕이 주(周, 호경)에서 도보로 풍(豐)까지 가서 문왕의 사당을 참배하고는 태보(太保) 소공(召公)을 먼저 낙읍(雒邑)으로 보내어 땅을 살피도록 했다. 그해 3월에 주공이 가서 성주(成周) 낙읍(雒邑)을 조성하고자 점을 치니 길한 것으로 나와서 드디어 그곳을 도읍(雒邑)으로 삼았다)."

448) 『漢書 顏師古注』 地理志第八下, "師古曰 : 宗周, 鎬京也(사고(師古)가 말하기를: 종주(宗周)는 호경(鎬京)이다)."
449) 자세한 내용은 〈표 Ⅷ-3〉 시기에 따른 연(燕) 위치 추정 참고.
450) 『史記』「匈奴列傳」"其後二十有餘年, 而戎狄至洛邑, 伐周襄王, 襄王奔於鄭之汜邑.(그로부터 20여 년 후(기원전 636년)에 융적이 낙읍으로 침범하여 주나라 양왕(襄王)을 공격했다. 이에 양왕은 정(鄭)나라의 범읍(汜邑)으로 도피했다.)"
451) 이 주장의 근거는 본고 'Ⅺ. 유리하 유적과 연하도 유적의 왕검성 가능성 검토' 참고.
452) 『漢書』「禮樂志」"孔子曰 …周因於殷禮(공자(孔子)가 말하였다: "…주나라는 은나라의 예(禮)를 계승하였다")."
453) 이와 관련된 내용은 이어지는 '3. 유리하 유적을 서주(西周)의 연나라 도성(燕都)으로 비정한 문제점 - 고고학적 분석' 내용 참고.

면 빗살무늬 도기(陶器)를 사용하던 유리하 유적의 주요 세력이 어느 문화권에 속하는지 대한 이해를 높일 수 있다.

2012년 중국의 왕틈(王闖)은 승문(繩紋, 새끼줄 무늬) 또는 지자문(之字紋, 之자 무늬)으로도 불리는 신석기시대 토기의 대표적 문양인 '빗살무늬'와 관련된 연구를 종합하여 발표하였다. 그의 연구 내용을 요약하면 다음과 같다.

〈표 IX-6〉 중국 동북과 화북 지역의 지자문(之字紋) 연구 정리[454]

분류	논문 내용 요약
빗살무늬의 호칭	중국에서는 일반적으로 지자문(之字紋)으로 통용되고 있으며, 시문(施紋) 도구에 따라 비문(篦紋, 빗살무늬), 승문(繩紋, 새끼줄무늬) 등으로 구분된다. 한국에서는 일반적으로 빗살무늬(櫛目紋 또는 梳齒紋)로 불린다.
빗살무늬의 기원	빗살무늬 토기의 기원지와 관련하여 중국 학계에서는 크게 두 가지 관점이 있다. 첫째, 기남(冀南)·예중(豫中) 지역으로 아래 그림의 C구역(C區)에 해당한다. 磁山(자산)·배리강(裴李崗) 문화 지역으로, 소위 '중원'이라 불리는 지역에서 기원하여 점차 다른 지역으로 전파됐다는 관점이다. 둘째, 요서(遼西) 지역으로, 아래 그림의 A구역(A區)에 해당한다. 흥륭와(興隆窪) 문화와 홍산(紅山) 문화 지역으로서, 시기적으로 상당히 이르고, 빗살무늬가 북방문화 계통을 대표한다고 보며, 이후 중원의 기남(冀南) 지역 자산 문화(磁山文化)와 예중(豫中) 지역 배리강(裴李崗文化)에 영향을 주었다는 주장이다. 기타, 러시아 외바이칼호 지역의 카렝가(卡棱加) 강 입구 문화에서 유래했을 가능성을 제기한 관점과, 빗살무늬의 기원이 복잡하며 여러 지역과 여러 문화에서 공동으로 창조된 결과일 가능성이 있다는 주장도 있다.

---

454) 王闖, 「我國東北及華北地區之字紋研究」, (중국)中央民族大學 博士學位論文, 2012, pp.1-195.

| 빗살무늬 토기 유적 분포지 | 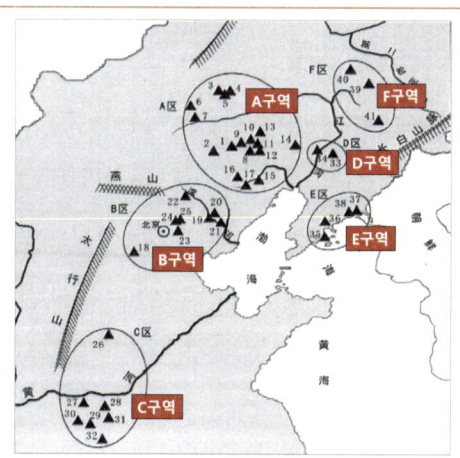
〈그림 IX-10〉 중국 동북과 화북 지역 빗살무늬(之字紋) 형태 유적 분포 및 지역 구분(東北及華北地區之字紋典型遺址分佈與分區) |

빗살무늬 유적의 구역별 수량과 비율	分區	유적지 수량	비율
	遼西地區 (A구역)	72	37.70%
	燕山南北 (B구역)	21	10.99%
	豫中·冀南 (C구역)	12	6.28%
	下遼河流域 (D구역)	22	11.52%
	遼東半島東南沿海 (E구역)	16	8.38%
	第二松花江流域 (F구역)	48	25.13%
	통계	191	100%

빗살무늬 토기 유적지 수량과 비율 통계(之字紋遺址點數量及比例分區統計)

| 지역별 빗살무늬 토기의 출현과 소멸 시기 | |

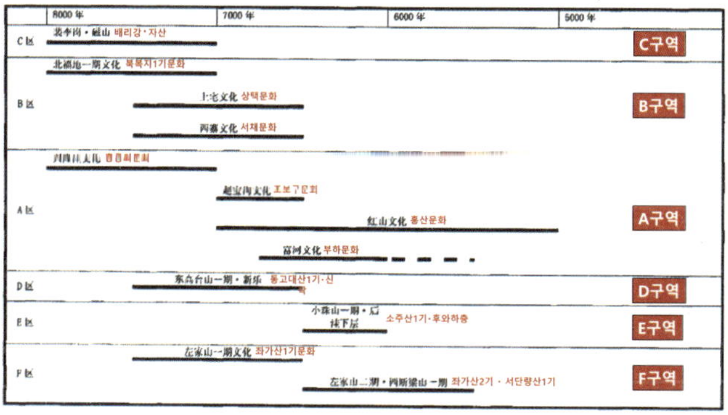

〈그림 IX-11〉 빗살무늬의 시작과 소멸 연대(之字紋起訖年代)

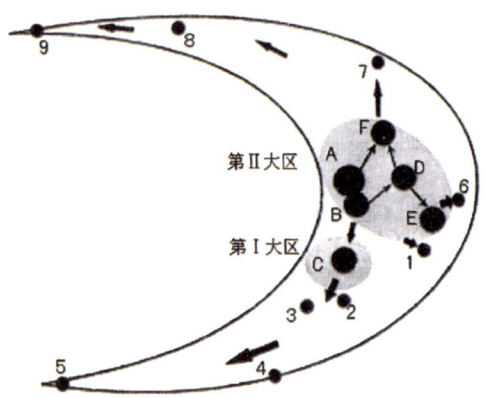

〈그림 IX-12〉 빗살무늬 유물의 초승달형 분포와 전파 경로(之字紋遺存月牙形分佈帶). A. 요서(遼西地區) B. 연산남북(燕山南北) C. 예중·기남(豫中·冀南) D. 하요하 유역(下遼河流域) E. 요동반도 남연해(遼東半島東南沿海) F. 제2송화강 유역(第二松花江流域) 1. 산동성(山東省) 2. 안휘성(安徽省) 3. 호남(湖南) 4. 광동(廣東) 5. 운남(雲南) 6. 조선(朝鮮) 7. 흑룡강 하류(黑龍江下游) 8. 외바이칼(外貝加爾) 9. 러시아 예니세이강(葉尼塞河)-옵강 상류(鄂畢河上游)

결론	• 배리강, 자산 문화(중원 문화, C구역)는 빗살무늬(之字紋)의 창조자가 아니며, 그 문화에 포함된 빗살무늬(之字紋)는 외래적인 요소일 수밖에 없다.(綜上, 裴李崗, 磁山文化遺存不是之字紋的創造者, 而其所包含的之字紋只能是外來因素.) • 종합적으로 보면 요서 지방이 빗살무늬(之字紋)의 기원지이자 중심지라는 것은 의심할 여지가 없고, (빗살무늬가) 요서 지방의 흥륭와 문화의 빗살무늬(之字紋) 통형 항아리 전통이라고 할 수 있다.(綜合考慮, 遼西地區作為之字紋起源地和中心區是毋庸置疑的, 可稱為遼西地區興隆窪文化之字紋筒形罐傳統.)

이상 중국 왕틈(王闖)의 연구를 통해 빗살무늬(승문, 지자문)의 기원이 발생 시기나 유물 숫자, 사용 기간에서 타 지역에 비해 월등히 앞선 지역이 요서(遼西) 지역이며, 이 요서의 흥륭와(興隆窪) 문화 지역에서 시작된 빗살무늬 토기가 중원 자산(磁山)·배리강(裴李崗) 문화에 오래전에 영향을 준 사실을 알 수 있다. 그런데 이렇게 요서에서 전파된 '중원' 자산(磁

山)·배리강(裵李崗) 문화의 빗살무늬는 동아시아에서 가장 먼저 약 7,000년 전에 일찍이 소멸된다. 이에 비해 요서 홍산(紅山) 문화 지역에서는 가장 오랫동안 빗살무늬 토기가 유지된다.

상기 논문에 의하면 이 요서 지역에서 시작된 빗살무늬 토기 문화는 점차 주변으로 확대되는데, 주로 만주 및 한반도, 러시아와 중국 동부 해안지대로 퍼져나간다. 그런데 논문에서는 주(周)나라의 기원지였던 황하 서쪽 섬서성(陝西省)으로 빗살무늬 토기 문화가 전파됐다는 언급이 없다. 논문에서 언급한 빗살무늬 전파지인 '초승달 영역'에 서주(西周)의 중심지가 포함되지 않는 것이다. 즉, 연(燕)나라의 종주국이었던 섬서성(陝西省) 주(周)나라와 빗살무늬 토기 문화와의 연관관계를 찾기 어렵다. 또한, 기원전 11세기 주(周)가 상(商)을 물리치고 소공(召公)을 봉(封)했던 황하 이남의 섬(陝) 지역에 해당하는 예중(豫中) 지역이나 혹은 그 바로 북쪽인 기남(冀南) 지역(상기 그림의 C구역)은 7,000년 전에 이미 빗살무늬 문화가 소멸된 곳이었다.

이에 비해 현재 북경 일대에서 발견되는 유리하 유적(西周燕國) 도기(陶器)에는 대부분 이 북방계 문화인 빗살무늬(繩紋)가 시문(施紋)돼 있다. 이러한 사실은 고대로부터 빗살무늬 문화권이었던 북경 유리하 유적이 요서 지역 북방 문화에 가깝다는 사실과 서주(西周) 당시에도 북경 유리하 유적 사람들이 그 문화를 유지했음을 의미하고, 비(非)빗살무늬 문화권에 해당하는 서주(西周)의 초기 중원 제후국 연(燕)과는 문화상 서리가 있음을 알 수 있다. 비록 초기 연(燕)의 지배층은 주(周)나라 사람이고 피지배층이 북경 현지인이라고 주장할 수 있으나, 주(周)나라가 기원전 1046년 상(商)나라를 물리치면서 그 유민을 강제로 타지로 이주시키고 수도를 폐허로 만들었던 사실로 보면,455) 주(周)의 지배층과 문화가 다른 빗살무늬 토기를 쓰던 '북방계 사람들'이 함께 정권을 유지했다는 가설을 받아들이기 어렵다.

중국의 이애령(李愛玲)은 북경 유리하 유적(西周燕都)에서 발굴된 빗살무늬(繩紋) 도기(陶器)와 관련하여 다음과 같이 소개하고 있다.

[서주(西周) 연국(燕國) 도기(陶器) 장식(裝飾) 분석(論析)][456]

1) 서주(西周) 연국(燕國) 도자기 문양의 특징

서주(西周) 연국(燕國)(유리하 유적을 포함한 북경 일대)은 도자기에 다

---

455) 『史記』 卷四 周本紀第四. "王既遷殷遺民, 周公為師, 東伐淮夷, 殘奄, 遷其君薄姑(성왕(成王, BC 1055-BC 1021)은 상(은)나라의 남은 사람들을 다른 곳으로 옮기고, 주공을 대장으로 동쪽으로 회이(회하 유역의 동이)를 정벌하고 엄을 멸망시켰으며 그 임금인 박고를 이주시켰다.)"; 『史記』 卷三十八 宋微子世家. "其後箕子朝周, 過故殷虛, 感宮室毀壞, 生禾黍, 箕子傷之, 欲哭則不可, 欲泣為其近婦人(그 뒤에 기자(箕子)가 주나라에 조현하러 가다가 옛 은나라 도읍지인 '허(虛)'를 지나게 되었는데, 궁실이 무너지고 거기에 벼와 기장이 자라고 있는 것을 보고 슬퍼하였다. 울고자 하였으나 마땅하지 않았고, 눈물을 흘리고자 하였으나 그것은 여인에 가까운 일이라 여겼다)."

456) 李愛玲,「西周燕國陶器裝飾論析」,『晉城職業技術學院學報』 2. 2019, pp.94-96. "(원문)—西周燕國陶器紋飾特點: 西周燕國對陶器採用多種方式進行裝飾, 形成了獨具特色的陶器裝飾風格. 在器表運用花紋裝飾較常見, 素麵器則不多, 繩紋便是最常用的紋飾. 西周燕人為解決一種紋飾的單調性, 採取兩種方法進行改變: 一是將繩紋做為主題紋飾, 另加弦紋三角划紋, 附加堆紋棱紋等輔助紋飾, 且多施於口沿外腹上部足等處. 二是將繩紋變換使用, 如細繩紋粗繩紋堅直繩紋交錯繩紋斜繩紋旋斷繩紋繩窩紋僵直繩紋線直繩紋等. 這種變換繩紋的使用, 使得繩紋以多種姿態出現, 顯得更有活力和層次感. 二西周燕國陶器紋飾的施用方法: 除在腹部拍印外, 1996年琉璃河遺址出土的陶鼎, 在器底部拍印了粗繩紋. 西周燕國對陶器的裝飾除採用紋飾外, 亦用熏黑打光抹光壓光等方式裝飾器表, 這幾種裝飾方式在西周燕國的大多數陶器上都有使用. 黑色陶衣是西周燕國陶器裝飾的一大特色, 北京琉璃河遺址昌平白浮西周墓鎮江營與塔照遺址天津河北等地均有發現, 尤以北京地區居多. 三西周燕國的建築用陶: 建築用陶也是西周燕國一項重要的陶器製作內容. 目前為止, 西周燕國建築用陶遺物發現的不多, 主要集中於琉璃河遺址. 1995年, 琉璃河遺址出土了筒瓦, 均殘, 標本G11H11∶3 屬泥質灰陶, 手工製作, 器表飾交錯繩紋, 殘長38cm."

양한 장식 방법을 적용하여 독특한 도자기 장식 스타일을 형성하였다. 기물 표면에 화려한 문양을 사용하는 경우가 많고, 무문 기물은 드물다. 그중에서도 승문(繩紋, 빗살무늬)이 가장 많이 사용된 문양이다. 서주(西周) 연국(燕國) 사람들은 단조로운 문양을 해결하기 위해 두 가지 방법을 사용하였다.

첫째, 승문(繩紋, 빗살무늬)을 주제 문양으로 삼고, 선형 무늬, 삼각형 무늬 등을 추가하거나, 입체적인 문양 및 모서리 문양 등 보조 문양을 더하는 방법을 사용하였다. 이러한 문양들은 주로 기물의 입구 가장자리, 복부 상부, 발 부분에 많이 적용되었다.

둘째, 승문(繩紋, 빗살무늬)을 다양한 형태로 변형하여 사용하였다. 예를 들어, 가는 무늬, 굵은 무늬, 직선 무늬, 교차 무늬, 사선 무늬, 회전된 무늬, 끈 홈 무늬, 강한 직선 무늬, 직선 무늬 등으로 변형하여 사용하였다. 이러한 변형된 승문(繩紋)의 사용은 승문(繩紋)이 다양한 모습으로 나타나도록 하여 더 많은 활기와 층차감(層次感)을 부여하였다.

2) 서주 연국 도자기 문양의 적용 방법

복부에 무늬를 찍는 것 외에도, 1996년 유리하 유적에서 출토된 도자기 솥(陶鼎)은 기물 바닥에 거친 승문(繩紋)을 찍었다. 서주 연국은 도자기 장식에 문양을 사용하는 것 외에도, 훈흑(熏黑, 그슬려 검게 만듦), 광택, 마광(抹光, 문질러 빛을 냄), 압광(壓光, 찍어 눌러 빛을 냄) 등 다양한 방식으로 기물 표면을 장식했다. 이러한 장식 방법은 서주(西周) 연국(燕國)의 대부분의 도자기에 사용되었다. 검은색을 입힌 도자기(黑色陶衣)는 서주(西周) 연국(燕國) 도자기 장식의 큰 특징 중 하나로, 북경(北京) 유리하(琉璃河) 유적, 창평(昌平) 백부서주묘(白浮西周墓), 진강영(鎭江營)

및 탑조(塔照) 유적, 천진(天津), 하북(河北) 등지에서 발견되었으며, 특히 북경(北京) 지역에서 많이 발견되었다.

3) 서주 연국의 건축용 도자기

건축용 도자기 또한 서주 연국의 중요한 도자기 제작 항목 중 하나이다. 현재까지 서주 연국의 건축용 도자기 유물은 많이 발견되지 않았으며, 주로 유리하 유적에 집중되어 있다. 1995년, 유리하 거주지에서 출토된 반원통형 기와(筒瓦)는 모두 파손된 상태였으며, 표본 G11H11:3은 진흙질 회색 도자기로 손으로 제작되었으며, 기와 표면에는 교차된 승문(交錯繩紋)이 장식되어 있다. 파편 길이는 38cm이다.

최근 유리하 유적에서는 청동환수도(青銅環首刀), 동화살촉(銅箭簇), 옥결(玉玦), 녹송석(綠松石), 석기(石器), 골기(骨器), 도기(陶器) 등 수백 점의 유물과 2만여 점의 도편(陶片)이 발굴되었다. 그런데 상기 이애령

〈그림 IX-13〉 북경시(北京市) 방산구(房山區) 유리하진(琉璃河鎮)에서 발굴된 빗살무늬(繩紋, 之字紋) 토기 유물[457]

---

[457] 北京市文物局(https://www.beijing.gov.cn), 琉璃河遺址考古發掘取得重要成果.

(李愛玲)이 밝힌 대로 중국에서 서주(西周) 연국(燕國) 유적, 즉 북경 유리하 유적 중 도기(陶器) 유물에는 대부분 승문(繩紋)이 시문(施紋)돼 있다. 그 가운데 반원통형 기와(筒瓦)의 승문(繩紋) 문양은 한국의 고대 기와에서 자주 발견된다. 이는 서주(西周) 중심지인 섬서성(陝西省)의 서안(西安) 인근의 무문(無紋) 기와와 비교가 되며, 한국의 삼국시대 승문(繩紋) 기와 풍습이 북경 유리하 유적과 연결돼 있음을 추정할 수 있다.

〈표 IX-7〉 서주(西周) 계열의 무문(無紋) 기와와 유리하 유적 계열의 한국 승문(繩紋) 기와 비교

西安 서주(西周) 계열의 무문(無紋) 기와	北京 유리하 유적 계열의 한국 승문(繩紋) 기와
  〈그림 IX-14〉 중국 서안(西安) 마등공 유적(馬騰空遺址)에서 발견된 중국 최초 무문(無紋) 기와[458]	 〈그림 IX-16〉[460] 행주산성에서 발견된 한국 삼국시대 승문(繩紋) 와편(瓦片)
 〈그림 IX-15〉 중국 서안(西安) 서북쪽에 위치한 평량시(平涼市) 박물관에 소장 중인 한대(漢代) 무문(無紋) 통와(筒瓦)『百度百科』, 漢筒瓦.[459]	 〈그림 IX-17〉[461] 부산 지역에서 발굴된 한국 고대 승문(繩紋) 통와(筒瓦)

이상의 내용을 종합하면, 북경 지역은 승문(繩紋) 문화가 보편적이던 중국 화북, 동북 문화를 승계한 지역으로서, 승문(繩紋) 문화와의 관련이 적은 섬서성(陝西省) 서주(西周), 그리고 서주(西周)가 점령했던 '중원'의 자산(磁山)·배리강(裴李崗) 문화와의 연계성을 찾기 어렵다. 따라서 서주(西周) 초기(기원전 11세기)에 승문(繩紋) 문화가 보편적이던 북경 유리하 문화를 서주(西周)의 제후국 연(燕) 문화로 연결시키는 데 한계가 있다고 할 수 있다.

　참고로, 중국의 왕틈(王闛)은 자신의 방대한 신석기시대 빗살무늬(之字紋) 연구를 마무리하며 중원(황하 유역) 중심 역사관에 집중된 현 중국 학계의 학풍과 관련하여 다음과 같이 자신의 의견을 적었다.

　마지막으로, 빗살무늬(之字紋) 유적에 대한 연구를 통해 요서(遼西) 지역이 강력한 문화 전통 중심지로서 당시에 세계에 엄청난(極大) 영향을 미쳤음을 발견하였다. 이는 중원 배리강(裴李崗) 문화 전통에 뒤지지 않는다. 그렇다면 이는 수천 년 전의 중국 고대 사회가 다원적이고 다중심적이었으며, 이후에야 중원을 중심으로 한 대통일 경향이 나타났음을 의미하는가? 빗살무늬(之字紋) 유적이 문명 기원 연구에 어떤 의미를 갖는지에 대해서는 본 논문에서 다루지 않았다. 이와 관련된 논의는 앞으로의

---

458) 北京日報(https://xinwen.bjd.com.cn), 西安馬騰空遺址發現我國時代最早筒瓦, 探索中國瓦起源新材料.
459) 『百度百科』, 漢筒瓦.
460) 불교신문(https://www.ibulgyo.com), '토성'으로 알려진 행주산성서 삼국시대 '석성' 발견.
461) 부산경제신문(http://www.bseconomy.com), 전국 최초, 부산 지역 출토 삼국시대-근대 기와 자료 집성.

지속적인 연구가 필요하다.[462]

이러한 왕틈(王闖)의 의견은 현재 중국 학계에서 황하 이남 서주(西周) 문명을 북경 일대의 북방 문명과 무리하게 연결시키려고 하는 학풍에 문제의식을 가지고 있는 필자의 생각과 부합한다. 신석기시대 이후로 중원 문명에 뒤지지 않는 북방의 강력한 정치·문화체는 문헌상 고조선과 고조선을 이은 부여를 위시한 예맥국들이므로, 하북성 남부의 고발해(古渤海) 북쪽에 존재했던 북방 문명, 즉 고조선 문명에 대한 새로운 관점 정리가 필요하다.

(2) 북경은 서주(西周) 문화와 구분되는 토착 문화(張家園上層文化) 지역

북경 유리하(琉璃河) 유적의 문화 정체성 및 구성민과 관련하여 2017년 한가곡(韓嘉穀)은 크게 다음의 두 가지 관점으로 중국 학계의 주장을 정리하고 있다.[463]

위에서 언급한 분쟁에는 하나의 공통점이 있다. 모두가 유리하(琉璃河) 초기와 진강영(鎮江營) 상·주(商·周) 3기 유물들이 주(周), 상(商), 토착(土著) 문화 요소로 구성되어 있다고 생각한다는 점이다. 다만, 어떤 요소가 문화의 성격을 결정하는지에 대해서는 의견이 갈린다. 조복생(趙

---

462) 王闖, 앞의 논문(2012), p.122. "(원문)最後, 通過對之字紋遺存的研究, 筆者發現遼西地區作為一個強大的文化傳統中心對當時世界產生了極大的影響, 不輸給中原裴李崗文化傳統. 那麼, 是否說明距今年前的中國古代社會是多元多中心的, 而年以後才開始出現了以中原為中心的大一統趨勢呢？之字紋遺存對文明起源研究究竟有何意義, 本文亦未涉獵, 筆者認為, 談及這方面還有待於自身的不斷積累."

463) 韓嘉穀, 앞의 논문(2017), pp.2-3.

福生)과 유서(劉緒) 선생은 "서주(西周) 초기 연(燕) 문화는 단순하지 않으며, 여러 요소가 결합된 고고학적 문화이다. 그중에는 '장가원상층 유형(張家園上層類型)'의 토착 요소가 많이 포함되어 있으며, 장가원상층 유형에도 일정량의 주계(周系)와 상계(商系) 요소가 포함되어 있다. 이 둘의 관계는 서로 포용하는 관계이며, 연도(燕都)에 가까울수록 주계(周系)와 상계(商系) 요소가 많고, 토착 요소가 적다. 반대로 연도(燕都)에서 멀어질수록 토착 요소가 많고, 주계(周系)와 상계(商系) 요소가 적다. 이 둘의 분포 범위를 구분하기 어렵고, 어느 쪽이 강하고 약한지 말하기도 어렵다. 이러한 점에서 볼 때, 이 둘은 같은 문화, 즉 연(燕) 문화일 가능성이 크다"라고 주장한다.

글에서는 어떤 요소가 유리하(琉璃河) 유물이 서주(西周) 연(燕) 문화인지를 구체적으로 설명하지는 않았지만, 글의 처음 부분에서 유적지에서 출토된 '성주(成周)'의 복골, 무덤 부장품 중 청동 예기 조합 및 특성이 중원 주나라 무덤과 큰 차이가 없다는 점, 많은 청동기 명문에 '匽侯(언후)'라는 글자가 새겨져 있는 점 등을 강조하며, 주(周) 문화 요소를 유물 성격의 주요 결정 요소로 보았다. 그러나 다른 요소(토착문화 요소, 商 요소)들의 존재도 고려하여 이를 연(燕) 문화라고 부르는 것이다.

반면, 진광(陳光) 선생은 유리하 거주지 '제6등급 층면(第六等級層面)'을 포함한 '장가원상층 문화(張家園上層文化)'에서, 통복력(筒腹鬲) 등을 대표로 하는 토착 문화 요소가 '주체 문화 요소(主體文化因素)'라고 본다. 이와 더불어 시종(始終) 상(商) 문화 요소도 함께 있는데, 이 두 요소(토착문화요소, 商 문화 요소)는 연(燕)나라 정권에 있어서 '다른 민족 문화(異族文化)'에 해당한다고 밝혔다. "고고학적 관점에서 서주(西周) 연국(燕國) 문화, 서주(西周) 연(燕) 문화, 장가원상층 문화(張家園上層文化)의 범위를 확정한 이후, 주인(周人)이 세운 연국(燕國)은 처음에 유리하(琉璃河) 도성(都城)을 중심으로, 북쪽은 영정하(永定河) 남안, 남쪽은 백양정(白洋淀)의 임구(任丘), 만성(滿城) 일대에 이른 것을 알 수 있다. 단, 연도(燕都)에서 겨우 수십 킬로미터 떨어진 진강영(鎭江營) 유적과 래수탄산(淶水炭山) 유적은 여전히 장가원상층 문화의 생활 구역이었다"라고 주장한다.464)

이상의 내용에서 알 수 있는 사실은 유리하(琉璃河) 유적이 토착 문화 요소인 '장가원상층 문화(張家園上層文化)'465) 요소가 강한 유적으로, 주

---

464) 徐昭峰, 앞의 논문(2014), p.29. "(원문)不過上述分歧卻有一個共同點, 即都認為琉璃河早期和鎭江營商周三期遺存是由周商土著文化因素構成, 只是在何種因素決定文化性質上存在分歧. 趙福生劉緒先生認為:"西周早期燕文化並不單純, 它是一種多因素的考古學文化, 其中包含不少'張家園上層類型'的土著因素, 而張家園上層類型也包含一定數量周系統和商系統因素. 二者的關係是一種你中有我, 我中有你的包容關係, 只不過在分佈地域上, 距燕都越近則周系和商系因素越多, 土著因素越少; 距燕都越遠則土著因素越多, 周系和商系因素越少, 很難把二者的分佈範圍區分開來, 也很難說何者強大, 何者弱小. 從這一點來說, 二者很可能為一碼事, 即燕文化. 文章雖然沒有具體說明是哪種因素決定了琉璃河遺存是西周燕文化, 但從文章開頭強調遺址出土'成周'卜甲, 以及墓葬隨葬品中的銅禮器無論組合還是器物特徵都與中原周墓所見無大區別, 不少銅器銘文中鑄有'匽侯'字樣"等內容看, 顯然是把周文化因素作為決定遺存性質的主要因素, 同時又顧及其他因素的存在, 因此稱為燕文化而不是周文化. 陳光先生則認為, 在包括琉璃河居址"第六等級層面"等在內的'張家園上層文化'中, 以筒腹鬲等為代表的土著文化因素是"主體文化因素", 與之相始終的還有商文化因素, 這兩種因素相對於燕國政權來說都是"異族文化"."從考古學的角度界定了西周燕國文化西周燕文化和張家園上層文化之後, 可以看到周人所建的燕國最初以琉璃河都城為中心, 北至永定河南岸, 南到白洋淀的任丘滿城一帶, 但是僅距燕都數十公里的鎭江營遺址和淶水炭山遺址仍是張家園上層文化的生活區."

465) 동북아역사넷(http://contents.nahf.or.kr), 장가원상층 문화. "장가원상층 문화(張家園上層文化)는 기원전 2000년기 후반에 연산(燕山) 남록 지역에서 등장한다. 유적의 대부분이 낮은 산과 구릉, 하천과 호수 주변의 평지에 입지하는데, 이러한 입지적 조건과 발견되는 석기를 통하여 농업과 함께 목축과 수렵을 혼합한 경제 방식을 취하고 있음이 확인된다. 장가원 등지의 무덤 유적에서 정, 궤 등의 중원계 청동예기와 함께,

(周) 계열과 상(商) 계열의 요소가 포함되어 있기는 하나 주(周) 문화와는 구분되는 문화라는 사실이다. 따라서 중국학계에서는 유리하 유적을 '주(周) 문화'로 부르지 않고 '연(燕) 문화'로 부르고는 있는데, 이에 비해 진광(陳光) 선생은 유리하 유적지를 '연국(燕國)'으로 호칭하면서 '연(燕)' 정권과 다른 이민족 문화(異族文化) 요소인 '상(商)나라계 유물'과 토착 주체 문화 요소(主體文化因素)인 장가원상층 문화(張家園上層類型)의 통복력(筒腹鬲) 등의 존재를 강조하였다.

〈그림 Ⅸ-18〉 장가원상층 문화(張家園上層文化) 유적지 분포

[그림 Ⅸ-18 설명] 북경 유리하(琉璃河) 유적을 중심으로 연산(燕山) 이남에 분포한 '장가원상층 문화(張家園上層文化)'는 중국 학계에서 토착 문화 요소가 강하여 '주(周)' 문화와 구분하여 '연(燕)' 문화로 부르고 있다. 북경시문물연구소(北京市文物研究所)의 진광(陳光)은 이 문화의 토착

> 과, 도, 검, 척(戚), 부(斧), 분(錛) 등의 북방계 병기와 공구가 부장품으로 발견된다. 이러한 청동기의 출토 맥락으로 보아, 이 지역 또한 상(商), 주(周)의 중원 세력과 전쟁을 치르면서, 북방계 주민집단이 성장 발전하였음을 알 수 있다."

문화와 상(商) 문화 요소를 '연(燕)'나라 정권과 다른 '이민족 문화(異族文化)'로 규정하면서, '장가원상층 문화(張家園上層文化)'의 연속 시기를 서주(西周) 초기-중기(BC 1046-BC 878)로 보았고, 서주(西周) 연(燕) 문화가 연속된 시기를 그 이후인 서주(西周) 중기-만기(BC 922-BC 771)로 보았다.466) 유리하 문화 초기(西周 초)의 북경 지역 문화가 연(燕) 문화가 아닌 토착 문화(장가원상층 문화)가 번성하던 시기였다면 서주(西周) 정권이 당시 이 지역에 진출했을 가능성이 낮고, 서주(西周)에서 소공(召公)에 봉한 연(燕)은 북경 지역으로 보기 어렵다.

상기 논문 내용 중 유리하 유적을 '연(燕)' 문화로 규정짓는 근거들은 필자가 앞에서 그 근거가 희박함에 관하여 논하였으므로 이에 대한 논박은 생략한다. 다만, 진광(陳光)이 제시한 '토착 주체 문화 요소'의 대표적 유물인 장가원상층 문화(張家園上層類型)의 통복력(筒腹鬲)의 기원과 전파에 대한 이해가 필요하다.

중국의 서소봉(徐昭峰)은 그의 논문에서 북경 토착 문화의 대표적 유물인 통복력(筒腹鬲)의 기원과 전파 과정에 대해 다음과 같이 기술하고 있다.467)

---

466) 韓嘉穀, 앞의 논문(2017), pp.2-3. "陳光先生 …認爲'張家園上層文化'延續時間爲西周早期和中期, '西周燕文化'延續時間爲西周中期和晚期(진광 선생(陳光先生)은 '장가원상층 문화(張家園上層文化)'의 연속 시기를 서주(西周) 초기에서 중기로, '서주 연문화(西周燕文化)'의 연속 시기를 서주 중기에서 만기로 보았다)."

467) 徐昭峰, 앞의 논문(2014), p.29. "(원문)筒腹鬲是分佈於燕山南北的夏家店下層文化遺址和墓葬中發現較爲普遍和出土數量較多的一種器物, 是夏家店下層文化最具代表性的典型器之一. 中原的鄭州地區也發現有夏家店下層文化的這種典型器物.鄭州地區的筒腹鬲最早出現在夏代晚期, 在商代數量有所增多, 尤爲重要的是發現有靑銅筒腹鬲.從考古發現來看, 中原地區的夏商文化與分佈於燕山南北的夏家店下層文化通過太行山東, 西兩麓有着密切的文化互動. 鄭州地區發現的夏家店下層文化筒腹鬲, 是伴隨着先商文化在太行山東麓的南進而出現的. 商文化中包括筒腹鬲, 彩繪紋樣和占卜技術等均受到了

통복력(筒腹鬲, 세 발이 달린 배가 불룩한 통형 솥)은 연산(燕山) 남북의 하가점하층 문화(夏家店下層文化) 유적지와 무덤에서 발견된 비교적 보편적이고 출토량이 많은 기물(器物)로, 하가점하층 문화의 가장 대표적이고 전형적인 기물 중 하나다. 중원의 정주(鄭州) 지역에서도 하가점하층 문화의 이러한 전형적인 기물이 발견되었다. 정주 지역의 통복력(筒腹鬲)은 하대(夏代) 후기부터 나타나기 시작했으며, 상대(商代)에 이르러 그 수가 증가했다.

특히 중요한 것은 청동 통복력이 발견된 점이다. 고고학적 발견을 통해 보면, 중원 지역의 하(夏)·상(商) 문화는 연산(燕山) 남북의 하가점하층 문화(夏家店下層文化: BC 2300-BC 1600)가 태항산맥(太行山脈)을 따라 동서 양측 산기슭으로 퍼져 있는 분포지와 밀접한 문화적 상호작용을 가지고 있었다. 정주(鄭州) 지역에서 발견된 하가점하층 문화 통복력은 선상(先商) 문화가 태항산 동쪽 기슭으로 남하하면서 나타난 것이다. 상(商) 문화에서 통복력(筒腹鬲), 채회문양(彩繪紋樣), 점복기술(占卜技術) 등은 모두 하가점하층 문화의 강한 영향을 받았다. 하가점하층 문화가 선상(先商) 문화와 상(商) 문화에 깊은 영향을 미침으로써, 그 자체가 중화 문화의 유기적 구성 요소가 되었을 뿐만 아니라, 상(商) 문화의 번성과 더불어 중국 문화에 깊은 영향을 미친 고고학적 문화가 되었다.

서소봉(徐昭峰)의 주장과 같이 북경시 북쪽 연산(燕山) 남북에 퍼져 있던 하가점하층 문화(夏家店下層文化: BC 2300-BC 1600)는 북경 유리하

夏家店下層文化的強烈影響. 正是由於夏家店下層文化對先商文化和商文化的深遠影響, 使得其不僅成為中華文化的有機組成部分, 也伴隨着商文化的強盛而發展成為對中國文化具有深遠影響的一支考古學文化."

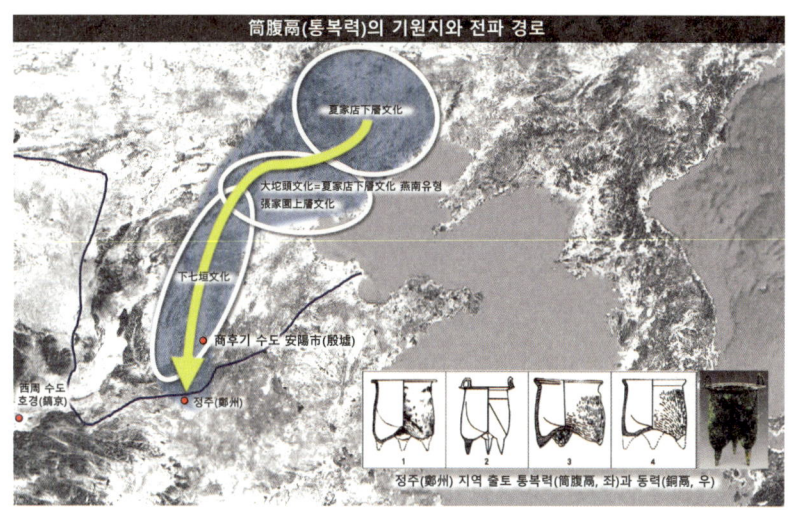

〈그림 IX-19〉[469] 통복력(筒腹鬲)의 기원지와 전파 경로

유적을 중심으로 한 장가원상층 문화(張家園上層文化) 지역에 영향을 주고 이어서 태항산맥(太行山脈)을 따라 남쪽으로 퍼져 상(商) 문화의 중심지였던 황하 유역(鄭州)까지 깊은 영향을 미쳤던 사실을 알 수 있다. 이러한 사실은 상(商) 문화의 주요 기원지가 현 요서(遼西) 지역인 하가점하층 문화 지역이며 상(商) 문화가 황하 이남의 '중원'의 토착 문화인 이리두 문화(二里頭文化)와는 구분되는 성격의 문화적 배경을 가졌음을 의미한다.[468] 따라서 상(商) 문화를 '중원 토착 문화'로 규정짓고 상(商) 문화의 기원지였던 북경을 포함한 연산(燕山) 남북 문화를 중원 문화(황하 유역 문화)에서 기원하여 전파된 문화로 인식하려는 '중원 중심 역사관'은 재고되어야 할 것이다.

---

468) 앞의 〈그림 VIII-3〉 이리두 문화(二里頭文化), 하칠원 문화(下七垣文化), 악석 문화(岳石文化) 취락 분포도 참고.

469) 徐昭峰, 앞의 논문(2014), pp.29-34; Pauline SEBILLAUD(史宝琳), 2014, 앞의 논

통복력(세 발이 달린 통형 솥)은 요서(遼西) 지역 하가점하층 문화(夏家店下層文化: BC 2300-BC 1600)의 대표적이고 전형적인 기물(器物)로서, 1992년 하가점하층 문화(夏家店下層文化) 연남(燕南) 유형에서 이름이 바뀐 대타두 문화(大坨頭文化, BC 22C-BC 14C) 지역을 거쳐, 태항산맥(太行山脈) 동쪽 산기슭을 따라 선상(先商) 문화인 하칠원 문화(下七垣文化, BC 19C-BC 16C) 지역으로 남하하며, 마지막으로 황하 이남 정주(鄭州) 지역까지 전파된다. 요서 지역 하가점하층 문화는 황하 유역 상(商) 지역에 통복력(筒腹鬲), 채회문양(彩繪紋樣), 점복기술(占卜技術) 등 문화적으로 강한 영향을 미쳤다.

이상의 고고학적 사실을 통해 북경 유리하 유적(西周 燕都 유적)이 서주(西周) 초기에 서주(西周)와 구분되는 토착 문화가 강한 장가원상층 문화(張家園上層文化)에 속하며, 그 문화의 뿌리가 당시 황하 이남의 중원이 아닌 요서 지역 북방 문화권(하가점하층 문화)에 속했음을 알 수 있다. 특히, 상(商)나라 멸망 당시인 기원전 11세기 경 황하 유역의 정치적 격변에도 불구하고 북경 일대에 토착 문화가 여전히 강하게 남아 있었다는 점은, 당시 문화적 배경이 다른 섬서성(陝西省) 호경(鎬京)을 중심으로 한 서주(西周)에서 동북쪽으로 수천 리 떨어진 북경까지 소공(召公)을 파견(封)했다는 중국 학계의 주장이 근거가 부족하다는 사실을 말하고 있다. 이는 소공(召公)의 봉지(封地)였던 연(燕) 역시 북경 일대에 있었다는 주장을 수용하기 어렵게 만든다.

이에 비해, 상(商)나라 멸망과 더불어 상(商)나라 유민이 '조선'으로 이

문 부록 p.85; 박진호, 「중국 내 하가점하층 문화 연구 동향과 문제점 – 연구사 검토를 중심으로」, 『한국학연구』 59, 2020, pp.343–372.

주했다는 기록470)에 의하면 조선에 상나라계 문화 요소가 증가했을 가능성이 있다. 이렇게 상나라 후기 중심지인 하남성(河南省) 안양시(安陽市) 은허(殷墟) 지역(豫北冀南)471)의 정치적 변동에 의해 그 북쪽(하북성 중부) 조선 지역에 '상계(商系) 중원 유물'이 증가한 사실은 서주(西周) 시기 북경 일대 민족의 구성과 관련된 연구로 확인이 된다.

(3) 서주(西周) 초기 북경 지역 민족 분석

1975년 북경시(北京市) 문물공작대(文物工作隊)는 북경시(北京市) 서북의 창평현(昌平縣) 백부촌(白浮村) 부근에서 3기의 무덤을 조사하여 모두 600여 점의 부장품을 출토하였다. 유리하 유적(琉璃河遺蹟, 西周燕都遺蹟)과 같은 시기인 서주(西周) 시기 북경 지역 귀족 무덤으로, 이 무덤의 부장품을 분석하면 서주(西周, BC 11C-BC 8C) 시기 북경 지역에 살던 민족의 성격을 규정할 수 있다.

『한국고고학사전』에는 이 서주(西周) 초기 북경 백부(白浮) 움무덤(土壙墓) 유적과 관련하여 다음과 같이 설명하고 있다.

> 3기의 무덤은 모두 움무덤(土壙墓)으로서 무덤 내에 덧널(木槨)이 있고 덧널의 바닥 및 주위를 하얀 진흙으로 채워 보완하였다. 무덤 바닥에 타원형 요갱(腰坑)이 있는 경우가 있는데 그 안에는 개(犬)를 순장(殉葬)하였다. 제2호분이 제일 잘 보존되어 있는데, 길이, 너비가 3.35×2.5m이

---

470) 『史記』 卷三十八 宋微子世家 第八, "於是武王乃封箕子於朝鮮而不臣也(이에 무왕(武王)은 기자(箕子)를 조선에 봉하였으나 신하로 삼지는 않았다).";『朝鮮史略』欽定四庫全書 史部九, "周武王克商, 箕子率中國人五千入朝鮮(주 무왕이 은나라를 멸하자, 기자가 중국 사람 5,000명을 이끌고 조선으로 들어갔다)."

471) 唐際根; 岳洪彬 主編, 앞의 논문(2011), p.217.

다. 덧널의 구조는 먼저 덧널의 양쪽에 2개의 침목을 가로질러 놓은 후 그 위에 방목을 쌓아 덧널을 축조하였고, 널(棺)의 유무는 불분명하다. 부장품은 모두 덧널 안에서 발견되었는데 장식품은 모두 시신 근처에서 출토되었다. 부장품으로는 청동용기, 병기, 거마구, 토기, 옥기, 상아기 및 명문이 있는 갑골 등이 있다. 청동예기로는 2호분에서 정(鼎), 고, 호(壺)가 각각 1점씩, 3호분에서 정과 고가 2점씩 출토되었다. 또한 다수의 청동 병기가 출토되었는데, 꺾창(戈), 가지창(戟), 칼, 단검, 비수, 창끝, 궁형기(弓形器)와 투구 등이 있다. 청동꺾창(銅戈)의 수량이 가장 많고 형식도 다양하다. 청동검(銅劍)의 경우 독특한 검신과 말 머리 혹은 수리 머리 모양을 한 손잡이 장식이 특이하다. 수리 머리 모양을 한 손잡이 끝이 있는 칼이나 방울이 손잡이 끝에 달린 비수도 특징적이다. 이와 같은 특징은 모두 북방 초원 문화의 영향을 반영한 것이다. 제2호분과 3호분에서 발견된 복골편(卜骨片)은 100여 개에 이르는데, 뒷면에는 모두 홈을 파고 불에 그을린 흔적이 있다. 그중 일부는 문자가 새겨진 것으로 보이는데 주원(周原) 유적에서 출토된 서주(西周)의 것과 유사하여, 서주 무덤 중 가장 이른 시기의 글자가 새겨진 갑골로 생각된다. 이 3기의 무덤에서 출토된 600여 점의 부장품은 서주시대 연나라의 역사, 문화 및 북방 초원 문화와의 교류와 영향을 이해하는 데 중요한 자료를 제공하고 있다. [참고 문헌] 北京地區的又一重要考古收穫-昌平白浮西周木槨墓的 新啓示(北京市文物管理處, 考古 1976-4, 1976)[472)]

상기 내용대로 북경 창평현 백부촌 움무덤(土壙墓) 유적의 성격은 북

---

472) 한국고고학사전(https://portal.nrich.go.kr), 바이푸 움무덤(昌平 白浮土壙墓).

방 초원 문화의 영향을 반영한 북방계 유적으로 볼 수 있다. 그런데 이 유적에서 서주(西周) 시기 가장 오래된 갑골문으로 추정되는 유물이 발견되었다면, 갑골문의 원주(原主) 정권으로 볼 수 있는 예북기남(豫北冀南) 지역의 상(商) 유민이 북경으로 이주한 사실을 짐작게 한다. 따라서 서주(西周) 시기 북경 백부(白浮) 유물은 북방 초원문화와 중원 상(商) 문화가 융합된 유물로 해석할 수 있는데, 그 기층 민족은 북방계 민족이고 일부 중원계 유민, 즉 서주(西周)에 멸망한 상(商) 유민의 유입이 있었음을 유추할 수 있고, 이러한 상(商) 유민의 북경 지역 유입은 다음의 논문을 통해 확인할 수 있다.

중국의 장예염(張禮艶), 호보화(胡保華)는 서주(西周) 시기 묘장 유적인 북경 서북 백부(白浮) 유적의 민족적 성격(족속)에 관해 다음과 같이 분석하여 발표하였다.

〈표 IX-8〉 북경(北京) 창평(昌平) 백부(白浮) 묘의 족속(族屬) 분석(필자 요약)[473]

연구 주제	요약 내용
1. 백부묘 묘주의 족속(族屬)에 관한 여러 관점: 북방 민족설 vs 상니리 유민설	(1) 위방삼기 문화(圍坊三期文化): 이 문화는 상(商)나라와 관련이 있는데, 백부 묘의 시대와는 일정한 거리가 있다. 따라서 백부묘가 이 문화에 속한다는 견해는 맞지 않는 것으로 보인다. (2) 장가원상층 문화(張家園上層文化): 이 견해들은 백부 묘에서 발견된 북방계 청동 무기들을 근거로 하고 있다. 즉, 백부 묘에 출토된 청동 무기들이 북방 민족과 연관이 있다고 주장한다. (3) 연국(燕國) 귀족 또는 연국에 속한 상(商) 유민: 이 견해를 지지하는 학자들은 백부 묘의 형태, 장비, 장례 풍습, 부장품들이 중원 지역과 유사하다는 점을 강조한다. 이들은 백부

---

[473] 張禮艶; 胡保華,「北京昌平白浮西周墓族屬及相關問題辨析」,『邊疆考古研究』2017(2), 2017,pp.177-186.

	묘의 주인이 연국(燕國)에 속한 상나라의 유민(燕國商遺民)이라고 본다. (4) 북방 민족: 북방 민족 출신이라고 주장하는 학자들은 북방 민족의 여성들이 무장했다고 주장하기도 하는데, 이는 백부 M2 묘 주인의 출신을 결정짓는 중요한 요소로 작용하고 있다.
2. 묘의 조성 연대	초기 보고에서는 이 묘들이 서주 초기(早期)로 분류되었지만, 임운(林沄) 선생은 묘에서 출토된 도기(陶器)와 '잔여 도기 정(殘陶鼎)'의 특성을 근거로 백부 M2와 M3의 연대를 서주 중기(中期) 또는 더 늦은 시기로 수정해야 한다고 주장했다. 백부 M2와 M3에서 출토된 도기와 '잔여 도기 정'의 특성은 임운(林沄) 선생의 주장을 지지하며, 묘의 연대는 서주(西周) 중기(中期) 이후로 봐야 할 가능성이 있다.
3. 묘의 특성과 장례 관습	(1) 묘의 구조: 요갱(腰坑, 묘 가운데 구덩이)을 파고 개를 순장하는(殉狗) 관습과 '부신직지(俯身直肢, 엎드려 팔을 곧게 편 자세)'[474] 매장 풍습은 상나라의 대표적인 풍습으로서, 이 묘주들이 상(商, 殷) 왕조의 유민임을 시사한다. (2) 매장품의 특징: 묘의 방향, 장비, 매장품(도기, 청동 제기, 마구, 갑골, 옥기, 무기 및 도구 등)은 연나라(북경 유리하 유적 – 필자 주)의 묘와 유사하다. 이는 백부 묘의 주인이 연나라(북경 유리하 유적) 지배하에 있던 상(商, 殷) 왕조의 후예임을 나타낸다.
4. 문화적 차이와 비교	(1) 백부묘 유물은 토착 문화인 장가원상층 문화(張家園上層文化, 유리하 유적), 그리고 기북(冀北, 하북성 북부) 지역의 하가점상층 문화(夏家店上層文化)와는 비교적 큰 차이가 존재한다. 백부 묘에서 출토된 소량의 북방식 청동 무기는 장가원상층 문화(張家園上層文化)나 그 이전의 위방3기 문화(圍坊三期文化)와 관련이 없으며, 기북(冀北, 하북성 북부) 지역의 하가점상층 문화(夏家店上層文化)에서도 역시 오지 않았다. (2) 백부(白浮) 묘에서 출토된 북방식 청동 무기와 스타일이 가장 유사한 유물은 요서 북부의 하가점상층 문화 지역인 흥륭(興隆) 소하남(小河南)과 건평(建平) 소과영자(燒鍋營子)에서 발견되었다. 이는 '서주(西周) 중기(中期)'에 연나라(북경 유리하 지역)와 이들 유물을 대표하는 집단(요서 하가점상층 문화 지역) 간의 교류 또는 대립을 나타낸다.

상기 연구에서 알 수 있듯이, 상나라 멸망 당시인 기원전 11세기가 아

닌 서주(西周) 중기인 기원전 9-10세기 경 북경 일대의 토착 문화인 장가원상층 문화(張家園上層文化) 지역에 중원의 은상(殷商) 유민의 유입이 있었던 사실과, 이 시기에 비로소 요서 지역의 하가점상층 문화(夏家店上層文化)와의 교류가 시작됐음을 확인할 수 있다.

이상과 같은 연구를 통해 다시 한번 확인할 수 있는 사실은 서주시대(BC 11C-BC 8C) 북경 일대 유적·유물을 '연국(燕國)'의 역사, 문화로 공인화(公認化)하기 어렵다는 점이다. 필자가 앞에서 살펴본 대로 북경 일대는 서주(西周) 시기 연(燕)과 관련된 문헌적, 금문학(金文學)적, 고고학적 증거를 찾기 어렵다. 한(漢) 무제(武帝)가 기원전 109년 하북성 남부 발해를 건너 하북성 중부 '조선'을 공격하기 전까지 북경을 포함한 하북성 중부에 주(周) 계열의 국가들(연(燕)을 포함한 춘추전국 시기 중원 국가들)이 진출했음을 증명할 확실한 증거가 발견되지 않고 있는 것이다. 그럼에도 불구하고, 현재 학계에서는 기원전 11세기 이후 북경 일대에 유입된 중원 문화를 상(商, 殷) 유민의 문화가 아닌 '연국(燕國) 문화', 또는 '연국(燕國)에 속한 상 유민(燕國商遺民) 문화'로 단정 짓고 있는데, 문헌에 연국(燕國)이 상나라 유민을 다스렸다는 기록이 없고, 북경 지역 유물의 성격이 북방 토착문화와 더불어 상나라 고유의 풍습인 '요갱순구(腰坑殉狗)', '부신직지(俯身直肢)'의 특징을 갖추고 있으므로, 서주 시기 북경 지역 유물을 연국(燕國) 유물과 연결시키기보다는 북방 조선에 유입된 상나라 문화로 해석하는 것이 합리적이라고 할 수 있다.

---

474) 『백도백과(百度百科)』, 부신장(俯身葬) "부신장(俯身葬)은 죽은 자가 엎드린 자세로 묻히는 것을 의미하며, 팔을 곧게 편 경우, 팔을 굽힌 경우가 있다. 부신장(俯身葬)은 상(商)나라(은나라) 시대에 유행했던 장례 방식으로, 상나라의 장례식에서 대표적인 방식 중 하나였다. 상나라 문화 시기에 널리 퍼졌으며, 앙신장(仰身葬)과 함께 상나라 시대의 장례식에서 중요한 역할을 했다."

〈그림 IX-20〉 기원전 10세기 경(西周 中期) 북경 일대 문화의 융합

[그림 IX-20 설명] 북경 유리하(琉璃河) 유적과 같은 시기 유적인 서주(西周) 시기 북경 창평현(昌平縣) 백부촌(白浮村) 묘지 유적을 분석하면, 서주(西周) 중기(中期)에 북방 토착 문화인 장가원상층 문화(張家園上層文化)와 요서 북부의 하가점상층 문화(夏家店上層文化) 이외의 황하 이북 상(商)나라 문화의 특징인 '요갱순구(腰坑殉狗)', '부신직지(俯身直肢)' 풍습의 유물이 확인된다. 이는 기원전 10세기 이후 북경 일대에 남쪽의 상(商)의 유민과 북쪽 요서 지역의 교류가 확대되었음을 의미한다. 중국 학계에서는 백부촌(白浮村) 묘주의 족속(族屬)을 북방 민족 또는 은상(殷商)계 유민으로 보고 있는데, 그중 은상(殷商)계 유민으로 주장하는 학자들은 '연국(燕國)', 또는 '연국(燕國)에 속한 은상(殷商) 유민'으로 호칭하고 있다. 그러나 서주(西周) 시기 황하 이남 陝(섬) 지역에 봉(封)해졌던 연(燕)과 당시 북경 지역과의 관계를 찾기 어려우므로, 백부촌의 중원계 유물을 연국(燕國)이 아닌 은상(殷商)족 고유의 풍습을 간직한 상계(商

系) 유물로 보는 것이 합리적일 것이다.

4. '주나라 초 연나라가 북경에 있었다는 주장(周初燕國北京設)' 재고의 필요성

이상의 여러 문헌 기록과 명문, 유물들을 종합적으로 분석할 때 중국에서 현재 기원전 11세기 주초(周初) 소공(召公)의 봉지 연(燕)을 북경으로 비정한 사실이 근거가 부족함을 알 수 있다. 중국에서 북경을 연(燕) 중심지로 '확정'한 시기는 비교적 최근으로서, 1980년 제작된 대만의 지도에서는 초기 연(燕) 위치를 하남성(河南城) 언성현(郾城縣)과 하북성(河北省) 북경(北京)으로 동시에 표기하고 있다.

〈그림 IX-21〉『중국역사지도(中國歷史地圖)』주초봉건도(周初封建圖)상의 소공석(召公奭)의 봉지(封地) 연(燕)의 위치[475]

1980년 대만에서 제작된 상기 지도에는 기원전 11세기 주(周) 무왕(武王)이 소공석(召公奭)에게 하사한 봉지 연(燕) 위치를 하남성(河南城) 언성현(郾城縣)과 하북성 북경(北京)으로 동시에 표기하고 있는데, 그 가운데 하남성 언성현을 '①'로 표시하고 북경(北京)을 '②'로 표시하여 첫 중심지가 하남성(河南城) 언성현(郾城縣)임을 밝히고 있다. 즉, 소공석(召公奭)의 봉지가 서로 멀리 떨어진 두 지역에 동시에 표시돼 있는 것이다.

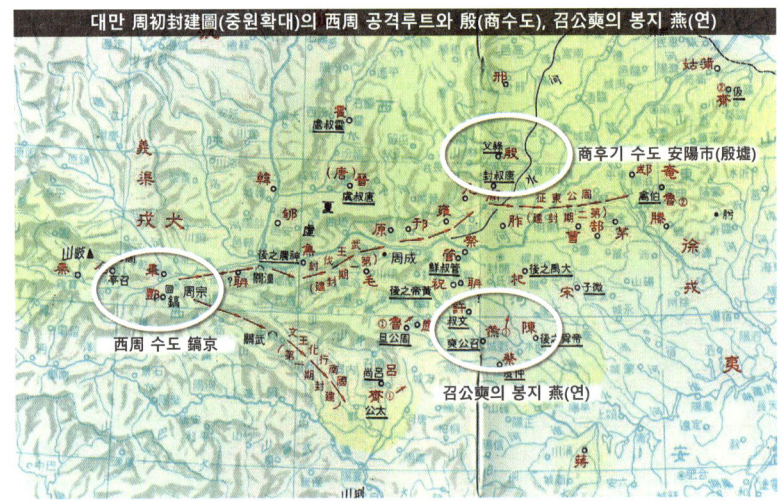

〈그림 IX-22〉 1980년 대만 제작 「주초봉건도(周初封建圖)」의
중원 부분 확대 지도[476]

지도의 중원 지역을 확대해 보면, 기원전 1046년 서주(西周)가 상(商)의 수도 은(殷, 하남성 안양시)을 공격할 당시(BC 1046) 공격 루트(화살표)와 주(周) 무왕이 소공석(召公奭)에게 하사한 봉지인 연(燕)의 위치(하남성 언성현)를 확인할 수 있다. 지도의 주(周)나라 공격 루트에서 알 수 있

---

475) 程光裕; 徐聖謨; 張其昀, 앞의 책(1980), pp.7-8.
476) 程光裕; 徐聖謨; 張其昀, 앞의 책(1980), pp.7-8.

듯이 주(周) 무왕이 상(商)을 공격할 당시 상나라 수도 은허(현 하남성 안양시)를 넘어 동쪽에 이르기는 했으나, 주 무왕이 북쪽으로 공격했다는 기록은 없다. 주(周) 무왕이 상나라 수도 안양을 넘어 북쪽으로 공격했다 하더라도 은허(안양시)에서 1,000리 이상(직선거리 약 460km) 북쪽에 있으며, 상나라와 다른 토착 문화(장가원상층 문화)가 퍼져 있던 북경에 이르렀을 가능성 역시 희박하다. 따라서 대만에서는 1980년대까지 연(燕)의 위치를 상(商)의 수도였던 은(殷) 남쪽 언성현에 합리적으로 비정하고 있는데, 이에 비해 현 중국 학계는 북경 유리하 유적의 발굴과 더불어 주초(周初) 연(燕)의 위치를 황하 이남 언성현(郾城縣)이 아닌 북경으로 확정 짓고 있다.

〈그림 IX-23〉[477] 현 중국의「주초봉건도(周初封建圖)」연(燕)의 위치. 2021년 중국 중학교 역사교육과 관련된 논문에 실린 지도

---

477) 王娟,「基於歷史學科核心素養的"西周的分封制"教學設計」,『中學教學參考』, 2021, pp.63-65.

위의 그림과 같이 현재 중국에서는 주초(周初) 연(燕)의 봉지(封地)로 유력한 하남성 언성현(郾城縣)은 생략하고 하북성(河北省) 북경(北京) 지역만을 주초(周初) 연(燕)의 봉지(封地)로 '확정'하고 있다. 이러한 '연국(燕國) 북경설'은 주(周) 무왕(武王)이 은(殷, 하남성 安陽)을 정복한 뒤 북쪽으로 공격한 기록이 없고, 문헌 자료나 유물 분석을 통해서도 근거를 찾기 어려우나 현재 중국의 공식 입장으로 굳어지고 있다. 따라서 상기 필자의 연구 결과를 비롯한 다양하고 다각적인 연구를 통해 사실(史實)과의 부합 여부를 판단하여 그 합리성이 재고되어야 할 것이다.

X. 고조선 중심지(2) - 보정시 연하도 유적

1. 연하도 유적(燕下都遺蹟) 개황(概況)

　연하도 유적(燕下都遺蹟)은 하북성 보정시(保定市) 역현(易縣) 성(城) 동남쪽에 위치하며, 태항산(太行山)에서 동쪽으로 5km 떨어져 있는 유적지로, 전국시대(戰國時代, BC 476-BC 221) 중후기(中晚期) 연나라(燕國)의 수도 유적지로 알려져 있다. 중국의 전국시대(戰國時代) 도성(都城) 가운데 가장 넓은 면적을 차지하고 있는 연하도 유적(燕下都遺蹟)은 규모가 크고 보존 상태가 좋으며 유물이 풍부하여 동주(東周, BC 770-BC 256) 시기 도성(都城)의 형식, 사회, 경제, 정치, 군사, 문화, 사회상 등을 연구하는 데 유용한 자료를 제공하고 있다. 20세기 초부터 출토된 유물이 10만 점이 넘고 귀중한 유물이 많아 국제적으로 큰 반향을 일으킨 유적지로서, 1961년 중국 국무원에 의해 첫 번째(第一批) 전국중점문물보호단위(全國重點文物保護單位)로 지정되었고, 2021년에는 국가문물국(國家文物局)에 의해 '100년 100대 고고학 발견(百年百大考古發現)'에 포함되기도 하였다.

〈표 X-1〉 연하도 유적 개요[478]

연하도 유적(燕下都遺蹟) 개요	
역사적 배경 (歷史沿革)	중국에서는 주무왕(周武王)이 상(商)을 멸망시키고 소공(召公)을 북연(北燕)에 봉하면서 수도를 계(薊, 현 북경), 즉 '연상도(燕上都)'로 정하였는데, 이후 다시 수도를 남쪽 보정시(保定市) 역현(易縣)으로

옮겨 '연하도(燕下都)'가 된 것으로 파악하고 있다. 이 도성은 중국에서 대체로 연 문공(燕文公 BC 554-BC 544) 시기부터 시작되어, 연 소왕(燕昭王, BC 311-BC 279) 시대에 번영하다가 진시황(秦始皇) 25년(BC 222년) 진(秦)이 연(燕)을 정복하면서 폐기된 것으로 추정하고 있다.[479] 19세기 말부터 학자들의 주목을 받기 시작하여, 중화인민공화국(中華人民共和國) 설립 이후인 1949년부터 여러 차례 조사와 발굴이 진행되었다.

유적지 구조

유적지는 북역수(北易水)와 중역수(中易水) 사이에 위치하며, 약간 불규칙한 직사각형 형태로 동서 약 8km, 남북 약 4-6km이다. 중앙에는 양곡(糧穀)을 운반하는 데 사용된 것으로 추정되는 운량하(運糧河)가 남북으로 관통하며, 강 동쪽의 격벽(隔壁)을 중심으로 동서 양쪽 도시로 나뉜다. 운량하(運糧河) 서쪽을 서성(西城)이라고 하는데, 동성(東城)의 안전을 강화하기 위해 설치된 방어용 부속 성(附城)이다. 운량하 동쪽은 동성(東城)으로, 당시 사람들의 주거와 생활의 중심지였다. 성의 남쪽과 북쪽에는 고대 강줄기(古河道)와 해자(城壕)가 있는데, 현재의 두 역수(易水)와 연결된다. 동성(東城)은 궁전 구역(宮殿區), 수공업 작업장 구역(手工業作坊區), 시민 거주 구역(市民居住區), 고대 무덤(古墓葬)과 고대 강줄기(古河道)의 다섯 부분으로 나눌 수 있다.

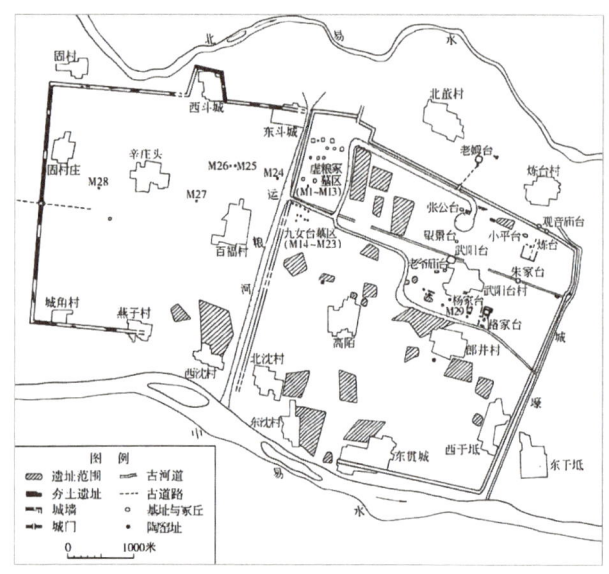

〈그림 Ⅹ-1〉 연하도 유적지 지도

주요 유적지 구역	(1) 성벽: 성벽은 동서로 약 8km, 남북으로 약 4-6km에 이른다. 성벽 기초는 약 40m의 폭을 가지며, 총 길이는 약 18km이다. (2) 궁전 구역: 성의 북동부에 위치하며, 여러 그룹의 건축군으로 이루어져 있다. 다양한 높이와 규모의 고대 건축물이 자리 잡고 있으며, 그중 무양대(武陽臺)가 중심을 이루고 있는데, 동서 140m, 남북 110m로 연하도 유적의 건물 기반 중 가장 규모가 크다. (3) 수공업 작업장 구역: 궁전 구역 주변에 위치하며, 병기 제작, 야철(冶鐵), 화폐주조(鑄幣), 옥·골기·도기 제작 등이 이루어졌다. (4) 거주 구역: 동성의 서남, 중앙, 동북부에 걸쳐 분포하며, 30여 개의 작업장과 거주 유적지가 발견되었다. (5) 묘지 구역: 서성과 동성의 북서부에 위치하며, 높은 봉토의 왕후묘가 33기 존재한다. 동성의 남쪽 성벽 밖에는 빈민묘와 경관(景觀, 叢葬墓) 유적이 있다. (6) 하천과 성 둘레의 해자: 고대 하천(古河道)과 성 둘레의 해자(城壕)가 5개가 있는 것으로 미루어, 당시 성내의 하천망이 복잡하게 얽혀 있었음을 알 수 있다. 이는 성의 안전과 교통, 배수의 편리함을 보장했다. (* 필자 주: 고조선 사람들이 강 가운데 거했다(水居)는 기록과 부합한다.(『山海經』 第十八 海內經, "東海之內, 北海之隅, 有國名曰朝鮮(郭璞云, 朝鮮今樂浪郡也. 珂案, 朝鮮已見『海內北經』.) 天毒, 其人水居, 偎人愛之.))
유물과 유적	(약 100년에 걸친 지속적인 발굴을 통해, 연하도(燕下都) 유적에서는 10여만 점이 넘는 많은 전국(戰國) 시기 철 농기구, 청동 무기, 운모가 섞인(夾雲母) 적토기(赤陶器) 등이 출토되었다. 궁전 기반(臺基) 주변에서는 많은 도제(陶製) 배수관과 와당(瓦當)이 발견되었는데, 와당은 모두 반원형으로, 도철(饕餮) 문양과 산구름(山雲) 문양이 많다. 제후사기(齊侯四器),[480] 청동용(銅龍) 등 귀중한 문물이 국제적으로 큰 반향을 일으켰으며, 신중국(新中國) 성립 이후 출토된 전국(戰國) 청동인(銅人)과 대동포수(大銅鋪首) 장식이 국보로 지정되었다. 성의 남쪽 묘군(墓群)은 중국 유일의 인두(人頭) 합장(叢葬) 묘로, 14개의 인두 구덩이가 나란히 배치되어 있으며, 각 구덩이에서 2,000개 이상의 인두가 출토되었고, 위아래로 겹쳐져 독특한 형태를 이루고 있다.

---

478) 『百度百科』, '燕下都遺址' 관련 내용 정리.

479) 薛蘭霞; 楊玉生, 「燕下都和燕下都發掘硏究」, 『保定學院學報』 23(1), 2010, p.122.

480) 제후사기(齊侯四器)는 춘추 시대 제후(齊侯)가 소유했던 4개의 청동기를 의미하며, 정(鼎), 돈(敦), 반(盤), 이(匜)가 포함된다.

2. 전국시대 연나라 도성(戰國 燕都) 비정의 문제점 – 고고학적 분석

앞에서 하북성(河北省) 중부가 전국시대 연(燕)나라가 될 수 없음을 역대 문헌을 통해 검증하였다. 따라서 현재 하북성 중부에 있는 보정시 역현(易縣) 연하도 유적(燕下都遺蹟) 유적이 중국의 주장대로 전국시대(戰國時代, BC 476-BC 221) 연의 수도(燕都)가 되기 어렵다. 이러한 사실은 고고학적 성과를 분석하여 검증할 필요가 있는데, 고고학적으로 보면 연(燕)나라의 동쪽에 있었고, 하북성 남부 고발해의 북쪽에 있었던 조선의 구체적 범위뿐 아니라 수도 왕검성(왕험성)의 위치 역시 추적이 가능하다.

(1) 명도전(明刀錢) 분석

명도전(明刀錢)은 '언도(匽刀)', '역도(易刀)' 등으로도 불리는 손칼 모양 동제 화폐의 일종으로, 표면에 '명(明)'자 비슷한 글자가 새겨져 붙여진 이름이다. 전국시대 초엽에 도전(刀錢)의 하나인 첨수도(尖首刀, 도전의 칼날 끝부분이 뾰족한 것)에서 전화(轉化)된 것으로, 학계에서는 일반적으로 이 화폐가 대부분 연(燕)에서 사용되고 일부 제(齊)와 조(趙)에서 사용된 것으로 파악하고 있다.[481] 한편, 명도전(明刀錢) 주조처(조폐창)로 밝혀진 하북성 역현(易縣) 연하도 유적(燕下都遺蹟)은 1965년부터 1978년까지 명도전이 33,315매가 발견되는 등 명도전 중심지로 알려져 있다.[482] 이렇게 연하도 유적(燕下都遺蹟)과 관련이 깊은 명도전에 관한

---

481) 한국민족문화대백과사전(https://encykorea.aks.ac.kr), 명도전.
482) 百家號(https://baijiahao.baidu.com), 燕國刀幣分期研究(觅泉). "1965年-1978年, 河北易縣燕下都遺址出土弧折, 磬折燕刀33,315枚(1965년부터 1978년 사이, 하북성

현재까지의 연구 결과는 다음과 같이 정리할 수 있다.

〈표 X-2〉 명도전(明刀錢) 연구 개요[483]

	연하도 유적(燕下都遺蹟) 개요
명도전 개요	(1) 머리 모양에 따라 첨수도(尖首刀), 둔수도(屯首刀), 침수도(針首刀)로 구분됨. (2) 명도전의 첫 글자인 명(明)은 해(日)와 달(月)의 밝음을 뜻하며, 발굴 지역이 유목 생활과 관련되어 있다는 주장이 있음. (3) 명도전의 '명(明)' 자 문양은 세 가지로 분류되며, 각각 명(明), 언(匽), 역(易)으로 알려짐. 문양의 유래는 조나라(趙)와 연나라(燕)와 관련하여 해석되며, 조나라의 명읍(明邑)과 연나라의 평명읍(平明邑)이라는 해석이 존재함. (4) 일부 학자들은 명(明)을 고조선 기자국(箕子國)과 관련된 것으로 해석하여 고조선의 화폐로 보기도 함.
구분 및 사용 시기	자루와 날이 만나는 각도에 따라 세부적으로 나뉘며, 제작된 시기에 따라 분류됨. (1) 첨수도 만기형(尖首刀 晩期型): BC 433년 - BC 373년경. (2) 갑형 명도전(甲形 明刀錢): BC 372년 - BC 333년경. (3) 을형 명도전(乙形 明刀錢): BC 332년 - BC 279년경. (4) 병형 명도전(丙形 明刀錢): BC 278년 - BC 222년경. (5) 제명도(齊明刀): BC 284년 - BC 279년경. 제나라(齊) 도읍 임치(臨淄)와 산동에서 발견됨.

역현(河北易縣) 연하도 유적(燕下都遺址)에서 호절(弧折), 경절(磬折) 연도(燕刀) 총 33,315매가 출토되었다.);『百度百科』, 燕明刀. "明刀因鑄量大, 流通廣, 出土遍及河北, 遼寧, 內蒙, 山東等十個省市, 遠至朝鮮, 日本. 僅燕下都河北易縣一帶, 自1966年以來出土即不下30起, 數以千萬計. 故明刀是刀幣中最常見的一種, 其量超乎方足布. 然所見以方折刀為主, 圓折刀則較少(명도(明刀))는 주조 수량이 많고 유통 범위가 넓어, 하북·요년·내몽골·산동 등 10어 개 성·시에서 출토되었으며, 멀리는 조선과 일본에서도 발견된다. 특히 연하도가 있는 하북성 역현(易縣) 일대에서는 1966년 이후 지금까지 30차례 이상 출토되었고, 수량은 1,000만에 달한다. 따라서 명도는 도화폐(刀幣) 가운데 가장 흔한 종류로, 그 수량은 방족포(方足布, 중원 포폐)를 능가한다. 현재까지 확인된 바에 따르면, 대부분이 방절도(方折刀)이며, 원절도(圓折刀)는 상대적으로 적다)."

483) 이진우, 앞의 책(2021), pp.93-95.

	일부 학자는 첨수도가 춘추 시기 이전에 등장하고, 칼등이 둥근 원절식(圓折式)이 춘추 시기 또는 전국 초기에 등장하며, 칼등이 각이 진 방절식(方折式)이 전국 중기부터 연국 멸망 시기까지 사용된 것으로 보기도 한다.[484]
분포 지역	(1) 명도전은 전국시대(戰國時代) 중기 이후 주조되어, 북경(北京), 천진(天津), 하북(河北), 산서(山西), 내몽골(內蒙古) 동남부, 요녕(遼寧), 길림(吉林) 서남부, 한반도 서북부에서 주로 유통됨. (2) 대량 출토지는 승덕(承德), 적봉(赤峯), 북경(北京), 역현(易縣), 그리고 한반도의 덕천(德川), 평양(平壤)임. (3) 대량 유통된 지역은 하북(河北), 산서(山西), 요녕(遼寧)으로 밝혀짐. (4) 황하(黃河) 이북 지역뿐만 아니라 한반도 남부와 일본 히로시마(廣島), 오키나와(沖繩島)에서도 출토되어 국제 무역 화폐로 사용되었음을 나타냄. (5) 명도전을 주조한 조폐창이 하북의 승덕(承德), 장가구(張家口), 역현(易縣), 석가장(石家庄) 등에 위치.
사용 주체 논쟁	(1) 명도전의 분포가 주로 북경(北京) 지역이었기 때문에 중국 학계는 명도전(明刀錢)이 연(燕)나라의 화폐라고 주장함. (2) BC 3세기 초, 연나라가 조선(朝鮮)을 침공하여 빼앗은 하북과 요동에서 명도전이 출토되었기 때문에 연나라의 화폐라는 주장이 일반적임. (3) 연나라(燕)의 화폐라는 주장과 고조선(古朝鮮)의 화폐라는 주장이 대립.

---

484) 張博泉, 「明刀幣硏究續說」, 『北方文物』 80, 2004, pp.48-52.

〈그림 X-2〉 명도전의 형식과 명문[485]

명도전의 형식	모양	앞면에 새겨진 문자	뒷면에 새겨진 문자
첨수도 만기형	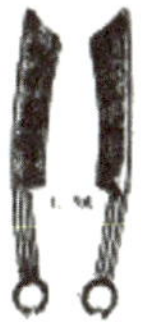	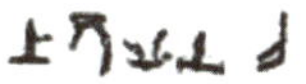 上匕义 レ	없음
유명도		위와같음	없음
갑형 명도전		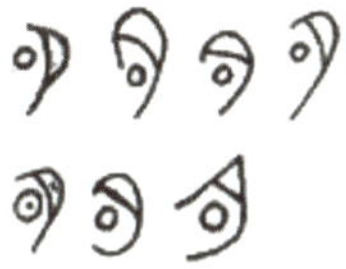 (문자 도안)	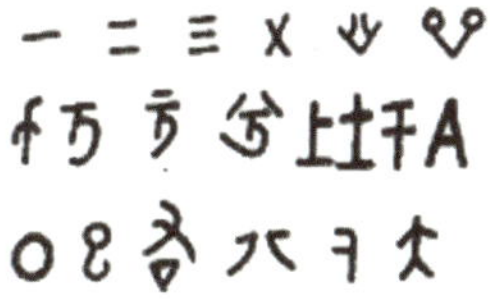 (문자 도안)
을형 명도전		 (문자 도안)	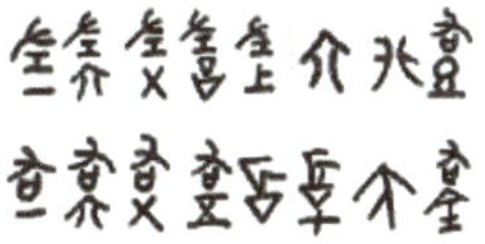 (문자 도안)
병형 명도전		 (문자 도안)	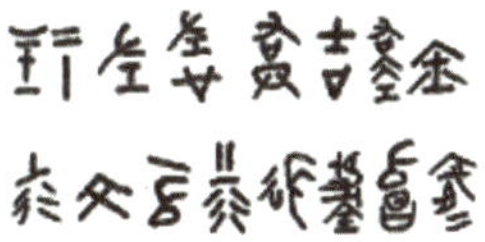 (문자 도안)
제명도		 (문자 도안)	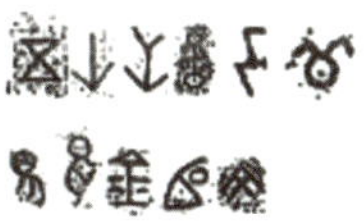 (문자 도안)

485) 박선미, 앞의 논문(2009), p.202.

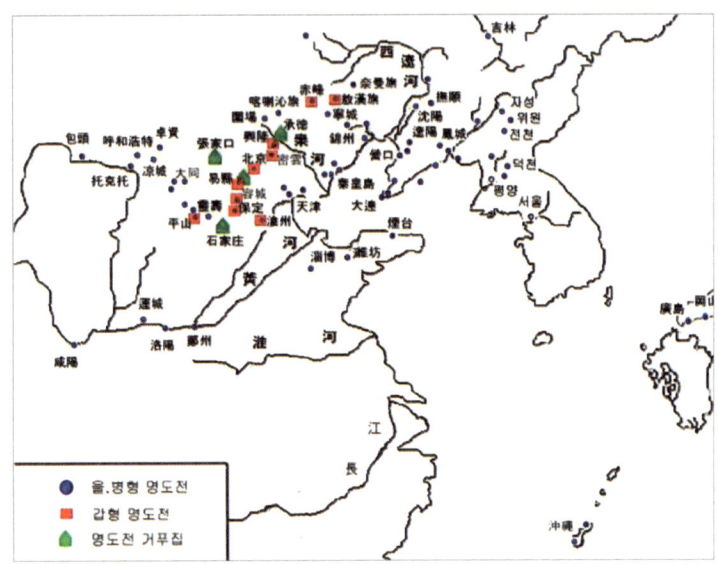

〈그림 Ⅹ-3〉 동북아시아 지역 명도전의 형식별 분포 현황[486]

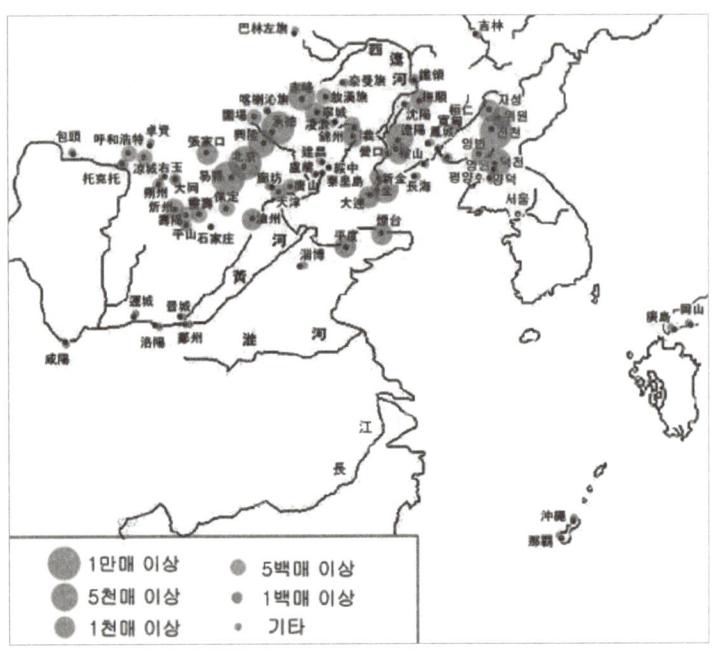

〈그림 Ⅹ-4〉 전국시대 동북아시아 지역의 명도전 분포 현황[487]

〈그림 X-4〉에서 보듯이 전국시대 요동(遼東)으로 추정되는 하북성 중남부인 석가장시(石家莊市) 또는 보정시(保定市)488)의 이북, 즉 연산 지역(북경 일대)에서 집중적으로 분포하는 명도전이 전국시대 연(燕)의 화폐였다면, 앞서 언급했듯 연나라가 북쪽에는 만맥(蠻貉)에 눌리고, 황하 유역에 있던 진(晉)과 제(齊) '사이에 끼인(彊國之間)' 가장 약한 나라(最為弱小)489)일 수 없고, 중원(황하 이남)에서 기원한 연(燕)490)이 당시 다른 중원 주(周) 연방국들과 달리 유독 북방계 청동 화폐를 사용했을 가능성 또한 낮다. 따라서 전국시대 연(燕)의 위치는 고대 중원 인근이었고, 연(燕) 영토를 차지한 진(秦)의 동쪽 최대 영토 역시 지도의 명도전 하한선인 석가장시 이남의 삼하(三河) 유역(河東, 河內, 河南 즉, 산서성 남부와 하남성)까지라고 보는 것이 합리적이다. 상기 명도전의 분포지는 〈그림 X-13〉의 북방계 청동기 문화권과 거의 일치함을 보여 주어 아래 중국 장박천(張博泉)의 주장대로 명도전이 북방계 왕조 '조선의 화폐'임을 짐작할 수 있다.

『한서 지리지』에 '도둑질한 자가 남자이면 노예로 삼고, 여자이면 첩으로 삼으며, 속죄하려는 자는 50만을 내야 한다'는 기록의 '50만'은 당연히 화폐이다. …조선후국(朝鮮侯國)에서 당시 통용된 화폐는 마땅히 명(明)자가 새겨진 화폐(명도전)이다.(『漢書·地理志』記載: '相盜者, 男沒人為

---

486) 박선미, 앞의 논문(2009), p.208.
487) 박선미, 앞의 논문(2009), pp.207-208.
488) 전국시대 요동의 위치는 〈그림 V-6〉 참고.
489) 『史記』「燕召公世家」 앞의 주석.
490) 陸東輝, 앞의 논문(2016), p.132.

其家奴, 女子爲婢, 欲自贖者人五十萬.' 此以五十萬計的當是貨幣, …在朝鮮侯國當時通行的貨幣, 應當是以明字爲面文的刀幣.")⁴⁹¹⁾

상기 장박천(張博泉)의 주장에 나오는 원전 내용은 다음과 같다.

『삼국지(三國志)』「東夷傳」

漢書地理志云, 殷道衰, 箕子去之朝鮮, 敎其民以禮義田蠶織作. …相傷以穀償, 相盜者, 男沒入爲其家奴, 女子爲婢. 欲自贖者, 人五十萬.(『한서 지리지』에 따르면, 은나라의 도덕이 쇠퇴하자 기자가 조선으로 떠나 그곳의 사람들에게 예의와 의리, 농사, 실을 짜는 방법을 가르쳤다고 한다. …서로를 다치게 하면 곡식으로 보상하였고, 도둑질을 하면 남자는 가문의 노예로 전락하고, 여자는 하녀가 된다. 죄를 면제받고자 할 경우에는 사람당 50만을 지불해야 한다.)

이 기록에서 고조선 사람들이 속죄금으로 50만을 지불했다면, 당시 화폐의 유통이 매우 활발했음을 의미하는데, 명도전의 明(자) 뒷면에 있는 숫자를 포함한 글자가 화폐의 금액을 의미할 수 있으므로 기록과 부합될 가능성이 높다. 이러한 점을 고려할 때, 당시 고조선 고유 화폐는 중국 북방 지역에서 보편적으로 사용되던 명도전으로 볼 수 있다.⁴⁹²⁾

필자는 전국시대(戰國時代, BC 475(403)-BC 221) 연(燕)나라가 하남성(河南省)에서 산서성(山西省) 동남으로 이주한 사실을 앞에서 문헌을 통

---

491) 張博泉, 앞의 논문(2004), p.51.
492) 張博泉, 앞의 논문(2004), p.51.

해 밝혔다. 그런데 명도전이 발굴되는 지역은 이 문헌상 산서성 연나라의 범위와 무관한 하북성(河北省) 중부가 중심이므로 명도전이 연(燕)의 화폐일 가능성은 높지 않다. 이러한 사실은 현재 중국과 한국 학계의 일반적인 인식인 명도전이 연나라 화폐라는 인식이 오류일 가능성을 의미한다.

명도전이 연(燕)의 화폐라는 중국의 주장에 이진우는 다음과 같이 이의를 제시하고 있다.

[명도전(明刀錢)이 연(燕) 화폐라는 주장의 문제점][493]

① 연(燕)나라가 BC 222년 진(秦)나라에게 멸망하기 전까지 요동 지방에 세력을 확장한 기간은 80년도 채 안 된다. 최소 200년 이상의 명도전 유통 기간을 볼 때 연나라가 단기간에 동북아시아 전역에서 명도전을 통용시켰다는 주장은 비합리적이다.

② 명도전이 유통되었던 시기는 동이족(東夷族) 백적(白狄)이 주체인 중산국(中山國)의 활동 시기와 일치한다.

③ 연나라는 기원전 4세기 말 소왕(昭王) 때 도읍을 역현(易縣)으로 옮겼으나, 갑형 명도전이 사용되던 당시(BC 372년-BC 333년경) 연(燕)나라는 하남 무양(河南 舞陽)에 있었다.

④ 기원전 279년경, 연나라 장수 진개(秦開)의 침략이 있었으나, 고조선은 여전히 북경(北京)과 승덕(承德)에서 명도전 제조를 지속하였다.

⑤ 연나라가 고조선 땅을 차지하고 70여 년 동안 광활한 지역에서 화폐를 유통시킬 만한 조건이 부족하다.

---

493) 이진우, 『옴니버스 한국사』, 한국문학방송, 2021. pp.93-95.

연(燕)이 가장 강력했을 당시 즉, '전연시(全燕時)'는 연 소왕(燕昭王)이 재위하던 BC 311년-BC 279년 시기로, 당시 연나라는 제나라를 크게 물리치고(BC 284), 진개(秦開)가 동호(東胡)를 1,000리 몰아낸다. 그러나 불과 10여 년 뒤(BC 272) 진(秦) 소양왕(昭襄王)은 한(韓), 위(魏), 초(楚) 연합군을 이끌고 연(燕)을 정벌한 뒤 '하남성'에 남양군(南陽郡)을 설치하여 연의 세력을 약화시킨다.[494] 또한, 진시황(秦始皇) 5년(BC 242)에는 진(秦)의 장군 몽오(蒙驁)가 '하남성'의 산조(酸棗), 장평(長平) 인근에 있던 연허(燕虛) 지역을 정복하기도 한다.[495] 즉, 연나라는 전연시(全燕時)에 고조선 일부를 정복했을 수 있지만, 당시 연나라의 중심지는 하남성이었지 하북성이 될 수 없고, 진(秦)의 연속적인 공격으로 연(燕)의 영토가 축소되는 과정을 겪게 된 사실을 알 수 있다. 그러나 이러한 연(燕)나라의 역사적 부침과 상관없이 명도전은 현 하북성에서 첨수도(尖首刀) 시기부터 병형 명도전(丙形 明刀錢) 시기까지인 기원전 5세기부터 기원전 222년경까지 200여 년간 지속적으로 만들어지고 오히려 사용 범위가 확장되고 있음을 알 수 있다. 이는 명도전(明刀錢)의 제작과 사용 주체가 연(燕)과 관련이 없음을 의미한다.

---

[494] 『史記』 卷五. 秦本紀 "秦取魏安城, 至大梁, 燕趙救之, …(秦昭襄王)三十五年(BC 272), 佐韓魏楚伐燕, 初置南陽郡(진(秦)이 위(魏) 안성(安城)을 점령하고 대량(大梁)에 이르자, 연(燕)과 조(趙)가 구원하였다. …(진 소양왕(昭襄王) 35년, 기원전 272년), 한(韓), 위(魏), 초(楚)와 함께 연(燕)을 공격하여 처음으로 남양군(南陽郡)을 설치하였다)."

[495] 『史記』 卷六. 秦始皇本紀 "(秦始皇)五年(BC 242), 將軍驁攻魏, 定酸棗燕虛長平雍丘山陽城, 皆拔之, 取二十城. 初置東郡((진시황) 5년, 장군 오(驁)가 위(魏)를 공격하여, 산조(酸棗), 연허(燕虛), 장평(長平), 옹구(雍丘), 산양성(山陽城)을 모두 함락시키고 20개의 성을 점령하였다. 그리고 처음으로 동군(東郡)을 설치하였다)."

진융문(陳隆文)이 발표한 「춘추전국화폐주조지분포도(春秋戰國貨幣鑄造地分布圖)」를 살펴보면 전국시대(戰國時代, BC 476-BC 221) 화폐를 주조한 세력이 크게 세 부류로 나뉘는 것을 알 수 있다. 먼저, 연하도(燕下都)를 중심으로 한 하북성 중북부와, 삼하(三河)로 불리는 황하 중하류 지역(중원), 그리고 산동성 지역이다. 그런데 하북성 중북부에서 사용되는 명도전(明刀錢)은 황하 중하류 지역, 즉 '중원' 지역에서 만들어진 폭이 넓은 포전(布錢)과는 전혀 다른 형태의 화폐로서, 두 지역 정권이 하나의 주(周) 정권에 묶여 있었다고 보기 어렵다.

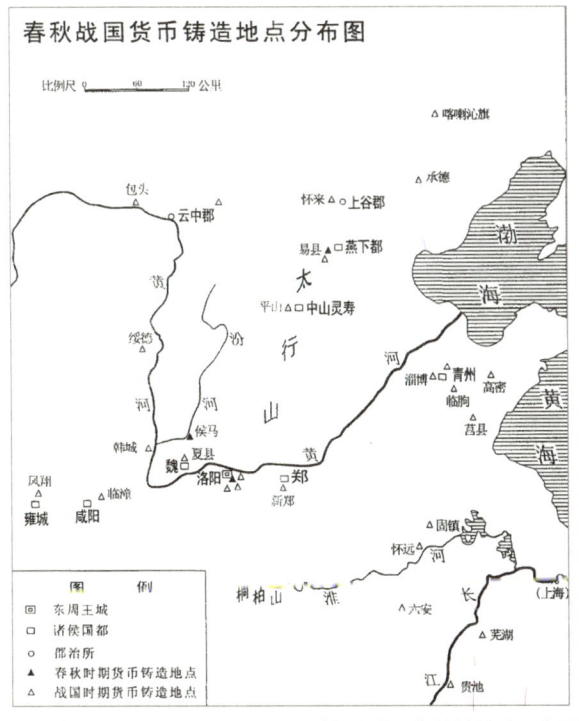

〈그림 X-5〉 춘추전국화폐주조지분포도(春秋戰國貨幣鑄造地分布圖)[496]

---

496) 陳隆文, 앞의 논문(2003), p.35.

[그림 X-5 설명] 전국시대(戰國時代, BC 476-BC 221) 화폐 주조의 중심지가 크게 하북성 중북부, 삼하(三河) 유역(중원), 산동성 등 세 곳에 있었음을 알 수 있다. 이들 세 지역이 거리상으로 상당히 멀리 떨어져 있는 점을 볼 때 각자 자신들의 화폐를 주조하여 독자적 정권을 유지했음을 추정할 수 있다. 다만, 포전(布錢)을 사용하던 중원과 비교하여, 같은 명도전을 사용하던 하북성 중북부와 산동성은 문화적으로 좀 더 가깝다고 볼 수 있다.

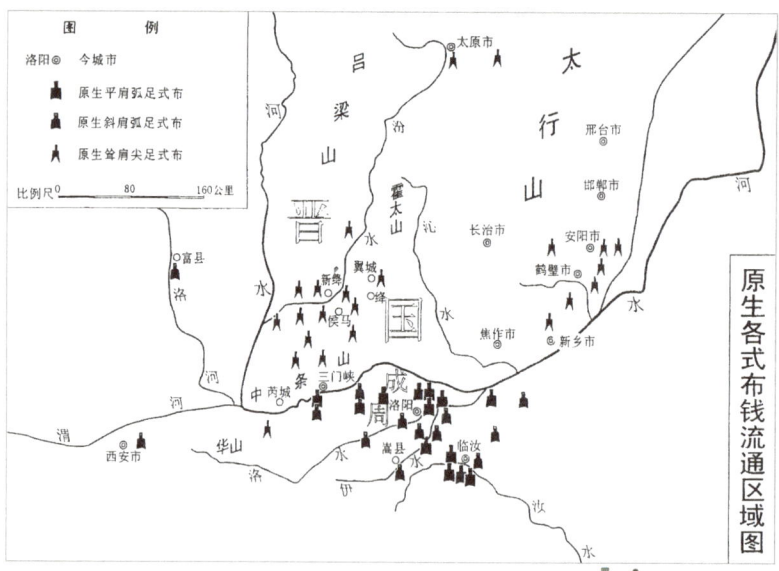

〈그림 X-6〉 황하 유역(三河, 中原)에서 시작된 초기 포전(布錢,) 유통 구역도 (原生各式布錢流通區域圖).[497] 주(周)나라 중심지인 낙양(洛陽)을 중심으로 황하 유역(중원)에 분포돼 있다.

---

497) 陳隆文, 앞의 논문(2003), p.45.

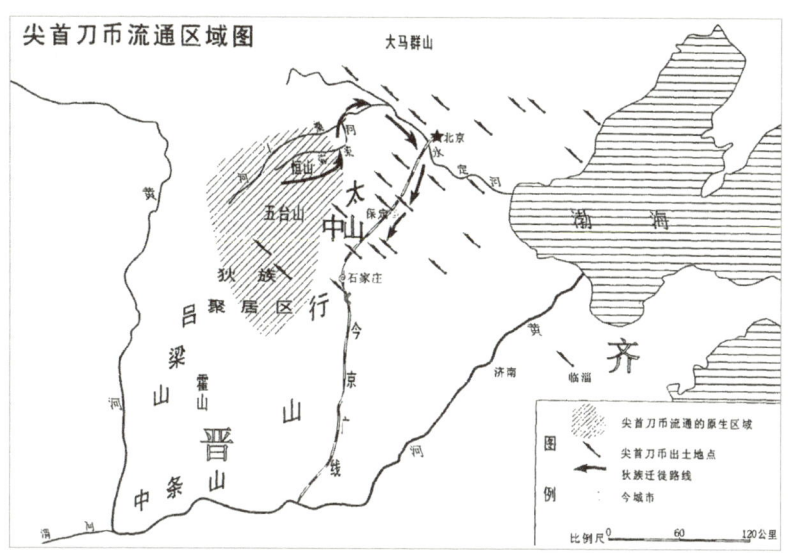

〈그림 X-7〉 명도전 초기 형태인 첨수도(尖首刀) 유통 구역도(尖首刀流通區域圖).[498] 황하 유역 포전(布錢)의 유통 범위와 구분된다.

〈그림 X-7〉을 보면 첨수도(尖首刀)의 유통 범위가 산서성(山西省) 동북과 하북성(河北省) 중북부로 한정돼 있다. 이는 〈그림 X-6〉의 황하 유역(중원)의 포전(布錢) 분포지와 분명한 차이를 보인다. 그림의 빗금 부분인 산서성(山西省) 동북 지역에 살던 적족(狄族)은, 적적(赤狄)·백적(白狄)·장적(長狄)으로 나뉘는데, 그중 백적(白狄)은 원래 황하 인근인 섬서(陝西), 섬북(陝北) 일대에 거주했다가 진(秦)과 晉(진)의 압박으로 인해 동쪽으로 이주한다.[499] 백적(白狄) 족속인 선우씨(鮮虞氏)는 BC 507년 중신국(中山國)을 건국하였으나 기원전 296년에 조(趙)나라에 의해 멸망한다. 그러나 기원전 284년 황하 유역에 있던(以河爲境) 연나라가 제나라

---

498) 陳隆文, 앞의 논문(2003), p.69.
499) 『百度百科』, 白狄.

를 물리친 이후 중산(中山)을 평정했다는 『한비자(韓非子)』 기록에 의거하면,500) 중산국은 기원전 296년 완전히 멸망하지 않았으며 이후 지속적으로 연나라 소왕(昭王)과 갈등했음을 알 수 있다.

이렇게 중원과 갈등했던 호국(胡國) 중산국(中山國)의 건국 주체인 백적(白狄)이 전한(前漢) 이전에 어디에 살았는지 살펴보면 현 산서성 동남부의 과거 상곡(上谷), 탁(涿) 지역인 현 산서성 여성현(黎城縣) 인근(〈그림 Ⅶ-14〉 참고)에 있었음을 다음 기록을 통해 유추할 수 있다.

『資治通鑑』卷第二百六十八

契丹陷平州, 燕人驚擾(宋白曰：平州, 舜十二州爲營州之境. 周官職方在幽州之地, 春秋爲山戎孤竹, 白狄肥子二國地, 漢爲肥如, 石城之地. 唐武德裕置平州於盧龍)

『隋書』「地理志」第二十五

冀州 北平郡 盧龍 "舊置北平郡, 領新昌, 朝鮮二縣. 後齊省朝鮮入新昌, 又省遼西郡幷所領海陽縣入肥如. 開皇六年又省肥如入新昌, 十八年改名盧龍. 大業初置北平郡. 有長城. 有關官. 有臨渝宮. 有覆舟山. 有碣石. 有玄水, 盧水, 溫水, 閏 水, 龍鮮水, 巨梁水. 有海."

『隋書』「帝紀第四」 煬帝下

---

500) 『韓非子』「有度」"燕襄王以河爲境, 以薊爲國, 襲涿方城, 方城涿之邑也. 殘齊, 平中山, 中山國名(연양왕은 황하를 경계로 삼고, 계(薊)를 나라로 삼았다. 그는 탁방성(涿方城)을 공격하였는데, 방성은 탁(涿)의 읍이다. 제(齊)를 잔멸하고 중산(中山)을 평정하였다. 중산은 나라 이름이다)."

十年春正月…丁酉, 扶風人唐弼舉兵反, 眾十萬, 推李弘為天子, 自稱唐王. 三月壬子, 行幸涿郡. 癸亥, 次臨渝宮, 親御戎服, 禡祭黃帝, 斬叛軍者以釁鼓. 夏四月辛未, 彭城賊張大彪聚眾數萬, 保懸薄山為盜. 遣榆林太守董純擊破, 斬之. 甲午, 車駕次北平.

상기 기록을 살펴보면 춘추 시기 유주(幽州) 땅은 산융(山戎)과 백적(白狄)에 속한 2개 나라(孤竹, 肥子)가 있었는데, 그곳은 북제(北齊, 550-577) 시기 요서군(산서성 태원시 인근, 〈그림 V-8〉 참고)이 병합된 비여(肥如)로서 이후 수(隋)나라 개황 18년(598)에 노룡(盧龍)으로 이름을 바꾼다. 그런데 이 춘추시대 백적(白狄)이 살았던 비여(肥如), 즉 노룡(盧龍)에 수(隋)나라 당시 임유궁(臨渝宮)이 있었는데, 그곳은 탁군(涿郡) 인근이었고, 탁군(涿郡)은 원래 연(燕)의 상곡군(上谷郡)에서 분리된 곳이었다.[501] 탁군(涿郡)이 속했던 상곡군(上谷郡) 역현(易縣)에 수(隋) 개황(開皇) 초에 여군(黎郡)을 설치하였으므로, 현재 산서성 동남부 여성(黎城) 인근이 탁군(涿郡)이었고, 그곳이 고대 백적(白狄)이 살던 비자국(肥子國)이었음을 추정할 수 있다. 따라서 〈그림 X-7〉의 적족(狄族) 거주지(聚居區)의 남부(석가장시 서남부)가 백적(白狄)이 살았던 중산(中山)이며, 〈그림 X-7〉과 같이 첨수도가 사용되던 태항산맥(太行山脈) 서쪽 지역이 중산을 포함한 적(狄)의 중심지였음을 유추할 수 있다.

이렇게 황하 유역에서 포전(布錢)을 쓰던 전국 시기 주(周)나라 제후국들과 도폐(刀幣)를 쓰던 북쪽 호(胡) 세력인 백적(白狄) 중산국(中山國)을 비롯한 '조선' 세력은 각자 다른 화폐를 사용하고 있었다. 그러나 기원

---

501) 『遼史』 「地理志四」 "漢高祖六年(BC 201)分燕置涿郡(한고조 6년(기원전 201년)에 연(燕) 땅을 나누어 탁군(涿郡)을 설치하였다)."

전 3세기 이후 황하 유역 포전(布錢)의 범위가 점차 조선의 중심지로 추정되는 하북성 중남부 석가장시(石家莊市), 보정시(保定市)를 비롯한 그 남쪽인 하북성 남부 지역까지 확장이 된다. 중국에서는 그 이유에 대해 조(趙)나라 연(燕)나라가 호(胡, 東胡, 中山)와 전쟁을 했던 사실을 원인으로 보고 있다.

먼저, 조무령왕(趙武靈王)은 중산(中山)을 여러 차례 군사적으로 공격하여 (기원전 296년), 조나라의 영토를 확장함과 동시에 그 화폐 유통 지역도 더욱 확장시켰다. 중산은 원래 적융(狄戎)이 세운 나라이며, 그곳에서 사용된 화폐는 '첨수도(尖首刀)'였다. 조나라가 중산을 멸망시킴으로써 포전(布錢)의 이차적 유통 지역이 태항산(太行山) 동쪽의 백적(白狄)의 첨수도 유통 지역으로 확장되었다. 첨수도 화폐 유통 지역의 핵심 지역인 현재의 석가장(石家莊)과 보정(保定) 일대를 차지했을 뿐만 아니라, 조나라의 세력이 남하하면서 형대(邢臺)의 백향(柏鄕), 임성(臨城), 한단(邯鄲)의 자현(磁縣) 등 첨수도 화폐 유통이 미치지 못했던 지역까지 확장되었다.502)

상기 중국 진융문(陳隆文)의 주장은 중국 학계의 입장을 반영하고 있는데, 여기에는 두 가지 모순을 담고 있다. 첫째, 호(胡)의 나라였던 중산

---

502) 陳隆文, 앞의 논문(2003), p.59. "(원문)首先, 趙武靈王通過對中山的多次軍事打擊（公元前296年）, 在擴展了趙國疆域的同時, 其貨幣流通區域也進一步延伸. 中山本狄戎所建, 其使用的貨幣為尖首刀, 趙滅中山, 使布錢的次生區域擴展到太行山東的白狄尖首刀的流通區域之中, 不僅佔據了尖首刀幣流通區域的核心地區, 今石家莊保定一帶, 而且還隨著趙國勢力的南下而擴展到了邢台的柏鄕臨城邯鄲的磁縣, 這些地區都是尖首刀幣流通未能所及之地區."

국(中山國)을 태항산 동쪽 하북성 중부 일대(석가장시, 보정시)로 비정시키고, 그곳을 기원전 3세기 이전 '첨수도 화폐 유통 지역의 핵심 지역으로 간주'하고 있다는 점이다. 즉, 전국시대 하북성 중부 일대(보정시)를 연(燕)의 영토가 아닌 호(胡)국 중산(中山)의 땅으로 인정하고 있는 것이다. 만일 그렇다면, 그곳(유리하 유적, 연하도 유적 인근)이 서주(西周) 초기부터 전국 시기 말까지 연(燕)의 수도였다는 중국 주장과 배치된다.

둘째, 기원전 3세기 당시 황하 유역 포전(布錢)이 '첨수도의 핵심 지역인 하북성 중부(보정시 연하도 유적 인근)'에 퍼진 이유를 조(趙)나라의 중산국 공격에만 두고 있다는 점이다. 전국시대 말기인 기원전 3세기 말은 진(秦)의 통일 전쟁과 무리한 장성 건설, 한(漢)의 건국으로 큰 혼란이 있던 시기로서, 당시 중원 사람들은 주변, 특히 북쪽 조선으로 대거 이주한다. 당시 진(秦)의 노역에 버티지 못한 사람들은 마한을 거쳐 진한으로 이주하였으며, 진승(陳勝)과 항우(項羽)가 봉기할 당시 천하가 크게 혼란하여 연(燕), 제(齊), 조(趙) 백성들이 조선왕 기준(箕準)의 땅으로 망명하기도 하였다.[503] 따라서 황하 유역 포전(布錢)이 반드시 조(趙)나 연(燕)

---

[503] 『三國志』「烏丸鮮卑東夷傳」"辰韓在馬韓之東, 其耆老傳世, 自言古之亡人避秦役來適韓國, 馬韓割其東界地與之. 有城柵. 其言語不與馬韓同, 名國為邦, 弓為弧, 賊為寇, 行酒為行觴. 相呼皆為徒, 有似秦人, 非但燕齊之名物也. 名樂浪人為阿殘, 東方人名我為阿, 謂樂浪人本其殘餘人. 今有名之為秦韓者. 始有六國, 稍分為十二國(진한(辰韓)은 마한(馬韓)의 동쪽에 위치해 있으며, 그 지혜로운 어른들이 세대를 이어 전해 내려오기를, 옛날 망명한 사람들이 진(秦)의 부역을 피하여 한나라 땅으로 와 정착하였다고 한다. 마한은 그 동쪽 경계 지역을 떼어 그들에게 주었다. 그들에게는 성과 울타리가 있었다. 그들의 언어는 마한과 같지 않았으며, 나라를 '방(邦)'이라 부르고, 활을 '호(弧)'라 하며, 도둑을 '구(寇)'라 하고, 술잔 돌리기를 '행상(行觴)'이라 하였다. 서로 부를 때는 모두 '도(徒)'라 하여, 진(秦)나라 사람과 비슷한 점이 있었는데, 단지 연(燕)과 제(齊)의 명물(명칭과 사물)만은 아니다. 낙랑(樂浪) 사람을 '아잔(阿殘)'이라 부르고, 동방 사람들은 '우리(我)'를 '아(阿)'라 불렀는데, 이는 낙랑 사람들이 그들이 두고 온 잔여인임을 뜻한다. 지금 '진한(秦韓)'이라 부르는 이들이 있다. 처음에는 여섯 나라였으나

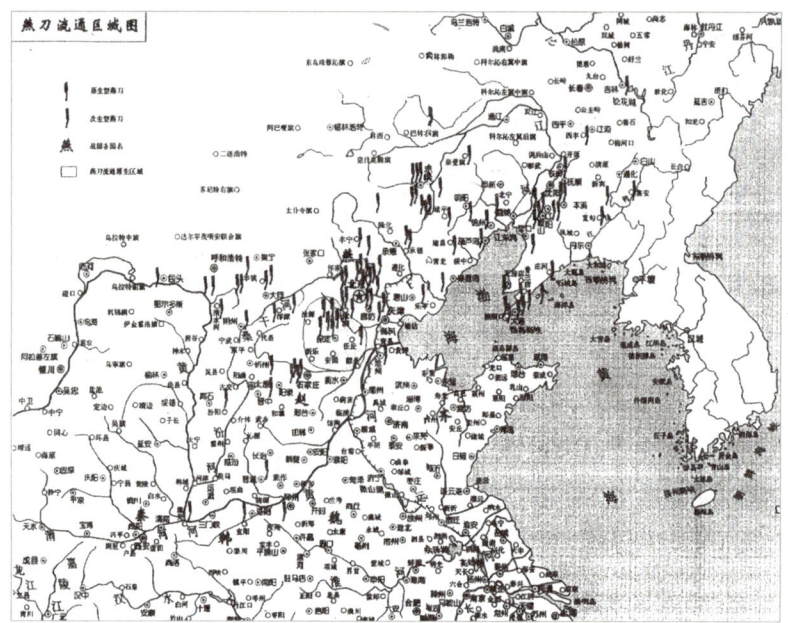

〈그림 Ⅹ-8〉504) 연도유통구역도(燕刀流通區域圖). 중국 하북성 중심으로 북방에서 사용되던 명도전. 중원에서 사용되던 포전(布錢)과 화폐 형태나 사용 지역 면에서 차이가 크다.

의 호(胡, 中山) 점령에 의해 하북성 중부(석가장시, 보정시)까지 퍼졌다고 보기 어렵고, 오히려 기원전 3세기 초부터 시작된 전국 시기 중국의 대혼란을 피해 조선왕 기준(箕準)에 투항한 연(燕), 제(齊), 조(趙) 백성들의 유물로 보는 것이 합리적이라고 할 수 있다.

점차 열두 나라로 나뉘었다).";『三國志』「烏丸鮮卑東夷傳」"二十餘年而陳項起, 天下亂, 燕齊趙民愁苦, 稍稍亡往準(20여 년이 지나 진(陳: 진승)·항(項: 항우)이 일어나 세상이 혼란에 빠지자, 연(燕), 제(齊), 조(趙)의 백성들은 근심과 고통에 빠져 차차 준(準)에게로 도망갔다)."

504) 陳隆文, 앞의 논문(2003), p.87.

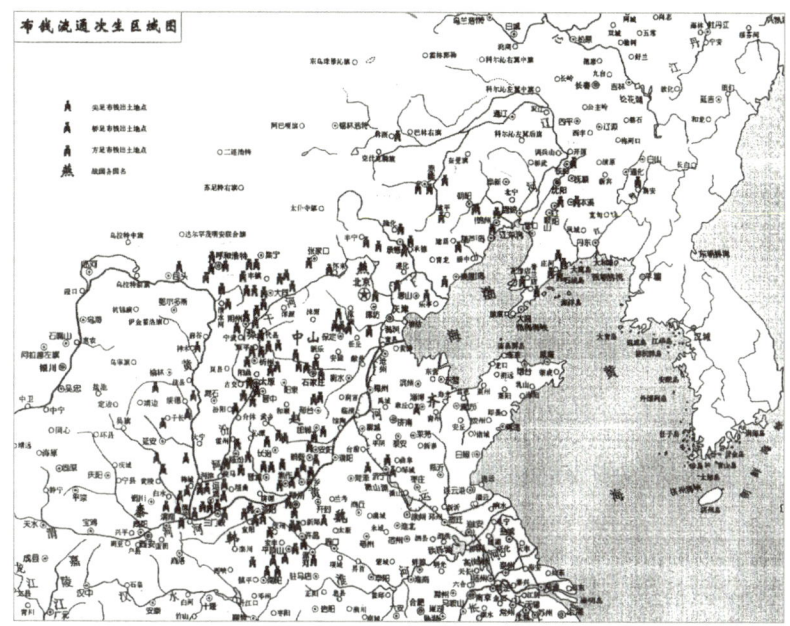

〈그림 Ⅹ-9〉505) 포전(布錢) 유통의 확장 구역도(布錢流通次生區域圖)

포전(布錢)은 춘추 시기부터 진(秦)이 중원을 통일하던 시기까지 주로 황하 유역의 주(周), 삼진(三晉: 趙, 韓, 魏) 지역에서 통용되던 화폐이다. 포전(布錢)의 범위가 황하 유역을 벗어나 하북성과 요녕성까지 퍼지게 된 계기는 앞서 밝힌 대로 전국 시기 말부터 진(秦)나라 시기의 혼란을 피해 대규모로 망명한 이주민들의 영향으로 해석할 수 있다.506)

이러한 두 지역(황하 유역과 하북성 중북부) 간 화폐의 형태와 사용 지역상 분명한 차이는 두 지역의 서로 다른 성격의 정치체가 있었음을 강

---

505) 陳隆文, 앞의 논문(2003), p.60.
506) 『삼국사기(三國史記)』「신라본기(新羅本紀)」 제1 시조 혁거세(赫居世) 거서간(居西干) "진(秦)의 난리에 고통을 겪다가 동쪽으로 온 자들이 많았는데, 다수가 마한의 동쪽에 거처를 정하고 진한과 더불어 섞여 살다가 이때에 이르러 점차 강성해졌다."

하게 시사하고 있다. 따라서 명도전의 중심지인 하북성 역현(易縣) 연하도 유적(燕下都遺蹟)은 주(周)의 봉국(封國)이자 황하 중하류 지역(三河, 중원)에 속했던 연(燕)나라가 제조하고 사용한 화폐로 보기 어렵다. 만일 명도전이 연나라 화폐라면 주나라 제후국 중 연나라만 단독으로 황하 유역의 다른 봉국(封國)들과 전혀 다른 화폐를 사용하였다는 의미가 되므로, 주(周)의 연맹국으로 볼 수 없을 것이다.

또한, 여러 차례 강조했듯이 연(燕)나라는 800-900년 간 험한 산지(崎嶇)에서 북쪽에 만맥(蠻貊)에 눌리고 중원 제국 내에서는 강대국인 진(晉)과 제(齊) 사이에 위치한 가장 약한 나라로 있으면서 여러 번 망할 뻔 했다는 기록(幾滅者數矣)[507] 역시 이 지도와 맞지 않는다. 지도를 보면 명도전의 분포지가 산지(崎嶇)로 둘러싸여 있지 않으며 황하 유역의 강대국(彊国)인 '진(晉)과 제(齊) 사이'에 놓인(措, 두다 조) '가장 약한 나라(最為弱小)'로 볼 수 없다. 따라서 명도전의 사용 주체는 산서성(山西省) 동남 지역에서 산지(崎嶇)로 둘러싸여 있던 '약소국' 연나라가 아니라 기원전 3세기 초까지 연나라 동쪽의 강국이었던 조선[508]의 유물로 보는 것이 타당할 것이다.

---

507) 『史記』卷三十四. 燕召公世家 "燕(北)[外]迫蛮貉, 内措斉晉, 崎嶇彊国之閒, 最為弱小, 幾滅者數矣. 然社稷血食者八九百歳, 於姫姓独後亡, 豈非召公之烈邪!(연나라는 밖으로는 만맥(蠻貊)과 가깝고 안으로는 험한 산지(崎嶇)에서 제(斉)나라와 진(晉)나라와 같은 강한 나라에 끼인 가장 약소한 나라로서 거의 몇 번이나 망할 뻔했다. 그럼에도 사직의 제사를 800년에서 900년 가까이 유지하며 희씨 성들 가운데 가장 늦게 망했으니 이 어찌 소공의 공이 아니겠는가?)"

508) 『史記』「貨殖列傳」"夫燕 …北鄰烏桓夫餘, 東綰穢貉朝鮮真番之利(연(燕)은 북쪽으로 오환(烏桓)과 부여(夫餘)와 접하고, 동쪽으로 예맥(穢貉)·조선·진번(眞番)의 이익을 꿰차고 있다).";『史記』「匈奴列傳」"燕乃遣將秦開攻其西方, 取地二千餘里, 至滿番汗為界, 朝鮮遂弱(연(燕)은 장수 진개(秦開)를 보내 서쪽을 공격하여 2,000여 리의 땅을 빼앗고, 번한까지 차지하고(至滿番汗) 경계로 삼았다. 이로 인해 조선은 점차 약해졌다)."

(2) 동검(銅劍)과 동모(銅鉾) 분석

고조선이 현 북경시 일대에 존재했을 가능성은 다음 고고학적 유물로도 확인된다. 2014년 일본의 국립역사민속박물관에서 유라시아 동부 청동기 문화에 대한 연구 보고서를 발표하는데, 한반도에 퍼진 청동창(동모)이 유라시아 대륙 중앙아시아의 우랄, 안드로노보에서 시작되어,509) 중원에 일찍이 영향을 주고 사라진 뒤 점차 중국 북방을 통해 동쪽 한반도에 퍼진 사실을 밝히고 있다.

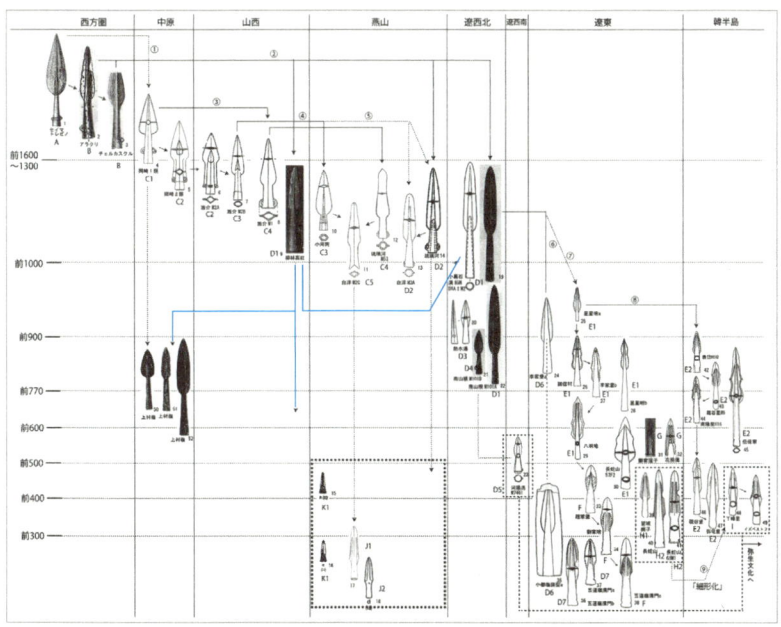

〈그림 Ⅹ-10〉510) 청동창의 기원과 계보

---

509) 小林靑樹, 앞의 논문(2014), p.227. "구소련 지역의 청동기 문화에서의 동모에 대해서는, 코르야코바(Кориякова) 등의 최근 정리에 기반하여 간단히 언급한다 [Koryakova and Eoimakhov 2007], 중기 청동기 문화 이후를 보면, 먼저 기원전 2000년 전후의 우랄의 아파나시에보(Афанасьево) 문화, 바라노보(Бараново) 문화, 신타시타(Синташта) 문화 등에서 보이는 동모는, 자루 부분을 주조 후에 둥글게 말아 자루형으로 만드는 타입이다. 대략 기원전 19세기에서 기원전 18세기경에 등장하는 세이

〈그림 X-10〉을 보면 북방계 청동창이 중원에서는 상나라 중기인 기원전 12세기경 사라진 후 서주(西周) 시기 잠시 나타났다가 다시 기원전 600년 경 사라지는 것을 알 수 있다. 이렇게 중원에서 사라졌다 일시적으로 다시 등장하는 현상은 기원전 664년 제(齊)와 산융(山戎)과의 전쟁 내용을 통해 그 원인을 유추할 수 있으며,[511] 당시 중원에 일시적으로 나타나는 동모(銅鉾)의 유형이 요서(遼西) 북쪽의 유형과 유사한 사실은 요서 지역 세력이 중원에 진출했을 가능성을 의미한다.

이에 비해 산서(山西) 동쪽의 연산(燕山, 북경 일대, 그림 X-10의 좌측에서 4번째 칸)에서는 연(燕)이 진출했다는 서주(西周) 초기(기원전 11세기) 그리고 조선과 대립하던 시기(BC 4세기-BC 3세기)부터 연이 멸망한(BC 222) 이후까지 이 북방계 청동창이 사용된다. 이는 전국시기에 연(燕) 또는 진(秦)이 연산 지역(북경 일대)까지 진출했을 가능성이 낮음을 의미하고, 이 지역이 전국시대 연(燕)의 영토였다는 학계의 일반적인 인식이 오류일 가능성을 말한다. 참고로, 이 그림 X-10을 보면 북방계 청동창이 서쪽에서 점차 사라지고 중심 지역이 요동(그림 X-10 우측 두 번째 칸)과 한반도(그림 X-10 우측 첫 번째 칸)로 이동하는데, 이를 통해 고대 중국

마-트레비노 타입이 되면, 새로운 중자를 이용한 주조 기술로 인해 귀부(耳部)와 절대(箭帶)를 가진 자루 부분의 제작으로 전환된다. 거의 같은 시기의 안드로노보 문화 단계의 알라크리(Алакол) 문화, 그리고 후속하는 서시베리아의 안드로노보 유사 문화 호라이즌의 체르카스크루(Черкасскуль) 문화에서 비슷한 귀부(耳部)와 절대(箭帶), 자루 부분이 나타나게 된다. 최근 신장(新疆), 청해(靑海), 섬서(陝西) 등에서는 세이마-트레비노 타입의 동모가 발견되고 있으며, 서역에서의 우랄 및 서시베리아계 청동기 문화의 영향이 명확하다 [宮本2008a] ."

510) 小林靑樹, 앞의 논문(2014), p.226.

511) 다음의 기사와 관련이 있을 수 있다. 『史記』 卷五 秦本紀第五 "成公元年 …齊桓公伐山戎, 次于孤竹.(성공 원년(BC 664)에 제환공이 산융을 정벌하고 고죽 근처에까지 이르렀다.)"

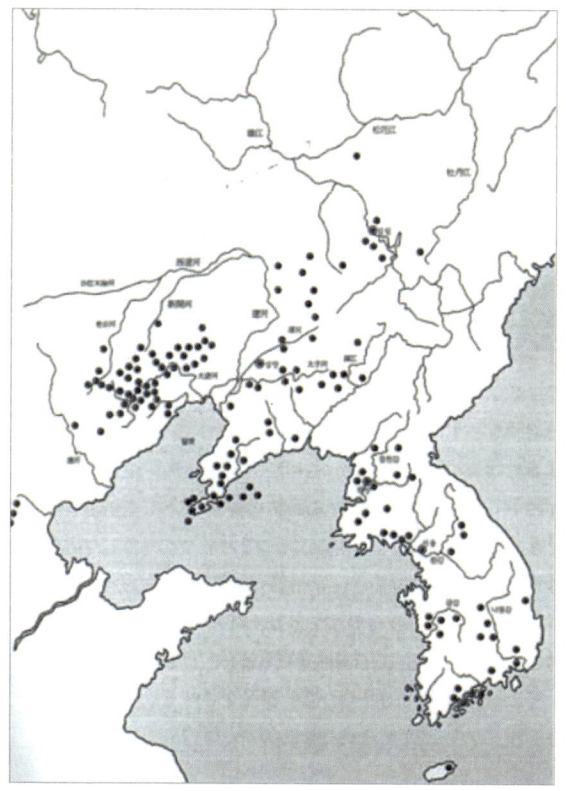

〈그림 X-11〉 비파형 청동단검의 출토지 분포.512) 발해만 서부(북경 남부)에서 비파형 동검이 확인된다

북방에 있던 예맥조선(고조선)의 시기별 이주 상황을 추정하는 데 참고할 수 있다.

고조선 지표 유물로 알려진 비파형 동검 역시 현 북경 남부에서 발견되고 있어 북경 일대에서 고조선(예맥조선)의 활동이 일정 부분 있었음을 짐작할 수 있다. 다만, 비파형 동검은 현 요서 지역 조양시(朝陽市) 일대에서 집중적으로 발견되고, 비파형 동검보다 후대에 발생한 명도전의 중심지가 북경 일대임을 감안할 때, 비파형 동검 세력과 명도전 세력이

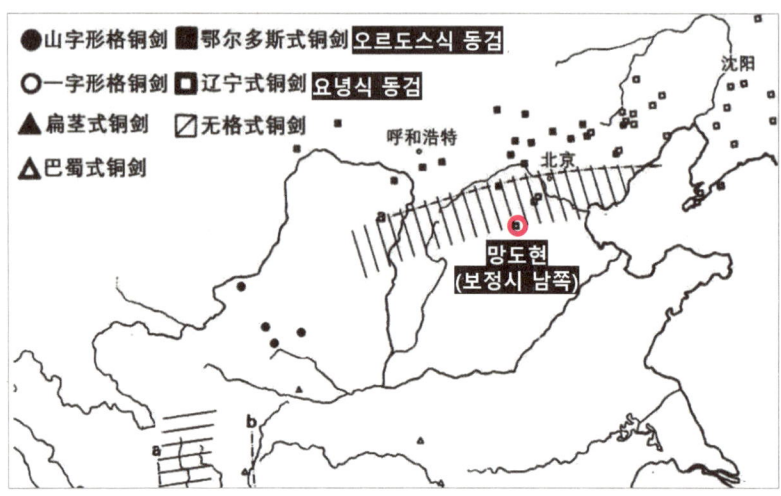

〈그림 X-12〉 동주 시기(東周, BC 770–BC 256) 중원 청동검의 분포(일본 西江淸高, 1999)[513]

같은 세력이라고 보기 어려우며, 이에 대해서는 더 많은 고찰이 요구된다. 본고에서는 이에 대한 연구는 생략하고 명도전 세력의 중심지에 대한 분석에 중점을 둔다.

고조선과 관련 있는 요녕식 동검(비파형 동검)의 출토지가 명도전 중심지인 북경 서남쪽 현 보정시(保定市) 망도현(望都縣)까지 출토된 것은 [514] 명도전 세력(후기 고조선 세력인 기씨(箕氏)조선 세력)이 이 지역에 진입하기 전에 요녕 지역의 세력(原 고조선 세력인 요녕 단군조선 세력)이 그곳까지 진출했거나, 아니면 명도전 세력과 비파형 동검 세력이 서로 협

---

512) 김정배, 「동북아의 비파형동검문화에 대한 종합적 연구」, 『國史館論叢』 제88호, 2000, p.82.

513) 文匯報, 作為廣域王權國家的中國, 由此起步-東周時代中原式青銅劍的分佈(西江淸高, 1999).

514) 윤내현, 『고조선연구(상)』, 만권당, 2015, p.250.

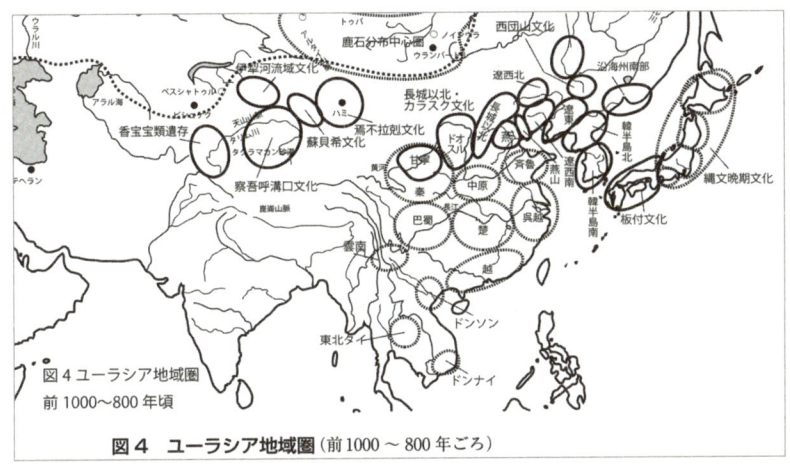

〈그림 X-13〉[515] 청동기를 근거로 한 유라시아 지역권(BC 1,000- BC 800)

력한 결과로 해석할 수도 있을 것이다.

〈그림 X-13〉에서 굵은 실선 영역이 북방계 청동기 분포권으로, 현재 천진(天津) 북쪽인 지도의 연(燕) 지역(북경 일대)은 서주(西周) 초기인 기원전 1000년경 중원계 청동기 문화권(점선 영역)과 다른 북방계 청동기 문화권에 속한다. 이는 황하 이남에서 시작한 중원계 국가인 서주(西周) 초기 연(燕)이 이 지역(북경 일대)과 연관성이 적음을 의미한다.

---

515) 小林青樹, 앞의 논문(2014), p.219.

XI. 유리하 유적과 연하도 유적의 왕검성 가능성 검토

1. 상(商)·서주(西周) 시기 화북 지역 중심지 북경 유리하(琉璃河) 유적지

한국의 민후기(閔厚基)는 북경 유리하(琉璃河) 묘장에서 발견된 청동기들에 나타나는 족휘(族徽: 부족을 상징하는 문양 또는 문자)와 동일한 족휘가 유리하 이외의 지역에서 발굴된 현황을 파악하여 '연(燕) 봉건(封建)의 재구성'을 발표하였다. 그는 북경 유리하 청동 유물을 상·서주(商·西周) 시기 연(燕)의 유물로 파악한 뒤 유리하 유물과 동일한 족휘가 나타나는 지역을 '연(燕)의 세력권'으로 추론하였다.[516]

북경 유리하(琉璃河)에서 발굴된 청동 명문의 족휘와 동일한 족휘가 나타나는 지역은 다음과 같다.

〈표 XI-1〉 유리하 출토 유명(有銘) 청동기와 동일한 족휘, 인명이 나타나는 지역[517]

유리하(琉璃河) 묘장군	인물 족휘	유리하와 동일 족휘 지역(기타 지역)
北京城外出土 [『金文 分域 編』](2628〈燕侯旨鼎〉)	燕侯旨	山西省 翼城縣 大河口 西周墓地M1(NB0876〈燕侯旨卣〉, NB0880〈旨爵〉, NB0881〈旨爵〉)
M53(1971〈攸簋〉)	攸	河北 元氏縣 西張村(1971〈攸鼎〉)

516) 閔厚基, 앞의 논문(2020), pp.1-74.
517) 閔厚基, 앞의 논문(2020), p.62.

M251(1836〈宁羊父丙鼎〉)	伯魚	河北 正定縣 新城鋪村(6184, 8219, 8220〈羊□觶〉)
M253(3825〈囗簋〉)	伯魚	河北省 易縣(2168〈伯魚鼎〉, 3534〈伯魚簋〉)
M54(10045〈亞疑妃盤〉)	河北 邢臺(7241〈亞疑父己觚〉)	河北 邢臺(7241〈亞疑父己觚〉)
M54(2035〈亞員疑鼎〉, 6489〈其史觶〉)		
M1026(5966〈員尊〉)	冉	천河北省 遷安縣 夏官營鎮 馬哨村(NA1304〈冉簋〉)
		遼寧省 喀左縣 北洞村(1651〈冉父辛鼎〉)
M251(3626, 3627〈瓱簋〉)	亞憂鄉宁	遼寧省 喀喇縣 平房子鄉 北洞村 1號窖藏(『集成』2362〈亞憂鄉宁鼎〉)
M251(490〈麥鬲〉)	牽	河北省 正定縣 新城鋪村(6626〈牽觚〉)
		天津(『集成』4735〈牽卣〉)

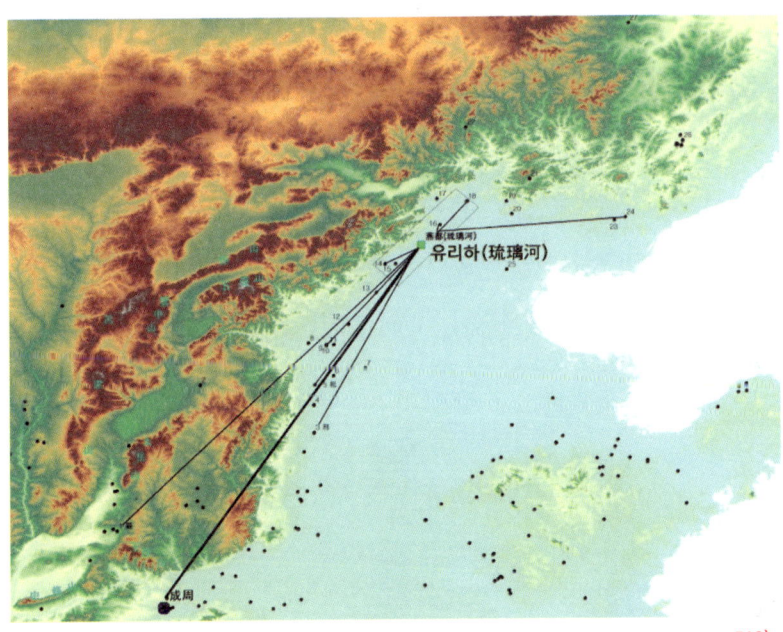

〈그림 XI-1〉 유리하(琉璃河) 청동기와 동일 인명·족휘가 보이는 청동기 출토지[518]

XI. 유리하 유적과 연하도 유적의 왕검성 가능성 검토　455

〈그림 XI-1〉에서 민후기(閔厚基)는 상(商)과 서주(西周) 초기로 비정되는 유명(有銘) 청동기 출토 지점을 표시하고, 이 가운데 유리하(琉璃河) 지역에서 출토된 청동기에 보이는 족휘 내지 인명과 동일한 족휘·인명이 나타나는 지점들을 선으로 연결하였는데, 그 범위가 유리하(북경 남부)를 중심으로 황하 유역부터 북경 동쪽 천안(遷安)까지 광범위하게 퍼진 사실을 밝혔다. 그는 이 현상에 대해 다음과 같이 결론을 짓고 있다.

> 유리하(琉璃河)에서 발견된 것과 동일한 상(像)의 족휘 내지 인명이 새겨진 청동기들이 지금의 (하북성 남부) 형대(邢臺)에서 (하북성 중부) 유리하(琉璃河)까지 그리고 다시 유리하(琉璃河)에서 동쪽으로 천안현(遷安縣) 하관영진(夏官營鎭) 마초촌(馬哨村)까지 이어진 것을 볼 때 무왕(武王)이 단행한 제1차 봉건 가운데 연(燕)에 대한 봉건은 북에 위치한 융적(戎狄)을 막기 위해 상(商)이 설치한 기존의 봉국들을 거의 그대로 흡수하는 형태로 진행되었을 가능성이 높다.[519]

이 결론에서 주목할 점은 서주(西周) 당시 '황하 이남 섬(陝) 지역에 봉해진 하나의 봉국(封國)'이었던 연(燕)의 지배력에 대하여 기존 관점, 즉 북경 유리하 지역이 연(燕) 영역이라는 관점을 비판 없이 수용했다는 점이다. 서주(西周) 시기 연도(燕都) 유적이라는 유리하 유적의 족휘가 중국 각지에서 발견되는 사실은, 황하 이남에 있던 국호도 명확하지 않은

---

518) 閔厚基, 앞의 논문(2020), p.63.
519) 閔厚基, 앞의 논문(2020), p.64.

연(燕)이라는 하나의 작은 봉국이 모은 것이 아니라, 유리하 지역(북경)에 있던 '강력한 정권'이 중원 각 지역을 정복한 후 그 지역 청동기를 한꺼번에 모은 결과로 해석할 수 있으며, 이에 대한 검토가 필요하다.

유리하 지역(북경) 정권으로 추정되는 산융(山戎), 융적(戎狄)이 황하유역을 공격하여 주나라 수도 낙읍(洛邑, 현 낙양)까지 침범한 기록은 앞서 밝힌 바 있으나 다시 한번 언급하면 다음과 같다.

『史記』卷一百十. 匈奴列傳

當是之時, 秦襄公伐戎至岐, 始列爲諸侯. 是後六十有五年, 而山戎越燕而伐齊, 齊釐公與戰於齊郊. 其後四十四年, 而山戎伐燕. 燕告急於齊, 齊桓公北伐山戎, 山戎走. 其後二十有餘年, 而戎狄至洛邑, 伐周襄王, 襄王奔於鄭之氾邑.(이때 진나라 양공은 견융을 정벌하기 위해 기산에까지 이르자 비로소 제후의 반열에 오르게 되었다. 그로부터 65년 뒤(기원전 706년)에 산융이 연(燕)나라를 넘어와서 제(齊)나라를 침범하여 제나라 희공(釐公)이 제나라 교외에서 산융과 싸웠다. 그로부터 44년 후(기원전 664년)에 산융이 다시 연나라를 침공했다. 연나라는 곧 위급함을 제나라에 알렸다. 제나라 환공(桓公)은 북쪽으로 가서 산융을 공격해 그들을 패주시켰다. 그로부터 20여 년 후(기원전 636년)에 융적이 낙읍으로 침범하여 주나라 양왕(襄王)을 공격했다. 이에 양왕은 정(鄭)나라의 범읍(氾邑)으로 도피했다.)

이렇게 산융(山戎)이 기원전 8세기 말에 황하 이남의 연(燕)과 기원전 7세기에 주(周)나라 수도였던 황하 남쪽 낙읍(洛邑), 즉 성주(成周)를 침범하였다면, 당시 주(周) 왕실 유물(청동기) 중 다수는 산융(山戎)의 수도로 옮겨졌을 가능성이 높다. 따라서 현재 북경 유리하 유적에서 주(周)나라 수도인 성주(成周) 관련 유물이 발견되었다면 그곳이 산융(山戎)의 중심지, 즉 기원전 11세기 상나라가 망할 당시 상나라 북쪽에 존재했던 고조선(상나라 재상 기자가 피신한 조선)의 수도였다는 가정이 성립될 수 있다.

이는 앞서 밝힌 대로 기원전 664년 제(齊)와 산융(山戎)과의 전쟁 당시 중원에 일시적으로 나타나는 동모(銅鉾)의 유형이 유리하 유적 인근인 요서(遼西) 지역에서 발생하여 중원으로 이동한 '산융계(山戎系) 동모'라는 사실로 그 가능성이 뒷받침될 수 있다.

2. 전국시대 화북 지역 중심지 보정시 연하도 유적지

전국시대(戰國時代, BC 475(403)-BC 221) 중기인 기원전 4세기 경 하북성 보정시 역현(易縣) 연하도(燕下都) 유적지는 북방계 명도전(도폐(刀幣))과 중원계 포전(포폐(布幣))이 동시에 주조되던 화북 지역의 중요한 화폐 주조지였다. 발굴된 화폐 주조틀(鑄型) 중 대다수가 명도전 주조틀(鑄型)임을 감안할 때 기원전 4세기 당시 역현(易縣) 연하도(燕下都) 유적지의 중심 세력은 북방계, 즉 '호(胡)' 지역에 살던 고조선계 세력이었으며, 일부 소수의 중원계 이주민이 포전을 사용했던 것을 알 수 있다.

중산 영수(靈壽)에서 북쪽으로 향하면, 역현(易縣) 연하도(燕下都) 유적지에서 다양한 도폐(刀幣)와 포폐(布幣) 주조틀(鑄型)을 발견할 수 있다. 발견된 화폐 주조틀 중 연(燕) 명도(明刀) 주조틀은 총 115개가 있다. …이들 모두 전국시대 중기의 주화 틀이다. 포폐(布幣) 주조틀에는 …총 10개의 포폐 주조틀 파편이 출토되었다. …이곳에서 발견된 도폐(刀幣)와 포

폐(布幣) 주조틀은 역현 연하도가 태항산 동쪽의 중요한 화폐 주조지임을 보여 준다.520)

연(燕) 명도(明刀) 화폐 유형 구조의 원생형(原生型, BC 433-BC 333)은 주로 하북성 역현(易縣) 연하도(燕下都), 창현(滄縣) 소가루(肖家樓), 만성(滿城), 영수(靈壽), 평산(平山), 홍륭(興隆), 천진(天津) 헐마대(歇馬臺), 적봉(赤峰) 오한기(敖漢旗)와 곽가량(郭家梁)에 분포되어 있지만, 하북성 보정(保定) 지역에 가장 집중되어 있다.521)

이러한 명도전의 분포는 전국시대 전기의 화북 지역 중심지가 보정시(保定市) 역현(易縣) 연하도(燕下都) 유적지임을 강하게 시사하고 있다. 따라서 그곳이 전국시대 고조선의 중심지, 곧 수도였음을 추정할 수 있다. 보정시(保定市) 역현(易縣)의 영향력은 전국시대 후기가 되면 하북성뿐 아니라 하남성, 내몽골, 요녕, 산서, 한반도까지 광범위하게 퍼지고 출토량도 크게 증가한다. 특히 하북성 북부로 확장되어 북경시 동북쪽의 승덕(承德)이 중요한 중심지 중 한 곳으로 등장한다.

진나라 통일 이전, 춘추전국시대 화폐 주조의 이차(次生) 발생 지역의 북

---

520) 陳隆文, 앞의 논문(2003), p.29. "(원문)由中山靈壽向北, 易縣燕下都遺址中也採集到了各種刀布幣範. 發現的幣範中燕明刀範共115塊. …以上均爲戰國中期的鑄幣範. 布幣範中 …共出土布幣碎範10塊. …此處發現的刀布幣範說明易縣燕下都是太行山東一處重要的貨幣鑄造地點."

521) 陳隆文, 앞의 논문(2003), p.79. "(원문)燕明刀幣類型結構中的原生型主要分布在河北易縣燕下都, 滄縣肖家樓, 滿城, 靈壽, 平山, 興隆, 天津歇馬台, 赤峰敖漢旗和郭家梁, 但以河北保定地區最爲集中."

쪽 경계는 이미 연조장성(燕趙長城) 일대까지 확장되었을 것이다. 연조장성 이남의 현재 내몽골과 하북성 북부 지역은 전국시대 후기에 중요한 화폐 주조 지역으로 발전하였다. 하북성 북부에는 전국시대 말기에 두 곳의 중요한 화폐 주조 장소가 있었다. 그중 하나는 현재의 승덕현(承德縣)이다. 승덕현 양수저향(楊樹底鄉) 나가구촌(羅家溝村)에서 여러 개의 돌 도폐 주조틀(石刀幣範)을 발견하였다. …첨부된 주조틀 탁본을 보면 연도(燕刀)의 형태는 이차형 경절도화(磬折刀幣)로 전국시대 말기의 것이다.[522]

이차형(次生型; 甲型과 乙型 명도전, BC 332-BC 222) 연(燕) 일월도(日月刀) 화폐의 출토 수량은 매우 많으며, 원생형(原生型, BC 433-BC 333) 일월도 화폐의 주조 지역을 포괄할 뿐만 아니라 북경(北京), 천진(天津), 하북(河北), 하남(河南), 내몽(內蒙), 길림(吉林), 요녕(遼寧), 산서(山西), 조선(朝鮮) 등지에서도 출토되었다. 이는 연(燕) 일월도(日月刀) 화폐 출토의 주요 부분을 차지한다.[523]

이렇게 전국시대 전체에 걸쳐 명도전 사용의 중심지였던 하북성 보정시 역현(易縣) 연하도(燕下都)가 고조선의 마지막 수도 왕험성이었을 가

---

522) 陳隆文, 앞의 논문(2003), p.30. "(원문)秦統一之前, 春秋戰國時期貨幣鑄造的次生區域的北界當已沿伸至於燕趙長城一線. 燕趙長城以南的今內蒙古河北北部地區在戰國後期已發展成為這一時期較為重要的貨幣鑄造地區. 在今河北省北部, 戰國末期有兩處較為重要的貨幣鑄造地點, 其一在今承德縣. 承德縣楊樹底鄉羅家溝村發現石刀幣範數件,…但從所附幣範拓片來看, 燕刀形制為次生型磬折刀幣屬戰國晚期之物."
523) 陳隆文, 앞의 논문(2003), p.80. "(원문)次生型的燕日月刀幣的出土數量眾多, 除筱蓋了原生型日月刀幣的鑄行地區外, 北京天津河北河南內蒙吉林遼寧山西朝鮮等地均有出土, 是燕日月刀幣出土的大宗."

능성은 다음의 내용으로 추정이 가능하다.

춘추 시기에 최초로 등장한 명도전, 즉 첨수도는 석가장(石家莊) 지역을 비롯한 태항산맥(太行山脈) 동쪽 지역에 분포돼 있으므로,524) 춘추전국 시기 고조선의 남쪽 중심지는 하북성 석가장시(石家莊市) 인근으로 볼 수 있다. 그런데 춘추시대 이후 전국시대(戰國時代, BC 476-BC 221)가 되면 석가장시 북쪽에 있는 보정시 역현 연하도 지역을 경계로 그 이북에서 명도전이 주로 사용된다.

하북성의 석가장(石家莊), 보정(保定)과 천진(天津) 서부 지역은 주로 현재 석가장시 관할의 영수현(靈壽縣), 평산현(平山縣), 보정시 관할의 만성(滿城), 역현(易縣), 용성(容城), 서수(徐水), 내수(淶水), 창주시(滄州市) 관할의 창현(滄縣), 낭방시(廊坊市) 관할의 문안(文安)을 포함한다. 이 지역은 남쪽에서 북쪽으로 갈수록 연(燕) 일월도(日月刀, 명도전)의 출토 수량이 적은 것에서 많은 것으로, 드문 것에서 촘촘한 것으로 변하며, 유형 구조도 이른 시기에서 늦은 시기로 변화하고 있어 이 지역이 연일월도가 남에서 북으로 발전하고 변천해 가는 과도 지대일 가능성이 높음을 시사한다. 이 과도 지대는 대략 역현(易縣) 연하도(燕下都)에서 끝나며, 연하도는 연나라 남쪽 경계의 중요한 요새였다. 또한, 연(燕) 일월도(日月刀)의 주조지 중 하나로, 연하도에서 북쪽으로 가면 연일월도 화폐가 보조 화폐에서 주된 화폐로 바뀌게 된다.525)

---

524) 陳隆文, 앞의 논문(2003), p.133. "而集中分布於太行山東今石家莊地區一帶的尖首刀的流通上限又可以推定在春秋中期或稍早.(현재 석가장(石家莊) 지역을 비롯한 태항산(太行山) 동쪽에 집중적으로 분포한 첨수도(尖首刀)의 유통 시기를 춘추시대 중기 또는 그보다 조금 더 이른 시기로 추정할 수 있다.)"

525) 陳隆文, 앞의 논문(2003), p.84. "(원문)河北省的石家莊保定和天津西部地區. 主要包

이러한 사실은 하북성 석가장시-보정시가 춘추 시기에는 중원의 포전 (布錢)과 다른 첨수도를 사용하던 중심지였는데, 이후 점차 이 지역에 포전(布錢)을 쓰던 중원 세력이 모여드는 곳이 된 사실을 증명하고 있다. 이렇게 석가장시 이북에 포전(布錢)이 증가하는 이유는 두 가지로 정리할 수 있는데, 하나는 전국시대 당시 고조선의 활발한 중원 정복 전쟁으로[526] 고조선 국경으로 볼 수 있는 석가장시 인근에 중원계 유물이 많이 유입됐음을 짐작할 수 있고, 다른 하나는 앞서 언급했듯이, 전국시대 말의 잦은 전쟁과 '진승(陳勝)과 항우(項羽)의 봉기로 천하가 크게 혼란하여 연(燕), 제(齊), 조(趙) 백성들이 조선왕 기준(箕準)의 땅으로 망명한 지역'이 바로 그 지역(석가장시-보정시)이기 때문으로 볼 수 있다. 이 두 원인 중 중원의 포전(布錢)이 석가장 이북에 크게 증가하는 요소는 후자인 연(燕), 제(齊), 조(趙) 백성들의 고조선 망명에 있다고 판단된다. 일시적 정복 전쟁으로 유입된 포전이 지속적으로 유통될 가능성은 적기 때문이다. 즉, 원래 도폐(명도전)를 사용하던 고조선 영역인 석가장시-보정시 사이가 바로 연(燕)나라 사람 위만(衛滿)이 이들 세력을 규합하여 기준(箕準) 조선을 몰아낼 세력을 키운 곳이자, 기준(箕準)이 위만에게 하사

括今石家莊市所轄的靈壽縣, 平山縣; 保定市所轄的滿城易縣容城徐水淶水; 滄州市所轄的滄縣; 廊坊市所轄的文安. 這一地區自南而北燕日月刀的出數量由少漸多, 由疏漸密, 類型結構由早到晚, 預示著這一地區很可能是燕日月刀由南向北發展演變的過渡地帶. 這個過渡地帶大約止於易縣燕下都, 易縣燕下都是燕國南境的重鎮. 又是燕日月刀的鑄地之一, 從燕下都向北, 燕日月刀幣由輔助貨幣而成為主體貨幣."

526) 『鹽鐵論』卷第七 備胡 第三十八 "大夫曰:往者, 四夷俱强, 幷爲寇虐, 朝鮮踰徼, 劫燕之東地, 東越東海, 略浙江之南(과거에 사이(四夷)들이 모두 강성하여 한데 어울려 도둑질과 약탈을 하였고, 조선은 국경을 넘어 연(燕)의 동쪽 땅을 침략하였으며, 동쪽으로는 동해를 넘어가 절강(浙江) 남부 지역까지 약탈하였다.)"

한 조선 서부 100리(百里)527)에 해당하는 곳임을 추정할 수 있는 것이다.

기준(箕準)에게서 조선의 수도 왕험성을 빼앗은 위만 세력은 그들의 출신지인 연(燕), 제(齊), 조(趙) 지역의 화폐, 즉 포전(布錢)을 다량으로 소유하고 있었을 것이다. 따라서 위만이 빼앗은 왕험성에서 명도전과 함께 포전(布錢) 역시 일부 유통이 되었음을 추정할 수 있다. 전국시대(戰國時代, BC 476-BC 221) 중원계 포전(布錢)의 북방 한계로 볼 수 있는 보정시 연하도(燕下都)는 북방의 명도전 사용 정권인 조선과, 남방(중원)의 포전(布錢) 사용 정권인 위만 세력이 융합되었던 곳임을 시사한다.

해방 후, 역현(易縣) 연하도(燕下都) 범위 내에서 동주(東周) 시대의 화폐가 대량으로 수집되었는데, 총 54회에 달하며, 그중 연나라의 도폐(刀幣) 34,493개, (연나라) 포폐(布幣) 149개, 환전(圜钱) 1개가 수집되었다. 조나라의 도폐(刀幣)는 455개, 삼진(三晋) 및 주 왕실의 포폐(布幣)는 5,403개로, 그 수량이 방대하고 내용이 풍부하다. 이를 통해 연하도(燕下都) 화폐 경제의 번영 상황을 짐작할 수 있다.528)

이렇게 북방 고조선 화폐 명도전이 주(主)가 되어 사용되고, 황하 유역

---

527) 『三國志 裴松之注』 魏書 卷三十 烏丸鮮卑東夷傳 "燕人衛滿亡命 …準信寵之, 拜為博士, 賜以圭, 封之百里, 令守西邊(연나라 사람 위만(衛滿)이 망명하여 … 준(準)은 그를 믿고 총애하여 박사(博士)로 임명하고, 규(圭)를 하사하였으며, 100리의 땅을 봉하여 서쪽 변경을 지키게 하였다)."

528) 陳隆文, 앞의 논문(2003), p.142. "(원문)解放後在易縣燕下都範圍內採集到大批東周時期的貨幣, 總數達54起之多, 其中採集燕國刀化34493枚, 布幣149枚, 圜錢1枚. 趙國刀化455枚. 三晉及周王室布幣5403枚, 數量浩大, 內容宏富. 其可以想見燕下都貨幣經濟的繁榮情況."

화폐인 포전(포폐)이 보조 화폐로 사용되던 보정시 역현 연하도(燕下都) 유적지는 기록(위만의 조선 찬탈)과 유물의 성격, 규모의 방대함을 볼 때 고조선의 마지막 수도 왕험성으로 비정하는 데 적당하다고 할 수 있다.

XII. 맺음말

이 책은 갈석산(碣石山), 발해(渤海), 진장성(秦長城), 요동(遼東), 요수, 패수(浿水), 연(燕) 등 고조선 국경에 있던 주요 지표들에 대한 분석을 토대로 고조선의 중심지가 하북성 중부 이북에 위치했었다는 사실을 문헌 및 고고학적 자료로 논증하였다. 이를 통해 필자는 이 지역의 주요 유적인 북경시 방산구(房山區) 유리하 유적(琉璃河遺蹟, 西周燕都遺蹟)을 고조선 전기 중심지로 유적으로 보았고, 북경 남쪽의 보정시(保定市) 역현(易縣) 연하도 유적(燕下都遺蹟)을 고조선 후기 위만조선의 중심지 왕험성(왕검성)으로 비정하였다.

『양서(梁書)』에 신라인은 그 선조가 진한(辰韓) 사람으로서, 진한(辰韓)을 진한(秦韓)이라고도 불렀는데, 그 이유가 진한(辰韓)에서 1만 리 떨어진 진시황(秦始皇)의 진(秦) 사람들이 노역을 피해 이주해 왔기 때문이라고 기록하고 있다.[529] 이 기록은 고대인들이 재난을 만났을 때 현대인이 상상하는 것보다 상당히 먼 곳까지 이주했던 사실을 설명하고 있다.

한반도에 살고 있는 한국인이 신라의 후손임을 인정한다면, 3세기 신

---

[529] 『梁書』卷五十四 列傳第四十八 "新羅者, 其先本辰韓種也. 辰韓亦曰秦韓, 相去萬里, 傳言秦世亡人避役來適馬韓, 馬韓亦割其東界居之, 以秦人, 故名之曰秦韓. 其言語名物有似中國人(신라(新羅)란, 그 선조는 본래 진한(辰韓) 종족이다. 진한은 또한 진한(秦韓)이라고도 불리며, (진나라와는) 서로 1만 리나 떨어져 있으나, 전해지는 말에 따르면 진(秦)나라 시대에 징역(徭役)을 피해 망명한 사람들이 마한(馬韓)으로 와서 정착하였다고 한다. 마한은 동쪽 경계의 땅을 떼어 그들에게 나눠주었고, 이들을 진(秦)나라 사람이라 하여 그 지역을 '진한(秦韓)'이라 불렀다. 그들의 언어와 명물(명칭과 사물)이 중국 사람과 비슷한 점이 있었다)."

라(진한)인이 조선 후국(後國)인 낙랑 사람들을 '자신들의 잔여인(樂浪人本其殘餘人)'이라고 밝혔던 『삼국지(三國志)』의 기록530)을 주의 깊게 고찰할 필요가 있다. 기록대로라면 낙랑(조선) 사람들이 대부분 진한(신라)에 이주해 왔다고 해석되는데, 비록 당시 낙랑(조선) 사람 모두가 북경 일대로 추정되는 낙랑(조선)에서 진한(신라)으로 이주해 왔다고는 볼 수는 없겠지만, 낙랑(조선)의 주체 세력이 진한(신라)으로 대거 이주했다는 사실은 받아들여야 할 것이다. 따라서 한반도뿐 아니라 조선(낙랑)이 있던 곳으로 추정되는 현 하북성 북부 지역(보정시, 북경시 일대) 역시 한국인의 기원지 중 한 곳일 수 있다는 사실에 대해 학계의 편견 없는 고찰이 요구된다.

현재 아시아 대륙 서쪽 끝 아나톨리아 반도에 있는 튀르키예(터키)는 고구려와 전략적 협력 관계에 있던 중앙아시아 돌궐국의 역사를 자신들 정체성의 중요한 요소로 간주하여 연구 중이다.531) 실제로 튀르키예는 민족적으로 기원전 2000년경에 중앙아시아 동남부에서 기원한 훈족(혹은 돌궐족)으로서 서기 10세기 내지 11세기부터 아나톨리아 반도에 정착하였으며, 현재까지도 한국의 풍습과 언어 면에서 근본적으로 비슷한 면

---

530) 『三國志』「烏丸鮮卑東夷傳」"辰韓在馬韓之東, …名樂浪人為阿殘, 東方人名我為阿, 謂樂浪人本其殘餘人(진한(辰韓)은 마한(馬韓)의 동쪽에 있으며, … 낙랑(樂浪) 사람을 '아잔(阿殘)'이라 부르고, 동쪽 사람들은 '우리(我)'를 '아(阿)'라 부르는데, 이는 낙랑 사람들이 본래 그(우리) 잔여민이라는 뜻이다)."

531) The Korea Times, Turkish-Korean brotherhood, https://www.koreatimes.co.kr/www/opinion/2024/10/137_217624.html, 024.11.07.접속) "Goguryeo is an ancient Korean kingdom. It has historical value for Koreans like our Huns and Gokturks. The Gokturk Empire is a precious topic in defining the Turkish identity and Turkish existence in Central Asia."

이 적지 않다고 알려져 있다.532) 따라서 그들은 고대 약 30개의 민족이 거주했던 '아나톨리아 영토사'를 중앙아시아에서 기원한 자신들의 '민족사'와 구분하고 있다.

필자가 후기 고조선 중심지 낙랑군으로 비정한 하북성 중부 지역을 포함한 화북 지역(황하 이북)은 고대에 한반도인과 같은 민족이 살았으나 약 1,200년 전인 8세기 당(唐)나라 시기 이후로 한국인과 다른 민족으로 대체되면서 서로 유전적으로 달라진다.533) 따라서 한국인 역시 튀르키예와 마찬가지로, 현재는 중국 영토에 있지만 과거 다른 민족에 비해 같은 혈연과 문화를 공유한 선조들이 살았던 화북 지역(황하 이북)의 역사와 문화에 관해 더 많은 고찰과 포용적 자세를 취할 필요가 있다.

나아가 한국인의 문화적, 정신적 정체성의 흐름을 밝히는 '한국 문명사(민족 정체성 역사)'와 한반도 영토 내에서 이루어졌던 '한반도 역사(한반도 영토 내 역사)'를 이원화하여 연구해야 할 필요가 있다. 이는 한국인의 정체성에 대한 과장이나 폄하가 아닌, 미래 주변국과의 불필요한 갈등을 줄이는 객관성을 찾아가는 의미 있는 과정이 될 것이다.

---

532) 외교부 유럽국 중유럽과, 『터키 개황』, 한국 외교부, 2013, pp.9-10.

533) Wang, Y; Lu, D; Chung, YJ; et al., 「Genetic structure, divergence and admixture of Han Chinese, Japanese and Korean populations」, 『Hereditas』 155, 2018. https://doi.org/10.1186/s41065-018-0057-5, (2024.11.07.접속) "Korean and northern Han Chinese had frequent communications in ancient time, and the divergence time between the two populations was estimated as -1.2 KYA (corresponding to the later period of Three Kingdoms of Korea, or the Tang Dynasty in China).": Hereditas volume 155, Article number: 19 (2018)

XIII. 부록

1. 기존 학설과 본 책의 관점(차이점) 정리

〈표 부록-1〉 후기 고조선 관련 지명(지표)에 관한 기존 학설과 본고의 차이점 정리 (국문)

지표	기존 학계 관점	이 책의 관점
후기 고조선 중심	한반도 북부, 요녕, 하북성 동북	하북성 중부 보정시(保定市)
갈석산	평안남도 용강군, 하북성 창려현, 산동성 무체현, 하북성 석가장시, 하남 형양시 등	하남성 형양시 광무산(廣武山)
발해	현재의 발해, 태항산 동쪽, 산동성 대야택	하북성 남부 대륙택(大陸澤)
진(秦)장성 동단	요녕성 요하, 요동, 요서, 한반도 서북	산서성 동남 여성현(黎城縣) 인근
요수	요녕성 요하, 하북성 난하(灤河), 산서성 청장하 지류 등	산서성 동남 장하(漳河)
패수	압록강, 청천강, 대동강, 하북성 난하(灤河), 요녕성 대능하(大凌河), 하북성 조백하(潮白河)	하북성 중부 호타하(滹沱河)
전국 연(燕)	북경시, 하북성 보정시	하남성에서 산서성 동남부로 이주

〈표 부록-2〉晚期古朝鮮相關地名地標之既存學說與本文之異同整理(漢文)

指標	既存學界觀點	本論文觀點
晚期古朝鮮中心	韓半島北部, 遼寧, 河北省東北, 河北省北部	河北省 中部 (保定市)
碣石山	平安南道龍岡郡, 河北省昌黎縣, 山東省牟棲縣, 河北省石家莊市, 河南榮陽市 等	河南省 榮陽市 (廣武山)
渤海	現在之渤海, 太行山東側, 山東省 大野澤	河北省 南部 (大陸澤)
秦長城東端	遼寧省遼河, 遼東, 遼西, 韓半島西北	山西省 東南 黎城縣 附近
遼水	遼寧省 遼河, 河北省 灤河, 山西省 清漳河 支流 等	山西省 東南 漳河
浿水	鴨綠江, 清川江, 大同江, 河北省 灤河, 遼寧省 大凌河, 河北省 潮白河	河北省 中部 滹沱河
戰國 燕	北京市, 河北省 保定市	自河南省遷徙至山西省東南部

2. 진(秦)·한(漢) 시기 형세도(본 책 내용 기반)

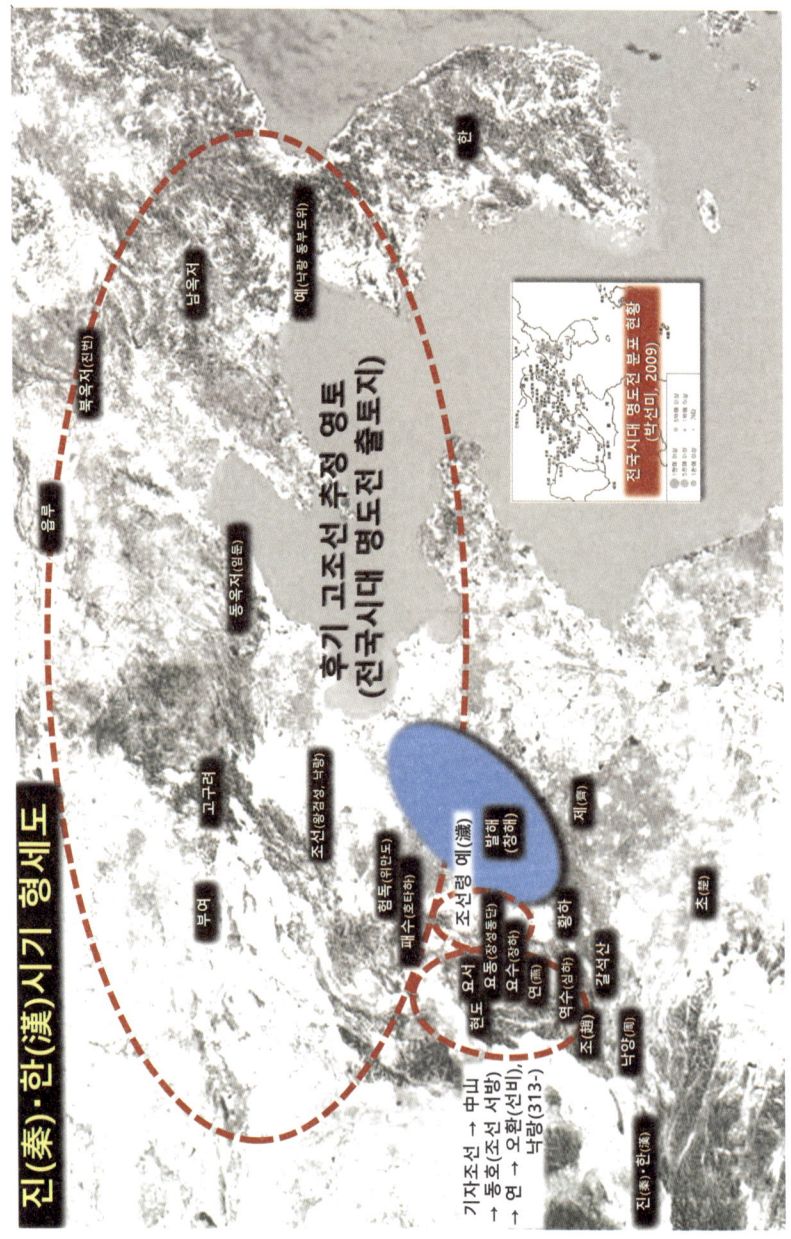

〈그림 부록-1〉 진(秦)·한(漢) 시기 형세도(국문, 본 책 내용 기반)

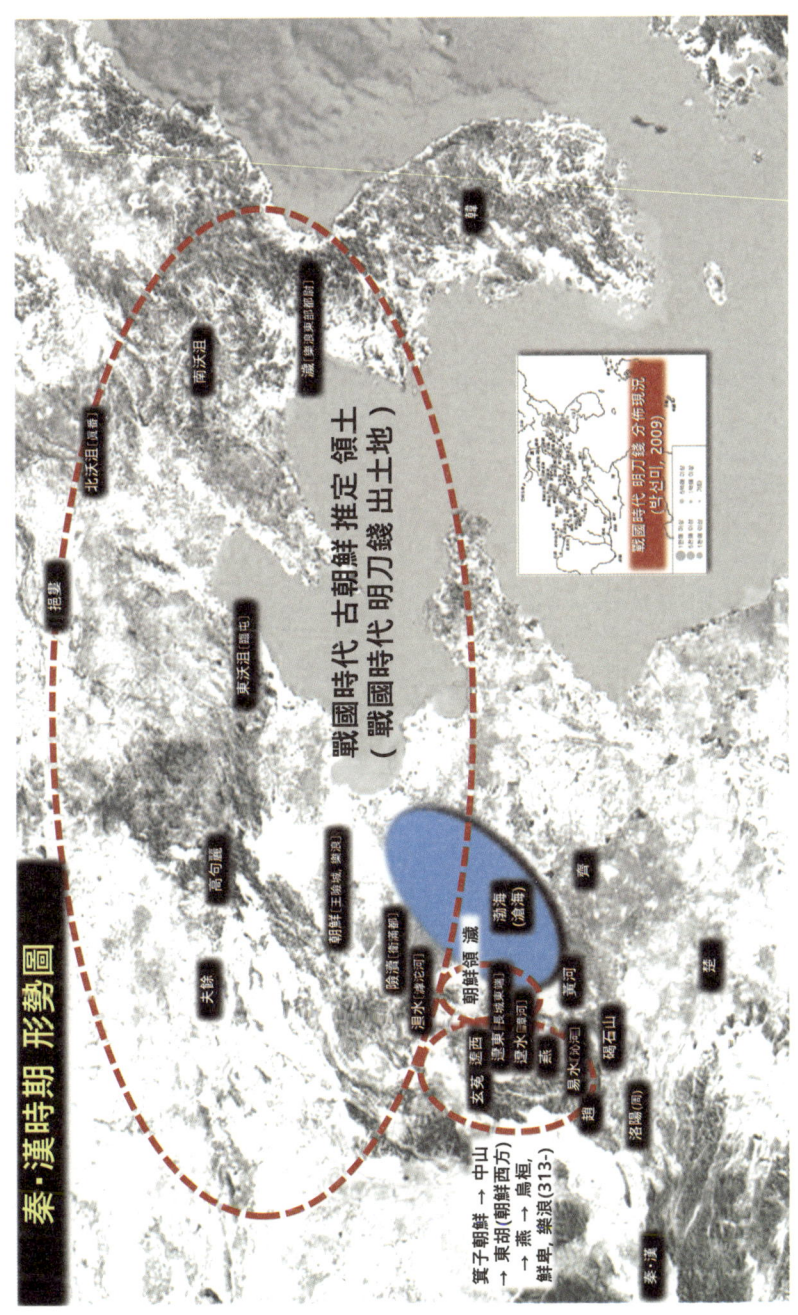

〈그림 부록-2〉 秦漢時期 形勢圖(漢文, 本論文基礎)

찾아보기

ㄱ

가야 42
갈석산(碣石山) 25, 28, 65
갑골 점복 풍습 23
갑형 명도전 431
강회(江淮) 336
개봉성(開封城) 32, 114
계(薊) 84, 193
계국(國) 194
계성(城) 145
계현(縣) 248
고구려 19, 22, 54
고구려현(高句驪縣) 149
고기주(古冀州) 30, 67
고대 황하(古黃河) 112
고발해(古渤海) 25
고안(故安) 235, 236, 255
고조선(단군조선) 18
고황하도(古河道) 116
공손강 124
공손도(公孫度) 239
공손연(公孫淵) 152
공안국 94
공안국(孔安國) 93, 277
공자(孔子) 399
곽거병(去病) 196
곽박 325
관중(管仲) 322
관창해(觀滄海) 159
광무산(廣武山, 前 三皇山) 30, 75
광양(廣陽) 240
구(歐) 219, 253
구려(駒麗) 278
구원(九原) 213
구하(九河) 102

극뢰(克) 376, 380
극후(克矦(侯)) 382
기(箕) 228
기남(冀南) 403
기산(岐山) 251
기산(箕山) 265
기씨조선(箕氏朝鮮) 48
기자(箕子) 18
기자조선(箕子朝鮮) 272, 276
기주(冀州) 30, 91
기주(箕州) 265
기준(箕準) 276
기현(祁縣) 202

ㄴ

낙랑(樂浪) 19, 27
낙랑국(樂浪國) 51
낙랑군(樂浪郡) 20, 27, 51, 52
낙랑 동부도위 62
낙랑현 174
낙양(洛陽) 56, 94
낙읍(洛邑, 洛陽) 251
낙정현(樂亭縣) 83
낙평군(樂平郡) 198
난하 19
남경(南京) 249
남려(南閭) 122
남양군(南陽郡) 186
남옥저 55, 57
남월(南越) 24, 334
남이(南夷) 343
남해(南海) 328
낭야(琅邪) 31
노(魯) 93
노관(盧) 305
노룡(盧龍) 443

472 왕검성(王儉城)

노성(潞城) 245
노성시(潞城市) 150
노현(潞縣) 241
누방현 169
누선장군 167

ㄷ

단군왕검(壇君王) 20, 27
단군조선 18
단단대령 61
담기양(譚其) 290
대(代) 190, 200
대갈석산(大碣石山) 104
대량성(大梁城) 32, 114
대륙택(大陸澤) 32, 91, 119
대릉하(大陵河) 150
대방(帶方) 293
대방국(帶方國) 51
대방군(帶方郡) 52
대요수(大遼水) 149
대인국(大人之國) 330
『대청광여도(大廣興圖)』 90
대타두 문화(大頭文化) 416
대흥안령산맥 157
도폐(刀幣) 443
동군(東郡) 190
동모(銅矛) 23
동북이(東北夷) 279
동옥저 57, 58
동월(東越) 343, 351
동이현(東縣) 356
동주(東周) 427
동하(東河) 142
동해(東海) 328
동호(東胡) 24, 34, 36, 86, 263
둔유(屯留) 202, 210
둔유현(屯有縣) 296

ㅁ

마한(馬韓) 27, 69
마한(馬韓)의 왕검성(王儉城) 315
만리장성 131
만맥(蠻貊) 145, 298
만성한묘(滿城漢墓) 321, 360
망도현(望都縣) 452
망평현(望平縣) 148
맥(貊) 278
맥(貉, 貊) 321
명도전(明刀錢) 39, 175, 430
명도전 세력 451
모용외(慕容廆) 52, 160
몽염(蒙恬) 33, 131
몽오(蒙驁) 192
무령왕(武王) 200
무릉서(茂陵書) 352
무수현(武遂縣) 80, 164
무신(武臣) 218
무제(武帝) 160
무체현(無縣) 99
무향성(武城) 198
묵특선우(冒頓單于) 83, 259
문피 321
민지(澠池) 214

ㅂ

반고(班固) 82
발조선 322
발해(勃海) 105
발해(渤海) 25, 28, 31
발해군 31, 106
발해군(勃海郡) 68
방성(方城) 257
『방언(方言)』 392
배리강(裴李崗文化) 400
백랑산(白狼山) 295
백부서주묘(白浮西周墓) 405

백부촌(白浮村) 39, 417
백부촌 움무덤(土壙墓) 418
백석산 75
백적(白狄) 441
백제 22, 42
번한(番汗) 35, 165
번한현(番汗縣) 165, 339
번한현(番汗縣, 번국) 339
병주(州) 246
병형 명도전 431
보정시(保定市) 28, 38, 83, 156
보정시 서수현(徐水縣) 37
부사년(傅斯年) 371
부시(膚施) 258
부신직지(俯身直肢) 421
부여(夫餘) 22, 128, 259, 263
부여(扶餘) 278
부조예군(夫租君) 60
북가(北假) 132
북경시 28
북대하구(北戴河區) 83
북역수(北易水) 241
북옥저 63
북해(北海) 328
분문(分門) 237
분수(汾水) 235
분수문(汾水門) 236
분하(汾河) 140, 237
불내성 56
비여(肥如) 443
비자국(肥子國) 443
비파형 동검 세력 451
빗살무늬(繩紋, 之字紋) 399
빗살무늬(繩紋) 도기(陶器) 39

ㅅ

사구(沙丘) 272
사마천(司馬遷) 298

산융(山戎) 219, 263, 457
산조(酸棗) 188
『산해경(山海經)』 88
산해관(山海關) 135
삼조선 41
삼진(三晉, 韓趙魏) 184
삼하(三河) 39, 96
삼한 41
삼황산(三皇山) 101
상(商, 殷) 18
상곡(上谷) 33, 73, 190
상곡군(上谷郡) 86, 164, 241, 245
상나라 20
상(商)나라 달력(殷曆) 22
상(商)의 선조 문화(先商文化) 284
상하장(上下) 305
새(塞) 171
서광(徐廣) 36, 88, 309
서여(胥餘) 228
서주(西周) 38
서하(西河) 141
서해(西海) 135, 328
석(奭) 365
석가장시 73
선비 265
선우씨(鮮虞氏) 441
선인(仙人) 왕검(王儉) 312
『설문해자(說文解字)』 372
섬(陝) 181
섬서(陝西) 378
섬서성(陝西省) 21
섬주(陝州) 251
섬주구(陝州區) 182
성왕(成王) 375
성 위의 성(城摞城) 114
성주(成周, 洛邑) 39
성주(成周) 낙읍(雒邑) 399

474 왕검성(王儉城)

소(召) 372
소공(召公) 38, 76, 181, 377
소릉(召陵) 76
소릉만세리(召陵萬歲里) 372
소릉진(召陵) 371, 374, 395
소요수(小遼水) 149
소진(蘇秦) 31, 192, 211
『수경주(水經注)』 33
수성(遂城) 68
수성현(遂城縣) 70, 164
수안(遂安) 68
수유(須臾) 228
수중현(綏中縣) 83
숙신(읍루) 56
순장(殉葬) 417
숭산(崇山) 95, 96
승덕(承德) 459
승문(繩紋, 새끼줄 무늬) 400
승수(繩水) 30, 98, 103
신(新)나라 392
신도군(信都郡) 111
신라(新羅) 20, 42
신정시(新鄭市) 181
신찬(臣瓚) 27, 37, 168
신채현(新蔡縣) 182
심수(沁水) 209, 236
『십삼주지(十三州志)』 169

◯

아사달(阿斯達) 20, 27
악석 문화(岳石文化) 284
악의(樂毅) 216, 223
안문(門) 196
안사고(師古) 172
안양시(安陽市) 20, 124
압록강 58
양(梁)나라 368
양복(楊僕) 31

양수(梁水) 153
양웅(揚雄) 392
양천시(陽泉市) 157, 296
양평(襄平) 32, 33, 153
양평현 148
어양(漁陽) 33, 73, 240
어양군(漁陽郡) 245
언(匽) 38
언(郾) 76, 204, 372
언국(郾國) 371
언성(郾城) 101
언성현(郾城縣) 187, 371, 372
여군(黎郡) 241, 443
여남현(汝南縣) 349
여량산맥(呂梁山脈) 140
여량시(呂梁市) 141
여량시(呂梁市) 이석구(離石區) 140
여성(黎城) 245
여성현(驪成縣) 104
여성현(黎城縣) 164
역도원(酈道元) 168, 170
역수(易水) 210, 235, 236, 237
역현(易縣) 26, 37, 176, 311
역현(易縣) 460
연(燕) 25, 28, 38
연경(燕京) 203
연경산(燕京山) 201, 203
연경융(燕京戎) 201
연국(燕國) 38, 249
연국(燕國) 문화 421
연국(燕國) 오도(五都) 363
연나라 전성 시(全燕時) 267
연(燕)나라 태자 단(丹)이 형가(荊軻) 217
연남생(천남생) 240
연남장성(燕南長城) 145
연도(燕都) 364
연 문후(燕文侯) 34, 210

연북(燕北) 219
연산(燕山) 383, 414
연산산맥 61
연 소왕(燕昭王) 165
연(燕)왕 희(喜) 167
연(燕)의 희왕(喜王) 191
연(燕) 장성 144
연 장성(燕長城) 32, 85
연하도 유적(燕下都遺蹟) 28, 38, 176, 360, 427
燕虛(연허) 189
연후(燕侯) 극(克) 362
연희왕(燕王喜) 195
열구(列口) 325
열수(列水) 325
열양(列陽) 325
염류(소금) 피해 119
『염철론(鹽鐵論)』 261
염호(鹽湖) 341
영천현(潁川縣) 372
예(濊) 53
예구(濊口) 127
예나라 왕의 도장(濊王之印) 128
예맥(濊貊) 24
예맥조선(穢朝鮮) 35, 259
예맥족(濊貊族) 21, 22
예북기남(豫北冀南) 25
예수(濊水) 127
예읍(濊邑) 124
예족(濊族) 124
예중(豫中) 403
옛날 호성(故胡城) 349
오환(烏桓) 36, 157, 230, 259, 263
오환(烏丸=烏桓) 157
옥저 54
온양(溫陽, 涅陽) 303
온현(溫縣) 181, 271

왕검(王儉) 27
왕검성 27
왕옥산(王屋山) 185
왕험(王險) 27
왕험성(王險城) 27
왜(倭) 63, 260
요(遼) 249
요갱(腰坑) 417, 420
요갱순구(腰坑殉狗) 421
요대(遼隊) 149
요동(遼東) 25, 28, 33, 73
요동군 36
요동속국(遼東屬國) 289
요동외요 227
요동외요(遼東外徼) 304
요동태수(遼東太守) 255
요산(遼山) 146
요산현(遼山縣) 146
요서(遼西) 25, 33, 73
요수(遼水) 25, 32, 33, 65
요수(潦水) 108
요양(遼陽) 153, 196, 198
요주(遼州) 33, 135, 145, 265
요하(遼河) 23
용강군(龍岡郡) 74
우공(禹貢) 30
「우공(禹貢)」 88
우북평(右北平) 33, 73, 240
운중(雲中) 213
움무덤(土壙墓) 417
월씨 335
위만도(衛滿都) 292
위만(衛滿)조선 18, 19
위방3기 문화(圍坊三期文化) 420
위소(韋昭) 36
유리하 유적(琉璃河遺蹟, 西周燕都遺蹟) 28, 360

476 왕검성(王儉城)

유리하(琉璃河, 西周燕都) 유적 38
유리하진(琉璃河鎭) 26
유사성(榆社城) 198
유성(柳城) 294
유주(幽州) 85, 246
유주자사(幽州刺史) 255
유주자사(幽州刺史) 진(鎭) 59
유창균 393
윤내현 19
은(殷) 272
은(殷)나라 21
은상(殷商) 유민 422
은허(殷墟) 20, 417
을불리(미천왕) 52
을형 명도전 431
음산(陰山) 132, 139, 140
읍루 59
응소(應劭) 36, 175, 290
이도학(李道學) 46
이리두 문화(二里頭文化) 284, 415
이맥(夷貊) 24, 238
이병도(李丙燾) 43
임둔태수장(臨屯太守章) 316, 356
임분분지(臨汾盆地) 139, 142
임예승인(臨穢丞印) 60
입운(林沄) 420
임유궁(臨渝宮) 443
임찬경 45
임치(臨淄) 200, 204

ㅈ

자산 문화(磁山文化) 400
장(障) 315
장가원상층 유형(張家園上層類型) 410
장무(章武) 108, 124
장성(長城) 33, 81
장수(漳水) 108, 165, 307
장수절(張守節) 174

장안(長安) 93
장안성 305
장의(張儀) 213
장치시(長治市) 101, 229
장치시(長治市) 노성구(潞城區) 245
장치시(長治市) 장자현(長子縣) 153
장택호(漳澤湖) 326
장평(長平) 188
장하(漳河) 118
적수(適戍) 131
적융(狄戎) 444
적융(適戎) 131
적저(荻苴) 303
적족(狄族) 441
전국연(戰國燕) 72, 145
전연시(全燕時) 223
절수(浙水) 351
점복기술(占卜技術) 414
정약용(丁若鏞) 42, 43
정주(鄭州) 216
정주시(鄭州市) 35
정현(鄭玄) 97, 279
제(齊) 27, 151
제명도(齊明刀) 431
제수(沛水=濟水) 249
제수(濟水) 184, 216
조(趙) 151
조나라 공자 가(嘉) 211
조선(朝鮮) 24
조선서방(朝鮮西方) 36
조선서부 253
조선총독부 47
조선현 318
조선후(朝鮮侯) 35, 309
조양(造陽) 33
조양시(朝陽市) 451
조양자(趙襄子) 219

찾아보기 477

조조　159
조(趙) 혜문왕(文王)　219
족휘(族徽)　454
종주(宗周)　399
종주(宗周, 鎬京)　39
좌권현(左權縣)　135
주(周)나라　21
주왕(紂王)　378
「주초봉건도(周初封建圖)」　222, 424
죽령(竹嶺)　56
준왕(準王)　292
준왕(準王)조선　18, 19
중국(中國)　199
『중국역사지도(中國歷史地圖)』　94
중산(中山)　24, 190
중산국(中山國)　36, 68, 144, 258
중산정왕(中山靖王)　359
중원 중심 역사관　415
지부산(之罘山)　108
지자문(之字紋, 之자 무늬)　400
지하수고(地下水庫)　116
지현(軹縣, 현 濟源市)　271, 273
직예산동양성지여전도(直隸山東兩省地與全圖)　120
직예성(直隸省)　37
진(秦)　69
진개(秦開)　35, 86
진국(辰國)　63, 355
진(晉) 문공(文公)　219, 251, 264
진번(眞番)　35, 304
진번국(眞番國)　339
진번방중국(眞番旁衆國)　352
진번진국(眞番辰國)　352
진(秦) 소양왕(昭襄王)　253
진승(陳勝)　445
진시황(秦始皇)　68, 69
진(秦)의 옛 빈 땅 상하장(秦故空地上下障)　167

진장성(秦長城)　25, 28, 131
진한(辰韓)　20, 63
진한(辰韓, 秦韓)　69
진(秦) 혜문군(惠文君)　252
진황도시(秦皇島市)　291
진(秦) 효공(孝公)　251

ㅊ

창려(昌黎)　36, 289
창려고성(昌黎故城)　295
창려군(昌黎郡)　78, 289
창려현(昌黎縣)　74, 75, 289
창수군(滄水郡)　123
창주(滄州)　123
창해　122, 336
창해군　122
채회문양(彩繪紋樣)　414
『천남생묘지명(泉男生墓誌銘)』　239
철기　23
첨수도(尖首刀)　288, 430
청동창　450
청장하(淸漳河)　124, 149
청천강　19
청하(淸河)　31, 109, 111
청하군(淸河郡)　112
초(楚)나라　223, 349

ㅋ

쾌(噲)　232

ㅌ

탁(涿)　202, 257
탁군(涿郡)　235, 240, 443
탁발선비(拓跋鮮卑)　157
탁방성(涿方城)　252
탁장하(濁漳河)　149
『태강지리지(太康地理志)』　69, 77
태산(太山)　31
태산(泰山)　93

478　왕검성(王儉城)

태악산맥(太岳山脈) 326
태원(太原) 197
태항산(太行山) 30, 93, 95
통복력(筒腹) 39, 412

ㅍ

패(沛) 344
패수(浿水) 21, 25, 28, 33, 65, 160
패수(沛水, 浿水) 344
패수현(浿水縣) 162, 169
평양(平壤) 25, 27
평양(平陽, 현 臨汾市) 273
평양 무덤떼 50
평양성 20, 305
평주(平州, 梁父) 303
포전(布錢) 39, 175
표범 가죽(文皮) 323

ㅎ

하가점하층 문화(夏家店下層文化) 283, 414
하간국(河間國) 31, 106
하내(河內) 123, 218
하동(河東) 303
「하본기(夏本紀)」 87
하북성(河北省) 중부설(中部設) 26
하칠원 문화(下七垣文化) 284
하택시(荷澤市) 221
하투(河套) 132
한(馯, 韓) 278
한광(韓廣) 208
한군현 18
한단(邯鄲) 229
한맥(馯貊=韓貊) 282
한(漢) 무제(武帝) 255
한백겸(韓百謙) 41, 42
『한비자(韓非子)』 258
한현도(韓顯度) 고분 164
합종(合從) 31

항산(恆山) 93, 95
항우(項羽) 445
해동(海東)의 제이(諸夷) 278
허신(許愼) 173, 396
험독현(險瀆縣) 27, 36, 290
현도(玄菟) 63
현도고부(玄菟故府) 238
현도군(玄菟郡) 166, 238
현도태수(玄菟太守) 255
호(胡) 24, 144, 230
호경(鎬京) 203, 368, 399
호맥(胡貊) 24, 220
호성(胡城) 220, 349
호타수(虖沱水) 108
호타하(虖沱河) 124, 175
호해(胡亥) 81
『홍범(洪範)』 330
홍산(紅山) 문화 400
홍수 110
화산(華山) 95, 96
화하족 21
환도성 58, 312
황하 문명 130
회계(會稽) 81
『회남자(淮南子)』 330
효문제(孝文帝) 23, 260
효산(殽山, 崤山) 183, 251
훼청(濊淸) 303
흉노(胡) 131
흉노(匈奴) 24, 33
흑룡항지구(黑龍港地區) 118
흔주시(忻州市) 220
흥륭와(興隆窪) 문화 400
희왕(喜王) 138